吉林省志

（1986 ~ 2000）

民族宗教志

吉林省地方志编纂委员会

图书在版编目（ＣＩＰ）数据

吉林省志.民族宗教志：1986~2000 / 吉林省地方
志编纂委员会编纂. -- 长春：吉林文史出版社，
2016.10
ISBN 978-7-5472-3566-9

Ⅰ.①吉… Ⅱ.①吉… Ⅲ.①吉林－地方志－1986-
2000②民族工作－概况－吉林－1986-2000③宗教工作－概
况－吉林－1986-2000 Ⅳ.①K293.4

中国版本图书馆CIP数据核字(2016)第241064号

吉林省志(1986~2000)·民族宗教志

Jilin Sheng Zhi(1986~2000)·Minzuzongjiao Zhi

编纂：吉林省地方志编纂委员会
责任编辑：王丽娟　　　　　　　封面设计：张成哲
吉林文史出版社出版发行(长春市人民大街4646号)
印刷：长春市日升印业有限公司
开本：889mm×1194mm　　　　　1 / 16
印张：37.5　　　　字数：720千字
标准书号：ISBN 978-7-5472-3566-9
版次：2016年10月第1版　　印次：2016年10月第1次印刷
定价：298.00元

吉林省地方志编纂委员会主任副主任

（本志编纂期间）

曾 任

主 任 　洪　虎　　韩长赋　　王儒林　　巴音朝鲁

副主任　李锦斌　　陈晓光　　王祖继　　王化文　　隋忠诚

　　　　刘淑坤　　顾　太　　李洪民　　苑奇辉　　陈晓明

　　　　朱成华　　关连珠

现 任

主 任 　蒋超良

副主任　李晋修　　李云鹤　　严　寒　　李正奎

《吉林省志（1986～2000）》编纂人员

总　　　　纂　李晋修
常 务 副 总 纂　李云鹤
副　总　纂　严　寒　李正奎　赵　飞
本卷责任总纂　高　岩

《吉林省志（1986～2000）·民族宗教志》
终审人员

严　寒　赵　飞　顾　太　陈晓明　韩忠宝
谢奎江　别桂林　王志才

民族工作

1987 年 7 月，中国蒙古语文学会吉林省分会成立暨首届学术讨论会在吉林省前郭县召开。

1988 年 4 月 25 日，省政府召开向全国民族团结进步先进集体和先进个人发奖大会。

1989 年，庆祝伊通满族自治县成立大会召开。

1991 年 2 月 21 日，全省民族工作会议在长春召开。

1993 年 8 月 27 日，吉林省第一届少数民族传统体育运动会在龙井市召开。

1994 年 6 月 20 日，省政府召开吉林省第二次民族团结进步表彰大会。

1996年3月10日，朝鲜语术语标准化工作委员会成立会议在长春召开。

1997年3月5日，吉林省暨长春市少数民族迎春联欢会在长春召开。

1997年12月7日，全省民族工作座谈会在长春召开。

1998年8月10日，国家民委、吉林省政府民族团结进步表彰大会在长春召开。

1996年，召开前郭尔罗斯蒙古族自治县成立庆祝大会。

1999 年 6 月 25 日，吉林省城市民族工作座谈会召开。

1999 年 6 月 25 日，全省民族地区县域经济工作座谈会召开。

1999 年 11 月 25 日，吉林省第三次民族团结进步表彰大会在长春召开。

2000 年 5 月 10 日，全省乡科级少数民族干部培训班在长春举办。

2000 年 9 月 15 日，吉林省兴边富民行动领导小组第一次全体（扩大）会议在长春召开。

总体发展

边境民族村泥草房改造

查干湖

成吉思汗召

珲春防川村一眼望三国

晾晒辣椒

绿色水稻

延边苹果梨丰收

民族地区秋收

民族大学——延边大学

人参产业

森林猪养殖

兴边富民牧场

沿江公路建设

海兰江畔稻花香

长白县民族村新貌

中朝图们公路口岸

阿拉底村象帽舞表演

朝鲜族传统婚礼

朝鲜族庆丰收

朝鲜族球迷

图们江百年部落

顶水

歌舞之乡

荡秋千

制作朝鲜族打糕

制作朝鲜族大酱

棋牌比赛

跳板

满 族

供奉鹰神

满族八大碗

满族炊嘎拉哈

满族传统用具

满族婚礼

满族剪纸

满族民俗馆

满族叶赫渔猎文化

萨满表演

珍珠球

撞拐

蒙古族

阿阑豁阿

大金得胜亭

满蒙文碑亭

郭尔罗斯前旗旗祖固穆王爷像

冬捕头鱼

马头琴

蒙古族婚俗

民族团结书屋

蒙古族敖包祭

蒙古族舞蹈

二人转

蒙古族摔跤

赛马

四胡伴奏乌力格尔

生活服饰

文艺表演

回 族

开斋节联欢

回族凉糕

节日舞龙

回族小学阿拉伯语教学

回族婚礼

锡伯族

锡伯族儿童

锡伯族服饰

锡伯族浴足节

锡伯屯村草编合作社

佛　教

报恩寺

正觉寺

佛事活动

扶贫济困

开光典礼

礼佛

道　教

福寿宫

龙潭山关帝庙

三清宫殿宇

玉皇阁

伊斯兰教

清真寺大礼拜堂

清真北寺

北讲堂

岔路河清真寺

礼拜

清真寺礼拜殿

天主教

吉林市天主教堂

长春市天主教堂

1988 年 3 月 25 日，新祝圣的三位神父（从左至右）王兴伟、王守顺、秦英

1987 年 11 月 18 日，李雪松主教（前排中）与参加神学院开学典礼，省市统战部、省市宗教局、市爱国会领导及全体新入学的修生合影

欢庆圣诞

1999 年 5 月 9 日，张瀚民祝圣主教

天主教宗教仪式

基督教

长春市铁北基督教堂

1986 年，吉林省部分教牧人员合影

按立牧师仪式

基督教堂唱诗班

牧师祝福

友好交流

《吉林省志(1986～2000)》凡例

一、《吉林省志(1986～2000)》的编纂,坚持以马列主义、毛泽东思想、邓小平理论和"三个代表"重要思想为指导,深入贯彻落实科学发展观,运用辩证唯物主义和历史唯物主义的立场、观点、方法,记载吉林省行政区域时限内自然、政治、经济、文化、社会等各个方面的情况,反映改革开放和社会主义现代化建设的历程。

二、《吉林省志(1986～2000)》记事时间,原则上以1986年为上限,以2000年为下限。

三、《吉林省志(1986～2000)》记事空间,以2000年吉林省行政区划为准。依此难以处理的,则按当时的行政区划记述。

四、《吉林省志(1986～2000)》为记叙文体,采用述、记、志、传、图、表、录七种体裁。

五、《吉林省志(1986～2000)》依据学科分类,兼顾当今社会分工,设若干分志;大多采用章节体,设篇、章、节、目。

六、《吉林省志(1986～2000)》立传人物标准,以对本地历史发展有重要影响为基本依据,生不立传。对本行业本部门历史发展产生重要影响但不宜立传的人物事迹,采用以事系人或列"人物表""英模录"的形式反映。

七、《吉林省志(1986～2000)》使用的主要数据,以省统计部门认定的为准;业务部门提供的数据均经过核实。

八、《吉林省志(1986～2000)》使用的地图均经省测绘局审定。

九、《吉林省志(1986～2000)》使用国名、地名、机构名、各类专用名称均写全称,使用简称时,在首次出现时注明。凡外国国名,重要或常见的地名、人名、党派、政府机构、报刊等译名,均以新华社的译名为准。对人物的称呼除引用原文外,均直书其名,不加职衔。

十、《吉林省志(1986～2000)》纪年采用公元纪年。

十一、《吉林省志(1986～2000)》引文忠于原文,对原文中的错字予以矫正。

编　辑　说　明

一、民族宗教志,是省志中的一部专业志,但民族、宗教两部分内容具有相对的独立性,故分为民族篇、宗教篇进行记述,加以区分。同时在第一层次上共设12章,民族篇、宗教篇各分6章,并有独立的概述和附录,宗教篇接民族篇统一序列,宗教篇从第7章开始排列。

二、民族篇中4个民族自治州县涉及的人口数据,凡是市(州)、县(市、区)统计部门与全国第三、第四、第五次人口普查数据不吻合或有出入的地方,基本以全国普查数据为准,未做并存处理。

三、至2000年下限时止,全省有48个少数民族,除朝、满、蒙、回、锡伯族5大民族单列章节外,其余杂居的43个少数民族的政治、经济、文化等无法列专门章节记述,分散在有关内容之中。

四、全省五大宗教中,活动场所及信众人数,概述与分述、列表数字之间偶有出入,基本上以政府正式登记数为准,不与政府部门发生冲突的,则保留了原貌。

五、全志为体现整体性和便于查找使用,统一编制表的序号,因表格分布极不均衡,也未按章节单独标示。

六、鉴于民族、宗教的资料留存不够完整且难以收集的客观实际,对有关重要决定与会议的记述,保留了多项基本要素的内容,以备日后查用。

目 录

民 族 篇

宗 教 篇

民 族 篇

概　述

　　吉林省是多民族的边境省份,据2000年全国第五次人口普查统计,除汉族外,全省有48个少数民族,分别是:朝鲜族、满族、蒙古族、回族、锡伯族、彝族、土家族、布依族、维吾尔族、苗族、藏族、壮族、达斡尔族、侗族、鄂伦春族、黎族、赫哲族、哈尼族、瑶族、白族、傣族、俄罗斯族、鄂温克族、哈萨克族、仡佬族、高山族、基诺族、羌族、仫佬族、傈僳族、景颇族、畲族、土族、门巴族、拉祜族、水族、纳西族、普米族、乌孜别克族、京族、塔塔尔族、毛南族、塔吉克族、珞巴族、佤族、保安族、撒拉族、柯尔克孜族。比1982年第三次全国人口普查吉林省35个少数民族,增加了仡佬族、仫佬族、傈僳族、景颇族、门巴族、普米族、乌孜别克族、塔塔尔族、毛南族、塔吉克族、珞巴族、佤族和撒拉族等13个少数民族。2000年,吉林省少数民族总人口为245.34万人,占全省总人口2 680.22万人的9.15%。比1982年的182.97万人增加了62.37万人。2000年,全省有延边朝鲜族自治州、长白朝鲜族自治县、前郭尔罗斯蒙古族自治县和伊通满族自治县等4个少数民族自治地方。此外,在全省各地还建有34个民族乡(镇),有近2 000个少数民族聚居村社。全省有半数的少数民族人口聚居在4个民族自治地方,其余半数的少数民族散居于全省各地。

　　吉林省民族地区(指全省4个少数民族自治地方)资源优势、地缘优势和人缘优势突出。吉林省民族地区地域辽阔,蕴藏着丰富的能源、矿产资源,原煤保有储量占全省的46.9%,原油产量占全省的99%,金属矿产50多种,非金属矿产40多种。森林、草原资源和野生动植物资源丰富,是闻名中外的关东三宝(人参、鹿茸、貂皮)的重要产地。壮丽的自然风光,众多的名胜古迹,特有的民俗风情构成了吉林省民族地区独特的旅游资源。长白山壮美的自然景观是吉林省旅游资源的优势所在。国家级地质景观保护区——伊通火山群和前郭草原风光也各具特色。吉林省民族地区多地处边疆,边境线上有11处对外开放口岸、通道,其中中朝10处,中俄1处。特别是珲春,地处中、朝、俄三国交界地带,具有沟通东北亚与欧亚大陆经济联系的巨大地缘优势。朝鲜族居民有着独特的人缘优势,是民族地区吸引外商、外资,加强对外经贸合作及友好往来的有利因素。至2000年,吉林省通过对民族地区资源、地缘、人缘优势的开发和利用,形成了一定规模的能源、采掘、森林、医药、特产、旅游等产业,初步形成了全方位对外开放的新格局。

一

2000年,全省少数民族中,人口99万至110万人的有满族和朝鲜族;10万至20万人之间的有回族和蒙古族;2 000至4 000人的有彝族和锡伯族;900至1 700人的有6个民族;500人左右及其以下的有36个民族。朝鲜族、满族、蒙古族、回族、锡伯族等5个少数民族的总人口占全省少数民族总人口的99%以上。其他43个少数民族人口仅占全省少数民族总人口的1%以下。

朝鲜族　吉林省是中国朝鲜族的主要聚居地区,朝鲜族也是吉林省人口最多的少数民族。根据2000年第五次全国人口普查,吉林省朝鲜族人口为1 145 688人,占吉林省总人口(26 802 191人)的4.27%,占全省少数民族人口的46.7%,比1990年第四次全国人口普查时的1 183 567人减少37 879人。吉林省朝鲜族人口占全国朝鲜族人口(1 923 842人)的59.55%。主要聚居于延边朝鲜族自治州、长白朝鲜族自治县和吉林、永吉、磐石、舒兰、梅河口、蛟河、柳河、辉南、集安、通化、九台、长春等市县,其余分布在吉林省各地。中华人民共和国成立后,吉林省先后建立了延边朝鲜族自治州和长白朝鲜族自治县,在其他地区还有7个朝鲜族乡(镇)和同满族共建的5个民族乡。

满族　满族是吉林省人口数量仅次于朝鲜族的少数民族,据2000年第五次全国人口普查,吉林省满族人口为99.31万人,占吉林省总人口的3.71%;占全省少数民族人口的40.48%,比1990年第四次全国人口普查时的105.45万人减少了61 423人,满族人口快速回落。满族分布在全省各地,截至2000年,除了建有伊通满族自治县外,经省政府批准,还建有6个满族乡、4个满族镇,4个满族朝鲜族乡,1个朝鲜族满族乡。

蒙古族　蒙古族是吉林省世居的五个少数民族之一,主要分布在吉林省西部地区。根据2000年人口普查统计,吉林省有蒙古族17.20万人,比1990年增加了15 538人,占全省少数民族人口的7.01%。截至2000年,有前郭尔罗斯蒙古族自治县1个自治县,10个蒙古族乡。

回族　回族是吉林省人口较多的五个少数民族之一,根据2000年第五次全国人口普查,吉林省回族人口为125 620人,与1990年第四次全国人口普查时的122 422人相比,增加了近3 198人。吉林省回族的分布非常广泛,全省47个市、县都有回族居住。其中主要居住在长春、吉林、九台、双阳、扶余、伊通等地,每个城市都有聚居的"回民营",如长春市的长通路、吉林市的北极街、扶余的团结街等。截至2000年,经省政府批准,在回族人口较为集中的长春市地区建有两个回族乡。

锡伯族　锡伯族是吉林省五个世居少数民族中人口最少的民族,据2000年第五次全国人口普查统计,全省有锡伯族3 168人,比1990年第四次人口普查减少了284人。锡伯族由于人口较少,主要居住在长春、吉林和松原市。其中,长春市有685人,吉林市有431人,松原地区有950人。在农村有2个锡伯族聚居村,即前郭的锡伯屯村,扶余的东西达户村。

二

　　落实民族平等和民族区域自治政策,巩固发展社会主义民族关系。吉林省是建立民族自治地方较早的省份。经国务院批准,1988年8月30日建立了伊通满族自治县,使吉林省的民族自治地区增加到4个。同时恢复并新建了一批民族乡(镇),截至2000年,吉林省恢复和新建34个民族乡(镇),其中10个蒙古族乡、7个朝鲜族乡(镇)、10个满族乡(镇)、4个满族朝鲜族乡、2个回族乡、1个朝鲜族满族乡。全省民族乡(镇)少数民族人口16.3万人,占民族乡(镇)总人口36.4%。民族区域自治的实施,为吉林省少数民族平等发展、民族关系和谐、民族团结创造了优越条件,促进了少数民族和民族地区经济和社会各项事业的快速发展。

　　1986～2000年,中共吉林省委、吉林省人民政府认真贯彻中央人民政府颁布的《培养少数民族干部试行方案》。积极采取措施,有计划地培养和造就一大批从事政治、经济和文化工作的行政干部和各种专业技术干部。中共吉林省委和省政府重视培养和使用少数民族干部工作,制定并实施了培养选拔少数民族干部规划,将吉林省民族干部训练班更名为吉林省民族干部学校。省和各市(地、州)、县(市)通过各种渠道加强对少数民族干部培训,选送少数民族干部到干部学校、专业技术学校、各级党校和高等院校去学习深造。少数民族干部队伍不断发展壮大,大批少数民族优秀干部进入各级领导班子,少数民族干部的整体素质日益提高。全省和延边、前郭、长白3个民族自治地方,少数民族干部的比例均超过少数民族人口的比例。在调整充实各级领导班子时,在民族自治地方的党政机关中,注重配备使用少数民族干部。民族自治地方人大常委会正副主任中都有自治民族的干部,并多数任正职。民族自治州州长、自治县县长全部由实行区域自治的民族干部担任。自治州和自治县人民政府的组成人员中,实行区域自治的民族所占比例均高于其人口比例。

　　中共吉林省委和省政府为了保证少数民族在国家政治生活中的平等权利和地位,在选举和推荐省、市(地、州)、县(市)各级人大代表与政协委员时,对各民族都做了适当照顾,保障少数民族在各级人大、政协和社会团体中参政议政,进行民主协商与监督,充分享有管理国家的平等权利。在全国和吉林省历届人大代表、政协委员及各级党委、人大、政府和政协的领导干部中,都有一定数额的少数民族代表。1988年,吉林省第七届人民代表大会代表521名,其中少数民族代表85名。1993年,吉林省第八届人民代表大会代表524名,其中少数民族代表80名。1998年,吉林省第九届人民代表大会代表506名,其中少数民族代表83名。

　　吉林省各级党委和政府一贯坚持尊重少数民族语言文字与风俗习惯的原则和传统。民族自治地方的自治机关在行使职权时，重视使用自治民族的语言文字。省与自治州和自治县都设有民族语文和翻译工作机构，配备专职翻译人员，举办民族语文学习班，推动民族语文的学习与使用。中共吉林省委、省政府对少数民族的风俗习惯给予充分的尊重。对少数民族托儿所、幼儿园的建设等问题，都有明确规定。

三

　　1986～2000年，吉林省少数民族和民族地区的经济发展进入了一个新时期。中共吉林省委、省政府和各级党委、政府更加关心扶持民族地区经济发展。延边、长白、前郭、伊通4个民族自治地方的经济发展迅速。2000年，民族地区国内生产总值达到201.44亿元，"九五"期间年均增长7.9%。全口径财政收入完成18.15亿元，"九五"期间年均增长7%。农村经济全面发展，农业产业化进程加快。2000年全省民族地区粮食总产量178.8万吨。畜牧业有较大幅度增长，2000年畜牧业产值达33.7亿元，比1995年增长105.3%。工业生产持续、稳步增长，企业改组改造步伐加快。2000年全省民族地区工业总产值达到122.1亿元，发电量、木材、原煤、机制纸及纸板产品产量居省内前列。经济结构得到调整，产业升级步伐加快，第二产业，特别是工业占国内生产总值比重明显上升，2000年三次产业增加值比重由1995年的26.7∶37.2∶36.1调为21.2∶45∶33.8。固定资产投资规模扩大，基础设施状况明显改善。2000年，全省民族地区全社会固定资产投资总额达到55.7亿元，"九五"期间累计完成214.4亿元。投资进一步向基础设施建设倾斜，交通运输、邮电通信、农田水利、城市基础设施等方面都取得明显成效。2000年，中俄珲马铁路通车过货，长春—珲春高速公路延吉—图们段开工建设，延吉—龙井一级公路、安图—二道白河—长白山冰场水泥路面全部建成使用。至2000年，尽管吉林省民族地区总体上保持了良好的发展势头，但与全国、全国民族地区、全省平均水平比较，发展速度减缓，在全国民族地区的排位后移。2000年，吉林省民族地区国内生产总值占全省的比重为11.1%，比1995年的12.5降低了1.4个百分点。民族地区人均国内生产总值6 117元，比全省低729元。出现这些差距的原因是多方面的，主要表现在全省民族地区工业化进程相对滞后，工业起步晚，基础薄弱。民族地区财源匮乏，财政收支不平衡现象比较严重。贫困问题依然突出，民族优惠政策的作用没有充分体现。

四

　　1986～2000年，吉林省民族教育文化事业获得新的发展。吉林省人口较多的朝鲜族、蒙古族、满族、回族都设有本民族学校。全省拥有从幼儿教育到高等教育的比较完善的全日制民族教育体系，民族学校办学条件得到改善，布局趋于合理，素质教育逐步推进,以"双语"为重点的民族教育教学改革取得丰硕成果。进一步确立民族教育优先发展地位,加大对民族教育的扶持力度,在经费投入、提高少数民族学生高考升学率等方面采取一系列优惠政策,加快少数民族教育事业的发展。1998年11月28日,吉林省第九届人民代表大会常务委员会第六次会议通过《吉林省少数民族教育条例》,省和大部分市(州)、县(市)设立了民族教育补助专项资金,并以不低于当地财政收入增长的比例逐年增加。至2000年,全省民族教育全部完成"两基"任务。少数民族人口总体受教育程度高于全省平均水平。据2000年全国第五次人口普查统计,吉林省人口大学本科学历人口比为1.91%,大学专科为3.19%,高中为12%,吉林省少数民族人口大学本科学历人口比为2.74%,大学专科为3.65%,高中为15.87%,均高于全省平均水平。

1986~2000年,吉林省民族地区各级各类文化事业机构不断完善,自治州和自治县都设有少数民族文化研究、文艺创作、文物保护等专门机构和专业文艺团体。民族地区的文化基础设施建设进一步加强,以边境文化长廊、朝鲜族艺术馆、满族博物馆、蒙古族草原文化馆为代表的少数民族文化设施初具规模,民族乡(镇)都建有文化站,少数民族聚居的村屯也大都建有文化活动室。全省基本形成了包括文化馆、图书馆、博物馆、影剧场、体育场、电视差转台等比较完备的少数民族文化工作网络体系。全省各种形式的少数民族文艺活动丰富多彩,少数民族文化研究、文艺创作和民族文化遗产的发掘整理也都取得显著成果。全省民族文化领域涌现出一批受到国家奖励并深受群众喜爱的优秀作品,既丰富了少数民族群众文化生活,也提升了民族艺术发展层次和水平。延边歌舞团、前郭歌舞团、松原满族艺术剧院和伊通地方戏剧团、长白歌舞团等专业文艺团体创作和演出活动一直保持良好的势头。吉林省扶余市满族新城戏剧团创作并演出的新城戏《铁血女真》获1993年"第三届全国文华奖文华大奖"。他们创作表演的富有民族特点与时代气息的音乐、舞蹈、戏剧等一大批艺术作品,连年在全国、全省比赛中获奖,深受各族人民的喜爱。延边歌舞团、长白歌舞团、前郭歌舞团等民族文艺团体,不仅常年活跃在民族地区,而且还为全省散杂居地区的少数民族送戏上门,并到全国一些民族地区和城市演出。特别是延边歌舞团和前郭歌舞团,多次作为国家的文化使者被派往国外进行文化艺术交流,深得国际友人的赞誉。吉林省少数民族传统体育活动蓬勃发展。民族自治地方和少数民族较多的市县与民族乡(镇),每年都举办民族传统体育运动会。群众广泛参与,竞技水平不断提高。到2000年,全省共举办了两届少数民族传统体育运动会,参加了三届全国少数民族传统体育运动会。

第一章　民族事务管理

第一节　机　构

一、省人民政府民族工作机构

为进一步加强全省民族工作,更好地贯彻执行党和国家的民族政策,发展平等、团结、互助的社会主义民族关系,促进民族经济、文化事业的发展,1987年6月30日成立了吉林省民族事务委员会,采取委员制,由28名委员组成。设1名主任,3名副主任和24名委员,委员由省直各单位负责人或副职担任。其中朝鲜族6人、满族1人、蒙古族3人,其余为汉族。主任由朝鲜族担任,副主任由满族、回族、汉族担任。8月29日,省民委举行了第一次全体会议。副省长刘希林代表省委、省政府到会祝贺并讲话。省民委主任金荣俊向全体委员做了关于全省民族工作情况的报告。与会委员就金荣俊同志的报告进行了讨论,一致表示要认真做好民族工作,切实发挥委员作用,为加快民族地区和全省的现代化建设做出贡献。

1991年6月,吉林省民族事务委员会委员调整为23人,其中朝鲜族2人、满族2人、蒙古族1人、回族1人。主任由朝鲜族担任,副主任由汉族、蒙古族、满族担任。

1993年8月,吉林省民族事务委员会委员调整为29人,其中朝鲜族2人、满族1人、回族1人。主任由朝鲜族担任,副主任由满族、汉族、回族担任。

1994年,机构改革后,吉林省民族事务委员会和吉林省政府宗教事务局一个机构,两块牌子,性质为行政机关,是主管全省民族事务和宗教事务的省政府组成部门。根据省政府的"三定"方案,省民委设置了7个职能处(室)和机关党委。行政编制44人,事业编制5人。

1995年,省民委内设职能处(室)7个,行政编制44人,事业编制5人。全省民族工作机构45个,民族工作干部350人。

　　2000年7月机构改革后,设有7个处(室)、机关党委。即:办公室、政策法规处、经济发展处、文教宣传处、宗教一处、宗教二处、人事监察处、机关党委。机关行政编制37人。机关离退休干部人员行政编制2名;机关工勤事业编制5人。所属事业单位4个,分别是:1989年正式建立的吉林省民族研究所,编制17人。1989年由原来吉林省民族干部培训班更名的吉林省民族干部学校,编制45人。1986年由《朝鲜语文学习与研究》更名的《朝鲜语文》,1987年又更名为《中国朝鲜语文》杂志社,编制9人。1988年由省作家协会主管的期刊《长白山》(朝鲜文)划归省民委主办。

1986～2000年省政府民族工作机构领导人名表

表1

年份	机构名称及领导人
1986	吉林省民族事务委员会 主　任　金荣俊(朝鲜族,1月任) 副主任　赵德安(满族,1月任)　丁学郁(回族,1月任) 　　　　额日敦尼(蒙古族,1月任,2月免)　邢利发(1月任)
1987	吉林省民族事务委员会 主　任　金荣俊(朝鲜族) 副主任　赵德安(满族)　丁学郁(回族)　邢利发
1988	吉林省政府民族事务委员会 主　任　金荣俊 副主任　赵德安(满族)　丁学郁(回族)　邢利发 　　　　居儒木图(蒙古族,6月任)
1989	吉林省政府民族事务委员会 主　任　金荣俊(朝鲜族) 副主任　赵德安(满族)　丁学郁(回族)　邢利发　居儒木图(蒙古族)
1990	吉林省政府民族事务委员会 主　任　金荣俊(朝鲜族,4月免)　金　涛(朝鲜族,8月任) 副主任　赵德安(满族,3月免)　丁学郁(回族,11月免)　邢利发 　　　　居儒木图(蒙古族)　郭振兴(满族,4月任)
1991	吉林省政府民族事务委员会 主　任　金　涛(朝鲜族,1月任) 副主任　邢利发　居儒木图(蒙古族)　郭振兴(满族) 　　　　奎　速(女,满族,10月任)
1992	吉林省政府民族事务委员会 主　任　金　涛(朝鲜族) 副主任　邢利发(9月免)　高玉玺(9月任)　居儒木图(蒙古族) 　　　　郭振兴(满族,4月免)　奎　速(女,满族)

续表

年份		机构名称及领导人
1993		吉林省政府民族事务委员会 主　任　金　涛(朝鲜族,8月免) 副主任　金　华(女,朝鲜族,8月任)　高玉玺　居儒木图(蒙古族) 　　　　奎　速(女,满族)
1994	1~6月	吉林省政府民族事务委员会 主　任　金　华(女,朝鲜族,4月任,6月免) 副主任　金　华(女,朝鲜族,4月免)　高玉玺(6月免) 　　　居儒木图(蒙古族,6月免)　奎　速(女,满族,6月免)
	6~12月	吉林省民族事务委员会(吉林省宗教事务局) 主任(局长)　金　华(女,朝鲜族,6月任) 副主任(副局长)　高玉玺(6月任)　居儒木图(蒙古族,6月任) 　　　　奎　速(女,满族,6月任)
1995		吉林省民族事务委员会(吉林省宗教事务局) 主　任(局　长)　金　华(女,朝鲜族) 副主任(副局长)　高玉玺　居儒木图(蒙古族)　奎　速(女,满族)
1996		吉林省民族事务委员会(吉林省宗教事务局) 主　任(局　长)　金　华(女,朝鲜族) 副主任(副局长)　高玉玺(9月免)　居儒木图(蒙古族) 　　　　奎　速(女,满族)　戚发祥(9月任)
1997		吉林省民族事务委员会(吉林省宗教事务局) 主　任(局　长)　金　华(女,朝鲜族) 副主任(副局长)　居儒木图(蒙古族)　奎　速(女,满族)　戚发祥
1998		吉林省民族事务委员会(吉林省宗教事务局) 主　任(局　长)　金　华(女,朝鲜族) 副主任(副局长)　居儒木图(蒙古族,4月免)　奎　速(女,满族)　戚发祥 助理巡视员　包东嘎(蒙古族,3月任)
1999		吉林省民族事务委员会(吉林省宗教事务局) 主　任(局　长)　金　华(女,朝鲜族) 副主任(副局长)　奎　速(女,满族)　戚发祥
2000		吉林省民族事务委员会(吉林省宗教事务局) 主　任(局　长)　金　华(女,朝鲜族) 副主任(副局长)　奎　速(女,满族)　戚发祥　肖振阁(5月任) 民委委员　包东嘎(蒙古族,5月任)

二、省人大民族工作机构

1986年,吉林省人民代表大会常务委员会设有民族委员会,设立1名主任,2名副主任。1988年,吉林省人民代表大会常务委员会民族委员会改设为吉林省人民代表大会常务委员会民族侨务外事委员会,一直到2000年没有变化。

1986~2000年省人大民族工作机构领导人名表

表2

年份	机构名称及领导人
1986	吉林省人民代表大会常务委员会民族委员会 主　任　崔　林(兼,朝鲜族) 副主任　仁钦扎木苏(兼)　阎杰三(满族)
1987	吉林省人民代表大会常务委员会民族委员会 主　任　崔　林(兼,朝鲜族) 副主任　仁钦扎木苏(兼,蒙古族)
1988	吉林省人民代表大会常务委员会民族侨务外事委员会 主　任　(暂缺) 副主任　李泰洙(朝鲜族,11月任)　王承海(11月任)
1989	吉林省人民代表大会常务委员会民族侨务外事委员会 主任委员　阎杰三(满族,3月任) 副主任委员　李泰洙(朝鲜族,3月任)　王承海(3月任)
1990	吉林省人民代表大会常务委员会民族侨务外事委员会 主任委员　阎杰三(满族) 副主任委员　李泰洙(朝鲜族)　王承海
1991	吉林省人民代表大会常务委员会民族侨务外事委员会 主任委员　阎杰三(兼,满族) 副主任委员　李泰洙(朝鲜族)　王承海
1992	吉林省人民代表大会常务委员会民族侨务外事委员会 主任委员　阎杰三(满族) 副主任委员　李泰洙(朝鲜族)　王承海
1993	吉林省人民代表大会常务委员会民族侨务外事委员会 主任委员　李泌镐(朝鲜族,1月选) 副主任委员　李泰洙(朝鲜族)　王承海
1994	吉林省人民代表大会常务委员会民族侨务外事委员会 主任委员　李泌镐(朝鲜族) 副主任委员　李泰洙(朝鲜族,12月任)　王承海

续表

年份	机构名称及领导人
1995	吉林省人民代表大会常务委员会民族侨务外事委员会 主任委员　李泌镐 副主任　李泰洙(4月辞)　王承海
1996	吉林省人民代表大会常务委员会民族侨务外事委员会 主任委员　李泌镐(朝鲜族) 副主任　王承海(11月免)　肖振阁(11月任)
1997	吉林省人民代表大会常务委员会民族侨务外事委员会 主任委员　李泌镐(朝鲜族) 副主任　肖振阁
1998	吉林省人民代表大会常务委员会民族侨务外事委员会 主任委员　李泌镐(朝鲜族,1月免)　梁吉昌(1月任) 副主任　肖振阁
1999	吉林省人民代表大会常务委员会民族侨务外事委员会 主任委员　梁吉昌 副主任委员　肖振阁
2000	吉林省人民代表大会常务委员会民族侨务外事委员会 主任委员　梁吉昌 副主任委员　肖振阁(8月免)　韩胜利(9月任)

第二节　重要决定与会议

　　1986年12月12日,省民委主任金荣俊受省政府委托,向吉林省第六届人大常委会第二十二次会议做了《关于吉林省实施〈中华人民共和国民族区域自治法〉情况的报告》。随着《民族区域自治法》的贯彻落实,自治地方自治机关的建设得到了加强,吉林省自治地方人大常委会的正、副主任中,都有实行区域自治的民族的公民,并且多数担任正职,自治州的州长、自治县的县长,都由实行区域自治的民族的公民担任,自治州、自治县人民政府的组成人员中,实行区域自治的民族的人员的比例都高于其民族人口所占的比例。延边朝鲜族自治州人民政府的组成人员中,朝鲜族占67.5%。前郭尔罗斯蒙古族自治县人民政府的组成人员中,蒙古族占27%。长白朝鲜族自治县人民政府的组成人员中,朝鲜族占24%;3个自治地方的人民法院、人民检察院的领导成员和工作人员中,实行区域自治的民族干部的比例也都高于其民族人口所占的比例。

1987年5月18日，省委办公厅、省政府办公厅联合发出了《关于认真学习和贯彻中发〔1987〕13号文件的通知》，要求各级党委、政府和省直各委、办、厅、局组织干部认真学习贯彻中央文件，结合学习，进行一次落实民族政策情况的检查，切实解决存在的问题；结合本地区、本部门实际，提出具体贯彻意见和措施，进一步对民族地区放宽政策，放权让利，在人、财、物等方面给以支持和照顾，各级领导要主动过问民族工作，加强对民族工作的领导。5月中旬，省民委在延吉市召开全省民委主任会议，传达了中央文件和全国民委主任会议精神。全省各市（地）、州以及省直一些部门都分别召开了不同类型的会议，结合本地区、本部门实际，深入学习贯彻中央文件。中共延边朝鲜族自治州委、中共白城地委、通化市人民政府、吉林市人大和市政府、中共长春市委办公厅、长春市人民政府办公厅等先后下发文件，或由领导带队，或召开会议，或利用报纸、广播、电视大力宣传文件精神和党的民族政策。省直一些部门和单位也都采取实际行动，检查支持民族地区工作的情况，研究解决问题的办法，贯彻落实会议精神。

1990年2月21～24日，全省民族工作会议在长春召开。会议传达了江泽民、李鹏同志在全国民委主任会议上的讲话，全国政协副主席、国家民委主任司马义·艾买提在全国民委主任会议上的讲话。省民委主任金荣俊做了题为《加强民族团结，振兴民族经济，为实现全省各民族的共同繁荣而奋斗》的报告。会议期间，省委书记何竹康就全省民族工作的形势和今后任务做了讲话。何竹康指出，在新形势下要牢固树立"稳定、团结、建设"的指导思想，正确处理好国家利益与民族利益的关系，处理好党员干部的党性原则与民族感情的关系，处理好尊重民族风俗习惯与坚持改革开放的关系，处理好民族和宗教的关系。全省各族人民要坚决贯彻执行党的十三届四中、五中全会精神，坚持党的基本路线，积极完成中央领导同志在全国民委主任会议上提出的各项任务。要坚决贯彻治理整顿和深化改革的方针，积极发展民族经济；要进一步加强民族团结，发展社会主义新型民族关系，要大力搞好社会主义精神文明建设，努力提高少数民族的科学文化素质；要高度重视民族问题，切实加强对民族工作的领导，使全省的民族工作更上一层楼。同年6月20～22日，全省市（地）、州、自治县民委主任会议在长春召开。会议主要听取各地汇报贯彻落实全省民族工作会议精神和省委、省政府《关于加强民族工作的决定》的情况；研究民族团结进步表彰事宜；研究、部署下半年工作。省民委副主任丁学郁就全省民族工作会议的贯彻落实情况及下半年工作安排做了部署。

1990年3月1日，省委、省政府做出《关于加强民族工作的决定》。其内容包括6个方面：加强民族政策和民族团结的宣传教育，使党的民族政策深入人心，使全体党员、干部特别是各级领导，充分认识民族问题的长期性、重要性，树立马克思主义民族观，积极主动地做好民族工作；采取必要的政策和措施，加速民族地区经济文化事业的发展，在部署工作、制定计划时，在各项改革措施出台前，都要从吉林省是一个多民族的省份这一基本省情出发,对民族自治地方和民族乡村采取相应的政策和措施;加强少数民族教育工作,重视民族地区特别是散杂居地区民族教育中存在的问题,采取特殊措施逐步解决;认真贯彻执行《民族区域自治法》,广泛深入地进行宣传教育,增加法制观念,加强民族立法工作;积极培养使用少数民族干部,纳入各级干部培训规划,分级负责,特别要做好少数民族后备干部和科技干部的培养工作;进一步加强对民族工作的领导,要有专人分管,经常检查指导,及时研究解决存在的问题。

1991年3月26~28日,全省民委主任会议在长春召开。副省长张岳琦到会讲话。会上,省民委主任金涛做了题为《振奋精神,团结奋进,为开创我省民族工作新局面而努力奋斗》的工作报告。提出1991年民族工作的基本任务是:(1)大力开展马克思主义民族观和党的民族政策的宣传教育,提高社会各界对民族工作重要性的认识,争取对民族工作最大限度的支持。(2)大兴调查研究之风,对少数民族和民族地区的经济文化发展战略和规划、重要政策问题和实际问题,提出有价值的报告和建议,协助政府和有关部门做好发展少数民族各项事业的工作。(3)继续深入贯彻落实全省民族工作会议精神,抓住关系少数民族切身利益和少数民族普遍关心的"热点"和"难点"问题,切实为少数民族办好几件实事。(4)加强民族法制建设,进一步深入开展《民族区域自治法》和其他有关民族问题的法律、法规的学习和宣传教育,提高各族干部、群众的法制观念。(5)进一步搞好机关建设,加强整顿工作,开展争当模范工作者活动,把民族工作提高到一个新水平。同年11月16日,省民委受省政府委托,由省民委副主任郭振兴向省七届人大常委会第25次会议作《关于全省民族工作情况的报告》。《报告》指出了今后全省民族工作的主要任务:大力加强马克思主义民族观和党的民族政策的宣传教育,促进民族团结进步事业的发展,增强反和平演变的自觉性,维护祖国统一,巩固民族团结的大好形势;认真做好民族法制宣传和民族法规制定工作,加强民族法制建设;采取切实措施,有计划地培养和选拔少数民族干部;制定优惠政策,加快改革步伐,促进少数民族和民族地区各项事业的发展。《报告》经省人大常委会审议通过。

1992年6月4日,省政府做出《关于进一步贯彻实施〈中华人民共和国民族区域自治法〉若干问题的通知》。(1)适当增加对民族自治地方的投入,加快民族地区经济建设步伐。(2)省对民族地区继续实行特殊措施和优惠政策。(3)充分发挥省里科研和技术力量雄厚的优势,有计划地推进发达地区与民族地区的对口支援,帮助民族地区加速经济和社会发展。(4)省政府有关部门要在民族地区适当多帮助安排一些利用国外贷款及无偿援助项目。(5)省各级各类银行对民族地区固定资产投资,按照批准的项目计划优先贷放;对符合国家产业政策的流动资金贷款优先安排。(6)在"八五"计划期间根本解决民族贫困地区群众的温饱问题。(7)省级"科技三项经费"的安排继续向民族地区倾斜。(8)加强对少数民族教育事业的领导和支持。(9)支持民族地区发展文化、卫生、广播电视、体育等事业。同年6月15~16日,省委、省政府在长春召开全省民族工作会议。省委副书记谷长春传达了中央民族工作会议精神。中央统战部副部长蒋民宽、国家民委副主任江家福专程到会指导,并分别讲了话。省委书记何竹康代表省委、省政府就吉林省民族工作形势和今后任务讲了话。

1993年2月23日～25日,全省民委主任会议在长春召开。会议传达了全国民族工作经验交流会和全国民族理论研讨会精神,总结和部署了工作,交流了在建立社会主义市场经济体制中,民委参与经济工作,发挥职能作用,促进少数民族经济发展的经验。张岳琦副省长到会并讲话。省民委主任金涛做了题为《解放思想,求实创新,努力使我省民族工作迈上一个新台阶》的工作报告。1993年全省民族经济工作的主要目标是:实现"三五八五"规划,即全省民委系统新办引进资金、技术、项目和外向型经济实体30个;承包50个民族乡(镇)和村社,三年内使乡(镇)企业总产值和利税翻一番或使村社脱贫。1993年12月4日,省民委在长春召开贯彻实施《民族乡行政工作条例》和《城市民族工作条例》座谈会。参加座谈会的有省委、省人大、省政府、省政协所属部门的领导和省民委委员单位负责同志,部分市政府主管领导、民族工作部门和民族乡负责同志,共40余人。与会同志围绕两个《条例》颁布实施的重要意义和如何结合全省实际做好贯彻实施工作进行了座谈。大家对省里如何贯彻落实好两个《条例》,提出了建设性意见。省人大秘书长李政文、省政府副秘书长郑龙喆先后在会上讲话。省民委主任金华在会上做了总结发言。

1994年12月23～24日,全省民族工作会议在长春召开。会议由副省长桑逢文主持。会议传达了第二次全国民族团结进步表彰大会精神;代表国务院向吉林省受表彰的模范集体和个人颁奖。省长高严做了题为《在建设发达边疆近海省的事业中不断促进各民族的团结和进步》的讲话。一部分模范代表介绍了经验。与会同志对省政府《关于促进少数民族和民族地区经济发展的若干意见》(讨论稿)提出了修改意见。副省长桑逢文做了总结讲话。

1995年9月14日,省政府做出《关于促进少数民族和民族地区经济发展的决定》,加强对民族地区经济建设的领导和扶持力度。当年全省民族自治地方国内生产总值达135.6亿元,比1990年增长75.7％,工农业总产值达170.1亿元,比1990年增长41.5％,年均递增11.6％,财政收入达13.93亿元,比1990年增长87％,年均递增13.3％。其中,延边朝鲜族自治州和前郭尔罗斯蒙古族自治县财政收入分别突破10亿元和亿元大关。同年,省民委制定了《吉林省民族事务委员会委员职责》和《吉林省民族事务委员会委员联系例会制度》,使民委委员的工作规范化、制度化。省民委从民族工作的实际出发,对委员单位进行了调整,增加了综合部门和经济部门的委员比例。1995年,省民委向委员单位提出"为少数民族和民族地区办实事需要帮助解决的问题和建议"共33条,都得到答复,并有24条建议得到落实。

1996年1月19日,省长王云坤签发吉林省人民政府第43号令,《吉林省实施〈城市民族工作条例〉办法》经省政府第39次常务会议通过并发布施行。

1997年12月7日,中共吉林省委、省政府在长春召开了全省民族工作座谈会。省委书记张德江做了讲话,高度概括了吉林省民族工作的基本经验,一是从多民族边疆省情出发,高度重视民族工作;二是以民族团结进步活动为载体,强化"两个离不开"的社会氛围;三是坚持发展是硬道理,把民族工作着重点放在促进经济发展上;四是尊重少数民族的历史创造,发展独具特色的民族文化;五是把大力培养少数民族干部作为民族工作的关键环节来抓;六是坚持制度建设,积极推进民族工作规范化。张德江提出,吉林省当前和会后一个时期民族工作具体抓5个方面工作:(1)继续认真贯彻党的民族政策,坚定不移地高举民族团结进步的旗帜;(2)进一步搞好改革开放,加快民族地区经济发展;(3)大力发展民族地区文化教育事业,提高各族干部群众的思想道德和科学文化素质;(4)加强培养选拔工作,努力造就一支高素质的少数民族干部队伍;(5)增加政治敏锐性,切实加强对民族工作的领导。

1999年1月27～28日,全省民族宗教工作会议在长春召开。副省长全哲洙在会上讲话,(1)关于执行民族政策与思想解放问题。要破除机械照搬政策的教条主义思想,学会创造性地运用政策,把政策的原则性与灵活性结合起来,敢于通过实践去丰富政策,完善政策,发展政策,破除单纯依赖政策的"等、靠、要"思想,强化民族地区的自我发展意识和能力。(2)坚持民族传统与思想解放问题。坚持民族传统不能一成不变。要树立不断适应社会进步的创新意识,坚持民族传统不能故步自封,要树立广泛汲取各民族先进素养的开放意识,坚持民族传统不能拘于形式,要树立深入研究民族内在心理的求真意识。(3)关于发挥优势与思想解放问题。转变思维方式,用新的视角全方位审视发掘自身优势;积极开动脑筋,大胆借助外部优势;努力创造条件,注重转化优势效益。省民委主任金华做了题为《解放思想,务求实效,进一步提高民族宗教工作水平》的工作报告,对1998年工作进行了总结,对1999年工作进行了部署。

2000年,吉林省民族工作坚持以经济建设为中心,以民族团结进步为主线,以促进发展稳定为重点,把握全局,抓大事、办实事,自觉地维护全省改革、发展、稳定的大局,努力为改革开放和现代化建设服务,较好地完成了全年工作任务。

第三节　人　口

到1985年底,吉林省在建立一个民族自治州、两个民族自治县的基础上,民族乡总数达28个(9个蒙古族乡、7个朝鲜族乡、8个满族乡、2个回族乡、1个朝鲜族满族乡、1个满族朝鲜族乡)。

1986年底,全省民族乡(镇)总数达到29个。其中,蒙古族乡9个、朝鲜族乡(镇)7个、满族乡(镇)9个(新增1个)、回族乡2个、朝鲜族满族乡1个、满族朝鲜族乡1个。

1987年,吉林省共有35个少数民族,少数民族人口208.9万人,占全省总人口的9.1%。全省有延边朝鲜族自治州,前郭尔罗斯蒙古族自治县,长白朝鲜族自治县3

个民族自治地方。有30个民族乡(镇),其中蒙古族乡9个、满族乡(镇)9个、朝鲜族乡(镇)7个、回族乡2个、满族朝鲜族乡2个(新增1个)、朝鲜族满族乡1个。

1988年8月30日,国务院批准建立伊通满族自治县,全省民族自治地方已达4个(朝鲜族自治州1个,朝鲜族、蒙古族、满族自治县各1个)。年内还成立了两个民族乡(永吉县大口钦满族乡、永吉县两家子满族乡)。全省民族乡(镇)已达32个,其中9个蒙古族乡、11个满族乡(镇)、7个朝鲜族乡(镇)、1个朝鲜族满族乡、2个满族朝鲜族乡、2个回族乡。全省除自治地方和民族乡(镇)外,还有一千多个少数民族村。

1989年,吉林省共有36个民族成分。全省少数民族人口为213.24万人,占全省总人口的9.12%。其中,朝鲜族117.14万人,满族73.62万人,回族11.82万人,蒙古族10.17万人,锡伯族1 900人,其他30个少数民族为2 700余人。全省有4个民族自治地方(延边朝鲜族自治州、长白朝鲜族自治县、前郭尔罗斯蒙古族自治县、伊通满族自治县),32个民族乡(镇)(9个蒙古族乡、11个满族乡(镇)、7个朝鲜族乡(镇)、1个朝鲜族满族乡、2个满族朝鲜族乡、2个回族乡)。全省除自治地方和民族乡(镇)外,还有1 000多个少数民族村。

1990年,吉林省少数民族人口252.54万人,占全省总人口的10.24%,占全国少数民族人口的2.77%。与1982年相比,民族成分增加8个,达到43个。少数民族人口由182.97万人增加到252.54万人,增加69.57万人,年平均增长速度为4.75%。

1990年吉林省少数民族人口状况统计表

表3
单位:人

民族别	人口总数	占全省少数民族人口比重(%)	1990年比1982年增(+)减(−)人口数	人口增长幅度(%)
	2 525 365	100	695 632	38.02
1. 朝鲜族	1 183 567	46.87	79 496	7.20
2. 满　族	1 054 535	41.76	535 441	103.15
3. 回　族	122 422	4.85	12 139	11.01
4. 蒙古族	156 488	6.2	63 405	68.12
5. 锡伯族	3 452	0.137	1 911	124.01
6. 壮　族	1 254	0.05	672	115.46
7. 苗　族	495	—	292	143.84

续表

民族别	人口总数	占全省少数民族人口比重(%)	1990年比1982年增(+)减(−)人口数	人口增长幅度(%)
8. 达斡尔族	391	—	272	228.57
9. 土家族	379	—	328	643.14
10. 彝 族	210	—	136	183.78
11. 瑶 族	141	—	110	354.84
12. 侗 族	165	—	119	258.70
13. 布依族	105	—	54	105.88
14. 藏 族	143	—	125	694.44
15. 傈僳族	126	—	126	—
16. 维吾尔族	264	—	240	1 000
17. 赫哲族	232	—	217	1 446.67
18. 白 族	295	—	197	201.02
19. 高山族	49	—	30	157.89
20. 鄂温克族	43	—	34	377.78
21. 黎 族	39	—	10	34.48
22. 傣 族	46	—	28	155.56
23. 鄂伦春族	44	—	26	144.44
24. 俄罗斯族	44	—	36	450
25. 哈萨克族	38	—	33	660
26. 土 族	63	—	56	800

续表

民族别	人口总数	占全省少数民族人口比重(%)	1990年比1982年增(+)减(−)人口数	人口增长幅度(%)
27. 畲　族	31	—	30	3 000
28. 哈尼族	22	—	13	144.44
29. 基诺族	20	—	20	—
30. 柯尔克孜族	17	—	4	30.77
31. 羌　族	15	—	10	200
32. 水　族	14	—	4	40
33. 门巴族	11	—	11	—
34. 拉祜族	10	—	1	11.11
35. 仡佬族	10	—	10	—
36. 撒拉族	7	—	7	—
37. 仫佬族	4	—	4	—
38. 珞巴族	6	—	6	—
39. 纳西族	5	—	2	66.67
40. 保安族	4	—	−1	−20
41. 景颇族	3	—	3	—
42. 东乡族	2	—	1	100
43. 普米族	1	—	1	—
其他未识别	35	—	13	59.09
外国人加入	118	—	−38	−24.36

注:此表据吉林省1990年人口普查资料编制。

2000年,吉林省有48个少数民族,少数民族人口245.34万人,占全省总人口的9.15%。其中少数民族人口数较多的有:朝鲜族114.57万人,满族99.31万人,蒙古族17.20万人,回族12.56万人,锡伯族3 168人。全省有4个民族自治地方:延边朝鲜族自治州(1952年9月3日成立)、前郭尔罗斯蒙古族自治县(1956年9月1日成立)、长白朝鲜族自治县(1958年9月15日成立)、伊通满族自治县(1988年8月30日成立)。全省有34个民族乡(镇),其中10个蒙古族乡、7个朝鲜乡(镇)、10个满族乡(镇)、1个朝鲜族满族乡、4个满族朝鲜族乡、2个回族乡。全省还有近2 000个少数民族聚居村社。全省散杂居地区少数民族人口137.46万人,占全省少数民族人口总数的54.6%。

2000年,吉林省少数民族人口245.34万人,占全省总人口的9.15%。与1990年相比,民族成分增加了5个,达到48个。少数民族人口减少了7.2万人,比1990年下降了1.09个百分点,年平均增长速度为-0.21%,增长率为-2.85%。

2000年吉林省少数民族人口状况统计表

表4   单位:人

民族别	人口总数	占全省少数民族人口比重(%)	2000年比1990年增(+)减(−)人口数	人口增长幅度(%)
	2 453 376	100	−71 989	−2.85
1. 朝鲜族	1 145 688	46.7	−37 879	−3.2
2. 满 族	993 112	40.48	−61 423	−5.82
3. 蒙古族	172 026	7.01	15 538	9.93
4. 回 族	125 620	5.12	3 198	2.61
5. 锡伯族	3 168	0.129	−284	−8.23
6. 壮 族	1 655	0.067	401	31.98
7. 苗 族	1 531	0.062	1 036	209.29
8. 达斡尔族	490	—	99	25.32
9. 土家族	933	—	554	146.17
10. 彝 族	2 253	0.092	2 043	972.86
11. 瑶 族	220	—	79	56.03

续表

民族别	人口总数	占全省少数民族人口比重(%)	2000年比1990年增(+)减(−)人口数	人口增长幅度(%)
12. 侗　族	519	—	354	214.55
13. 布依族	1 074	—	969	922.90
14. 藏　族	1 615	0.066	1 472	1 029.37
15. 傈僳族	30	—	−96	−76.19
16. 维吾尔族	1 500	0.061	1 236	468.18
17. 赫哲族	190	—	−42	18.10
18. 白　族	298	—	3	1.02
19. 高山族	99	—	50	102.04
20. 鄂温克族	75	—	32	74.42
21. 黎　族	157	—	118	302.56
22. 傣　族	60	—	14	30.43
23. 鄂伦春族	125	—	81	184.09
24. 俄罗斯族	64	—	20	45.45
25. 哈萨克族	89	—	51	134.21
26. 土　族	49	—	−14	−22.22
27. 畲　族	45	—	14	45.16
28. 哈尼族	212	—	190	863.64
29. 基诺族	21	—	1	5
30. 柯尔克孜族	10	—	−7	−41.18
31. 羌　族	26	—	11	73.33

续表

民族别	人口总数	占全省少数民族人口比重(%)	2000年比1990年增(+)减(−)人口数	人口增长幅度(%)
32. 水　族	14	—	0	0
33. 门巴族	11	—	0	0
34. 拉祜族	12	—	2	20
35. 仡佬族	90	—	80	800
36. 撒拉族	9	—	2	28.57
37. 仫佬族	28	—	24	600
38. 珞巴族	5	—	−1	−16.67
39. 纳西族	15	—	10	200
40. 保安族	8	—	4	100
41. 景颇族	32	—	29	966.67
42. 佤　族	5	—	5	100
43. 普米族	19	—	18	1 800
44. 毛南族	3	—	3	—
45. 塔吉克族	3	—	3	—
46. 乌孜别克族	1	—	1	—
47. 京　族	1	—	1	—
48. 塔塔尔族	2	—	2	—
其他未识别	117	—	82	234.29
外国人加入	47	—	−71	−60.17

注:此表据吉林省2000年人口普查资料编制。

第四节 经 济

1986年,省民委组织力量对延边朝鲜族自治州、前郭尔罗斯蒙古族自治县、长白朝鲜族自治县贯彻《中华人民共和国民族区域自治法》情况进行了调查研究,提出了有关管理体制、扩大权限、经济建设、交通运输、民族教育、培养民族干部、广播电视、疾病防治、治理环境污染、增加编制、土地资源管理等问题和解决意见。省政府召开了有关委、办、厅、局负责同志参加的会议,对自治地方提出的意见和要求进行了认真的研究,解决了一些实际问题。

1987年,吉林省民族工作继续围绕增强民族团结和加快民族地区经济建设这个中心深入开展。认真贯彻了中共中央、国务院批转《关于民族工作几个重要问题的报告》的通知,开展了民族立法工作,《吉林省实施〈中华人民共和国民族区域自治法〉若干规定》的起草,已完成第三稿;省民委会同省委宣传部、省司法厅、省普法办联合转发了中宣部、司法部《关于在普及法律教育中组织学习〈民族区域自治法〉的通知》,省民委、省普法办编写了《民族区域自治法》辅导讲话;省民委、省财政厅、省税务局联合发出《关于采取特殊措施,加快民族乡经济发展的通知》,对民族乡、镇在财政体制、税收、贷款等方面提出了特殊政策和措施;根据国家民委的要求,经过推荐和考评,初步确定了吉林省参加全国民族团结进步表彰大会的先进集体和个人代表,并于12月下旬将推选情况向国家民委做了汇报;省民委、省委统战部在延吉市召开了全省民主党派、工商联智力支边、咨询服务第五次挂钩会议。1987年,在中央有关民族工作文件精神和改革、开放、搞活方针的指导下,全省民族地区各项事业有了新的发展,延边自治州、前郭自治县、长白自治县三个自治地方的工农业总产值达434 225万元,比1986年增长20.8%,其中工业产值达335 694万元,比1986年增长19.7%,农业总产值达98 531万元,比1986年增长24.8%。长白朝鲜族自治县的工农业总产值已提前13年实现翻两番。三个自治地方的粮食产量达123.88万吨,比1986年增长34.7%。1987年农村人均收入,延边自治州为542元,前郭自治县为550元,长白自治县为817元,均高于全省523元的平均水平。随着工农业生产的发展,民族地区的社会主义民族关系不断得到巩固,各民族之间的大团结不断加强,全省各地涌现出了一批民族团结进步的先进集体和模范个人。

1991年10月25日,省人民政府做出《批转省民委等部门关于加强民族贸易和民族用品生产供应工作意见的通知》,同时转发了省民委、省商业厅、省二轻厅、省纺织厅《关于加强民族贸易和民族用品生产供应工作的意见》。《意见》结合吉林省实际,提出了加强民族贸易和民族用品生产供应工作的政策和措施:(1)"八五"期间,在资金和税收等方面对民贸企业给予照顾。对民贸县独立核算商业企业的流动资金金额贷款,按正常流动资金贷款月利率优惠二厘四执行,利息优惠部分70%以上用于补充企业自有资金。对县及县以下民贸企业所得税减免50%;对新开办的县及县以下民贸企业,从开办之日起免征营业税、所得税1年;对原有的县及县以下民贸企业进行技术改造、扩大营业面积,可适当减免营业税、所得税;对县及县以下民贸企业在经营过程中遇到特殊情况,纳税确有困难的,可按税收管理体制的规定,报经批准给予减免税照顾。(2)"八五"期间对定点企业的流动资金贷款按正常流动资金贷款月利率优惠二厘四执行,对定点企业给予减免产品税、增值税和所得税的照顾,具体办法由省税务局和省民委提出,报省人民政府批准。民族用品生产所需的原材料,除中央有关部门计划安排外,省内已纳入计划的,有关部门要继续专项安排供应,没有纳入计划的,有关部门要给予专项安排,在价格上给予照顾。(3)加强对民族贸易网点建设和定点企业的技术改造。对国家和省安排的用于民贸网点建设的贷款利息,由省给予补贴;用于民族用品生产企业技术改造贷款的利息,由各级财政给予补贴。从城镇建设投资中提取7%的商业网点建设资金,用于基层民贸网点建设。从"支援不发达地区发展资金"中提取10%,用于扶持比较困难的民贸企业和民族用品定点企业。

1992年7月28~29日,在龙井市召开了全省民族用品生产座谈会。会议研究并提出了落实各项优惠政策,促进民族用品生产企业上新台阶的具体意见。主要包括:(1)民族用品的认定由民委、税务部门共同负责,认定标准适当放宽。(2)对盈利的民族用品企业减半征收所得税的照顾,要严格按照国务院文件规定执行。省对产品税、增值税要给予减免照顾。(3)对民族用品生产企业的减免税,可打破惯例,随报随批。(4)银行部门会同民委确定民族用品生产企业优惠贷款额度。(5)银行在贷款期上适当给予照顾。(6)对三、四类民族用品生产企业调整产品结构、开发新产品,银行可给予一定的贷款支持。(7)对纺织系统的13户民族用品生产定点企业1992年上半年未享受的优惠贷款利息,返还给企业。当年,全省民族乡(镇)企业发展喜人,32个民族乡(镇)工农业总产值达6.22亿元,其中,工业总产值1.73亿元,占工农业总产值的27.8%,林牧副渔业产值占农业总产值的25%。民族乡(镇)企业的发展,对整个民族经济起到了积极的促进作用,已经成为民族乡(镇)经济发展的重点支柱。

1993年,全省民族工作积极为振兴民族经济和建设发达的边疆近海省服务,进一步推动了民族地区改革开放和经济建设步伐,促进了民族团结进步事业的发展,民族工作取得了较大的成绩。全年共完成支边项目46项,组织到民族地区开展支边活动230多人次,为民族地区节约资金1 500多万元。培训各类专业技术人员1 800多人次。组织医疗队为民族乡村诊治患者2 600多人次。还组织了赈灾义演活动,为灾区各族人民筹集资金62万元。

1994年,少数民族经济建设有了新发展。全省自治地方国内生产总值达85.67亿元,比1993年增长13.3%;工农业总产值达123.71亿元,比1993年增长20.9%;人均工农业总产值达3 964元;农村人均纯收入达1 200元以上。全省6个财政收入亿元县中,民族地区占2个,其中延吉市成为全省县级市首富。延边朝鲜族自治州的经济和社会发展已走在全国30个自治州的前列。

1995年9月14日,省政府做出《关于促进少数民族和民族地区经济发展的决定》,加强对民族地区经济建设的领导和扶持力度。全年民族自治地方国内生产总值达135.6亿元,比1990年增长75.7%,工农业总产值达170.1亿元,比1990年增长41.5%,年均递增11.6%。其中,工业总产值达112.6亿元,年均递增6.59%,农业总产值达57.5亿元,年均递增6.7%。1995年,全省民族自治地方财政收入达13.93亿元,比1990年增长87%,年均递增13.3%。其中,延边朝鲜族自治州和前郭尔罗斯蒙古族自治县财政收入分别突破10亿元和亿元大关。1995年,民族自治地方社会商品零售总额达到72.45亿元,比1990年增长1.17倍,年均递增16.8%。自治地方农村人均收入有较大幅度增长,其中3个自治县超过全省平均水平。1995年,全省民族自治地方外贸出口总额达2.98亿美元,5年间年均递增28%。

1996年,继续在民族地区和民族乡(镇)开展脱贫致富奔小康竞赛活动,到年末,全省民族自治地方已有71个乡(镇)、1 241个村基本达到小康标准,分别占43%和64.5%;在33个民族乡(镇)中,已有6个乡(镇)和153个村达到小康标准,分别占18.2%和48.9%。全省民族自治地方的国内生产总值达到135.68亿元,比1995年增长10%;财政收入达到15.6亿元,比1995年增长15.7%;前郭蒙古族自治县和延边朝鲜族自治州的延吉、龙井、敦化市已进入全省财政收入亿元县行列。延边朝鲜族自治州农民人均纯收入达到1 678元,比1995年增长25.1%;前郭蒙古族自治县达到2 200元,比1995年增长11.1%;长白朝鲜族自治县达到2 486元,比1995年增长39.5%;伊通满族自治县达到2 204元,比1995年增长22.4%。除延边自治州外,3个自治县的农民人均纯收入均已超过全省农民人均纯收入的水平。

1997年3月30~31日,省民委在伊通满族自治县召开了全省民族地区脱贫致富奔小康第二次工作会议。全省各市州民委、自治县及自治州所辖县(市)党委、政府和辖民族乡的县(市)民委、33个民族乡(镇)负责同志,以及部分民委委员单位的同志近100人参加了会议。国家民委扶贫办副主任王海青应邀参加会议并讲话。副省长杨庆才到会讲话。会议总结了1996年全省民族地区和民族乡(镇)小康建设的成就,提出了1997年全省民族地区和民族乡(镇)开展竞赛活动,加快小康建设的目标和任务。当年,全省为民族地区发展争取资金,落实新增不发达地区发展资金800万元,落实民族乡(镇)企业利息贷款1 000万元,落实扶贫资金300万元。组织开展全省民族地区贫困状况的调查,协调民委委员单位和民主党派、大专院校为民族地区经济发展办实事。省民委同省政府发展研究中心共同调查总结延边州开展民族团结进步活动的经验,撰写了《民族团结进步的一面旗帜》的调查报告。受到省委、省政府和国家民委的肯定,省政府《参阅文件》、新华社《内部参考》和国家民委刊物转发了这个报告。制定下发了《吉林省民族团结进步活动暂行办法》促进了这项活动的规范化。

2000年,配合党中央、国务院提出的西部大开发战略,国家民委倡议发起了"兴边富民行动",这是实施西部大开发战略的一个配套性工作,并得到了党中央、国务院的高度重视和充分肯定。7月,成立了"兴边富民行动"领导小组,组长由副省长全哲洙担任,副组长由省政府副秘书长王富远和省民委主任金华担任,共有21个成员,办公室设在省民委。确定在10个边境县(市、区)开展"兴边富民行动",即:珲春市、图们市、和龙市、龙井市、安图县、集安市、八道江区、长白县、抚松县、临江市。9月15日,召开了领导小组第一次全体(扩大)会议,明确了人才培养、项目建设、政策扶持、改革开放等4项工作任务。10月28日,省兴边办在长春召开了10个边境县(市、区)民委主任参加的"兴边富民行动"通报会,了解掌握各地对省领导小组第一次全体会议精神的贯彻落实情况,部署下一阶段的工作。11月15日,省"兴边办"又召开了"兴边富民行动"领导小组成员单位联络员会议,各成员单位介绍了本部门开展兴边富民行动工作情况。12月13日,省民委同省委组织部联合组织安排边境县(市、区)干部到省直10个部门挂职锻炼,并召开了座谈会。省兴边办在各成员单位和边境民族地区的支持协助下,初步提出了《2000～2005年吉林省"兴边富民行动"规划》,草拟了《加强"兴边富民行动"意见》,把组织实施"兴边富民行动"写进了省政府工作报告,并纳入了全省"十五"计划和民族地区"十五"专项计划之中。

第五节　少数民族干部

1986年11月7～14日,省民委在梨树县叶赫满族乡举办了全省29个民族乡乡长训练班。在训练班上,省委农村工作部、省乡(镇)企业局和省民委的同志分别做了关于农村改革、发展乡(镇)企业和民族理论、民族政策等专题讲座。叶赫满族乡介绍了发挥本地优势,兴办家禽、水果等加工企业的经验。结合学习和参观,就如何加快民族乡经济发展问题进行了认真、深入的研究和讨论,提出了许多好的意见和建议。通过这次培训,开阔了眼界,解放了思想,提高了对搞好农村改革,大力发展乡(镇)企业重要意义的认识,加深了对民族理论和党的民族政策的理解,增强了加快民族乡经济建设的决心和信心。

1987年7月16～30日,省民委在梨树县叶赫满族镇举办了全省民族乡(镇)党委书记训练班。参加这次训练班的有来自全省30个民族乡(镇)的党委书记。训练班上,传达学习了中央有关民族工作的文件;省直有关部门同志分别做了关于建设具有中国特色的社会主义、新时期民族关系问题和发展民族经济问题等专题讲座;组织参观了叶赫满族镇的镇办企业。培训班结合学习参观,就如何加快民族乡(镇)的经济建设和培养、选拔少数民族干部等问题,进行了认真、深入的研究和讨论,提出了许多好的意见和建议。通过培训,大家进一步加深了对党的农村政策和民族政策的理解,提高了对发展乡(镇)企业重要意义的认识,增强了做好民族团结工作的自觉性,坚定了加快民族乡(镇)建设的信心。

1991年1月,省民委、省委组织部、省委统战部联合制定了《吉林省1991～1995年培养选拔少数民族干部工作规划》(简称《规划》)。《规划》提出培养选拔少数民族干部工作的指导思想和工作目标。其具体目标是:自治州、自治县和民族乡(镇)党政领导班子中少数民族干部比例要保持略高于少数民族人口的比例。自治地方党政领导班子中要注意配备有经济管理专业知识的少数民族干部;散杂居地区的少数民族领导干部比例要与少数民族人口比例相适应。少数民族人口较多的县(市)党政领导班子应注意配备少数民族干部;与少数民族和民族工作联系密切的县以上政府的有关部门,少数民族领导干部数量应有较大增加。少数民族人口较多地方的各级人民政府中与少数民族生产、生活关系密切的部门,都应配备一定数量的少数民族领导干部。

1991年,省民委在年初召开了全省民委主任会议,确定了全年工作的指导思想和基本任务,对全省民族工作做了具体部署。会议明确提出要进一步加强民族干部培训工作。省民委编辑出版《民族法规备要》一书,供全省民族工作干部学习使用。经过多方协商和努力,由省拨款140万元,解决了省民族干部学校校舍,增加了人员编制,为民族干部培训工作正常开展打下了基础。1991年,省民族干部学校组织教师到长春、白城、敦化、梅河口等地进行巡回讲课,共培训少数民族干部250人次。全省有8个市(地)、州及一些县(市)举办了少数民族干部培训班,其中延边建立了民族干部学校,并特别加强了对人口较少民族干部的培养。全省培养少数民族干部工作不断加强,正在逐步走向经常化、制度化。

1992年9月17～18日,省民委召开培养选拔少数民族干部工作座谈会。各市(地)、州和自治县民委负责同志参加会议。会上,传达学习了省委常委、省委组织部部长王金山在全省组织部长会议上的讲话;总结交流了各地培养选拔少数民族干部工作情况。会议研究下一步工作任务是:协同组织部门做好换届中选配少数民族干部工作;协同组织、统战部门,狠抓规划的落实工作;建立健全少数民族干部人才信息网络。

1993年10月22～23日,全省培养选拔少数民族干部工作会议在长春召开。省委副书记王金山、省委常委、省委组织部部长刘雅芝、副省长张岳琦、省政协副主席、省委统战部部长张铁男出席会议。会上,传达了全国培养选拔少数民族干部工作座谈会精神,总结了全省民族干部工作,讨论通过了《吉林省培养选拔少数民族干部工作八年规划》。省委副书记王金山做了讲话。会议指出,今后一个时期全省培养选拔少数民族干部工作的指导思想和中心任务是:以党的十四大为指针,坚持党的基本路线,坚持干部"四化"方针和德才兼备的原则,提高全省少数民族干部的素质,完善结构,稳步发展,尽快适应改革开放和经济建设需要,在增强民族团结,加快民族地区和全省社会主义现代化建设中做出新贡献。因此要真正从思想上认清做好少数民族干部工作的重要性和紧迫性;拓宽知人渠道,努力为发现、选拔和使用少数民族优秀人才创造条件;强化培养措施,提高少数民族干部整体素质。当年,举办了两期民族工作干部培训班,培训人员140人次。

1999年,加大了培养少数民族干部工作力度。省民委会同省委组织部、吉林大学举办了全省少数民族干部研究生课程进修班。组织民族地区党政领导和部分少数民族干部到上海、广东、四川、浙江学习考察民族工作。

第六节　民族教育

1988年,全省专设少数民族学校小学604所,其中朝鲜族546所,蒙古族34所;中学110所,其中朝鲜族97所,蒙古族8所。

1989年4月1日,延边大学建校四十周年。经过四十年的发展,学校现有本专科15个系25个专业,函授13个专业,夜大9个专业,研究生专业15个,其中具有博士学位授予权的学科1个,硕士学位授予权的学科12个。1988～1989学年第二学期在校生6 295人,其中本科生1 961人,专科生638人,研究生115人,函授、夜大等成人专业在校生3 581人。四十年来,学校为国家培养了14 774名各类专门人才,其中全日制学生9 006人,函授、夜大学生5 768人。毕业生遍及全国,主要分布于东北三省,为朝鲜族教育、科学文化、经济事业,特别是为延边的发展做出了贡献。当年,全省有专设少数民族中学112所,小学576所。其中朝鲜族中学98所,小学510所;蒙古族中学8所,小学43所;少数民族专设班1 290个,其中朝鲜族1 176个,蒙古族114个。在少数民族学校及专设班中,中学在校生65 275人,其中朝鲜族56 832人,蒙古族3 612人;教职工7 532人,其中朝鲜族6 606人,蒙古族227人;小学在校生122 522人,其中朝鲜族105 905人,蒙古族8 198人;小学教职工9 350人,其中朝鲜族7 900人,蒙古族586人。

1990年10月8～11日,全省民族中学工作经验交流会在吉林市召开。朝鲜族、蒙古族、回族、满族、汉族等5个民族的民族教育行政人员和民族中学校长共63人参加了会议。会上有10所中学就德育工作、教学管理、教学改革、学生食堂和宿舍管理,勤工俭学工作交流了经验。与会人员考察学习了吉林市朝中、永吉朝一中和二中、磐石县红光中学的办学经验及其所在县(市)政府、教育行政部门认真抓民族教育、肯于投资,办实事,使民族教育稳定提高的经验。当年,全省有专设少数民族中学112所,小学576所。其中朝鲜族中学98所,小学510所;蒙古族中学8所,小学43所。少数民族专设班中,小学共6 311个,其中朝鲜族中学班1 369个,蒙古族中学班93个;朝鲜族小学专设班4 195个,蒙古族专设班358个。少数民族学校及专设班中,中学在校生65 275人,其中朝鲜族56 832人,蒙古族3 612人;中学教职工7 538人,其中朝鲜族6 606人,蒙古族227人;小学在校生122 522人,其中朝鲜族105 905人,蒙古族8 198人;小学教职工9 350人,其中朝鲜族7 900人,蒙古族586人。全省有2所民族师范学校。延边第一师范学校设有普师班、幼师班、汉师班,在校生828人,教职工115人。前郭蒙古族师范学校设有普师班、幼师班、民师班,在校生280人。

1991年,全省专设少数民族中小学666所,其中朝鲜族中学96所,蒙古族中学6所,朝鲜族小学496所,蒙古族小学39所。专设少数民族班(指联合中小学民族班)1 213个,蒙古族100个。全省少数民族学校和专设班中中学在校生共63 015人,其中朝鲜族中学在校生55 083人,蒙古族中学在校生3 441人;少数民族小学校和专设班中小学在校生121 910名,其中朝鲜族107 112人,蒙古族6 116人。全省民族中学(含专设班)教职工共7 606人,其中朝鲜族6 692人,蒙古族229人;小学教职工(含专设班)共9 179人,其中朝鲜族小学教职工7 863人,蒙古族小学教职工509人。全省2所民族师范学校。延边第一师范学校设有普师班、幼师班、汉师班,在校生828人,教职工115人。前郭蒙古族师范学校设有普师班、幼师班、民师班、在校生共280名。

1992年,省教委、省民委在广泛深入调查研究的基础上,联合起草了《关于加强民族教育工作若干问题的意见》,经全省民族工作会议讨论修改,并经省政府批准,以省教委、省民委文件印发各市(地)、州、县人民政府执行。1992年,全省有4所民族大专院校(延边大学、延边医学院、延边农学院、吉林艺术学院延边分院),在校生4 883人,教职工2 404人;有9所民族中等专业学校(延边工业学校、延边林业学校、延边卫生学校、延边财贸学校、延边警察学校、延边体育运动学校、延边艺术学校、延边第一师范学校、前郭蒙古族师范学校),在校生5 855人,教职工955人。独立设置的少数民族中学106所,在校生57 841人,教职工6 503人;独立设置少数民族小学513所,在校学生共有100 845人,教职工7 871人。在第四次全国民族教育工作会议上,延边州政府、前郭县政府、吉林市朝鲜族中学3个单位获得全国民族教育先进集体,长春市全哲范、镇赉县宋国恩、龙井市金士星、和龙县郑惠淑、长白县金炼丰、梅河口市金晓旭6名个人获得"全国民族教育先进个人"称号。

1994年,全省有民族中小学校639所,在校学生15.7万人。自治地方有大专院校5所,中等专业学校9所。延边自治州已形成了从幼儿教育到高等教育完整的民族教育体系。全州适龄儿童入园率、小学入学率和升学率、初中升学率、高考升学率、每万人口具有大专文化程度人口比例均高于全国和全省平均水平。全省民族地区普及9年制义务教育和扫除青壮年文盲率达到全省平均水平,其中朝鲜族扫除青壮年文盲率达到99%,高于全省平均水平。

1996年,认真落实《关于加强民族教育若干问题的意见》,在民族中小学校开展了民族知识教育试点工作。加强少数民族语言文字工作,召开了东北三省民委语办主任联席会议、朝鲜语术语标准化工作委员会会议、朝鲜语语言学者国际学术会议、中国朝鲜语规范委员会成立十周年座谈会和全省蒙古语文学会年会。起草了《关于加强民族传统体育工作的意见》，促进了民族各项事业的发展。继续会同《吉林日报》办好《民族繁荣》专栏。完成了国家民委关于周边国家民族政策与民族关系课题的调查研究工作。在国家民委举办的全民委系统优秀政策研究成果评选活动中，吉林省有7篇（部）论文、调查报告和专著获奖。

1998年11月18日，东北三省朝鲜语文工作协作领导小组第二次会议在长春召开。国家民委副主任李晋有，东北三省有关部门负责同志，东北三省和北京的部分朝鲜语文专家、学者共50余人出席了会议。会议由副秘书长王富远主持，金华致辞，全哲洙代表东北三省朝鲜语文工作协作领导小组做工作报告，听取了辽宁、黑龙江两省的工作经验交流，选举产生了新一届"三协"领导小组，表彰了21位先进个人，讨论通过了《东北三省朝鲜语文工作领导小组简则》和《1998～2000年东北朝鲜语文工作规划》。会议确定了今后一个时期"三协"工作的主要任务是进一步做好朝鲜语文规范及其成果转化工作；不断加强朝鲜语文协作工作制度建设；切实搞好朝鲜语文教材和出版协作；深入开展朝鲜语文方面的学术研究；努力使协作工作更好地为经济建设服务。

1998年11月28日，《吉林省少数民族教育条例》经吉林省九届人民代表大会常务委员会第六次会议通过，《条例》共26条，自1999年1月1日起施行。

第七节　促进民族团结进步

1988年4月25日至29日，国务院第一次全国民族团结进步表彰大会在北京隆重召开。时任党和国家领导人出席了会议开幕式。表彰大会表彰的吉林省先进集体15个：长白朝鲜族自治县、梨树县叶赫满族镇、集安市人民政府、延边大学、前郭尔罗斯蒙古族自治县查干花种畜场、图们市民族塑料厂、辽源市牛羊经销公司、通化市回族副食品商店、汪清县大兴沟镇第一小学、汪清县大兴沟镇第二小学、吉林省财政厅、长春第一汽车制造厂、东北师范大学民族预科班、长春电影制片厂、吉林省军区边防团驻珲春防川七一分队。表彰先进个人26名。其中，汉族10人、朝鲜族8人、蒙古族4人、满族3人、回族1人。

1990年12月1日，省政府在长春召开代国家民委向本省的全国民族团结进步先进集体、先进人物授奖大会，国家民委副主任李德洙到会表示祝贺。省民委主任金涛宣读了吉林省受国家民委表彰的73个民族团结进步先进集体、先进人物和国家机关、民主党派、解放军、武警部队在吉林省的11个先进集体、先进人物名单。副省长张岳琦在会上讲了话。会上，省领导向受表彰的全国民族团结进步先进集体、先进人物代表颁发了奖状、奖章和荣誉证书。

1991年1月30日,省民委、省工商局、省商业厅、省经贸委联合发出《关于做好清真食品管理工作的通知》,就认真贯彻执行党和国家的民族政策,切实尊重少数民族风俗习惯,进一步加强全省清真食品管理工作做出具体规定:(1)清真饮食服务行业各单位的经营者、管理人员、采购人员、厨师均必须是回族。清真饭店(馆)的从业人员中,回族职工应占职工总数的60%以上。(2)从事清真食品加工的企业,主要管理人员和技术人员必须由回族人担任,加工清真食品的企业和个人不得加工伊斯兰教禁忌的食品。(3)在清真食品加工或饮食服务单位工作的汉族职工,必须切实尊重少数民族的风俗习惯。(4)凡是供应给信仰伊斯兰教的少数民族的牛羊肉,必须由阿訇屠宰。清真饭店使用的牛羊肉必须是阿訇屠宰的。(5)凡是供应信仰伊斯兰教的少数民族的肉食、糕点等食品加工、储运、销售所需的工具、容器、车辆、柜台、仓库必须专用,不得与普通食品混用。(6)凡从事清真食品加工、销售和清真饮食服务行业的单位或个人,必须由县(市、区)民族工作部门审核并领取"清真"标志,由同级工商行政管理部门颁发营业执照。否则不得经营和加工清真食品。(7)凡对伊斯兰教国家和地区出口的牛羊、家禽等肉食,要严格按照伊斯兰教风俗由阿訇屠宰,加工、包装、运输一律要符合"清真"标准。(8)要进一步加强对清真食品、清真饮食服务进行的监督管理,一经发现不尊重少数民族风俗习惯的经营活动必须及时纠正,情节严重的要严肃处理。

1993年,深入开展民族团结进步活动。根据延边朝鲜族自治州申报和省政府批示,会同省人大、省政协、省委统战部、省人事厅等十几个部门和单位,组成了命名延边民族团结进步模范州工作领导小组,制定了民族团结进步模范州标准和验收方案,并于6月中旬对延边朝鲜族自治州贯彻江泽民总书记题词精神,开展创建民族团结进步模范州情况进行调查,写出调查报告上报省政府。同时,认真整理有关上报材料,积极向国家民委汇报并进行协调,做好有关争取国家命名的准备工作。会同团省委开展了各族青年团结进步表彰活动,做好推荐工作,全省有1个先进集体、5个先进个人受到了国家民委和团中央的表彰,1个模范集体和14个模范个人受到省民委和团省委的通报表扬。

1994年9月29日,在北京召开的国务院第二次全国民族团结进步表彰大会上,吉林省有40个模范集体和模范个人受到国务院表彰。其中,延边自治州是全国30个自治州中唯一被国务院命名的民族团结进步模范自治州。前郭、长白被命名为全国民族团结进步模范自治县。延边自治州州长郑龙喆在表彰大会上第一个介绍了经验。吉林省获表彰模范集体:吉林省延边朝鲜族自治州、吉林省延边朝鲜族自治州民族事务委员会、吉林省延边朝鲜族自治州林业管理局、沈阳铁路局图们铁路分局、吉林省延边州延吉市、吉林省延边州龙井市、吉林化学工业公司、吉林省四平市梨树县叶赫满族镇、吉林省中国第一汽车集团公司、吉林省长春市水利局、吉林省通化市回族副食品商店、吉林省东辽县白泉镇集贤村、吉林省白城市通榆县蒙古族中学、吉林省前郭尔罗斯蒙古族自治县、吉林省财政厅、吉林省电力工业局、中国农业银行吉林省分行、吉林省长白朝鲜族自治县。还有22个模范个人。

1995年，深入开展民族团结进步活动。召开专题会议，总结推广延边朝鲜族自治州争创全国民族团结进步模范州的经验，继续在全省开展争创民族团结进步"双先""双模"活动。

1996年，全省民族工作以民族团结进步为主线，围绕经济建设这个中心，促进了少数民族和民族地区各项事业的发展。民族团结进步活动取得了新的进展。省民委继续大力推广延边自治州经验，制定了《吉林省民族团结进步活动暂行办法》，加强对民族团结进步活动的规范化、制度化管理。民族经济工作进一步得到加强。继续在民族地区开展脱贫致富奔小康竞赛活动，加强对少数民族生产生活专项资金和新增不发达地区发展资金的管理和使用，密切协调有关部门，为民族地区经济发展提供支持和服务。落实《吉林省培养选拔少数民族干部工作八年规划》，向省委组织部门推荐了一批少数民族后备干部，并配合组织部门选送一批少数民族干部到经济发达地区和中央国家机关挂职锻炼。省民族干部学校与吉林工学院联合办学，定向为民族乡（镇）培养人才。

1999年9月29日，国务院第三次全国民族团结进步表彰大会在人民大会堂举行，江泽民同志出席大会并讲话。同年11月1日，吉林省第三次民族团结进步表彰大会在长春南湖宾馆隆重举行。省委、省人大、省政府、省政协、省军区的主要领导王云坤、洪虎、张岳琦、阎海鹏、王儒林、全哲洙、郑龙喆出席了会议。国家民委副主任李晋有专程到会祝贺。参加大会的还有各市州及自治县党政领导、统战部长、民委主任，受国务院和省政府表彰的模范集体和个人代表，省直各有关部门及民委委员单位负责人。会议由省长洪虎主持。省委书记王云坤做了题为《切实做好世纪之交的民族工作》的讲话，对做好当前全省民族工作提出了具体要求。会上，国家民委副主任李晋有代表国家民委讲话。副省长全哲洙宣读了省政府表彰决定，103个集体和157名个人受到表彰。省长洪虎作总结讲话。

第八节　文化体育

1988年8月10～16日，全国部分省、市、区第一届朝鲜族少年儿童艺术节，在延吉市举行。来自北京、内蒙古、辽宁、黑龙江、吉林等省、市、区和沈阳铁路局的15个代表队以及来自上海、天津、新疆的部分代表共450名参加了艺术节活动。文化部副部长高占祥、吉林省人大常委会副主任崔林等领导观看了表演。艺术节期间共演出150个音乐、舞蹈等节目。大会评选出特等表演奖、舞蹈创作奖等7项奖244个。沈阳铁路局图们铁路第一小学组成的红领巾艺术团的表演囊括大会设的两个特等奖。这次艺术节活动由吉林省主办,并得到国家、省内有关部门及部分朝鲜族知名企业家的赞助。举办朝鲜族少年儿童艺术节,是新中国建立以来的第一次。

1991年5月5日,省教委、省民委在前郭县举办了全省蒙古族中小学独唱比赛。3个地区5个县派出代表共30名参加了此次比赛。选手们用蒙、汉两种语言演唱了民族歌曲和其他歌曲。同年7月23日~24日,在长春市朝鲜族中学由省教委、朝鲜族中学生报社等4个单位联合举办了全省散杂地区朝鲜族中学生演讲比赛,48所中学的60名选手参加了这项比赛。8月4~5日,在永吉县体育场举行了全省朝鲜族、蒙古族初中民族传统项目体育运动会。大会设朝鲜族、蒙古族摔跤、秋千、跳板等项目。9个地区都派代表参加了此次比赛。8月15~20日,在哈尔滨市举行了第二次全国部分省、市、区朝鲜族少儿艺术节。吉林省共派出4个代表队参加此次艺术节活动。吉林省共获器乐、舞蹈、创作、表演奖等共46项,其中一等奖6项,二等奖14项,三等奖26项。9月26~28日,省民委、省文化厅、省广播电视厅在长春联合举办吉林省首届少数民族业余文艺调演。来自长春、延边、吉林、通化、白城、四平、浑江、辽源、前扶的9支代表队参加了调演。演出的节目热情歌颂了党的民族政策,宣传了改革开放以来全省各族人民在政治、经济、文化等各方面取得的成就,赞扬了民族团结的新风尚。副省长王云坤等领导出席了闭幕式,并向被评选出的优秀节目和表演人员颁发了奖品和证书。

1991年11月10~17日,吉林省体育代表团参加了在广西南宁举行的第四届全国少数民族传统体育运动会。获得了金牌3枚、银牌2枚、铜牌2枚,列团体总分第四,并获得表演项目一等奖和体育道德风尚奖,改写了吉林省上届民运会零的历史。各种形式的少数民族文体活动,既活跃、丰富了少数民族的文化生活,又为增进民族团结,促进精神文明建设做出了贡献。

1993年,由省民委、省体委主办,龙井市人民政府承办的吉林省第一届少数民族传统体育运动会,8月27~29日在龙井市举行。来自辽源、四平、松原、白城、长春、浑江、通化、吉林、延边9个地区的近300名运动员、教练员、裁判员参加了首届运动会。省委副书记张德江、省人大党委会副主任阿古拉、副省长张岳琦、副省长全哲洙、省政协副主席、省委统战部部长张铁男,以及省级原老领导张凤岐、徐元存、高文应邀出席了大会。国家民委、国家体委也派代表到会,并为大会发来了贺电。获得秋千、跳板、摔跤、射箭、珍珠球5个项目团体总分前6名的代表队是:延边、四平、长春、松原、吉林、浑江。闭幕式由省民委副主任奎速主持,省体委主任王富远致闭幕词。1993年,省民委会同省教委举办了全省民族中小学"双语"书法比赛和民族中学校长研讨会。组织参加了第三届中国民间艺术节活动和"楚雄杯"全国少数民族学讲普通话大赛。完成了《中国民族文化大观》和《中国民族文字与书法宝典》中朝鲜族部分的编写和送审工作。完成了中央民族学院、东北民族学院委托的招生录取工作。组织开展了《中国少数民族大辞典》朝鲜族分卷的编写工作。会同省妇联开展了农村少数民族妇女"双学双比"工作,开展了全省少数民族妇女情况的调查。进一步加强了民族研究工作,切实开展少数民族经济、文化、历史方面的研究和民族古籍整理出版工作。

1994年,全省共有少数民族文化馆站164个,少数民族专业文艺团体12个,创作和演出了一批在全省、全国有影响的好作品。

1995年11月5～12日,继续抓好少数民族各项社会事业发展。组织参加了在云南昆明举办的第五届全国少数民族传统体育运动会,获奖牌6块。举办了全省民族中小学校"双语"基本功竞赛。召开了全省散杂地区少数民族职业教育座谈会。

1997年,由省民委、省体委主办,前郭自治县政府承办的全省第二届少数民族传统体育运动会于9月7～9日在前郭蒙古族自治县举行。来自全省9个市州的朝鲜族、满族、蒙古族、回族和哈萨克族的334名运动员、教练员参加了本届民运会。大会由吉林省第二届民运会组委会副主任、省民委主任金华主持,本届民运会组委会主任、副省长桑逢文致开幕词。本届民运会共设秋千、跳板、珍珠球、摔跤、武术、赛马等6个项目28块金牌。经过3天的比赛,延边等6个代表团获得竞赛奖,长春等4个代表团获得体育道德风尚奖。省政府副秘书长王立英在闭幕式上致闭幕词。国务委员兼国家民委主任司马义·艾买提、国家民委副主任李晋有为民运会题了词。国家体委发来了贺电。国家民委文宣司司长方鹤春到会指导。

1999年,吉林省少数民族传统体育代表团参加了于8月下旬至9月下旬分别在西藏和北京举行的第六届全国少数民族传统体育运动会,共获得金牌5枚(秋千团体、双人触铃、双人高度、单人触铃、武术鹰爪拳)、银牌5枚(秋千双人触铃、双人高度、单人触铃、单人高度、摔跤90公斤级)、铜牌2枚(珍珠球、武术双鞭)、表演项目一等奖1个、二等奖1个、三等奖1个。金牌总数列本届民运会第八名,北京赛区第四名。其中,秋千项目共设5枚金牌,吉林省夺得4枚,秋千运动队还获得"体育道德风尚奖"。

2000年9月,国家民委、广播电影电视总局、文化部、中国文联共同主办了第八届全国少数民族题材电视艺术"骏马奖"评奖。吉林省民委会同省广播电视局、文化厅、省文联,事先做了认真筛选,共推荐参评作品7部,其中有4部分别获得一等奖、三等奖、最佳译制奖和提名奖。此外,由中央电视台、吉林电视台、辽宁电视台联合制作的电视剧《三请樊梨花》获三等奖。与此同时,还荣获最佳组织奖。

第二章　朝鲜族

第一节　人　口

　　吉林省是朝鲜族主要聚居区,是吉林省少数民族中人口最多的民族。根据1990年第四次全国人口普查,吉林省朝鲜族人口为1 183 567人,占吉林省总人口(24 659 790人)的4.8%,占全国朝鲜族人口(1 923 361人)的61.54%;根据2000年第五次全国人口普查,吉林省朝鲜族人口为1 145 688人,占吉林省总人口(26 802 191人)的4.27%,占全国朝鲜族人口(1 923 842人)的59.55%。

一、人口分布

　　(一)全省朝鲜族人口分布。吉林省朝鲜族主要聚居于延边朝鲜族自治州和长白朝鲜族自治县,1990年第四次人口普查,两个民族自治地方朝鲜族人口为837 279人,占全省朝鲜族人口的70.74%。延边朝鲜族自治州、吉林市、通化市、长春市、白山市、四平市、辽源市、松原市、白城市朝鲜族人口占吉林省朝鲜族人口的比重分别是69.52%、14.12%、8.39%、4.05%、2.14%、0.74%、0.62%、0.25%、0.17%。2000年第五次人口普查两个朝鲜族民族自治地方人口为814 824人,占71.12%。延边朝鲜族自治州、吉林市、通化市、长春市、白山市、四平市、辽源市、松原市、白城市朝鲜族人口占吉林省朝鲜族人口的比重分别是:69.94%、14.01%、7.98%、4.33%、2.04%、0.72%、0.61%、0.26%、0.13%。

　　吉林省朝鲜族人口多聚居于边境地区。在全省60个县市区中,有延边朝鲜族自治州的图们市、珲春市、龙井市、和龙市、安图县,白山市的八道江区、长白朝鲜族自治县、抚松县、临江市和通化市的集安市等10个边境县市区。据1990年第四次人口普查,这10个边境县市区朝鲜族人口为574 149人,占全省朝鲜族人口的48.5%。据2000年第五次人口普查,10个边境县市区朝鲜族人口为512 139人,占全省朝鲜族人口的44.7%。延边朝鲜族自治州所属8个县市中,有5个边境县市、22个边境乡(镇)。1990年第四次人口普查时,延边州5个边境县市朝鲜族人口535 239人,占全州朝鲜族人口的65.1%;2000年第五次人口普查时,延边州5个边境县市朝鲜族人口476 418人,占全州朝鲜族人口的59.5%。

1990年、2000年吉林省各县市区朝鲜族人口统计表

表5　　　　　　　　　　　　　　　　　　　　　　　　　　　　　　　　单位:人

地区别	1990年第四次人口普查	2000年第五次人口普查	地区别	1990年第四次人口普查	2000年第五次人口普查
总计	1 183 567	1 145 688	东昌区	5 019	5 026
长春市	47 900	49 588	二道江区	2 260	2 114
南关区	4 974	5 655	通化县	12 367	11 982
宽城区	4 090	4 069	辉南县	15 767	14 995
朝阳区	14 222	10 746	柳河县	21 267	17 566
二道区	2 765	4 468	梅河口市	26 905	25 467
绿园区	1 190	7 664	集安市	15 712	14 265
双阳区	6 366	5 155	白山市	25 359	23 414
农安县	358	329	八道江区	4 642	4 249
九台市	10 048	8 621	江源区	1 141	1 009
榆树市	3 022	2 075	靖宇县	1 020	949
德惠市	865	806	长白县	14 478	13 614
吉林市	167 159	160 479	抚松县	2 268	1 835
昌邑区	8 985	22 151	临江市	1 810	1 758
龙潭区	8 308	22 063	松原市	2 967	2 930
船营区	7 892	10 623	宁江区		868
丰满区	13 025	4 892	扶余市	975	620
永吉县	41 270	23 367	长岭县	173	115
蛟河市	24 819	22 423	乾安县	163	86

续表

地区别	1990年第四次人口普查	2000年第五次人口普查	地区别	1990年第四次人口普查	2000年第五次人口普查
桦甸市	8 785	6 343	前郭县	1 656	1 241
舒兰市	27 053	24 581	白城市	1 961	1 443
磐石市	27 022	24 036	洮北区	757	578
四平市	8 794	8 275	镇赉县	588	415
铁西区	816	924	通榆县	136	102
铁东区	575	636	洮南市	321	246
梨树县	1 226	1 009	大安市	159	102
伊通县	1 836	1 855	延边州	822 801	801 210
公主岭市	3 963	3 473	延吉市	177 661	231 280
双辽市	378	378	图们市	70 278	69 426
辽源市	7 328	6 934	敦化市	24 745	20 026
龙山区	1 782	1 682	珲春市	92 248	77 958
西安区	352	284	龙井市	183 876	171 128
东丰县	3 403	3 285	和龙市	136 853	112 571
东辽县	1 781	1 683	汪清县	85 156	73 486
通化市	99 298	91 415	安图县	51 984	45 335

注：表中数据来自吉林省人口普查办公室编《吉林省第四次人口普查手工汇总资料汇编》，中国统计出版社1991.1.5；吉林省人口普查办公室编《吉林省2000年第五次人口普查资料》第一册，中国统计出版社2002.8。

（二）朝鲜族自治地方朝鲜族人口。延边朝鲜族自治州是全国最大的朝鲜族聚居区，是东北地区唯一的少数民族自治州，也是中国唯一的朝鲜族自治州。1990年第四次人口普查时，延边朝鲜族自治州朝鲜族人口占吉林省朝鲜族人口的69.52%，占中国朝鲜族人口的61.54%；2000年第五次人口普查时，延边朝鲜族自治州朝鲜族人口占吉林省朝鲜族人口的69.9%，占中国朝鲜族人口的59.55%。

延边州朝鲜族主要分布在延吉、龙井、和龙、珲春、图们、汪清等县市。2000年末，全州朝鲜族人口为801 210人。其中，延吉市231 280人，占28.87%；龙井市

171 128人,占21.36%;和龙市112 571人,占14.05%;珲春市77 958人,占9.73%;汪清县73 486人,占9.17%;图们市69 426人,占8.66%;安图县45 335人,占5.66%;敦化市20 026人,占2.50%。

长白朝鲜族自治县,1990年朝鲜族人口为14 478人,2000年朝鲜族人口为13 614人。

二、人口结构

(一)性别构成。1990年第四次人口普查时,吉林省朝鲜族男性人口587 313人,占总人口的49.62%,女性人口596 254人,占总人口的50.38%,人口性别比(以男性为100,女性对男性的比例)为101.5;而2000年第五次人口普查时,吉林省朝鲜族男性人口为571 437人,占总人口的49.88%,女性人口为574251人,占50.12%,人口性别比(以男性为100,女性对男性的比例)为100.49。朝鲜族人口性别比第五次人口普查比第四次人口普查下降1.01,逐渐趋于平衡。

(二)文化构成。1990年第四次人口普查时,吉林省朝鲜族具有各类文化程度的人口占朝鲜族总人口的82.01%,其中,具有大学本科以上文化程度的人口占具有各类文化程度的人口2.77%;具有大学专科文化程度的人口占2.46%;具有中专文化程度的人口占4.47%;具有高中文化程度的人口占23.16%;具有初中文化程度的人口占40.29%;具有小学文化程度的人口占26.85%。1990年第四次人口普查时,吉林省朝鲜族每10万人中具有大学文化程度的人口为2 273人。2000年第五次人口普查时,吉林省朝鲜族具有各类文化程度的人口占总人口的94.2%,其中,具有大学本科以上文化程度的人口占具有各类文化程度人口的3.90%;具有大学专科文化程度的人口占4.30%;具有中专文化程度的人口占5.38%;具有高中文化程度的人口占21.71%;具有初中文化程度的人口占43.75%;具有小学文化程度的人口占20.42%;参加扫盲班的人口为5 703人,占0.53%。

1990年第四次人口普查,延边朝鲜族自治州具有各种文化程度人口为1 643 721人,其中,具有大学本科以上文化程度人口26 913人,占1.64%;具有大学专科文化程度人口36 283人,占2.21%;具有中专文化程度人口62 929人,占3.83%;具有高中文化程度人口358 885人,占21.83%;具有初中文化程度人口644 683人,占39.22%;具有小学文化程度人口514 028人,占31.27%。2000年第五次人口普查时,全州受教育人口为2 005 722人,其中,具有大学本科以上文化程度人口51 498人,占2.57%;具有大学专科文化程度人口80 422人,占4.01%;具有中专文化程度人口98 098人,占4.89%;具有高中文化程度人口396 181人,占19.75%;具有初中文化程度人口871 454人,占43.45%;具有小学文化程度人口508 069人,占25.33%。2000年第五次人口普查与1990年第四次人口普查相比,全州每万人中具有初中以上文化程度的人口由7 903人上升为9 077人,每万人中具有大学以上文化程度的人口由

304人上升到597人,增幅达96.38%。2000年末,全州每10万人中就有5 945人具有大学文化程度,是全国平均数的2.1倍。

1990年、2000年吉林省朝鲜族人口文化程度统计表

表6　　　　　　　　　　　　　　　　　　　　　　　　　　　　　　　　　单位:人

		1990年第四次人口普查	2000年第五次人口普查
具有各类文化程度人口的总数		970 647	1079 528
其中	具有大学本科以上文化程度人口	26 902	42 109
	具有大学专科文化程度人口	23 870	46 433
	具有中专文化程度人口	43 343	58 115
	具有高中文化程度人口	224 822	234 459
	具有初中文化程度人口	391 107	472 265
	具有小学文化程度人口	260 603	220 444
	参加扫盲班的人口	—	5 703
不具备各类文化程度的人口		212 920	66 160
每十万人具有大学以上文化程度的人口		2 273	3 675

注:资料来自吉林省1990年人口普查资料、2000年人口普查资料(电子计算机汇总)。2000年吉林省朝鲜族行业门类人口数系长表汇总总系数抽样数据,抽样比例为9.23%。其计算方法为:长表汇总总人口数／综合汇总总人口数,可以此推算总体。表中2000年数据为推算总数。

（三）**在业人口行业分布。**1990年第四次人口普查时,吉林省朝鲜族在业人口占朝鲜族总人口的56.06%,其中,农林牧渔水利业人口占在业人口总数的51.07%;工业人口占21.2%;地质普查和勘探业人口占1.44%;建筑业人口占1.81%;交通运输、邮电通信业人口占2.92%;商业、公共饮食业、物质供销和仓储业人口占8.63%;房地产管理、公用事业、居民服务和咨询服务业人口占1.52%;金融、保险业人口占1.07%;卫生、体育和社会福利事业人口占2.09%;教育、文化艺术和广播电视事业人口占5.19%;科学研究和综合技术服务事业人口占0.4%;国家机关、政党机关和社会团体人口占3.93%;其他行业人口占0.01%。2000年第五次人口普查时,吉林省朝鲜族在业人口占朝鲜族总人口的40.35%,其中,农林牧渔业人口占在业人口总数的49.31%;工业人口占12.15%;建筑业人口占2.32%;地质勘探业、水利管理业人口占0.17%;交通运输、仓储及邮电通信业人口占3.06%;商业、公共饮食业、物质供销和仓储业人口占12.95%;金融、保险业人口占1.57%;房地产管理、公用事业及居民服务和咨询服务业人口占4.86%;卫生、体育和社会福利事业人口占2.53%;教育、文化艺术及广播电影电视事业人口占5.58%;科学研究和综合技术服务业人口占0.39%;国家机关、政党机关和社会团体人口占4.55%;其他行业人口占0.56%。

2000年第五次人口普查时,吉林省朝鲜族在业人口比第四次人口普查减少189 376人,下降16%;在业人口占朝鲜族总人口比重由56.06%下降为40.35%,下降15.71个百分点,这主要是因为流动人口特别是出国劳务人员和婚嫁国外的妇女的急剧增加以及人口老龄化趋势进一步加剧,因而带动离退休人员的增加。1990年第四次人口普查时吉林省朝鲜族离退休人员总数为40 481人,占朝鲜族人口的3.42%;2000年第五次人口普查时离退休人员总数达到72 852人,占朝鲜族人口的6.36%,提高2.94个百分点。

1990年、2000年吉林省朝鲜族行业门类人口统计表

表7 单位:人

	1990年第四次人口普查			2000年第五次人口普查		
	小计	男	女	小 计	男	女
在业人口数	651 642	353 725	297 917	462 266	256 622	205 644
农林牧渔及水利业	332 823	175 266	157 557	227 944	126 793	101 151
工业(含采掘业、制造业和电力煤气及生产和供应业)	138 200	77 007	61 193	56 174	35 379	20 795
地质勘查和勘探业	936	740	196	766	572	194
建筑业	11 795	9 155	2 640	10 744	9 332	1 412
交通运输、邮电通信	19 053	14 721	4 332	14 150	10 698	3 452
商业、公共饮食业、物质供销和仓储业	56 209	23 940	32 269	59 857	21 635	38 222
金融、保险业	6 848	3 608	3 340	7 273	3 406	3 867

续表

	1990年第四次人口普查			2000年第五次人口普查		
	小计	男	女	小 计	男	女
房地产管理、公用事业及居民服务和咨询服务业	9 931	4 445	5 486	22 457	13 652	8 805
卫生、体育和社会福利事业	13 601	5 467	8 134	11 695	5 289	6 406
教育、文化艺术和广播电视事业	33 805	17 549	16 256	25 788	11 574	14 214
科学研究和综合技术服务事业	2 664	1 751	913	1 800	1 255	545
国家机关、政党机关及社会团体	25 614	20 034	5 580	21 054	15 396	5 658
其他行业	63	42	21	2 566	1 643	923

注：资料来自吉林省1990年人口普查资料、2000年人口普查资料（电子计算机汇总）。2000年吉林省朝鲜族行业门类人口数系长表汇总系数抽样数据，抽样比例为9.23%。其计算方法为：长表汇总总人口数／综合汇总人口数，可以此推算总体。表中2000年数据为抽样比例推算总数。

（四）城乡分布。根据2000年第五次全国人口普查，吉林省朝鲜族人口1 145 688人，其中：城市人口为511 832人，占吉林省朝鲜族人口的44.68%；镇人口227 785人，占19.88%；乡村人口406 071人，占35.44%。城镇人口已超过乡村人口333 546人，比重超过29.12个百分点。

（五）年龄构成。随着吉林省经济社会快速发展，人民生活水平和医疗卫生健康事业的巨大改善，生育率持续保持较低水平，人均寿命延长，导致吉林省朝鲜族人口年龄结构逐渐由年轻型转化为成年型和老年型，吉林省朝鲜族提前进入老龄化社会。1990年第四次人口普查时，吉林省朝鲜族60岁及以上人口为90 715人，占朝鲜族人口总数的7.66%；65岁及以上人口达56 658人，占总人口的比重为4.79%，而2000年第五次人口普查时，60岁及以上人口137 246人，占朝鲜族人口总数的11.98%；65岁及以上的人口为84 504人，占总人口的比重为7.38%。第五次人口普查比第四次人口普查60岁及以上人口比例提高7.66个百分点，65岁及以上人口比例提高2.59个百分点。按照联合国有关机构分类，65岁及以上人口超过7%为老龄化社会，吉林省朝鲜族已进入老龄化社会。

三、人口变动

1990年第四次人口普查时吉林省朝鲜族人口为1 183 567人,2000年第五次人口普查时吉林省朝鲜族人口为1 145 688人,减少37 879人,下降3.20%,吉林省朝鲜族人口占全省人口的比重也由4.80%下降为4.27%,下降0.53个百分点。20世纪90年代吉林省朝鲜族人口自然增长率在吉林省所有民族中是最低的,全省朝鲜族人口历史上首次出现下降趋势。随着经济的发展、人民生活的改善、文明素质的提高,以及妇女就业率的上升和国家计划生育政策的实行,人们的生育观发生了较大变化,特别是妇女的社会政治地位有很大提高,由以往的靠养儿育女转为体现自身价值。人口增长率下降,人口向外特别是国外流动是导致吉林省朝鲜族人口下降甚至出现负增长的主要原因。

(一)人口增长率。1989年朝鲜族妇女总和生育率为1.56,是全国平均水平的66.4%,2000年下降到0.70。

20世纪80年代,朝鲜族人口自然增长率在全国56个民族中属最低。20世纪90年代中期,朝鲜族人口持续下降甚至负增长。延边州出生人口,1986年为32 961人,1990年为33 842人,而2000年则下降为17 982人,2000年比1986年和1990年分别下降44.26%和46.86%。延边州朝鲜族人口的出生率和自然增长率分别从1990年第四次人口普查时的14.83‰和7.12‰下降到2000年第五次人口普查时的5.16‰和-1.75‰,分别下降了9.67和8.87个千分点。

1992至2000年全国、吉林省、延边州、延边朝鲜族人口自然增长率比较表

表8   增长率:‰

年度	1992	1993	1994	1995	1996	1997	1998	1999	2000
全国	11.60	11.45	11.21	10.55	10.42	10.00	9.53	8.77	—
吉林省	6.52	7.84	6.87	7.19	6.58	6.80	6.80	3.44	5.23
延边州	5.40	4.80	3.70	3.70	1.90	1.70	0.99	0.45	0.62
延边州朝鲜族	3.73	1.52	0.74	0.03	-1.07	-1.09	-1.32	-1.42	-1.62

注:资料来自梁玉今《延边朝鲜族人口问题对朝鲜族教育发展的影响》,延边大学创建55周年国际学术研讨会论文集《东北亚区域合作与民族文化发展》2004,第318页。

初婚年龄减少和晚育率上升。据国家千分之一生育率抽样调查,朝鲜族女性平均初婚年龄1949年为17.87岁,1969年上升到22.19岁,1990年达到24岁左右,超过晚婚年龄近一岁。延边朝鲜族妇女的晚育率2000年达到73.9%。据延边州人口

计生部门统计,全州朝鲜族女性初婚人数已由1991年的6 798人下降到2001年的2 644人,十年间下降了61.1%,下降速度非常快。初婚人数的下降的主要原因是受20世纪70年代低生育率的影响,延边州进入婚育期的妇女人数逐年下降。根据第四次、第五次人口普查资料推算,全州朝鲜族生育旺盛期(20~29岁)的妇女人数已从1993年开始呈下降趋势,1996年下降到66 321人,2000年进一步下降到60 176人,分别比1993年的70 793人下降4 472人和10 617人,下降幅度为6.3%和15.0%。

(二)人口流动。"九五"期间,延边州向国外累计派出劳务人员8.4万多人次,不包括投亲靠友出国劳务人数。据韩国有关部门统计,婚嫁韩国的中国朝鲜族妇女1993年为1 463人,1994年为1 995人,1995年为7 683人,1996年超过1万人,1997年竟超过5万人。虽然其中一半是再婚女性,而且不少是假结婚,但是,涉外婚姻对适龄青年性别比例失调和自然增长率下降的影响是毫无疑问的。2000年,延边朝鲜族自治州朝鲜族人口84.2万人,其中约有10万人向外流动(不含州内流动人口),约占朝鲜族人口的11.9%。特别是中韩建交以来赴韩劳务人数迅速增加,甚至婚嫁国外,尤其嫁到韩国的朝鲜族妇女与日俱增。

(三)死亡率。根据第五次人口普查资料,2000年全州朝鲜族人口死亡率为6.91‰,汉族为5.13‰,朝鲜族比汉族高1.78个千分点。2000年延边州全民平均期望寿命为71.28岁,其中,汉族平均期望寿命72.36岁,朝鲜族平均期望寿命70.73岁,朝鲜族比汉族低1.63岁,其中,朝鲜族男性平均期望寿命67.82岁,女性平均期望寿命75.71岁。朝鲜族人口平均寿命较短、死亡率相对较高,提前了朝鲜族人口负增长的时间。

第二节　民族区域自治

2000年,吉林省朝鲜族有两个自治地方,即延边朝鲜族自治州和长白朝鲜族自治县。这两个自治地方总面积为45 197.6平方千米,占吉林省总面积的24.12%;两个自治地方朝鲜族人口占吉林省朝鲜族人口的70%以上。截至2000年末,经省政府批准,设有朝鲜族民族乡(镇)6个,有朝鲜族满族乡1个,占吉林省民族乡(镇)总数的34.4%,享受民族乡待遇的镇1个(梅河口市花园朝鲜族乡并入山城镇),另有满族朝鲜族乡4个。

一、延边朝鲜族自治州

(一)自治机关建设。延边朝鲜族自治州的自治机关,是州人民代表大会和州人民政府。

1986年末,全州在册的朝鲜族干部4万名,占干部总数的50.6%,高出朝鲜族人口所占比例9.9个百分点;全州朝鲜族各类专业干部2.43万名,占全州各类专业干部总数的53.2%,高出朝鲜族人口所占比例12.5个百分点。朝鲜族干部在州一级领导干部即州委、州人大、州人民政府、州政协和州委纪委等五套班子成员中占50%;州委、州人大、州政府的主要领导均由朝鲜族干部担任;朝鲜族干部在州委机关部级领导干部中占53.5%,在州直93个委局办的领导干部中占65.6%;工、青、妇等6个群众团体的主要领导均由朝鲜族干部担任。50%以上的县(市)的党政一把手也由朝鲜族同志担任。

改革开放前,延边州朝鲜族干部主要集中在党政机关、文化、教育、卫生等上层建筑和意识形态领域,而在金融贸易、工交企业工作的经济干部较少。1990年,延边州委、州人民政府出台《关于培养选拔少数民族干部的意见》,制定具体措施,加大培养和选拔朝鲜族干部的力度。20世纪90年代,延边州委、州人民政府抓住对外开放特别是图们江下游地区开放开发的有利时机,安排大量朝鲜族干部发挥自身优势投入经济工作,鼓励朝鲜族群众跨出国门,到国外学技术、学经营、筹资金,然后回国兴办各类企业,促进朝鲜族企业经营管理人才队伍的发展。从1996年开始,自治州实施"五个一百"培训计划,即每年安排100名干部到州委党校培训,100名干部到省内外重点院校及培训基地学习,100名干部到大专院校进行学历教育,100名干部进行跨行业培训,100名干部到中央、省、州直机关挂职锻炼。为调动少数民族干部积极性,根据《中华人民共和国民族区域自治法》,结合延边实际,提出体现自治机关干部民族化的实施办法,规定州级人民代表大会朝鲜族代表比例高于其人口比例;自治州人民代表大会常务委员会主任和自治州州长由朝鲜族公民担任;在坚持用人标准和保持民族干部比例总体平衡前提下,优先考虑朝鲜族干部,使一大批少数民族干部迅速成长起来。

1986～2000年朝鲜族干部担任延边州党政主要领导情况一览表

表9

姓名	职务	任职时间
李德洙	中共延边州委书记	1983.11～1987.11
曹龙浩	州人大常委会主任	1983.02～1993.01
吴长淑	州人大常委会主任	1993.01～2001.01
黄载林	州人民政府代州长、州长	1984.12～1990.01
文进燮	州人民政府州长	1990.01～1990.12
全哲洙	州人民政府代州长、州长	1991.01～1993.12
郑龙喆	州人民政府代州长、州长	1993.12～1997.12
南相福	州人民政府州长	1997.12～2002.12

注:根据《延边朝鲜族史(下)》编制。

2000年，延边朝鲜族自治州辖8个县（市）、79个乡（镇）、1 392个行政村。全州总人口220.96万人，其中朝鲜族人口80.12万人，朝鲜族人口比例为36.26%。截至2000年底，全州朝鲜族干部〔包括州、县市和乡（镇）三级〕5.1万人，占干部总数的42.6%，高出全州朝鲜族人口所占比例4个百分点。其中，党政机关朝鲜族干部7 500人，占党政机关干部总数的51.5%；事业单位朝鲜族干部2.95万人，占事业单位干部总数的52.0%；各类企业朝鲜族干部1.4万人，占各类企业干部总数的29%。全州朝鲜族各类专业技术干部达3.8万多人，占各类专业技术干部总数的67.7%。其中，具有中高级职称的各类专业技术人才16 500人，占全州朝鲜族各类专业技术干部总数的43.4%。在延边州朝鲜族干部中，具有大专以上学历的占60%以上。

2000年，朝鲜族干部在州一级党政领导干部（包括中共延边州委、州人大常委会、州人民政府和州政协的领导）中共有22人，占全州同级干部总数的53.7%。州人大常委会和州人民政府主要领导都由朝鲜族同志担任。朝鲜族在州人大常委会组成人员中有16人，占50%。全州朝鲜族县（处）级干部360人，占全州同级干部总数的47.9%；乡（镇）（科局级）级干部2 800人，占全州同级干部总数的50.8%，朝鲜族在州（厅）级、县（处）级和乡（镇）（科）级领导干部中所占比例分别高出朝鲜族人口所占比例15.1、9.3和12.2个百分点。

2000年，朝鲜族干部在全州8个县（市）党委领导班子组成人员中有36人，占48%；在8个县（市）中担任党政一把手的11人，占68.8%。延吉市、和龙市、龙井市党政一把手都由朝鲜族同志担任。朝鲜族干部在县（市）人大常委会中担任领导职务的有26人，占55.3%；在县（市）人民政府中担任领导职务的有29人，占51.8%；在县（市）人民政协中担任领导职务的有16人，占47.1%。

（二）民族法制建设。延边朝鲜族自治州从1981年起着手起草《延边朝鲜族自治州自治条例》，历经四年反复修改，于1985年4月20日至24日召开的延边朝鲜族自治州第八届人民代表大会第三次会议通过，并于1985年7月1日经吉林省第六届人大常委会第十四次会议正式批准，1985年8月23日颁布，从1985年10月1日起施行。延边朝鲜族自治州在全国30个自治州中率先制定实施《延边朝鲜族自治条例》，并根据不同时期经济社会发展的需要，制定了单行条例。

1988年1月6日至11日，延边朝鲜族自治州第九届人民代表大会第一次会议批准《延边朝鲜族自治州普及九年制义务教育规划》，通过《延边朝鲜族自治州朝鲜语文工作条例》。《朝鲜族语文工作条例》颁布实施后，各级干部和群众十分重视少数民族语言的使用，使朝鲜族语言文字的使用得到规范，州和各县（市）都设立了朝鲜族语文工作委员会和翻译部门，州内各级党委、人民代表大会、政府、政协的文件、布告，自治州内机关和企事业单位公章、牌匾、商标、广告等，都同时使用朝、汉两种文字。朝鲜族参加技术考核、晋级考试、职称评定以及竞争上岗等活动，可以使用本民族语言，充分保障少数民族使用本民族语言文字的权利。

1989年,延边朝鲜族自治州第九届人民代表大会第二次会议通过《延边朝鲜族自治州朝鲜族文化工作条例》和《延边朝鲜族自治州未成年人保护条例》。

1991年,延边朝鲜族自治州第九届人民代表大会第四次会议通过《延边朝鲜族自治州农民负担管理条例》。该《条例》对农民的义务、农民负担的额度、农民负担的管理和监督、农民合法权益的保护、奖励与处罚,都分别做出了明确的规定。

1993年,延边朝鲜族自治州第十届人民代表大会第一次会议通过《延边朝鲜族自治州保护和发展朝鲜族用品生产条例》。该《条例》对朝鲜族用品生产企业的责任和义务、朝鲜族用品生产企业和朝鲜族产品的确认、政府对朝鲜族用品生产的扶持、朝鲜族用品生产的管理等都做出了规定。

1994年,延边朝鲜族自治州第十届人民代表大会第二次会议通过《延边朝鲜族自治州外商投资企业工会条例》和《延边朝鲜族自治州朝鲜族教育条例》。《朝鲜族教育条例》明确各方面的责任和义务,建立政府、学校、家庭、社会四位一体、齐抓共管的教育机制,同时对朝鲜族教育的办学形式、朝鲜族文化传统教育、教学用图书、教师、朝鲜族教育科学研究、教育经费、国内协作与国际交流、朝鲜族教育的管理、奖励与处罚等事项都分别做出了规定。这部《条例》的制定,对积极稳妥地推进朝鲜族教育事业的发展,提高朝鲜族民族素质,将起到重要作用。

1995年,延边朝鲜族自治州第十届人民代表大会第三次会议通过《延边朝鲜族自治州乡村林业条例》,对林木、林地权层,资源管理,生产经营,造林的所有权和收益权,林业工作站建设,奖励与处罚等事项分别做出了规定,对调动自治州农业集体经济组织和广大乡村居民造林、育林和发展多种经营的积极性,提高林木、林地的经济效益、生态效益和社会效益,使延边乡村尽快地绿起来、活起来、富起来,将起到重要作用。

1996年,延边朝鲜族自治州第十届人民代表大会第四次会议原则通过《延边朝鲜族自治州牧业用地管理条例》,对牧业用地权层,牧业用地管理、牧业用地开发、机构与职责,奖励与处罚等事项都分别做出规定。同时原则通过《延边朝鲜族自治州酒类专卖管理条例》。

1997年1月20日至24日,延边朝鲜族自治州第十届人民代表大会通过《延边朝鲜族自治州土地资产管理条例》,对土地资产的所有权、土地资产开发和保护、国有土地资产的使用、集体土地资产的使用、集体所有土地资产的征用、土地资产的收益管理、法律责任等事项分别做出了规定。同时通过《延边朝鲜族自治州土地监察条例》《延边朝鲜族自治州烟草专卖管理条例》,有效地保护生产经营者和消费者的合法权益。会议还通过《延边朝鲜族自治州预算外资金管理条例》,对法律责任等事项分别做出规定。

1999年1月14日至18日,州第十一届人大二次会议通过《延边朝鲜族自治州机关社会团体国有企业事业单位法定代表人离任审计条例》;《延边朝鲜族自治州长白松省级自然保护区管理条例》。

到2000年,延边朝鲜族自治州颁布实施地方单行条例17部。初步形成以宪法为基础,以民族区域自治法为核心,由《延边朝鲜族自治州自治条例》及各种单行条例构成的较为完整而又独具特色的民族法律法规体系,为推动延边州经济社会发展,实施自治权利,协调民族关系提供重要的法律依据和保障。

二、长白朝鲜族自治县

(一)自治机关建设。长白朝鲜族自治县的自治机关是县人民代表大会和县人民政府。

根据第五届全国人民代表大会第二次会议通过的《中华人民共和国地方各级人民代表大会和地方各级人民政府组织法》的规定,于1980年9月25日召开的长白朝鲜族自治县第九届人民代表大会第一次会议上,设立自治县人民代表大会常务委员会(以下简称"县人大常委会"),下设常委会办公室、业务办公室、经济办公室、民族科教文卫办公室和法制办公室,1988年6月增设人事代表办公室。

1985年自治县朝鲜族干部为803人,占自治县干部总数的24.47%,高出朝鲜族人口所占比例(17.07%)7.4个百分点。其中,县委、县人大、县政府、县政协正副职领导干部7人,占全县同级领导干部总数的29.2%,乡(镇)级副职以上朝鲜族干部12人,占全县同级领导干部总数的21.1%;县直部、委、办、局副职以上朝鲜族干部36人,占全县同级干部总数的23.68%。2000年,长白朝鲜族自治县朝鲜族干部为989人,占全县干部总数的17.58%,高出其人口所占比例(15.90%)1.7个百分点。其中,在县一级领导干部(包括县委、县人大、县人民政府、县政协)7人,占全县同级领导干部总数的23.3%;乡(镇)级副职以上干部14人,占全县同级干部总数的15.5%;县直部、委、办、局级副职以上干部82人,占全县同级干部总数的20.1%。

1986～2000年朝鲜族任自治县政府、政协主要领导情况一览表

表10

姓名	职务	任职时间
白志庆	县长	19850.5～1993.02
韩哲石	县长	1993.02～1997.08
李钟熙	县长	1997.08～2000.12
金顺子(女)	县政协主席	1998.02～2000.12

注:根据朴炳淳主编《长白朝鲜族发展史》(延边人民出版社2000.8)编制。

（二）民族法制建设。1991年3月23日,长白朝鲜族自治县第十二届人民代表大会第二次会议通过《长白朝鲜族自治县自治条例》(以下简称《自治条例》),并报请省人大常委会于1991年5月批准,同年6月15日以长白朝鲜族自治县第十二届人大常委会公告(第2号)予以公布施行。《自治条例》共七章七十六条。《自治条例》明确规定,自治县人民代表大会常务委员会组成人员中,朝鲜族公民不应少于百分之三十,并应当由朝鲜族公民担任主任或副主任。自治县县长由朝鲜族公民担任。自治县自治机关执行职务时,同时使用朝鲜族语言文字和汉语言文字,根据实际情况也可以使用其中一种语言文字。《条例》还规定:自治县的经济建设,依靠改革开放和科学技术进步,加强林业建设,改善生态环境,促进粮食生产和多种经营,发挥森林、水力、矿藏等资源优势,发展工业生产和对内对外贸易,实现国民经济持续、稳定、协调发展。自治县自治机关采取优惠政策,鼓励和扶持贫困乡村的朝鲜族和其他民族农民发展生产,尽快勤劳致富。自治县的财政是一级地方财政,是吉林省财政的组成部分。自治机关依法管理地方财政,自主地调剂财政预算支出,安排超收和上年结余。加强财政的监督、管理和审计工作,坚持开源节流,增收节支,严格执行财政纪律。上级国家机关设在自治县的企业、事业单位,都应当尊重自治县的自治权,并接受监督。

1998年,自治县人大常委会起草《长白朝鲜族自治县矿产资源管理条例》,并报请吉林省第九届人大常委会第十次会批准,经自治县第十四届人民代表大会第二次会议通过,以第1号公告公布施行。

1998年6月,自治县人大常委会起草《长白朝鲜族自治县城镇管理条例》,并报请吉林省第九届人大常委会第十七次会议批准,经自治县第十四届人民代表大会第三次会议通过,以第2号公告公布,从2000年8月15日起施行。

三、朝鲜族乡（镇）

1986~2000年,吉林省朝鲜族民族乡(镇)共7个。其中,朝鲜族乡(镇)6个,即:榆树市延和朝鲜族乡、蛟河市乌林朝鲜族乡、集安市凉水朝鲜族乡、辉南县楼街朝鲜族乡、柳河县姜家店朝鲜族乡、柳河县三源浦朝鲜族镇;朝鲜族满族乡1个,即:通化县金斗朝鲜族满族乡;此外,享受民族乡待遇1个,即梅河口市山城镇(花园朝鲜族乡并入)。满族朝鲜族乡4个,因满族朝鲜族乡在满族章介绍,本节只介绍朝鲜族满族乡情况。

1986～2000年吉林省朝鲜族乡(镇)设立情况一览表

表11

所属地区	民族乡(镇)	成立(恢复)时间
长春市	榆树市延和朝鲜族乡	1956年经吉林省政府批准成立延和朝鲜族乡。
吉林市	蛟河市乌林朝鲜族乡	1984年经吉林省政府批准成立乌林朝鲜族乡。
通化市	集安市凉水朝鲜族乡	1985年5月15日经吉林省政府批准,成立凉水朝鲜族乡。
	辉南县楼街朝鲜族乡	1983年9月26日经吉林省政府批准,恢复楼街朝鲜族乡。
	柳河县姜家店朝鲜族乡	1983年8月11日经吉林省政府批准改称姜家店朝鲜族乡。
	柳河县三源浦朝鲜族镇	1986年1月5日经吉林省政府批准将三源浦镇变为三源浦朝鲜族镇。
	通化县金斗朝鲜族满族乡	1989年经吉林省政府批准成立金斗朝鲜族满族乡。
	梅河口市山城镇 (梅河口市花园朝鲜族乡)	1984年8月10日经吉林省政府批准成立花园朝鲜族乡。2000年11月经吉林省政府批准,将花园朝鲜族乡合并到山城镇,继续享受民族乡待遇。

注:资料来自《吉林民族统计》,吉林省民族事务委员会经济发展处2001年编印。

　　(一)榆树市延和朝鲜族乡。截至2000年末,延和朝鲜族乡耕地面积395公顷,果园3.5公顷,林地面积5公顷,草地面积5公顷,水域面积20公顷,其他用地面积1 575公顷。2000年末,全乡总户数554户。总人口2 254人,其中少数民族人口2 104人,均为朝鲜族,占总人口的93.3%。

1990至2000年部分年份榆树市延和朝鲜族乡概况一览表

表12

	单位	1990	1995	1996	1997	1998	1999	2000
一、乡村户数	户	540	592	592	599	604	619	554
乡村人口	人	2 023	2 174	2 174	2 145	2 168	2 318	2 254
其中:少数民族人口	人	1 918	2 054	2 054	2 038	2 061	2 198	2 104
二、农作物总播种面积	公顷	387	395	465	395	395	395	395
粮豆播种面积	公顷	387	395	465	395	395	395	387

续表

	单位	1990	1995	1996	1997	1998	1999	2000
粮食总产量	吨	2 761	2 713	3 122	3 451	3 755	7 758	7 152
三、大中型农用拖拉机	台							
小型拖拉机	台	41	26	18	60	57	58	45
农用载重汽车	台	1						
四、猪年末头数	头	631	117	105	250	614	150	90
羊年末只数	只							
大牲畜总头数	头	63	13	44	42	30	21	10
其中:牛	头	63	13	44	42	30	21	10
五、农村社会总产值	万元	263	718	537	911	817	768	856
其中:农业	万元	234	417		573	501	565	470
工业	万元	11			20		103	40
六、财政收入	万元	20	32	21	41	4	39	33
财政支出	万元	20	32	30	41	4	39	33
七、农民人均纯收入	元	590	1 926	2 092	2 416	2 066	2 002	2 619
八、乡(镇)企业总产值	万元					22	20	320
利润总值	万元						2	40
上缴税收	万元						1	23

注:资料来自《吉林民族统计》,吉林省民族事务委员会经济发展处2001年编印。

（二）蛟河市乌林朝鲜族乡。截至2000年末,乌林朝鲜族乡总面积112.3平方千米,南北宽5.1千米,东西长21.5千米,从丁沟村岭下至八家子村为河套地,山地和丘陵占总面积的三分之二。全乡耕地面积1 528公顷,林地面积7 564公顷,草原面积1 043公顷,水域面积399公顷。2000年末,全乡总户数为3 117户。总人口11 335人,少数民族人口3 005人,占总人口的26.5%,其中朝鲜族2 717人,占总人口的24.0%。

1990至2000年部分年份蛟河市乌林朝鲜乡概况一览表

表13

	单位	1990	1995	1996	1997	1998	1999	2000
一、乡村户数	户	2 500	2 363	2 309	2 394	2 523	3 117	3 117
乡村人口	人	10 248	9 740	8 660	9 596	10 137	11 335	11 335
其中:少数民族人口	人	3 730	3 781	3 016	3 328	3 930	3 930	3 005
二、农作物总播种面积	公顷	1 548	1 508	1 530	1 530	1 530	1 530	1 528
粮豆播种面积	公顷	1 447	1 383	1 322	1 235	1 414	1 406	1 388
粮食总产量	吨	7 540	5 334	8 501	8 329	7 172	9 893	9 154
三、大中型农用拖拉机	台	23	54	2	2	15		3
小型拖拉机	台	226	49	200	201	293		68
农用载重汽车	台	2				3		15
四、猪年末头数	头	3 050	3 300	965	3 900	6 519	6 800	1 500
羊年末只数	只	531	532	401	2 130	1 320	2 220	800
大牲畜总头数	头	2 223	2 960	2 041	3 390	6 230	8 280	1 800
其中:牛	头	2 000	2 920	1 991	2 710	6 230	7 800	1 650
五、农村社会总产值	万元	2 352	7 588	12 935	2 556	4 179	2 774	2 885
其中:农业	万元	672	1 253	1 900	2 373	1 376	2 361	2 421
工业	万元	1 174	1 606	10 754	152	512	86	63
六、财政收入	万元	72	102	25	77	106	21	35
财政支出	万元	82	56	47	66	102	72	67
七、农民人均纯收入	元	525	1 375	2 180	2 301	2 503	2 800	2 520
八、乡(镇)企业总产值	万元		4 541	3 253	849	512	130	130
利润总值	万元		55	55	31	11	9	9
上缴税收	万元		31	93	22	27	5	5

注:资料来自《吉林民族统计》,吉林省民族事务委员会经济发展处2001年编印。

　　（三）柳河县姜家店朝鲜族乡。2000年末,姜家店朝鲜族乡总面积90.7平方千米,南北长20千米,东西长8千米。地势东南高,多属平原地,海拔在370～619米。土质肥沃,其中,耕地面积为3 100公顷,占总面积的34.2%;林地面积521公顷,占总面积的5.7%。全乡总户数为2 522户。总人口11 150人,其中少数民族4 800人,占总人口的43.0%。

1990至2000年部分年份柳河县姜家店朝鲜族乡概况一览表

表14

	单位	1990	1995	1996	1998	1999	2000
一、乡村户数	户	2 706	2 613	3 154	2 523	2 522	2 522
乡村人口	人	12 755	11 048	12 725	11 140	11 140	11 150
其中:少数民族人口	人	4 599	4 926	4 371	6 316	5 334	4 800
二、农作物总播种面积	公顷	1 787	1 782	2 127	1 974	2 318	3 100
粮豆播种面积	公顷	1 717	1 717	2 060	1 547	1 895	2 378
粮食总产量	吨	14 176	6 646	18 000	35 000	16 430	15 850
三、大中型农用拖拉机	台	15	11	4	5	3	844
小型拖拉机	台	178	210	518	165	599	760
农用载重汽车	台	6	3	2	1	15	84
四、猪年末头数	头	3 692	2 437	2 000	4 442	3 900	1 130
羊年末只数	只	11		700		629	629
大牲畜总头数	头	2 718	3 553	2 809	4 479	3 206	600
其中:牛	头	2 673	2 755	2 755	4 368	3 146	400
五、农村社会总产值	万元	1 206	4 102	4 460	4 499	4 347	4 347
其中:农业	万元	1 073	2 069	2 044	4 139	3 967	342
工业	万元	18	1 401	1 520	18	48	1 500
六、财政收入	万元	37	56	57	78	137	88
财政支出	万元	51	56	57	132	137	153

续表

	单位	1990	1995	1996	1998	1999	2000
七、农民人均纯收入	元	616	1 000	1 300	2 917	3 200	3 326
八、乡(镇)企业总产值	万元		1 407	1 520	2 113	3 809	4 002
利润总值	万元		4	15	121	31	400
上缴税收	万元		64	6	97	20	19

注:资料来自《吉林民族统计》,吉林省民族事务委员会经济发展处2001年编印。

四、柳河县三源浦朝鲜族镇

2000年末,三源浦朝鲜族镇总面积72平方千米。其中,耕地面积263公顷,占总面积的3.7%;森林面积3 882公顷,占总面积的53.9%。全镇有5 202户。总人口17 337人,有朝、满、回、蒙四个少数民族,人口为3 630人,占总人口的20.9%。

1990至2000年部分年份柳河县三源浦朝鲜族镇概况一览表

表15

	单位	1990	1995	1996	1997	1998	1999	2000
一、乡村户数	户	4 572	1 909	2 436	2 340	2 502	5 202	5 202
乡村人口	人	16 890	7 158	9 549	9 670	9 276	17 339	17 337
其中:少数民族人口	人	4 049	4 049	2 578	4 651	3 404	3 944	3 630
二、农作物总播种面积	公顷	1 379	1 400	1 281	1 340	1 350	1 594	1 672
粮豆播种面积	公顷	1 301	1 316	1 207	1 322	1 207	1 387	1 472
粮食总产量	吨	8 939	4 245	5 689	5 106		11 702	20 818
三、大中型农用拖拉机	台	24	14	13	8	15	18	12
小型拖拉机	台	217	215	156	126	230	128	136
农用载重汽车	台	2	2	3	15	2	16	9
四、猪年末头数	头	2 979	1 855	2 029	2 529	4 343	4 521	5 856
羊年末只数	只	328	559	748	956	433	746	850

续表

	单位	1990	1995	1996	1997	1998	1999	2000
大牲畜总头数	头	1 480	1 979	1 902	1 952	3 943	2 712	3 425
其中:牛	头	1 366	1 788	1 701	2 508	3 572	2 455	3 077
五、农村社会总产值	万元	1 386	5 925	6 129	1 971	3 264	18 074	5 638
其中:农业	万元	1 212	1 865	1 892	223	1 523	1 747	3 001
工业	万元	39	3 335	2 724	37	910	12 077	859
六、财政收入	万元	101	158	199	207	231	220	30
财政支出	万元	146	158		198	250	232	26
七、农民人均纯收入	元	582	808	1 314	1 414	2 069	2 301	2 389
八、乡(镇)企业总产值	万元		3 333	387	569	3 144	438	11 056
利润总值	万元		14	17	66	204	33	1 128
上缴税收	万元		48	8	19	23	12	195

注:资料来自《吉林民族统计》,吉林省民族事务委员会经济发展处2001年编印。

　　(五)集安市凉水朝鲜族乡。2000年末,凉水朝鲜族乡素有集安市的"小江南"之称。全乡总面积154.4平方千米。其中,耕地面积733公顷,占总面积的4.7%;林地面积13 067公顷,占总面积的84.6%,有"八山一水半分田"之说。全乡总户数1 510户,总人口5 660人,少数民族人口2 320人,占总人口的41.0%,其中朝鲜族2 240人,占总人口的39.6%。

1990至2000年部分年份集安市凉水朝鲜族乡概况一览表

表16

	单位	1990	1995	1996	1997	1998	1999	2000
一、乡村户数	户	1 464	1 508	1 522	1 750	1 716	1 804	1 510
乡村人口	人	6 405	6 067	5 987	7 012	6 810	7 823	5 660
其中:少数民族人口	人	1 706	1 783	2 038	4 400	2 648	2 540	2 320
二、农作物总播种面积	公顷	1 196	1 089	1 075	1 075	1 156	1 178	1 200

续表

	单位	1990	1995	1996	1997	1998	1999	2000
粮豆播种面积	公顷	1 033	960	946	945	1 011	1 041	968
粮食总产量	吨	3 791	2 685	3 618	2 523	3 780	3 800	2 932
三、大中型农用拖拉机	台	10	5	3	4	34	1	54
小型拖拉机	台	25	65	12	33	16	32	50
农用载重汽车	台	2	1	3	2	3	1	4
四、猪年末头数	头	3 031	3 060	3 146	2 978	3 590	4 074	4 249
羊年末只数	只	587	1 707	2 927	2 442	1 113	2 830	2 738
大牲畜总头数	头	1 169	1 263	1 550	1 381	752	1 432	1 550
其中:牛	头	1 055	1 208	1 504	1 362	710	1 420	1 540
五、农村社会总产值	万元	1 186	2 000	3 213	2 028	2 898	1 547	528
其中:农业	万元	710	1 387	1 383	1 428	1 517	1 360	138
工业	万元	143	136	500	240	870	99	134
六、财政收入	万元	14	73	80	79	51	61	70
财政支出	万元	54	120	126	144	112	117	124
七、农民人均纯收入	元	632	1 030	1 280	1 688	2080	2 048	1 580
八、乡(镇)企业总产值	万元		387	1 800	340	2 900	3 400	1 340
利润总值	万元		24	100	18	20	130	3
上缴税收	万元		16	12	8	13	48	17

注:资料来自《吉林民族统计》,吉林省民族事务委员会经济发展处2001年编印。

（六）辉南县楼街朝鲜族乡。2000年末,楼街朝鲜族乡总面积62平方千米,东西宽12.5千米,西北长10千米。其中,耕地面积2 332公顷,占总面积的37.6%;林地面积2 172公顷,占总面积的35%。全乡总户数为3 157户,总人口12 568人,有朝、满、蒙、回等少数民族,人口为3 190人,占总人口的25.4%。其中朝鲜族人口2 916人,占总人口的23.2%。

1990至2000年部分年份辉南县楼街朝鲜族乡概况一览表

表17

	单位	1990	1995	1996	1997	1998	1999	2000
一、乡村户数	户	3 701	3 177	3 192	3 192	3 158	3 152	3 157
乡村人口	人	14 409	12 714	12 598	14 770	14 645	14 654	12 568
其中:少数民族人口	人	2 746	2 605	2 667	3 451	3 183	3 190	3 190
二、农作物总播种面积	公顷	2 329	2 348	2 339	2 288	2 332	2 332	2 332
粮豆播种面积	公顷	2 279	2 248	2 777	2 288	2 288	2 288	2 288
粮食总产量	吨	17 637	8 487	20 103	17 173	22 325	21 136	32 266
三、大中型农用拖拉机	台	9		3	6	6	6	6
小型拖拉机	台	216	138	342	324	324	324	324
农用载重汽车	台	4		1				
四、猪年末头数	头	5 271	3 156	3 538	3 561	3 568	4 084	5 540
羊年末只数	只	268		136	135	130	150	160
大牲畜总头数	头	1 440	2 010	1 184	2 041	531	915	915
其中:牛	头	1 183	1 597	1 006	1 756	421	676	676
五、农村社会总产值	万元	2 469	3 852	6 571		10 200	10 024	10 595
其中:农业	万元	1 537	1 214	3 433		3 765	4 376	4 400
工业	万元	715	2 257	2 690		4 034	4 034	4 527
六、财政收入	万元	57	57	146	170	170	172	182
财政支出	万元	40	106	146	170	170	172	182
七、农民人均纯收入	元	640	887	2 199	2 520	2 520	2 774	2 938
八、乡(镇)企业总产值	万元		507	820	1 620	5 560	5 560	1 073
利润总值	万元		48	52	114	36	36	47
上缴税收	万元		30	17		24	24	30

注:资料来自《吉林民族统计》,吉林省民族事务委员会经济发展处2001年编印。

（七）通化县金斗朝鲜族满族乡。2000年末，金斗朝鲜族满族乡全乡总面积112平方千米，2000年末，全乡耕地面积 1 121公顷，占总面积的10%；林地面积3 651公顷，占32.6%；水域面积179公顷，占1.6%。全乡总户数2 075户，人口7 581人，少数民族人口3 311人，占总人口的43.7%。其中，朝鲜族1 580人，占总人口的20.8%；满族1 726人，占总人口的22.8%。

1990至2000年部分年份通化县金斗朝鲜族满族乡概况一览表

表18

	单位	1990	1995	1996	1997	1998	1999	2000
一、乡村户数	户	1 997	1 955	1 859	1 861	1 845	1 934	2 075
乡村人口	人	7 811	7 255	7 163	7 021	6 974	7 387	7 581
其中：少数民族人口	人	3 014	2 800	1 902	2 897	2 874	2 732	3 311
二、农作物总播种面积	公顷	1 204	1 187	1 104	1 214	1 211	1 248	1 250
粮豆播种面积	公顷	1 115	1 079	1 028	1 110	1 110	1 121	1 129
粮食总产量	吨	5 840	2 302	5 010	6 583	4 187	6 514	5 591
三、大中型农用拖拉机	台	85	17	17	14	5	38	40
小型拖拉机	台	58	50	57	53	42	77	79
农用载重汽车	台		3	4		4		
四、猪年末头数	头	2 448	2 890	2 809	3 311	7 160	3 127	1 612
羊年末只数	只	390	952	1 015	1 331	2 300	1 106	1 106
大牲畜总头数	头	1 260	3 107	3 456	3 236	5 200	2 856	1 834
其中：牛	头	1 076	2 189	2 538	2 736	4 900	2 576	1 535
五、农村社会总产值	万元	1 944	4 839	3 515	3 900	12 766	8 990	2 438
其中：农业	万元	1 048	1 609	2 117	2 580	3 786	2 290	2 065
工业	万元	896	1 484	1 170	608	3 580	1 905	319
六、财政收入	万元	31	20	34	41	53	90	68
财政支出	万元	29	111	115	166	165	183	223

续表

	单位	1990	1995	1996	1997	1998	1999	2000
七、农民人均纯收入	元	657	1 446	2 105	2 846	2 563	2 870	2 786
八、乡(镇)企业总产值	万元		1 500	814	1 320	5 500	6 700	676
利润总值	万元		30	77	30	300	370	33
上缴税收	万元		10	52	6	6	21	20

注:资料来自《吉林民族统计》,吉林省民族事务委员会经济发展处2001年编印。

(八)梅河口市山城镇。2000年末,全镇总面积152.8平方千米。其中,城区12.1平方千米,耕地面积9万亩(水田3.8万亩,旱田5.2万亩)。1994～1999年,山城镇先后被确定为吉林省综合改革试点镇,省"十强镇"和全国小城镇综合改革与发展试点单位。2000年11月经吉林省政府批准,将原花园朝鲜族乡合并到山城镇。继续享受民族乡待遇。2000年,山城镇总人口6万人,其中农业人口3.6万人,非农业人口2.4万人,社会劳动力约1.72万人。少数民族人口10 730人,全镇有8个朝鲜族村,朝鲜族人口共计5 130人,占少数民族人口的48%。

1990至2000年部分年份梅河口市山城镇概况一览表

表19

	单位	1990	1995	1996	1997	1998	1999	2000
一、乡村户数	户	4 338	4 210	4 128	4 197	4 151	4 105	4 221
乡村人口	人	18 902	18 418	18 520	18 488	18 385	18 463	18 459
其中:少数民族人口	人	5 460	5 690	3 715	4 233	4 237	3 814	4 620
二、农作物总播种面积	公顷	3 552	3 157	2 917	3 157	3 171	3 162	3 174
粮豆播种面积	公顷	3 146	3 043	2 510	3 829	3 082	3 104	3 106
粮食总产量	吨	21 785	15 162	23 824	17 555	30 066	30 137	24 739
三、大中型农用拖拉机	台	9				10		205
小型拖拉机	台	305	309	196	273	285	295	196
农用载重汽车	台	11	21	50	1	47	10	5

续表

	单位	1990	1995	1996	1997	1998	1999	2000
四、猪年末头数	头	2 758	6 862	8 435	13 714	12 897	11 004	11 225
羊年末只数	只			33		433		
大牲畜总头数	头	1 283	2 538	2 320	5 184	4 614	5 521	6 274
其中:牛	头	892	2 232	1 980	4 730	4 121	5 039	5 763
五、农村社会总产值	万元	2 848	11 972	11 684	14 062	19 084	18 802	20 476
其中:农业	万元	1 697	3 133	3 033	4 581	8 082	6 592	6 626
工业	万元	726	4 537	4 519	4 119	6 002	6 919	7 650
六、财政收入	万元	59	80	956	109	111	100	126
财政支出	万元	58	85		144	142	187	201
七、农民人均纯收入	元	783	1 496	2 112	2 088	2 860	3 000	2 915
八、乡(镇)企业总产值	万元		2 308	2 389	2 711	11 002	12 210	13 850
利润总值	万元		66	168	151	756	844	1 080
上缴税收	万元		5	84	10	220	283	310

注:资料来自《吉林民族统计》,吉林省民族事务委员会经济发展处2001年编印。

第三节　政治活动

一、参政议政

朝鲜族的参政议政是通过全国和省及地方人民代表大会代表和政协委员来体现的,不仅参与吉林省的重大政治活动,还选出代表参与全国政治活动。1986～2000年,吉林省出席全国人民代表大会的朝鲜族代表和吉林省人民代表大会的朝鲜族代表,所占比例均超过全省朝鲜族人口所占比例。

(一)吉林省出席全国人民代表大会朝鲜族代表。1988年,吉林省第七届全国人民代表大会代表共87名(含中央提名代表5名),其中朝鲜族代表7人,占全省代表总数的8%。1993年,吉林省第八届全国人民代表大会代表共88名(含中央提名代表6名),其中朝鲜族代表5人,占全省代表总数的5.7%。1998年,吉林省第九届全国人民代表大会代表共72名(含中央提名代表6名),其中朝鲜族代表6人,占全省代表总数的8.3%。

第七至第九届全国人民代表大会吉林省朝鲜族代表

表20

届次	姓名	职务
第七届全国人民代表大会	朴太洙	长白县十四道沟镇副村长
	朴文一	延边大学校长
	安太庠	北京大学学术委员会委员、教授
	李宗铁	延边农学院土壤农化教研室主任
	林东镐	延吉市小营村党支部书记
	郑英淑(女)	延吉市百货大楼综合商品部经理
	曹龙浩	延边朝鲜族自治州人大常委会主任
第八届全国人民代表大会	全哲洙	吉林省副省长、中共延边州委副书记、州长
	安太庠	北京大学学术委员会委员、古生物及地层学教研室主任、教授
	吴长淑	延边朝鲜族自治州人大常委会主任
	金敏雄	中共珲春市委副书记、市长
	曹龙浩	第七届全国人大常委会委员、延边朝鲜族自治州人大常委会原主任
第九届全国人民代表大会	吴长淑	延边朝鲜族自治州人大常委会主任
	张龙俊	中共延边州委副书记
	金硕仁	珲春市市长
	南相福	中共延边州委副书记、州长
	南顺姬(女)	延边州石岘造纸厂党委副书记兼工会主席
	裴奉奎	中科院长春应化所波谱研究室主任

（二）吉林省人民代表大会朝鲜族代表。1988年，吉林省第七届人民代表大会代表521名，其中朝鲜族代表42名，占代表总数的8.1%。吉林省第七届人民代表大会常务委员会组成人员共55名，其中朝鲜族2名，分别是崔林（省人大常委会副主任）、金兴烈（省人大常委会委员），占全省人大常委会组成人员的3.6%。

朝鲜族代表名单：

李敏松	榆树县水稻技术服务站站长
李赞国	铁道部第十三工程局局长、高级工程师
崔　一	长春市朝鲜族中学名誉校长
严成益	磐石市明城镇五星村党总支书记
金成烈	蛟河县乌林乡电热器长厂长
梁银植	永吉县二道农工商公司经理
朴珠镐	永吉县农资公司副经理
柳在一	舒兰县农电局主任工程师
金兴烈	省人大常委会委员
李勇义	伊通县客运公司司机
李龙文	公主岭市朝鲜族学校校长
崔　林	省人大常委会副主任
金秀月（女）	通化县白山制药厂段长
朴英淑（女）	辉南县楼街乡龙光村农民
金秀香（女）	长白县鸡冠砬子道班班长
文进燮	延边州副州长兼延吉市市长
朴春子（女）	延边州总工会副主席
任国贵	通化市市长
李应洙	龙井市人大常委会主任
李德洙	中共延边州委书记
张升权	安图县人大常委会主任
金宗洙	图们市市长
南万山	珲春市人大常委会主任
崔海棠	和龙县人大常委会主任
黄载林	延边州州长
曹龙浩	延边州人大常委会主任
韩范镇	汪清县人大常委会主任
柳一勇	汪清县林业局局长
朴范镇	和龙县头道镇镇长
赵世权	龙井市东盛涌乡农机修造厂厂长
刘忠杰	延边大学地理系主任、副教授

李贞淑（女）	延边歌舞团演员
李宗铁	延边农学院农学系教授
吴国用	延边医学院卫生学教研室教授
林顺镇	延边机械研究所所长
赵诚华	延边农业局副局长
徐洪昌	图们市二中校长
朱相国	延边开山屯纤维浆厂开发处处长
玉宗焕	省军区政委
许容奎	装甲兵技术学校政委
朴千石	中国人民解放军81606部队副队长
韩南俊	延边军分区司令员

1993年，吉林省第八届人民代表大会代表524名，其中朝鲜族代表35名，占全省代表总数的6.7%。吉林省第八届人民代表大会常务委员会组成人员共55名，其中朝鲜族2名，分别是李政文（省人大常委会秘书长）、李泌镐（省人大常委会委员），占全省人大常委组成人员的3.6%。

朝鲜族代表名单：

李斗锡	榆树市延和乡党委书记
金成群	长春北方机电技术开发公司总经理
金锡柱	吉林镍业公司经理
严成益	磐石县明城镇五星村党支部书记
金成烈	蛟河市乌林乡电热器材厂厂长
崔福女（女）	舒兰市计划生育服务站副站长
尹寿范	省人大法制委副主任委员
李泰洙	省人大民侨外委副主任委员
李仙洛（女）	辉南县朝阳镇朝阳村农民
金日奎	梅河口市曙光乡永丰村农民
金春玉（女）	通化县快大茂镇妇联主任
李泌镐	省人大常委会委员、省人大民侨外委主任委员、省粮食厅原厅长
金秀香（女）	长白县公路段养路科科员
金宗善	长白县绿江小学校长
丁荣泰	中共安图县委副书记、县长
朴万春	龙井市人大常委会主任
朴东奎	延吉市市长
全哲洙	吉林省副省长、中共延边州委副书记、州长
刘舜哲	珲春市人大常委会主任
李政文	省人大常委会秘书长

吴长淑　　　　延边朝鲜族自治州人大常委会主任
吴春峰　　　　安图县人大常委会主任
金统一　　　　图们市人大常委会主任
郑利敦　　　　和龙先人大常委会主任
姜光子(女)　　延边朝鲜族自治州妇女联合会主任
徐永太　　　　延吉百货大楼总经理
金玄洙　　　　汪清县汪清镇镇长
金贞姬(女)　　安图县石门镇茶条村党支部书记
李柱石　　　　延边大学副校长
崔成一　　　　中国交通银行延边支行行长
太俊哲　　　　延边农学院有机化学教研室主任
尹升日　　　　延边朝鲜族自治州统计局副局长
尹哲洙　　　　延边州第一中学数学教研组组长
崔美善(女)　　吉林省艺术学院延边分院舞蹈系副主任
韩南俊　　　　延边军分区司令员

1998年，吉林省第九届人民代表大会代表506名，其中朝鲜族代表43名，占全省代表总数的8.5%。吉林省第九届人民代表大会常务委员会组成人员共58名，其中朝鲜族2名，分别是李政文(省人大常委会副主任)、金毅(女，省人大常委会委员)，占全省人大常委会组成人员的3.4%。

朝鲜族代表名单：

金成群　　　　长春北方机电开发公司总经理
崔今顺(女)　　省广源实业有限公司经理
李贵血　　　　长春市朝阳区双德乡党委书记兼朝阳区委书记助理
尹　军　　　　吉林建筑工程学院 院长
李玉善(女)　　中科院长春物理所研究员
郭云龙　　　　省石油化工设计院院长、长春市青联委员
金　毅(女)　　省人大常委会委员、省人大民侨外委委员、长春电影制片厂译制
　　　　　　　片厂厂长
朴　勇　　　　永吉县人大常委会主任
卢永哲　　　　磐石市石咀镇党委副书记、镇长
申龙华　　　　永吉县土城子满族朝鲜族乡党委书记
梁用德　　　　蛟河市乌林朝鲜族乡乡长
李锡文　　　　吉林市辐射化学工业公司通缆附件厂总工程师
金永鲜(女)　　四平市铁东区委常委、宣传部长
金　薇(女)　　东辽县白泉镇安慈村主任
金成基　　　　集安市人大常委会主任

金英实(女)	辉南县楼街朝鲜族乡妇女主任
李光福	临江市市政处工人
张玉珍(女)	抚松县万良镇仁义村妇女主任
全哲洙	第十五届中央候补委员、吉林省副省长
李政文	省人大常委会副主任
朴万春	龙井市人大常委会主任
朴浩万	龙井市市长
西门顺基	延吉市市长
刘舜哲	珲春市人大常委会主任
李锡载	安图县人大常委会主任
吴长淑	延边州人大常委会主任
张龙哲	和龙市人大常委会主任
金统一	图们市人大常委会主任
南相幅	延边州委副书记、州长
俞奇松	汪清县人大常委会主任
金贞姬(女)	安图县石门镇茶条村党支部书记
玄明权	延边州科委主任
李春莲(女)	延边州残疾人联合会理事长
金成秀	延边州交通局局长
聂文远	图们铁路分局副局长
崔成一	延边州交通银行行长
尹升日	延边州统计局副局长
刘德全	和龙市德全有限公司经理
李　政(女)	延边世达科技发展有限公司董事长兼总经理
金成哲	延吉市医院神经外科主任
朴东赫	武警吉林省森警总队总队长
刘志田	武警吉林省边防总队总队长
金鹤珠	中国人民解放军81107部队营长

(三)吉林省政协朝鲜族委员。1988年,中国人民政治协商会议吉林省第六届委员会由588名政协委员组成,其中朝鲜族政协委员43人,占委员总数的7.2%。

朝鲜族政协委员名单:

尹元玄	省委宣传部副部长
金明汉	省政协副主席
金硕仁	共青团延边州委书记
河明善(女)	吉林市朝鲜族百货商店工会主席
崔秀天	开山屯化纤厂工会副主席

桂京姬(女)　图们市幼儿园园长

朴商摄　　　延吉市盛会企业总经理

金东波　　　延边州工商联主委

朴春实　　　吉林市农科所副研究员

朴容铉　　　浑江市科委高级工程师

张凡得　　　龙井市黎明农民大学兽医师

金英哲　　　省林业厅主任会计师

柳昌银　　　延边农科所高级农艺师

李承淑(女)　延边歌舞团编导

陈香兰(女)　省歌舞团编导

柳元武　　　延边作家协会专职作家

崔玉珠(女)　延边歌舞团副团长

崔善玉(女)　吉林省歌舞团舞蹈编导

任日秋　　　延边应用技术研究所总工程师

李锡文　　　吉林市辐射化学所高级工程师

崔永镇　　　延边科技情报所所长

宋祯焕　　　省社科院副研究员

车钟玉　　　延边农学院副教授

金宝渊　　　延边医学院副教授

林成极　　　延边大学化学系教授

罗顺淑(女)　吉林市朝中教研组组长

李英子(女)　省第二体工队射击运动员

尹孝植　　　延边吉林朝文报社社副社长

朴昌国　　　省卫生防病中心主任技师

安东俊　　　延边州民族医药研究所医师

杨成哲　　　延边医学院副教授

方钟镐　　　中共延边州委统战部部长

朴东哲　　　长白县农科站副站长

全永基　　　第一汽车制造厂工程师

安太淳　　　通化市朝鲜族中学教员

金永顺(女)　省政协驻会常委

金荣俊　　　省民委主任

朴东奎　　　珲春县副县长

金承玉　　　延边州政协原副主席

金道官　　　和龙县科委副主任

金　锋　　　中国科学院长春物理研究所副研究员、六届二次会议增补

黄载林　　　　延边州原州长、六届三次会议增补

金　涛　　　　省民委主任、六届四次会议增补

1993年,中国人民政治协商会议吉林省第七届委员会由583名政协委员组成,其中朝鲜族政协委员38人,占委员总数的6.5%。

朝鲜族政协委员名单:

金振吉　　　　共青团吉林省委副书记

河明善(女)　吉林市朝鲜族百货大楼副经理

南顺姬(女)　石岘造纸厂工会副主席

金吉春　　　　延边长白山实业有限公司董事长

方孝贞　　　　延边新技术研究所长

朴仁峰　　　　延边农学院副教授

朴春实　　　　吉林市农科所副研究员

李信玉(女)　露水河林业局总工协副主任

柳昌银　　　　延边农科所高级农艺师

赵协哲　　　　省农科院土肥所所长

张可翼　　　　延吉市新型建材厂厂长

金用文(女)　浑江市统计局副局长

李承淑(女)　延边歌舞团编导

陈香兰(女)　省歌舞团编导

柳元武　　　　延边作协专职作家

崔善玉(女)　省歌舞团编导

崔玉珠(女)　延边歌舞团编导

金　锋　　　　中科院长春物理研究所副研究员

金东熙　　　　延边科技交流中心高级工程师

崔永镇　　　　延边科技情报所所长

文兴福　　　　延边州社科联主席

朴文一　　　　延边大学校长

南昌日　　　　延边医学院法医学教研室主任

李锦男　　　　吉林朝文报社社长

安东俊　　　　延边州民族医药研究所副主任医师

杨成哲　　　　延边医学院副教授

朴东哲　　　　长白县农科站副站长

全永基　　　　一汽集团公司铸造厂高级工程师

安太淳　　　　通化市朝中副校长

金　涛　　　　省民委主任

严太俊　　　　延吉市天主教会神父

方钟镐　　　中共延边州委统战部部长

白志庆　　　中共浑江市委统战部部长

朴东奎　　　珲春市政协副主席

李哲禹　　　省统计局局长

慎克晟　　　省检察院原副检察长

金　华（女）省民委主任、七届二次会议增补

朴惠善（女）延边医学院药学系天然药物化学教研室主任、副教授

　　1998年，中国人民政治协商会议吉林省第八届委员会由544名政协委员组成，其中朝鲜族政协委员24人，占委员总数的4.4%。

　　朝鲜族政协委员名单：

金振吉　　　延边州委副书记

郑龙喆　　　省政协副主席

吴柄权　　　延边州政协副主席、延边州工商联（商会）会长

朴雪俐（女）通化市体育运动学校团委副书记

南顺姬（女）石岘造纸厂党委副书记、工会主席

金吉春　　　中国白头山实业公司董事长兼总经理

金成一　　　延边特产研究所所长

郑东虎　　　延边大学农学院副教授

南世勋　　　长春市农科院党委书记

李承淑（女）延边歌舞团编导

陈香兰（女）省歌舞剧团一级编导

赵彩霞（女）扶余县新城戏剧团二级演员

柳元武　　　延边作家协会作家

崔善玉（女）省歌舞团艺委会主任、编导

金　锋　　　长春物理研究所研究员、博士生导师

金钟国　　　延边州社科院院长、社科联主席

朴惠善（女）延边大学药学院天然药物化学教研室主任

刘曙野　　　长春税务学院国际经济系副主任

孙东植　　　延边大学副校长

李锦男　　　吉林朝文报社社长兼总编辑

李元春　　　长白县水电局副局长

金　华（女）省民委主任

严太俊　　　延吉市天主教会神父

姜光子（女）延边州妇联主席

二、民族团结

1986～2000年,吉林省坚持开展民族团结进步宣传教育活动,不断巩固和发展与汉族及其他少数民族之间的平等团结互助和谐的社会主义民族关系,两个朝鲜族自治地方——延边朝鲜族自治州和长白朝鲜族自治县先后进入全国民族团结进步先进行列而受到表彰。

延边州重视民族团结宣传教育,并强调民族教育从娃娃抓起。1985年由州民委组织编写中学《民族政策常识》和小学《思想教育——民族团结部分》两本地方性教材,列入中小学政治课教学计划,开展系统的民族教育,此举走在各民族地区前列。1990年,延边州委、州政府下发《关于进一步加强民族团结宣传教育的若干规定》,指出"州每五年、县(市)每3年召开一次民族团结进步先进集体和先进人物表彰大会",使全州民族团结宣传教育工作走上制度化、规范化的轨道,在全国各地尚属首次。自治州始终抓好每年9月"民族团结进步宣传月"的同时,还采取"抓两头带中间""抓九月带全年"的方法,在全社会大张旗鼓地宣传党的民族政策和民族团结先进事迹。1994年9月,在国务院召开民族团结进步的表彰大会上,延边朝鲜族自治州及延吉市、龙井市获得全国民族团结进步模范的殊荣,延边州第一次被授予"全国民族团结进步模范自治州"的称号,是全国30个自治州中唯一获此称号的自治州。1999年,延边朝鲜族自治州再次获得"全国民族团结进步模范自治州"殊荣,还是全国唯一获此称号的自治州。

长白朝鲜族自治县境内有10个民族,县委、县人民政府始终把加强民族工作、推进民族团结进步活动与全面建设小康社会、构建和谐社会紧密联系在一起,制定行之有效的行政法规和措施。1988年9月在全国第一次民族团结进步表彰大会上长白朝鲜族自治县被国务院授予"全国民族团结进步先进县"荣誉称号;1994年9月,在全国第二次民族团结进步表彰大会上,长白县又被授予"全国民族团结进步模范集体"荣誉称号;1999年9月30日,在全国第三次民族团结进步表彰大会上,长白县第三次被授予"民族团结进步模范集体"荣誉称号。

1986～2000年吉林省朝鲜族受国务院表彰民族团结进步先进个人一览表

表21

姓名	性别	所在单位、职务	授予机关	表彰届次
许　淑	女	延边朝鲜族自治州歌舞团演员	国务院	1988年国务院第一次民族团结进步表彰大会
柳昌银	男	延边农科所副所长	国务院	1988年国务院第一次民族团结进步表彰大会
林东镐	男	延吉市小营乡公新村党支部书记	国务院	1988年国务院第一次民族团结进步表彰大会
金炳焕	男	榆树县延和朝鲜族乡党委书记兼乡长	国务院	1988年国务院第一次民族团结进步表彰大会
崔正淑	女	吉林市郊区九站敬老院服务员	国务院	1988年国务院第一次民族团结进步表彰大会
李秉连	男	永吉县岔路河镇团结村 党总支书记	国务院	1988年国务院第一次民族团结进步表彰大会
朴京植	男	抚松县抚松镇民族福利大理石厂厂长	国务院	1988年国务院第一次民族团结进步表彰大会
金东基	男	延边朝鲜族自治州人大常委会副主任	国务院	1988年国务院第一次民族团结进步表彰大会
朴在龙	男	通化市人大常委会 副主任	国务院	1994年国务院第二次民族团结进步表彰大会
金成群	男	长春市北方机电技术开发公司总经理	国务院	1994年国务院第二次民族团结进步表彰大会
李岩	男	吉林市民族事务委员会主任	国务院	1994年国务院第二次民族团结进步表彰大会
郑龙喆	男	延边朝鲜族自治州州长	国务院	1994年国务院第二次民族团结进步表彰大会
金英淑	女	延吉市北兴糕点厂厂长	国务院	1994年国务院第二次民族团结进步表彰大会
李松雄	男	延边经济动物研究所所长	国务院	1994年国务院第二次民族团结进步表彰大会
尹京日	男	东丰县特耐企业集团公司总经理	国务院	1994年国务院第二次民族团结进步表彰大会
南相福	男	延边朝鲜族自治州州长	国务院	1999年国务院第三次民族团结进步表彰大会

续表

姓名	性别	所在单位、职务	授予机关	表彰届次
宋顺女	女	延吉市民政局优抚科科长	国务院	1999年国务院第三次民族团结进步表彰大会
金成秀	男	延边州交通局局长	国务院	1999年国务院第三次民族团结进步表彰大会
金在万	男	延吉荣复军人建筑安装有限责任公司经理	国务院	1999年国务院第三次民族团结进步表彰大会
金 华	女	吉林省民族事务委员会主任	国务院	1999年国务院第三次民族团结进步表彰大会
郭云龙	男	吉林省石油化工设计研究院院长	国务院	1999年国务院第三次民族团结进步表彰大会
崔今顺	女	吉林省广源有限责任公司总经理	国务院	1999年国务院第三次民族团结进步表彰大会
成七星	男	通化市农科站站长	国务院	1999年国务院第三次民族团结进步表彰大会
全泰律	男	四平市民族事务委员会 副主任	国家民委省政府	1998年国家民委、吉林省人民政府联合举行民族团结进步表彰大会
金熙柱	男	东丰县朝鲜族中学校长	国家民委省政府	1998年国家民委、吉林省人民政府联合举行民族团结进步表彰大会
宋顺女	女	延吉市民政局优抚科科长	国家民委省政府	1998年国家民委、吉林省人民政府联合举行民族团结进步表彰大会
全德哲	男	延吉市农业技术推广总 站长	国家民委省政府	1998年国家民委、吉林省人民政府联合举行民族团结进步表彰大会
金东吉	男	图们市凉水镇南大 主任	国家民委省政府	1998年国家民委、吉林省人民政府联合举行民族团结进步表彰大会
崔海顺	女	汪清县粮食局粮库 工人	国家民委省政府	1998年国家民委、吉林省人民政府联合举行民族团结进步表彰大会
尹敬学	男	长春三星集团有限责任公司董事长	国家民委省政府	1998年国家民委、吉林省人民政府联合举行民族团结进步表彰大会

1986～2000年吉林省朝鲜族受吉林省政府表彰民族团结进步先进个人一览表

表22

姓名	性别	所在单位、职务	授予机关	表彰届次
郑龙喆	男	延边朝鲜族自治州州长	省政府（记大功）	1994年吉林省第二次民族团结进步表彰大会
金英淑	女	延吉市北兴糕点厂厂长	省政府（记大功）	1994年吉林省第二次民族团结进步表彰大会
金成群	男	长春北方机电技术开发公司总经理	省政府（记大功）	1994年吉林省第二次民族团结进步表彰大会
李 岩	男	吉林市民族事务委员会主任	省政府（记大功）	1994年吉林省第二次民族团结进步表彰大会
吴益权	男	蛟河市人民政府副市长	省政府（记大功）	1994年吉林省第二次民族团结进步表彰大会
金明淑	女	舒兰市朝鲜族实验小学校长	省政府（记大功）	1994年吉林省第二次民族团结进步表彰大会
朴在龙	男	通化市人大常委会副主任	省政府（记大功）	1994年吉林省第二次民族团结进步表彰大会
尹京日	男	东丰县特耐企业集团公司总经理	省政府（记大功）	1994年吉林省第二次民族团结进步表彰大会
都玉子	女	白山市朝鲜族中学副校长	省政府（记大功）	1994年吉林省第二次民族团结进步表彰大会
方龙根	男	中国人民解放军86281部队场务连指导员	省政府（记功）	1994年吉林省第二次民族团结进步表彰大会
全昌学	男	武警延边支队支队长	省政府（记功）	1994年吉林省第二次民族团结进步表彰大会
车钟善	男	中国银行延吉支行行长	省政府（记功）	1994年吉林省第二次民族团结进步表彰大会
朴浩成	男	中共敦化市委员会副书记	省政府（记功）	1994年吉林省第二次民族团结进步表彰大会
朴哲浩	男	龙井市业余体校教练员	省政府（记功）	1994年吉林省第二次民族团结进步表彰大会
宋海玉	女	龙井市民族事务委员会主任	省政府（记功）	1994年吉林省第二次民族团结进步表彰大会
李松哲	男	和龙市新东小学校长	省政府（记功）	1994年吉林省第二次民族团结进步表彰大会

续表

姓名	性别	所在单位、职务	授予机关	表彰届次
李明嬉	女	八家子林业局广播站站长	省政府（记功）	1994年吉林省第二次民族团结进步表彰大会
金弘光	男	延吉卷烟厂五车间党支部书记	省政府（记功）	1994年吉林省第二次民族团结进步表彰大会
崔海顺	女	汪清县常绿毛巾有限公司工人	省政府（记功）	1994年吉林省第二次民族团结进步表彰大会
崔相哲	男	珲春市三家子满族乡东岗子村委会主任	省政府（记功）	1994年吉林省第二次民族团结进步表彰大会
元龙德	男	长春市体育工作队教练	省政府（记功）	1994年吉林省第二次民族团结进步表彰大会
元荣禧	男	长春市朝阳区朝鲜族小学校长	省政府（记功）	1994年吉林省第二次民族团结进步表彰大会
尹硕秀	男	双阳县双阳河乡新阳村党支部书记	省政府（记功）	1994年吉林省第二次民族团结进步表彰大会
朴　勇	男	永吉县人民政府副县长	省政府（记功）	1994年吉林省第二次民族团结进步表彰大会
孙熙泰	男	磐石县医院院长	省政府（记功）	1994年吉林省第二次民族团结进步表彰大会
金明道	男	舒兰市民族事务委员会主任	省政府（记功）	1994年吉林省第二次民族团结进步表彰大会
郑荣基	男	永吉县阿拉底农工商公司牧业公司经理	省政府（记功）	1994年吉林省第二次民族团结进步表彰大会
禹万植	男	桦甸市苏密沟乡晓光村党支部书记	省政府（记功）	1994年吉林省第二次民族团结进步表彰大会
明志学	男	政协四平市铁西区委员会副主席	省政府（记功）	1994年吉林省第二次民族团结进步表彰大会
金基浩	男	中共四平市委党校副校长	省政府（记功）	1994年吉林省第二次民族团结进步表彰大会
金万德	男	伊通满族自治县西苇乡朝族直属社农民	省政府（记功）	1994年吉林省第二次民族团结进步表彰大会
卞百文	男	通化县大泉源满族朝鲜族乡乡长	省政府（记功）	1994年吉林省第二次民族团结进步表彰大会
许哲鹤	男	通化市农业科学研究所研究员	省政府（记功）	1994年吉林省第二次民族团结进步表彰大会

续表

姓名	性别	所在单位、职务	授予机关	表彰届次
许德坤	男	通化市民族事务委员会副主任	省政府（记功）	1994年吉林省第二次民族团结进步表彰大会
李月顺	女	柳河县妇幼保健站站长	省政府（记功）	1994年吉林省第二次民族团结进步表彰大会
吴成熙	男	东辽县安石镇朝阳村党支部书记	省政府（记功）	1994年吉林省第二次民族团结进步表彰大会
金钟振	男	辽源矿务局一中退休干部	省政府（记功）	1994年吉林省第二次民族团结进步表彰大会
金仁炯	男	东丰县政府办公室科长	省政府（记功）	1994年吉林省第二次民族团结进步表彰大会
朴荣铉	男	长白山天热药物开发研究中心经理	省政府（记功）	1994年吉林省第二次民族团结进步表彰大会
金元虎	男	白山市八道江区市郊乡鲜明村党支书记	省政府（记功）	1994年吉林省第二次民族团结进步表彰大会
金成哲	男	白山市民族事务委员会副主任	省政府（记功）	1994年吉林省第二次民族团结进步表彰大会
张道相	男	延边朝鲜族自治州林业管理局党委书记	省政府（模范个人）	1999年吉林省第三次民族团结进步表彰大会
南世勋	男	长春市农科院党委书记	省政府（一等功）	1999年吉林省第三次民族团结进步表彰大会
李承淑	女	延边歌舞团国家一级编导	省政府（一等功）	1999年吉林省第三次民族团结进步表彰大会
赵贞子	女	磐石市民族事务委员会主任	省政府（二等功）	1999年吉林省第三次民族团结进步表彰大会
戴景秋	男	四平市民族事务委员会主任	省政府（二等功）	1999年吉林省第三次民族团结进步表彰大会
白相浩	男	延边朝鲜族自治州民族事务委员会主任	省政府（二等功）	1999年吉林省第三次民族团结进步表彰大会
崔海顺	女	汪清粮库工人	省政府（二等功）	1999年吉林省第三次民族团结进步表彰大会
韩哲范	男	图们市长安镇燕子山庄经理	省政府（二等功）	1999年吉林省第三次民族团结进步表彰大会
赵哲学	男	汪清县人民政府副县长	省政府（二等功）	1999年吉林省第三次民族团结进步表彰大会

续表

姓名	性别	所在单位、职务	授予机关	表彰届次
韩英烈	男	吉林省教育委员会巡视员	省政府（二等功）	1999年吉林省第三次民族团结进步表彰大会
朴东南	男	长春市朝鲜族中学校长	省政府（二等功）	1999年吉林省第三次民族团结进步表彰大会
李钟成	男	吉林市朝鲜族实验小学校长	省政府（二等功）	1999年吉林省第三次民族团结进步表彰大会
梁松雄	男	吉林市丰满区人民政府办公室主任	省政府（二等功）	1999年吉林省第三次民族团结进步表彰大会
朴忠镐	男	四平爱龄奇医院董事长、四平市民族团结服务中心主任	省政府（二等功）	1999年吉林省第三次民族团结进步表彰大会
韩哲石	男	白山市民族事务委员会主任	省政府（二等功）	1999年吉林省第三次民族团结进步表彰大会
李钟熙	男	长白朝鲜族自治县县长	省政府（二等功）	1999年吉林省第三次民族团结进步表彰大会
姜光子	女	延边朝鲜族自治州妇女联合会主席	省政府（二等功）	1999年吉林省第三次民族团结进步表彰大会
李长燮	男	中共延边朝鲜族自治州委统战部副部长	省政府（二等功）	1999年吉林省第三次民族团结进步表彰大会
金英淑	女	延吉市北兴糕点厂厂长	省政府（二等功）	1999年吉林省第三次民族团结进步表彰大会
朴金哲	男	安图海沟金矿有限责任公司党委纪检书记	省政府（二等功）	1999年吉林省第三次民族团结进步表彰大会
尹彬硕	男	吉林东美化学有限公司董事长	省政府（二等功）	1999年吉林省第三次民族团结进步表彰大会
李贞子	女	延吉市延新小学校长	省政府（二等功）	1999年吉林省第三次民族团结进步表彰大会
金光日	男	长春市地税局副局长	省政府（嘉奖）	1999年吉林省第三次民族团结进步表彰大会
南永根	男	长春市朝鲜族群众艺术馆馆长	省政府（嘉奖）	1999年吉林省第三次民族团结进步表彰大会
申吉雄	男	蛟河市人民政府办公室民族科科长	省政府（嘉奖）	1999年吉林省第三次民族团结进步表彰大会
李昌洙	男	吉林市朝鲜族群众艺术馆馆长	省政府（嘉奖）	1999年吉林省第三次民族团结进步表彰大会

续表

姓名	性别	所在单位、职务	授予机关	表彰届次
金春实	女	吉林市丰满区小白山乡大兰旗村党支书记	省政府（嘉奖）	1999年吉林省第三次民族团结进步表彰大会
金胜太	男	吉林市朝鲜族中学校长	省政府（嘉奖）	1999年吉林省第三次民族团结进步表彰大会
金成峰	男	四平市电视台新闻部记者	省政府（嘉奖）	1999年吉林省第三次民族团结进步表彰大会
金窗爱	女	辽源市热力能源公司副总经理	省政府（嘉奖）	1999年吉林省第三次民族团结进步表彰大会
李熙权	男	辽源市东辽县民族事务委员会科员	省政府（嘉奖）	1999年吉林省第三次民族团结进步表彰大会
洪明国	男	梅河口市民族事务委员会副主任	省政府（嘉奖）	1999年吉林省第三次民族团结进步表彰大会
车尚律	男	梅河口市中和镇光明村党支部书记	省政府（嘉奖）	1999年吉林省第三次民族团结进步表彰大会
南斗熙	男	通化县经济技术协作委员会主任	省政府（嘉奖）	1999年吉林省第三次民族团结进步表彰大会
金凤培	男	通化市朝鲜族中学党支部书记	省政府（嘉奖）	1999年吉林省第三次民族团结进步表彰大会
朴雪峰	男	通化市体工队运动员	省政府（嘉奖）	1999年吉林省第三次民族团结进步表彰大会
李正三	男	敦化市教育委员会副主任	省政府（嘉奖）	1999年吉林省第三次民族团结进步表彰大会
许金天	男	和龙市新东小学校党支部书记	省政府（嘉奖）	1999年吉林省第三次民族团结进步表彰大会
金学奉	男	珲春市英安乡英安村党支部书记	省政府（嘉奖）	1999年吉林省第三次民族团结进步表彰大会
崔基玉	女	延吉市金达莱饭店有限责任公司党支书记	省政府（嘉奖）	1999年吉林省第三次民族团结进步表彰大会
李钟凤	男	延边朝鲜族自治州政协台港澳侨联委员会主任	省政府（嘉奖）	1999年吉林省第三次民族团结进步表彰大会
千寿山	男	延边社会科学院历史所代所长	省政府（嘉奖）	1999年吉林省第三次民族团结进步表彰大会
玄日善	男	中共延边朝鲜族自治州委宣传部副部长	省政府（嘉奖）	1999年吉林省第三次民族团结进步表彰大会

续表

姓名	性别	所在单位、职务	授予机关	表彰届次
姜民根	男	延边日报社朝文版政治部记者	省政府（嘉奖）	1999年吉林省第三次民族团结进步表彰大会
高　珲	男	延边朝鲜族自治州足球俱乐部敖东足球队主教练	省政府（嘉奖）	1999年吉林省第三次民族团结进步表彰大会
金吉南	男	中共敦化市红石乡党委书记	省政府（嘉奖）	1999年吉林省第三次民族团结进步表彰大会
金民英	女	延边大学体育学院体操教研室副教授	省政府（嘉奖）	1999年吉林省第三次民族团结进步表彰大会
弓　克	男	中共吉林省委宣传部副部长	省政府（嘉奖）	1999年吉林省第三次民族团结进步表彰大会
朱在宪	男	吉林省民族研究所所长	省政府（嘉奖）	1999年吉林省第三次民族团结进步表彰大会
崔石柱	男	吉林省延边军分区政治部《东北后备军》杂志（朝文版）主编	省政府（嘉奖）	1999年吉林省第三次民族团结进步表彰大会

第四节　经济建设

1986～2000年，延边朝鲜族自治州和长白朝鲜族自治县实现了从高度集中的计划经济体制到充满活力的社会主义市场经济体制、从封闭半封闭到全方位开放的转变。

一、延边朝鲜族自治州

（一）改革开放。1986～2000年，延边朝鲜族自治州出现了农业和工业、农村和城市、改革和发展相互促进的可喜局面，把延边经济提高到一个新的水平。社会保障、住房和土地使用制度改革成效显著；流通体制改革不断深入，市场体系初具规模；计划、投资、金融等宏观体制改革迈出实质性步伐；市场在资源配置中的基础性作用明显增强，宏观调控体系的框架初步建立，以公有制为主体、多种经济成分共同发展的格局进一步展开，社会主义市场经济体制的雏形开始形成。

1. 经济体制改革。1986年初，利改税措施有力地推动了延边朝鲜族自治州工业企业改革的深入，许多企业实行厂长负责制，改革工资分配制度和劳动人事制度,增强了企业的生机和活力。1986年下半年,企业又围绕着两权分离这个重点,在经营方式上进行了一系列改革,积极推行了承包、租赁等多种经营形式,进行股份制试点,改善了企业经营机制,增强了企业自我发展和自我约束能力。通过法律手段,以契约形式确定国家与企业责、权、利,较好地处理国家、集体和职工三者利益关系,调动了企业和广大职工的积极性。1992年之后,延边州工业改革的重点是解决企业产权不清,改革的目标是加速建立现代企业制度。全面推行产权制度改革,加速调整所有制结构,转变经济增长方式,促进产业、产品、组织结构为主的经济结构调整,进而完成对公有经济特别是国有经济的战略性改组,采取以股份制改造和中小型企业拍卖出售为主的模式,结合企业实际选择适宜的改制形式。按照"三个有利于"的标准,大胆探索公有制的有效实现形式,对符合国家产业政策发展方向,企业产品适销对路、经济效益稳定又比较好的具有一定规模的大中型企业,通过整体或优良资产重组改制为股份有限公司;对大多数中小型企业通过资产重组、优化配置,将其改造成有限责任公司;对城镇集体、乡(镇)企业和校办企业,重点改制成股份合作公司;对国家限定的垄断性和特种行业的企业,侧重于改为国有独资性质的有限责任公司。到1998年,延边州共组建股份有限公司21户,有限责任公司1 334户(改制的416户),股份合作公司271户,国有独资有限责任公司20户,拍卖出售435户,破产倒闭254户,嫁接并购417户。以优势企业名牌产品为龙头,连接资产和利益相关的企业组建企业集团11个,逐步构筑和培育形成食品、医药、能源矿产、林业等特色产业。根据国家宏观经济配套改革的总体要求,适时开展了多项综合配套改革。国有资产管理体制改革进一步深化,国有资本出资人制度正在建立。

　　农村改革在进一步完善家庭联产承包责任制的基础上,主要解决农民和国家的关系,改革的重点是从调整农村产业结构入手,打破"以粮为纲"、单一经营的束缚,在稳步发展粮食生产的同时,积极发展多种经营和乡(镇)企业,促进工、商、建、运、服等非农产业加快发展;改革农村流通体制改革,取消农产品的统购统销,放开除城镇居民口粮和食油以外的农副产品的销售价格,开始建立并逐步完善市场机制,初步形成多渠道、多层次的农副产品流通体制,从而推动农村经济向着专业化、商品化、社会化发展,使广大农民得到实惠。

　　20世纪90年代,延边农村改革主要是发展效益农业、基地农业和创汇农业,改革重点是加快农业产业化进程。延边以增加农民收入为目的,瞄准小康目标,紧紧围绕山区资源的综合开发,逐步走出了具有延边特色的农业产业化道路,确立了具有本地特色的主导产业,用市场经济和产业化的观念及方法指导农业,由抓生产转向抓产业,开始形成面向市场、突出区域特色的产加销一体化的运行机制。自1995年起,延边朝鲜族自治州开展延长土地承包工作,经过4年的时间基本结束。延长土地承包工作坚持在保持土地承包关系基本稳定的基础上,实行小调整,进一步完善土地承包关系和承包合同,妥善解决了人地矛盾。坚持"顺延"为主滚动续包,原承包地尽量不变,土地依法流转的原则。延长土地承包后,农民增加土地投入,改变以往掠夺式的生产方式,使土地质量不断提高。通过续签合同,土地使用权属和年限明确,农民按照山、水、林、田、路综合治理的方针安排长远计划,促进农业的综合开发。加快了土地流转,特别是那些二、三产业的农户,可以按照国家规定进行土地有偿转包,促进了土地流转机制的运作。从2000年开始延边州进行农村税费改革,规范农村税费制度,实现"减轻、规范、稳定"的要求,减轻农民负担。

1986~2000年,延边州的经济建设和各项社会事业都取得了令人瞩目的成就,但也出现了一些不可忽视的问题,主要是投资与消费的关系不合理,固定资产投资规模过大,重复建设严重,物价上涨过猛,能源、原材料和交通运输等基础产业瓶颈制约愈益突出,农业陷入新的徘徊,城乡二元经济结构、经济与社会发展不协调和经济发展后劲严重不足的矛盾开始明朗化。根据中共中央的部署,延边州从1988年第四季度开始治理经济环境、整顿经济秩序。延边州治理整顿大致经过三个步骤:第一步骤,重点是压缩需求、整顿秩序、遏制通货膨胀、稳定经济秩序;第二步骤,坚持总量控制、适当调整紧缩力度、遏止市场疲软、解决工业速度下降过猛问题;第三步骤,促进经济正常增长、提高经济效益、加快经济结构优化。经过3年治理整顿,上述主要目标基本实现,改革开放进一步深入。但是,历史形成的结构性矛盾仍很突出,基础产业"瓶颈"制约因素尚未完全消除,经济效益普遍不高,发展后劲不足等问题亟待解决。

2. 对外开放。延边朝鲜族自治州地处东北东部、吉林省东南部中俄朝三国交界,面临日本海,既沿边又近海。毗邻的俄罗斯、朝鲜等国在资源、市场、资本、技术和先进管理等方面各有所长,有利于优势互补、互利共赢、共同发展。尤其珲春市接壤俄、朝,地处图们江下游,近邻日本海,俗有"一眼望三国""鸡鸣闻三疆"之称,被誉为"东北亚金三角",曾经是东北亚各国经济文化联系的纽带,改革开放后又处于东北亚经济合作的核心地带。图们江是中国内陆进入日本海的唯一水上通道,在图们江入海口生就一小块三角洲,是日本海两岸唯一的三角洲。珲春市防川村距离日本海的入海口只有15千米。这里物产丰富,陆上交通发达,以珲春为圆心,在200千米半径内,分布着俄罗斯和朝鲜两国10个港口,如俄罗斯的波谢特、扎鲁比诺、海参崴(符拉迪沃斯托克)和朝鲜的雄基、罗津、清津等。随着中国图们江通海航行及便捷的陆上交通运输网络的形成,延边这一独特的地理位置成为中国东北连接朝鲜、韩国、日本和蒙古、俄罗斯西伯利亚地区以及欧洲、美国、加拿大等国的重要交通、物流枢纽。1984年中国专家就提出开发图们江区域的概念,1991年得到国际社会的认同。

1991年10月24日,联合国开发计划署(UNDP)在纽约联合国总部向全世界宣布,中国、朝鲜、韩国、俄罗斯和蒙古5国在中、朝、俄三国交接的图们江三角洲地区,拟筹资300亿美元,用20年时间,以珲春为核心建立跨国自由贸易区。这一举措受到中、朝、俄、韩、蒙等国家的支持。

中国重视图们江地区和珲春的开发。1992年3月国务院批准珲春为进一步开放的边境城市,1992年9月批准设立珲春边境经济合作区,联合国的开发计划署也在北京设立了项目的秘书处,国务院也成立协调领导小组。1992年,吉林省在延边的延吉、敦化、图们和安图建立省级经济开发区。图们江开发开放骤然升温。1994年,吉林省政府成立图们江地区开发办公室,进一步协调与国家和其他两国的合作开发事宜。1995年,国务院在珲春边境经济合作区内,分别批准设立珲春出口加工区和珲春中俄互市贸易区。

1995年12月,中、俄、朝三国签署《关于建立图们江地区开发协调委员会的协议》。中、俄、朝、韩、蒙5国在纽约签署《关于建立图们江经济开发区及东北亚开发协商委员会的协议》和《关于图们江经济开发区及东北亚地区环境准则谅解备忘录》等3个国际性文件,标志着图们江区域国际合作开发进入了实施阶段。延边全境被纳入图们江国际合作开发区域内。

1999年12月,国家计委发布《中国图们江地区开发规划(1996—2010年)》,珲春成为图们江国际合作开发的核心。《中国图们江地区开发规划》公布后,吉林省政府还编制了规划纲要。

1999年西部大开发战略后,延边州被国务院批准享受中央实施西部大开发的优惠政策;2000年,延边州首府延吉市被批准为国家综合配套改革试点联系城市;延边州还被国家确定为民族自治地方改革开放试验区。延边成为全国30个少数民族自治州中经济开发区最密集的地区。2000年,珲春出口加工区基础设施建设基本完工;延吉经济开发区韩国中小企业工业团地标准厂房建成。

截至2000年,延边州先后辟建11个对外开放口岸,年过货能力达500万吨,年过客能力达100万人次:陆路口岸有10边境口岸,其中珲春(长岭子铁路口岸、公路口岸)为中俄边境口岸,其余8个都是中朝口岸,即南坪、三合、开山屯、图们、沙坨子、古城里、圈河和双目峰公务通道;另有一个延吉国际空港,开辟了十几条国内外航线。延边成为图们江地区国际合作开发的中心地域。

3. 经济发展。延边朝鲜族自治州从"七五"开始经济发展提速,到"九五"后期开始超过全国和全省平均发展速度,实现了跨越。

"七五"(1986~1990)时期,延边朝鲜族自治州地方生产总值年均增长8.7%,保持了较高的增长速度。一批骨干企业和优势产业发展壮大,工业成为全州经济的主导。1988年全州工业总产值已占工农业总产值的85.8%,比1984年提高11.4个百分点,其绝对值在当时全省8个市地州中所占位次由改革前的第七位上升至第三位。农村经济全面发展,1988年全州非农产值首次超过农业产值;城镇化步伐明显加快,1985年非农业人口超过农业人口。人民生活显著改善,市场日趋繁荣。对外贸易和边境贸易发展迅速。1988年外贸收购额比1978年增长4.4倍,年均增长18.4%。到1990年底,全州朝鲜族个体劳动者和私营企业者就有3万余人,占全州个体、私营劳动者总人数的62%,占全州朝鲜族总人口的3.74%,朝鲜族比较集中的县市的这一比重则高达83%。特别是,朝鲜族妇女冲破围着"锅台转"、以照顾孩子和丈夫为己任的传统概念束缚,走上商品经济的舞台。据1990年6月对延吉市西市场的调查,在西市场个体工商户中朝鲜族妇女就有2 376人,占西市场从业人数的72.2%。

"八五"(1991～1995)期间,延边州国内生产总值由1990年的42.2亿元增加到1995年的97.6亿元,按可比价格计算年均增长8.9%;比"七五"时期提速0.2个百分点;人均国内生产总值由1990年的2 041元提高到1995年的4 498元,五年增加2 457元。"八五"期间农业生产总规模超过了"七五"生产水平,五年累计第一产业增加值达54亿元,按可比价格计算比前五年增长18.4%。第二产业稳步发展。"八五"期间,自治州累计第二产业增加值166.5亿元,按可比价格计算年均增长7.9%。第三产业是"八五"时期自治州经济发展的主要推动力。1995年全州累计完成第三产业增加值37.8亿元,按可比价格计算比1990年增长1.0倍,年均增长15.3%。"八五"期间,延边州新增国内生产总值的46.9%来自于第三产业;第三产业年递增速度比全国和全省平均水平分别高5.8个和2.4个百分点,比"七五"时期年递增速度快7.6个百分点。

"九五"(1996～2000)时期,第一产业年均增长7.2%,第二产业年均增长7.8%,第三产业年均增长5.2%,三次产业比例由"八五"期末的16.4∶42.1∶41.5变为"九五"期末的16.3∶43.1∶40.6,一、三产业比重略有下降,第二产业比重有所上升。同期延边州企业资产增加,技术装备水平提高,到2000年末全州规模以上工业固定资产净值达到107.7亿元,比1995年增加29.1亿元。"九五"时期自治州财政收入稳定增长。2000年全口径财政收入达到14.96亿元,"九五"期间年均增长5.3%,其中地方财政收入年均增长16%。"九五"时期延边州财政收入累计实现68.89亿元,比"八五"时期增加26.24亿元,增长61.5%。

1998年,中共延边州委州人民政府颁发《关于大力发展个体私营经济的若干规定》,促进非公有制经济进一步巩固和发展。到1998年末,全州个体工商户及私营企业发展到75 945户,从业人员达到148 939人,注册资金达到16.1 4亿元,分别比1987年末增长了1.37倍、2.18倍和14.7倍。到1998年末,全州私营企业发展到1 728户,从业人员27 299人,注册资本金7.9亿元,分别比1989年增长了3.42倍、3.34倍和14.8倍。延边州的个体私营经济无论从发展速度、经营规模,还是发展水平上都高于全国平均水平。个体私营经济已成为延边州经济的重要组成部分,而朝鲜族个体劳动者充当了延边州个体、私营经济的主力军。

1999年,延边州委、州政府提出了特色经济发展思路,以图们江地区开发和长白山资源保护利用为重点,加快基础社会建设和生态环境建设,调整优化经济结构,全力培育特色经济,积极发展科技教育,不断改善人民生活,努力实现跨越式发展,并确定食品、医药、林产、能源矿产、对外贸易、旅游为全州六大特色产业。由于坚持特色经济发展思路,全面实施科教兴洲、开放带动和县域突破战略,延边州经济社会发展实现了历史性跨越。1999年全州国内生产总值比1998年增长了9.0%，2000年国内生产总值又比1999年增长10.3%，超过全国和全省平均水平。

2000年自治州国内生产总值达到128.5亿元，比1985年增长41.6%，"九五"期间年均增长7.2%；人均国内生产总值5 881元，"九五"期间平均增长6.6%，如期实现了国家提出的比1980年翻两番的奋斗目标。"九五"期间全州国内生产总值累计达到582亿元，比"八五"时期增加235亿元，增长67.5%，是"六五""七五""八五"三个时期国内生产总值之和相当。2000年，延边州城镇私营个体从业人员11万人，非公有制经济比重已达到35%，实现了"三分天下有其一"。

（二）农业。1986～2000年，在延边经济系统中以农副产品为原料的产业几乎占一半。种植业特别是粮食生产和特色产业是延边农业的核心。20世纪80年代后半期和90年代，延边大力发展特色农业、效益农业、绿色农业和创汇农业，推进农业产业化；坚持科技兴农，着力推进优质水稻、烟草及专用大豆、玉米等农作物的选育和普及工作，同时狠抓了优质无公害苹果梨、长白山经济植物等特产的研究开发以及水稻防低温冷害综合栽培、无根单片黑木耳种植、测土配方施肥、农村能源环保等实用技术的推广。至2000年，延边州完成第一产业增加值21.0亿元（按可比价格计算12.8亿元）；长白县完成第一产业增加值2.07亿元（按不变价格计算1.77亿元），"九五"时期年均增长7.4%。

1. 粮食生产。改革开放以来，朝鲜族农业和农村经济的最大变化是摆脱单一的传统粮食种植业，农业结构由业单一的粮食生产逐步调整为粮经特饲多元结构，走上了种植业、特产业、畜牧业、乡（镇）企业、农业产业化等全面发展之路，使传统生产得以继续发扬光大，又形成和发展新的产业，提高农业综合效益，加快兴边富民步伐。

"七五"和"八五"时期，延边朝鲜族自治州农业结构 以粮食为主，结构单一、效益不高。"七五"期间，延边朝鲜族自治州粮食作物年平均播种面积20.3万公顷，1990年粮食产量达71.6万吨。"八五"期间，延边州粮食作物年平均面积19.1万公顷，粮食综合生产能力比"七五"有所提高。"九五"开始，随着产业结构调整力度不断加大，大力推进"高产、优质、高效"农作物向优势地域集中，粮食生产能力进一步提高。1996年，全州粮食播种面积18.3万公顷，粮食产量达到71.6万吨；1999年，粮食作物播种面积18.7万公顷，粮食产量达79.3万吨，继1984年之后又创粮食生产新的最高水平。2000年粮食播种面积减为17.9万公顷，粮食产量仍达到70.2万吨。初步形成了具有延边特色的种植业、特产业、畜牧业、林业为主的八大产业格局。

2. 水稻种植。延边是吉林省水稻主产区，而朝鲜族则以擅长在寒冷的北方种植水稻而著称。全州水稻、旱田粮食作物一年一熟制，山区为早、中早熟期，平原地区为中、晚熟期。由于特殊地理位置，延边经常发生灾害、延迟型冷害，导致有些年份减产50%以上，个别乡（镇）甚至绝收。改革开放以来，延边州不断推广水稻生产新技术，提高产量，增加农民收入。1989年推广的《水稻简塑盘及机制钵》《水稻机制钵栽培技术推广》和《水稻简塑盘栽培技术推广》获吉林省农技推广三等奖;推广面积 16 300 公顷,增产 1 310 万公斤,增加效益 1 408 万元。1994 年《前历期深灌水对水稻冷害防御作用的经济效应》获省农技推广三等奖,推广面积 25 000 公顷,增加产量 1 588 万公斤,总效益 1 707 万元。1996 年《延边州优质、高产、低耗、抗灾稻作技术综合配套开发》获省科教兴农一等奖,推广面积 12 725 公顷,增产 5 699 万公斤,增收 11 968 万元。20 世纪 90 年代起,在延边小面积地研究和示范水稻抗冷综合栽培技术,到 1999 年进行大面积推广,取得了较好成效。此项技术的特点是抗冷、早熟,需要施用有机肥、磷肥和钾肥,催芽精播、育带蘖壮苗、稀植、省种、省苗床、省肥、省工、低耗稳产,从而增加产量,适宜于寒冷的延边地区推广和运用。由于推广水稻生产新技术,从 1986 年起水稻播种面积虽然减少,但水稻产量却增加。1986 年水稻播种面积达到 57 944 公顷,为历史最高,但产量只有 146 989 吨;1990 年水稻播种面积为 54 928 公顷,产量 297 177 吨;而到 2000 年,水稻播种面积减少到 43 684 公顷,产量却增加到 256 506 吨,比 1986 水稻播种面积减少 14 260 公顷,下降 24.6%,产量却增加了 109 517 吨,增长 74.5%。

3. 绿色食品。1992 年,延边开发了第一代绿色食品——延边御用米和海兰江牌苹果梨,为全州发展绿色食品开了先河。1994 年,朝鲜族聚居的和龙市(朝鲜族人口占 55.2%)朝鲜族农民在海兰江上游的平岗平原建立了 500 公顷的绿色水稻生产示范基地,并于 1995 年建立了年加工能力为 100 吨的精洁米生产线,走上了"企业+基地+农户"产业化发展道路,严格按绿色食品规则操作,使绿色大米栽培更加规范,多施有机肥、少用化肥,禁止使用硝铵及残留量较大的农药。1996 年,和龙市被联合国工发组织确定为"中国高科技绿色食品原料基地和深加工示范区"。自开发绿色大米以来,和龙市出台了一系列优惠政策,调动农民生产优质米的积极性。农民种 1 公顷优质水稻比种 1 公顷普通水稻增收 2 000 元。1999 年,和龙市平岗大米经吉林省绿色食品办公室认定,被国家绿色食品发展中心批准为"绿色大米"。2000 年,和龙市绿色大米种植面积达 1 500 公顷,占全市水田面积的 19.3%。2000 年,延边州水稻种植面积 43 684 公顷,产量 256 506 吨,分别比 1978 年增长 27.4% 和 82.8%。

到 2000 年,延边有经国家绿色食品发展中心认定的天宫牌延边大米(延边绿色食品加工有限公司)、平岗牌海兰江大米(和龙市平岗绿色食品米业有限公司)、顺源牌顺源精米(汪清顺源精洁米厂)、珲春绿色米(珲春市种子公司)等绿色食品,不仅打进了北京市场,还远销日本、韩国、美国。

4. 特产业。1986～2000 年,延边州特产业主要烟草、果树、药材、食用菌、经济动物、柞蚕野生采集业、经济作物等七大门类、上百个品种。延边州以土特产为主的多种经营产值占农业总产值的比重由 1978 年的 36% 增长到 1998 年的 53.7%。2000 年,延边州种植业产值按不变价格计算达到 13.46 亿元,比 1995 年增长 44.9%,年均增长 7.7%。

烟草　是朝鲜族人民的一种传统种植业,是延边州的主要经济作物,发展最快。1986~2000年,延边州采用优良新品种和高产栽培技术,大力发展烟草种植业,适当扩大其种植面积,由1986年的11 505公顷扩大到1997年的17 565公顷,增加52.7%,其中烤烟面积13 822公顷,晒烟3 743公顷;产量也由16 020吨提高到23 526吨,增长46.9%,其中烤烟18 223吨;晒烟5 303吨。2000年,全州烟叶种植面积9 712公顷,其中烤烟5 915公顷,晒烟3 797公顷;烟叶产量1.45万吨,其中烤烟9 599吨,晒烟4 914吨。烟草种植业的发展促进了烟草加工业的快速发展。延吉卷烟厂由年产1万多箱的小卷烟厂逐渐发展到年产29万箱的大型企业,成为吉林省最大的卷烟厂,被列为全国36户重点烟草企业之一。其税收居延边工业首位。

人参　延边是全省人参最大产区,全州人参产量分别占全国和世界的80%和60%,全州8个县市均有种植,人参质量好,其中安图、敦化、珲春和汪清等县市为主产区。1986年延边特产研究所在龙井市开山屯镇进行农田栽参,20世纪90年代中期又在珲春市三家子农田大面积种植西洋参,都获得成功。安图县进行了人参重茬实验,敦化市部分乡(镇)搞了庭院"缸参"实验。2000年,全州园参留存面积达1 733公顷,鲜品产量5 108吨,产值1.55亿元。

水果　延边气候冷凉,雨量适合,适于多种寒温带果树生长。朝鲜族栽培果树历史悠久。新中国成立后,延边州建立了占地面积万亩以上的龙井果树农场和延吉市园艺农场果园等示范性的国营果树农场。从"七五"开始到"八五"初期,延边州果树面积大为扩大,到1989年末总面积达到17 841公顷,其中苹果梨面积11 230公顷,占果树面积的62.9%;1991年全州果树总面积达19 641公顷,为历史最高。2000年,全州果树面积达17 065公顷,产量9.4万吨。特别是朝鲜族人口占67%的龙井市素有"苹果梨之乡"之美誉。2000年,龙井市水果面积6 480公顷,占全州的38.0%,其中苹果梨面积5 669公顷,占全州的48.6%;水果产量47 000吨,占全州的49.9%,其中苹果梨产量41 105吨,占全州的58.4%。在细鳞河、三合等乡建立了万亩果源基地,是亚洲第一大连片果园,其产品在全国水果展销评会上被评为全国优质水果,畅销国内21个省市,并出口朝鲜、俄罗斯等国。

菌类　延边境内野生菌类种约有120余种,产量较大的有30多种,分布在延边州各县市的山区。黑木耳主要栽培于敦化、汪清、珲春、安图4个县市。自治州从20世纪60年代开始人工栽培椴木黑木耳,当年产量30吨;1997年从辽宁省朝阳食用菌研究所引进了代料栽培黑木耳技术,当年发展了5万袋。2000年延边州木耳产量达1 563吨,汪清县种植木耳户发展到6 000多户,木耳总产量达950.3吨,占延边全州木耳产量的60.8%。汪清县农民来自木耳产业的收入达到5 000万元以上,实现木耳特产税500万元,加工木耳系列产品200多吨,完成产值7 000多万元,从而实现了木耳生产产业化、规模化、名牌化,打造了"中华木耳第一大县"金字招牌。

5. 畜牧业。20世纪90年代以来,延边州从资源、区位、民族的特点出发,确立了"牛、蜂、兔、鹅、草"为重点,发展具有延边特色牧业经济的指导思想,坚持以养殖方式规模化、生产方式标准化、经营方式产业化的现代牧业为方向,积极发展传统产业,大力发展特色优势产业,坚持项目建设、龙头企业建设、大户小区建设和动物无规定疫病区建设四项工作为重点,全力推进牧业经济提速发展。2000年,全州猪发展到32.77万头,出栏40.2万头;羊发展到17.99万只,出栏11.5万头;禽发展到381万只,出栏283.9万只,禽蛋产量1.84万吨;养蜂5.02万箱,蜂蜜产量1 661吨;家兔4.0万只,出栏4.76万只;养鹿13 583只,鹿茸产量6 011吨。2000年全州牧业产值按不变价格计算达到4.97亿元,比1995年增长20.3%,年均增长3.8%。饲养和使用黄牛是朝鲜族农业生产的传统习俗,延边黄牛闻名遐迩,黄牛产业也是延边的一个支柱产业。延大农专科畜牧学金炳镇等老师从1957开始,到1986年终于培育出"役肉兼用延边黄牛新品种"(属省级鉴定),完成了培育"肉用新品种——延黄牛"研究课题。"延黄牛"以延边黄牛为母体,引进国外优良肉牛"利木赞"为父本进行杂交,将以常规育种技术和现代分子生物学以及胚胎生物技术相结合,实现了育种核心群的高效快繁。为了加速"延黄牛"肉制品生产的规模化、产业化发展进程,延边州在8县市建立了吉兴牧业、天一牧场、祈福牧业、黄金牧场等存栏数超千头以上的养牛小区和专业大场(户)40多个,到2000年,全州牛存栏数达42.6万头,户均0.64头,年出栏21.4万头,使延边的黄牛产业成为延边畜牧业的龙头产业。

(三)工业。20世纪90年代,延边朝鲜族自治州打破传统的计划经济模式,转换企业经营机制,推进产权制度改革,调整经济结构,改善环境,使延边工业企业逐步走上面向市场,自主经营、自负盈亏、自我约束、自我发展之路,经济效益不断提高,建设速度不断加快。1986~2000年,在延边朝鲜族自治州和长白朝鲜族自治县的工业企业中,食品、医药、林产、造纸、机械、石油化工、煤炭、电力、建材、纺织服装、民族贸易和民族特需产品、电子等工业发展较快。

到2000年,延边州独立核算工业企业1 106户,产品品种达上千种,企业固定资产原值146.6亿元,职工队伍达35万人。2000年,延边州完成工业增加值(按不变价格计算)41.4亿元,比1995年增长52.6%,"九五"期间年均增长8.8%。2000年,延边州有股份合作企业6户,联营企业2户,有限责任公司35户,股份有限公司18户,私营企业30户,外商投资企业48户,港澳台投资企业18户。全州非公有制经济实现工业总产值32.3亿元,占工业总产值的35.2%。

1. 食品工业。1988年,延边朝鲜族自治州有食品企业380个(不含个体),从业人员18 600人。全州食品工业包括粮食加工、食用植物油加工、屠宰和肉类加工、烟草加工、饮料酒制造等18个行业。产品品种有1千多个,其中有12个品种打入国际市场,26个产品被评为部、省优质产品。1988年全州食品工业的总产值为42 687万元,占全州工业总产值的15.1%,仅次于森林工业和机械工业,在全州15类工业行业中居第3位。1988年,全州食品工业创利税21 729万元,占全州工业总利税的26.6%。

"九五"期间,延边州食品工业规模以上企业50个。主要产品有卷烟、啤酒、白酒、调味品、果汁饮料、糕点、山珍食品、矿泉水、食用菌、方便食品、朝鲜族传统食品

（朝鲜族泡菜、狗肉补身汤、传统民族糕点等）、锅巴食品等。形成了延吉卷烟厂、哈尔滨啤酒延吉有限公司、汪清丹华食品公司、吉林福满山珍食品公司、延边可利亚食品公司等一批龙头骨干企业。1998年，延边州全部独立核算的食品工业企业实现工业总产值占全省食品工业企业的7.3%；工业增加值占9.3%；利税总额占9.5%。在全省9个地市中仅次于长春和吉林，居第三位。1999年，延边州规模以上食品工业企业资本总额达72 919万元，固定资产原值115 395万元，净值93 249万元，流动资产73 878万元，实现工业总产值116 033万元，占全州工业总产值的14%。实现工业增加值64 349万元，销售收入134 993万元，利税33 412万元，占全州工业企业实现利税总额的36.2%。2000年，全州饮料酒产量达85 009吨，其中啤酒产量78 170吨；卷烟产量28万箱；食用植物油产量4 717吨。

2. 医药工业。1988年末，延边州医药工业共有生产企业12个，其中西药制剂厂4个，中药制剂厂6个，生物制剂厂2个；拥有固定资产原值904万元，净值3 306万元；厂区面积为16万平方米，建筑面积8.4万平方米；职工总数4 164人，其中工程技术人员350人；共生产13种医药剂型、410个品种。1988年，全州医药工业总产值达到15 150万元，首次突破了1亿大关，实现利税2 360万元，成为延边州的支柱产业之一。全州各制药厂都加强对新产品的研制开发工作，并通过与北京、上海、天津、长春等地30余所大专院校的横向经济技术协作，先后研制和移植75个新产品，其中20个被评为省、州优秀新产品，延边州初步形成了四大系列产品。延吉市制药二厂创办的延边第一家中草药研究所，致力于长白山中草药的开发研究，汇集信息，研制新品种，促进了制剂的更新换代。全州医药行业推行全面质量管理，全州药品质量不断提高，优质产品不断涌现。1988年，有15种产品先后获奖，其中敦化制药厂生产的"人参再造丸"荣获国家银质奖，有15种获省优称号。12家药厂中有8家的15种产品打入国际市场，远销日本、美国、新加坡等国家和中国香港地区，受到国外用户的好评。"八五"期间，延边州医药工业产值和利税分别以年均31%和27%的速度发展。至1998年，全州各类制药厂家发展到47家。到2000年，延边医药工业企业通过GMP认证的有吉林敖东药业（上市公司）、吉林华康药业、吉林力源药业、延边大学草仙药业等6户，占全州进行GMP技术改造的企业总数的17%。延边大学成立了7个中医药研究机构，州内科研机构建立了13个民营药物研究开发机构，敖东、力源、华康等制药企业拥有经国家命名的研发中心。2000年，全州医药制造业实现产值12.8亿元（按1990年比变价计算），为全州工业总产值的14.0%，成为全州一个支柱产业。中药品种逐年增加，2000年中成药产量达2 995吨。

3. 林产工业。延边是全国主要木材产区之一。改革开放以后，特别是"七五"至"九五"前期的13年，为延边州林产工业粗放式快速发展阶段，全州木材加工厂点达到500多家，"四小"（小胶合板、小纤维板、小浆厂、小纸厂）遍地开花，林产工业的资产规模近5亿元。全州生产的木材，约占全省木材总产量的一半，是全省木材主要产区。林产工业对林业经济的贡献率从"七五"时期末的26.8%增加到"八五"时期末的 36.2%。"九五"后 2 年开始为林产工业进行结构调整,这一时期新建林产工业项目 4 个,完成技改项目 14 个,累计完成投资 5.4 亿元,整顿淘汰了一大批简易锯材和"四小"加工厂;形成以珲春林业局、汪清林业局、大兴沟林业局、天桥岭林业局、和龙林业局、八家子林业局、黄泥河林业局、大石头林业局、敦化林业局、安图森林经营局韩日敦化福敦木业有限公司等企业为骨干,包括营林、采运、林产化工、机械维修、林业工程建筑、木材精深加工在内的比较完整的林产工业。1998 年,延边州林产工业总产值达 26.0 亿元。2000 年,全州实现木材产量 170.9 万立方米,人造板产量 24.4 万立方米。

4. 造纸工业。1988 年,延边州拥有造纸企业 27 家,其中全民所有制企业 6 家,固定资产 1 亿 1 275 万元,职工 8 981 人,工业总产值 1 亿 6 670 万元,利税总额 9 893 万元;集体所有制企业 15 家,拥有固定资产 1 335 万元,职工 2 376 人,工业总产值 2 910 万元,利税总额 429 万元;乡(镇)企业 6 家,拥有固定资产 654 万元,职工 802 人,工业总产值 880 万元,利税总额 69 万元。全州造纸工业有两个大型企业,即石岘造纸厂和开山屯化学纤维浆厂,有中型企业一个,即龙井造纸厂。截至 1998 年,全州造纸企业发展到 31 家。石岘造纸厂是中国北方的重要造纸企业,成为中国及吉林省纸浆造纸工业基地;开山屯化学纤维浆厂成为国内最大的亚硫盐木浆生产基地。

2000 年,延边州已形成以石岘白麓纸业股份有限公司、吉林晨鸣亚松浆纸有限公司等为骨干的、具有一定生产规模、现代技术水平的、可生产纸浆、新闻纸、胶版纸、书写纸、卫生纸、包装纸及包装箱等系列产品的 15 个生产企业。其中,机制纸及纸板业企业 9 个,纸制品业企业 6 个。2000 年造纸工业完成产值 81 594 万元,实现利税 9 901 万元,机制纸及纸板产量 12.9 万吨,工业产值在延边 34 个行业中居第六位,成为延边的优势产业之一。

5. 机械工业。"七五"期间,国家和地方先后投资 5 500 万元,对安图蓄电池厂、安图电焊机厂、延边农机厂、和龙机器厂、延边插秧机厂等一批骨干企业进行了技术改造,使这些企业新增产值 1.7 亿元,新增利税 5 000 万元,进一步增强了企业后劲。1988 年,延边州共有机械企业 37 户,职工 11 800 人,其中工程技术人员 660 人;固定资产原值达 1.08 亿元;厂房建筑面积 28.7 万平方米,拥有各种设备 3 600 多台,其中金属切割机床 1 500 台,锻压设备近 300 台。1988 年,延边州内机械企业进入吉林省先进级的有 4 户,进入吉林省预备级的有 8 户,进入州预备级的有 9 户。

截至 1998 年,延边州机械工业企业达到 106 家。延边的部分机械企业在全省乃至全国占有举足轻重的地位。延吉插秧机厂是部骨干企业,也是全国唯一生产机动插秧机的厂家。图们市离心机厂是全州唯一的由国家科委、省科委大量投资搞技术改造的企业。该厂生产的几种离心机,用于科技、高教、医疗事业,产品技术先进,在国内同行业处于领先地位。安图电焊机厂引进的二氧化碳气体保护焊丝生产线,是中国引进的 6 条生产线中最好的。

　　在国内和省内占有相当地位的产品主要有三类：一是部、省优产品。如：部优产品长白山—12型手扶拖拉机；和龙机器厂生产的推土机"三轮"，年产可达2 500台（套），主要为主机厂配套；延边农机厂生产的拖车，产品畅销供不应求。其余21种省优产品深受用户的青睐。二是独家产品。如延吉插秧机厂生产的机动和人力带土移栽式插秧机。三是有一批出口产品和进口替代产品。出口产品有碳化硅、蓄电池、插秧机、二氧化碳气体保护焊丝等，进口替代产品有超高速离心机、高速离心机、机动插秧机、扎捆机、推土机"四轮"总成等。

　　6. 石油化工工业。1986年，投资1.5亿元，开始兴建年加工能力为20万吨规模的炼油装置——延边石油化工总厂和年加工能力为1万吨烧碱、一万吨聚氯乙烯工程——延边化工总厂。1989年，炼油厂投产，1989年9月，化工总厂试生产。为增加出口创汇，对延吉市石化配件厂投资3 166万元，进行年产5 000吨拉制弯头扩建项目。到1989年，延边州新增加6号抽提油、探伤剂、环氧树脂、乙二醇二缩水甘油醚、糠醇、木质素铁铬盐、CHT酸、工业硅、拉制弯头、二辛酯、三嗪五、汽油、柴油、液化气等十多种主要产品。其中煳炕油、多抗霉素、民族胶鞋、足球鞋、黑胶鞋、黄白凡士林、糠醇等产品被评为省优产品。到1989年，延边有石化企业67家，其中归口企业21个，乡（镇）、街道和校办化工企业46家。截至1998年，全州各类化工企业发展到108家。预算内石化企业职工总数为5 601人，固定资产原值7 367万元。全州有无机盐、氮肥、农药、有机化工原料、涂料及染料、助剂、橡胶制品、石油化工配件、黏合剂、合成树脂、石油加工等11个专业，生产80多种（类）石油化工产品，其中纳入省级以上计划的有36种。2000年，全州石油化工工业实现产值（1990年不变价）3.43亿元，占工业总产值的3.7%。

　　7. 煤炭工业。延边的煤炭资源比较丰富，共有煤矿（井田）、煤点48个，含煤和预测含煤沉积盆地32个。吉林省珲春矿务局位于珲春市境内，1983年开工建设，1993年正式投产，是吉林省煤炭储量最多、建矿时间最短、最有发展前景的国有大中型煤炭企业之一。珲春矿务局原隶属国家煤炭工业部，1991年1月由吉林省政府管辖。2000年，珲春矿务局职工11 000人，所属二级单位24个，企业管理技术人员1 415人，专业技术人员1 399人。珲春矿务局已形成年产原煤500万吨的生产能力，已成为吉林省最大的煤炭生产基地。截至2000年，延边州境内煤炭保有储量（基础储量+资源量）为6.67亿吨。延边主要煤炭生产企业有：珲春矿区英安煤矿、珲春矿区城西煤矿、珲春矿区八连城煤矿、珲春矿区板石一井、珲春矿区板石二井、延边煤矿、延吉市三道煤矿、春阳双隆煤矿等7座年产5至30万吨的煤矿。2000年，全州原煤产量达309.4万吨，比上年增长21.7%。

　　8. 电力工业。1984年10月，经国家计委批准建设珲春发电厂，规划容量为30万千瓦；1986年9月主厂房破土动工。1988年12月10日珲春发电厂第一台发电机组投入生产。延边电力工业本着开发与节约并重的方针，超前发展火电，加快发展水电，稳妥发展热电。火力发电以大型火电为骨干，大中小结合，重点扩大珲春坑口电厂装机容量,新增2台30万千瓦发电机组,新建延吉、敦化、珲春3个热电厂,提高发电能力。因地制宜,建设和发展小自备电站。2000年,火电装机容量达到120万千瓦,发电量达19.92亿千瓦小时。大力开发水利资源,加快水电的发展,重点抓好图们江梯级电站和安图四湖沟电站建设,改造现有小水电站的设备,提高发电率。延边电网位于吉林省电网的东部,西经220千伏蛟敦线和66千伏蛟黄线与吉林省主网相连,北经220千伏镜敦线与黑龙江网相接。电网供电区域包括全州8个市(县)电网,以220千伏和66千伏线路相互联网。全州有总长1400多千米的58条输电线路和101个变电站。输送到变电站的电力又经过6300千米的配电线和6200台配电变压器,给工矿企业和城乡居民供电。农村用电户达农村总户数的98%。截至1998年,全州3座发电厂,19座小水电站。2000年,全州水力发电量4.77亿千瓦时。自治州内已经形成了水火并举、产业多元、星罗棋布的电源格局。延边主要电力企业有珲春发电厂、龙井发电厂、吉林长明水电集团有限公司,以及开山屯化纤厂自备电厂、石岘造纸厂自备电厂、敦化林业局自备电厂。

9. 建材工业。1986年,龙井化工建材厂与国家建材局哈尔滨玻璃钢研究所合作,进行了引进日本缠绕法玻璃钢管道及管件生产线的工程项目,1989年投产,年产各种规格管道、管件及储罐2 000吨,成为中国缠绕法玻璃钢管道及管件的最大生产厂家。到1988年底,延边州有各类建材企业180个,固定资产原值1.28亿元,净值1.05亿元,职工11 000人,能够批量生产49种产品,1988年产值达到16 300万元,比1980年增长了5.96倍,占全州工业总产值的5.95%。基本上发展成为拥有水泥、墙体材料、建筑陶瓷、化工建材、无机非金属材料、非金属矿等多门类产业,具有一定工业规模的行业体系。1990年开始,建材工业无论是品种还是质地都有了进一步的发展,在原有传统建材基础上开始从事铝合金门窗、塑料管材、实木地板、涂料加工和生产,20世纪90年代末期开始从国外引进铝塑地暖管(件)、保温板等技术。截至2000年,延边州建筑业主要企业有:吉林天宇集团、吉林省林业工程公司、延吉市市政建设有限公司、延边家佳钢结构有限公司、吉林省蓝天机械化凿岩工程公司、吉林德全水泥股份有限公司等。2000年,全州水泥产量达85.3万吨,比上年增长20.4%。

10. 纺织服装工业。纺织行业是延边朝鲜族自治州的传统产业。到1988年底,延边共研制出160余种纺织服装新产品,其中139种投放市场,深受广大消费者的欢迎,全州基本上形成了以延吉市为中心、各县市并举的纺织工业格局。具体划分有7个行业,即:以开山屯化学纤维浆厂为龙头的黏胶纤维行业;以延吉纺织厂、安图纺织厂为龙头的棉纺织行业;以延边亚麻厂为龙头的麻纺织行业;以延吉市针织一厂为龙头的针织行业;以延吉市民族服装厂为龙头的服装加工行业;以延吉市毛纺织厂为龙头的毛纺织行业和延吉市朝鲜族丝绸厂为龙头的丝绸行业。至1998年,延边的纺织服装工业已形成了以棉纺织、化纤纺织、服装和亚麻为主体的行业结构,全州纺织企业已发展到33家,形成以延边金龙亚麻纺织股份有限公司为亚麻深加工产业龙头,珲春巨宇纺织有限公司、延吉长兴制衣有限公司等民营和外资骨干企业为主,具有地区资源性特点与特色经济的可持续发展的支柱优势产业。以延吉甲乙纺织有限公司、安图纺织厂、珲春东一针织有限公司、吉林裳邦尔纺织有限公司为纱类、布类重点生产企业的纺织生产体系,在全省纺织系统中居首位。延边纺织服装工业总产值占延边工业总产值的10.62%;全行业每年出口产品交货值5亿元以上,占延边工业出口量的三分之一,部分产品在国际市场享有很高的信誉。吉林亚松实业股份有限公司、珲春东一针织有限公司等企业通过ISO9000-2000质量标准体系认证。2000年,全州纺织服装业实现产值104 908万元,实现利税9 757万元,已成为延边州的优势产业之一。

11. 民族贸易和民族特需产品工业。延边朝鲜族自治州一直是朝鲜族特需商品生产的主要基地和重要集散地。延边民族特需商品生产企业除了满足当地朝鲜族群众生产生活需要,还担负着为东北三省乃至全国各地朝鲜族群众提供特需商品的任务。为了加强自治州民族贸易和民族特需商品工作,1990年批准设立了自治州民族贸易和民族用品生产办公室,研究协调和解决工作中的重要问题。1993年3月,经吉林省第八届人民代表大会第二次会议批准,自治州第十次人民代表大会常务委员会颁布施行《延边朝鲜族自治州保护和发展朝鲜族用品生产条例》,使全州的民族贸易和民族特需商品生产工作纳入了法制化轨道,推动了民族贸易和民族特需商品生产企业的发展。随着社会主义市场经济体制的建立和逐步完善,民族贸易和民族特需商品生产领域出现了新的情况和问题。为使民族贸易优惠政策适应改革开放和不断发展的新形势,国家出台了民族贸易新的"三项照顾政策",并对少数民族特需商品目录进行了修订。1998年,全州民族特需商品定点生产企业60多家,年产200多个品种;全州民族贸易企业由86家增加到154家,其中,州级2个,县级民贸企业97个,县以下民贸企业55个。并有多家民族贸易商品生产企业被评为民族团结进步模范,在全国和全省民族团结进步表彰大会上受到了表彰。

12. 电子工业。延边州电子工业起步晚、发展快。1987年延边电子工业公司成立。延边电子公司以延吉无线电总厂为龙头,重点发展收录机和彩色电视机等拳头产品;以敦化电子元件厂、龙井有线电厂和珲春无线电元件厂为外围,发展电子元件系列产品和通信整机,形成了一个具有一定自我配套、自我协调发展能力的行业集团。到1988年底,全行业归口企业有:延吉无线电总厂系统、延吉市半导体一厂、敦化市电子元件厂、龙井市有线电厂、图们市无线电厂、珲春市无线电元件厂和电子仪器厂。其中,延吉市无线电总厂是国家收录机定点专业生产厂家,也是吉林省电子行业20家重点企业之一,是国内同行业中起步比较早的企业,具有较雄厚的实力;敦化电子元件厂和珲春无线电厂都是省内电子产品配套的定点企业,生产的电阻、电位器达十多种,是吉林省生产该产品的唯一厂家;延吉电视设备厂生产的共用天线,是国内电子行业的新一代产品,当时独占东北市场;龙井无线电厂产品质量稳定可靠,属军工企业。全行业职工1 873人,固定资产3 492.8万元。2000年,全州电子及通信设备制造业实现产值(1990年不变价)4 095万元。

（四）外向型经济。吉林省朝鲜族在对外开放中具有地缘相近、文缘相通和亲缘相连的独特优势。改革开放以来,延边朝鲜族自治州和长白朝鲜族自治县十分注重发挥本地朝鲜族在招商引资、外贸、旅游和劳务输出中的特殊作用,不断提高对外开放水平,加快外向型经济发展,促进经济振兴。

1. 招商引资。延边朝鲜族自治州的招商引资工作是从1984年启动,到1990年,全州批准外商投资企业达到10户,其合同外资为441万美元,合同投资来自美国、日本、加拿大、韩国等国家和中国香港地区。随着图们江区域开发热不断升温、投资环境不断改善、招商引资的法律、法规以及各项优惠政策的不断出台和完善,从"八五"开始延边州招商引资工作有了迅猛发展,尤其韩国企业投资势头日益强劲。截至1998年末,全州工商登记注册的实有三资企业为593户,其中韩国投资企业366户,占全部三资企业总数的61.7%。从投资方式看,中外合资企业为288户,中外合作企业为60户,外商独资企业为245户;从国民经济行业分组看,从事制造业的457户,占全部总数的77.1%;从事社会服务业的41户,从事批发零售贸易、餐饮的31户。

外商投资企业对延边的实际投资迅速增长,生产经营和出口创汇能力显著增强。截至1998年底,外商企业对延边实际投资总额累计已达5.6亿美元,其中1998年为7 282万美元,比1992年增长17.1倍,年递增62.1%。1998年,全州三资企业进出口总额1.2亿美元,占全州进出口总额的52.4%,出口创汇率达到40.2%。1998年全州制造业中三资企业销售收入为10.5亿元,占全州工业销售收入的13.9%。

2000年,延边州达成招商引资协议(合同)投资10 661万美元,实际利用外资3 837万美元。年末全州实有注册登记外商投资企业561户,其中本年新注册登记外商投资企业148户。从1992年至21世纪初,在短短的10多年时间里,用于珲春基础设施投资达40多亿元;发挥"三区"合一的政策优势,不断推进项目建设,审批内外企业500多家,引进国内外资金10亿多美元,实际利用外资6亿美元。

2. 外贸。20世纪90年代初,延边对外贸易国的主要对象是朝鲜和俄罗斯。1990年,延边的对外经贸窗口发展到9个,既有一般贸易窗口,又有对苏联、东欧、朝鲜地方贸易、边境贸易窗口,还有苏东技术合作窗口,成为全国地市级中拥有窗口最齐全的地区。1992年中韩建交后,韩国成为延边州的主要贸易对象国,同时与日本、东南亚、西欧、南北美洲等20多个国家和地区建立了贸易伙伴关系。1993年延边州对韩国贸易为历史上第一次高峰,进出口总额为30 732万美元;1996年延边对韩国进出口贸易总额为9 610万美元,从1999年开始延边州对韩国进出口贸易额一直维持在6 000万美元左右。

1993年,省内外有1 500多家企业在延边开办了贸易公司,州内从事外贸的公司也达到了1 000余家。1992~1994年,全州进出口贸易总额都超过3亿美元,其中最高年份1993年,达到46 771万美元,位居全省各地区之首。1996年之后,延边三资企业生产的产品出口迅速上升,其出口额在全州对外贸易总出口额中占50%以上。延边州在发展战略上,进一步巩固朝、俄等传统市场,突破日、韩等周边市场,开拓欧、美等新兴市场。通过加强绿色农产品、木制品、水产品、纺织服装和生活日用品等一系列出口加工基地建设,积极培育和引进外贸主体,努力扩大边境贸易,大力发展朝鲜族民俗游及边境风光游等多种举措,使对外贸易方式由过去的单一的边境易货贸易发展成为边境易货贸易、现汇贸易、加工贸易、转口贸易和旅游贸易并举的大经贸格局,其中加工贸易成为全州对外贸易的重要组成部分。到1999年形成了四大基地:一是以甲乙延吉纺织有限公司和珲春裳邦尔有限公司为龙头的纺织品、成衣出口基地;二是以敦化敦荣木业有限公司、敦化福敦木业有限公司、敦化林业局、珲春金发木业为主的木制品出口基地;三是以小粒黄豆、山野菜为主的农副产品出口基地;四是以鳕鱼(明太鱼)为主的海产品加工出口基地。

2000年,延边朝鲜族自治州对外贸易进出口总额达到3.1亿美元,比上年增长10.0%,其中,进口总额12 588万美元,增长4.3%;出口总额18 132万美元,增长18.2%。在进出口总额中,一般贸易进出口总额增长43.6%。全州经济对外贸依存度达到19.2%。对外贸易有力拉动经济快速发展。

边贸　延边朝鲜族自治州有11个边境口岸为边境互市贸易的发展提供了广阔的空间。中朝边境易货贸易自1982年正式恢复以来进出口额成倍增长,1988年比1982年增长100.2倍,年均增长115.9%。1989年经国务院批准开始对俄边境贸易,1989~1990年延边州基本上是边境贸易,进出口总额达889万美元,占全州进出口总额的61.7%。1997年6月7日,中朝两国在中国圈河口岸对岸朝鲜一侧沅汀里设置了边民互市贸易区,入市人员3 000元以下商品免征进口关税和许可证。中方以粮食、日用品为主,朝方以海产品、手工艺品为主。日交易额最初在1万元左右,后高达20万~30万元,最高峰日额达50万元以上。1999年珲春市对朝圈河口岸进出口货物累计106 234吨,比1998年增长157%,出入境人员累计131 640人,比1998年增长32%。1999年珲春边境客货流动量均创历史最高水平(后因朝方外贸体制等多种原因,中朝互市贸易暂停)。2000年,延边州边境小额贸易进出口总额9 131万美元,比上年增长6.64%。其中,进口5 359万美元,出口3 772万美元,分别增长3.3%和11.83%,进出口差额-1 587万美元。

3. 旅游业。延边州和长白县地处中国十大名山之一的长白山区,旅游资源极为丰富,"藏天然之奥秘,蕴万古之灵奇",人杰地灵、生态优美,是集自然景观、人为景观、民族风情、边境奇观、境外旅游为一体的旅游胜地。改革开放以来,随着长白山知名度的提高和高句丽遗迹的展示,延边朝鲜族自治州、长白朝鲜族自治县和集安市等地区把旅游业作为增加总量、调整结构、转变方式的战略性产业突出出来,推动旅游业实现跨越式发展,打造"环长白山生态旅游圈"和"高句丽历史遗迹旅游城"。

延边朝鲜族自治州不断加大对旅游业的投入,"七五"期间旅游业总投资8 280万元;"八五"期间旅游业总投资则增加到7.83亿元。"九五"以来,继续增加投入,推动旅游产业结构日趋合理,综合配套明显提高,旅游设施、旅游服务、旅游环境进一步得到优化。1997年延边州成功举办第一届长白山冰雪节以来,持续举办冰雪节、民俗节等大型旅游节庆活动。2000年成功举办延吉中国朝鲜族民俗旅游博览会和首届珲春荷花节,冬季旅游区建设初有成效。改善长白山旅游区基础设施,公路、输变电、有线电视和通信电缆等工程建成使用。2000年延边州全年共接待国内外游客15.1万人次,比上年增加7.2万人,增长90.7%;比最高峰的1996年增加3.0万人,增长24.8%。在海外游客中,亚洲游人占81.6%,欧洲占17.6%。按国别看,韩国占79.1%,俄罗斯占17.4%,其余是日本、美国,以及中国港澳台旅游者。全年实现旅游总收入2.60亿元,比上年增长69.6%。延边州旅游业逐渐由单纯观光游向休闲度假游转变。

4.劳务输出。吉林省朝鲜族大多聚居于与朝鲜和俄罗接壤的边境地区,特别是延边地处中朝俄三国交界,全省100多万朝鲜族中有不少人与韩国、朝鲜、日本、美国等国家的朝鲜族人保持着密切的联系,他们在血统、气质、风俗习惯,以及文化和表现出来的心理素质上有许多共同点和相似之处。因此,对外开放后,一批批吉林省朝鲜族凭借自身优势,捷足先登,搭上了"南连北拓、东进西出"、开创劳务经济先河的头班车。"走出去",发展外向型经济,不仅每年寄回大量的外汇,带动了家乡经济发展,不少人还在当地政府的鼓励支持下回乡创业,带领周围乡亲走上致富路。

1989年,延边朝鲜族自治州开始对外劳务出口,向西班牙派去了270名海上捕捞人员。进入20世纪90年代,"走出去"势头强劲不衰。特别是以1986年韩国亚运会、1988年韩国奥运会和1992年8月中韩建交为契机,许多中国朝鲜族人以探亲访友的形式,到韩国务工或经商,从而在中国朝鲜族群众中形成了强劲的"赴韩热潮"。随着韩国经济持续高速增长带来的本国劳动力成本升高并大量吸纳国外劳动力,韩国则放宽出入境限制,简化出入境手续,刺激了中国朝鲜族赴韩就业或经商,1995至1996年达到巅峰。

1997年,延边州委立足州情,在州委七届六次全会上正式把外向型经济确定为全州特色产业之一。特别是1998年省委提出"开放带动"战略后,延边州和长白县更加坚定和明确了自己的发展思路和方向,促使劳务出口业持续、快速、健康发展。在各级政府的支持和关怀下,吉林省朝鲜族聚居区劳务经济在改变农民观念、丰富培训形式、创新输出方式及拓宽市场等有了新发展。一是由"候鸟式"输出转为常年输出,外出务工1年以上人员已占到输出总数的近50%,还有相当数量的农户举家迁入城市。二是培训从"体能型"到"技能型"转变。为了提高外出务工农民的素质,延边州在加强规范管理的同时,还在搞好外派劳务人员技能培训、提高人员素质上加大力度。在所有外派劳务人员中,接受过技能培训的达到50%。三是输出从"游击队"到"集团军"转变。为了适应对外劳务出口业发展的需要,外经公司应运而生,不断壮大,延边州内有7家经国家外经贸部批准拥有对外承包劳务经营权的外经公司。政府对群众出国探亲旅游和劳务,实行"三不"政策,不限人数、不限工种、不限时间,采取建立外派劳务基地,开展外派劳务"订单"培训等措施,组织、鼓励和引导群众走出家门、走出国门创业,不断扩大劳务输出队伍。四是市场从"近邻"到"远邦"转变。境外劳务市场由原来起步时的西班牙一国,逐步扩展到韩国、俄罗斯、朝鲜、日本、利比亚、新加坡等20多个国家和地区,所涉及的行业也由起初的渔业捕捞一项扩大到建筑、机械加工、运输、服装加工、海上运输、农业、林业等多种行业。

1999年,延边州外派劳务人数比1998年增长6.3%,2000年外派劳务人数比1999年增长22%。"九五"以来,延边州共签订对外承包劳务合同140多份,累计派出劳务人员8.4万人次,连续8年居吉林省各地区之首。1997至2000年,延边外派劳务人员所实现的总收入每年都超过当年全州财政收入。2000年,国外劳务人员寄回州内银行的外汇累计达2.9亿美元(折算人民币24亿元),相当于全州当年GDP的五分之一。劳务输出成为吉林省朝鲜族社会的一大亮点和经济增长点。

(五) 财政金融。

1. 财政。

财政收入　延边朝鲜族自治州财政作为一级财政,改革开放后,随着财政体制改革的逐步深化,财政收入结构不断调整,收入规模不断扩大,财力增长明显加快。1984年实行了利改税第二步改革,财政收入从原来的税利并存逐步过渡到完全以税代利。实践证明实行利改税后,无论是上缴国家的税款数额还是实现的利润、销售收入,都超过了生产总值的增长幅度。1984年全州财政收入为16 324万元;到1989年全州财政收入就达到了49 774万元,比1980年的10 583万元提高了3倍还多;到1994年实行"分税制"财政体制改革后,延边州由补助地区变为上解地区,可用财力有所减少,但财政收入保持了稳步增长势头。1994年全州全口径财政收入实现(按可比口径计算)101 126万元。2000年全州实现全口财政收入14.96亿元,比上年增长0.2%,其中地方级财政收入8.25亿元,增长3.4%。2000年,延边朝鲜族自治州各项税收达136 718万元,比上年增长16.4%,占全州财政收入的91.4%。

财政支出　1989年,延边朝鲜族自治州财政支出完成56 890万元,当年财政支出的重点是保改革、保工资、保各种物价补贴,同时也加大了对农业发展和教育事业的投资,用于科学技术"三项"费用174万元,支援农业发展支出2 594万元、城市维护费支出3 683万元,文教卫生,事业费支出14 086万元,用于行政管理费支出4 349万元,本年结余1 352万元。1994年财政支出完成96 375万元,并对财政支出结构进行了一系列调整,用于生产建设性支出15 056万元。其中,基本建设支出361万元,企业挖潜改造支出5 386万元,支援农业发展支出3 738万元;各种行政事业费支出66 852万元,其中,文教科卫支出31 818万元、行政管理费支出11 807万元、抚恤和社会救济支出5 757万元。另外,针对1993年农业受灾、粮食提价滞后、农民种粮积极性受挫的实际,财政筹资245万元,用于解决农民购进种子贷款贴息投资230万元,用于部分村屯基础设施建设和维修;筹资720万元,扶持乡(镇)企业发展。还对工业增加资金480万元进行重点项目建设,培植新财源。2000年,全州完成财政支出19.97

亿元,用于科技三项费支出1 778万元、支农支出3 407万元、城市维护费5 524万元、文教卫生事业费41 967万元、行政管理费支出14 921万元,当年结余2 295万元。

2. 金融。1985年,延边朝鲜族自治州银行信贷资金管理开始进行改革,实行"统一计划,划分资金,实贷实存,相互融通"的办法,改变了统存统贷的信贷资金供给制,调动了各金融部门筹集资金,用好贷款,开展各项业务的积极性。各专业银行按照"区别对待,择优扶植"的信贷资金供给原则,合理运用资金,促进了生产和商品流通的发展。1987年9月,设立国家外汇管理局延边分局,在自治州人民银行内设外汇管理办公室。随着改革的深化,尤其是允许金融业开展适当的业务交叉与竞争以来,各专业银行纷纷增设机构,人民银行也建立了资金市场,同时又出现了民间信用机构,从而形成了以中央银行为主导,以国家各商业银行为主体,多种金融机构并存和分工协作的新型社会主义金融体系。

截至1998年末,延边朝鲜族自治州金融机构发展到1 681家,是1978年的13.4倍。自治州的金融业,始终支持地方经济的发展,一方面继续深化国有商业银行改革,巩固和发展改革成果,加快转变经营机制,逐步扩大业务范围;另一方面农村金融机构充分利用在县域的资金、网络和专业等方面的优势,更好地为"三农"和县域经济服务。2000年,延边全部金融机构各项存款余额1 79.3亿元,比上年末增加6.2亿元,增长3.6%。其中,企业存款余额27.8亿元,增长25.7%;城乡居民储蓄存款余额161.2亿元,增长4.9%。各项贷款余额196.2亿元,比上年末增加19.5亿元,增长11.0%。其中,短期贷款余额142.8亿元,增长4.3%;中长期贷款余额36.9亿元,增长15.8%。全部金融机构现金总收入688.3亿元;现金总支出710.0亿元。

(六)交通、邮电。

1. 交通。

铁路　随着中俄珲春国际铁路建成通车并投入试运营,延边州内8个县市都通铁路,全州铁路密度为每平方千米118米;州内铁路连接吉、黑两省,并与朝鲜、俄罗斯两国铁路相接。经过多年的维修,长图、牡图两线已更换为43型和50型次重轨钢轨和道岔,提高了线路强度和通过能力。截至2000年末,总运营里程达453.5千米,线路延展总长645.6千米。

公路　在"七五"末期建成图珲公路、长白山天池旅游公路等重点项目的基础上,"八五"期间,一大批重点工程项目相继建成通车。省"八五"重点工程敦化至白石山公路延边地区段,全长52.25千米、总投资1.4亿元,1993年动工,1995年9月竣工通车;全长958米、总投资4 000万元的全省最长的五虎岭公路隧道的建成,变险途为坦途;全长63.5千米、总投资3 269万元的延吉至汪清公路1992年竣工通车。"九五"时期,江密峰至珲春高速公路延吉至图们段和敦化至江源公路完成路基工程,敦化至滴达嘴公路竣工通车,珲春至圈河、汪清至天桥岭等公路建设进展较快。龙井至延吉的一级公路、敦化至珲春的高速公路的建设将结束延边无高等级公路的历史。到2000年,全州公路里程达4 508千米,城市每万人拥有公共汽车8.9

辆,城市每万人拥有出租汽车59.9辆。

到2000年底,延边朝鲜族自治州开通珲春经扎鲁比诺至束草的国际客货陆海联运航线和延吉至汉城的国际包机航线;珲春口岸、圈河口岸和珲春铁路口岸查验设施主体工程竣工。

民航　延边的民航从无到有,发展迅速。1985年,经国务院、中央军委批准,延吉机场由军用机场改为军民合用机场,属国内支线机场,成为继长春大房身机场之后的第二个开展民航运输的机场。同年8月,An-24型客机首航延吉—长春航线,从而结束了延边州没有民航班机的历史。随后又陆续开通了延吉—沈阳—大连、延吉—沈阳—北京等航线。延吉民航建成后,进行了两期扩建改造。1986年至1988年,投资730万元进行了一期扩建;二期扩建改造从1993年5月开工,到1997年6月竣工通过验收,并交付使用,总投资达3.8亿元。二期扩建改造完成后,延吉机场各种硬件设施达到了国内航站级机场中的一流水平,能起将MD-82等大中型客机,机场飞行区达到国家4C级标准。延吉机场通航以来,先后开通了飞往北京、上海、沈阳、大连、青岛、长春、烟台、牡丹江、深圳、三亚、威海、天津、首尔等10多条国内外航线。1999年2月,民航延吉航站以总分第一的成绩被民航东北管理局授予"文明机场"称号;2000年被全国质协评委"全国用户满意服务"单位称号。

水运　延边朝鲜族自治州不直接临海,1993年4月,吉林省第一家国际航运企业—延边航运公司成立,翻开了延边水上运输史上新的一页。此后,延边航运公司经过多次协商,与朝鲜对外经济协力促进委员会达成了利用罗津港,开辟对东北亚各国和地区海上运输协议;并从世界银行和韩国金融界、海运界引进巨额国际资本,组建了中型船队,培养了第一批国际海运技术人员。1995年10月,开辟了中(延吉)—朝(罗津)—韩(釜山)的国际集装箱定期航线和多条定期航线。1996年10月,购置了第一艘万吨集装箱散货混装船,已形成了4万吨的装载能力和100万吨的年运输能力。1995至2000年,延边现通海运集团有限公司先后开通中国延边—朝鲜罗津—韩国釜山和中国延边—俄罗斯波谢特—日本秋田航线,年最高完成航运量6 000标准箱,填补了吉林省无海上通道的空白,推动了延边州外向型经济的发展。

2. 邮政电信

邮政　1986年2月20日,在中共延边朝鲜族自治州委、州人民政府的大力支持下,贯彻落实党中央提出的邮电通信建设要实行"国家、地方、集体、个人一起上""多渠道、多层次地发展邮电建设"的方针,多方筹集资金,加快自治州邮电通信建设步伐,使全州的邮电建设取得了突破性进展。昔日邮路上的步班、自行车和摩托车就被铁路、汽车、航空所代替。1993年,延吉市邮政枢纽大楼落成后,邮件处理实现了自动化,每小时处理邮袋250袋,约1 000个包裹,邮政生产场地安装电视监控管理系统。1994年,全州邮政网点实现了微机联网。截至1998年,全州航空、铁路、汽车邮路总长达10 324千米,城乡支局建成180处,拥有固定资产1.8亿元,完成业务收入7 437万元,人均劳动率达5万元。全州邮政网络四通八达,8个县市共有农村邮路397条,投递点数3397个,乡邮总里程达7909千米,实现村村通邮。1999年4月,邮政储蓄完成了绿卡工程设备安装。全州邮政营业窗口全部实现了电脑化,通信建设正朝着邮政的机械化、自动化、电子化方向发展。2000年,延边州全年完成邮政业务总量0.73亿元,比上年增长16.7%。

电信　1986年,延边朝鲜族自治州共新建、扩建邮电局舍8处,总面积为2 240平方米,增容市话自动交换机3 700门,发展市话用户1 594户,增开长途电话电路50路,新建延吉至龙井300路小同轴电缆,8个县市全部开通"175"立接台电话电路,农村又有5个乡(镇)支局开通半自动电话,此外还新增城市支局1个,延吉市邮电局还首次将微机用于通信生产,提高工效20倍。到1988年末,全州市内电话交换机总容量达到26 500门,其中延吉市首次安装开通从日本引进的万门数字程控自动交换机,使延吉市的用户第一次使用可以直拨州内各县市所在地方长途自动电话。当年发展385户可以直拨全国各地的用户。其他各县市局的市话交换机容量也都达到2 000门以上,全部升为二级局。全州还增开长途电路94条,并完成大通路微波通信工程的全部土建任务。1990年,全州共计完成邮电通信建设项目331项,总投资达1 933.8万元,全部形成通信能力。市话增容15 600门,长途电路增加371条,是有史以来延边增加长途电路最多的一年。1991年延边邮电局又建成开通延边通信网大动脉的珲春至长春的省内二级数字微波干线和以延吉为中心的州内微波网络。此后又开通延吉卫星地球站,使延吉与韩国首尔间通信畅通无阻。1994年延吉市电信局一举跨入全国百强。1994年和1995年两年间,全州8个县市先后全部实现市内电话和农村电话的交换数字程控化。1999年,州内开始出现"网吧",并在各地逐步推开。2000年,全州骨干网到接入网全部实现了宽带化。2000年,延边州市内电话用户达327 380户,农村电话用户数169 632户,移动电话用户数248 490户,每百人拥有电话机22.8部;完成电信业务总量6.41亿元,比上年增长45.5%;移动通信业务总量2.89亿元,增长38.3%。

(七)城镇化建设。 20世纪80年代,延边城市化进入发展的新时期。一是原城镇不断扩大,新的城镇相继涌现。1985年末,延边只有延吉、图们和敦化3个城市,到2000年,全州由1985年的3市16镇发展到6市55镇24个乡。珲春和图们两市由边境小镇变成现代化边城,已初具规模。全州8个县市在城镇化发展中已经形成了自己的风格和特色。二是延边州城市人口迅速增加,城市化进程明显加快。1986年,全州城镇人口比重达77.0%,乡村人口比重23.0%;非农业人口比重51.9%,农业人口比重48.1%;1990年,城镇人口比重89.4%,乡村人口比重10.6%;非农业人口比重55.3%,农业人口比重44.7%。到2000年延边州城镇人口已占总人口的96.9%,乡村人口占3.1%;非农业人口占总人口的62.4%,农业人口占37.6%。2000年延边州城镇人口比重比乡村人口比重高93.8个百分点,非农业人口比重比农业人口比重高24.8个百分点。2000年延边州城镇人口和非农业人口比重比1986年分别提高19.9个百分点和10.5个百分点。1998年末,延边州城市化水平达到55.6%,明显高于全国的26.5%、吉林省的31.3%的水平。2000年末,延边州城市化率达到60.6%。三是城镇人居环境和生态环境日趋改善,城镇面貌明显改观。延吉、珲春集中供热,延吉污水处理、敦化垃圾处理、汪清供水工程等一批城市基础建设项目相继建成,图们江、牡丹江、布尔哈通河、海兰江的过城段得到治理,不仅提高了防洪标准,而且成为新的城市景观。四是城市综合实力明显增强。延吉市是全省唯一入选全国县域经济综合实力"百强"。

2000年末,延边朝鲜族自治州在8个县市中有6个城市,除敦化外,其他5个城市朝鲜族人口在全市人口中超过或接近50%。延吉市朝鲜族人口占全市人口的58.64%,图们市朝鲜族人口占全市人口的57.29%,龙井市朝鲜族人口占全市人口的67.11%,和龙市朝鲜族人口占全市人口的55.18%,珲春市朝鲜族人口占全市人口的41.92%。

二、长白朝鲜族自治县

长白朝鲜族自治县由于地处东北东部边陲、深居于千山万壑之中,改革开放前一直以"穷乡僻壤"而闻名。但是长白朝鲜族自治县在对外开放方面具有区位、资源、人文等多种优势,是吉林省边境线最长的县份,毗邻的两江道首府惠山市是朝鲜北部的重要城市。随着改革开放的深入,长白恢复了被中断的与朝鲜的边境易货贸易。1989年长白至朝鲜惠山国际公路大桥的开通,长白又成为对朝鲜的主要口岸之一,海关、卫检、动检、边检等口岸管理机构健全,有公路桥与朝鲜相通,距朝鲜重要港口清津港仅320千米,可假道惠山市打通进出日本海的通道。1992年10月4日,吉林省人民政府正式批准成立长白经济开发区,列入省级经济开发区序列,1993年1月,县人民政府编制《吉林省长白经济开发区总体规划大纲》,制定配套政策,实施"开发开放。通贸兴边"的发展战略。1993年5月,长白开通至朝鲜惠山市的国际公路客车,为中朝两国边民的友好往来和边境贸易发展创造了条件,也使国内的运输行业闯出国门,走向国际市场。

2000年,长白朝鲜族自治县国内生产总值(按不变价格计算)达63 567万元,比1995年增长63.2%,年均增长10.3%,超过全国和全省平均水平。

(一)**特产业**。长白朝鲜族自治县以人参种植为主的中药材生产基地、以木耳和香菇培育为主的食用菌生产基地、以哈什蚂养殖为主的野生动物繁育基地等农业产业化建设已初具规模。1986～2000年,长白朝鲜族自治县人民政府全面推广人参优质高产栽培技术和轮作、连作技术,保持了人参产业的稳定发展。全县人参留存面积341万平方米,西洋参27万平方米,连作和轮作面积达1 682亩;进一步规范林下参栽培技术,累积发展面积达11 653亩;人参产业化经营步伐进一步加快,完成了"参隆"商标和集团标志注册工作,统一了"参隆"品牌。以人参为主的土特产品加工业成为长白朝鲜族自治县的支柱产业。"灵光塔"牌高丽参、长白参于

1991年获国家科委和广州市人民政府联合举办的科研新技术、新产品展览铜奖，1992年获国际人参技术研讨及产品博览会的两个金奖。1996年"响字牌"人参获吉林省优秀新产品、农业部优秀产品奖，全年人参销售收入超亿元。新产品开发取得实质性进展，与南京野生植物综合利用研究院合作的冻干技术通过了科技部部级鉴定；与大连轻工学院合作的活性红参技术获省级科技进步二等奖；以韩国传统红参技术为依托，委托长白天力泰药业生产红参浸膏。成立人参产业协会和人参产业发展研究中心，自治县成为吉林省人参规范化生产示范基地，1998年人参总产量200.5万公斤，单产、总产均占全国首位，人参产值达3 892万元。2000年，长白朝鲜族自治县种植业产值按不变价格计算达19 639万元，比1995年增长26%，年均增长4.7%。

（二）畜牧业。长白朝鲜族自治县也建立以养牛为主的畜牧业发展基地，2000年牛存栏数达22.25万头，比1999年增长2.0%。

（三）工业。长白朝鲜族自治县以资源为依托的林产加工业、水电工业、矿产工业和医药工业作为支柱产业得到长足发展。投资1 400万元新建长新木业有限公司；投资4 200万元新建装机1.2万千瓦的双山六级水电站，投资4 000万元建成白山冶炼厂。到2000年长白县已建立起拥有电力、煤炭、建材、林木加工、矿产、化工、冶金、机械、制药、食品、酿造、土特产品加工等13各行业、73户企业的门类比较齐全的工业体系。2000年，长白县完成工业增加值（按不变价格计算）1.9亿元，"九五"期间年均增长12.3%。

林产工业　2000年，长白朝鲜族自治县林产工业初步形成精深加工和系列开发的格局，先后建立了14家林产工业企业，利用当地优质木材加工生产以省级优质名牌雪条棒、卫生筷子、食品棒、钢琴音板、复合揿手板、清水背架等产品为代表的10个系列、61个产品，畅销韩国、日本、美国等24个国家和中国台湾、香港地区及国内10多个省市，年产量、出口量居全省前茅，森林经营工作先后被评为吉林省年利税超千万元企业、在全国农林系统500强中的第51位、吉林省独立核算百强企业、全国同行业百强企业等。

煤炭及矿业　长白朝鲜族自治县境内探明有30多种矿产，其中硅藻土矿床为全国罕见的特大型矿床，远景储量2亿吨，已探地质储量3 500万吨，居亚洲前列。1986年10月，长白朝鲜族自治县以补偿贸易的方式与美国杰克布国际公司、香港佳成矿产有限公司签订技术转让、设备引进和产品补偿3份贸易合作合同，引进具有20世纪80年代国际先进水平的美国维特克国际公司成套技术和设备，筹建一座年产能力1.5万吨的硅藻土助滤剂厂。至1989年，生产的主要品种有硅藻土、硅藻土粉、助滤剂，产品畅销全国27个省市，并出口美国、日本、丹麦等国。1999年至2000年，硅藻土工业公司实现工业总产值4 600万元，利税260万元。2000年，硅藻土保温材料项目投入生产。通过招商引资，充分利用朝鲜铜矿石，兴建长顺铜矿冶炼厂。

电力工业 长白县充分依靠当地水资源优势,加大招商引资和水电开发建设力度,大力兴办水电事业。到1996年全县地方电站全部并网,并与国家电网联网运行,自治县首批通过全国电气化试点县验收,成为"三北"第一个实现初级电气化县的县份。2000年,长白朝鲜族自治县县、乡两级水电站共建18座,总装机容量31126千瓦,年发电量1.21亿千瓦时,人均占有量为1204千瓦,居全国之首,被国家水利部批准为"全国首批百龙工程"县。

(四)招商引资。1995年,经吉林省对外经济合作局批准,长白朝鲜族自治县与美国赛力特合资成立中美长白赛力特硅藻土有限公司,总投资1462万美元,到1998年,投资额已达到2990万美元,累计生产助滤剂1.25万吨。1999年至2000年,赛力特公司实现工业总产值5263.7万元,税金480万元。截至1998年,自治县共引进外资1116万美元,引进内资项目251个,合同利用金额2.24亿元,到位资金1.72亿元,建立三资企业6户,出口创汇企业20家。

(五)边贸。1982年4月,长白朝鲜族自治县恢复被中断的与朝鲜惠山市之间的易货贸易以来,坚持以民贸为突破口,以边贸为龙头,采取灵活多样的贸易方式,大力发展对朝贸易,由易货贸易转向易项贸易,由双边贸易转向多边贸易,形成相对稳定的对外窗口,并先后与日本、美国等16个国家和地区建立了友好往来和经贸合作关系,发展出口创汇企业20户,改革外贸体制,理顺口岸机构,加快边境贸易的发展。1992年,对朝边境贸易由边境城市向平壤等内地城市延伸;边贸、民贸相互促进,共同发展,贸易品种由过去单一的品种,逐步扩大到30多种,贸易物质数量由过去的几顿上升到数千吨。随着长白雪条棒厂的建成投产和出口产品生产厂家的增加,对外贸易额逐年上升,对外技术合作领域不断扩大。1997年全县边贸民贸总额达到3.9亿元,是1992年的11.1倍;1998年进出口贸易总额和边境贸易总额由1990年的不足百万元分别增加到1亿元和0.85亿元,边境进出口易货贸易已列全省边境口岸进出口贸易之首,实现了历史性突破。

(六)旅游业。长白朝鲜族自治县旅游业是20世纪90年代逐渐发展起来的。1992年3月,经省旅游局批准成立了长白第一家旅行社——长白旅行社,并经国家旅游局批准承办赴朝(边境)旅游业务的专业旅行社。同年5月,中朝双方签订了"一日游"协议,正式拉开了长白县旅游工作的帷幕,接待了边境旅游人数达1574人次。1995年在恢复对朝"一日游"的基础上又相继开通了赴朝三池渊风景区"二日游"、长白山天池东坡"三日游"。1996年7月,根据边境旅游涉外性较强的特点正式成立了县外事旅游局,强化了对旅游工作的领导,配备了专业技术干部和业务人员,促进了全县旅游业的发展。到1997年全县开辟了17处旅游景点,接待游客日益增多,1992~2000年,共接待赴朝旅游团435个,人数达1.3万多人。2000年接待国内外旅游人数10375人,实现旅游总收入1110.5万元。

(七)劳务输出。长白朝鲜族自治县把促进劳务输出作为对外开放的重中之重,成立了县就业服务大厅,先后与全国30多个大中城市的劳务信息网络取得联系,为广大群众提供各种劳务信息,并为劳务人员实行"一站式"服务,而且通过本县朝鲜族居民与朝鲜、韩国、日本等国的关系在朝鲜建立10多个企业为剩余劳动力提供就业机会,同时也向韩国、日本等国派出大批劳务人员。2000年,长白朝鲜族自治县人口8.6万,其中朝鲜族人口1.4万人,到2000年末派出劳务人员7 000多人,其中派到国外的有1 800余人。

(八)财政。长白朝鲜族自治县自1985年起实行"划分税种,核定收支,分级包干,一定五年"的新管理体制,建立了乡(镇)级财政,调动了地方的积极性。"七五"时期全县财政一般预算收入合计为9 223万元,年均收入1 845万元。"八五"时期全县财政一般预算收入合计为13 322万元,年均收入2 664万元,比"七五"年均收入增加819万元,增长44.4%。"九五"时期,全县财政一般预算收入合计为22 954万元,年均收入4 591万元,比"八五"年均收入增加1 927万元,增长72.3%。2000年,长白朝鲜族自治县各项税收3 320万元,占全县全口径财政收入的70.0%。

"七五"时期,长白县财政一般预算支出合计为15 870万元,年均支出3 174万元。"八五"时期,全县财政一般预算支出20 958万元,年均支出4 192万元,比"七五"年均支出增加1 018万元,增长32.1%。"九五"时期,全县财政一般预算支出合计为34 745万元,年均支出6 949万元,比"八五"年均支出增加2 757万元,增长65.8%。其中,生产建设性支出1 525万元,占总支出的4.4%;行政事业费和社会保障支出30 250万元,占总支出的87.1%;政策性补贴支出84万元,占总支出的0.2%;其他支出2 886万元,占总支出的8.3%。

(九)金融。长白朝鲜族自治县1995年全县共有金融机构及网点116个,有人民银行、工商银行、农业银行、建设银行、保险公司、农村信用社及邮政储蓄共7家,各家金融机构设有城市信用社3个,办事处2个,之下为分理处、储蓄所及代办所。1995年之后,随着《人民银行法》和《商业银行法》的颁布实施,建设银行和各家城市信用社相继退出金融市场。1998年末,保险公司退出人民银行监管体系,各金融机构除农村信用社外基本退出农村金融市场,为农村信用社的发展壮大提供了空间。2000年全县金融机构各项存款合计达67 893万元,各项贷款合计29 970万元。

(十)交通。长白朝鲜族自治县过去只有一条"长临公路"与内地连接,全长240千米。1981年10月长白至松江河火车站的长松公路竣工通车,结束了长白"自古一条路"的历史。但仍不满足需求,县委县政府实行"举县大筑路"活动,至1999年开通县、乡公路44条1 000多千米,人均公路长度居全省之最。2000年以来,县委、县政府动员和组织各方面力量,进一步加大交通建设力度,累计投资近10亿元,实现了与东西两条二级公路相通,形成了内接外连、四通八达的公路网络。其中客运线路由十年前的3条增加到19条,既有长白到长春、沈阳、延吉等地的长途客车,又有县与乡村及辐射郊区的"招手停",还有走出国门的"长惠"中朝国际客运,从而使长白的客运量比十年前增长了50多倍,货运量增长了300多倍。至2000年,天池南坡景区旅游二级公路已全线贯通,坐车可直抵长白山天池。

（十一）邮政电信。 1990～1991年,长白朝鲜族自治县在宝泉山东岗参场和十三道沟西岗参场设立邮电代办所,全县邮电局所达13处。1998年9月,邮电和电信分设,基层分支机构业务分开。2000年,全县邮电局所13处,邮路总长度325千米,全年完成邮政业务总量336万元,比上年增长20.0%。

长白朝鲜族自治县通信分公司下设3个管理部(室)、11个生产班和8个农村支局,是集市内电话、农村电话、国内国际长途、无线市话、可视会议电话、互联网、数字数据通信等为一体的通信运营企业。随着电信通信管理体制的深刻变革,长白电信通信技术和手段不断增强,服务水平显著提高,为人民提供迅速、准确、安全、方便的现代通信手段。2000年,长白县住宅电话14 985户,占总户数的55.9%。其中城市住宅电话10 093户,乡村住宅电话4 892户,公用电话205部。全年完成电信业务总量1 195万元,比上年增长12.7%。

（十二）城镇化建设。 2000年,长白朝鲜族自治县有6镇5乡,主要城镇有长白镇、八道沟镇、十四道沟镇、马鹿沟镇。长白镇位于鸭绿江上游,是全县政治、经济、文化、科技、信息中心,2000年辖3个行政村、8个居民委员会,人口32 548人,占全县人口的37.8%;其中朝鲜族人口5 618人,占全县朝鲜族人口的41.1%,占长白镇人口的17.3%。1997年开始修建的开发区外环路1999年交付使用,而且完成县城江堤公园和十五道沟风景区的设计论证;动员社会和机关党政干部义务修筑县城江堤路;城区自来水网改造一期工程全部结束,建供暖房面积39 039平方米,城镇面貌有了明显改观。1999年马鹿沟镇被吉林省政府批准为省级"十强镇"综合改革试点镇,2000年长白镇被确定为省级综合改革试点镇。

第五节　人民生活

从20世纪80年代到20世纪末,吉林省朝鲜族人民生活实现了从"温饱不足"到"总体小康"的跨越。

一、延边朝鲜族自治州

2000年,延边州人均地方生产总值7 082元,按当年汇率计算达到863美元,延边州人民生活总体上达到小康水平,顺利实现了社会主义现代化建设"三步走"战略的前两步目标。当年在岗职工平均工资为7 351元,比上年增长9.0%;全州农民人均纯收入2 049元。城市居民家庭收入水平略有提高。城市居民全年可支配收入5 526元,扣除物价因素实际增长1.7%;平均每人生活消费支出4 752元,扣除物价因素实际增长15.3%。全体居民人均消费水平为3 463元,其中,农村居民人均消费水平2 421元,城镇居民人均消费水平4 093元。

2000年,全州实现消费品零售总额66.9亿元,比上年增长1.2%,扣除物价因素,实际增长3.6%。与全州市场一般水平相比,全州大中型批零贸易企业销售十分活跃。全州48家限额以上批零贸易企业全年实现批零贸易额23.5亿元,比上年增长21.5%。

2000年,延边朝鲜族自治州新增失业人员就业数达11 632人,其中企业就业数10 427人;当年城镇失业登记率为3.5%。城镇从业人员结构有所变化。2000年末延边州单位从业人员为35.4万人。其中,在岗职工为34.8万人,城镇私营企业从业人员3.2万人,城镇个体劳动者达7.8万人。社会福利事业得到加强。2000年末,全州农村救济对象中集体供养社会散居的孤、老、残、幼人员2 544人;敬老院79个,收养1 902人;国家办光荣院3个,年末在院人数共206人;城镇社会福利院1个,年末在院人数共341人。城乡各种社会救济对象得到国家救济4.6万人次。全州乡(镇)全部建立了农村社会保障网络,城镇共建立3 777个社区服务设施。

2000年,延边城镇新建住宅126.4万平方米,农村新建住宅44.9万平方米,年末城镇人均居住面积9.31平方米,比上年增加0.47平方米。自来水普及率达88.1%,煤气液化气普及率72.6%,每万人拥有绿地面积26.6公顷。

2000年末,全州参加基本养老保险的职工达到34.9万名,9.9万名离退休人员参加了离退休费社会统筹;7.9万名职工参加了大病医疗费用统筹;2.5万名离退休人员参加了医疗费用统筹。2000年,全州各级劳动保险机构为6 239名失业职工提供了失业救济。

二、长白朝鲜族自治县

1997年末,长白朝鲜族自治县有10个乡(镇)、67个村基本实现了小康,分别占全县乡(镇)和行政村总数的90.9%和87%,6个杂散居民族村中已有4个进入了小康村。其中20个村被评为白山市最佳小康村。马鹿沟镇果园朝鲜族民俗村是朝鲜族人口占73%的行政村,位于县城东部3.5千米,交通便利,地理位置优越,栽果树历史悠久,果园面积大、水果品质好而得名。1997年果园村年人均收入超过3 500元,其他如农村房屋、村路、饮水、文化建设、计划生育等方面都达到了小康村标准,成为全省闻名的小康示范村。2000年,长白朝鲜族自治县人均国民生产总值(现价)9 422元,按当年汇率计算达1 148美元,农民人均纯收入2 925元,比1996年增加了429元,增长17.26%,其中长白镇农民人均纯收入达3 647元。全年全体居民人均总消费水平4 210元,比上年提高3.6%,其中农业居民人均消费水平3 109元,提高1.6%;非农业居民人均消费水平4 860元,提高4.2%。2000年社会消费品零售总额为21 764万元,比1996年增长43.3%,年均增长9.4%。

第六节 教育科技文化体育

一、教育

中共十一届三中全会后,吉林省朝鲜族教育进入了崭新的发展阶段。吉林省主要城市和朝鲜族聚居区均设有朝鲜族幼儿园、小学和中学,学校成了当地最靓丽的风景线。1994年,《延边朝鲜族自治州朝鲜族教育条例》颁布实施,民族教育发展纳入了法制化轨道。经过多年的改革与发展,延边朝鲜族自治州逐步形成比较完整的、具有鲜明民族特色的教育体系,并不断巩固和发展,到了20世纪90年代,在全国少数民族教育中又创造了五个"第一",即1993年,第一个完成"普六"任务;1993年,第一个实现在青壮年中扫除了文盲;1993年,第一个建立中外合作大学——延边科学技术大学;1996年,第一个实现了大学调整,将延边5所高等院校正式合并为具有鲜明民族特色的地方综合性大学——延边大学;1997年,第一个基本普及了九年义务教育。

(一)幼儿教育。1987年,延吉、图们、和龙、龙井等朝鲜族集中的市普及学前一年的教育。同年,全省各地理顺幼儿教育管理体制,形成动员和依靠社会各方面力量,有计划、有步骤地发展幼儿教育事业的局面。从1989年起,延边朝鲜族自治州教委不断充实和调整幼儿园(班)分类标准、检查细则等,以保证各类幼儿园(班)教育质量的提高。"八五"期间,全州晋升为省级示范性幼儿园的有2所,命名州级示范性幼儿园17所,州一类幼儿园85所。"八五"以来,延边朝鲜族自治州坚持"分级办园,分级管理"的原则,在机构、人员、政策和经费等方面,采取措施,加大幼教管理工作力度,规范各级各类幼儿园的办园行为。"九五"期间,晋升为省级示范性幼儿园的有1所,命名州级示范性幼儿园16所,州一类幼儿园74所。"九五"期间,全州城镇主要有4种办园模式:(1)公办公助(国办园)幼儿园,全州共有23所,占全州幼儿园总数的2%;在园幼儿7 031名,占全州在园幼儿总数的11.14%。(2)承办园制(集体园),包括机关办园、厂矿企事业办园、街道办园、校带学前班、农村中心园、村办园等幼儿园有716所,占全州幼儿园总数的60.4%;在园幼儿41 849名,占全州在园幼儿总数的66.29%。(3)民办公助(个体园)幼儿园,有445所,占全州幼儿园总数的37.6%;在园幼儿14 249名,占全州在园幼儿总数的22.57%。(4)与外国合法机构或个人合作办园,外方投入资金,园长和教师由中国公民担任,用这种模式建立起来的全州规模较大的幼儿园有5所。

1997年,全州共有国办园25所。其中,省级示范园6所,州级示范园8所,州一类园6所,州二类园4所,州三类园1所。1999年,全州适龄幼儿入园率为89%。2000年,延边朝鲜族自治州幼儿园共970所,在园幼儿50 592名,教职工3 952人。2000年,吉林省有朝鲜族幼儿园(含民族联合幼儿园)286所,入园儿童19 887名;其中,延边朝鲜族自治州朝鲜族幼儿园261所,在园幼儿15 319名。

1985年,长白朝鲜族自治县共设有朝鲜族幼儿班20个,在园幼儿444名,教师22名,学制为二年,1986年改为三年,分小、中、大班。1996年,县委、县政府投资400万元,在长白县城新建一座汉朝合一的幼儿园大楼,建筑面积为3 829平方米,开设语言常识、计算、美术、音乐、体育、游戏以及汉朝语等课程。2000年该园设93个班,在园幼儿1 305名;教职工60人,其中专任教师53人。

(二)九年义务教育。朝鲜族人口比较集中的长春市区、九台市、吉林市区、永吉、蛟河、磐石、桦甸等县市和通化市区都设有朝鲜族幼儿园或班。1994年,吉林省朝鲜族聚居区共设有朝鲜族单一的和与其他民族联合的幼儿园达836所,入园儿童13 700名,其中,延边朝鲜族自治州朝鲜族幼儿园815所(含民族联合幼儿园),入园儿童12 090名;延边州3~6周岁幼儿入园率为87.7%;学前班入学率城镇为90%,农村为80%。

1.小学教育。1986年,吉林省朝鲜族小学共554所,教学班3 304个,在校学生86 024名,教职工6 418名。为适应教育改革与发展的需要,吉林省从1989年开始将城乡学校布局结构的调整工作进一步提到重要工作日程,进行适当的集中。"八五"期间,经过调整,全省朝鲜族小学数虽有所减少,但教学质量有了明显提高。1990年全省朝鲜族小学496所,比1986年减少58所;教学班3 333个,增加29个;在校学生90 023人,增加3 999人;教职工6 650人,增加232人。2000年,吉林省朝鲜族小学共298所。其中,延边州183所;吉林市37所;通化市32所;长春市11所;白山市19所;辽源市6所;四平市5所;松原市1所;白城市4所。教学点21个。其中,延边州7个;通化市8个;长春市6个。教学班数1 700个。其中,延边州1 072个;吉林市269个;通化市183个;长春市57个;白山市60个;辽源市25个;四平市27个;松原市7个。在校学生数63 941人。其中,延边州52 164人,吉林市5 974人,通化市3 927人,长春市493人,白山市933人,辽源市194人,四平市202人,松原市54人。学校数、班级数和在校学生数比1986年和1990年大为减少。2000年学龄儿童入学率达99.84%,升学率为96.35%。

2.中学教育。1986年,吉林省朝鲜族中学(含完中)共100所。其中,城市21所,县镇53所,农村26所。教学班1 110个。其中,城市314个,县镇633个,农村163个。在校学生55 339人。其中,城市14 104人,县镇32 749人,农村8 489人。教职工5 216人。其中,城市1 686人,县镇2 948人,农村582人。1990年,吉林省朝鲜族中学(含完中)共96所。其中,城市29所,县镇44所,农村23所。教学班共1 057个。其中,城市467个,县镇472个,农村118个。在校学生共47 178人。其中,城市22 409人,县镇20 977人,农村3 792人。教职工共5 546人。其中,城市

2 852人,县镇2 309人,农村385人。2000年,吉林省朝鲜族中学共58所(其中,完中19所,独立初中39所)。其中,延边州32所(其中,完中7所,独立初中25所),吉林市9所(其中,完中6所,独立初中3所),通化市9所(其中,完中2所,独立初中7所),长春市4所(其中,完中1所,独立初中3所),白山市2所(其中,完中1所,独立初中1所)。全省民族联校初中共9所。其中,延边州6所,白山市3所。全省民族联校完全中学共2所,均设在延边州。全省初中教学班846个。其中,延边州614个,吉林市92个,通化市81个,长春市25个,白山市24个,辽源市3个,四平市6个,松原市1个。全省朝鲜族初中在校学生共58 170名。其中,延边州48 795名,吉林市4 435名,通化市3 054名,长春市1 040名,白山市636名,辽源市100名,四平105名,松原市5名。2000年,吉林省朝鲜族初中入学率为100%,巩固率97%。

3. 延边州九年制义务教育。

教育体制改革 根据1985年5月颁布的《中共中央关于教育体制改革的决定》,延边州开展教育体制改革,实行了州、县、乡三级管理和四级办学的管理体制。1987年,州政府出台了《关于分级办学、分级管理若干问题的暂行规定》,进一步明确了州、县、乡、村办好基础教育责任、管理权限,完善了管理体制。1988年1月,州第九届人民代表大会第一次会议批准《延边朝鲜族自治州普及九年制义务教育规划》。1989年,延边朝鲜族自治州中小学主要实行"六三"分段(小学六年、初中三年)的九年义务教育,其间一些县(市)出于加强初中段教育的考虑,曾试行过"五四"(小学五年、初中四年)和"六四"(小学六年、初中四年)学制。1992年8月,按照国家教委《九年制义务教育全日制小学、初级中学课程方案(试行)》的规定,全州小学全年上课34周。1992年,州政府颁发《深化教育改革实施方案》,进一步完善了"三级办学、两级管理"的体制,强化乡(镇)政府办好义务教育的责任和义务。1993年,按照《吉林省全日制小学、初级中学课程计划(试行)》要求,延边州对中小学课程设置及计划进行调整,城乡中小学统一实行"六三"学制,即小学六年、初中三年。1993年,延边州106个乡(镇)全部完成"普六"任务。1997年,延边州完成普及九年义务教育工作。

"九五"期间,延边州委、州政府把进一步调整中小学布局作为深化教育改革,提高教育教学质量,巩固提高"普九"成果,全面推进素质教育的一项重大任务确定下来,打破地方企业办学界限,整体实施,全面推进。从1995年起,延边中小学全面启动素质教育。1996年,州政府召开全州素质教育现场会;1998年6月,州政府下发《关于在全州中小学实施"主动发展教育"的通知》,推广珲春市"主动发展教育"的素质教育模式,吉林省教委把"主动发展教育"作为全省实施素质教育的一面旗帜,《光明日报》曾以大版篇幅向全国推荐。1999年,延边州出台《全州教育改革试点工作方案》。1999年6月13日,中共中央、国务院发布《关于深化教育改革,全面推进素质教育的决定》。2000年,延边州委、州政府召开全州教育工作会议,出台《关于深化教育改革,加快教育发展,全面推进素质教育的决定》,确定延边州5至10年教育改革与事业发展的主要目标和任务,对延边教育的发展有了准确设计。

1996~2000年,延边州投入启动资金1.7亿元,撤并209所中小学、115个教学点,建40所寄宿或通勤制学校,减少教职工1 162人。2000年,在学龄儿童急剧下降的情况下,全州中小学校平均规模分别保持在799人和304人,超过1995年的平均规模,学校班额和师生比例日趋合理。2000年以来,经企业与地方协商,开山屯化纤厂、石砚造纸厂、安森局等10所企业办中小学划归地方管理,企业与地方学校合并。积极发展民办教育,成立8所民办中小学。2000年,延边州朝鲜族初中学生毕业率为95.60%,升学率为72%,义务教育各项指标在全省名列前茅。

"双语"教学 1989年,延边州政府成立专门研究机构——延边民族教育改革办公室,在不同类型的15所学校、70多个班级开展以"双语"教育为重点的民族基础教育整体改革实验。1993年秋季起,汉语教学起始年级提前至小学一年级,其教学程序由"先文后语"转入"先语后文",文语并重。1994年4月,颁布实施《延边朝鲜族自治州朝鲜族教育条例》,为"双语"教学改革的实施提供法律保障。特别是有关升学考试可以用本民族语言答卷的规定,引起了朝鲜族学校师生对本民族语言的重视,调动了朝鲜族学生学习朝鲜语的积极性,既完成了国家规定的课程任务,也提高了"双语"教学的质量。1995年相继开展以学制、课程、进行国家汉语水平考试(HSK)、"双语"兼学并用制、部分课程用汉语授课、朝汉文夹用教学以及国家级汉语水平等级测试(MHK)等为主要内容的第二轮改革实验。因此,延边州及吉林省朝鲜族和其他少数民族群众掌握汉语比例在全国少数民族当中相对较高,全省朝鲜族中小学生普遍具有一定的汉语基础和比较强的文化、心理适应能力。双语教育作为全省朝鲜族教育的优势,继续在学生升学、就业、深造等方面发挥重要的基础性、先导性作用。

4. 长白朝鲜族自治县九年制义务教育。2000年,长白朝鲜族自治县有朝鲜族小学、中学各1所。朝鲜族小学现名为长白朝鲜族自治县第二实验小学(原名绿江小学,成立于1918年,1999年更改为现名),1999年县里投资380万元,新建四层教学楼,建筑面积3 720平方米。2000年该校设15个教学班,在校学生670名。长白第二实验小学曾被评为"朝鲜族寄宿制学校先进集体"。长白朝鲜族中学(建于1946年6月,为初级中学。1959年3月改名为长白朝鲜族自治县第二中学,成为含有高中班的完全中学)曾被省教育厅批准为省重点学校。1996年县里投资250万元,新建一座四层综合实验楼,建筑面积为2 670平方米。2000年全校设15个教学班,在校学生533名。

(三)中等专业教育和高中教育。

1. 中等专业教育。1985年《中共中央关于教育体制改革的决定》颁布以后,吉林省开展了教育体制改革,调整削减了普通教育,增设职业中学,陆续成立职业高中,或附设职业技术班,使中等技术教育初具规模,成为中等教育的一个重要组成部分。2000年,吉林省朝鲜族职业高中有5所。其中,通化市4所,长春市1所;全省朝鲜族职业高中联校8所,均设在延边州。全省朝鲜族职业高中在校学生共3 307

名。其中,延边州2 610名,通化市495名,长春市202名。

1989年,全州有非师范类普通中专7所,如延边卫生学校、延边艺术学校、延边林业学校、延边财政贸易学校、延边人民警察学校、延边体育运动学校和延边工业学校等,在校生2 972名,教职工657名,其中专任教师347名。吉林艺术学院延边分院是1988年6月以延边艺术学校为基础组建的,延边艺术学校作为附属中专,对外仍称延边艺术学校。1996年4月,延边艺术学校随吉林艺术学院延边分院归并延边大学,继续保留艺术教育中专体制。1994年,延边卫生学校与韩国釜山直辖市南阳速算学院合作办学,设立延边卫生学校附属针灸学校,招收韩国学生,学制为三年,学业期满由学校颁发延边卫生学校附属针灸学校毕业证书。1995年,成立延边海洋职业中等专业学校(2004年起停止招生)。1998年4月,延吉市教委与韩国光州沙雷高等技术学校合作,成立延吉工业技术学校,1999年更名为延吉市国际合作技术学校。1998年6月,成立延边东方艺术学校,属民办中等职业专业学校。1999年3月,延边卫生学校、延边财贸学校和延边林业学校被认定为吉林省第二批省部级重点普通中专。1999年,延边财贸学校与延边财会职工中专合并,成立延边财经学校。2000年,延边州政府与延边大学合作,在延边卫生学校基础上成立延边大学护理学院。2000年延边供销职工中专并入财经学校,5月,延边财经学校进入首批国家级重点校行列。2000年3月,延边警察学校撤销中专建制,被改为延边州警察培训中心。

2000年,延边州中等专业学校7所,在校学生7 285名;农村职业中学11所,在校学生5 322名;技工学校19所,在校学生1 055名;成人中学校37所,在校学生2 600名。特殊学校3所,在校学生513人,其中朝鲜族特殊学校1所,在校学生120名。

2. 高中教育。1989年,延边州普通中学仍在沿用"五环节"(组织教学、复习提问、讲授新课、巩固新知识、布置作业)综合结构课教学方法。为体现启发式教学思想,开始引进和探讨"精讲多练","强化'双基'(基础知识,基本技能)训练"教学模式。1990年,为落实"双基"训练教学,州、县(市)教师进修院校在境内举办各学科研讨、示范和评优课活动。延边一中"三语"教学改革实验,延边二中"现代数学自学法"整体改革实验获省级教研成果奖。1990年3月,国家教委颁发《现行普通高中教学计划的调整意见》,自1990年9月起,延边州内把普通高中学科课程分为必修课和选修课,一、二年级实行单课性选修,选修科目为外语、物理、化学、生物、历史和地理,选修课时在一年级定3课时,二年级定4课时。三年级实行分科性选修,分设文科、理科、外语、艺术、体育和职业技术六类课程。1992年9月起,高中一年级开设世界史,二年级开设中国近代史和现代史课,每周均2课时。到1993年9月,一、二年级增加"两史一情"单元教学8～10课时(州属高中于1992年开设),增加计算机教育每周2课时。1991年,秋季新生开始将思想政治课时增加一课时,用于时事政策教育。

1994年,延边州教委制定《深化教育改革实施方案》,将教学改革列为深化教育改革的重要内容,要求深入进行教学方法的改革,学习和推广"快乐教育"的经验,强化课堂教育的实践环节,重视学生个性的发展,培养学生综合分析能力和解决实际问题的能力。延边州教委、州教育基金会设立延边州中小学教学成果奖,开展评选表彰活动。同年,州教委制定了《关于加强和改进中小学教学工作的若干意见》。进一步明确教学工作在学校工作中的中心地位,要求广大干部教师更新观念,端正办学思想,变应试教育为素质教育,大面积、大幅度提高教育、教学质量,争创全省一流水平的奋斗目标。从1994年9月起,高中起始年级执行《调整后普通高中教学计划》,到1995年,将一、二、三年级必修课分别安排29、27、14课时;选修课分别安排3、4、16课时;课外活动一律安排6课时(体育体育锻炼3课时、其他3课时),使每周活动总量分别达到38、37、36课时。社会实践每学年安排2周,渗透在劳动技术课、课外活动或学科教学活动中进行。1997年3月,一、二年级开设中华传统美德教育课,课时定每学年26课时,以吉林文史出版社《传统美德故事》丛书为实验教材,并以讲哲理为主,通过演讲、讨论、参观考察等活动,开展"三观"(人生观、世界观、价值观)教育。朝鲜族高中采用《朝鲜族传统美德故事》和《朝鲜族礼仪》等州编地方教材。1999年9月,延边州内普通高中开设心理健康教育课,2000年开设信息教育课。

2000年,吉林省朝鲜族普通高中27所(其中独立高中8所,均设在延边州),全省朝鲜族完全中学共19所。其中,延边州7所,吉林市6所,通化市2所,长春市1所,白山市1所,辽源市1所,四平市1所;高中教学班349个;朝鲜族高中在校学生17 334名,其中,延边州12 555名,吉林市2 428名,通化市1 452名,长春市553名,白山市232名,辽源市55名,四平市59名。2000年,吉林省朝鲜族高中毕业生5 298名,当年大学录取的有3 918名,升学率为73.95%。

(四) 高等教育与成人教育。

1. 高等教育。1986年,延边朝鲜族自治州设有延边大学、延边医学院、延边农学院、延边师范高等专科学校、吉林艺术学院延边分院5所普通高等院校。1990年3月,延吉市政府筹建中韩合作办延边科学技术大学,1993年9月延边科学技术大学正式开学。

延边大学。1989年,延边大学在校全日制本(专)科学生2 609人,当年毕业621人,招生650人,成人教育学生2 080人;学校有教职工959人,专任教师527人,其中教授9人,副教授114人,讲师192人。1995年,延边大学在校生2 877人,当年毕业661人,招生870人。教职员工1 071人,其中专任教师552人。1995年,延边大学被列为吉林省重点综合性大学。

1996年4月16日,经国务院批准,延边大学、延边医学院、延边农学院、延边师范高等专科学校、吉林艺术学院延边分院5所高等院校正式合并为新的延边大学。1996年10月,延边科技大学并入延边大学。合并后的延边大学设置人文、师范、理工、医学、农学、艺术、科技等40个系,11个教研部,51个科研机构,3所附属医院,1所附属中学。拥有57个本科专业,29个专科专业,两个博士点,40个硕士点,6个省重点学科,1个省重点实验室。1996年延边大学在校生7 316人,其中,本科生4 364人;研究生393人,含博士研究生11人;毕业生1 807人,其中,本科生865人;研究生97人,其中有85人被授予硕士学位;招收新生2 404人。其中,本科生占51%;研究生157人,含博士生3人。全校教职员工2 839人,专任教师1 453人。其中,教授178人,副教授382人,讲师546人,研究生指导教师179人。1996年12月,延边大学被国家教委列入"211工程"重点建设行列,成为一所具有鲜明民族特色的地方综合性大学。延边州政府在"九五"期间为延边大学提供经费2 000万元。

至1998年,学校设置10所学院11个大学科,建立朝鲜语言文学、世界地区史、有机化学3个博士点和40个硕士点,开设全日制57个本科和29个专科系;设有以东北亚研究院、民族研究院、长白山自然资源保护与开发研究院为重点的56个科研机构,同时还将中华全国日本哲学研究会、中国朝鲜族历史研究会、中国朝鲜语研究会、中国朝鲜文学研究会本部设在该校。学校加强了国内外合作与交流,同北京大学、复旦大学、吉林大学、东北师范大学、哈尔滨工业大学、吉林工业大学、北京化工大学签订互派教师兼课、委托培养研究生、共同开发教育资源合作等协议。另外还同朝鲜金日成综合大学、韩国汉城大学、日本东京大学、美国堪萨斯州立大学、美国东西研究中心、瑞典斯德哥尔摩大学等41所大学和研究机构建立合作关系。1998年,派往国内外大学深造、进修和从事教研及交流学术的有1 100人次。2000年,延边大学在职教职工3 097名,在校学生9 913名,当年毕业生数2 133名。延边州每万人口中拥有在校大学生数46人,高于全国平均水平。

2. 成人教育。1989年,成人教育主要开展扫盲和扫盲后的巩固提高、农村实用技术培训、农用机械操作性技能培训、城镇职工岗位技能培训和对成人实施中、高等全日制、函授、夜大学等学历教育。

"八五"期间,延边州按照省政府提出的"高标准扫盲"要求,将扫除文盲工作作为政府职责进行规划和部署,采取"一堵、二扫、三提高"的方针,坚持扫盲与普及初等义务教育相结合、与农民致富相结合、与扫盲后的巩固提高相结合。1989年,延边州教委贯彻国务院《扫除文盲工作条例》,下发《关于在农村开展高标准扫盲工作的意见》,年龄范围扩大到50周岁,要求15至40周岁年龄段人口中非文盲率要达到100%,41至50周岁年龄段人口中非文盲率要达到90%以上。实行扫盲工作宣传发动到村、组织机构到村、计划任务到村、建档立卡到村和考核验收到村的制度。1991年2月,延边州政府召开全州扫盲工作会议,提出到1992年底全州实现高标准扫除文盲州工作目标。1993年年末,全州剩余文盲降至2 389人。11月,国家教委扫盲工作验收组验收延边州扫盲工作,认定受检查单位各项扫盲工作指标均达到国家标准,全州15~43周岁人口中非文盲率为99.8%。1993年,延边朝鲜族自治州与全省一道,在全国率先实现基本扫除青壮年文盲的历史任务。农民教育的重点由过去的扫盲转向实用技术培训,农民教育进入新的发展阶段。

1989年,延边州独立设置的成人高等学校有:延边职工大学、延吉市职工大学、石岘造纸厂职工大学、龙井黎明农民大学、敦化农民专科学校、延边教育学院、延边广播电视大学和延边州委党校等。延边大学、延边医学院、延边农学院、延边师专和吉林艺术学院延边分院等五所普通高等学校都设有函授部或夜大等成人教育机构。其学制为2～5年不等,着力提高公民素质。1989～1995年,五所普通高校举办的成人教育共培养毕业生10 102名。其中,延边大学5 928名、延边医学院2 081名、延边农学院295名、延边师范专科学校1 718名、延边艺术学院80名。延边大学开办夜大学。1998年3月,延边职工大学和延边大学被省教委首批确认为"在优秀成人中等专业学校选拔优秀毕业生免试进入成人高校学习"的学校。1991年,延吉市职工大学和石岘造纸厂职工大学并入延边职工大学。1991年10月,延边大学成立成人教育学院。1996年6月,延边黎明农民大学成立职业技术培训中心,开设电脑打字、英语、会计、出纳、文秘和现代农业技术等专业,每期三个月,全日制脱产学习。1997年12月,延边职工大学设置高职班专业,开设计算机应用、会计电算化、旅馆饭店管理和服装设计等四个专业。1998年,延边职工大学试办高职教育,专业有计算机应用、会计电算化、服装设计及工艺、餐旅管理和英语。招生对象是职业高中、技工学校、普通高中、普通中专、成人中专应届毕业生或具有相同学历的待岗、在岗人员。1998年6月,成人高等专业学校的学籍实行省教育行政部门和学校两级管理。1999年,成立延边计算机专修学院、延吉文理专修学院和延边外语专修学校等三所民办非学历高等教育机构。2000年,延边教育学院更名为"延边州教育学院"。2000年,延边大学开办专科起点三年制本科朝鲜语言文学学科自学考试教育。1989至2000年,延边职工大学、延吉市职工大学、石岘造纸厂职工大学、延边黎明农民大学、敦化农民专科学校和延边广播电视大学等六所成人高等学校共培养本、专科毕业生11 697名。

二、科学技术

(一)科学研究机构。1989年,延边朝鲜族自治州共有州直独立科研院所10家,其中技术开发类2家,农业和社会公益类8家,财政拨款单位7家,行业主管局拨款2家,自收自支1家。1999年7月,州人民政府出台"关于印发州直科研机构改革方案的通知""关于印发州直科研机构体制改革若干问题的暂行规定的通知",对延边州各类科研机构体制进行改革。2000年7月,州政府制定实施延边科研所体制改革方案,延边科技所转制工作正式启动,取得初步成果。科研所的转制主要采取由项目带头人创办民营科技企业的模式,并在组织机构、人员分流、清产核资等方面开展一系列扎实有效的工作。

1.延边州属研究机构。

延边州科学技术情报研究所　成立于1978年1月,隶属于州科委,下设中小企业技术创新中心和延边科技咨询有限公司,是延边唯一的州级综合性科学技术研究机构,主要从事收集、整理、加工、传递国内外科技经济信息;为中小企业组织各类培训班和提供咨询;编写可行性研究报告、项目建设书、资信评估、企业诊断、项目论证、管理咨询等;建立常设技术市场为广大用户服务;经营延边科技信息网、提供网站建设服务;为政府决策提供咨询意见和政策建议。

延边州农业科学研究院　院址在龙井市,与万方数据、联合国促进中心等权威信息公司建立信息网络,并与国家科技信息所等多家单位保持密切联系并开展有关业务。其前身是1935年建立的伪间岛省"劝农模范场"。延边农科院占地57.9公顷,其中试验地46.5公顷,固定资产727万元。院下设作物、长白山经济植物、生物技术、烟草、畜牧5个专业研究所和院办、科研处、计财处3个职能处室,成为包括研究大田作物、生物技术、经济植物和畜牧在内的州内唯一的综合性农业科研单位。

延边林业科学研究院　成立于1973年,是延边州唯一的林业科研事业单位。内设绿化工程部、林地经济研究室、经济林研究室、造林研究室、组培研究室等5个业务部门及科技科、办公室、财务科等3个科技服务和后勤部门。主要承担省林业厅、州科委、林管局以及自选的林业科研项目。主要研究领域为:林木育种、造林护林、森林保护、资源开发等。同时承担延边林业科技咨询服务工作。先后同韩国、日本、美国、俄罗斯、朝鲜等多个国家建立友好业务往来关系,在学术交流、人员互访、项目合作方面取得多项成果,有一些技术与国际水平接轨。

延边农业机械研究所　成立于1973年,占地面积7 000平方米,科研综合楼面积1 000多平方米,试制车间面积650平方米,各种加工设备7台,并拥有一定试制条件的各种机械加工设备以及试验所用农机具,是具有一定科技实力、适应农业生产需求的农机研究所。主要从事农业机械的研究、试制、改进、推广与开发,对农业机械化工程与自动化研究,协助企业进行技术改造等。研发的农机具有2YPS-1型地膜铺盖机、2W-1挖穴机、6Q-4型萝卜切机、6P-2型辣椒切片机,其中萝卜切条机获国家实用新型专利。

延边特产研究所　前身是蚕业实验场,建于1951年5月。1984年,从龙井市老头沟镇龙水坪村迁至延吉市,现已发展成为以长白山野生动植物以及食用菌开发研究为主的科研机构,设有经济作物、中药材、经济动物、真菌、蚕业、生物技术、新产品开发等7个研究室及办公室、财务科、科研科三个职能部门,并下设延边成峰特产品发展有限公司。该所本部占地4 000平方米,办公和科研用房有1 881平方米。在延吉市明新五队境内有15 000平方米的实验基地;龙井市老头沟镇龙水村境内有实验、生产基地,其中包括369.5公顷山地;龙井市细鳞河乡有实验、生产基地。在吉林、黑龙江、辽宁等省境内有合作开发的西洋参、灵芝、木耳以及一些中药材生产基地30余处。

延边民族医药研究所　延边民族医药研究所建于1984年,延边朝医一院建于1988年,一个机构,两个牌子,隶属于州卫生局,是全国唯一专门从事研究朝鲜民族医药的集科研、医疗、保健、教育为一体的全民所有制事业单位。延边民族医药研究所1988年成立至2000年,已挖掘整理了24套74本朝鲜民族医药书籍以及30本手抄本,编写了《朝医学》及民族医史等。1986年,朝医理论体系通过了国家论证,并纳入《中国医学百科全书》,正式确立了朝医学在祖国医学宝库中的地位。

延边州科学技术协会(以下简称州"科协") 所属事业单位有延边州朝鲜族科普工作队、延边州科技馆、延边州青少年科技中心、东北朝鲜族科技报社、延边大众科学杂志社;县市科协8个、州级学(协、研究)会56个、厂矿科协33个。州科协组织各级各类学会在不同学科、不同行业开展国际、国内学术交流和学术研讨,组织学术性报告,紧紧围绕延边州国民经济社会发展中的热点、难点和重点问题开展决策咨询、科学论证活动,为各级党委、政府的宏观决策提供科学依据。2000年12月27日,在全省科普工作会议上,州科协荣获全省科普工作先进集体荣誉称号,并在会议上介绍了先进工作经验。

延边朝鲜族自治州社会科学界联合会(简称延边州"社科联") 成立于1979年7月,编制7人,下设学会部、编辑部、办公室。延边州社科联是团结和组织全州社会科学各学术团体和社会科学工作者,以马列主义、毛泽东思想和邓小平理论为指导坚持党的基本路线发扬理论联系实际的优良传统,立足当前、注重运用、服务延边。主要任务:领导、指导、组织、管理、协调所属学会、协会、研究会的工作,组织学术活动,为决策机关提供咨询等。

延边社会科学院 成立于1985年7月,编制73人,其中研究人员49人,编辑人员7人,行政人员20人。下设语言研究所、历史研究所、文学艺术研究、民族教育研究所、经济研究所、院部办公室包括秘书、人事、科研、行政等。延边社会科学院是带有民族特点的社会科学研究机构。主要任务是在党的领导下,以马列主义、毛泽东思想为指导、开展社会科学学术研究,着重研究朝鲜族在社会科学领域中的历史与现状,研究民族经济的历史与现状、朝鲜族的历史、朝鲜族的文学艺术的历史与现状、朝鲜族教育史和民族教育的现状,研究中国朝鲜语的发展史和规范化的问题。同时,研究和解决延边州两个文明建设中提出的重大理论问题和现实问题,为社会主义现代化建设服务。出版刊物有:《文学与艺术》(公开),《朝鲜族语文》(公开),《教育信息》,《延边历史研究》等四种。

东北朝鲜民族教育科学研究所 1989年3月经国家教委批准延边民族教育研究所更名为东北朝鲜民族教育科学研究所,是全国少数民族中第一个成立的民族教育科学研究机构。人员编制14名,均为大学本科以上学历(其中硕士学历2人),具有高级专业技术职称的8人、中级4人。内设教育研究室、资料情报研究室、延边科研领导小组办公室、行政办公室等职能部门。该所坚持以研究延边教育和朝鲜族基础教育改革与发展中重大理论问题和实际问题为中心,以为地方教育改革与发展服务为主要任务,研究教育发展战略,积极开展教育科学研究,推动教育创新与发展,促进国际、国内教育交流与合作,为教育行政部门的决策服务,为基层学校的教育教学实践服务,并创办了《东北朝鲜民族教育》季刊。该所编著的主要著述有《中国朝鲜族学校志》《中国朝鲜语文教育史》《双语教育改革实验研究》《教育科研概览》等。到1996年为止,延边州各县市陆续设立教育研究所。

2. 县(市)属独立科研机构。 1989年底,延边州8个县(市)共有县(市)属独立科研机构11所。2000年8月,取消延吉市机械研究所;延吉市科技情报研究所、延吉市轻化工设计院、延吉市科技开发交流中心合并成立延吉市生产力促进中心。

3. 民营科技机构和团体。从1987年创办延边州第一家民营科技企业——延边野生动植物研究所起,民营科技企业发展迅猛,到1996年,民营科技企业发展到118户,从业人员1300多人,经营领域从最初的材料、特产等传统行业,拓展到食品、医药、电子、生物、环境等行业。1996年以来,延边州委、州政府不断加大对民营科技企业发展的扶持力度,并于1998年出台《促进民营科技企业发展的若干规定》,促进民营科技企业的发展,使之从过去简单的产品生产加工,逐步向高附加值、高技术产品转化。2000年,延边科研机构实行转制,分别成立延边韩硕高新技术研究所,延吉市科达计算机研究所,延吉市康达生物材料研究所,延边德宙计算机研究所,延吉市汇科信息技术研究所5个民营科技企业。到2000年底,全州共有民营科技企业136家,总产值52 500万元,技工贸总收入25 340万元,完成利税4 634万元。全州民营企业产值超亿元户1家,超千万元户2家,超百万元户8家,其中,中国白头山实业公司被省科技厅确定为重点扶持的民营科技企业。有的民营科技企业和企业家先后获得国家、省政府颁发的"先进民营科技企业""先进民营科技实业家"等荣誉,一批民营科技企业家成为州、县(市)人大代表和政协委员。

4. 群众科技团体。

吉林省朝鲜族经济科技振兴总会 成立于1998年11月11日,驻地在长春市,其前身是中国老区技术开发促进会吉林省朝鲜族总会。1990年经吉林省民政厅登记注册,成为具有独立法人资格吉林省少数民族综合性社会民间团体,主要由吉林省经济、科技、社会各界朝鲜族优秀专家、教授、企业家及少数其他民族相关人员组成。总会现有10个团体会员,都是省内具有较大影响的朝鲜族群众组织。凝聚全省1 300多名科技工作者。设有科技企业家协会、社会文化工作者协会、农村经济发展协会、法律工作者协会、对外交流协会、医务工作者协会、教育工作者协会等8个专门委员会和综合协调办公室。总会下属两个经济实体,即吉林省朝鲜族经济技术开发总公司和长春转运科技咨询服务中心。

长春市朝鲜族社会科学工作者协会 成立于1987年12月,是长春市朝鲜族社团中较早建立的、经长春市民政局注册登记的独立法人单位。"协会"是由长春市朝鲜族中从事社会科学工作的研究人员、教学人员、实际工作者、机关干部以及愿意参与社会科学领域活动的其他各界人士自愿组成的学术性民间群众团体,是长春市社会科学学会联合会的团体会员。

(二)科技人员。

1. 延边朝鲜族自治州科技人员。1986年,全州从事科学技术工作的各类专业技术人员总计33 240人。其中,农、林技术人员3 062人,工程技术人员12 359人,其他自然科学技术人员10 955人,社会科学技术人员6 864人。在全州各类科技人员中,有朝鲜族17 447人,占52.5%。2000年,延边州共有从事科学技术工作的各类专业技术人员104 099人,其中朝鲜族39 416人,占总数的37.9%,其中中、高级科技人才共38 961人,朝鲜族17 785人,占总数的45.6%。按科技类型分,全州共有农林技术人员3 466人,其中朝鲜族1 859人,占总数的53.6%,其中中、高级科技人才共1 691人,朝鲜族1 054人,占总数的62.3%;工程技术人员21 943人,其中朝鲜族6 784人,占总数的30.9%,其中中、高级科技人才共8 078人,朝鲜族3 334人,占总数的41.3%;其他自然科学技术人员44 649人,其中朝鲜族18 249人,占总数的40.9%,其中中、高级科技人才共16 098人,朝鲜族8 023人,占总数的49.8%;社会科学技术人员34 041人,其中朝鲜族12 524人,占总数的36.8%,其中中、高级科技人才共13 094人,朝鲜族5 374人,占总数的41.0%。

1986年延边州朝鲜族科技人员按隶属关系分布表

表23　　　　　　　　　　　　　　　　　　　　　　　　　　　　　　　　单位:人

	科技人员总数	其中朝鲜族人数	朝鲜族所占比重(%)
科技人员总数	33 240	17 447	52.5%
中央直属	3 791	1 309	34.5%
省直属	2 745	1 799	65.5%
州直属	12 740	4 990	39.2%
县(市)直属	13 964	9 349	67.0%

注:资料由延边州社会科学界联合会提供。

1986年延边州朝鲜族科技人员按经济行业分布表

表24

	科技人员总数(人)	其中朝鲜族(人)	朝鲜族所占比重(%)
科技人员总数	33 240	17 447	52.5
农林牧渔水利业	2 692	1 553	57.7
工业	12 878	4 455	34.6
地质普查和勘探业	544	123	22.6

续表

	科技人员总数（人）	其中朝鲜族（人）	朝鲜族所占比重（%）
建筑业	1 113	509	45.7
交通运输和邮电通信业	725	358	49.4
商业、公共饮食、物质供销和仓储业	1 570	1 057	67.3
房地产管理、公用事业、居民服务和咨询服务业	239	155	64.9
卫生、体育和社会福利业	6 065	4 392	72.4
教育、文化艺术和广播电视事业	3 148	2 257	71.7
科学研究和综合技术服务事业	700	573	81.9
金融保险业	878	436	49.7
国家机关、政党机关和社会团体	2 688	1 579	58.7

注:资料由延边州社会科学界联合会提供。

2000年延边州朝鲜族科技人员按隶属关系分布表

表25

	科技人员总数（人）	其中朝鲜族数（人）	朝鲜族所占比重（%）
科技人员总数	104 099	39 416	37.9
中央直属	12 692	4 612	36.3
省直属	3 524	2 143	60.8
州直属	33 823	8 973	26.5
县(市)直属	54 060	23 688	43.8

注:资料由延边州社会科学界联合会提供。

2000年延边州朝鲜族科技人员按经济行业分布表

表26

	科技人员总数(人)	其中朝鲜族数(人)	朝鲜族所占比重(%)
科技人员总数	104 099	39 416	37.9
农林牧渔业	2 966	1 190	40.1
工业(采掘业、制造业、电力、燃气及水的生产和供应业)	35 377	6 167	17.4
建筑业	3 615	969	26.8
地质勘查和水利管理业	744	359	49.6
交通运输、仓储和邮电通信业	4 427	1 817	41.0
批发和零售贸易饮食业	3 445	1 684	48.9
房地产管理、公用事业、居民服务和咨询服务业	2 478	1 001	40.4
卫生、体育和社会福利业	9 213	5 749	62.4
教育、文化艺术和广播电视业	29 366	13 745	46.0
科学研究和综合技术服务业	1 475	992	67.1
金融保险业	6 485	3 370	52.0
国家机关、政党机关和社会团体	3 548	1 913	53.9
其他事业单位	939	460	49.0

注:资料由延边州社会科学界联合会提供。

2. 其他地区科技人才。长白朝鲜族自治县设有人参研究所、硅藻土应用研究所、长白山中药研究所,至2000年末,全县各类科技人员达4 000余人,其中朝鲜族120多人。

长春市不仅有许多高等学校、省属、市属科研院所,而且中央下属的驻省科研院所、大型企业也比较多,因此从事科学研究和生产的朝鲜族族科技人员也相对集中。由吉林省民委和长春市民委牵头,报经吉林省委批准,1988年5月31日,"吉林省暨长春市少数民族科技工作者联谊会"成立,是吉林省少数民族科技工作者群众性团体,主要由驻长春市的省直、中直、市直机关,大专院校、科研院所、厂矿企业等单位部门中高级科技人员、社会科学工作者中的少数民族组成。联谊会刚成立时,会员曾达到1 300余人,其中朝鲜族840多人,占57%。1990年,全市具有中级以上职称的朝鲜族科技人员达289人,其中具有高级职称者32人,占朝鲜族中级以上职称人数的11.1%。根据2000年初步统计,全市具有高级职称的教学研究人员达198人,其中教授级(含研究员)76人,占38.4%。其中博士生导师25人,占教授级职称人数的32.9%。在教授级教学研究人员中,自然科学教学研究人员有45人,占59.2%;社会科学教学研究人员31人,占40.8%。

长春市朝鲜族科技人员在信息、自动化、强激光、空间、海洋、新材料、地质、计算机、能源、环保等战略性领域,为推进基础研究与原始性创新做出了重大贡献。中国科学院长春光学精密机械与物理研究所主任研究员、博士生导师禹秉熙1988年组织领导建立中国科学院长春净月潭遥感实验站,10多年来进行多项遥感技术与应用基础研究,同时有很多国内专家和美、日、德等国的学者专家来实验站进行了合作研究,获中国科学院自然科学一等奖,并被授予吉林省劳动模范、全国劳动模范等荣誉称号。中科院长春应用化学研究所研究员、博士生导师裴奉奎在中国科学院和国家自然科学基金的支持下,国内率先开展了二维NMR的系统研究,其中二维NMR的定量描述等工作促进了国内二维NMR工作的进展;同时开展了稀土络合催化机理、高分子链结构、稀土配合物的溶液结构等项研究。其中1991年与高分子化学实验室合作完成的"三氟醋酸稀土配合物均相催化剂活性中心结构和催化机理"的研究,用NMR方法追踪聚合过程,首次获得稀土络合催化烯丙基机理的直接实验证据,获中国科学研究自然科学二等奖。长春光学精密机械研究所崔风柱研究成果"中国光学晶体标准",获国家科技进步二等奖;另一研究成果"光学晶体测试方法",获国家技术进步二等奖。

(三)科技成果与普及。

1. 科技研究成果。"七五"以来,延边朝鲜族自治州科学技术创新和研究实现了新的突破,有些科研成果曾获省部级以上优秀科研成果奖励。"长白山立体农业综合开发科技示范区"项目获国家农业部科技进步一等奖;"西洋参种子成熟规律及其催芽处理技术"获联合国发明创新二等奖。

1987年,延边州根据国家科委《科学技术成果鉴定办法》(1987年、1994年两次发布),制定科技奖励办法,经过鉴定对科技成果进行奖励。从1989~2000年评选10届,共评出特等奖3项,一等奖46项,二等奖81项,三等奖72项,四等奖74项,总计276项。

延边农科院承担三大粮食作物(水稻、玉米、大豆)的科研任务,获奖成果有30项,其中省级18项,厅级1项,州级11项。1999~2000年,延边农科院自主创新成功的马铃薯脱毒种薯生产技术,获省科技进步一等奖,并在延边地区设20个示范点,四平、梨树、长春、公主岭、九台等地也设15个示范点进行推广,推广面积2万公顷,占全省总面积的17.4%;该产品马铃薯脱毒种薯首先进入省内市场,开始扭转吉林省马铃薯种薯四十多年来全靠外调的落后局面,该技术还传入不易留种的山东、浙江、甘肃、河南等12个省区200多个县(市),推广面积达2.25万公顷,增产50%以上,按每公顷增收1万元计算,实现年社会效益2.25亿元;而且产品打入国际市场后取得了可佳的经济效益。

1990至2000年,延边州共获得省科技进步奖一等奖6项,二等奖11项。

1989～2000年延边州获省科技进步一、二等奖一览表

表27

成果名称	获奖单位	获奖时间	获奖类别
百万亩采育林经营技术	汪清林业局	1990	一等奖
沿泽地造林技术	大石头林业局	1990	
喀阡黑环系蜜蜂选育研究	吉林省养蜂科学所	1990	
HB浆	石砚造纸厂	1990	
马铃薯脱毒种薯生产技术及种薯基地建设	延边农科院	1999	
安神补脑液新工艺的研究	吉林敖东药业集团股份有限公司	2000	
麝鼠笼养技术研究	大石头林业局	1991	二等奖
精浆饰面硬质纤维板	敦化林业局纤维板厂	1991	
锯沫机油滤芯	大石头林业局	1991	
轻量化输液瓶	延吉市玻璃厂	1991	
腐必清的研究及推广	龙井市智新松(油)厂	1992	
月见草品种选育及人工栽培技术	延边农科院	1993	
A-Z酰乳脱羧酶在啤酒生产上应用技术	延吉市啤酒厂	1993	
模拟量通用火灾自动报警控制器	延边计算机应用研究所等	1994	
汪清林木种子园营建技术研究	汪清林业局	1996	
亚麻牵切纺纱新工艺	龙井市亚麻纺织厂	1998	
草仙乙肝胶囊	龙井制药厂	1999	

专利工作 1990年,延边州专利受理量28件,其中发明专利申请2件,实用新型专利申请21件,外观设计专利申请5件;共获授权专利14件,其中发明专利1件,实用新型专利9件,外观设计专利4件。1999年10月,延边州被确定为全国专利工作试点城市,延边州政府成立专利试点工作领导小组,在州专利管理局设立领导小组办公室。专利法实施以来,延边州技术创新能力和专利保护意识逐步提高,专利申请量和授权量仅次于长春、吉林,位居全省第三位。2000年,延边州专利受理量93件,其中,发明专利申请9件,实用新型专利申请60件,外观设计专利申请24件;共获授权专利111件;其中,发明专利16件,实用新型专利55件,外观设计专利40件。

科研成果推广 "八五"至"九五"期间,延边朝鲜族自治州共推广农业科技成果107项,其中有些农业科技成果推广普及的范围、规模逐步扩大。在培训内容上,围绕特产业重点推广地栽黑木耳、香菇、柞蚕的种(养)殖技术;围绕蔬菜产业重点推广西兰花、荷兰豆、园葱等10多种蔬菜种植技术;围绕绿色农业重点推广绿色大米等5种农作物栽培技术;围绕畜牧业重点推广延边黄牛育肥技术、疫病防治技术。"八五"至"九五"期间,延边州共安排省级以上星火计划项目64项,实现产值9.85亿,利税2亿。由延边果树农场承担的"苹果梨优质丰产技术"项目,年新增产值500万元,实现利税300万元。该项目荣获国家"星火奖"。敦化华康制药厂的"长白山中草药综合开发项目",年新增产值1 000万元,实现利税1 800万元。"八五"至"九五"期间,加强对星火标志性工程的建设。敦化市江南乡星火技术密集区被列为国家级星火技术密集区,该密集区积极培育重点支柱产业,培育和发展制药、木制品加工、长白山绿色食品加工三大产业体系,培育出吉林敖东、吉林华康等延边州医药支柱企业;延吉市兴安乡星火技术密集区被评为省级星火技术密集区;敦化市医药业、延边熊业、延吉铝业被评为国家级星火支柱产业;敦化市华康制药厂、白头山熊大制药有限公司、图们市联化厂被评为省级星火明星企业。在继续加强星火标志性工程建设中,2000年延吉市被评为国家级星火先进示范县(市)。

1992年,长白朝鲜族自治县科研机构研制的高岭石精粉加工、人工虹鳟鱼养殖、长白山山参开发、人参铁弓棚、笃斯越橘酒、硅藻土助滤剂(CB104、106、108号)、新型燃气液化气、活力宝提取生产线、猪苓白耙齿多糖涤层发醇提取生产线、复方一号治疗原发性肝癌的临床研究、西洋参高产栽培、复方万青胶囊、响宇牌西岗人参新产品、热风炉气流干燥人参新技术应用研究、四年一贯制人参栽培技术研究、压花木线条生产线、螺纹管无烟煤锅炉、花羔红点鲑鱼规模化生产、复方力康胶囊、蛇莲胶囊等20项科研成果被列入省"星火计划"。另有30多项科研成果在县内各行业推广应用。

社会科学研究 1986~2000年,延边州社科联及其所属学会、协会、研究会完成《中国朝鲜族革命烈士传》《中国朝鲜族简史》《延边朝鲜族自治州概况》《中国朝鲜族》等课题。此外,教育学会完成国家重点课题《朝鲜族传统美德教育研究》,出版了5套中小学实验教材,会同朝鲜语学会编写出版了《朝鲜族美德教育大纲》共210万字、16分册。据不完全统计20年来共编辑出版论文集20多部。累计获得省级奖项353项。延边州社科联及下属学会组织了《东北亚经济贸易与延边州经济社会发展战略》等国际学术研讨会5次,组织开展了850多次州内外学术活动。撰写论文2万多篇,其中公开发表5 500多篇。延边社科联1984年创办《延边社会科学》杂志(季刊、内部刊物),截至2000年,共出版发行47期,发表文章700多篇。同全国大中城市社科联进行交流。

延边社会科学院在民族语言,文学与艺术及中国朝鲜族历史、民俗、民族理论等多项社会科学研究领域取得了丰硕的成果。在各种学术刊物、学报、杂志上和国内外各种学术研讨会上发表论文1 000多篇。其中国家级学科论文17篇、获奖论文88篇,编写出版各类专著和词典51部、论文集22部和小说集多部。理论研讨和学术研究十分活跃。建院以来共举办理论研讨会40多次,发表论文300多篇,参加国内外各种学术交流和理论研讨会数百人次。特别是《中日关系史》《中国朝鲜族文坛诊脉》《朝鲜族文学艺术研究》《改革开放理论研讨》《中国朝鲜族史研究》(1～4集)、《中国特色朝鲜族文化研究》等著作和论文集在国内外产生了广泛影响。

2. 科技普及。延边州科协组织州内农业专家、学者、教授,成立农村科普讲师团,以"科技下乡"等活动为载体,开展科技培训、技术咨询,开办展览,印发科普资料,发放科普音像制品,开展农村科普工作。1988年,全国正式启动"燎原计划"以来,"七五"末期延边州实施燎原计划首批落实2个示范县(市),20个示范乡(镇),共获贷款131万元,建立30个示范项目,项目涉及村屯101个。到1992年底,扩大到三个示范县(市),35个示范乡(镇)。主要涉及种植、药材栽培、畜禽饲养、农副产品加工、食用菌栽培和饮食品生产等七大类、23种、32个项目;推广实用技术46项,新型户主培训57 594人次,有101个村、201个村民小组、3 841个农户受益,实现产值906万元,利润338.8万元。国家发放四批"实施燎原计划"贷款中,23个单位办理贷款195万元。1989～1997年,延边州科协共举办各类农村实用技术培训班13 770期,受训农民达91万人次;组织科技致富讲师团报告1 510次,听众14万多人次;放映科技录像电影3 645场,观众41万人次;发放各类科技资料33.7万份。1992年成立中国农村致富技术函授大学延边州分校,还特为朝鲜族农民编印朝鲜文教材。仅三年时间,共培养农民学员2 977人。1994年,龙井市科协引进美国有机腐殖酸液肥,经过三年的努力,逐步在广大农村推广,在水稻、黄烟、蔬菜等栽培上增产明显。1996年,敦化市科协在大蒲柴河镇建立林蛙人工养殖科普示范基地,在基地带动下,该镇83户农民养殖林蛙,使林蛙养殖成为该镇的支柱产业。延边州科协从1997年开始,引进袋栽黑木耳栽培技术并着力推广普及,通过科技培训、技术咨询和发放技术资料,开始示范5万袋并逐年增加,产值有了很大提高。敦化市江源镇马五店村贝母科普示范基地,被命名为吉林省农村科普示范基地。2000年,科协推广的贝母药材项目地200公顷,经济效益每公顷36万元。马五店村仅此一项人均纯收入就可达到3.2万元。

1985年,长白朝鲜族自治县建立了科学技术学会、乡(镇)科普协会、村科普分会和科技示范户组成的科技网。1996～1998年,全县73个行政村达到科普村标准,占全县行政村总数的96%。

3.农民科技教育培训。延边州农民文化技术教育起步于20世纪80年代初期。主要由乡(镇)农民文化技术学校、农业广播电视学校和农业机械化学校等机构负责组织实施。农民文化技术学校和农业广播电视学校主要负责对农民实施文化知识教育、普及科学技术和农业生产领域种植、养殖等实用技术培训;农业机械化学校主要负责对农民进行农业机械操作方面的专业技能培训。1991年,全州农业机械化学校共培训领导、科技人员688人、操作人员20 685人,其他340人,总计21 713人。1991年,延边州教委对乡(镇)农民文化技术学校建设提出"10年发展目标和5年实施任务"。1993年4月,延边州制定"八五"期间农村技术人才培养计划和农村教育综合改革效益评估方案。延边黎明农民大学、敦化市农民专科学校等高等院校和科研单位广泛开展科教兴农活动,全州推广特产业、经济作物、畜牧业、粮食种植和蔬菜等五大类70多种先进技术;延边黎明农民大学、敦化市农民专科学校共培养农民大专毕业生455人;农业广播学校、电大中专班、县(市)农业职业高中等学校共培养农民中专层次中级技术人才3 415人;全州乡(镇)农民文化技术学校培养具有农民技术员水平人才12 334人,新型户主培训48万多人次。

1996年,延边州105个乡(镇),共有农民文化技术学校104所,其中独立校52所,省级一类校34所,校舍面积26 120平方米,教师891人,其中专任教师237人,年培训农民近30万人次。1996年8月,延边州教委制定"九五"全州农村教育综合改革"322"示范工程实施方案,在全州农村建立30个农村教育综合改革示范乡(镇)和学校,建立200个科教致富示范村和2000个科教致富示范户,提出"一年起步打基础,二年全面展开,三年见成效"的工作目标。全州参加农村教育综合改革试验的共有4个县(市),51个乡(镇)。1998年4月,省教委确定安图县为全省第一个"科教兴县"示范试点县。确定首批以医药和食品加工类为重点的四大类15项"科教兴县"攻关项目。1999年,安图县19个"科教兴县"项目全部启动。

2000年,延边州普及型实用技术培训283 706人次,扫盲后巩固提高培训17 467人次,农民科技致富新户主培训单科合格人数24 137人,全科合格人数23 872人;初中毕业生新户主培训单科培训11 739人,全科培训11 506人;绿色证书培训单科合格3 570人,全科合格3 988人。延边州乡(镇)农民(成人)文化技术学校88所,省级一类校3所,全面完成"九五"期间州教委制定的"322"计划。自1994年9月起,延边州教委和州农业局在全州实施"绿色证书"工程,并在和龙和敦化两市开展试点工作。至2000年,共培训农民23 140人,有12 863人获得绿色证书。

三、文化

朝鲜族具有悠久的文化艺术传统,在长期的生产、生活和社会实践中,形成了自己的语言文字、发展了中国特色的朝鲜族文化。1985年颁布的《延边朝鲜族自治州自治条例》明确规定大力扶持朝鲜族文学艺术的发展。1986年1月27日,延边州编委核准延边文学艺术界所属的中国民间文艺研究会延边分会等9个协会,为延边民族文学艺术的新发展提供组织保障。1989年,延边朝鲜族自治州第九届人民代表大会第二次会议通过《延边朝鲜族自治州朝鲜族文化工作条例》,把朝鲜族文化发展纳入法制化轨道。1986~2000年,吉林省朝鲜族文化呈现空前繁荣景象。延边朝鲜族自治州享有"教育之乡""歌舞之乡""艺术海洋"之美誉,1994年被国家文化部、人事部授予"全国文化工作模范自治州"称号;和龙、汪清、敦化、延吉等县(市)先后进入"全国文化工作先进县"行列,延边歌舞团、延边群众艺术馆被评为"全国文化工作先进集体"。1998年,长白朝鲜族自治县的文化工作也步入全国先进县行列,被文化部命名为"文化先进县"。1986~2000年,延边的文学艺术从自然创作、总结经验、形成理论的初级阶段上升到由理论指导创作,提升质量的成熟阶段;由自发的民间文化传承的群众创作阶段上升到有组织的有目的专家创作阶段,有影响的精品力作大量涌现。在全国民族团结征歌活动中《兄弟姐妹欢聚一堂》等5首歌曲分获一、二、三等奖;舞蹈《春香与李梦龙》《垂柳》在全国舞蹈比赛中分获二、三等奖;歌曲《祝妈妈长寿》《阿妈妮的心愿》在全国调演中获一等奖。话剧《雪中俏》荣获最高奖项——国家金奖。在国际舞台上演出的有舞蹈《桔梗花》。

(一)语言文字。1986年,经省政府同意,组建延边朝鲜族自治州朝鲜语文工作委员会。1988年,制定了全国第一部少数民族语言文字地方法规《延边朝鲜族自治州朝鲜语文工作条例》。1989年,延边朝鲜族自治州人民政府出台《关于学习和使用朝鲜语文的奖惩实施办法》,为少数民族语言文字的健康发展提供了法律保障。朝鲜族人民从小学到大学都可以用本民族的语言文字学习文化和科学知识,用本民族的文字扫除了青壮年中的文盲;同时建立了使用本民族语言文字的科学研究所、广播电台、电视台、报社和出版社,实现了语言平等。

随着改革开放的不断深入,人们之间的交往日益密切,对朝鲜民族语言文字的使用的影响不断扩大,主要表现为汉语与朝鲜语兼用的现象日益增多。改革开放之前,一个完整的朝鲜语句子中所使用的都是朝鲜族单词,整个句子或一句话都不掺杂任何汉语单词,然而改革开放后,朝鲜语句子中开始出现了夹杂一些汉语单词的现象。20世纪90年代,汉语在朝鲜语中出现的频率不断提高,由一部分在汉语学校毕业的朝鲜族人群中广泛使用汉语,后来则不分老少,都开始频频使用汉语,在朝鲜族社会的交际中经常可以听到朝鲜语词汇与汉语词汇交替、混杂使用的现象。在一个完整的朝鲜语句子里,掺杂使用一个汉字词汇似乎已经成了习以为常的事情,一般使用的汉语词汇是朝鲜语较难发音或词汇较长的词汇。

（二）文学。文学团体与刊物。延边作家协会前身为中国作家协会延边分会,成立于1956年8月15日,是地区级行政区域中唯一隶属中国作家协会的团体会员单位,享受省级作家协会的待遇。会员遍布全国各地,是中国共产党领导下的中国朝鲜族和延边地区各民族作家自愿结合的专业性人民团体,承担着"组织、联络、协调、服务"的职能。1996年8月15日,根据国家的有关规定,中国作家协会延边分会更名为延边作家协会。1986年,延边作家协会会员422名,中国作家协会会员36人;截至2000年,延边作家协会会员发展到516名,中国作家协会会员64名。

延边作家协会主办的朝鲜文文学月刊《天池》(1985年定名)于1997年1月更名为《延边文学》,每期大16开彩本、256页、27万字,截至2000年末已出版477期,2000年每期总印数60千册,成为中国朝鲜族文学刊物的代表。

朝鲜文文学刊物《长白山》杂志社经吉林省人民政府批准,于1990年5月从通化迁至长春。《长白山》杂志每期16开本、256页、12张彩页,40万字,截至2000年末已出刊114期。《长白山》刊物发行到朝鲜、韩国、日本、美国、加拿大等12个国家,在韩国、日本、美国等国设有代销处,在韩国的发行量达1 000份,其中450份被韩国的大学图书馆和公共图书馆收藏,成为蜚声海内外的双月刊大型朝鲜文文学刊物。

吉林市朝鲜族群众艺术馆主办的朝鲜文文学刊物《道拉吉》(双月刊),每期16开本、160页、10张彩页、30万字,至2000年末已出刊123期。

长春市朝鲜族群众艺术馆主办的朝鲜文文艺刊物《北斗》杂志(双月刊)于1983年1月3日创刊,时称《长春文艺》,为内部发行,1984年12月更名为《北斗》,国内公开发行,到1989年12月停刊,持续7年,出刊36期,发行量最多时达1.2万册,共发表文学作品1 400多篇。其中,长篇小说3部、短篇小说159篇、随笔93篇、评论38篇、翻译作品45篇、民间故事52篇、报告文学10篇、美术作品115篇、摄影作品53篇、音乐包括歌曲和舞曲作品51篇、相声作品4篇、戏剧1部,还有其他如报刊文摘、广告等,曾为长春和全国朝鲜族文学繁荣发展做出积极贡献。

长白朝鲜族自治县于1987年7月成立长白朝鲜族文学工作者协会,1988年1月创办文学刊物《长白》,先后出刊5期,发表短篇小说、报告文学、记事文学、革命故事、民间故事、诗歌、剧本等200余篇(首)。

文学创作。1986～2000年,吉林省朝鲜族文学创作呈现出繁荣景象,延边作家协会会员共出版长篇小说42部,中短篇小说集55部,诗集82部,儿童文学集77部,评论集37部,散文集42部,翻译作品及其他作品集83部,共418部。其中有20部(项)文学作品获国家级文学奖。

1986～2000年延边作家协会会员作品获国家级文学奖情况一览表

表28

名称	体裁	作者	奖项名称	获奖时间
草坪	诗集	金成辉	第三届全国少数民族文学奖	1990年
青春舞台	小说	金勋	第三届全国少数民族文学奖	1990年
相思集	诗集	南永前	第三届全国少数民族文学奖	1990年
春天的葬礼	短篇小说	崔国哲	第三届全国少数民族文学奖新人奖	1990年
雪夜	长篇小说	李元吉	第四届全国少数民族文学奖	1994年
埋在山岗上的名字	诗集	赵龙男	第四届全国少数民族文学奖	1994年
金哲诗选	诗集	金哲	第四届全国少数民族文学奖	1994年
彩虹变奏曲	报告文学集	李成权	第四届全国少数民族文学奖	1994年
星星、花朵和小朋友	儿童文学集	韩锡润	第四届全国少数民族文学奖	1994年
春情	长篇小说	李元吉	第五届全国少数民族文学奖	1997年
飘落的绿叶	中篇小说集	李惠善	第五届全国少数民族文学奖	1997年
一颗思恋的心	诗集	赵龙男	第五届全国少数民族文学奖	1997年
无根花	长篇小说	许莲顺	第六届全国少数民族文学奖	1999年
不要涉过那条河	中短篇小说集	禹光勋	第六届全国少数民族文学奖	1999年
绿色钟声	诗集	朴桦	第六届全国少数民族文学奖	1999年
时代骄子	报告文学集	金英今	第六届全国少数民族文学奖	1999年
嫩芽醒了	儿童文学集	崔文燮	第六届全国少数民族文学奖	1999年

注:资料来自延边朝鲜族自治州作家协会。

　　抗日文化斗士金学铁和延边大学原副校长、博士生导师郑判龙教授被公认为朝鲜族文学巨匠，他们的作品在国内外很有影响。郑判龙的长篇回忆录《离乡五十载》、长篇游记《云雾缭绕的俄罗斯大地》《文化遗址探访》、系列印象记《作家轶事》和文学评论《朝鲜族文学的现况与市场经济》，金学铁的长篇小说《激情时代》（上、下集）等文学作品出版，立即轰动了朝鲜族文坛。这几部巨著，在作品的内容、主题、题材、体裁、规模等方面，足以与国内其他少数民族的佳作相媲美，毫无逊色。有些作品被译成外文介绍到国外。金学铁以其在朝鲜族文学创作方面所取得的成果，于1994年3月荣获韩国广播公司颁发的大奖。

　　南永前　《吉林朝鲜文报》社社长、总编，《长白山》杂志社社长、总编，著名朝鲜族诗人、作家。自1971年起，发表诗歌、小说、散文、随笔、游记、报告文学、评论、民间文学、翻译等各类文学作品。南永前善于用双语写作，在不到30年时间里，共出版诗集10本；随笔集3本；朝鲜文译著3部。其中，诗歌《祖母》、诗集《相思集》分别获第二届、第三届全国少数民族文学创作奖、诗歌《父亲》获吉林省政府首届长白山文艺奖。南永前本人获吉林省政府振兴吉林二等功奖章；1993年至1995年间分别获英国剑桥和美国国际名人传记中心500名人奖章、20世纪成就奖章、杰出成就奖章、荣誉奖章等4枚奖章；1993年被授予美国世界文化艺术院荣誉文学博士学位；1995年起享受国务院特殊津贴。南永前从1986年开始创作图腾诗，到2000年末共创作并发表了34首图腾诗。1987年，南永前的第一组图腾诗《山魂》（月亮、熊、鹿、鹤）在《诗人》杂志上发表后，1991年被译成英文刊载于美国《世界诗歌》《现代诗歌》《代表诗人》等诗刊上，受到了国际诗坛的关注；1994年至1997年，以汉文一版再版，韩国也以中英韩、中韩和韩中文字对照的形式发行过三种版本，被誉为中国诗坛"不可多得的品牌"和独特的"南永前现象"。

　　朴善锡　梅河口的农民作家朴善锡1961年17岁时初中毕业后务农，1980年开始发表小说作品。截至2000年末共发表1部长篇小说，80篇中、短篇小说，其中1部长篇小说和54篇中、短篇小说是在1986～2000年间发表的。其中，中篇小说《时代的不幸儿》1987年获吉林省政府第一届长白山文艺奖，短篇小说《没毛的狗》1992年获吉林省政府第二届长白山文艺奖，其中，小说《没毛的狗》被延边话剧团改编成话剧，搬上舞台，又被潇湘电影制品厂排成电影，搬上了银幕；1995年发表的长篇小说《苦笑》取材于"文化大革命"，字数达162万，题材新颖，语言诙谐，备受广大读者喜爱。

　　金仁顺　长春的金仁顺是全国著名少数民族青年女作家。她1997年开始创作文学作品，从短篇小说《月光啊月光》发轫，一直保持强劲的创作势头，崭露头角，小说《伎》入选《20世纪中国短篇小说选集》（上海大学出版社），《高丽往事》被日本《中国现代小说》第31号选载，2000年获最优秀短篇小说奖。

　　吉林的女作家金红兰于1988年开始文学创作至2000年共发表报告文学集1部，中、短篇小说6篇，随笔12篇，纪实文学4篇。长白县作家黄永成于1993年创作散文《在大海的怀抱之中》，获中国朝鲜族散文创作奖；2000年出版中、短篇小说集

《命运之歌》，并把许多短篇小说、随笔等发表在国内外报刊上。

民间文学。1978年，延边民间文艺研究会恢复活动，发展会员52人，其中，中国民间文艺研究会会员19人，理事1人。1989年以来，民间文艺家协会搜集100个长白山传说故事；1990年5月，中国民间文艺家协会延边分会发现了民间故事家朴寿万，并收集130篇民间故事；1989～1997年，会员们利用龙井的《故事田天地》和东北三省的有关报刊发表500多篇民间故事。著名民间故事家黄龟渊被称为"中国三大故事大王"之一，1991年11月，中国民间文艺研究会延边分会、吉林省民间研究会和龙井市文联联合举行黄龟渊立碑活动。1986～2000年，延边民间文艺研究会会员共整理出版22个各类民间小说，编辑出版44部民间文学方面的图书。如：金在权的《少年府使》（1986年），黄龟渊和金在权的《天生匹配》（汉文版，1986年8月），延边朝鲜族自治州民间文学集成编辑委员会的《吉林省民间文学集成——延边卷》（汉文版，1987年），黄龟渊、金在权、朴昌默的《破镜奴》（1989年），李天录、崔龙官的《白头山传说》（1989年），金东勋和金昌浩的《朝鲜族文化》（1990年）。1991年编辑出版《朝鲜族传说》（金泰甲编著）、《太阳和月亮》（中国民间文艺家协会延边分会编著）、《抗日传说故事集》（金泰甲、朴昌默编著）、《东明圣王》（林承焕编著）、《中国朝鲜族文化选集——口碑文学篇》；1993年，编辑出版《中国朝鲜族民间文学选集——民间文学篇》上、下集（金东勋、金道权编著）；1995年和1999年编辑出版《海棠花》和《豆满江传说》（韩正春编著）。2000年10月20日，延边民间文艺家协会主席金东勋主编、延边民间文艺家协会骨干协助编著的国家社会科学院规划项目《朝汉民间故事比较研究》（38万字）完成，通过国家鉴定，被评为一等。

（三）艺术。

1. 民间音乐。1986～2000年，朝鲜族民间音乐有了新发展。延边朝鲜族自治州文联积极提倡文艺家下基层深入生活，丰富创作。为了提高文艺作品质量，共组织了25次，800多人参加的研讨会；组织27次展览和演出，推出各类作品3 757个；举办3次音乐会，4次征文评奖活动；出版各类文学艺术书籍100多部。1986～2000年，民间音乐研究工作也取得很大的成绩。先后出版《民谣集成》《民谣曲集》等和《中国朝鲜族民间音乐研究》（1995年，金南浩编著），《朝鲜族民间音乐》（1996年，郑俊甲编著）、《朝鲜民谣的旋律样式和发展方式方法》（1996年，南熙哲编著）、《中国民间音乐集成·吉林卷》（1998年，金进、金南浩编著）、《中国戏曲音乐集成·吉林卷》（1999年，金南浩、金京爱编著）、《中国口传音乐集成》（2000年金南浩等共著），从民间音乐的收集整理发展到民间音乐的理论研究。

2. 美术摄影。1986年以来，绘画方面的美术较快发展，各种美术作品多次入选全国美展，有的出展国外，有的发表于国家级刊物，有的被国家永久收藏。延边州书法家协会、民间摄影、新闻摄影、艺术摄影都取得了可喜的成绩。一张《天池》摄影作品传遍世界各地，被多家刊物选为封面作品。每年都为北京民族文化宫展览厅选送反映延边民族风情、特别是反映长白山风光的摄影作品20～30幅，多幅作品获奖。随着改革开放和招商引资,国际交流也越来越频繁,先后在泰国等国家、中国香港等地区举办延边摄影作品展。

3. 文艺评奖。1987年1月,延边朝鲜族自治州人民政府决定设立州政府最高文艺奖——"金达莱文艺奖",委托延边文联每两年评选一次,同年举行首届"金达莱文艺奖"评奖活动,共评出57个文艺奖、37个荣誉奖。1988年10月15日,举行第二届评奖活动,共评出43个文艺奖、5个荣誉奖;1992年3月1日第三届评出26个文艺奖、8个荣誉奖;1997年11月28日第四届评出14个文艺奖、11个荣誉奖。

4. 艺术团体。延边州11家专业文艺团体争奇斗艳,特别是延边歌舞团自20世纪50年代成立至2000年,应邀出访10多个国家和地区,足迹遍布五洲四海,1992年被文化部表彰为"出人才、出作品、走正路"的先进单位。延边民族歌舞展演名扬海内外。1990年推出的大型舞剧《春香传》参加第十一届亚运会艺术节,饮誉京华;同年又隆重推出大型歌剧《阿里郎》参加全国歌剧观摩演出,荣获唯一的头奖——优秀剧目奖。这两部大型作品均荣获文化部第一届文华大奖,并获中宣部"五个一工程"奖,有17位创作人员和演员荣获单项文华奖。独舞《心弦》荣获文化部文华新节目奖,朝鲜族舞蹈《象帽舞》《长鼓舞》获平壤国际艺术节金奖,交响乐小提琴协奏曲交响乐《长白魂》获全国第八届音乐作品优秀作品奖。具有民族特色的话剧《没毛的狗》《白雪花》于1992年和1995年荣获文华新剧目奖,演出上座率之高,轰动全国话剧界,《人民日报》《中国文艺报》等报刊都载文交口称赞这一奇特现象,探索其中的启示和经验。话剧《没毛的狗》1992年 获第二届"文华新剧目奖",还被文化部授予"演出超百场贡献表彰奖"。 1997年,大型舞蹈诗《长白情》参加全国舞剧观摩演出,以具有鲜明时代特色、浓郁民族风格的艺术表演荣获优秀剧目奖,并有15位创作人员和演员荣获单项优秀奖。舞蹈《长白情》于1998年荣获文化部第八届文华新剧目奖,1999年荣获中宣部《五个一工程》奖, 在国庆50周年之际,被中宣部、文化部、广电总局定为国庆50周年重点演出节目进京献礼,2000年又荣获文化部文华大奖,第六届中国艺术节艺术大奖,第二届"荷花杯"舞蹈比赛银奖。大型歌舞《欢腾的长白山》获第二届全国少数民族文艺会演创作、表演、舞美3个金奖和组织奖,合唱《长白山,母亲之爱》获首届全国合唱比赛创作一等奖和表演二等奖。歌曲《长鼓敲起来》荣获中宣部"五个一工程奖";随想曲《我的故乡》获音乐"金钟奖"。舞剧《春香传》、歌剧《阿里郎》、舞蹈诗《长白情》、话剧《没毛的狗》、歌曲《长鼓敲起来》和随想曲《我的故乡》等遂成为艺术经典。

长春的著名朝鲜族舞蹈家崔善玉于1987年担任歌舞总编导的《长春春常在》春节晚会在中央电视台首届星光杯中获全国一等奖;1988年春节晚会上又推出"银龙狂舞"歌舞晚会;1989年在新中国成立40周年大庆艺术节上,她编导《响板欢歌》获吉林省编导一等奖,1990年又获吉林省长白山文艺大奖。1991年 该节目参加加拿大国际民间艺术庆典共演出34场,创新高。崔善玉也因此获吉林省最高特殊奖"英才奖章"和"20世纪金质奖"。东北师范大学音乐学院教授金顺爱1990年演唱的歌曲《党的光辉照延边》唱红了全国,唱出了延边各族人民的心声,在全国纪念建党七十周年歌曲选拔活动中获金奖,在"1992年中国长春电影节"中获优秀表演奖。

5. 文艺理论。1987年1月,延边文联机关刊物《艺术天地》复刊。1987至1988年两年多时间里,州内文艺家理论工作者就在国家级专业刊物上发表7篇理论文章。1993年12月6日,延边文联经国家出版局批准创办《艺术殿堂》专刊,这标志着朝鲜族文艺理论队伍的形成。1994年2月4日,省委副书记兼州委书记张德江在州文联刊物《艺术殿堂》上题词:"认真贯彻党的文艺方针,发展有中国特色朝鲜族文艺。"

(四)群众文化活动。朝鲜族群众性文艺活动日趋活跃。1986年,延边朝鲜族自治州有电影院51个,放映队527个,艺术表演场所8个,艺术表演团体14个,文化馆6个,文化站124个。20世纪90年代以来,延边州先后开展"图们江千里文化长廊工程"、创建"全国文化先进县"活动、省"百镇文化中心辐射工程",进一步完善文化设施。到2000年,全州文化机构156个,从事文化事业人数达1 632人;其中,艺术事业26个,人员898人;文物事业11个,人员111人;群众文化艺术事业110个,人员404人。全州有艺术表演场所9个、艺术表演团体8个、文化馆10个、文化站99个、社区文化室186个、村级文化室773个,构成了覆盖城乡的公共文化服务网络体系。全年艺术表演团体演出场数815场,观众人数达494千人次。延边州朝鲜族基本实现了村屯有文化室,乡(镇)有文化站,县市有文化馆。

20世纪90年代,延边州"创建文化明星""广场文化""群众文化手"等活动异彩纷呈,群众文化工作和群众文化活动呈现出强劲的发展势头。在农村,从满足农民"求知、求富、求乐"的文化需求出发,坚持常年送戏、送书下乡,为农民提供娱乐、信息和技术服务,深受农民群众的欢迎。在城镇,立足于为经济建设营造良好的文化环境,开展了内容丰富多彩、百姓喜闻乐见的系列广场文化活动。全州平均每年都举行各种广场文化活动300多场,做到了"周周有活动,月月有主题"。其中,朝鲜族民俗舞表演活动、朝鲜族服饰表演、"金达莱之夏文化节""刮刮乐杯周周大舞台""少年文艺广场活动""游园周"等活动,每场参与群众都达万人以上。到2000年,广场文化活动已经形成制度,"五一"劳动节至"十一"国庆节期间由全州各县(市)同时开展,规模不断扩大,主题鲜明。每年共举办大型广场文化活动400余场,参与群众22万余人次,观众达135万人。州庆50周年之际,延边州在延吉市西部修建了集休闲、娱乐、健身等功能于一体的大型"金达莱广场",它不仅成为一道靓丽的风景,更是活跃广大群众文化生活的娱乐场所。朝鲜族特别讲究尊老,朝鲜族聚居的村屯几乎都有老年协会。每年8月15日,龙井市的朝鲜族老人常常欢聚娱乐,其他县市的朝鲜族纷纷效仿,发展成为延边各族群众共同的"老人节",当地的乡(镇)领导届时还会前去祝贺。群众性民俗文化创建活动蓬勃兴起,全州先后出现了14个民族民间特色民俗文化品牌乡(镇),其中60%为朝鲜族民间文化乡(镇),如"象帽舞之乡""洞箫之乡""长鼓舞之乡""农民画之乡"等,汪清县复兴镇还被国家文化部命名为"中国民间艺术之乡"。

1986年,长白朝鲜族自治县有乡(镇)文化站10个,农村文化室79个,实现了乡(镇)有文化站、村村有文化室的目标,有76个行政村的文化室达到"五有"标准,占行政村总数的96.2%。 1996年至1998年,在全县开展了鸭绿江文化长廊建设,先后完成自治县文化馆和11个乡(镇)文化中心改建、扩建8 000多平方米,使其成为高档次、多功能、实用性强的文化场所。2000年,长白朝鲜族自治县有文化馆1个,文化站11个。

长春、吉林等中心城市朝鲜族每逢端午节和中秋节等民族佳节,由市民族事务委员会牵头、朝鲜族群众艺术馆组织大型文化民俗活动,丰富群众文化生活。从1982年开始,长春市朝鲜族每年端午节都举行全市性大型群众文化活动——"端午节各民族大联欢",给全市朝鲜族人民群众带来节日的快乐和美的艺术享受。野游联欢活动,多在南湖树林广场、净月潭、电影城和长春市朝中体育场举行。每年到这一天,春城朝鲜族群众穿着节日盛装,走出家门,欢聚一堂,欢歌笑语。这天做艾叶糕和打糕吃,还进行文艺表演和摔跤、秋千、跳板、假面游戏等民俗体育活动。打糕、冷面等风味美食展销……原汁原味、多彩多姿的朝鲜族民俗风情,引来了来自各条战线的汉族、朝鲜族、蒙古族、回族、锡伯族、维吾尔族等各族群众几万名,成为长春市各民族大团结的盛会。朝鲜族聚居的永吉县、舒兰市、磐石市、蛟河市、桦甸市等朝鲜族,每到端午节都前往吉林市北山公园举行大联欢,开展丰富多彩的民俗文化体育活动,集聚的朝鲜族群众达5万~6万人。

(五)图书馆和博物馆。

1.延边朝鲜族自治州图书馆。始建于1948年4月。于1955年1月6日被省政府命名为延边朝鲜族自治州图书馆,是延边第一所公共图书馆,也是在民族地区中建立较早的地区级公共图书馆之一,1999年被文化部命名为国家一级图书馆。延边州图书馆作为全国唯一的朝鲜文文献收藏中心,以兼收并蓄各学科中外文文献,全面搜集、保存、开发、利用国内外朝鲜文文献和地方文献为特色。现有藏书40万册。其中,朝鲜文文献8万余册、中外文普通图书30万册、古籍7 000余册、地方文献5 000余册、中外文报刊2 000余种,初步形成了具有民族特色和地方特色的文献资源体系。同时,在农村、社区、部队、厂矿广泛建立图书流通站,积极开展送书下乡活动,并常年举办各种形式的读者活动。随着信息技术的迅速发展,自治州图书馆加快了向现代化图书馆过渡的步伐,实现了采访、编目、典藏、流通、检索子系统的计算机管理,建立了馆藏中文、朝文、古籍文献书目数据库,实现各部室、各岗位联机检索,并设立电子阅览室。

截至2000年,延边朝鲜族自治州除延边图书馆外,还有敦化市图书馆、图们市图书馆、和龙市图书馆、珲春市图书馆、龙井市图书馆、安图县图书馆、汪清县图书馆、延吉市少年儿童图书馆等8所公共图书馆。全州各馆均有独立馆舍,总面积达两万多平方米,藏书总量130多万册,职工总数200多人,年接待读者近百万人次。

2.延边朝鲜族自治州博物馆。始建于1960年,1982年又建立了延边朝鲜族民俗博物馆,是一所地区级社会历史类综合性博物馆。占地面积6 800平方米,库房面积705平方米,藏品有10 389件,其中一级品为9件,二级品为3件,待定国家珍贵文物数百件,是国家文物局核准的全国百家重点博物馆以及中心库房之一。另外,龙井市民俗博物馆、图们市博物馆、汪清县博物馆、敦化市博物馆为县级博物馆,藏品总量约4 000件。

2000年,长白朝鲜族自治县设有文物管理所1个,图书馆1个,图书总藏量6.9万册,其中图书6.8万册。

四、新闻出版

(一)报纸。 吉林省朝鲜文版报纸主要有《吉林新闻》《延边日报》(朝鲜文版)。

《吉林新闻》(标有汉文报名《吉林朝鲜文报》)是立足吉林省、面向全国的综合性报纸。1985年4月创刊时,对开四版,后改为对开八版,每周二、四、六出刊。社址设于延吉,在长春、吉林、通化、梅河口、长白设记者站,人员编制30人。1987年3月5日,经吉林省委办公厅批准,《吉林新闻》从《延边日报》独立,在原有基础上再增加15名人员编制。1987年《吉林新闻》发行量20 259份。1987年6月15日,内部刊物《采访与写作》创刊号出版。1987年7月28日,《吉林朝文报》内参《情况反映》第一期出版。1988年11月12日,吉林新闻社加入中国少数民族新闻研究会。1991年12月,省编委增加吉林新闻社事业编制20名。1992年,根据省委的决定,报社社址从延吉迁至长春;1993年1月1日,《吉林新闻》正式在长春出版发行。1993年1月3日,《吉林新闻》社首尔支局成立。1995年4月,《吉林新闻》社址从延吉迁到长春,在延吉设立延边分社,在吉林、梅河、白山等地设记者站。1999年4月下属企业"吉林省吉新经济文化学术交流中心"成立。1999年7月28日,省计委拨款500万元,新建建筑面积约2 000平方米的《吉林新闻》大厦,报社的办公条件得到改善。同年12月31日,《吉林新闻》新闻网站开通。这一年,《吉林新闻》创办副刊《东北指南》,为驻华朝鲜语系外国人提供向导和服务,有力推动对外开放。2000年,《吉林新闻》总印数1 482千份。

《延边日报》(汉文、朝鲜文两种文版)作为中共延边州委机关报,1992年1月1日由四开四版改为对开四版。《延边日报》(朝鲜文版)1998年4月经省、州新闻出版局批准又扩为对开八版,1998年延边日报社被国家新闻出版署命名为全国地方报社管理先进单位。2000年总印数355.5万份,

除此之外还有:《综合参考》创刊于1986年1月1日,是一种传递信息、传播知识的文摘性报纸,四开四版,周三刊,2000年总印数13.3万份。《中国朝鲜族少年报》2000年总印数1 560千份;《东北朝鲜族科技报》2000年总印数58万份;《朝鲜族中学生报》2000年总印数96.2万份;《延边广播电视报》(朝鲜文版)2000年总印数104

万份。截至2000年底,延边州报纸合计种类14种,其中朝鲜文7种。

（二）出版业。1986～2000年,延边的出版事业从小到大,不断壮大,建立起集出版、印刷、发行于一体,功能完备、门类比较齐全、综合配套、布局比较合理、独具特色,适应民族地区发展需要的民族出版体系。

延边教育出版社成立于1947年3月,1989年改称为东北民族教育出版社,后又根据需要改成延边教育出版社,是编写和翻译出版全国朝鲜族中小学、中等师范、幼儿园教材、课外读物、工具书,以及文化教育图书的全国唯一的朝鲜文专业教育出版社,加挂东北朝鲜文教材研究开发中心牌子,是全国朝鲜族中小学教材研究、开发、编译中心和出版基地。出版社设朝鲜语文、汉语、美音体、社会科学、自然科学、《中国朝鲜族教育》《儿童世界》、校对等12个编辑业务科室,年出版图书1 000余种。编写出版朝鲜语文、汉语、美术、音乐、体育等自编教材、教师参考书及学生教辅读物;翻译出版政治、历史、地理、数学、物理、化学、生物、自然、社会、科学等10多个科目的教材和参考书及教辅图书。1986～2000年,延边教育出版社共出版了15 000多种朝鲜文图书,9 000多种汉文图书,图书总册数达37 500万册。1999年,延边教育出版社被国家出版总署评为全国良好出版社。1985年7月成立全国朝鲜文教材审查委员会,是教育部领导下的朝鲜文教材审查、审定机构,主要审查朝鲜族中小学部分学科课程标准、朝鲜文版教材及教学辅助资料,着力借鉴全国通用教材,力求体现民族地区和民族特点,实现教材的民族化,基本上满足民族教育文化事业发展的需要。审查委员会下设办公室,负责处理审查委员会日常工作,与东北三省中小学朝文教材编译出版协作小组办公室合署办公。全国朝鲜文教材审查委员会成立以来,共审查朝鲜文课程标准、自编教材、教学参考书、音像教材、教辅资料等1 000余种,使教材质量有了可靠保证,促进朝鲜文教材建设的健康发展。

2000年,全州出版图书合计种类1 357种,其中朝鲜文785种;杂志合计种类21种,其中朝鲜文12种;课本合计种类574种,其中朝鲜文369种;少年儿童读物种类83种,其中朝鲜文50种。延边新华书店承担东北三省朝鲜文图书的发行工作,是全国唯一的一家朝鲜文图书一级批发中心。延边还有新华书店延边发行所及8个县(市)新华书店,14家书刊二级批发单位。

五、广播电视

1982年,延边电视台首次向观众推出自己摄制的第一部电视剧《放心吧,妈妈》。在此基础上,又先后制作播出了《芦花》(9集,1994年)、《战地金达莱》(15集,1994～1996年)、《全家福》(16集,2000年)等长篇电视连续剧和短篇电视剧40余部。特别是长篇电视连续剧《战地金达莱》被译成汉语,先后两次在中央电视台播出,并荣获国家级奖——骏马奖。这部电视剧用生动感人的画面和人物形象,告诉人们中国朝鲜族不仅是能歌善舞的民族,而且又是为建立新中国付出巨大贡献的中华民族大家庭中的一员。

电视连续剧《战地金达莱》导演朴俊熙(朝鲜族)为国家一级导演(兼制片人和编剧),延边电视台影视部导演、延边电视艺术家协会副主席。1985~2000年,他导演的影视作品和电视剧有10部,其中获奖作品除《战地金达莱》外,还有《希波克拉底誓言》获1986年全国"飞天奖"一等奖;《凹坑》(1987年)获1988年"金牛奖"一等奖;《流星》获东北"金虎奖"一等奖;《期盼》获全国"骏马奖"二等奖。1999年,朴俊熙本人还被延边文联、吉林省文联授予《德艺双馨》奖;2000年,被吉林省授予《吉林省第二届十佳电视艺术工作者》奖。

至2000年,延边朝鲜族自治州有无线广播电台8座,有线电视台8座,形成了由中波、调频、电视等组成的广播电视宣传网。全州广播人口覆盖率达到99.69%,电视人口覆盖率达97.1%,其中,朝鲜语广播覆盖率为87.39%;朝鲜语电视覆盖率89.5%,均高于全省和全国的平均水平。"延边电视台"作为全国唯一的朝鲜语电视台其卫视频道正式开播,成为将中国朝鲜族电视文化传播到世界各地的中心、国内外了解中国朝鲜族的重要窗口。

1988年7月3日,经吉林省广播电视厅批准,长白县广播站改为长白人民广播电台,1990年4月16日正式开播,并实行朝鲜语节目采、编、播、录一条龙运作,增编农家百科》《广播顾问》《七彩生活》,每日广播时间长达120分钟。1998年长白电视台创办朝鲜族电视节目,每周制作一档(10分钟)《长白新闻》,并每周定期播出30分钟朝鲜族文艺节目,受到广大朝鲜族群众的好评。

六、传统体育

朝鲜族广大群众特别喜爱体育运动,不仅摔跤、秋千、跳板等传统民族体育项目得到延续和普及,而且速度滑冰、短道速滑、排球、篮球、老年人门球项目也得到了较大的发展,足球项目更是延边各族群众之所爱,延边被誉为"足球之乡"。

在节日开展体育比赛是延边的民俗。足球、秋千、跳板、弓箭、拔河、田径、速滑是朝鲜族群众十分喜欢的传统体育项目。举办盛大的综合性运动会是延边的传统,各族群众广泛参加运动会是延边的一大特色。延边经常举行综合性运动会和单项运动会。9月3日是延边州成立纪念日,每当"9·3"前后,从乡(镇)街道到县(市),从幼儿园、小学到大学,从企事业单位到机关,普遍举行各种形式运动会。运动会期间,男女老少都穿着民族盛装赶来观看,给运动员加油鼓劲,十分热闹,形成和谐氛围。人们还把饭棚搭在体育场四周,杀猪宰羊,慰劳运动员和前来助兴的文艺队,招待来自各地的观众。每逢端午节,长白朝鲜族自治县朝鲜族集中村都举办民间运动会,朝鲜族群众都穿上艳丽的服装参加和观看比赛。长春市朝鲜族在端午节或中秋节等节假日也都要举行民族运动会。除了摔跤、秋千、跳板等受欢迎的传统民族体育项目之外,还有老年人的搓绳跑、妇女的顶罐跑、找人或找物跑、穿针跑等多种形式的竞技项目。

足球是延边各族群众的至爱,每年的全国足球联赛,人们更是扶老携幼,争相观看。延边有着较高的足球竞技水平和广泛的群众基础,街头巷尾、村前屯后,经常能看到青少年相聚玩足球的景观,政府部门和各单位都很重视足球,支持广大群众开展足球活动。每年都举办"州长杯""县(市)长杯""校长杯""特色学校"和学校"周末足球赛"等赛事;组队参加或承办全国青少年足球比赛、全国丙级联赛。

民族传统体育融入社会生活中。秋千、跳板、朝鲜族摔跤和象棋在朝鲜族群众中广为普及,州、县(市)重大节日期间都要举办传统体育项目运动大会。摔跤冠军被奉为是英雄和勇士,奖品极具优厚和代表性,发奖的形式格外隆重,奖给运动员的是一头头戴大红花,身系红彩缎的大黄牛,运动员骑在黄牛身上,由身着民族服装的地方行政主要领导牵着黄牛绕比赛场走一圈,展示运动员的健壮,渲染节日氛围;给其他项目冠军的奖品也很丰厚,20世纪80年代前一般奖励缝纫机,之后奖励的是电冰箱等用品。举办民族体育比赛已经形成传统,几十年来一直延续。

延边传统体育项目成绩突出。在全国少数民族传统体育运动会上,延边运动员在朝鲜族秋千、跳板项目比赛中都获得优异成绩。

第七节　风俗习惯

朝鲜族具有爱整洁、俭朴、尊老爱幼,互助好客的美德和传统。1986～2000年,在党的民族政策指引下,朝鲜族风俗继续得到尊重、继承和发展。随着物质生产、科学、文化的发展,朝鲜族人民的物质文化水平有了很大的提高,朝鲜族风俗发生了变化,形成传统与现代文明融于一体的文明风俗。

一、日常生活习俗

(一)饮食。朝鲜族在日常生活中的饮食特征,以各种谷类为主的米饭作为主食,以酱汤、泡菜、小咸菜等为主要副食。

1. 主食。主食以米饭为主,除此而外还有各种糕饼、粥、米肠、冷面等。

饭。最常见的主食是米饭。现在,米饭以大米为主,但不光用米,还可以掺杂豆类、薯类和各种杂粮。所用的材料不同,其名称也各异。饭的种类很多,主要有以下几种:

用一种米做的饭。用什么米做饭,就称作什么饭,例如,用大米做的饭叫大米饭,用小米做的饭叫小米饭等等。

二米饭。以一种米为主,掺入另一种米做的饭称作二米饭。

豆饭。以大米、小米、高粱米、黄米等米为主,掺入各种豆类的饭叫作豆饭。一种米掺入一种豆,掺入什么豆,就称作什么豆饭。例如,掺入小豆,叫作小豆饭;掺入豌豆,叫作豌豆饭。大米掺入小豆,叫作大米小豆饭。

米薯饭。一般以大米或小米为主,掺入土豆(马铃薯)或地瓜(红薯)。下锅时,把土豆或地瓜切成片放在下面,大米或小米放在上面。大米掺入土豆做的饭叫作大米土豆饭,掺入地瓜做的饭叫作大米地瓜饭。

除了上述几种,还有五谷饭、茄子饭、米肠饭、紫菜饭、炒饭等。

粥。粥的种类很多,主要有以下几种:

用一种米熬的粥。用什么米熬成粥,就称作什么粥。如大米粥、小米粥。

米和豆类掺在一起熬的粥。掺入什么豆就称作什么粥。如小豆粥、芸豆粥、绿豆粥、豆浆粥等。

将大米、面团子、小豆混在一起熬的粥。主要有米团子粥和土豆粉粥两种。鸡肉汤粥。鸡肉汤粥称温饭,是朝鲜族从20世纪20~30年代传下来的习俗,是把若干只白条鸡放入锅里煮熟之后,取出来去掉骨头,把肉撕成丝,鸡汤里放入大米熬成粥,把鸡汤粥盛入碗里,放入鸡肉丝和其他作料。

除了上述几种粥,还有大米面团子粥、粮菜混合粥、酱汤粥、豆浆粥等。

糕。糕饼既是日常生活中常吃的食品,又是节日或喜庆日子里的特色食品。朝鲜族的糕有用米和米面做的两种。捶打类的糕主要有打糕、蒿糕、土豆糕等;用米面做的有"发糕""蒸糕""松饼"等。糕可以归纳为如下几种:

打糕。打糕又称引绝味,引绝饼、粉糍、豆糕,是朝鲜族在喜庆日子最常吃的食品。用米做的打糕,是把蒸熟的糯米或小黄米放在糕槽或石板上,用木锤推压捶打,直至不见整米粒为止。在日常生活中,每当孩子们参加升学考试或就业考试时,常常给做打糕吃。在朝鲜语里,"录取"的语音及语义与"粘帖"相同。因为打糕有黏性,高考那天把打糕贴在学校宣传榜上求吉利,希望能考上好学校。

蒿糕又称艾叶糕,用大米面(掺入三分之二的江米面)或江米面、黏高粱米面、黏苞米面等米面掺和端午节前的蒿子叶做成,是端午节的食品。土豆糕用冻土豆粉做成。

煎烙类。烙饼一般用带有黏性的米面做成,如江米面烙饼、黏高粱米面烙饼、黄米面烙饼、黏苞米面烙饼、小豆馅黏饼等。煎饼有绿豆煎饼、土豆煎饼、大米面煎饼等。做各种烙饼和煎饼时,一般用豆油或苏子油、瓜子油等植物油。

蒸类。蒸类糕饼有发酵的和不发酵的两种。发酵的有蒸饼和发糕。不发酵的有蒸糕、松饼、切饼、死面饼、倭瓜糕、土豆粉包子、柞树叶饼、苏子叶馅、冻土豆饼等。蒸饼用发酵的大米面蒸制,味道甜酸。发糕用发酵的大米面或白面,苞米面,高粱米面蒸制。蒸糕一般用大米面(掺入三分之二的江米面)、江米面、黏高粱米面、黏苞米面、黄米面等带有黏性的面蒸制。松饼是大米面包子。按照传统的做法,松饼在锅里蒸时,屉布上面撒入一些松树叶子,用以借味,故称松饼。松饼的做法是,将大米面用半开的热水和好,把米面蒸熟后揉成一条,擀成圆形薄片,包上馅,捏成月牙形。蒸熟之后,表面涂一层香油或熟豆油。馅子一般为小豆、云豆或大头菜之类,把小豆或芸豆煮熟碾成面,掺入白糖、芝麻、红枣之类。

切饼又称高尔米饼,用糯米面做成。死面饼用江米面或土豆粉做成。用江米面蒸制的叫作死面饼,用土豆粉蒸制的则称作土豆死面饼。倭瓜糕用大米面(掺入三分之二的江米面)或江米面掺入倭瓜片蒸制。土豆粉包子的做法如同松饼。

柞树叶饼是伏天吃的食品。把黏苞米用水浸泡一段时间,用手磨成糊状,用布包起来挤出水分,把剩下的东西弄成椭圆形的饼,两面贴上柞树叶子放入锅里蒸熟。

糕汤类。有的糕饼放入汤里煮,如饼汤、包子汤、大米面团子、苏子汤等。饼汤(或称糕片汤)是旧历年吃的节日食品。苏子汤是把蒸熟的糕片放入凉汤里吃的一种冷凉食品。包子汤是把白面包子(形状如同饺子)放入滚开的肉汤里煮。包子馅儿多为牛肉、猪肉或三鲜馅儿(鸡蛋、韭菜、虾米)。汤汁一般为撇出浮油的牛肉或鸡肉清汤。

大米面团子。把大米面用半开的热水和好,用刀切成1厘米见方的小糕块,放入开水里煮,同时放苏子粉和咸盐等作料。

面条。有刀切的和机器压的两种。刀切面条是把白面用凉水和好之后,擀成薄片,切成条状,同其他作料一起放入开水里煮熟。

机压面条有冷面和温面两种,面条的做法一样,只是汤汁凉热有别。汤汁是凉的,称作冷面,汤汁是热的,称作温面。冷面有面粉冷面,荞麦面冷面,苞米面冷面,土豆浆冷面,土豆冷面、绿豆粉冷面等。土豆浆冷面和土豆粉冷面是新中国成立以前居住在山区的朝鲜族常吃的主食。

冷面,以适当比例把荞麦粉、面粉、粉面等掺和制成面条,用精牛肉或鸡肉熬汤。做汤时一定要待汤冷却后撇油。在面条里放香油、胡椒、辣椒、味素等调料,如再放上牛肉片、鸡蛋丝或切成的半个熟鸡蛋、苹果片或梨片,则更味美可口。过去有正月初四中午吃冷面的习惯,说是这一天吃了长长的冷面条,就会"长命百岁",故称"长寿面"。现在一年四季都可以吃。若冬天怕凉,可以吃温面。延吉市金达莱冷面和服务大楼的冷面深受国内外游客的欢迎,很多客人认为,吃过冷面与否就是来过延边的象征。

凉粉。凉粉类既可当主食,又可当副食。凉粉主要有荞麦凉粉和绿豆凉粉。荞麦凉粉的做法是,把荞麦用手磨磨两遍,用簸箕簸掉外皮。而后放入水里泡透,用手磨磨成浆,用箩滤一遍,放入锅里熬成稠糊状,舀出来之后冷却便成凉粉。凉粉的吃法是切成小块泡入豆浆里,掺以芝麻、盐等佐料。绿豆凉粉的做法与此基本相同。

2. 副食。朝鲜族日常生活中的副食十分丰富,包括各种蔬菜、野菜、家畜肉、野畜禽肉、海味及菌类等。副食可以归纳为如下几种:

泡菜。泡菜是朝鲜族饮食中具有民族特色的冬季必备的副食品。腌泡菜的方法依各地习惯而不同,现在流行的做法就有十多种。

小咸菜。小咸菜是朝鲜族日常生活中吃的各种咸菜的通称,同"吉木齐"(泡菜)一样,是日常生活中的主要下饭菜。小咸菜以秋白菜、小白菜、大头菜、萝卜、黄瓜、小水萝卜、茄子、青辣椒、葱、英菜、芥菜、香菜、苏子叶、桔梗、蕨菜、刺老芽等新鲜的或晒干的各种蔬菜和野菜为原料,拌以作料而成。

汤。在朝鲜族的家常便饭中离不开汤,它与"吉木齐"(泡菜)、小咸菜成为日常生活中的主要副食。汤是日常饭食中必备的,其种类多达三十多种。

酱汤是日常生活中最常见的汤。酱汤有好多种,如大酱炖豆腐、大酱炖土豆、大酱炖干白菜、大酱炖茄子、大酱炖萝卜、大酱炖牛肉、大酱炖猪肉等等。

日常一般喜喝大酱汤,三伏天则多喝凉汤。大酱汤以大酱、蔬菜、海菜、葱蒜、豆油等为主要材料,有时亦用各种肉类或明太鱼等各种鱼类熬成。凉汤以黄瓜丝、葱花、蒜葱凉水加上酱油(或大酱)、醋、芝麻而成。三伏天喝凉汤,可以清凉去暑。大酱还可以加工制成辣椒酱、汁酱、淡水酱。朝鲜族喜欢吃辣椒酱,辣椒酱是用糯米粉加上辣椒面、豆酱饼(或大酱)、蜂蜜或糖稀、芝麻、香油等各种调料制成,吃起来辛辣、香甜。

辣香汤又称"梅云汤",在延边一带十分盛行。在朝鲜语里"辣的"谓之"梅云"。辣香汤以小柳根子、沙胡鲁子、麦穗子、泥鳅等小鱼、豆腐、黄豆芽为主料,配以辣椒酱和其他各种调味品,利用小铝锅边炖边吃,其味道又辣又香。

狗肉汤和牛肉汤仍然是朝鲜族在各类肉汤中最喜欢喝的汤。狗肉汤多在三伏天喝,认为热天服用能滋补身体,食后不喝凉水,不睡凉炕。现在不分季节,但有一个禁忌,婚丧及佳节不杀狗,不食狗肉。朝鲜族爱护动物,也饲养各种爱犬。所以,专门饲养肉食狗,用于做狗肉汤。

"悦口子汤"是用神仙炉(即火锅)随煮随吃的杂烩汤。汤里可以放入鱼肉、蔬菜、石耳、蘑菇、胡桃、银杏(白果)、黄栗(去皮的栗子)、实柏(去皮的红松子)、鸡蛋丝、辣椒丝等,凭个人的爱好可以自由选放,作到真正悦口,因此叫"悦口子汤"。

朝鲜族喜食牛肉、鸡肉、海鱼等,相对不太喜吃羊、鸭、鹅以及油腻的食物。朝鲜族菜肴种类颇多,其中较讲究的有"牛肉烤""生牛肉脍""花菜""水正果"等。

3. 糖果类。糖果类有糖饴、饴糕、油蜜果、茶食果、煎果等。糖饴是用粮食做的,根据粮食种类可分为黏米饴、小米饴、高粱饴、玉米饴等。有的在饴表上再粘松子、芝麻、核桃仁、炒黄豆等,又甜又香。饴糕是用糖稀或蜂蜜拌米面制成的,这种饴糕香甜抗饿,携带方便,因此过去长途跋涉者多带它。油蜜果,是把半熟的米面或白面压成各种模样的薄片,待其晒干油炸,外抹一层蜂蜜或糖稀后,再粘上米花或芝麻,一般在婚丧节日作为摆席之用。煎果是把各种果类或莲根、生姜、桔梗、人参等放进蜂蜜或白糖里熬成的食品,用于零食。

4. 酒类。除白酒外,有民间酿制的米酒、清酒、浊酒。浊酒即"马格列",是乡间仍然流行的一种酒,酿制较简便。

"花菜"是一种饮料,先将蜂蜜或白糖放进用五味子熬成的汤里,再放进果片或食用花瓣和实柏。因调味难,民间一般不做。

5. 朝鲜族炊事用具和饮食器皿。朝鲜族炊事用具和饮食器皿有它独特之处,饭锅好似汉族饭锅上面扣一个蒸笼,带有飞边儿,锅底较宽。锅盖是铁制的,中心有圆柱形小手把。一般一灶两锅,一锅做饭,一锅做汤或菜,也有三四锅的。饭桌有长方形和圆形两种,有多人桌、单人桌,单人桌多用于老人。朝鲜族习惯于坐在炕上就餐,所以饭桌都是矮腿的。吃饭主要用匙子,筷子仅供夹菜时使用。食具,过去多用黄铜器皿和瓷器皿,也用陶器、木器。

进入20世纪80年代以后,朝鲜族的饮食生活从过去的果腹型逐渐转变为营养型。随着人们物质生活水平的进一步提高,饮食结构也发生了一些新的变化。经过对传统饮食的科学研究,传统饮食得到继承和发展,营养成分和营养价值进一步得到提高、有益于健康长寿的朝鲜族饮食深受朝鲜族及各民族人民的欢迎。

（二）服饰。朝鲜族喜爱穿素白衣服,故有"白衣民族"之称。朝鲜族服装的特点是无论男女所穿的上衣,构造比较简单,没有太复杂的装饰,在斜襟上都镶着白布边,便于经常拆洗,使衣服保持干净。另外,斜襟,无纽扣,以长布带打结。男子的裤裆肥大,宜于盘腿而坐,裤脚系上丝带,并喜欢在上衣上加穿带纽扣的有色坎肩,出访时在外面穿长袍(式样与上衣同)。年轻妇女和少女在上衣("则羔利")袖口和衣襟上镶色彩鲜艳的绸缎边。飘带也是用绸缎制成,红、紫、蓝色都有。这种"则羔利"叫"半回装则羔利"。

老年妇女喜欢穿白衣裙,并习惯用白绒布包头。中老年妇女多穿缠裙。缠裙带宽腰带,有许多细褶,长及脚跟,是分叉裙子,在里面加穿素白色的衬裙。筒裙是缝合的筒式裙子,但与其他民族的筒裙不一样,它的腰部位有许多细褶,达到合腰身为止,上半部分还连上一个白布小背心,前胸开口扣纽扣,穿时从头部往下套。这种裙长刚过膝,利于劳动、步行。因此,妇女劳动时多穿筒裙。现在,工作时,一般穿适合本职岗位的工作服。

朝鲜族姑娘和少妇的衣裙,比较鲜艳,具有浓厚的民族特色。幼儿上衣多为五彩或七彩服。这种服饰源于阴阳五行学说的五色观,象征吉祥、长寿。用"七色缎"(七种颜色相配的绸缎)衣料做的衣服,穿起来好像彩虹在身。用"七色缎"给幼儿做衣服,意在让幼儿们更加美丽和幸福。

20世纪80年代,朝鲜族服饰文化逐渐步入了世界现代服饰潮流中,不论男女都穿混纺织物、绸缎,皮革制成的衣服,衣料、颜色、款式更加多彩多样。但是,结婚仪式、花甲宴等重大活动时,一般都喜欢穿传统的民族服装。

朝鲜族的鞋,有个演变的过程,新中国成立后,朝鲜族普遍地穿胶鞋。男子多穿平面白胶鞋,妇女多穿白色或天蓝色船形胶鞋。20世纪80年代以后,较普遍地穿皮鞋或布胶鞋。

（三）**房屋**。朝鲜族一般的房屋构造，多是以木搭架，屋顶四个斜面，用稻草、谷草或瓦片覆盖。墙壁多泥墙，刷白灰。朝鲜族传统的房屋，从屋顶的形状上看，主要有歇山式、庑殿式、悬山式等三种；从屋内的结构上看，主要有单排型和双排型之分。新中国成立后，随着生活水平的提高，砖瓦结构的住宅日益增多。每栋房子一般分为三间（有条件者盖四大间），中间为大间，其中三分之二作炕，三分之一作灶间，为炊事之用。灶间外侧的大间没有炕，有门与灶间相通，作为仓库使用。大炕隔壁的大间全部铺成炕，并隔成两间，把朝阳的房间作为客房，北面的房间做儿女的卧室。客人来访时，男客进客房，女客进灶间的大炕。每个房间都有一扇门，从上到下都是细木格子门棂，糊上窗纸，以取阳光，现多改为玻璃门窗。由于满屋都是炕，进屋就要脱鞋。过去农村的炕面都铺上芦席或高粱秆编制的席子，现在用人造纤维板、木地板或地板胶。

居住在延边地区的朝鲜族，一般都居住在传统的朝鲜族房屋。新中国成立以后特别是改革开放以来，逐渐实现住宅砖瓦化。朝鲜族传统的民居瓦房是泥墙瓦盖。瓦为青色的大片朝鲜瓦。20世纪80年代，人们普遍的追求居住环境与质量，盖房更多地考虑美学价值，平顶房和铁皮屋顶明显增多。屋内的结构也打破传统格式，变得多种多样，平房逐渐被新瓦房和楼房代替。

二、人生礼仪

朝鲜族的人生礼仪主要包括婚礼、一周岁生日宴、花甲宴、葬礼等。随着时代的发展，人们的物质生活水平的提高和人均寿命的延长，朝鲜族很重视婚礼、小孩过百日及周岁生日、老人六十花甲宴等人生礼仪，在庆贺方法上更加丰富多彩。

（一）**婚礼**。朝鲜族传统的婚礼仪式，主要包括奠雁礼、交拜礼、合卺礼等程序。

奠雁礼　新郎迎亲时带去一只木制的彩色模雁，放到新娘家客房门外一张小桌上，新郎跪在桌前，两手横握一把折扇，把模雁往前轻轻推三次。雁是至死不离的鸟，奠雁象征新郎新娘永相爱，守贞节，不分离。

交拜礼　奠雁礼后，新郎、新娘分别站在交拜桌的两侧，相互跪拜，然后交换酒杯，互相敬酒。

席宴礼　就是新郎接受婚席。婚席称作"大桌"，席上放一只嘴里叼着红色辣椒的整鸡，它是婚席的吉祥物。红色辣椒象征阳性，即第一胎生男孩儿。席上摆满糕饼、糖果和鸡、鱼、肉、蛋等，由傧相和邻里青年相陪。宴席将结束时，给新郎上饭上汤，在大米饭碗底要放三个去皮的鸡蛋，象征多子多福。新郎用饭时要吃鸡蛋，但不全吃，留一两个在饭碗底下，等退席后，由新娘吃新郎留下的鸡蛋。新娘离家上轿前，要向父母与长辈叩首告别。

新娘坐轿到新郎家后，举行新娘婚礼。新娘婚礼备有婚席，还举行舅姑礼。新娘婚席，过去都在院子里举行，以便全屯人都来观看庆贺。现在一般在屋内举行，由女傧相陪伴。新娘在婚席前正襟危坐。新娘的婚席比新郎婚席要丰盛,在桌上一定要摆上一只煮熟的昂首而卧的整公鸡,嘴里还叼着一个红色辣椒,以示吉祥。新娘婚席摆好后,先请陪新娘前来的女方近亲过目,以示男方不亏待新娘。婚礼当晚,近亲和村子里的青年男女为新郎、新娘开娱乐晚会,往往玩到深夜。

婚后的第二天早晨,新娘备好礼品拜谒公婆及近亲,叫舅姑礼。原来第三日归宁改为在第二天举行舅姑礼后就归宁。到20世纪80年代,新事新办,新郎不骑马,新娘不坐轿,婚礼从简,从而出现了许多朴素、大方、热闹的新的婚礼仪式。

到了20世纪80年代以后,随着人们道德修养的提高和经济的进一步发展,人们在婚姻上普遍崇尚以男女双方的爱好、感情、人格、才能为重的爱情观。婚礼方式中,有的采取传统方式,新郎骑马,新娘坐轿,有的不拘于传统方式,实行传统和现代生活方式相结合、传统和西方方式相结合等多种多样的注重纪念意义的婚礼形式。但是,无论采取何种方式,都穿传统民族服装,给新郎新娘摆设传统的婚席。

（二）一周岁生日宴。小孩周岁生日,让孩子"抓周",在饭桌上摆打糕、铅笔、本子和一些玩具,让孩子抓取。如果小孩子先抓文具,就说:"这孩子聪明,会念好书,有出息。"所以,往往把文具之类摆到小孩子易抓取的地方。小孩过百日时也要设宴庆贺。这天要做打糕,由近亲来庆贺,并给孩子穿新衣裳,到照相馆照百日纪念相,以作留念。现在,由于一对夫妻一般只生一至两个孩儿,庆贺周岁生日的习俗很受家长们的重视。

（三）花甲宴。朝鲜族老人到六十周岁过"花甲",庆祝六十花甲的活动由儿女筹办。子孙亲戚欢聚一堂,为老人摆"花甲宴席"。老两口穿上新衣裳,坐在宴席正中,邻居的老人们作陪。祝寿开始,从长子夫妇、长孙开始,依次倒酒跪拜。往往老人原来的工作单位的同事和朋友以及全村人都来祝福。

过了60周岁,进入新的甲子以后举行的贺宴叫进甲宴。70周岁后举行的称作古稀宴。80周岁后举行的称作八甲宴。90周岁后举行的称作卒寿宴。

（四）回婚礼（金刚石婚礼）。回婚礼亦称"金刚石婚礼",是朝鲜族的独特礼,在结婚60周年日举行。不过,只有老夫妻健在,所生子女都在世,而且有孙子或孙女的情况下才能举行。因此,能够举行回婚礼的老人较少。回婚礼比婚礼还要盛大,老夫妻穿着结婚时穿过的礼服,摆上婚礼一样的婚席,子孙亲戚、村里男女老幼都来祝福,热闹异常。

（五）丧葬。朝鲜族一家有丧事（指成年）,亲朋邻居都去吊丧,先向遗体三叩首,再和丧主互叩首,说些安慰的话。前去吊丧者带一些礼品,过去带一两包蜡烛,现在多带瓶酒。出丧,过去选单日,现已无此习。现在除极少数偏僻的地区以外,城乡已实行火葬。过去,大人灵柩停3天或5天、7天才出殡,现在一般是2天或3天。

在入棺守灵期间,每日早晚各祭馈一餐,每次都要由"孝子"带领近亲叩首号哭致哀。灵柩起程前祭奠号哭一番,然后出殡。

　　出殡前后的仪式,现在比过去简单,但仍保留一些传统仪式。过去的丧礼仪式有"袭"(给死者换新衣)、"殓"(把尸体用麻布或棉布捆三处,后入棺)、"成服"(家属和亲属穿丧服)、吊丧和葬礼。其中,基本仪式是葬礼。过去把棺材放入丧舆里,由村里的青壮年抬着出殡。现在一般不用丧舆,以汽车代之。

　　过去,殡葬互助组织有"香徒契"(丧舆契),以自然屯为单位组成。它备有"丧舆"(抬棺材的轿子)等出殡工具,平时存放在村外丧舆房里,用时去取。一旦屯中有丧事,各家出一名青壮年抬"丧舆"或帮其他忙。另外,每个契员尽其所能,帮助准备丧服、棺材、饮食等。"香徒"在民间颇有名望,它不仅办理契内的丧祭事宜,也受理本组织内的一些纠纷和其他各种问题,以便成员内部和睦相处。

　　过去墓地多请风水先生选定,现无此习。土葬逐渐被取消,现在都实行火葬。一般实行二日葬。丧葬礼包括招魂、殓、出丧、火化等程序。现在由于施行火葬,传统的仪式发生变化,注重传统方式的基本内容和形式,程序简化,以追悼会等方式表达对故人的怀念和哀悼。

　　(六)祭祀。朝鲜族传统的祭祀种类繁多,程序也很复杂。20世纪80年代,缅怀已故亲人的祭祀礼仪,仍被人们传承。直系亲属丧亡后一般连祭3年,周年祭称"小祥",三周年祭为"大祥",3年过后举行"忌日祭祀",还有生日祭祀、节日祭祀等,祭祀程序也比过去简便得多。

三、交往礼仪

　　语言礼节　朝鲜族很讲究礼貌礼节,晚辈对长辈必用敬语。平辈之间初次相见也用敬语,以显示文雅、有礼貌。

　　宴席礼节　一日三餐,盛饭、盛汤和菜,先盛老人的,并给老人摆单人桌,由儿媳妇恭顺地端到老人面前,等到老人举匙,全家才能就餐。在吃饭时,匙要放在汤碗里,若把匙子放在桌上,就表示吃完。

　　饮酒、吸烟,父子不同席,即晚辈不能在长辈面前喝酒、抽烟。有时长辈遇到年轻人相聚饮酒时,为使他们不受拘束而回避;在家宴中,年轻人与老人同席而无法回避时,年轻人举杯背席而饮,以示对老人的尊敬。酒席上,按年龄依次倒酒,长者举杯后,其他人依次举杯。抽烟时,年轻人不能向老年人借火,更不能接火,否则便是一种大不敬的行为。陪客人吃饭时,如果主人先把匙子撂下,便是失礼。节日的饮食,不管多少,多与邻居分尝。

　　待人礼节　与本村或亲戚长者同路时,年轻者必须走在长者的后面,如有急事要向长者恭顺地说明原委,然后超前。在路上遇到认识的长者,必须恭顺地问安并让路。

　　在屋内初次见面互通姓名时,要双膝跪席,恭顺地通报自己的姓名,然后说些"多多关照"等客气话,若是同辈或身份相似时,可以互相握手。现在,初次遇到长者也握手,但必须恭顺地通报自己的姓名并进行自我介绍。

朝鲜族过去无敲门的习惯,客人走进院子先干咳一声,等主人闻声出来问询才可以对话。现在,则在门外先喊一声"在家吗?"然后问询。这时互相所使用的话都是敬语。朝鲜族家庭礼节比较严格。孝敬父母长辈是全民族成员共同遵循的社会公德,违背者会遭到社会舆论的严厉谴责。

四、岁时节日

朝鲜族自古以来是以农耕生产为主的民族,一直使用农历,岁时风俗也按农历计算。朝鲜族的岁时风俗中,有关农业生产的风俗和民俗活动较多,有关丰衣足食、健康等方面的习俗也不少。朝鲜族民间节日有"元日"(春节)、"上元"(元宵节)、"上巳"(农历三月三日)、"寒食"(清明)、"燃灯节"(农历四月八日)、"端午"(农历五月五日)、"流头日"(农历六月十五日)、"秋夕"(仲秋)、"重九"(农历九月九日)和"八关""冬至"等等。其中,元日、上元、寒食、端午、秋夕为五大节日,至今比较重视。朝鲜族过节,除制作节日饮食外,还根据节日的季节特点,组织各种游戏和体育活动。

20世纪80年代后,朝鲜族传统节日主要有春节、正月十五、清明、中秋节等。其中最重视春节和正月十五。端午节是朝鲜族传统节日中开展民俗体育活动最为活跃的节日,"六一"儿童节、老人节、自治州成立纪念日(民俗节、阳历9月3日)也是朝鲜族生活中的重要节日。民俗旅游节等活动也深受各族群众的欢迎。

元日　是一年中最盛大的传统节日。到除夕,家家把屋内外打扫干净,以迎接子孙或亲戚来过年。过去人们常贴"十长生",就是山、水、石、云、太阳、松、不老草、龟、鹤、鹿等为内容的年画;现在一般都贴自己所爱的美术作品。过去,在元日鸡鸣破晓之前祭祀祖先,然后向老人叩首拜年,现在则全家男女老幼都穿上节日新装,仍向老人叩首拜年,早饭后再给邻居和全屯老人拜年。这天吃的早饭称作岁餐,一般吃打糕或大黄米饭,吃各种鱼肉菜和山菜。过去,男人喝特制的"屠苏酒"。"屠苏酒"是用桔梗、防风、山椒、肉桂等为原料酿造的一种药酒,俗习认为元日喝这种酒,可以"除邪长生"。现在多喝白酒、果酒或米酒。午餐和晚饭,喜吃饺子汤和饼汤。饼汤是把用大米面做的糕片放入肉汤里煮的汤。肉汤通常为鸡肉或野鸡肉汤(牛肉汤亦可),还放点香油和紫菜。饺子汤称作"满德固"。"满德固"是在肉汤里放进包有肉馅的两三个饺子,用餐时先把大饺子用筷子捅开,连汤一起吃。白天,过去村里人按"契"或自然屯分组进行拔河比赛,青少年则进行射箭或打"石战",姑娘和妇女们跳跳板,儿童们放风筝。到晚上,男女老少分别玩数千(纸牌)"(木四)戏"、花头、猜谜,往往通宵达旦。现在城镇里一般看电视或开家庭娱乐会。

上元节　吃"药饭"或"五谷饭",早晨还喝"聪耳酒"。据说喝"聪耳酒"可使人们耳聪目明,因此全家男女老少都要喝一杯,喝不了一杯也要喝一匙。药饭以江米、蜂蜜为基本材料,掺大枣、栗子、松子等煮成。因药饭原料较贵,不易凑齐,一般以"五谷饭"代替。"五谷饭"以大米、小米、大黄米、糯米、饭豆等五谷做成,意在盼望当年五谷丰盛。上元节游戏,过去有"火炬战""车战""拔河"等。火炬战,即赛火,看谁的火炬亮的时间长;车战,两台牛车相撞,看哪辆车更结实;拔河,分两组,各抓一头麻绳,把对方拽进自己圈内就算赢。在做这种娱乐时,全村男女齐出动,或参加比赛,或敲鼓、吹箫助威,热闹异常。取胜者便唱歌、跳舞,欢庆胜利。晚上则进行"迎月"等民俗活动。迎月,大家举火炬上山顶或高处迎圆月,据传谁先登山望见即升的圆月,谁就当年最有"福"。迎月之后,男女老少在月光下踏桥。传说,在上元月光下来回踏桥,当年就"康宁无祸"。"掷月亮四",在上元月光下掷一次栖,拿其数和掷栖人年龄相对照,借以预测掷栖人当年的祸福。这种游戏,现已消失。

寒食 到祖先坟地扫墓祭祀。

端午 村里杀猪,家家做艾糕和蒸饼,还吃小豆包。农家还酿浊酒,请人共饮。端午节这一天,妇女荡秋千,小伙子们进行摔跤比赛。现在村里举行的运动会,除进行秋千、摔跤比赛外,还进行足球、排球、田径比赛。

秋夕 也叫嘉俳节。村里杀牛,家家用新谷做打糕、松饼,庆贺当年丰收,还祭祀祖先和扫墓。这一天村村都进行摔跤、秋千、跳板比赛,还进行球类比赛,有时连续搞几天,全屯、全村人都来观看助威,气氛非常活跃。近来,延边州这种比赛多改在"九·三"建州节或国庆节进行。

冬至 有吃小豆粥的习惯。这种小豆粥称"奥古郎粥",是用小豆、大米、糯米团子做成的粥,团子像小鸟蛋,故亦称"赛儿心粥",即"小鸟蛋粥"。这里还有逗人的游戏,就是在糯米团里放进一个小硬币,谁咬上了就说谁有"福",在新的一年里吉多凶少。有的地方除冬至外,在上元节和流头日也有吃小豆粥的习惯。"流头日"是"六月望日"(十五日),洗发于东流水,借以除恶免灾的节日。这一天都要去河边洗头发或沐浴,以求消暑禳灾,然后设宴吃喝。

"六一"儿童节 是国际性的儿童节,但在吉林省特别是延边地区的朝鲜族中已经远远超过了儿童的范围,几乎家家户户都参加庆祝活动,因而已经演变成全民族范围的节日。

老人节 1982年8月15日,延边朝鲜族自治州龙井市东盛涌镇举办庆祝"8·15"东北解放的活动。庆祝大会上,老人们倡议每年的8月15日为延边老人节。1984年4月,中共延边州委和州政府有关领导专门讨论后,正式决定每年阳历8月15日为延边朝鲜族自治州老人节。每年到了老人节,延边各地老人组织开展丰富多彩的庆祝活动。但参加活动的并不限于老年人,活动内容有各种文体活动和娱乐活动。

朝鲜族民俗节 1992年,延边朝鲜族自治州把9月3日(自治州成立日)定为朝鲜族民俗节。从此以后,居住在其他地区的朝鲜族也相继开展民俗节活动。随着旅游事业的发展,朝鲜族民俗节越来越受到广泛的重视,活动时间变长,活动内容更加丰富,成为各民族共同享受朝鲜族民俗文化的节日活动。

另外,朝鲜族有浣衣的习俗。每到中秋前后,妇女们都拆洗被褥,晾晒喷浆(稀薄的米汤水),待其半干后,叠成长方形放在砧板上捶打,这就是"捣衣"。捣衣多在晚间进行,一直捶打到光滑无皱纹为止。捶打讲究艺术,可以两人对坐交叉捶打,可以一人一棒或双手各一棒捶打,其打法或慢或快,或轻或重,如鼓手击鼓,清脆的捣衣声很有节奏感。延边到处是清澈的溪流,溪边的石头是天然的砧板。到溪边浣衣的妇女,头顶浣衣盆,手拿棒槌,从春到秋不间断。在潺潺的清流边,婆娑的垂柳下,棒槌声和清脆的谈笑声此起彼伏,带有浓厚的民族色彩。

五、生产习俗

20世纪80年代以来,朝鲜族以种植业为主,生产单一的模式和生产风俗也发生了变化,随着机械化程度的提高,个体的养牛户逐渐减少,兴办各种企业,副业生产上采用专业承包的办法。在参、渔、猎业方面,一改往昔到山林湖河挖采捕打的做法,实行了人工种植和饲养。随着机器织布业的发展,农村妇女的织布业也销声匿迹。

水稻生产风俗　组织都列(音译)的互助组织,共同克服生产中的困难。修筑拦河坝等大型工程时,全村动员起来完成,完工后,举行庆祝活动。

旱田生产风俗　旱田生产方面,过去选择伸日播种。民间认为,选在伸日播种,庄稼能长好。过去,初伏、中伏、末伏各进行一次"致诚",20世纪50年代后消失。紧靠道旁的地上,一般都习惯于种植苏子。牛等牲畜讨厌苏子的气味,地边种苏子,可以有效地防止牲畜进地。朝鲜族农村一般旱田不多,但绝大多数农户都种植烟草。烟草业是主要的副业项目之一。随着烟草技术的不断提高,产量和质量都有了很大的提高,成为支持烟草工业的主要原料基地。80年代以后,烟草以外,出现了辣椒生产专业户、药材专业户、养鸡专业户、养猪专业户、养牛专业户、人参场等,副业项目增多,人民生活得到了很大的改善。

互助传统　朝鲜族很早就有邻居之间、乡亲之间和睦相处,相互帮助、同甘共苦的优良传统。体现这种传统的民间组织及其活动,渗透到生产、文化及日常生活的各个领域。

在农业生产中,农民曾广泛建立"品阿西""都列""荒渡"等民间劳动互助组织。"品阿西"是一种互助换工的劳动组织形式,这种组织遍布于各地农村。"都列"是水田地区农民为完成开渠修壕等一家一户无法完成的繁重劳动而建立的共同劳动组织。"荒渡"是旱田地区农民互相协助,共同铲地,战胜草荒的劳动组织。后来,比较普遍地出现了"农务契"等生产互助组织。既缺劳力又缺役牛的贫苦农民,不仅在各种农业劳动中互相协助,而且打柴、盖房、捣米、织布等劳动中,也换工互助。

在日常生活中,为了互通有无,共渡难关,人民群众自动组织各种"契"。类似数斗笺的玩法有两种,这里介绍的是其中"四季笺"的玩法:把80张纸牌分成两组,以莲、兰、菊、桃为一组,以梅、竹、松、枫为另一组。前一组中最大的是各种牌中的将帅,其余9张纸牌的大小顺序为从一至九。在后一组牌中,最大的是将帅,最小的是一。在8样牌的将帅中,最大的是元竹,它可吃掉其余所有将帅。其他7种将帅则为平级,只能吃各自所属图形的其他9张牌。不论元竹、将帅还是其他纸牌,一张牌只能吃一次比它小的牌。四季笺由4个人玩,先得11分就算赢。

摔跤　摔跤时两人均在大腿部套上一个用宽布带绑结而成的套儿,称作腿带。两个腿带颜色相异,一般为一红一绿。两人入场后间隔一尺距离,跪下右腿弯腰,左手抓住对方腿带,右手搂住对方腰部。裁判员把两只手分别放在两人的后背,猛然把哨子吹响,宣告摔跤开始。俩人手脚并用,各使招数,谁先把对方摔倒或使对方的一只膝盖着地就算获胜。

秋千　荡秋千要有秋千架,高度为10～12米,两根柱子间的距离,底部为3.5米,上端为2米。两根秋千绳分别拴在秋千架上端的两个平行的横木上,绳子下端绑结脚蹬。脚蹬距地面80厘米。距离脚蹬130厘米处的两根秋千绳上,各拴一个用以系手腕的安全套(用布带做成)。进行比赛时,秋千架前还要树立铃铛架。比赛时,人站在脚蹬上,两只手分别伸入安全套,拧紧后抓住绳子。开始游戏时,有一个人站在脚蹬后面,两手抓住脚蹬把秋千向前推送几步。此时秋千手的双腿一伸一屈地向高处悠荡,荡到一定高度时,开始用脚或身子撞向铃铛,以撞响铃铛的次数多者为胜。另有一种比赛方法是,只比荡的高度,不计撞铃数,谁荡的高,谁取胜。

跳板　跳板用弹性强的松木制作,长4.5～5米,宽35～40厘米,厚5～5.5厘米。跳板的中间部位垫有一块垫木,高25～30厘米,长约50厘米。过去,跳板时有一名妇女横坐在中间稳住跳板,现在则用铁轴把跳板固定在垫木上。跳跳板时,两人各站在跳板一端,由一人先起跳,落下时用双脚猛踏跳板,把对方弹起,对方借用弹力向上跳跃。两个人为一伙,以俩人跳跃的平均高度决定胜负。中国朝鲜族的跳板游戏被列入国家民族体育项目,比赛时不仅评高度,还要评各种花样的精彩程度和表演水平。

农乐游戏　农乐游戏是以农乐舞为表现形式的娱乐活动。进行农乐游戏共需20余人,其中有5～6人边跳舞边敲打或吹奏大小锣、长鼓、小鼓和唢呐等乐器。其中有一人高举写有"农者天下之大本"的大旗,其余人则穿戴各种衣帽和面具进行表演。进行农乐游戏时,小锣手打头,小鼓手殿后。

第三章 满 族

第一节 人 口

　　满族是吉林省 5 大少数民族中人口仅次于朝鲜族的民族。1988 年成立的伊通满族自治县是全省成立最晚的少数民族自治地方。2000 年第五次全国人口普查时,全省有满族人口 99.3 万余人。全省有 10 个满族乡(镇)、44 个满族朝鲜族乡。

一、人口分布

　　吉林省满族人口分布特点是人口多、分布广,主要集中在自治地方和各民族乡(镇)。随着改革开放进程的不断深入,吉林省经济不断发展,满族人口呈现出流动性较大,各民族融合交流状态。1990 年第四次人口普查为 1 054 534 人,2000 年第五次人口普查为 993 112 人。

　　(一)地域分布。根据第四、第五次全国人口普查数据,满族在全省各地都有分布,人口超 10 万的地区有长春、四平、吉林、通化市等。辽源市在第四次人口普查的时候人口超 10 万,但在第五次人口普查的时候不足 10 万人。

1990吉林省满族人口按市(地、州)分布统计表

表29

地区别	人数	占全省满族人口比重
全 省	1 054 535	100.00
长春市	141 273	13.40
吉林市	253 915	24.08
四平市	235 732	22.35
辽源市	102 065	9.68
通化市	155 909	14.78
浑江市	23 351	2.21
白城地区	80 018	7.59
延边州	62 272	5.91

注:根据1990年第四次全国人口普查资料整理。

2000吉林省满族人口按市(地、州)分布统计表

表30

地区别	人数	占全省满族人口比重
全 省	993 112	100.00
长春市	142 998	14.40
吉林市	229 470	23.11
四平市	239 327	24.10
辽源市	93 237	9.39
通化市	140 503	14.15
白山市	19 438	1.96
松原市	32 925	3.32
白城地区	38 244	3.85
延边州	56 970	5.74

注:根据2000年第五次全国人口普查资料整理。

2000年吉林省满族人口按县(市、区)分布统计表

表31　　　　　　　　　　　　　　　　　　　　　　　　　　　　　　　　单位:人

地区		2000年人口数	地区		2000年人口数	地区		2000年人口数
长春	长春市	142 998	吉林	吉林市	229 470	通化	通化市	140 503
	南关区	12 806		昌邑区	49 389		东昌区	11 197
	宽城区	5 628		龙潭区	57 366		二道江区	5 000
	朝阳区	17 050		船营区	23 382		通化县	29 739
	二道区	11 019		丰满区	14 029		辉南县	14 112
	绿园区	9 528		永吉县	32 345		柳河县	21 497
	双阳区	24 803		蛟河市	10 625		梅河口市	45 677
	农安县	1 787		桦甸市	5 813		集安市	13 281
	九台市	44 024		舒兰市	19 749	白城	白城市	38 244
	榆树市	13 668		磐石市	16 772		洮北区	9 162
	德惠市	2 685	四平	四平市	239 327		镇赉县	4 398
辽源	辽源市	93 237		铁西区	5 632		通榆县	8 077
	龙山区	10 232		铁东区	9 901		洮南市	13 992
	西安区	4 412		梨树县	26 442		大安市	2 651
	东丰县	40 373		伊通县	171 926	延边	延边州	56 970
	东辽县	38 220		公主岭市	23 163		延吉市	6 622
白山	白山市	19 438		双辽市	2 263		图们市	2 033
	八道江区	4 786	松原	松原市	32 925		敦化市	11 899
	江源县	2 640		宁江区	12 329		珲春市	17 818
	临江县	1 835		前郭县	8 776		龙井市	1 938
	抚松县	3 688		长岭县	4 002		和龙市	2 007
	靖宇县	5 834		乾安县	2 163		汪清县	9 081
	长白县	655		扶余县	5 655		安图县	5 572
全省总计								993 112

注:根据2000年第五次全国人口普查资料整理。

（二）**城乡分布**。根据2000年第五次全国人口普查资料,满族主要生活在城市,有993 112人(其中男521 439人、女47 163人);市人口有224 080人(男114 596人,女109 484人);城镇有152 630人(男78 267人、女74 363人);乡村人口有616 402人(男328 576人、女287 826人)。

2000年吉林省满族城市人口分布表

表32　　　　　　　　　　　　　　　　　　　　　　　　　　　　　　　　单位:人

地区	总人口	男性	女性
全省	224 080	114 596	109 484
长春市	61 497	31 189	30 308
吉林市	65 403	33 360	32 043
四平市	13 588	6 613	6 975
辽源市	14 644	7 847	6 797
通化市	27 521	14 271	13 205
白山市	4 213	2 247	1 966
松原市	8 391	4 261	4 130
白城市	10 285	5 262	5 032
延边朝鲜族自治州	18 538	9 546	8 992

注:根据2000年第五次全国人口普查资料整理。

2000年吉林省满族镇人口分布表

表33　　　　　　　　　　　　　　　　　　　　　　　　　　　　　　　　单位:人

地区	总人口	男性	女性
全省	152 630	78 267	74 363
长春市	6 560	3 386	3 174
吉林市	28 901	14 862	14 039
四平市	38 274	19 089	19 185

续表

地区	总人口	男性	女性
辽源市	13 335	6 945	6 390
通化市	29 168	15 178	13 990
白山市	10 020	5 357	4 663
松原市	6 601	3 283	3 318
白城市	6 215	3 103	3 112
延边朝鲜族自治州	13 556	7 064	6 492

注:根据2000年第五次全国人口普查资料整理。

2000年吉林省满族乡村人口分布表

表34 单位:人

地区	总人口	男性	女性
全省	616 402	328 576	287 826
长春市	74 941	40 661	34 280
吉林市	135 166	72 865	62 301
四平市	187 465	96 126	91 339
辽源市	65 258	35 505	29 753
通化市	83 814	45 442	38 372
白山市	5 205	2 928	2 277
松原市	17 933	9 706	8 227
白城市	21 744	11 778	9 966
延边朝鲜族自治州	24 876	13 565	11 311

注:根据2000年第五次全国人口普查资料整理。

二、人口构成

（一）文化构成。社会主义现代化建设新时期，党和国家决定实施"科教兴国"战略，坚持把发展教育和提高全民族的科学文化素质摆在经济、社会发展的优先战略位置上。吉林省经过多年努力，少数民族人口素质有了新变化。1982年吉林省分性别、受教育程度的6岁及6岁以上满族人口合计449 963人；1990年满族在校学生数合计195 868人，其中男性99 723人、女性96 145人；2000年分性别、受教育程度的6岁及6岁以上满族人口合计937 865人，其中男性492 825人、女性445 040人。

1990年、2000年吉林省满族人口文化程度统计表

表35　　　　　　　　　　　　　　　　　　　　　　　　　　　　　　　　单位：人

满族	1990年			2000年		
	合计	男	女	合计	男	女
	788 252	422 042	366 210	937 865	492 825	445 040
	小计	男	女	小计	男	女
研究生				694	394	300
大学本科	6 538	4 410	2 128	15 765	9 001	6 764
大学专科	11 070	7 039	4 031	28 022	15 383	12 639
中　专	23 234	12 526	10 708	36 665	17 722	18 943
高　中	93 909	52 335	41 574	98 865	55 142	43 723
初　中	261 439	146 744	114 695	358 289	197 934	160 355
小　学	392 062	198 988	193 074	358 307	181 837	176 470
扫盲班				6 687	2 664	4 023
未上过学				34 571	12 748	21 823

注：根据1990、2000年第四、五次全国人口普查资料整理。2000年为全省分性别、受教育程度的6岁及6岁以上人口。

（二）**职业构成**。吉林省满族人口变动包括自然变动、社会变动、迁移变动。从社会变化看,1990～2000年,满族从事农、林、牧、副、渔业人口较多,达377 395人,其次是工业74 092人,再就是商业、公共饮食及物资供销仓储业32 856人;教育文化艺术及广播电视事业21 394人,国家机关、党政机关和社会团体17 655人。由此看出,吉林省满族人口从事行业逐渐向第二、第三产业不断发展。

1990、2000年全省满族分性别、职业大类人口分布统计表

表36　　　　　　　　　　　　　　　　　　　　　　　　　　　　　　　　　　　　单位:人

	1990年满族职业大类人口数			2000年满族职业大类人口数		
	全省小计	男	女	全省小计	男	女
职业人数总数	512 768	312 190	200 578	52 483	30 739	21 744
国家机关、党群组织企事业单位负责人	11 657	10 082	1 575	956	744	212
各类专业、技术人员	41 851	19 747	22 104	3 783	1 627	2 156
办事人员和有关人员	14 156	10 743	3 413	1 856	1 304	552
商业、服务人员	32 425	15 341	17 084	4 582	2 142	2 440
农、林、牧、渔、水利生产人员	337 681	204 840	132 841	35 463	20 472	14 991
生产、运输设备操作人员及有关人员	74 918	51 405	23 513	5 796	4 418	1 378
不便分类的其他从业人员	80	32	48	47	32	15

　　注:根据1990、2000年第四、五次全国人口普查资料整理。2000年满族行业门类人口数,是长表汇总数系抽样数据,抽样比例为9.23%。

1990、2000年全省分性别满族不在业人口统计表

表37   单位:人

满 族	1990年满族不在业人口数			2000年满族不在业人口数		
	全省小计	男	女	全省小计	男	女
不在业人数总数	188 489	57 260	131 229	22 486	8 396	14 090
在校学生	384 41	20 162	18 279	4 431	2 068	2 363
料理家务待升学	95 072	1 644	93 428	7 039	199	6 840
离休退休退职	15 868	11 784	4 084	3 032	1 954	1 078
丧失工作能力	22 926	14 535	8 391	2 525	1 313	1 212
市镇待业	7 203	3 428	3 775	3 265	1 646	1 619
其 他	8 033	5 262	2 771	2 194	1 216	978

(三)婚姻构成。1990年至2000年,吉林省满族初婚有配偶的人数有所下降,从499 305减少到2000年的52 252人,减少了447 053人,其中男性初婚配偶减少230 177,女性初婚配偶至2000年却有所增长,增加了990人。这同吉林省总体男女比例,男性多于女性有关。

全省满族分性别、婚姻状况的15岁及15岁以上人口数

表38   单位:人

满 族	1990年性别、婚姻状况人口			2000年性别、婚姻状况人口		
	全省小计	男	女	全省小计	男	女
15岁及15岁以上	701 257	369 450	331 807	74 969	39 135	35 834
未 婚	165 157	93 831	71 326	16 314	9 123	7 191
初婚有配偶	499 305	257 232	242 073	52 252	2 7055	25 197
再婚有配偶				1 955	980	975
离 婚	5 605	3 633	1 972	1 129	661	468
丧 偶	31 190	14 754	16 436	3 319	1 316	2 003

注:根据1990、2000年第四、五次全国人口普查资料整理。2000年人口数,是长表汇总数系抽样数据,抽样比例为9.23%。

第二节 民族区域自治及民族乡(镇)

至2000年,吉林省有1个满族自治县——伊通满族自治县;10个满族乡(镇):吉林市乌拉街满族镇、吉林市龙潭区大口钦满族镇、吉林市昌邑区两家子满族乡、永吉县金家满族乡、四平梨树县叶赫满族镇、九台市莽卡满族乡、公主岭市龙山满族乡、公主岭市二十家子满族乡、珲春市三家子满族乡、珲春市杨泡满族乡。4个满族朝鲜族乡:吉林市昌邑区土城子满族朝鲜族乡、梅河口市小杨满族朝鲜族乡、通化县大泉源满族朝鲜族乡、辽源东丰县三合满族朝鲜族乡。1个朝鲜族满族乡:通化县金斗朝鲜族满族乡。除了自治县和民族乡外,吉林省还有7个满族村,分别是永吉县金家满族乡的金家、卢家、伊勒门满族村,两家子满族乡耿屯满族村,土城子满族朝鲜族乡的渔楼、乜司马满族村,乌拉街满族镇韩屯满族村。

一、伊通满族自治县

1988年8月30日,经国务院批准撤销伊通县,设立伊通满族自治县。并以原伊通县的行政区为伊通满族自治县的行政区域。到2000年末,伊通满族自治县共有11个镇、7个乡、239个村、1 557个社、13个街道、57个居民委员会。

伊通满族自治县是多民族聚居县,1986年有11个民族,在少数民族人口中满族人口占全县总人口的25.13%。2000年有14个民族,其中满族人口167 533人,占全县总人口的35.36%,是吉林省满族人数最多、满族人口占总人口比例最大的县份。

(一)满族人口分布。满族分布于全县各乡(镇),与汉族和其他少数民族杂居共处,其分布也相对集中在18个乡(镇)中,满族占本乡(镇)总人口一半以上的有3个,其中西苇镇高达67.2%,其次为新家乡59.99%、二道乡58.08%。某些村屯满族分布则更为集中,如西苇镇的红光、腰苇村,新家乡的新宏、新山村,马鞍山镇达子营屯,伊通镇河北村东营子屯等,其居民大多数为满族。

1999年伊通县满族人口分布统计表

表39 单位：人

地区	总人口数	少数民族合计		满 族	
		人口	占总人数%	人口	占总人口%
总计	473 842	176 153	37.18	167 533	35.36
伊通镇	73 047	23 831	32.62	21 628	29.61
营城子镇	21 893	6 166	28.16	5 913	27.01
伊丹镇	28 896	14 846	51.38	13 971	48.35
马鞍山镇	29 920	6 662	22.27	6 582	22.00
景台镇	22 128	8 058	36.42	7 994	36.13
靠山镇	27 510	6 563	23.86	5 686	20.67
大孤山镇	27 821	12 999	46.72	12 087	43.45
小孤山镇	27 987	5 719	20.43	5 643	20.16
五一乡	17 714	5 966	33.68	5 942	33.54
爱民乡	13 229	5 901	44.61	5 875	44.41
新家乡	15 896	9 706	61.06	9 536	59.99
东尖山乡	18 960	5 690	30.01	5 112	26.96
二道镇	19 951	11 621	58.25	11 587	58.08
新兴乡	15 869	5 742	36.18	5 692	35.87
发展乡	13 214	5 190	39.28	5 184	39.23
黄岭子乡	17 140	3 926	22.91	3 872	22.59
莫里青乡	16 394	2 936	17.91	2 898	17.68
三道乡	20 965	8 939	42.94	6 915	32.98
西苇镇	14 725	10 049	68.24	9 895	67.20
板石庙乡	12 076	5 620	46.54	5 578	46.19
地局子乡	9 146	4 796	52.44	4 768	52.13
头道乡	9 361	5 227	55.84	5 175	55.28

（二）**自治机关建设**。1988年8月30日，国务院批准设立伊通满族自治县。伊通满族自治县成立后，首先调整了县人大办事机构。1988年12月，县人大办事机构设人大办公室、法制办公室、财政经济办公室、教科文卫办公室。1988年新家乡和东尖乡人大设立主席团常务主席。1990年，县人大办事机构设立人事代表办公室、民族侨务办公室、研究室。

1995年8月，全县22个乡（镇）经人民代表大会选举，产生乡（镇）人大主席团主席8人，副主席14人。1998年9月，乡（镇）人民代表大会换届选举产生人大主席团主席22人（其中，专职9人，兼职13人）、副主席12人。2000年，全县22个乡（镇）合并为18个乡（镇），合并的乡（镇）重新选举人大主席团主席、副主席。

1995～2000年，全县举办8期少数民族干部培训班，有400人参加培训，有124名满族干部担任副局级以上领导岗位，占同期提拔干部总数的40.1%。至2000年末，在全县728名正副局级领导干部中，少数民族干部314人，占43.1%；在县级领导干部中，满族干部11人，占40.7%。

（三）**民族法治建设**。1990年4月，自治县人大常委会根据《中华人民共和国民族区域自治法》的规定，制定了《伊通满族自治县条例》（以下简称《条例》），1992年经吉林省第七届人民代表大会常务委员会第二十九次会议批准，并于同年7月30日施行。按照《条例》规定，县政府下发通知，要求各乡（镇）、各部门启用标准称谓的公章和匾额，标注满汉两种文字。各部门依照民族自治地方的优惠政策，主动向上级部门争取支持帮助。县满族民俗馆、县体育场、珍珠球场、县图书馆等的修建和维修，均得到上级有关部门的资金照顾。1995年，每个职工每月增加民族地区补贴15元。1996年，县民委对县政府确定9个重点工业企业和乡（镇）企业进行考察，向省民委争取民族企业新增项目发展资金150万元，投入到部分企业中去，发展壮大民族企业。

（四）**经济建设**。

1.农业经济体制改革。1987年，中共中央印发《关于土地承包期一般应在十五年以上的规定》，使广大农民的利益得到进一步保障。1990年，根据土地承包合同规定，土地可以转让，全县转出5 623户，退出承包土地3 483公顷，转入5 571户，承包土地3 704户。随着农业生产责任制的进一步落实，科学种田的发展，农村部分劳动力从农业生产中解脱出来从事多种经营和其他行业或外出打工，将土地转让给种粮大户。1995年，全县转让土地524公顷。

1986～2000年全县耕地面积统计表

表40   单位:人

年份	年末耕地面积	水田面积	旱田面积	农业人口人均占有量
1986	89 340	5 340	84 000	3.64
1987	89 430	5 709	83 721	3.61
1988	98 411	6 213	83 198	3.72
1989	88 701	8 845	79 856	3.69
1990	88 192	10 070	78 122	3.65
1991	88 027	10 422	77 565	3.63
1992	88 290	10 717	77 573	3.66
1993	88 073	10 825	77 248	3.70
1994	88 096	9 718	78 378	3.67
1995	87 844	9 821	78 023	3.67
1996	87 579	10 400	77 197	3.56
1997	87 637	10 110	77 527	3.50
1998	87 848	10 003	77 845	3.47
1999	87 741	9 995	77 746	3.44
2000	87 898	10 369	77 529	3.50

注:资料来源于伊通县统计局。

农村产业结构调整。农村实行农业生产责任制以后,农民有了自主权,积极发展多种经营,发展第二、三产业,部分农民经过几年努力,形成了有相当规模的专业户。1986年,全县有各类专业户16 477户,占农户总数的19.5%。其中,养殖业专业户7 428户,占45.08%;种植业专业户2 607户,占15.82%;加工专业户2 406户,占14.6%;建筑、建材专业户1 374户,占8.3%;运输专业户1 122户,占6.81%;商业专业户814户,占4.49%;服务专业户726户,占4.45%。这些专业户大部分经济能力较低,经验匮乏,仅具雏形,符合中央书记处农村政策研究室提出的专业户标准的,只有111户,占上报专业户的7.2%;在生产和经营上,第一产业户数居多,10 035户,占专业户的60.9%;第二、三产业户较少,6 442户,占39.1%。2000年,全县有各类专业户21 039户,占全县农业户的21.9%。其中,养牛专业户5 898户、养牛专业村14个、养牛专业屯42个;养猪专业户1 316户、养猪专业屯13个、养猪专业村2个;养禽专业户1 687户、养禽专业屯24个、养禽专业村3个；养鹿专业户1 348户、养鹿专业屯14个、养鹿专业村5个；果树专业户1 703户、果树专业屯27个、果树专业村3个；种菜专业户969户、种菜专业屯30个、种菜专业村5个；西瓜专业户398户；加工专业户1 210户；运输专业户3 066户；商业饮食服务业专业户2 663户；其他种养专业户781户。全县各种专业户创收6.06亿元，占全县农副业收入35.3%。

劳动力结构变化。1986年，全县农村劳动力为92 298人，其中95%从事农业生产，只有5%从事商业、运输业和饲养业。随着农业经济结构的调整。1995年，全县劳动力总数155 182人。从事农业生产的122 890人，占全县劳动力总数的79.19%；从事非农业生产的22 292人，占全县劳动力总数的20.18%。其中，从事果树业生产的1 202人，从事养殖业生产的1 892人，从事商业的2 744人，外出打工3 832人，其他3 011人。2000年，全县农村离土离乡经办工商业者7 889人，占全县农村劳动力145 006人的5.4%。其中，从事工业生产517人，搞运输业954人，从事建筑业2 616人，从事商业服务业2 499人。出外打工24 733人，占全县农村劳动力的17.1%。其中，出国打工116人。

发展高效农业，增加农民收入。1986年，全县农村进行第二步改革，继续完善家庭联产承包责任制，坚持农、林、牧、副、渔和乡（镇）企业全面发展。1991年，县政府强化农业基础地位，优化和调整农业结构，实施增米（玉米），扩大高产、稳产作物面积，引导和鼓励农民充分发挥本县资源优势，发展庭院经济，发展规模大、质量高、效益好的种植养殖业，形成"一乡一业、一村一品"的区域经济。1995年，从发展效益农业出发，调整种植结构，有计划地缩减粮食种植面积，使种植业向专业化、基地化发展，组织实施"兴牛、兴果、兴鹿、兴菜"工程，巩固发展种子生产基地。1997年11月，全县农村进行第二轮土地承包，坚持土地公有制，稳定完善以家庭联产承包责任制为主的统分结合双层经营体制，进一步保证了农村经济体制改革。1998年，大力发展效益农业，实施订单农业，压缩玉米种植面积，增加专用玉米、经济作物面积，扶持农民发展蔬菜生产。

1986～2000年，伊通县的农作物主要以玉米为主，水稻和大豆为辅，高粱、谷子少量种植，小豆、绿豆等杂粮零星种植。玉米平均种植面积占粮豆面积的71.10%；水稻呈上升趋势，1986年占粮豆种植面积6.1%，2000年上升至12.4%；大豆种植面积1995年以前，保持在10%至14%左右，1999年降至4%；高粱、谷子呈下降趋势。

到2000年，伊通县内生产总值实现15.21亿元，年均增长11.6%。其中：第一产业增加值实现5.01亿元，年均增长6.8%。第二产业增加值实现4.52亿元，年均增长11.7%。第三产业增加值实现5.68亿元，年均增长16.9%。财政一般预算收入实现7 359万元，年均增长8.3%。全社会固定资产投资实现4.7亿元，年均增长40.8%。城镇居民人均可支配收入实现3 380元，年均增长8%。农村人均纯收入实现1 800元。依据国家产业政策，以市场为导向，以进一步优化产业结构、合理调整产业布局为重点，从实际出发，稳定加强第一产业，壮大提升第二产业，加快发展第三产业，促进满族聚居区经济整体素质和水平的提高。

表41

1986～2000年全县农作物主要品种播种面积、产量表

单位:公顷

年度	粮食作物		水 稻		玉 米		谷 子		高 粱		大 豆	
	播种面积	总产量(吨)	播种面积	总产量(吨)	播种面积	总产量(吨)	播种面积	总产量(吨)	播种面积	总产量(吨)	播种面积	总产量(吨)
1986	86 615	427 898	5 370	28 764	62 780	356 696	2 726	4 065	2 480	8 043	9 865	20 760
1987	86 133	500 281	5 533	35 040	63 466	420 591	1 333	3 779	2 133	6 904	9 933	20 149
1988	84 906	569 731	6 013	42 608	60 487	481 444	1 118	2 998	1 958	7 413	11 084	23 320
1989	83 962	409 261	9 438	42 141	55 804	334 971	968	1 875	1 763	4 570	12 012	16 637
1990	85 873	602 226	10 136	57 915	63 112	495 296	613	848	1 069	1 971	8 961	8 490
1991	84 490	580 200	10 712	81 612	61 912	477 834	414	997	694	2 379	8 722	11 369
1992	84 143	581 730	11 214	81 156	60 013	475 876	571	1 505	775	2 765	9 176	14 318
1993	85 310	640 015	10 505	80 916	59 591	517 422	351	944	975	4 114	11 097	26 401
1994	85 595	649 461	10 435	86 590	61 087	528 105	274	932	714	2 958	10 577	21 263
1995	85 772	705 543	9 812	82 345	65 854	593 805	214	594	524	2 050	7 216	16 915
1996	86 029	754 504	10 400	88 691	68 982	644 876	132	447	531	2 298	4 482	11 376
1997	85 991	581 483	10 110	81 193	70 085	484 574	222	680	478	1 884	3 500	7 141
1998	86 158	797 749	9 947	90 303	70 994	690 310	89	256	407	1 955	2 899	7 184
1999	82 891	750 128	10 265	91 066	68 270	642 973	33	122	605	2 780	2 421	7 300
2000	83 441	412 570	10 370	86 513	62 601	308 714	143	536	810	1 881	5 999	6 879

注:表内粮食作物合计中含其他杂粮。

2. 工业。1986年,全县国有工业企业推行经济承包责任制。1987年,县政府制定了《关于工业等七大系统实行承包经营和租赁经营工作的规定》,实行厂长负责制,扩大企业自主权,以增强企业后劲为中心,调整企业结构,利用县内资源优势,与外地合作开发,走联营之路,加快资源优势向产业优势转化。1990年,贯彻《国营企业转化经营机制条例》,全县国营工业企业实施产权出售、股份制改组、联合兼并、租赁、破产等产权制度改革。1995年,县政府又做出《较大工商企业权力下放的决定》,实施政企分开,转换政府职能,全县5个经济管理部门转变为经济实体。1997年,依照"抓大放下"原则,采取出售、兼并、租赁、联合、破产、股份制等形式深化改革,至2000年,基本完成全县18家国有企业的体制改革工作,重点支持了能源、化工、建材、纺织、生化制药等产业,全县工业增加值实现45 200万元,比1986年增加5.9倍。

国有企业。1986年推行经营承包责任制,实行目标管理。1988年全县工业企业进行第一轮承包,为期三年。1989年5月,县政府印发《1989年完善企业承包若干问题的意见》,对承包指标、奖励办法、承包期限做了调整。1990年,全县地方国有工业企业28万户,职工4 536人,固定资产原值8 558万元,完成工业产值7 969万元,占全县工业总产值51.7%,盈利586万元,上缴税金1 030万元。1991年以后,有18家国有企业进行了不同程度的技术改造,更新项目75项,投资5 731万元,新增设备1 012台(套),新增产线9条,改造老生产线12条,新建厂房7 510平方米,改建4 400平方米,扩建1 300平方米。1995年,全县有45家国有工业企业,职工3 694人,固定资产原值8 817万元,完成工业产值13 071万元,占全县工业总产值的30.7%,上缴税金601万元,亏损901万元。1996年至2000年,全县国有工业企业深化体制改革,通过兼并、联合、破产,出售和租赁等方法,对20户企业进行改制,占全县国有工业企业的77%。

全县机电工业以发展机械为主,发展为"一汽"和北京汽车制造厂配套的产品;轻工业以扩大水泥生产能力为主;化学工业以发展胶管、氧化铁为主;纺织工业以建设毛衫出口基地为主。

集体工业。集体工业包括县属二轻工业和乡(镇)集体工业,1986年以后,二轻工业在有机化工厂、服装厂等企业开展技术改造工作。至1995年,新建生产线4条,改造2条,新建厂房2 838平方米,改造厂房150平方米,扩建厂房717平方米,改造、维修场地1 000平方米。乡(镇)集体工业主要是在"七五"计划期间,乡(镇)工业企业进行整顿、兼并、合并、重组,调整企业结构,建立伊通酒精厂。1990年,全县有乡(镇)工业企业86户,从业人员3 735人,完成工业产值5 321万元,占全县工业总产值的34.6%。"八五"计划时期,县境北部景台、马鞍山、发展和黄领子4个乡(镇),以石材开发作为主体产业,开办石场190个,从业者5 700多人。1995年全县有乡(镇)工业企业90户,从业者3 796人,完成工业产值21 978万元,占全县工业总产值的53.3%。2000年,全县有乡(镇)工业企业109户,从业者3 100人,完成工业产值2 599万元,占全县工业总产值的12.4%。全县轻工业已发展服装加工业为主,完成投资96万元;化学工业以发展糠醛、糠醇、呋喃树脂为主,完成投资468.5万元。

个体、私营工业。私营经济在1991年出现,当年全县有7户私营工业企业,从业者94人,注册资金105万元,实现工业产值242万元。1992年,省政府颁布《关于大力发展个体私营经济若干政策规定》,全县私营经济迅速发展。1995年全县有85户私营工业,从业者1 157人,注册资金1 018万元,完成工业产值1 446万元。2000年,全县私营工业企业102户,从业人员1 876人,注册资金2 420万元,有5户企业销售收入在500万元以上,完成工业产值4 355万元,占全县工业总产值的20.7%。

1986～2000年伊通县工业企业单位数量统计表

表42　　　　　　　　　　　　　　　　　　　　　　　　　　　　　　　单位:个

年度	合计	全民所有制工业	集体所有制工业				联营工业	私营工业
			合计	县属工业	乡(镇)办工业	其他工业		
1986	188	26	162	19	116	27		
1987	188	27	160	19	110	31	1	
1988	181	28	152	16	105	31	1	
1989	158	29	129	13	91	25		
1990	152	28	124	14	86	24		
1991	150	28	115	12	85	18		7
1992	175	30	127	19	92	16	1	17
1993	201	32	144	43	99	2	2	23
1994	245	36	144	46	96	2	2	64
1995	263	45	127	28	90	9	6	85
1996	238	45	130	30	91	9	6	57
1997	181	33	93	16	69	8	5	50
1998	76	17	9	1	3	5		50
1999	102	6	16	1	4	11		80
2000	128	6	20	1	4	15		102

1986～2000年伊通县各种所有制工业产值比重统计表

表43

产值单位:万元

年度	工业总产值	国营工业		县属企业		乡(镇)工业		其他工业		私营工业	
		产值	占总产值%	产值	占总产值%	产值	占总产值%	产值	占总产值%	产值	占总产值%
1986	7 548	4 186	55.4	660	8.7	2 310	30.7	392	5.2		
1987	8 326	4 088	48.9	759	9.0	2 982	35.7	533	6.4		
1988	10 293	4 827	46.9	820	8.0	4 007	38.9	639	6.2		
1989	11 176	4 963	44.4	1 080	9.7	4 256	38.0	877	7.9		
1990	15 398	7 969	51.7	919	6.0	5 321	34.6	1 189	7.7		
1991	19 008	9 192	48.0	1 044	5.5	6 810	36.3	1 714	9.0	242	1.2
1992	21 139	9 135	43.0	1 286	6.0	7 456	35.8	2 905	13.7	346	1.6
1993	28 021	11 067	39.4	4 346	15.6	11 915	42.5	173	0.7	520	1.8
1994	38 125	12 975	34.0	6 899	18.1	16 450	43.0	548	1.5	1 254	3.4
1995	42 641	13 071	30.7	3 396	8.0	21 978	51.4	2 750	6.4	1 446	3.5
1996	50 323	15 125	30.0	1 588	3.1	29 945	59.3	2 567	5.2	1 098	2.2
1997	54 346	13 394	24.6	2 054	3.8	32 535	59.9	5 243	9.6	1 120	2.1
1998	18 805	2 908	15.8	600	3.2	7 202	38.3	6 883	36.0	1 140	6.6
1999	20 093	2 385	11.8	1 300	6.4	4 347	21.6	11 098	55.3	963	4.9
2000	21 023	1 964	9.3	4 217	20.1	2 599	12.4	7 888	37.8	4 355	20.7

3. 基础设施。在国家扩大内需政策拉动下,基本建设步伐不断加快,累计完成投资 10.5 亿元,是"八五"期间的 5.1 倍。完成伊通北大桥至高速公路出口拓宽工程、县城防洪工程、伊通公路拓宽改造工程、农村电网一、二期改造工程,新建伊通公园,旧城改造和小城镇建设取得突破性进展,为城乡经济发展奠定基础。

公路。1986 年,伊通县省级公路只有长东线(长春—东丰),县境内 48.8 千米。1997 年 10 月、1999 年 10 月、2000 年 10 月,分别建成长营(长春—营城子)高速公路、营白(营城子—白山市)线和九开线(九台—开原)。2000 年,全县共有 4 条省级公路,全长 160.4 千米。县级公路,1986 年,有伊磐线(伊通—磐石)、伊公线(伊通—公主岭)、伊范线(伊通—范家屯)、伊小线(伊通—小孤山)、伊长线(伊通—长春市)5 条县级公路,全长 164 千米。2000 年,县级公路 5 条,全长 132.2 千米,通达 14 个乡(镇),占乡(镇)数的 77.7%。乡村公路,1986 年,县境内有乡级公路 15 条,全长 255.4 千米,标准低,路况差,晴雨通车率为 60%。2000 年末,全县有乡级公路 24 条,总里程为 395.4 千米。村级公路,全县村村通客车,晴雨通车率达 100%。1986 年,全县村级公路 170 条,总里程 881.9 千米,晴雨通车率为 7.4%。2000 年末,全县村级公路已发展到 225 条,总里程达 1 191.3 千米。2000 年末,全县公路密度为每百平方千米有公路 24 千米,形成以省、市公路为骨架,以乡级公路网络,辐射村屯,实现乡村晴雨通车,通车率达 100%。公路建设,省级公路 1995 年以后,在县境内相继进行长—营高速公路、九—开线省级公路建设、营—白线水泥路面改建。县级公路,1986 年以来,县级公路建设主要是伊公公路的路基加宽、沙石路面改建油路,以及伊范线、伊小线大孤山段油路改建工程。至 2000 年,县级公路黑色路面铺装总长度为 57.8 千米,共投资 3 273 万元。乡村公路建设,1986 年以后,伊通县加强省、县公路建设的同时,加强了乡村公路建设工作,重点是对乡村公路提高技术等级,先后对黄领子迎风大岭、头道大岭、西大岭实施降坡工程,全县乡级公路都达到了三级公路标准,晴雨均能通车。

运输。运输方式主要分货运和客运。货运,1986 年后货车向大吨位、专业化发展,伊通县货运方式主要包括长途运输、短途运输、联合运输和危险品运输。1996 年,为了适应长途运输的需要,在大吨位基础上,向加长车厢发展。为了适应中、短途运输,中、小型货车增加较快。1986 年,全县共有载货运汽车 564 台,货运量达 72.6 万吨,货运周期量 4 066 万吨千米。1995 年共有各种货车 680 台,货运量 147 万吨。1986 年开始,全县货运逐步改变了过去国营、集体运输独占市场的局面,个体运输户大量涌现,形成了国营、集体、个体并存的新的运输体制。1996 年末,全县国有货运企业全部停产,车辆产权全部转卖给个人。2000 年末,全县共有 1182 台货车,其中,国营 11 台,占 0.93%;个体 1 171 台,占 99.07%。到 2000 年货运量 74 吨,货物周转量 9 190 万吨。货运管理,1986 年以后,随着国家运输政策的改革,打破了部门、地区的封锁和行业垄断局面,支持长途贩运,使产销直接见面。客运,1986 年,全县有大型客车 42 台,小型客车 51 台。全县客运量 111.8 万人次,旅客周转量

5 037.2千人千米。2000年末,全县239个村全部通客车,客运路线达117条,县内75条;跨省、市、县客运路线42条。每日发车209个班次,行车里程达6 580千米,年客运量296万人次,旅客周期量13 805千人千米。中共十四届三中全会以后,伊通县打破了全县只有一家国营客运企业的局面,个体客运应运而生,逐年发展。1989年,全县有各型号客车142台。其中,个体111台,占78.71%;国营31台,占21.83%。2000年末,全县有客车543台,国营占2.95%,个体占97.05%。年客运量296万人次。2000年末,全县239个村全部通车,客运路线117条,县内75条;跨省、市、县客运路线42条。每日发车209个班次,行车里程达6 580千米,旅客周转量为13 805千人千米。客运管理,1986年以来,伊通县运管部门,按照"安全、正点、方便、及时"的客运工作原则,开展客运站、车辆的优质服务、文明服务。至2000年,全县已有32条农村客运路线,139台营运客车,屯通客率已达85%。1995年,全县拥有出租车160台,摩托三轮车112台。1997年,伊通县交通局、县运管所招商引资购置22台夏利王轿车投入运营,并成立县出租车行。至2000年,县城内小公共发展到14台,同时,开通城郊线路8条,18台客车运营。1988年,县客运站大楼建成。1993年,先后建立民建、民营客运站13个,经审核达到国家四级客运站标准。至2000年末,全县二级客运站2个,三级站5个,四级站13个,形成以客运总站为中心,辐射县境内外各市县和县内各乡、村的客运服务系统。

邮电。1986年,全县城乡投递路线101条有自行车邮路,2 849千米。1999年新增伊丹至二道路线,10千米,发展至乐山5千米。2000年,投递路线2 796千米。1986年全县有委办汽车邮路4条,169千米。1990年开始,对汽车邮路进行调整,至1995年全县汽车邮路7条,计282.5千米。1998年末,取消委办汽车邮路,改为县邮政局自办。1999年,对全县自办汽车邮路重新划定为5条,单程计382.5千米。

电报。1986年,开办天气、水情、公益、政务、新闻、普通、汇款、公电报业务以及专送电报。年内去报量37 783份,业务收入6.3万元。1995年以后,随着程控电话的开通,电话业务快速发展,电报业务逐年下降,2000年,撤掉原电报业务线路,全部采用传真及存储发送,自动发送电报。

电话。1986年,长途电话业务为6种,即防空警报、特种电话、紧急调度、特急公务业务电话、政务电话、加急普通公务业务电话和普话、公务业务电话。年长话去话量149 243张次。1991年7月,开通长途电话用户直拨业务,当年直拨有权用户236户,营业窗口设立直拨国际长途电话1部。同年,9月,开通28条微波长途电路。1993年,开通1部长途自动交换设备,使长途直拨有权用户达3 387户,并具有国际电话直拨功能。1995年,伊通市话进入四平本地网,号码由6位升至7位。2000年末,全县长途直拨有权用户17 262户,长话去话量3 044万张次,业务收入465.3万元,比1986年长话去话业务量、业务收入分别增长19.39倍和21.69倍。长途电话电路,1986年有长话电路22条,1988年,新开通伊通至长春、四平11条长途半自动拨号电路,1991年装配长途电话用户直拨设备,1994年,程控电话开通,长途微波量大幅增加,明载电路逐渐减少。1996年撤掉伊通至辽源的明载电路,至此,伊通县明载、明线电路全部取消。1997年撤掉微波电路,改为数字电路,实现传输数字化。

长途电话设备。1986年,长话设备有交换机50席,载波终端机4部。1987年,长话交换机增至60席,载波终端机7部。1991年,长话自动交换设备开通使用,增加1部12路长话载波机。1993年,2部长途自动交换机开通。1994年,开始应用长途程控自动交换设备,载话端机逐渐淘汰。1996年,撤掉长途自动交换机、长途人工交换机、长途模拟终端复用设备,改用同步局用终端复用设备和准同步局用终端复用设备。

市内电话。1986年,市话交换容量1 120门,接入邮电交换机的电话机861部,接入用户交换机146门,全县电话机总数1 007门,市话用户805户,市话收入15.7万元。1987年,新装1部容量2 000门多部进制自动交换机。1990年,接入县邮电局交换机的话机有1 485部,市话用户达1 467户。话机总数中,住宅电话201户,市话普及率为2.23%。1994年,开通6 238门数字程控交换机,全县市话用户达到3 387户,其中住宅电话1 920户,年度市话收入166.9万元。1995年,市话数字程控交换机发展到10 038门,同时顺利完成与四平地区联网。1996年,兴建、扩建市话电缆。1997年将架空电缆改为地下电缆。2000年电缆总长88.03皮长千米。市话用户22 183户,市话普及率为24.19%(农村普及率为3.6%),市话年收入1 731万元,比1986年增长109.2倍。

市话设备。1986年,市话交换机容量1 120门,有800门半自动交换机1台,320门供电式交换机1台,接入邮电局交换机861部,杆路长度37千米、架空电缆长度25.7皮长千米。1987年,安装容量为2 000门47式步进制自动交换机,淘汰版电子交换机。1996年,兴建、扩建市话电缆。1997年,将架空电缆改为地下电缆。2000年末,电缆总长88.03延长千米,市话程控交换机总容量达到20 510门。

移动电话。1992年,自治县安装并开通450MHZ无限移动通信设备,用户70户。1995年,又安装开通900MHZ模拟蜂窝移动通信设备,用户91户。1996年建成900兆模拟蜂窝移动电话机站,有10信道。同年,开通数字蜂窝移动通信设备,建基站1个,信道达30个,移动电话用户429户,业务收入66.3万元。1998年,开通GSM数字蜂窝移动电话设备,建基站9个,总信道达331条,容量为7 665门,型号覆盖面占全县90%以上,用户1 130户,业务收入460万元。1999年,伊通县建数字塔1个,使用通信信道总数增加550条,总容量达16 585门,用户3 582户,业务收入923万元。至2000年,全县手机用户12 800户。

无线传呼。1992年,开通无线传呼业务,寻呼台号码"126",1995年末共1 220户,至1997年容量发展到3 000户,用户达2 689户。1998年无线寻呼权限下放,成立个体5 678寻呼台,共有用户1 400余户。2 000年末,伊通县共有国信网199、198台;省市网126、127、999、998台;伊通电信网128台;个体传呼5 678台。全县无线传呼共有3 400户,业务收入12.5万元。

4. 商贸财税。

国有商业。1986年,伊通县进行企业改革,商业局所辖7个公司、49户企业普遍推行经营承包责任制,批发企业和较大型企业商定实行上缴利润包干,超利分成经营承包责任制;对亏损企业,实行亏损包干,减亏归己,超亏不补。至年末,全系统有职工1 643人,完成商品销售额4 590万元,实现销售税金57万元,实现利润41万元。1987年国有商业企业开展第二轮承包,公开招聘承包人,公开标的,平等竞争。批发企业实行定销售、定资金、定毛利率的"三定一包"浮动工作责任自包;零售企业实行销售、定库存、定品种,定毛利,包利润"四定一包"的联销联利计酬责任制;1990年完成商品销售额6 780万元,为历史最高水平,实现销售额79万元,亏损12万元。1991年,重点改革批发企业,转轨变型,实行批零兼营。其形式为:改革经营方式,形成前店后库、库店一体,边批发边零售的经营方式,新增6个批零网点;改革批发内部管理办法。1993年,对百货商场等16户零售企业实行国有民营,把企业和职工推向市场。9户小型企业实行租赁经营,两处饭店实行个人经营,有10户企业关停。文化百货批发公司、纺织品批发公司、糖酒公司无力偿还银行多年贷款而破产或停业,用固定资产或商品抵顶贷款。新建民族商业大厦实行股份制经营,国家投资400万元,企业股32万元,职工股60万元。1995年,县直机关机构改革,商业局退出政府序列,改成贸易局,成立商业总公司。1996年以后,先后有两户企业实行国有民营,5户企业租赁经营,两户企业将有效资产出租经营。糖酒副食二商店将企业资产权以86万元出售,职工一次性领取生活费的形式买断工龄。商业大楼等3户企业解体。至2000年,全县商业总公司所属16户企业,有职工1 374人,其中离退休职工239人。社会消费品零售总额达到7.1亿元,年均增长10.8%。财贸经济建立了多渠道、少环节的流通体制,形成了多种经济成分、多种经营方式并存的格局。财税、金融、粮食、住房和社会保障制度改革不断深入。对外开放不断扩大,羊毛衫有限责任公司、吉林三纯化工股份有限公司、外贸总公司取得自营产品出口权。招商引资工作取得一定成效,新上招商引资项目346个,累计引进域外资金11.1亿元。商贸流通、旅游、金融保险、中介服务、科技服务等第三产业得到一定发展。社会消费品零售总额达到7.1亿元,年均增长10.8%。全县集贸市场发展到32个,初步形成完整的城乡市场网络。旅游业得到较大发展,二道岭子绿色山庄等景点建设步伐加快。

供销合作商业。1986年,伊通县供销合作社辖土产公司、生产资料公司、日杂果品公司、农副产品收购站。全县22个乡(镇)和景台镇的五台子村设供销社,承担全县农村商品物资供应和农副产品收购任务。在改革中,划小经营规模,土产公司、果品公司一分为三;撤销五一、头道、东尖、五台子4个供销社,变为分销店。全县供销企业实行"联销计酬"经营责任制,即以百元销售为单位,按百分比提取职工工资。至年末,全县供销商业有31个独立核算单位,有职工2 263人。全部实行经营责任制。1992年,全县基层供销社推行"四开放"经营,即经营放开、价格放开、用工放开、分配放开。1993年,制定"立足伊通,面向沿海城市开发"的经营发展战略,自治县在珲春、绥芬河、满洲里、俄罗斯的乌兰乌德设立办事处,进行贸易或易货贸易。全县供销系统因社制宜,实施了"租、卖、转、让"等办法,开展多种形式经营。企业收回全部商品,作价出售。1995年,伊通县将直属18户独立核算企业进行重组、合并、托管,成立农副产品优先责任公司、农用物资有限责任集团公司。经过较大幅度改革,县直公司有14户,19个基层供销社,45个分销店,全县供销商业职工4 265人。1998年,把无资金、无场地、无效益的工业采购站等5户企业合并,组建农产品有限公司,恢复东尖、五一两个供销社,撤销公主岭办事处。2000年,有12个县直企业,20个基层供销社,34个分销店,全县供销商业有职工3 596人。

集体商业。1986年,集体饮食服务公司所属企业9户,集体商业公司所属企业6户,共有职工274人,经营方式实行承包经营为主要内容的经营责任制,管理部门、企业、职工签订责任书,打破大锅饭,实行工资与效益挂钩。1988年组建日杂综合公司,不景气企业相继解体。到1992年,集体日杂综合公司兼并集体商业公司,彩色照相馆、回民饭店、回民糕点、冰果厂实行租赁经营;伊发旅社、副食品商店等实行承包经营。日杂综合商店实行内部职工租赁柜台经营。2000年,全县有6户集体商业企业,职工130人。

个体、私营商业。1986年全县有个体商户2 235户,从业人员2 910人,注册资金394万元,实现营业额2 838万元。1990年,贯彻省政府《关于鼓励和引导个体私营经济健康发展的意见的通知》,全县个体工商户发展迅速。全县个体工商户3 520户,从业人员5 419人,注册资金944万元,实现营业额6 320万元。1991年,自治县始有1户私营商业,从业人员13人,注册资金5万元。对个体工商业户实行规范化管理,制定升级考核目标,评出一级业户205户。1992年,县政府制定《大力发展个体私营经济15条意见》,为促进个体私营经济发展创造宽松环境。1995年,全县有11 600户个体工商户,从业人员16 516人,注册资金9 312万元,实现营业额1.4亿;74户私营商业,从业人员654人,注册资金268万元,实现营业额204万元。1996年以后,自治县县委、县政府每年都要召开先进个体私营商户表彰大会,促进个体私营经济快速发展,扶持出一批个体私营商品批发、代理、分销、零售大户,培育了一大批懂商贸、会经营、善管理的个体私营商业企业家。至2000年末,全县个体工商户发展到2 013户,从业人员44 000人,注册资金6 690万元,实现商品销售额3.1亿元;私营商业77户,从业人员765人,注册资金452万元,完成商品销售额812万元。

集市贸易。伊通县集贸市场发展初步形成完整的城乡市场网络。旅游业得到较快发展,二道岭子绿色山庄等景点建设步伐加快。1986年,全县有交易市场14个,除县城综合市场和营城子牲畜交易市场外,其余12个均为农贸市场,农民自产物品除国家规定外,均可上市自由交易。全年集市贸易成交额1 680万元,占全县商品零售总额6.72%。1987年，经过改造扩建后的营城子牲畜交易市场，每集最高交易量1 000头左右，最低也在百头以上，年成交量2万多头，成交额5 000多万元。不仅成为县内各乡(镇)牲畜交易的集散地，还吸引了其他省市的顾客。1989年，改建后的县城综合市场，拥有1 310平方米封闭式交易大厅，设摊位160个，安排百货、针纺、轻工各类商品，吸纳业户110个。经营猪肉、牛肉、羊肉及熟食制品和蔬菜、水果、水产品、调味品等商品。经营方式以零售为主，兼营农副产品和小商品批发，共安排个体业户800多家，还有一些县内外临时进入市场经营的国有、集体企业，生产者和个体贩运户。县综合市场已成为既有零售，又有工业品上千种、小商品600多种的综合市场，日成交额30万元。1990年，伊通镇粮食市场建成后，上市品种大米、小米、黄米、小豆、绿豆等杂粮，及粮食的副产品，成为伊通镇居民主要粮食来源。秋冬季节，日最高成交量3万公斤。至年末，全县集市贸易成交额4 278万元。占全县社会商品零售总额的14.2%，年人均从集贸市场购买商品99元。1992年，县城综合市场轻工大楼建成后，设经营摊位400个，精品屋59个，业户450家，经营布匹、百货、针纺、鞋帽、文具等，年销售额4 500万元。营城子、大孤山、小孤山、靠山、马鞍山综合市场建成后，既经营粮食、食用油、肉食、鲜鱼、活鸡、蔬菜等农副产品，也经营服装、鞋帽、棉纺织品、文化卫生用品、化妆品、日用杂品、塑料制品、大小百货、小食品等轻工品。1995年，全县集市贸易成交额23 188万元，占全县社会商品零售总额的54.5%，比1986年增长13.8倍，年人均从集市贸易市场购买商品504元。集贸市场粮油、肉、蛋、菜、果、禽、畜等农副产品全部开放。2000年，全县各类市场达32处，集市贸易已成为城乡人民日常生活购物的主要去处，全县贸易成交额66 100万元，比1995年增长184.6%，占社会商品零售总额的85.1%，年人均从集贸市场购买商品1 259元。

财政收支。1986年，全县财政收入3 410.3万元，工业企业收入63.1万元，商业企业收入11.9万元，其他企业收入19.4万元；农牧企业亏损5万元，粮食经营亏损额1 233万元，企业总收入–1 142万元。1990年，全县财政收入3 963.6万元，工业企业财政收入30.3万元，交通、商业、农牧企业持平，其他企业财政收入为7.7万元，全年企业收入为38万元。由于粮食企业上划省管理，不计损益。是"七五"期间全县企业总收入唯一为正值的年份。"八五"期间，进一步解放思想，以经济效益为中心，强化企业管理，工业企业收入156万元，交通企业收入4万元。商业企业经过体制改革，部分企业实行国有民营，财政收入仅为5万元，其他企业财政收入为311万元。全县农牧企业效益提高，财政收入325万元，与"七五"期间相比，实现扭亏为盈361万元。1995年，粮食企业再次下放给地方管理，粮食企业经营补后亏损6 060万元，比上年增加亏损2 720万元，成为"八五"期间企业收入唯一为负值的年份，亏损133万元。"九五"期间，企业收入657.1万元，比"八五"期间降低144万元，主要是亏损企业增加。到2000年，全县财政收入7 359万元，比1995年增长42.6%。各项税收主要有工商税收入和农业四税(农业税、农林特产税、耕地占用税、契税)收入，是全县财政收入的主要来源之一。全县工商业税收入1986年为849.9万元,1990年为1 714.8万元,1993年2 444万元,1995年达到3 138万元。"九五"期间,前四年增长速度为3.3%,2000年工商税收3 056万元,呈下降趋势,下降幅度10.9%。财政支出,1986全县财政支出3 269.2万元,1990年财政支出4 400万元,2000年财政支出13 476万元。其中用于农业支出1986年529万元,1990年695万元,2000年1 497万元;科教文卫1986年2万元,1990年6万元,2000年95万元,抚恤及社会救济1986年232.1万元,1990年220.9万元,2000年885万元;行政管理1986年507.8万元,1990年682.3万元,2000年1 444万元。

(五)文化建设。

1. 文化馆站。县文化馆站为文化局下属事业单位,是全县文化辅导机构,馆内设文艺辅导部、美术辅导部、群众文化辅导部,负责培训城乡业余文艺创作骨干,指导参与文化活动,组织文艺汇演、各类比赛等。2000年在编职工24人。其中,馆员5人,助理馆员13人。1996年,全县有16个乡(镇)设文化站。其中,国有6个,共有职工28人。站内均设有图书阅览室、游艺室。2000年乡(镇)行政区划调整后,全县县镇文化站18个。共有职工24人。在全省"百镇文化辐射工程建设"评比中,大孤山镇文化中心站和靠山镇文化中心站先后被评为"标准文化中心站"。全县40%的村建有文化活动室。多数文化室备有书报、电视、棋类等,供农民群众学习农业科技知识,获取致富信息和娱乐。

2. 书店、图书馆。新华书店是本县唯一一家图书发行单位,隶属县文化局,事业单位,企业管理。2000年12月1日,新华书店改制为"吉林省新华书店发行集团伊通有限责任公司",实行超市管理。12月28日成立新华书店新华读者俱乐部,并向社会开放。截至2000年底,新华书店伊通有限责任公司有职工43人。伊通县图书馆,1986年有职工10人,2000年有14人,其中初级职称13人,藏书总量5.8万册。截至2000年,基层图书室增至25个。其中,伊通一中和县委党校图书室藏书均超过万册。

3. 创作室。伊通县戏剧创作组于1976年成立,1988年改为伊通满族自治县戏剧创作室。2000年有专事东北地方戏创作的专职编剧3人。

4. 县戏曲剧团。2000年,县戏曲剧团共有演职员30人,除在县城演出外,还到全县各乡(镇)演出以东北二人转为主的地方戏,演出主要剧目有历史剧《马前泼水》《包公断后》《辫子坟》等;现代剧《春暖花开》《走向明天》《自食其果》等。1988~1992年,剧团两次到北京做汇报演出,剧目《范中华别母》《辫子坟》《奖券梦》等。1986~1995年,剧团9次参加全国、省、市二人转汇演。其中,2个剧目获全国综合一等奖;5个剧目获省综合一等奖;1个剧目获省综合三等奖。剧团除在本县演出外,先后到省内双阳、东丰、辽源、公主岭等地及辽宁省的铁岭、开原、辽阳和宁夏回族自治区石嘴山市表演。1986~2000年,共演出2 122场,观众达560万人(次)。

5. 电影放映。1980年,县电影发行放映公司主要负责电影拷贝的购入、租赁、外协和发行工作。1986~2000年共购电影拷贝174部，短期租赁115部，外协30部。2000年有职工31人。伊通影剧院是县内最早专事电影放映单位，20世纪80年代受电影市场疲软影响，入不敷出，1995年县影剧院与戏曲剧团合并。1999年，经县政府批准，影剧院改建为伊通体育馆和文化活动中心。至2000年，有职工23人，技师7人，三级放映员2人。

6. 群众文化活动。群众文化活动主要形式有秧歌、民间二人转、民间吹打乐。

秧歌，1986~1994年，县文化部先后四次举办元宵节秧歌汇演，推动这一活动健康发展。20世纪90年代，老年秧歌队得到进一步发展，活动场所有2处，人员由六七十人发展到一两百人。秧歌队除丰富人民文娱生活、强身健体外，还经常参加节日庆典或配合各种宣传进行表演。

民间二人转，历史悠久，主要活跃在农村，主要剧目有《西厢》《蓝桥》《双锁山》等。1992年1月，县文化部门举办了"伊通满族自治县首届民间艺人二人转汇演"。全县有67位民间艺人参演。1992年5月，"吉林省第十一届二人转新剧目评奖推广暨四平市首届艺术节"特邀本县民间艺人组队参演，其中有8人获奖。1995年，全县有二人转艺人30人。

民间吹打乐，1986~2000年，县文化局组织了多次各种民乐表演活动和比赛。1986"民间器乐集成艺人献艺会"、1990年"迎新春唢呐大奖赛"。至2000年，全县民间吹打乐队13支，每队6~8人，全年活动近百场。

7. 文艺创作。20世纪80年代，全县文学创作出现一支由干部、工人、教师和农民为主的业余创作队伍。在国家、省、市县报纸、杂志上发表诗歌、散文、报告文学、小说等千余篇。1990年5月，县诗词学会成立，并出版本县历史上第一本格律诗词集《伊通诗词》。全书刊载了全县76位作者的200余首诗词。继而出刊《伊通活页诗》《伊通诗词简讯》和《伊通报》等专刊17期。到2000年末，有800余首诗词作品先后在《光明日报》《中华诗词》《吉林日报》《长白山诗词》《协商新报》以及国内各省市诗刊上发表。至2000年，先后出版发行散文集、小说、科学小品、诗集等10部，其中内部发行5部。

作曲。1986年以来，以张国彦、王宏、张金彪、杨庆忠为代表的一批音乐爱好者，创作歌曲315首。其中，36首歌曲在省级刊物上发表。2000年3月，吉林省音乐家协会轻音乐杂志社出版了张国彦歌曲选《洒向人间都是情》。张金彪、杨庆忠等人为戏剧、二人转、单出头表演唱等编曲25首。至2000年，全县有131首创作歌曲参加四平市"英雄城音乐会"，其中，70首获奖。王宏作曲的《满乡恋歌》获一等奖，《伊尔哈献给萨尔甘》获二等奖；张国彦作曲的《关东满族魂》，获四平市政府颁发的创作三等奖。

美术。1986年以来，县文化馆、个体美术工作者，举办各类美术辅导班、培训班，参加绘画训练的少儿达1 500余人次。其中一些学生走进了高等美术院校。十几年中，全县已经有一支由工人、农民、干部、教师和学生组成的美术创作队伍，先后创作国画、油画、素描、版画、木雕、泥塑等大量作品，在省、市、县美术展览达500

余件。有百余件获国家、省、市奖励。1989~1999年,吴树国创作的美术作品有3件参加国际性展览,4件参加省市美展并获奖,1件由国家级出版社出版。郭仲文、李海岩创作的年画有5件由吉林美术出版社出版。少儿作品获双龙杯全国少儿国画展金奖1件、银奖2件、铜奖4件。此外,获省少儿书画比赛金奖1件、铜奖1件。

书法。1986~2000年,全县参加各级书法大赛、展览作品近800件。老年书法家、县政协原副主席孙英林,书法作品以行草和硬笔见长,作品20次参加国内外书法大展并获奖。其作品和传略已收入《中国艺术名人录》《当代亚洲硬笔书法家经典》和《中国书画作品精选》等多部书中。中年书法家季国(县物价局干部),其书法以颜体楷书见长,先后15次参加国家及省级书法大展并获奖。

8. 文物保护。1993年,县文化局、县公安局联合发布《关于加强古城遗址保护管理的通知》。1990~1993年,在公安部门的配合下,打击盗掘古墓破坏文物的违法犯罪行为,共查出3起盗掘古墓案件。截至2000年,全县有省级文物保护单位2处,分别是二道乡吉兴屯新石器青铜遗址和伊丹镇羊草沟新石器青铜遗址;有市级保护单位2处,分别是新兴乡城合店古城遗址和三道乡城子屯古城墙遗址及清代清真寺。

文物普查。1986年2月,成立伊通县文物普查和《文物志》编写小组。同年4月,成立县文物普查队,对全县22个乡(镇)全面进行文物普查。共发现古遗址83处,古建筑遗址13处,近现代革命遗址5处。采集各类文物1 500余件。形成档案资料10余万字。1988年7月,编纂完成《伊通县文物志》。

满族文化遗产发掘。1986年6月,县文物普查队按照省委要求,在抢救、挖掘、搜集、整理民族文化遗产中,重视满族文化遗产的发掘工作。县委成立发掘满族文化遗产办公室,抽调干部组成文物工作队。至1987年3月共征集文物200余种,1 350余件。1987年赴京展出后,引起社会各界的极大关注,进一步推动了满族传世文物的征集工作。到1992年8月24日,县满族民俗馆落成,已征集文物300余种,1 800余件。1998年,满族自治县建立10周年之际,再次向全县征集文物,征集活动受到长春市、通化市满族同胞支持,使这次征集的文物不仅珍贵且种类更加丰富、增加了文物数量,提高了文物档次。到2000年末,为抢救、发掘、搜集、整理满族传世文物,县财政先后投资10余万元,征集文物612种,3 245件。

9. 体育。1986年,伊通县"体育达标"被列为"普九"评估验收指标之一,促使全县中小学生平均体育达标率逐年上升:1986年为80%,1988年为85%,2000年为97.6%。1986年以来,各中小学为了提高学生的身体素质,培养体育人才,推动群众性体育活动的开展,纷纷组建不同项目的运动队,其中满族传统体育项目——珍珠球也组建了队伍。1989至1990年,伊通县举办珍珠球培训班6次,共培训骨干200多人,使珍珠球活动在全县开展起来。1989年5月18日,举行首次珍珠球比赛,共有企业和中小学20多个代表队参加。1990年和1991年又举行了2次比赛,使珍珠球活动得到普及。1992年8月24日,伊通县承办全国第四届珍珠球邀请赛,进一步推动了该项运动的发展。1993年,根据《民族区域自治法》和《伊通满族自治县自治条例》的规定,将珍珠球等多种满族传统体育项目和游戏业穿插在体育课教学之中。1988～2000年,伊通满族自治县珍珠球代表队6次参加全国性比赛。其中1988年于北京举行的首届全国珍珠球邀请赛获得男队第三名;1990年于辽宁丹东举行的第三届全国珍珠球邀请赛获得第三名;1992年于伊通满族自治县举行的全国珍珠球邀请赛获得女队第一名,男队第三名;1999年于北京举行的第六届少数民族运动会获珍珠球比赛男队第三名。

1986～2000年,全县民间体育活动主要有拔河、踢毽子、跳绳、荡秋千、放风筝、跑马城、跳皮筋、抓嘎拉哈、翻绳、弹玻璃球、九连环、老鹰抓小鸡、丢手帕等具有满、汉、朝鲜族民族特色的体育活动。2000年9月,经国家创建体育先进县验收组验收,伊通县被国家体育总局命名为全国体育先进县。

10. 广播电视。

广播。1986年9月1日伊通县广播站升格为伊通人民广播电台,调频105.5千赫,1988年,伊通县委、县政府制定《全县广播事业三年发展规划》,各乡(镇)积极筹措资金,改建、扩建广播室,更新广播器材。1989年于伊通镇西岭上新建广播电视大楼。至1990年,全县21个乡(镇)(伊通镇除外)广播站全部达到了省广播电视厅规定的标准化广播站标准。同时,乡(镇)广播站改为广播电视台。1994年开始,自治县有计划、有步骤地发展小片调频广播,各乡(镇)建立小调频台,安装50w调频发射机,各村屯安装调频接收机、调频音箱或调频喇叭。至1995年,全县已有50%的乡(镇)取消了村镇之间的有限广播。1998年电台至乡(镇)间的广播信号改用光发射机通过光缆传输到乡(镇)广播站。

电视。1986年安装1部卫星地面接收天线;1988年购置一台频道发射机。1994年,长春—伊通小微波系统建成,实现广播、电视信号双向传输,同年,伊通电视转播台升格为伊通电视台,至1996年,微波传输线路达到80千米。1992年开始兴办县城有线电视,主干线长10千米,网络总长20千米。1993年县人大常委会通过《伊通满族自治县有线电视管理办法》,对有线电视的建设、设备、安装与使用等做出明确规定。1996年全县有11个乡(镇)政府驻地和两个村看上了有线电视。至2000年末,全县17个乡(镇)政府驻地全部建成有线电视网,光缆总长达247.75千米,7个行政村建成有线网。全县农村终端用户4 000户。

(六)教育科技卫生。

1. 基础教育。1986年,全县有各类幼儿园14所,入园幼儿1 126人。全县幼儿教师33人,保育员23人,管理人员16人。1989年全县个体幼儿园发展到22所,2000年全县各类幼儿园68所,其中,教育部办1所,个体办67所。入园幼儿5 678人,入园率89%。幼儿教职工152人。1986年,全县有小学240所,在校学生62 115人,教职工3 702人。2000年全县共有小学222所,比1986年减少18所,在校学生36 487人,教职工总数3 056人。1989年,全县实施九年义务教育,小学适龄儿童入学率,1989年为98.38%,1994年为99.99%,1995~2000年,入学率均为100%。1986年,全县有初中34所,在校学生初中17 283人,高中2 610人;教职工人数,初中1 118人,高中212人。2000年,全县有普通中学29所,在校学生初中14 095人,高中2 771人,教职工人数,初中1 386人,高中305人。在伊通满族自治县民族聚居地,大力兴办民族教育事业,至2000年全县有满族学校2所,伊通镇满族中心小学、伊通满族高级中学。此外,伊通县还大力开展中等职业教育,1986年经省教委批准,将原伊通县职业技术学校改为"伊通县第一职业高级中学校"。大力发展成人教育、农民教育,1988年,全县扫除文盲、半文盲4 798人。1990~1993年,共扫除文盲、半文盲12 596人,1994年至1999年共扫除文盲2 267人,全县基本实现青壮年无文盲,1986年至1987年全县开展农民业余初等教育,至2000年全县农民专业培训机构有农业机械化学校、农民中等专业学校、农业广播学校、农民文化技术学校。特殊教育,伊通县委、县政府把对残疾儿童的教育纳入议事日程,1993年,成立伊通满族自治县聋哑学校,至2000年,在校聋哑学生20人,教职工23人。

校舍与教学设备。1995年,全县中小学实现了无危房和全部砖瓦化。1996~2000年,全县13所中小学新建、扩建教学楼,建筑面积36 545平方米,总投资2 243万元。1986年以后,县乡两级不断增加教育投入,建设实验室、"新三室",扩大现代化教学规模。至2000年全县中、小学共配有语音室21个、电教室51个、微机室14个、电视机51台、录像机56台、卫星地面接收站39台。

民族教育。伊通满族自治县成立以来,加强民族文化传统和民风民俗教育。1994年,县委、县政府决定编修《伊通满族自治县志》;组织人员搜集整理编写了《伊通满族自治县概况》《满族知识读本》,进入各中小学课堂;《七星福地伊通》《长白山下满族魂》《满族体苑》等读本宣扬了满族文化传统和民风民俗。满族高级中学、满族小学等校把珍珠球、满族民间舞蹈、歌曲等列入体育和音乐教学计划。县财政设立民族教育专项经费,每年拨款15万元用于发展民族教育事业。1998年,投资40万元,对县体育场进行完善和提高;投资20万元建设珍珠球场;投资20万元建设完善民族民俗馆,使展厅增至6个,馆藏文物达到612种、3 245件,接待观众22万人次。1999年,县政府筹资210万元,为满族小学新建3 404平方米高标准教学楼,改善了民族学校的办学条件;投资85万元,将影剧院改建成体育馆,为开展民族体育活动提供了场所。2000年,县委、县政府决定移地扩展满族博物馆,较好地发挥了传播民族知识、进行爱国主义教育、开展民族理论研究、加强对外联系的作用。

2.科技服务。1994年,伊通满族自治县科技兴县领导小组(后改为科教兴县领导小组)成立。1997年伊通镇、伊丹、马鞍山、大孤山、小孤山、景台、营城子、靠山、西苇等乡(镇)设科学技术委员会。

1986年起,全县相继成立诸多科技服务机构,如科技开发公司、科技情报电脑服务部、应用科技研究所和科技信息服务站等。1995年县专家评审委员会成立,下设工业、农业、交通城建、文教卫生、综合5个专家组。同年设立专利办公室。1996

年自治县设立科技市场管理办公室。经市科委批准成立县生产力促进中心。2000年末,全县共成立30余家科技咨询服务机构。

1986~2000年,先后实施"星火计划"17个项目,其中国家级2个,省级4个,市级4个,县级7个;实施省级"火炬计划"项目1个;推广项目25个,其中市级4个,县级21个;软科研项目9个。至2000年共组织实施62个各级各类科研项目,总投资2 999.029万元。项目涉及工业、农业、林业、畜牧、水利、园艺特产和文教卫生等各业。

1986~2000年,全县工业、农业、教育和卫生等单位,先后有190项科技成果获奖。其中,8项获国家级奖励,155项获省级奖励,87项获市(厅)级奖励。1995~2000年,全县共申请20项专利,其中5项经国家专利局批准获专利权,即伊丹镇吴长青发明的"聚苯聚酯符合床垫",东尖山乡李宏田发明的"止感痛膏",李立荣发明的"耐压高阻两用电测仪",鞠宏彪发明的"机动车机油加热器"等。

3. 卫生。

计划生育。1989年实行合同管理,1991年开始实行双线管理责任制,1999年实行村级分类管理,开展计划生育合格村竞赛活动。2000年,计划生育率达95.5%,人口出生率为9.25‰,人口自然增长率为4.44‰。1999年,伊通县获省委、省政府授予的"全省计划生育十佳优胜县"称号。

医疗卫生。1986年以来,不断深化体制改革,实施科技兴医,科技兴院。15年中共投资796.2万元,县医院、县中医院等医疗单位装备全身CT,彩色多普勒超声检测仪等国内外先进大型医疗设备115台(件)。引进高新科学技术200余项,可开展颅脑、脊椎、肝胆、胃肠等疑难手术,医疗水平已进入省内县级医院的先进行列。计划免疫工作通过了国家第三个85%的验收,各类传染病得到有效控制。2000年全县机关、企事业单位实行职工医疗保险制度。

1986年,县级医院、乡(镇)卫生院的经费改财政全额拨款为差额拨款,实行企业化管理。2000年末,全县共有27个医疗单位实行企业化管理。机构,1986年,全县有县级医疗卫生机构7个。主要包括县人民医院、县中心医院、县卫生防疫站等。2000年末,全县有县级医疗卫生机构14个。乡(镇)卫生院,1986年末,有22所;2000年有19所。卫生所,至2000年末,全县共有卫生所271个,共有乡村医生433人,卫生员85人。个体诊所,1986年,全县有个体诊所51个。1995年末,全县有个体诊所21个,至2000年末,全县有个体诊所31个。1986年,全县有医疗卫生技术人员731人,2000年末,全县有卫生技术人员1275人,比1986年增长79.89%。

二、满族乡(镇)

截至2000年底,经吉林省政府批准,全省共设立了14个满族乡(镇)。其中,6个满族乡、4个满族镇、4个满族朝鲜族乡。10个满族乡(镇)分别是九台市莽卡满族乡、吉林市龙潭区乌拉街满族镇、吉林市龙潭区大口钦满族镇、吉林市昌邑区两家子满族乡、永吉金家满族乡、梨树县叶赫满族镇、公主岭市龙山满族乡、公主岭市二十家子满族镇、珲春市杨泡满族乡、珲春市三家子满族乡。44个满族朝鲜族乡分别是吉林市昌邑区土城子满族朝鲜族乡、梅河口市小杨满族朝鲜族乡、通化县大泉源满族朝鲜族乡、辽源东丰县三合满族朝鲜族乡等。此外,全省还有满族村7个:永吉县金家满族乡的金家、卢家、伊勒门满族村;两家子满族乡的耿屯满族村;土城子满族朝鲜族乡的渔楼、乜司马满族村;乌拉街满族镇的韩屯满族村。

2000年吉林省满族乡(镇)统计表

表44

地区	民族乡(镇)	成立(恢复)时间
长春市	九台市莽卡满族乡	1983年12月22日经吉林省政府批准成立莽卡满族乡。
吉林市	龙潭区乌拉街满族镇	1984年3月19日,经吉林省政府批准成立乌拉街满族乡,1986年乡(镇)合并为乌拉街满族镇。
	龙潭区大口钦满族镇	1989年9月16日经吉林省政府批准成立大口钦满族镇。
	昌邑区土城子满族朝鲜族乡	1984年6月21日经吉林省政府批准成立土成子满族朝鲜族乡。
	昌邑区两家子满族乡	1988年9月15日经吉林省政府批准成立两家子满族乡。
	永吉县金家满族乡	1986年6月23日经吉林省政府批准成立金家满族乡。
四平市	梨树县叶赫满族镇	1983年12月改称叶赫满族乡,1986年改称叶赫满族镇。
	公主岭市二十家子满族镇	1986年9月5日经吉林省政府批准成立二十家子满族镇。
	公主岭市龙山满族乡	1986年9月5日经吉林省政府批准成立放马沟满族乡,1998年改名为龙山满族乡。
通化市	通化县大泉源满族朝鲜族乡	1989年经吉林省政府批准成立大泉源满族朝鲜族乡。
	梅河口市小杨满族朝鲜族乡	1987年4月1日经吉林省政府批准成立小杨满族朝鲜族乡。
辽源市	东丰县三合满族朝鲜族乡	1996年经吉林省政府批准成立三合满族朝鲜族乡。
延边朝鲜族自治州	珲春市杨泡满族乡	1984年经吉林省政府批准成立杨泡满族乡。
	珲春市三家子满族乡	1985年8月24日经吉林省政府批准成立三家子满族乡。

（一）九台市莽卡满族乡。

自然概况　莽卡满族乡位于九台市东南部的松花江西岸,乡政府距市区65千米。东、南分别与舒兰市的溪河乡、永吉县乌拉街满族镇隔松花江相望,西与胡家回族乡、永吉县土城子满族朝鲜族乡为邻。地处东经126度19分,北纬44度16分。地形呈北尖南宽中间细的葫芦状。气候四季分明,年平均气温4.6℃,年降水量550～560毫米,无霜期144天左右,平均年日照2658小时。莽卡满族乡地处吉林省九台市区东南65千米,东经126°24′,北纬44°15′。全乡总面积220平方千米。其中耕地6 600公顷,林地1 475公顷,水域4 095公顷。境内有长短14条河流,全部属于季节性河流,夏秋流水,秋冬干涸。乡内河流主要有两条:一条是发源于永吉县,流经本乡石屯村的南大河,全长15千米;另一条源头在胡家乡境内,流经莽卡满族乡张庄子村的北大河,全长25千米。这两条河均属季节性河流,雨季流量充沛。乡内有海拔724米高的尖山和海拔718米的大哈达山(民间称马达山)。境内自然资源丰富,东部松花江冲积平原,地势平坦,土壤肥沃,全乡2 100公顷水田绝大部分集中在这里;南部松花江村的江边建有大型电灌站,可灌溉水田4千余公顷。东部属山区半山区,有元宝山、棋盘山、关子山、马大山等。土特产主要有:榛子、红蘑、松蘑、榛蘑等;野生动物有:山鸡、刺猬、蛇、狐狸、狼等。南部松花江村的石碴山,中南部邱家村的石碴山都盛产建筑用的优质花岗岩。旅游资源也很丰富,有"松花山城"和"北山遗址"等为长春市重点文物保护单位。境内中西部各村地下蕴藏着丰富的煤炭资源;乡内开采的花岗岩、青石石料,是建筑原材料。

历史沿革　莽卡满族乡隶属九台市管辖。新中国成立初期,隶属九台县第六区,"大跃进"时期与其塔木镇合并为一个公社。1959年又由其塔木公社分出,称舍岭公社。1975年改为沿江公社。1983年12月22日建莽卡满族乡,乡名由乡政府东四千米处的莽卡屯而得。全乡莽卡满族乡辖12个行政村,43个自然屯,113个村小组。

人口民族　2000年末,全乡总户数8 200户。总人口33 200人,少数民族人口12 217人,占总人口的36.8%,其中满族10 953人,占总人口的33.0%。

1990至2000年部分年份九台市莽卡满族乡概况一览表

表45

	单位	1990	1995	1996	1997	1998	1999	2000
一、乡村户数	户	6 970	7 357	7 450	7 200	7 959	8 106	8 200
乡村人口	人	32 500	32 168	32 889	34 700	33 104	33 188	33 200
其中:少数民族人口	人	13 080	15 440		11 060	12 155	12 217	12 217
二、农作物总播种面积	公顷	6 809	6 851	6 755	6 665	6 600	6 733	6 733
粮豆播种面积	公顷	6 364	6 305	6 321	6 290	6 225	6 276	6 276
粮食总产量	吨	38 222	30 980	40 773	37 394	38 000	38 089	38 089
三、大中型农用拖拉机	台	5	3	3		3		3 150
小型拖拉机	台	270	197	237	251	253	2 000	2 500
农用载重汽车	台	5	21	6	29	31	65	65
四、猪年末头数	头	22 100	13 460	10 886	4 600	10 000	15 626	17 000
羊年末只数	只	500	675	306	100	200	290	310
大牲畜总头数	头	3 598	5 100	5 289	2 700	3 000	6 417	6 600
其中:牛	头	1 498	3 293	4 123	1 300	1 400	4 717	4 800
五、农村社会总产值	万元	3 903	10 348	14 750	10 372	10 372	12 041	13 050
其中:农业	万元	3 010	4 377	7 645	8 096	8 096	7 609	7 709
工业	万元	180	2 645	3 713	283	283	350	450
六、财政收入	万元	80	416	286	198	240	255	260
财政支出	万元	80	184	286	198	250	255	260
七、农民人均纯收入	元	607	1 650	2 040	2 081	2 081	2 300	2 380
八、乡(镇)企业总产值	万元		740	1 152	122	1 022	14 500	14 500
利润总值	万元		4	27	7	77	100	100
上缴税收	万元		3	27	4	34	46	46

（二）龙潭区乌拉街满族镇。

地理位置及自然资源 乌拉街满族镇（简称乌拉街镇）地处北温带，东经126°28′，北纬44°05′。位于东北平原中部，以暖大公路为界，乌拉街镇东部是丘陵地区，面积47平方千米，西部为松花江冲积平原。松花江在境内流程26千米，张老河在境内流程29千米。东与大口钦满族镇毗邻，北与九台市莽卡满族乡隔江相望。平均占地面积为141平方千米，南北长25千米，东西宽20千米，面积188平方千米。至2000年末，全镇耕地面积12 088公顷，林地面积2 049.2公顷，水域面积1 842.4公顷。地势东高西低，东南部是丘陵地。气候条件，年平均气温4℃，无霜期130～140天，年降水量735.4mm。昼夜温差大，作物的物质沉积多，品质好，周围无污染的工业企业，是生产无公害食品、绿色食品、有机食品极佳的天然场所。蔬菜的种植历史已有200多年，农业特色突出，是吉林市的蔬菜基地。特产以杨屯小米和小根白菜最为有名。乌拉街满族镇地势平坦，土壤肥沃，主要盛产玉米、水稻等粮食作物，大蒜、白菜、香瓜等经济作物。木材主要以柞树、桦树、榆树为主，人工林以落叶松和杨树为主。乌拉街的土壤属冲积土壤，矿产资源丰富，有储量可观的沸石、瓷石、煤、矿泉水、珍珠岩、花岗岩以及建筑用江河沙和烧制砖瓦用的黄黏土。

民俗及旅游资源 乌拉街旅游资源有满族民俗，乌拉古迹，雾凇冰雪，观光农业。满族民俗包括服饰、居民、宗教、礼仪、生产活动、民族体育娱乐、民族传统节日、交通工具体验、满族民俗街。乌拉史迹有古遗址、古城、古建筑，主要遗址有杨屯大海猛古遗址、西团山文化遗址、汉代文化遗址、前阿拉南山遗址、学古东山汉代遗址、大郑砖厂遗址、张老瓦块地遗址；古城有乌拉古城、富尔哈古城、太常古城、三家子古城；古建筑有百花点将台、钓鱼台、演武厅、圆通楼、打鱼楼、后府、魁府、前府。雾凇冰雪，有雾凇岛，位于乌拉街镇北，距镇中心6千米，每年冬季有很多摄影爱好者前来观赏摄影。濒临松花江东岸，是吉林雾凇最佳观赏区。该岛是天然江心岛，四面环水，冬季雾凇浓重持久，已开通旅游线路，是吉林市发展雾凇旅游的主要载体。

建置沿革 中华人民共和国成立后，乌拉街仍隶属永吉县管辖，1950年，将乌拉街区人民政府改为乌拉街区公所，为永吉县第十五区公所；1952年，又改为人民政府；1953年，乌拉街改为乌拉街镇，与区镇分开；1955年，改乌拉街镇为乌拉街人民公社；1964年，乌拉街公社与镇分开；1969年，乌拉街公社与镇合并；1980年，镇、乡分开；1986年，镇、乡合并成立乌拉街满族镇；1999年12月30日，乌拉街满族镇试划吉林市龙潭区管辖；2000年4月1日，正式划归吉林市龙潭区。

人口民族 2000年末，全镇总户数14 935户。总人口58 175人，主要有满、朝、回、蒙、赫哲、苗、锡伯等少数民族，人口为42 020人，占总人口的72.2%，其中满族人口38 392人，占总人口的66.0%。

经济状况 全镇以农耕种植蔬菜为主，已经形成了产地市场，并具有一定的集散能力。这里生产的蔬菜占吉林市市场的60%以上。乌拉街镇种植业历史悠久，农业特色突出，是吉林市的蔬菜基地。一些产品如圆葱、豆角、毛葱、大蒜等，远销国内外,知名度高。乌拉街镇党委,政府以"依托市场建基地,围绕龙头建基地,连片开发建基地"的工作思路,确立了"全镇生态农业示范园区总体规划",以坚持面向市场,追求效益,因地制宜的原则,建设了富尔、万家绿色蔬菜产业化示范园区,和以公拉玛,东窑,镇村为主的沿乌亚公路两侧万亩无公害蔬菜园区生产基地。万家绿色产业化园区是乌拉街镇从1998年规划建设的以绿色农业,特色农业,品牌农业,生态农业,观光农业为一体的农业产业化园区,园区计划占地面积1 000亩,引进众多新特奇品种:有红羽毛甘蓝、水瓜、一品红、油麦菜、芥兰、佛手瓜、美国西芹、芦笋、红丁水萝卜、樱桃番茄、日本洋葱、美国明星草莓等,其他作物有葡萄、芦荟等。养殖肉食狗、林蛙、鸽子。园区采用了沼气有机液体肥料技术、沼气灯照明技术、沼气池发酵和沼气点燃增温技术、节水雾化滴灌渗透技术、二氧化碳气肥技术、反光幕增强光合作用技术、暖棚直线育肥养猪技术、节能地炕供热技术、寒冷地区油锅炉控制地温技术等10余种技术。其中中华寿桃园是中国最大的北方寒地保护地延迟桃栽培基地,利用北方冷资源,人工推迟桃树开花期,从而推迟结果和鲜桃上市期,实现高价入市。

1985至2000年部分年份永吉县乌拉街满族镇概况一览表

表46

	单位	1985	1990	1995	1996	1997	1998	1999	2000
一、乡村户数	户	12 458	14 471	15 026	15 126	15 411	16 715	16 771	14 935
乡村人口	人	56 443	59 849	60 495	63 495	60 353	68 707	71 028	58 175
其中:少数民族人口	人	18 092	30 349	21 426	21 526	34 315	31 870	41 707	42 020
二、农作物总播种面积	公顷	9 524	9 625	9546	9 546	9 496	9 100	9 235	9 072
粮豆播种面积	公顷	8 421	8 454	8 235	8 235	8 004	7 294	7 368	7 085
粮食总产量	吨	48 854	51 200	39 806	41 000	50 435	53 274	53 784	70 556
三、大中型农用拖拉机	台		42			5	8	8	
小型拖拉机	台		1 007	2 457	2 980	739	850	570	570
农用载重汽车	台		102	47	246	15			
四、猪年末头数	头	17 392	10 883	14 310	16 310	14 890	17 006	12 585	16 600
羊年末只数	只	417	373	1 094	1 295	825	1 358	356	1 542

续表

	单位	1985	1990	1995	1996	1997	1998	1999	2000
大牲畜总头数	头	2 733	2 664	4 348	5 348	4 800	12 669	3 507	24 985
其中:牛	头	1 146	1 402	3 285	4 215	2 646	1 141	1 141	13747
五、农村社会总产值	万元		10 679	37 517	47 000	50 091	59 120	49 985	35 041
其中:农业	万元		5 207	14 730	11 759	28 311	20 330	20 065	30 621
工业	万元		2 805	15 757	28 614	19 045	22 900	17 700	2 360
六、财政收入	万元		215	528	646	654	500	430	500
财政支出	万元		142	628	786	492	500	430	490
七、农民人均纯收入	元	555	620	1 678	2 280	2 480	2 694	2 695	2 810
八、乡(镇)企业总产值	万元			13 810	28 614	17 966	4 030	37 100	44 200
利润总值	万元			449	360	379	386		2 652
上缴税收	万元			19	280	352	196		355

（三）龙潭区大口钦满族镇。

自然概况 大口钦满族镇位于吉林市东北部,距市区45千米,地处东经126°30′,北纬44°14′。处于长白山脉向松嫩平原的过渡地带,北与舒兰溪河镇毗邻,东与缸窑镇接壤,东南同杨木乡交界,西南与乌拉街镇为邻,张老河自南而北是大口钦满族镇与乌拉街满族镇天然界水,地域结构为"五山二水三分田"总面积105.28平方千米,其中镇区面积0.728平方千米。

自然资源 大口钦镇自然资源丰富。土地资源,大口钦全乡总面积105.58平方千米,其中耕地面积2 621公顷,林地面积4 140公顷,水域面积1 867公顷。粮食种植作物主要以水稻、玉米、大豆为主。大口钦镇的土地肥沃,土壤主要有黄土、黑土、细沙土、黄黑土、沼泽土等。适宜水稻、玉米、大豆、高粱等粮食作物及果树、蔬菜、药材等经济作物的生产。水资源:大口钦镇水利资源主要有宝钦河水系、团山河水系和松花江水系,同时有舒兰市灌区水渠通过该镇艾屯村。还有双岭子等水库可以灌田。矿产资源:大口钦镇矿产资源丰富。白黏土储量巨大,已探明的0.8平方千米的范围内,储量就达867.85万吨;工业用原煤(褐煤)蕴藏量丰富,现年开采量为8万吨,有计划开采可达25年,褐煤含有丰富的腐殖酸等多种微量元素可做饲料添加剂;玄武岩储量丰富,是建筑及修路的天然原材料;陶黏土资源储量丰富,现利用其生产制作的仿真昆虫在国内外市场极其畅销,市场潜力很大。野生兽禽50余种,主要有狼、狐狸、兔子、山鸡等。

建置沿革 "口钦"系满语"口切"谐音,意为"蝌蚪",指此地早年为水田区,多蝌蚪。大口钦镇开发较早,远在二千年前,这里就有人类生活。汉朝、唐朝、明清、各朝代行政归属多有变动。1958年8月26日建立镇社合一的大口钦人民公社。1983年12月28日镇社分开,人民公社改为大口钦乡。1989年9月16日,经省政府批准,正式成立大口钦满族镇。

人口民族 2000年末,全镇户数6 078户。总人口21 603人,有满族、朝鲜族、回族、蒙古族等4个少数民族,人口为6 904人。其中满族人口为6 420人,占总人口的30.5%。

1990至2000年部分年份永吉县大口钦满族镇概况一览表

表47

	单位	1990	1995	1996	1997	1998	1999	2000
一、乡村户数	户	4 183	4 449	4 547	4 587	4 546	4 557	6 078
乡村人口	人	16 938	16 898	17 058	17 255	22 167	16 978	21 063
其中:少数民族人口	人	8 973			6 320	8 645	5 336	6 904
二、农作物总播种面积	公顷	2 645	2 622	2 625	2 621	2 621	2 622	2 621
粮豆播种面积	公顷	2 557	1 654	2 546	2 084	2 494	2 496	441
粮食总产量	吨	14 850	16 680	13 693	13 000	18 332	19 006	25 789
三、大中型农用拖拉机	台	30	7	7	2	4	4	157
小型拖拉机	台	345	324	324	300	362	206	426
农用载重汽车	台	13				5	8	26
四、猪年末头数	头	5 100	4 520	4 256	6 500	6 767	4 000	6 200
羊年末只数	只	30	250	250	350	559	700	210
大牲畜总头数	头	1 988	2 237	2 250	1 250	2 724	1 500	8 537
其中:牛	头	1 510	1 908	1 980	1 250	2 421	1 300	7 050
五、农村社会总产值	万元	3 676	11 205	34 000	10 500	20 652	7 082	27 614
其中:农业	万元	1 278	3 530	6 530	2 134	3 822	5 023	4 914

续表

	单位	1990	1995	1996	1997	1998	1999	2000
工业	万元	1 634	7 775	7 665	3 298	252	337	9 910
六、财政收入	万元	61	23	187	270	297	228	198
财政支出	万元	63	130	212	165	247	228	198
七、农民人均纯收入	元	440	1 420	2 010	2 100	2 466	2 260	2 750
八、乡(镇)企业总产值	万元		775	766	219	16 830	8 436	22 100
利润总值	万元			30	23	1 952	76	1 600
上缴税收	万元			128	198	115	10	35

（四）永吉金家满族乡。

自然概况 金家满族乡位于永吉县西南部,距县城48千米。东与大岗子乡依山相连,西与饮马河为界和长春市双阳区长岭乡隔河相望,南与黄榆乡相毗邻,北与万昌镇、岔路河镇相连。地处东经125°51′至125°59′,北纬43°29′至43°47′之间。气候条件较好,年积温在2 900℃左右,无霜期140天左右。全乡面积154平方千米。东部是高低起伏的山峦,西部是靠近饮马河沿线的平川,地势东高西低,依山傍水,属半山区、农业乡。耕地面积4 251公顷,占总面积的40.9%;林地面积8 430公顷,占总面积的54.7%。金家满族乡境内自然资源十分丰富。东部山区野生植物种类繁多,有桔梗、龙胆草、防风、细辛、五味子等近20种珍贵山菜和药材。矿产资源有铜矿、铁矿、金矿、磁铁矿、石灰岩矿等多处,特别是铁矿、金矿都属品位高的富矿,铁矿品位70.4%。目前,小规模开采的只有铁矿。流经境内的饮马河是金家乡的主要水利资源,沿河有卢家、金家、任家、伊勒门、五星河等五条小河,流量约为饮马河的十五分之一,地下水位在10~15米,大部分可直接利用。

历史沿革 金家满族乡是满族祖先肃慎人在永吉区域内最早栖息和开发的地区之一。从商周到中华人民共和国成立,区划变更不断。清代为吉林将军所辖。中华民国期间属吉林省吉长道吉林县第五区。1952年归属第八区人民政府,1958年成立金家人民公社,同年9月金家隶属万昌人民公社。1964年金家人民公社改为金家乡人民政府。1986年6月23日,成立金家满族乡。

人口民族 2000年末,全乡总户数5 578户。总人口22 095人。有满、朝、蒙、回等少数民族,人口为7 925人,占总人口的35.9%,其中满族7 147人,占总人口的32.3%。

1990至2000年部分年份永吉金家满族乡概况一览表

表48

	单位	1990	1995	1996	1997	1998	1999	2000
一、乡村户数	户	4 790	5 490	5 490	5 596	5 592	5 592	5 578
乡村人口	人	20 378	20 908	20 908	22 300	22 679	22 679	22 095
其中:少数民族人口	人	7 416		4 106	4 864	4 880	7 925	7 925
二、农作物总播种面积	公顷	4 363	3 868	3 685	4 521	4 251	4 251	4 251
粮豆播种面积	公顷	4 189	2 289	2 282	3 620	3 953	3 953	3 902
粮食总产量	吨	24 721	18 500	18 590	22 688	35 035	35 035	35 320
三、大中型农用拖拉机	台	5	4	4	110	2		292
小型拖拉机	台	165	312	312	320	278		248
农用载重汽车	台	4	9	9	14	86		44
四、猪年末头数	头	4 315	7 000	8 000	12 000	11 000	11 000	12 360
羊年末只数	只	171	450	480	240	586	586	800
大牲畜总头数	头	2 898	8 500	9 500	11 500	11 500	11 500	7 210
其中:牛	头	2 270	8 000	9 000	11 000	10 500	10 500	5 000
五、农村社会总产值	万元	2 919	5 583	8 230	10 169	12 250	13 966	12 366
其中:农业	万元	2 257	3 899	3 990	5 800	6 260	6 566	6 566
工业	万元	392	354	1 656	2 200	3 050	36	3 164
六、财政收入	万元	42	68	78	178	197	197	155
财政支出	万元	63	127	127	175	197	197	146
七、农民人均纯收入	元	604	1 059	2 166	2 363	2 737	2 510	2 240
八、乡(镇)企业总产值	万元		362	1 656	319	5 999	7 020	8 700
利润总值	万元		20	120	37	572	270	245
上缴税收	万元		28	58	335	34	128	8

（五）昌邑区两家子满族乡。

自然概况 两家子满族乡地处吉林市北50千米处,东南与土城子满族朝鲜族乡相接,西南与河子湾镇、桦皮厂镇相连相邻,北部与九台市的沐石河镇、胡家回族乡相交界。地处东经126°07′~126度22′,北纬44°04′~44°12′。气候冬季寒冷而干燥,夏季温暖而湿润,春季多干旱,秋季多洪涝。无霜期为128~135天,是较为典型的大陆性季风气候。两家子乡是一个以丘陵坡地为主要地形特征的纯农业乡(镇),全乡面积160.72平方千米,山地面积为5 300公顷,耕地面积4 649公顷,是典型的半山区。地势北高南低,地貌大体结构为六林、一水、三分田。其中耕地面积4 157公顷,林地面积5 239公顷,水域面积3 558公顷。矿产资源主要有石灰石和黑背金矿,主要分布在李树村至温泉村的山地中,已部分开采。旅游资源主要有鸡冠山,是春季自然旅游胜地。两家子满族乡温泉水库,始建于1921年,1925年大坝会拢,是昌邑区内唯一一座小一型水库,距乡政府5千米,交通便利,水泥路直通库区。温泉水库是水库垂钓、沐浴、休闲、娱乐集一体的综合旅游场所。

历史沿革 两家子满族乡开发较早。公元1736年至1795年间,相继有满族付姓,汉族伍姓开荒斩草,定居于此,故而得名两家子。民国期间为两家子村公社。1988年9月15日,经省人民政府批准成立两家子满族乡。两家子满族乡共有两家子村、盆窑村、李树村、黑背村、温泉子村、张家村、李屯村、黑山村、骆起村、太山村、柳条村、柳西村、耿屯村13个村;有102个自然社;90个自然屯。

人口民族 2000末,全乡户数为4 867户。总人口17 626人,少数民族人口4 622人,占总人口的26.2%,其中满族4 470人,占总人口25.4%。

1990至2000年部分年份吉林市昌邑区两家子满族乡概况一览表

表49

	单位	1990	1995	1996	1997	1998	1999	2000
一、乡村户数	户	4 215	4 567	4 567	4 770	4 828	4 833	4 867
乡村人口	人	17 405	17 462	17 462	17 590	17 609	18 638	17 626
其中:少数民族人口	人	5 668			4 521	4 108	4 521	4 622
二、农作物总播种面积	公顷	4 180	4 175	4 175	4 175	4 175	4 175	4 175
粮豆播种面积	公顷	3 966	4 036	4 063	3 859	3 867	3 870	3 850
粮食总产量	吨	16 200	20 218	23 218	23 831	32 200	31 000	25 861
三、大中型农用拖拉机	台	23	12	12	34		6	3
小型拖拉机	台	145	120	125	125	150	210	115
农用载重汽车	台	10			5	50	20	5

续表

	单位	1990	1995	1996	1997	1998	1999	2000
四、猪年末头数	头	5 189	11 514	11 814	13 799	6 000	6 001	18 850
羊年末只数	只	799	1 321	1 221	370	1 600	923	1 248
大牲畜总头数	头	3 653	8 472	8 565	8 392	8 000	11 007	16 161
其中:牛	头	2 688	7 321	7 982	8 082	6 000	5395	15 670
五、农村社会总产值	万元	1 978	6 913	8 913	9 491	10 103	11 308	12 911
其中:农业	万元	1 327	4 683	4 683	5 791	5 243	5 688	6 111
工业	万元	398	1 392	325	2 050	2 184	2 900	2 900
六、财政收入	万元	43	75	75	91	185	273	356
财政支出	万元	61	110	89	150	185	276	356
七、农民人均纯收入	元	486	1 369	1 998	2 172	2 540	2 456	2 709
八、乡(镇)企业总产值	万元		332	532	657	4 860	5 620	6 800
利润总值	万元		8	15	35	469	516	915
上缴税收	万元		4	7	38	240	81	205

（六）昌邑区土城子满族朝鲜族乡。

自然概况　土城子满族朝鲜族乡位于吉林市昌邑区北部,地处松花江西岸,沿江平原地带,东以松花江为界与乌拉街满族镇隔江相望,南同吉林市区相接,西与两家子满族乡相连,北与九台市莽卡满族乡毗邻。东经126度25分,北纬44度05分。乡内气候条件良好,日照时间较长,水源充足,温度适宜,无霜期在135～138天,年降水量650毫米左右。全乡总面积约为79.9平方千米。有耕地面积4 048公顷,占总面积的50.7%。土城子满族朝鲜族乡是一个以农业为主的农业乡,土壤肥沃、水源充足,是全县粮食主产区之一,大力发展种植、养殖、瓜菜批发、旅游业等。农作物以水稻、玉米为主,其中水稻约占总产量的50%;经济作物以甜瓜、西瓜、白菜、大蒜为主。境内有海拔300米的"就泵山",山上有泉水,水质清澈甘甜,终年长流不断。以九泉山为界,北部山地起伏,生长天然次生林、人工林,全乡林地总面积约为1 143公顷,可开发利用荒山荒地413.3公顷。水资源丰富,松花江流经7个村,鳌龙河流经5个村,农田灌溉极为方便。此外,地下水储量较多,便于打井灌溉。山地储花岗岩,初步勘探九泉山主要可开发的有纯青角石,大理石等矿产。

历史沿革　土城子清初隶属宁古塔将军,清末隶属吉林府,民国时归属吉林府镇巡警第七区（桦皮厂）。1947年11月解放后，归桦皮厂和乌拉街管辖。1958年归属乌拉街人民公社，1961年以松花江为界划出，组建土城子人民公社。1984年6月21日经吉林省人民政府批准，成立土城子满族朝鲜族乡。

人口民族 2000年末，全乡总户数5 538户。总人口为21 104人，有满族、朝鲜族、蒙古族、回族等4个少数民族，人口为12 063人，占总人口的57.2%，其中满族8 784人，占总人口的41.6%；朝鲜族3 058人，占总人口的14.5%。

1990至2000年部分年份吉林市昌邑区土城子满族朝鲜族乡概况一览表

表50

	单位	1990	1995	1996	1997	1998	1999	2000
一、乡村户数	户	4 912	4 669	4 680	5 424	5 491	5 444	5 538
乡村人口	人	20 293	20 988	21 900	22 233	21 104	21 210	21 104
其中：少数民族人口	人	12 178	12 180	12 190	12 063	12 104	12 115	12 063
二、农作物总播种面积	公顷	4 166	4 110	4 110	4 046	4 035	4 035	4 035
粮豆播种面积	公顷	3 865	2 485	2 485	3 649	3 733	3 753	3 733
粮食总产量	吨	22 997	20 844	20 844	26 843	28 880	28 253	34 173
三、大中型农用拖拉机	台	61	14	14	25	20	9	20
小型拖拉机	台	397	240	256	325	350	157	480
农用载重汽车	台	9			16	12	20	120
四、猪年末头数	头	2 136	5 408	5 880	8 400	10 006	7 038	8 600
羊年末只数	只	290	325	325	360	151	310	360
大牲畜总头数	头	1 280	1 886	1 980	4 226	2 580	2 670	3 180
其中：牛	头	1 043	1 652	1 720	4 000	2 380	2 153	3 060
五、农村社会总产值	万元	2 799	6 541	9 581	6 995	11 850	5 948	13 400
其中：农业	万元	1 945	1 529	2 950	4 685	5 540	5 221	5 660
工业	万元	554	2 832	3 832	371	4 410	114	6 500
六、财政收入	万元	64	141	170	251	221	20	187
财政支出	万元	67	162	182	258	219	19	180
七、农民人均纯收入	元	555	1 244	1 932	2 330	2 450	2 300	2 816
八、乡（镇）企业总产值	万元		2 832	3 284	5 165	651	5 170	650
利润总值	万元		369	378	439		350	
上缴税收	万元		372	380	161		40	

（七）梨树县叶赫满族镇。

　　自然概况　叶赫满族镇位于梨树县南段,距四平市39千米。地处东经124°21′~124°41′,北纬42°49′~43°03′。东与本县石岭乡相连,南与辽宁省西丰县天德、柏榆、德兴、钓鱼、明德乡为邻,西与辽宁省开原市莲花乡交界,北与四平市铁东区山门镇接壤。全县总面积为265平方千米,其中耕地面积5 183公顷,占总面积的19.6%;林地面积11 540公顷,占总面积的43.5%;水域面积2 650公顷,占总面积的10%。自然资源丰富,叶赫田肥土沃,田涧山林物产富饶,是吉林省重点资源保护区之一。山上森林繁茂,出产红参、黄花松、黄菠萝、桑、榆、柞等优质木材,是四平市重点木材产地。叶赫两岸土地肥沃,生产大豆、玉米、水稻、高粱及各种杂粮。野生动植物主要有獐、狍、野狐、山鸡、海东青等。植物主要有榛子、猕猴桃、蕨菜、白蘑、针蘑、松蘑以及人参、桔梗、地龙骨、细辛等几十种中草药。矿产资源主要有石英石、花岗岩、硅石等矿产蓄积量达20亿吨;出产白银、黄金,全国有名的四平银矿就建在这里。

　　历史沿革　叶赫满族镇隶属梨树县管辖。叶赫历史悠久,是满族的重要发祥地之一。1939年叶赫划归梨树县管辖,叶赫为村;1945年设梨东县,叶赫为一个区;1947年改为叶赫乡;1948年叶赫解放,为梨树县十二区;1956年1月叶赫成立区公所,同年3月公所撤销,划归石岭区公所管辖。1958年2月叶赫设乡。1980年1月成立叶赫满族人民公社,1983年12月改称叶赫满族乡,1986年又改为叶赫满族镇。

　　人口民族　2000年末,全镇总户数9 060户。总人口31 688人,少数民族人口13 121人,占总人口的41.4%,其中满族12 940人,占总人口的40.8%。

1990至2000年部分年份叶赫满族镇概况一览表

表51

	单位	1990	1995	1996	1997	1998	1999	2000
一、乡村户数	户	6 780	7 693	7 459	8 550	8 580	9 054	9 060
乡村人口	人	27 327	28 011	27 907	30 700	30 891	31 672	31 688
其中:少数民族人口	人	10 000	12 204	12 450	12 667	12 870	13 070	13 121
二、农作物总播种面积	公顷	5 186	6 030	6 030	5 644	6 091	6 059	6 144
粮豆播种面积	公顷	5 083	5 983	5 900	5 586	6 073	6 018	6 126
粮食总产量	吨	50 580	46 243	62 000	37 000		62 326	42 050
三、大中型农用拖拉机	台	15	17	7	18	2 020	12	27
小型拖拉机	台	115	310	194	324	340	220	350
农用载重汽车	台	10	12	5	12	14	30	16
四、猪年末头数	头	9 774	22 000	22 000	6 755	5 863	20 050	20 006

续表

	单位	1990	1995	1996	1997	1998	1999	2000
羊年末只数	只	1 506	6 500	6 500	4 897	4 302	5 616	8 006
大牲畜总头数	头	4 966	17 213	17 213	8 547	8 369	8 741	11 206
其中:牛	头	3 050	14 897	14 894	6 716	6 390	6 914	9 002
五、农村社会总产值	万元	7 263	16 550	20 850	23 000	24 650	28 440	33 785
其中:农业	万元	5 385	9 850	11 800	12 000	11 650	13 600	16 785
工业	万元	811	3 120	4 060	2 800	5 400	7 210	7 200
六、财政收入	万元	82	153	249	237	300	320	346
财政支出	万元	76	150	240	216	280	280	325
七、农民人均纯收入	元	807	1 900	2 200	1 620	2 249	2 200	2 100
八、乡(镇)企业总产值	万元		3 300	2 930	3 300	13 507	15 030	17 000
利润总值	万元		117	150	150	853	1050	1 170
上缴税收	万元		116	138	146	440	480	530

（八）公主岭市二十家子满族镇。

自然概况　二十家子满族镇隶属公主岭市管辖,位于公主岭市西南部12千米处。东与伊通满族自治县毗邻,南与本市放马沟满族乡相连,西隔东辽河与梨树县相望,北与南崴子镇接壤。地处三县交界,公路发达,靠近铁路。全镇总面积为113平方千米。其中,耕地面积为4 429公顷,占总面积的39.2%;林地面积3 343公顷,占总面积的29.6%。境内水利资源丰富。东辽河、余庆河、四清河等三条河流流经镇内,镇东1千米处有一座中型水库,占地250公顷,最大库容量1 070万立方米;沙石蕴藏量丰富,白灰石、建筑基石、河沙资源初步探明储量达1 826立方米,最低可开采百年以上,经地质部门的勘探在解放村六屯发现一处储量50万吨的煤田;镇内主要盛产玉米、谷子、高粱、大豆、水稻、瓜果及野生蕨菜等。境内旅游景点较多,有八达岭、石猴、水库、郭百万旧址等。

历史沿革　二十家子满族镇清初开发,民国时期属伊通县五区管辖。东北沦陷时期属伪伊通县余庆村,新中国成立初期属伊通县九区。1958年2月从伊通县划归怀德县管辖,为二十家子镇。1958年9月改为二十家子人民公社。1983年改为二十家子乡。1986年9月5日经省政府批准成立二十家子满族镇。

人口民族　2000年末,全镇总户数6 212户。总人口21 068人,少数民族人口9 128人,占总人口的43.3%,其中满族9 059人,占总人口的43.0%。

1990至2000年部分年份公主岭市二十家子满族乡概况一览表

表52

	单位	1990	1995	1996	1997	1998	1999	2000
一、乡村户数	户	4 246	6 015	6 030	6 936	6 036	6 075	6 212
乡村人口	人	16 920	20 870	20 970	21 112	21 217	21 342	21 068
其中:少数民族人口	人	9 100	9 036	9 036	9 036	9 053	9 052	9 128
二、农作物总播种面积	公顷	4 587	4 440	4 439	4 432	4 432	4 432	4 429
粮豆播种面积	公顷	4 397	4 382	4 363	4 357	4 357	4 357	3 933
粮食总产量	吨	37 412	35 620	36 007	33 990	34 910	34 100	25 965
三、大中型农用拖拉机	台	68	52	49	34	37	43	56
小型拖拉机	台	190	177	177	180	180	205	172
农用载重汽车	台	16	2	3	3	5	10	
四、猪年末头数	头	4 185	2 716	5 905	5 710	5 810	5 000	26 457
羊年末只数	只	2 400	2 172	4 621	5 182	5 300	5 300	3 532
大牲畜总头数	头	4 860	5 416	4 621	5 182	5 900	5 900	5 086
其中:牛	头	3 416	4 638	5 083	5 094	5 000	5 124	4 406
五、农村社会总产值	万元	1 789	12 740	14 916	18 021	18 123	18 500	32 822
其中:农业	万元	1 110	6 326	6 356	6 071	6 913	6 080	7 122
工业	万元	308	1 714	2 333	2 412	2 412	2 511	7 520
六、财政收入	万元	52	162	152	189	189	190	25
财政支出	万元	49	151	1	189	189	190	25
七、农民人均纯收入	元		2 028	2 264	2 105	2 100	3 125	1873
八、乡(镇)企业总产值	万元		1 017	1 462	1 961	11 950	11 955	25 700
利润总值	万元		57	14	82	775		1510
上缴税收	万元		48	42	120	253	250	183

（九）公主岭市龙山满族乡。

自然概况 龙山满族乡地处公主岭市西南部,东邻伊通县的靠山镇,南与二龙湖接壤,并与辽源东丰、辽宁西丰隔湖相对,西与梨树县孟家岭镇隔辽河相望,北和公主岭市二十家子镇接壤。全年积温在2 850℃至3 000℃之间,无霜期142天左右。全乡总面积147.6平方千米,其中耕地面积3 620公顷,占总面积的24.5%;林地面积10 043公顷,占总面积的68%;水域面积1 035公顷,占总面积的7%,交通道路占地175公顷,是典型的"六山一水三分田"的半丘陵地带。境内多低山丘陵,西部多黑黄河淤土,中部多为黄土、黄沙土、沙土和黑土,适合种植玉米、高粱、大豆、谷子及经济作物。余庆号河、放马沟河、乌拉草沟河、泉眼沟河等四条河流流经境内,水源充足。有一座小二型水库,七座小塘坝。境内矿产资源主要有储量在300万立方米的花岗岩,热量在600大卡的优质长焰煤、膨润土,储量在100万立方米的石灰石。目前,以上几种矿产都在小批量的开采。河沙资源丰富,1995年经省地质勘查还发现了沸石、伊利石、杏花石等资源。境内风光秀丽,山水相映,有公主岭市最高山峰的鸡冠山(海拔384.5米)、县级保护文物"孤仙洞""赫尔苏镇"旧址、伊通"七星火山群"中的两尖子山,高丽人居住过得"程马山",努尔哈赤放牧的山沟等,是旅游观光的好去处。

历史沿革 龙山满族乡隶属公主岭市管辖。1958年2月归伊通县管辖,1958年3月划归怀德县。1958年8月与二十家子满族镇合并,1961年4月从二十家子人民公社划出,建立和平人民公社,1983年10月改为龙河乡,1985年5月改为放马沟乡,1986年9月5日经省政府批准成立放马沟满族乡。1998年改为龙山满族乡。

人口民族 2000末,全乡总户数3 771户。总人口13 368人、少数民族人口5 759人,占总人口的43.1%,其中满族5 745人,占总人口的43.0%。

1990至2000年部分年份公主岭市龙山满族乡概况一览表

表53

	单位	1990	1995	1996	1997	1998	1999	2000
一、乡村户数	户	3 105	3 253	3 264	3 460	3 469	3 495	3 771
乡村人口	人	12 679	13 889	12 454	14 001	14 032	14 083	13 368
其中:少数民族人口	人	3 923	5 138	4 570	5 574	5 579	5 597	5 759
二、农作物总播种面积	公顷	3 635	3 620	3 620	3 626	3 713	3 715	3 620
粮豆播种面积	公顷	3 628	3 500	3 618	3 623	3 705	3 707	3 587
粮食总产量	吨	32 449	23 626	30 581	25 681	33 819	35 078	22 344
三、大中型农用拖拉机	台		17	3			1	7
小型拖拉机	台	115	240	170	139	137	139	239

续表

	单位	1990	1995	1996	1997	1998	1999	2000
农用载重汽车	台		2	3	4	4	4	1
四、猪年末头数	头	3 526	4 300	1 611	3 940	1 603	1 742	1 401
羊年末只数	只	2 170	2 040	514	424	248	920	782
大牲畜总头数	头	7 235	7 500	4 264	3 906	3 120	4 485	3 327
其中:牛	头	4 500	5 700	3 760	8 342	2 659	3 356	2 940
五、农村社会总产值	万元	1 488	3 772	7 221	3 642	9 600	9 488	15 051
其中:农业	万元	1 300	2 652	4 126	3 000	4 540	5 388	4 501
工业	万元	130	320	1 345	300	3 500	433	8 500
六、财政收入	万元	38	42	44	92	104	112	104
财政支出	万元	39	69		105	103	112	104
七、农民人均纯收入	元	803	1 416	1 963	1 825	2 224	2 222	1 622
八、乡(镇)企业总产值	万元		247	540	430	4 900	4 100	1 050
利润总值	万元		23	30	50	121	320	80
上缴税收	万元		2	5	21	70	100	30

（十）通化县大泉源满族朝鲜族乡。

自然概况 位于通化县境西南部,全乡地处东经125°31′~125°40′,北纬41°21′~41°38′之间。东与江甸子乡为邻,西与大川乡交界,北与大都岭乡相连,南隔浑江、富尔江与集安市、辽宁省恒仁县接壤。全乡总面积172.078平方千米。境内为两山夹一沟、南北走向的狭长地形,统称二道沟。全乡地势北高南低,最高处为北部的马圈岭,海拔940.8米。最低处为南部的江口,海拔288米。气候温和,四季分明,年均气温4.1摄氏度,年均降水量800毫米,无霜期135天左右。耕地2 095公顷,占总面积的12.1%;林地面积3 054公顷,占总面积的17.7%,水域面积10公顷。有林地面积3 054公顷,森林覆盖率61.7%。矿产资源主要有金、铅、锌、石墨、硅、云母、钻石等。根据工业部东北地勘局1990年12月提供的吉林省通化县大泉源乡新农沙金矿普查地质报告,可采砂金储量132万立方米,黄金储量496.3千克,品位0.379克/立方米,且埋藏浅,品位高,效果好。石墨、硅石具有储量大、品位高、质量好、易开采的特点。境内矿泉水资源十分丰富,驰名省内外的"大泉源"白酒就是用矿泉水酿制而成。水利资源丰富,浑江、富尔江汇合于南部江口,现为浑江水库库区,境内有32条河汇集成二道沟河,自北向南流入浑江。建有和胜水库和爱国水库,总蓄水量为300万立方米,可灌溉良田7 150余亩。修筑了二十多千米的二道沟河堤,十多千米的和胜水库至爱国村灌渠,打了近30眼电机井。

历史沿革　1989年5月,大泉源乡改为大泉源满族朝鲜族乡。2000年,全乡辖和胜、新胜、大泉源、裕民、爱国、鲜丰、新农、新民、和平、二道、茧场、江口、红石13个村。

人口民族　2000年末,全乡总户数为4 264户。总人口14 678人,少数民族人口5 032人,占总人口的34.3%,其中满族4 314人,占总人口的29.4%,朝鲜族713人,占总人口的4.9%。

2000年,全乡有中、小学13所,在校生1734人。卫生院1所,设病床20张,村卫生所11个。全乡9个村95%住户安装有限电视,5个村安装自来水。鹤(岗)大(连)公路横贯境内东西,村村通汽车,乡驻地有小客车5辆、出租车2量。在红石村浑江岸畔设有渡口3处。全乡有9个村安装程控电话,装机1 650台。

1990至2000年部分年份通化大泉源满族朝鲜族乡概况一览表

表54

	单位	1990	1995	1996	1997	1998	1999	2000
一、乡村户数	户	3 693	3 693	3 622	4 234	3 535	4 240	4 264
乡村人口	人	14 822	13 047	12 846	15 101	12 481	15 090	14 678
其中:少数民族人口	人	5 560	5 261	5 261	5 254	5 254	5 205	5 032
二、农作物总播种面积	公顷	2 587	2 623	2 587	2 765	2 617	2 583	2 413
粮豆播种面积	公顷	2 302	2 317	2 407	2 585	2 437	2 354	2 220
粮食总产量	吨	11 050	6 994	10 666	4 420	14 357	13 109	12 880
三、大中型农用拖拉机	台	12	10	9	8	15	10	21
小型拖拉机	台	102	80	60	36	56	84	36
农用载重汽车	台	4		2	7	2	2	12
四、猪年末头数	头	8 570	8 030	7 013	8 626	6 213	8 221	4 122
羊年末只数	只	707	1 345	565	2 434	1 420	286	486
大牲畜总头数	头	4 166	7 544	8 512	8 292	3 159	6 635	3 790
其中:牛	头	3 902	7 395	8 306	8 512	2 879	6 382	3 618

续表

	单位	1990	1995	1996	1997	1998	1999	2000
五、农村社会总产值	万元	3 211	8 638	9 842	6 447	8 091	13 128	14 473
其中:农业	万元	1 961	3 821	3 984	4 287	2 591	3 208	3 223
工业	万元	640	2 520	2 718	945	1 670	4 561	5 500
六、财政收入	万元	53	58	55	56	59	104	93
财政支出	万元	67	141	199	61	175	188	254
七、农民人均纯收入	元	620	987	1 685	2 278	3 201	2 540	2 572
八、乡(镇)企业总产值	万元		754	941	128	8 980	9 920	11 250
利润总值	万元		69	26	11	515	576	625
上缴税收	万元		101	23	3	21	30	38

（十一）梅河口市小杨满族朝鲜族乡。

自然概况 小杨满族朝鲜族乡位于梅河口市西南部,东与吉乐乡为邻,南以梅大顶山为界与姜家店朝鲜族乡接壤,西与海龙水库、大湾镇毗邻,北与花园朝鲜族乡相连。冬长夏短,四季分明,全年无霜期为180天左右,属大陆性温寒气候。全乡面积73.1平方千米。其中,耕地面积1 730公顷,林地面积2 200公顷,水域面积50公顷。境内山脉起伏,河流纵横,山地多,平原少,河流纵横交错,水库塘坝、湖泡坑塘、电灌站星罗棋布,灌溉面积126.3公顷,水域面积14.3公顷,此外,还有湖泡17公顷。乡内有柞、桦、杨、松等四五十种树木,林木蓄积量约为19.3万立方米。从自然资源来看,小杨乡位于磨盘湖灌区最上游,水质纯净无公害,无污染,具有国家AA级农业绿色食品的生产环境质量,最适合绿色、有机水稻生产。该乡内功能完善,道路、通信、供水、程控电话、电脑网络、有线电视、水泥路等基础设施齐全,产业结构趋于合理。已探明的矿藏有:镍、煤、金、磷,其中在庆福东山探明有储量可观的镍矿。野生动物近百种,中药材70多种,可供出口的山菜60多种。重点发展项目,小杨满族朝鲜族乡生产的优质大米是"梅河大米"的杰出代表。引种的日本"秋田小町"形似珍珠,米质半透明,垩白率低、米饭软硬适合,富含香气,剩饭不回生,深受消费者青睐。常年种植面积达1万亩,产量达500万公斤,远销全国各地,出口日本。1990年梅河大米被北京十一届亚运会指定为专用食品,1995年经国家绿色食品发展中心检测,属于AA级农业生态环境。1999年被吉林省人民政府命名为"吉林名牌"产品,2000年荣获中国长春国际农业食品博览会金奖,被中国名牌产品明星企业评选组委会认定为中国名牌产品。小杨满族朝鲜族乡种植的干瓢(俗称菜葫芦),是绿色食品,1991年引种至今,每亩菜葫芦的效益是种玉米效益的5倍,极具开发价值,年种植5 000亩左右。旅游资源主要有北宋政和六年著名的照散城保卫战遗址。

历史沿革 小杨满族朝鲜族乡民国期间隶属海龙县花园乡大荒沟(吉乐乡)管辖。1947年,海龙县第八区政府成立驻地为小杨村。1956年9月,改制建乡。1958年9月,成立上游人民公社。1961年9月,上游人民公社调整称为小杨人民公社。1975年10月,公社驻地迁到大杨村至今。1983年,恢复乡建制,改小杨人民公社为小杨乡人民政府。1987年4月1日,经省政府批准,成立小杨满族朝鲜族乡。

人口民族 2000年末,全乡总户数为2 195户。总人口9 145人,少数民族人口3 180人,占总人口的34.8%。其中满族人口11 449人。朝鲜族1 221人。

1990至2000年部分年份梅河口市小杨满族朝鲜族乡概况一览表

表55

	单位	1990	1995	1996	1997	1998	1999	2000
一、乡村户数	户	2 495	2 450	2 335	2 249	2 307	2 195	2 195
乡村人口	人	9 942	9 516	9 428	8 788	9 395	3 205	9 145
其中:少数民族人口	人	3 071	3 125	3 355	4 680	2 998	1 295	3 180
二、农作物总播种面积	公顷	1 796	1 720	1 837	1 800	1 745	1 836	1 846
粮豆播种面积	公顷	1 687	1 579	1 657	1 500	1 572	1 657	1 408
粮食总产量	吨	11 206	6 905	11 086	9 600	21 025	19 780	13 948
三、大中型农用拖拉机	台	32	78	108	81	7		51
小型拖拉机	台	128	71	108	45	71	115	46
农用载重汽车	台	6			4			5
四、猪年末头数	头	2 426	3 272		5 120	4 919	4 585	5 120
羊年末只数	只		931	562	720	232	287	760
大牲畜总头数	头	1 737	3 311	3 050	1 189	3 420	4 608	1 190
其中:牛	头	1 459	3 028	2 650	2 849	3 180	4 208	4 210
五、农村社会总产值	万元	1 394	5 343	6 389	2 200	14 533	15 936	15 900

续表

	单位	1990	1995	1996	1997	1998	1999	2000
其中：农业	万元	1 147	2 247	2 371	195	4 711	3 580	3 500
工业	万元	83	955	666	29	1 561	3 788	3 700
六、财政收入	万元	43	76	76	100	60	68	51
财政支出	万元	43	76	76	180	60	89	120
七、农民人均纯收入	元	576	1 551	2 047	1 800	2 680	2 580	1 880
八、乡（镇）企业总产值	万元		1 013	831	48	10 052	1 196	13 906
利润总值	万元		30	52	36	811	841	1 187
上缴税收	万元		73	18	3	19	68	312

（十二）东丰县三合满族朝鲜族乡。

自然概况 三合满族朝鲜族乡位于东丰县东南部,地处长白山余脉,距县城9千米。东与梅河口市接壤,西与东丰镇毗邻,南连五道岗乡,北靠仁合乡,乡政府驻永安村。全乡面积167平方千米。其中,耕地面积3 027公顷,占总面积的42.9%;林地总面积1 417公顷,占总面积的20.1%,水域面积306公顷,占总面积的4.3%。辖16个行政村,其中一个朝鲜族聚居村。三合满族朝鲜族乡土地肥沃,资源丰富。农业以水稻、玉米、大豆为主,盛产优质大米,年产量为7 000吨。有丰富的建筑沙石资源,全乡在五奎山、板庙山上游采石场9处,沙场5处,年销售沙石10万立方米。水资源丰富,莲河流经境内,出境注入柳河,属松花江流域,辉发河水系。全乡有小二型水库2处,灌区工程2处,塘坝27座,总蓄水量250万立方米。养鱼水面800亩,年产鲜鱼400吨。

历史沿革 三合满族朝鲜族乡在远古时期,就是满族人劳作生息的地域。清初被划为盛京围场的一部分,封禁长达200余年。光绪二十八年(1902年)以前,清政府将辽宁的金州、复县、海城等县的满族人移居此地,尔后又有朝鲜族从各地迁入开垦水田,种植水稻。日本帝国主义侵入后,日本开拓团进驻三合乡开发水田,1945年抗日战争胜利后,又有一批朝鲜族人迁入此地,逐渐形成朝鲜族自然村,新中国成立后三合乡区域隶属五道岗乡管辖,1961年4月脱离大乡另建三合乡,乡名来源于境内的三合屯,又有汉族、满族、朝鲜族等各民族团结一心之意。

人口民族 2000年末,全乡总户数为2 983户,总人口为10 908人,其中少数民族人口3 446人,占全乡总人口的32%。

1996至2000年东丰县三合满族朝鲜族乡概况一览表

表56

	单位	1996	1997	1998	1999	2000
一、乡村户数	户	3 358	2 957	2 963	2 968	2 983
乡村人口	人	11 800	10 904	10 847	10 882	10 908
其中:少数民族人口	人	3 768	3 776	3 778	3 776	3 446
二、农作物总播种面积	公顷	3 249	3 281	3 189	3 284	3 215
粮豆播种面积	公顷	2 697	2 712	2 510	2 653	2 453
粮食总产量	吨	19 020	14 429	22 943	23 861	27 563
三、大中型农用拖拉机	台	37	21	46	121	132
小型拖拉机	台	211	204	234	238	483
农用载重汽车	台	9	9	8	3	6
四、猪年末头数	头	7 000	9 353	5 293	7 961	7 980
羊年末只数	只	900	1 100	148	120	150
大牲畜总头数	头	3 377	5 414	3 246	3 927	3 840
其中:牛	头	2 693	4 616	2 748	3 245	3 264
五、农村社会总产值	万元	8 307	9 584	12 956	13 855	15 800
其中:农业	万元	3 508	3 904	4 515	4 518	4 878
工业	万元	2 133	2 455	2 813	2 454	3 910
六、财政收入	万元	4	12	31	44	58
财政支出	万元	4	117	124	144	130
七、农民人均纯收入	元	2 108	2 358	2 415	2 331	2 280
八、乡(镇)企业总产值	万元	1 627	2 060	8 441	9 337	11 004
利润总值	万元	141	171	671	605	928
上缴税收	万元		96	106	44	60

(十三)珲春市杨泡满族乡。

自然概况 杨泡满族乡位于珲春市东南部,距市区12.5千米,距市经济合作区9千米。南与俄罗斯接壤,北以珲春河为界与哈达门乡相望,西南接马川子乡,连珲春平原。东西长20千米,南北宽15千米,总面积212.07平方千米。地处半山区。土壤为沙土地和黄土地,部分山区有黑土地。其中,林地面积7 005公顷,占总面积的33.0%;耕地面积1 074公顷,占5.1%;草原面积4 166公顷,占19.6%。杨泡乡地形西北平坦,土地肥沃;东南地形起伏,东高西低,是坡度较缓的丘陵地带,森林资源丰富。境内自然资源丰富。矿产有优质的褐煤和蕴藏量丰富的青石、花岗岩、白灰石、铁矿石等,储量约1亿立米;还有陶土及储量很大能够烧制红砖的大面积黏土。

历史沿革 杨泡满族乡归珲春市管辖。杨泡乡开发较早,早在新石器时代,满族的祖先肃慎人就在这里繁衍生息,1914年此地为崇礼乡,东北沦陷时期为崇礼保。1946年重改为崇礼区,1956年4月14日崇礼区改为杨泡乡,归属马川子乡。1961年12月28日从马川子公社分出5个村,成立杨泡公社。1984年经省政府批准,正式成立杨泡满族乡。

人口民族 2000年末,全乡总户数为1 017户。总人口3 627人,少数民族人口2 576人,占全乡总人口71.0%,其中满族1 190人,占总人口的32.8%,朝鲜族1 375人,占总人口的37.95%。

1990至2000年部分年份珲春市杨泡满族乡概况一览表

表57

	单位	1990	1995	1996	1997	1998	1999	2000
一、乡村户数	户	1 139	1 031	1 045	1 015	1 285	1 010	1 017
乡村人口	人	4 536	3 167	3 693	3 494	4 048	3 464	3 627
其中:少数民族人口	人	3 378	2 545	2 609	2 690	2 941	2 616	2 576
二、农作物总播种面积	公顷	1 229	929	1 051	1 078	1 075	934	1 074
粮豆播种面积	公顷	1 162	792	909	1 062	1 025	695	858
粮食总产量	吨	3 934	2 902	2 922	3 674	1 763	2 496	7 547
三、大中型农用拖拉机	台	12	42	4	18	21	18	14
小型拖拉机	台	96	75	43	57	60	121	81
农用载重汽车	台	6	3	3	3	3	14	
四、猪年末头数	头	1 833	2 050	1 817	2 360	1 395	1 613	2 025
羊年末只数	只	14	110		65	60	429	116

续表

	单位	1990	1995	1996	1997	1998	1999	2000
大牲畜总头数	头	2 478	1 737	2 502	2 101	1 811	1 836	2 040
其中:牛	头	2 398	1 618	2 404	2 040	1 666	1 740	1 878
五、农村社会总产值	万元	785	1 528	1 610	2 047	2 108	3 100	4 305
其中:农业	万元	510	859	887	1 137	1 323	1 130	1 427
工业	万元	192	378	563	885		1 537	2 408
六、财政收入	万元	57	25	3	29	13	44	67
财政支出	万元	43	45		12	13	154	67
七、农民人均纯收入	元	667	976	1 089	1 250	850	1 466	2 068
八、乡(镇)企业总产值	万元		526	723	1 006	1 583	2 522	2 878
利润总值	万元		−4	1	12	134	170	184
上缴税收	万元		26	1	6	96	50	50

（十四）珲春市三家子满族乡。

自然概况 三家子满族乡位于珲春西部平原,距珲春市区5千米。西隔图们江与朝鲜庆源郡相望,南隔珲春河与板石乡相对,东临珲春市,北接英安乡。地处东经130度17分,北纬42度50分。属中温带海洋性气候,无霜期150天左右。全乡面积53平方千米,其中耕地面积为2 408公顷,占总面积的45.4%。全乡林地面积为2 716公顷,各种林木蓄积量为29 873立方米。沙石、煤炭储量丰富。水利资源西部有图们江,南部有珲春河,北部有北于渠,现有水利设施闸门11座,境内江坝总长12千米,河坝总长8.59千米。地下水资源也相当丰富。境内有珲春市唯一对朝贸易口岸——沙坨子口岸,还有珲春河口,在河口处一年四季都可以乘船在珲春河口观望中朝两国美丽的山水风光。图们江开通后,可直通日本海,在入海口可眺望三国风景和海景。交通通信非常便利,境内有东西方向的两条路,即珲春至沙坨子口岸的国家二级公共路,珲春至西崴子河口呃沙石路。有通往国内外的500门光缆程控电话,为旅游、经贸投资者创造了良好的外部环境。古遗址有始建于渤海时期的古城,温特赫布城和斐尤城(又名高丽城)遗址。

历史沿革 三家子满族乡隶属于珲春市,1985年8月24日经省政府批准成立三家子满族乡。

人口民族 2000年末,全乡总户数为2 926户。总人口9 104人,少数民族人口

6 212人,占总人口的68.2%,其中满族2 586人,占总人口的28.4%,朝鲜族3 592人,占总人口的39.5%。

1990至2000年部分年份珲春市三家子满族乡概况一览表

表58

	单位	1990	1995	1996	1997	1998	1999	2000
一、乡村户数	户	2 437	2 319	2 291	2 790	2 884	2 822	2 926
乡村人口	人	9 654	8 274	7 919	9 251	9 185	9 182	9 104
其中:少数民族人口	人	6 702	5 811	5 565	6 426	6 309	6 328	6 212
二、农作物总播种面积	公顷	2 886	2 288	2 334	2 330	2 330	2 345	2 394
粮豆播种面积	公顷	2 639	2 074	2 024	2 113	2 140	2 129	2 019
粮食总产量	吨	10 676	10 233	9 607	12 287	5 611	13 079	16 609
三、大中型农用拖拉机	台	56	67	28	28	28	28	30
小型拖拉机	台	359	380	384	392	395	447	384
农用载重汽车	台	2	10	4	5	5	5	5
四、猪年末头数	头	3 705	5 012	4 010	8 824	2 955	2 763	10 548
羊年末只数	只	25					153	271
大牲畜总头数	头	2 778	2 805	2 280	2 500	1 588	1 730	1 725
其中:牛	头	2 499	2 507	2 055	2 238	1 391	1 561	1 565
五、农村社会总产值	万元	1 774	4 955	3 228	3 853	2 592	4 304	4 428
其中:农业	万元	1 008	2 432	2 520	3 320	1 885	2 891	2 687
工业	万元	215	484	643	159	384	531	883
六、财政收入	万元	55	52	63	88	11	70	530
财政支出	万元	82	55	56	86	21	215	473
七、农民人均纯收入	元	772	1 372	1 861	2 169	1 074	2 224	2 394
八、乡(镇)企业总产值	万元		635	708	653	708	1 412	1 741
利润总值	万元		6	33	42	−6	96	96
上缴税收	万元		13	7	6	10	38	70

第三节 政治活动

一、参政议政

（一）担任全国、吉林省人大代表。 1988年，吉林省出席第七届全国人民代表大会的代表87名，由吉林省提名选举的代表中，少数民族16名，其中满族5名；吉林省第七届人民代表大会常务委员会组成人员共55名，少数民族9名，其中满族4名；吉林省第七届人民代表大会现有代表521名，少数民族85名，其中满族24名。

1988年吉林省出席第七届全国人民代表大会满族代表名表

表59

姓 名	工作单位及职务	性别	出生年月	民族	文化程度	党派
关山复	最高人民检察院顾问	男	1915.3	满	大学	中共
吴健民	吉林铁合金厂副厂长	男	1944.3	满	大学	中共
徐荫章	永吉县土城子满族朝鲜族乡乡长	男	1951.9	满	中专	中共
索敬贤	省人大常委会委员、白求恩医科大学脑神经外科主任	男	1922.5	满	大学	中共
康荣宦	通化市葡萄酒公司技术顾问	男	1929.1	满	大专	中共

1988年吉林省第七届人民代表大会常务委员会组成人员满族名表

表60

姓 名	工作单位及职务	性别	出生年月	民族	文化程度	党派
白昌凯	委员（省委统战部副部长）	男	1930.2	满	初中	中共
关东镇	委员（吉林日报社总编辑）	男	1926.12	满	高中	中共
索敬贤	委员（白求恩医大一院教授）	男	1922.5	满	大学	中共
阎杰三	委员	男	1927.5	满	大专	中共

1988年吉林省第七届人民代表大会满族代表名表

表61

姓 名	工作单位及职务	性别	出生年月	民族	文化程度	党派
关东镇	省人大常委会委员、吉林日报社总编辑	男	1926.12	满	高中	中共
王学毅	长春市朝阳区人大常委会主任	男	1930.8	满	中专	中共
高甲英	长春铁路分局工会副主席	男	1940.3	满	高中	中共
傅 云	农安县榛柴岗乡邮电支局话务员	女	1952.6	满	初中	中共
于本泉	长春市医院胸外科主任	男	1929.1	满	大学	中共
索敬贤	省人大常委会委员、白求恩医大第一临床学院教授	男	1922.5	满	大学	中共
樊万清	东北师范大学党委书记	男	1929.3	满	大学	中共
谭震林	长春教育学院企业管理处处长兼长春教科文(集团)总公司总经理	男	1954.11	满	大专	中共
赵志远	吉林市龙潭区人大常委会主任	男	1936.11	满	初中	中共
韩延超	磐石县水泥厂厂办主任	男	1945.10	满	大学	
长志安	永吉县五中教员	男	1936.11	满	大专	
白昌凯	省人大常委会委员	男	1930.2	满	初中	中共
王玉才	公主岭人大常委会主任	男	1930.1	满	初中	中共
刘景林	梨树县叶赫镇永合村党支部书记	男	1937.2	满	高小	中共
老孝才	东丰县四平乡福胜村党支部书记	男	1950.10	满	高小	中共
项明和	辽源市龙山区工农乡二砖厂厂长	男	1939.4	满	高中	
卜吉春	梅河口市实验小学校长	女	1937.1	满	中专	中共
赵崇璋	辉南县进修学校副校长	男	1929.9	满	大专	

续表

姓 名	工作单位及职务	性别	出生年月	民族	文化程度	党派
阎杰三	省人大常委会委员	男	1927.5	满	高中	中共
李树春	浑江发电厂锅炉分厂焊工	女	1954.10	满	高中	
马书明	浑江市三岔子林业局基建科副科长	男	1936.12	满	中专	
顾绍斌	镇赉县人大常委会主任	男	1930.1	满	初中	中共
刘忠彦	扶余市百货大楼经理	女	1947.11	满	高中	中共
高慧艳	乾安县农业局	女	1956.11	满	大学	
铁成林	珲春市植物油厂副厂长	男	1953.8	满	初中	中共

1993年,吉林省第八届人民代表大会第一次会议选举产生吉林省出席第八届全国人民代表大会代表88名(含中央提名)。由吉林省提名当选的82名中,少数民族10名,满族3名;吉林省第八届人民代表大会代表524名,其中少数民族80名,少数民族代表中满族20名;吉林省第八届人民代表大会常务委员会组成人员55名,少数民族4名,少数民族代表中满族1名:省科学技术协会副主席、党组书记、中国科协常委丁经绪。

1993年吉林省出席第八届全国人民代表大会满族名表

表62

姓 名	工作单位及职务	性别	出生年月	民族	文化程度	党派
王立平	中国音乐家协会书记处书记、中国电影音乐学会副会长、中国电影乐团团长、一级作曲	男	1941	满	大学	
关艳霞	吉林市毛纺厂车间挡车工	女	1961.11	满	高中	中共
范士良	长春百货大楼总经理、党委书记	男	1937.1	满	大专	中共
马占清	中共吉林省伊通满族自治县委副书记、县长	男	1955.7	满	大学	中共

1993年吉林省第八届人民代表大会满族代表名表

表63

姓 名	工作单位及职务	性别	出生年月	民族	文化程度	党派
丁经绪	省人大常委会委员、省科学技术协会副主任席、党组书记,中国科协常委	男	1937.9	满	大学	中共
柏建华	长春拖拉机厂常务副厂长	男	1950.8	满	大专	中共
傅 云	农安县邮电局榛柴支局局长	女	1952.6	满	中专	中共
刘德一	九台市其塔木镇镇长	男	1943.3	满	中专	中共
王彦超	常春第一汽车制造厂变速箱分厂动力科副科长	男	1954.9	满	大学	
关天颖	吉林农业大学动物科学系副教授	女	1937.11	满	大学	九三
张文芬	长春地理研究所沼泽室副研究员	女	1938.7	满	大学	
赵志远	吉林市龙潭区人大常委会主任	男	1936.11	满	初中	中共
阎忠和	中共桦甸市委副书记、市长	男	1948.10	满	大专	中共
南风明	丰满电厂工人	男	1959.1	满	初中	
常治安	永吉县第五中学教员	男	1936.11	满	大专	
阎殿芬	梨树县叶赫满族镇中学民办教师	女	1963.9	满	大专	
老孝才	东丰县小四平乡福胜村党支部书记	男	1950.10	满	初中	中共
赵品良	东辽县白泉中心小学副校长	女	1952.2	满	中专	
傅 云	农安县榛柴岗乡邮电支局话务员	女	1952.6	满	初中	中共
樊万君	通化县副县长	男	1940.10	满	大学	
李树春	浑江发电厂锅炉分厂焊工	女	1954.10	满	高中	
刘忠彦	松原市扶余区百货大楼经理	女	1948.6	满	大专	中共
高慧艳	乾安县政协副主席	女	1956.10	满	大学	
张 宏	洮南市洮府乡永胜村党支部副书记	男	1936.4	满	高小	中共
赵普纯	解放军81389部队部队长	男	1943.10	满	中专	中共

1998年,吉林省第九届人民代表大会第一次会议选举产生吉林省出席第九届全国人民代表大会代表72名(含中央提名),由吉林省提名当选的66名代表中,少数民族9名,满族2名;吉林省第九届人民代表应有520名,实际选出506名。其中少数民族83名,满族24名;吉林省第九届人民代表大会常务委员会组成人员58名,其中少数民族4名,满族1名(省人大民侨外委委员、省科学技术协会巡视员丁经绪);吉林省第九届人民代表大会专门委员会委员61名,其中少数民族4名,满族1名〔民族侨务外事委员会满族委员,中科院长春地理所职代会副主席张文芬(女)〕。

1998年吉林省出席第九届全国人民代表大会满族代表名表

表64

姓 名	工作单位及职务	性别	出生年月	民族	文化程度	党派
桑粤春	吉林省长春吉港集团公司总裁	男	1962.06	满	大学	
李 强	吉林省伊通满族自治县委副书记、县长	男	1954.02	满	研究生	中共

1998年吉林省第九届人民大会满族代表名表

表65

姓 名	工作单位及职务	性别	出生年月	民族	文化程度	党派
丁经绪	省人大常委会委员、省人大民侨外委委员、省科学技术协会巡视员	男	1937.09	满	大学	中共
范士良	长春百货大楼股份有限公司董事长、总经理	男	1937.01	满	大专	中共
柏建华	长春拖拉机厂厂长	男	1950.08	满	大专	中共
桑粤春	长春吉港集团公司总裁	男	1926.06	满	大学	
王雁鸿	长春市双阳区山河街道办事处妇代会主任	女	1961.12	满	大专	
刘德一	九台市其塔木镇人大主席	男	1943.03	满	中专	中共
张文芬	省人大民侨外委委员、中科院长春地理所职代会副主席、研究员	女	1938.07	满	大学	
吴勇为	蛟河市房建公司经理兼房管处主任	男	1952.07	满	大专	中共
佟剑秋	吉林市联合大学党委书记	男	1952.06	满	大学	中共
赵蕴华	永吉县实验高中教师	女	1952.09	满	大学	
关乃庸	吉林市就业局企业管理科科长、市民革副主委	男	1957.12	满	大学	民革
赵启东	伊通县粮食局副局长兼范家屯粮库主任、党委书记	男	1960.12	满	大学	中共
李廷生	公主岭华生有限公司总经理	男	1960.12	满	中专	

（二）担任吉林省政协委员。1988年,政协吉林省第六届委员会有满族委员21名;1993年,政协吉林省第七届委员会有满族委员20名;1998年,政协吉林省第八届委员会有满族委员16名。

1988年政协吉林省第六届委员会满族委员名表

表66

姓 名	性别	民族	党派	工作单位及职务（职务）
张铁男	女	满	中共	省委统战部副部长
关梦觉	男	满	民盟	吉林大学经济管理学院名誉院长、省民盟主委
关晓春	女	满	团员	通化市市政工程公司团委书记
丁 耶	男	满	无	吉林省作协专职作家
关 鉴	男	满	民革	省画院创作员
英若识	男	满	无	吉林艺术学院副教授
曹丽云	女	满	民盟	辽源市五中教导主任
关成福	男	满	无	省图书馆顾问
照崇奂	男	满	中共	省广播电视厅副总工程师
关友文	男	满	无	通化市东昌区卫生局副局长
文尔昌	男	满	农工	白城地区医院医教科顾问
白云阁	男	满	无	永吉县乌拉街农科站站长
宋晓平	男	满	中共	梨树县叶赫满族镇镇长
赵德安	男	满	中共	省民委副主任
徐雯	女	满	无	延边师范专科学校讲师
丁鹿樵	男	满	无	省天主教爱国会主任
那柏年	男	满	无	伊通县政协副主席
郎琦	男	满	中共	吉林画报社顾问
爱新觉罗·毓嶦	男	满	民革	省政府参事、文史馆馆员
韩爱萍	女	满	民建	吉林市民建组织处处长
尹郁山	男	满	无	永吉县文物管理所所长（六届二次会议增补）

1993年政协吉林省第七届委员会满族委员名表

表67

姓名	性别	民族	党派	工作单位及职务(职务)
张铁男	女	满	中共	省委统战部部长
郭振兴	男	满	中共	省委统战部副部长
肇立中	男	满	民革	吉铁分局车轮厂总工程师
富丽晨	男	满	民建	长春光机学院副教授
关晓春	女	满	中共	通化市政工程公司团委书记
肖振铎	男	满	民盟	吉林农业大学教授
王宗汉	男	满	无	吉林市文化局戏剧创编室作家
关 鉴	男	满	民革	省画院美术师
英若识	男	满	无	吉林艺术学院教授
刘景然	男	满	无	长春大学管理学院副院长
尹郁山	男	满	无	永吉县文物管理所所长
刘福田	男	满	无	伊通满族自治县副县长
宋晓平	男	满	中共	梨树县叶赫满族镇镇长
奎速	女	满	中共	省民委副主任
徐雯	女	满	无	延边师专副教授
关友文	男	满	无	通化市东昌区政协副主席
关永吉	男	满	中共	省直工委副书记
孙海涛	男	满	中共	中共吉林省委统战部副部长(七届三次会议增补)
富异锐	男	满	无	长春锐发发展有限公司董事长(七届三次会议增补)
高慧艳	女	满	无	乾安县副县长、农艺师(七届四次会议增补)

1998年政协吉林省第八届委员会满族委员名表

表68

姓名	性别	民族	党派	工作单位及职务(职务)
肇立中	男	满	民革	吉林市民革主委
富丽晨	男	满	民建	长春光机学院研究室主任
关翎菲	女	满	民进	省财政厅文教行政处助理调研员
樊万君	男	满	九三	通化市政协副主席、市九三主委
王永萍	女	满	无	通化石油化工制造有限公司工程师
肖振铎	男	满	民盟	吉林农大动物科学系教授
周广春	男	满	九三	吉林市农科院水稻所所长
高慧艳	女	满	无	乾安县副县长
李虹霖	男	满	民建	华东实业总公司董事长兼总经理
富异锐	男	满	无	长春锐发发展有限公司董事长
关 鉴	男	满	民革	省书画院画家
尹郁山	男	满	无	吉林市文化局文物管理处副研究员
刘福田	男	满	无	伊通满族自治县副县长
宋晓平	男	满	中共	梨树县叶赫满族镇党委书记
奎 速	女	满	中共	省民委副主任
李树范	男	满	九三	通化市东昌区政协副主席

二、民族团结

吉林省属多民族省份,向来重视民族团结事业,从多民族省份实际出发,坚持不懈地开展民族团结宣传教育。各中小学普遍开设了民族政策和民族团结课程;各级党校、行政干部学院都专门安排民族理论课程;各级新闻媒体常年开展民族政策和民族团结典型事迹宣传,全省每年九月开展民族团结宣传月活动,集中进行民族理论政策宣传,切实打牢民族团结的思想基础。各级政府定期召开民族团结进步表彰大会,表彰先进。1986～2000年,吉林省先后有45名满族民族团结进步先进个人,受到国务院、国家民委、省政府表彰。

1986～2000年吉林省满族民族团结进步先进个人名表

表69

姓名	性别	所在单位、职务	授予机关	表彰届次
关晓言	男	永吉县乌拉街满族镇镇长	国务院	1988年国务院第一次民族团结进步表彰大会
郭明义	男	伊通县新家满族乡党委书记兼乡长	国务院	1988年国务院第一次民族团结进步表彰大会
白立人	男	四平市联合收割机厂长	国务院	1988年国务院第一次民族团结进步表彰大会
曹志强	男	白山市喜丰塑料股份有限公司总经理	国务院	1994年国务院第二次民族团结进步表彰大会
周济普	男	东北华联四平金龙集团公司总裁	国务院	1994年国务院第二次民族团结进步表彰大会
赵志刚	男	永吉县两家子满族乡党委书记	国务院	1994年国务院第二次民族团结进步表彰大会
关靖强	男	中共吉林省直属机关党工委统战部部长	国务院	1999年国务院第三次民族团结进步表彰大会
桑粤春	男	长春吉港集团董事长	国务院	1999年国务院第三次民族团结进步表彰大会
佟景春	男	吉林省农村经营管理总站站长	国务院	1999年国务院第三次民族团结进步表彰大会
杨 枫	男	伊通满族自治县副县长	国家民委省政府	1998年国家民委、吉林省人民政府联合举行民族团结进步表彰大会
宋晓平	男	中共梨树县叶赫满族镇委员会书记	省政府（记大功）	1994年吉林省第二次民族团结进步表彰大会
曹志强	男	白山市喜丰塑料股份有限公司总经理	省政府（记大功）	1994年吉林省第二次民族团结进步表彰大会
关 杰	男	珲春市杨泡满族乡党委书记兼乡长	省政府（记功）	1994年吉林省第二次民族团结进步表彰大会
于本泉	男	长春市中心医院胸外科主任	省政府（记功）	1994年吉林省第二次民族团结进步表彰大会
张文芬	女	中国科学院长春地理研究所副研究员	省政府（记功）	1994年吉林省第二次民族团结进步表彰大会
范士良	男	长春百货大楼股份有限公司总经理	省政府（记功）	1994年吉林省第二次民族团结进步表彰大会
王恨岩	男	吉林市汽车工业集团公司副经理	省政府（记功）	1994年吉林省第二次民族团结进步表彰大会

续表

姓名	性别	所在单位、职务	授予机关	表彰届次
付玉珍	女	吉林市农科院土肥研究所副研究员	省政府（记功）	1994年吉林省第二次民族团结进步表彰大会
赵志刚	男	中共永吉县两家子满族乡委员会书记	省政府（记功）	1994年吉林省第二次民族团结进步表彰大会
徐荫章	男	永吉县对外经济委员会主任	省政府（记功）	1994年吉林省第二次民族团结进步表彰大会
宋贵山	男	公主岭市二十家子满族镇镇长	省政府（记功）	1994年吉林省第二次民族团结进步表彰大会
李振和	男	公主岭市放马沟满族乡乡长	省政府（记功）	1994年吉林省第二次民族团结进步表彰大会
周济普	男	东北华联四平金龙集团公司总裁	省政府（记功）	1994年吉林省第二次民族团结进步表彰大会
翟凤普	男	四平市铁东区山门镇上二台满族村村长	省政府（记功）	1994年吉林省第二次民族团结进步表彰大会
赵玉明	男	通化市卫生学校皮肤科主任	省政府（记功）	1994年吉林省第二次民族团结进步表彰大会
李强	男	伊通满族自治县县长	省政府（一等功）	1999年吉林省第三次民族团结进步表彰大会
彭奎宝	男	抚松县新屯子镇南岗村党支部书记	省政府（一等功）	1999年吉林省第三次民族团结进步表彰大会
奎速	女	吉林省民族事务委员会副主任	省政府（一等功）	1999年吉林省第三次民族团结进步表彰大会
宋晓平	男	中共梨树县叶赫满族镇党委书记	省政府（二等功）	1999年吉林省第三次民族团结进步表彰大会
关忠举	男	吉林市民族事务委员会民族处处长	省政府（三等功）	1999年吉林省第三次民族团结进步表彰大会
曹富江	男	中共永吉县金家满族乡党委书记	省政府（三等功）	1999年吉林省第三次民族团结进步表彰大会
白玉琳	男	辽源市西安公安分局安家派出所指导员	省政府（三等功）	1999年吉林省第三次民族团结进步表彰大会
张玉凤	男	柳河县柳河镇民政助理	省政府（嘉奖）	1999年吉林省第三次民族团结进步表彰大会
杨子忱	男	长春市作家协会副主席	省政府（嘉奖）	1999年吉林省第三次民族团结进步表彰大会
张文双	男	永吉县土城子满族朝鲜族乡乡长	省政府（嘉奖）	1999年吉林省第三次民族团结进步表彰大会

续表

姓名	性别	所在单位、职务	授予机关	表彰届次
马景民	男	中共舒兰市委农工部部长、市农委主任	省政府（嘉奖）	1999年吉林省第三次民族团结进步表彰大会
关峰杰	男	四平市城乡建设局副局长	省政府（嘉奖）	1999年吉林省第三次民族团结进步表彰大会
王明会	男	伊通满族自治县满族高级中学校长	省政府（嘉奖）	1999年吉林省第三次民族团结进步表彰大会
黄雅彬	男	公主岭市龙山满族乡乡长	省政府（嘉奖）	1999年吉林省第三次民族团结进步表彰大会
崔福贤	女	四平市铁西区人民政府民族外事侨办公室主任	省政府（嘉奖）	1999年吉林省第三次民族团结进步表彰大会
李怀金	男	辉南天宇药业股份有限公司总经理	省政府（嘉奖）	1999年吉林省第三次民族团结进步表彰大会
关伟	男	珲春市三家子满族乡党委书记、乡长	省政府（嘉奖）	1999年吉林省第三次民族团结进步表彰大会
艾冬	男	延边朝鲜族自治州体育运动委员会副主任	省政府（嘉奖）	1999年吉林省第三次民族团结进步表彰大会
邰禄林	男	吉林省国家安全厅科级侦查员	省政府（嘉奖）	1999年吉林省第三次民族团结进步表彰大会
穆少华	男	武警吉林省边防总队教导队政委	省政府（嘉奖）	1999年吉林省第三次民族团结进步表彰大会

三、社会组织

吉林省的满族民间组织有长春市满族联谊会（筹委会）、吉林市满族联谊会和伊通满族研究会。

长春市满族联谊会 长春满族联谊会的主要活动是组织满族颁金节庆典。颁金节是满族"族庆"之日。1989年10月，在丹东"首届满族文化学术研讨会"上，正式把每年农历十月十三日定为"颁金节"。1994年11月15日，在吉林省艺术研究所举行首届纪念会。会上部分专家学者，对颁金节的来历和满族历史文化内涵及海内外满学研究情况进行探讨交流，增进了满族同胞的团结和友谊。截至2000年，颁金节共举办七届，主要采取学术研讨与节日庆典相结合的形式。

吉林市满族联谊会 1990年成立，以挖掘弘扬满族文化为己任，至2000年，先后成立了吉林省长白民族画院、吉林市满族企业家协会、吉林乌拉满族歌舞团和吉林市少数民族武术协会，成立了市满语研究所，开办了满语培训班；在乌拉街满族中学开设了满语课,积极抢救濒临消亡的满族语言,使满族文化得以传承发展。吉林市满族联谊会在宣扬满族文化的同时,服务发展,积极参与满族博物馆、小白山望祭殿、雾凇岛、乌拉街古城的开发建设,打造满族旅游文化,使吉林市满族文化旅游,尤其是乌拉街的满族民俗旅游,成为国内外游客慕名而来的黄金旅游线路。

伊通满族研究会 1989年6月,伊通满族研究会伴随伊通满族自治县成立而建立。2000年12月29日,召开3次会员大会,有理事会,设会长1人,理事长1人,常务副理事长1人,副理事长3人,秘书长1人。设立文学艺术研究部、民族旅游经济研究部、史学民俗研究部和《伊通满族》(会刊)编委会,会员105人。研究会参与拍摄《寻古探盛伊通州》《伊通满族文物进京展览纪实》《伊通满族风情》《今日伊通》《千里长白》《满族子孙绳、粘饽饽》等电视纪录片、风情风光片,各片相继在中央、省、市电视台展播;组织会员创作章回体小说《长白山下满族魂》;满族教材《满族知识读本》,经省民委、省教委批准,由吉林文史出版社出版,作为满族自治地方进行满族的历史、政治、文化、习俗、语言文字等民族知识教育的辅助教材,使民族理论、政策,满族知识常识进入了中小学课堂。

第四节 生产生活

一、生产方式

1986~2000年,吉林省满族自治县及乡(镇)围绕农民增产增收,完善收入分配制度,促进多种经营方式,提高就业水平,完善社会保障体系,提升人口素质方面改善人民生活条件,提升人民生活水平,改变了过去单一、粗放的生产方式,向科技、绿色、环保方向可持续发展。

农业生产方式 1986~2000年,通过联产承包责任制、经济体制改革,调整产业结构,农民生活逐渐由主要靠人力、牲畜农耕生产,到机械化生产。农业生产的主要环节,如翻地、耙地、播种、中耕、灭茬、运输、脱粒等基本实现机械化,改善了农村经济结构和劳动力结构。不断发展技术含量高的生态农业、绿色农业,大力推广先进实用的种养、加工、贮藏、保鲜等技术,进行良种培育,粮畜产品病虫害防治,提高良种覆盖率。开发应用生物肥、低毒型肥和农药,全面推广科学种田,形成轮作种植方式,促使农民进行多种经营种类,推进农业产业化建设,农产品基地建设,提高生产效率,使农民生活水平逐步改善。2000年,全县效益田面积发展至25 319公顷,占旱田总面积的32.9%,比"八五"末期增长219.7%。果树发展到1 160万株,比"八五"末增长27%。

多种经营 1988年开始,伊通县加强种养基地建设,形成养牛、养羊、养禽、养鹿、水果、蔬菜等各具特色的"一村一品,一乡一业"的新产品格局。2000年,全县有林果基地6个,大小果园4 000个,果树1 160万株;养牛专业户5 859户,专业村14个;养猪专业户1 316户,专业村2个;养鹿专业户1 348户,专业村5个;养禽专业户1 687户;专业村3个;全县农业总产值实现9.7个亿元,比1986年增长5.61倍。伊通县充分发挥区位优势,围绕长春周边城市抓好八个蔬菜基地建设、突出抓好反季菜、南菜北种、野菜家种、名特菜、无公害菜的种植。建设木业基地,发展养殖业,做大畜牧业,"五兴"工程初具规模,到2000年末,黄牛发展到50.5万头,年均增长16.7%。禽发展到1 895.2万只,年均增长25.3%。蔬菜面积发展到5 000公顷,比"八五"末增长233.3%。养殖业,自治县实施"兴鹿工程",使养鹿向规模化、专业化方向发展。到1990年,自治县养鹿7 200头,产鹿茸2 850千克,产值1 440万元。个体和集体养鹿业发展迅速,到1995年形成国营、集体、个体三位一体的养鹿格局。1998年,通过招商引资,兴建伊丹北方大中有限公司、伊丹安源鹿场、发展东方红鹿场。

农业科技不断进步,1990年引进"三早"栽培技术,即选用早熟抗低温品种,至2000年,全县稀植面积约85%以上。1992年,自治县推行米麦间作新技术6 666.6公顷。玉米选用边形优势强、耐密、单株产量高的品种。小麦选用生育期短、抗锈病的品种。1990年,对制种单位核发"准繁证",制种2 070公顷,繁育8个品种,制种6 500吨。1999年全县农村人均收入达2 212元,是1986年人均收入的6.3倍。有85%以上的行政村达小康标准。2000年,全县遭遇特大旱灾,农业减产四成,农民人均收入1 784元,仍比1986年高出1 433元,全县贫困人口由1986年28 996人减少到14 438人。农民生活水平由温饱转向小康。农业基础地位逐步提高,粮食产量最高水平达到797 749吨。种植业结构不断优化,效益农业稳步发展。

发展第三产业　1986～2000年,伊通县实施劳动就业制度改革,主要是通过劳动力管理制度的改革,使劳动就业逐步走向市场化。主要形式有劳动合同制、自主择业、组织培训、劳动部门协调安排,建立劳务市场、组织再就业、劳务输出,逐步建立完善劳动仲裁、劳动合同签证、劳动监察制度。县劳动部门、税务部门、工商部门贯彻国家政策即"实行劳动部门介绍就业,自愿组织起来就业,自谋职业",增加就业岗位,至1990年,兴办企业70户,集资总金额305.6万元,其中知青企业42户,安置待业青年644人。1986～2000年,共安置城镇待业人员8 687人,其中安置在全民所有制单位合同制工人3 677人,集体所有制单位2 530人,自谋职业2 480人。此外,劳动市场不断发展,1991年11月,成立县劳动就业局,隶属县劳动局,建立劳务市场,负责职业中介,组织劳务输出。至2000年,为全县企业引进劳务323人,向县域外输出劳务482人。其中,向韩国、日本、俄罗斯等国家输出劳务252人。

二、人民生活

满族人民群众的生活方式和生活质量有了很大的变化,生活水平也有了很大的提高。从衣食住行方面能够得到体现。

服饰 20世纪80年代中期,职工服装种类、款式、颜色较单调,男士以中山装、西装、夹克衫、制服为常服;女士以西服套装、筒裙为常服。男女冬着棉袄(裤)、毛衣(裤),外着棉、呢大衣。面料主要是国产化纤维混纺织物,如:的确良、毛涤、涤纶花大衣呢、毛花大衣呢、纯毛呢和毛加丝等。20世纪90年代中后期,服装种类、面料、颜色、款式日新月异,并逐渐向名牌、高档、时装化发展。如:西服套装、休闲服、牛仔、T恤衫、纯棉大衣、裘皮大衣等等。人们根据自己的年龄、性别、职业和经济承受力选择合适服装。年轻人一般都很注重流行款式和颜色,讲求时尚和品牌,一般中来年人则讲求穿着舒适合体,既美观大方又价格低廉。少数高收入者,实行高消费,不仅重名牌,而且要求高档次。如高级西装、内衣盒领带,高级皮装和手表,高级羊绒大衣、裘皮大衣等。饰品发式,20世纪80年代中期开始,在女性职工中时兴佩戴饰品。如:戒指、项链、手链、手镯等。20世纪90年代末,白金钻戒、白金项链等饰品在少数青年中佩戴。

农民衣着的质量和款式变化较大,由过去的粗布自家缝制,或单、夹、棉衣,一件衣服要穿数年,缝缝补补,极贫者甚至衣不蔽体,到20世纪80年代中期的确良、涤卡、中长纤维等抗磨耐用的纺织品作为农民家庭制衣的主要面料。颜色单一,只有蓝、灰、黑;服装款式简单,有中山装,制服和夹克衫为主要服式,20世纪90年代后,毛涤、呢子、纯毛料、毛加丝等,是较富裕农民制衣的首选面料。服装款式逐渐发展为以西服、牛仔服、各式女裙、弹力裤、羽绒服等为主。特别是年轻人中,毛衣(裤)、羊毛衫(裤)已取代棉衣(裤)。至2000年,少见家制布鞋,农民大多购皮鞋、运动鞋、旅游鞋和机制布鞋。农村较富裕家庭成员购置戒指、耳环、项链等金银饰品。

饮食 20世纪90年代末,城镇人口食用粮中百分之九十以上是大米、白面、粗粮、小杂粮。肉类食品和禽蛋,在收入较高的家庭中几乎成为家常菜肴;收入较低的家庭除重要节日,平常也不时吃上肉蛋。鲜奶开始在部分家庭落户,多为老人、孩子或体弱者饮用。餐桌上的蔬菜已不再是白菜、萝卜、土豆三大样,即使是冬季,餐桌有新鲜蔬菜。一年四季水果不断,平均比20世纪90年代初要增加5~10倍。人们在饮食上开始注重营养搭配与调剂。低脂肪、高蛋白的牛羊肉、海鲜类食品及富含人体所需多种元素的蔬菜,被众多人所青睐。人们开始把注意力转移向无公害绿色食品。如:绿色大米、无毒无公害栽培的蔬菜、山野菜,以及非饲料喂养的猪、禽和禽蛋等。

20世纪90年代,农民食用粮食,中东部平原区大部分为细粮,有的可达百分之百;山区及水稻种植区,细粮也达到百分之五十以上。农民膳食结构发生显著变化。肉、蛋、食用油、食糖、水果等消费数量均有不同程度的增加。根据1994年和1999年两次农民生活调查显示:肉类,1994年人均消费14.92公斤,1999年达到18.97公斤;禽蛋1994年为4.03公斤,1999年达到5.4公斤;食用油1994年为7.53公斤,1999年9.7公斤;食糖1994年1.6公斤,1999年2.14公斤。

居住 20世纪80年代初,职工住宅均是砖瓦平房或草房,只有少数县级老干部和科技干部进住统建楼。20世纪80年代后期,金融、粮食、石油、税务等单位着手为职工修建职工住宅楼;20世纪90年代初,县城统一开发建设住宅小区;而后又有更多的机关企事业单位为职工修建住宅楼;房地产开发公司建立后,每年都建成数栋商品房。至2000年,行政机关事业单位90%以上的职工住进楼房,企业职工有30%左右住进楼房。生活用具,城镇职工90%的中、低收入家庭中,多数拥有沙发、茶几、衣柜、洗衣机、电风扇、彩色电视机、收录机等;少数拥有电冰箱、组合音响等。无论住平房还是楼房,厨房均配备电饭锅、电砂锅,用石油液化气煮饭、烧菜。多数平房户装上土暖气(温水炉)。占职工总数10%左右的高收入家庭,生活用具变化较快。20世纪80年代的造革弹簧沙发换成真皮沙发,贴面木家具换成实木家具;家家拥有电冰箱,全自动洗衣机;多数拥有立体组合音响、VCD(或DVD)、纯平彩色电视机、照相机;少数家庭有空调、电脑、大屏幕纯平彩电、摄像机、微波炉或电烤箱等。

1986年,全县农村人均住房面积14.6平方米,其中砖瓦结构75 000间,180平方米。1986~2000年,全县共有32 313户农民新建、翻建住宅,建筑面积2 528 888平方米。其中楼房面积12 520平方米。农房建筑基本实现砖瓦结构。2000年农村人均占有住房面积14.99平方米。同时,房屋建筑材料和结构均发生变化。传统的土、草等建筑材料被淘汰,而代之以红砖、石棉瓦、钢筋和水泥等现代化建筑材料。砖瓦结构,平台式、起脊式、马卫式和楼房等,在广大农村中随处可见。室内格局也放生变化,改变传统的东西屋南北炕的格局,分设卧室、客厅、厨房和走廊。多数农房还采用铝合金门窗,外墙面贴瓷砖,室内铺地砖,安装土暖气取暖。家庭用品已不仅仅是木箱、木柜、坛坛罐罐,而是不断向现代化、高档化发展。沙发、茶几、大衣柜、各种家用电器等进入农家。1994年全县农户拥有电视机73 556台,其中彩电8 844台,电视普及率为80.1%;1999年全县农民全县农户拥有电视81 471台,其中彩电30 989台,增长250%,电视普及率达86.3%。1994年全县农户拥有普通电话229部,1999年达5 022部,增长20.9倍;移动电话、家用电脑从无到有。此外,电饭锅、电砂锅、冰箱、电风扇、石油液化气罐等均有大幅度增加。

职工生活 1986~2000年,经过多次改革,职工工资总体水平不断提高。其中,省、市属单位职工工资提高幅度较大。1986年县属机关事业单位职工年人均工资1 156元,2000年为6 435元。企业职工工资起伏较大,陆续出现企业效率下滑、停产、破产,职工下岗,至2000年,有80%的集体企业停产或倒闭。

社会保障 1986~2000年,落实下岗职工基本生活保障失业保险、事业保险和城镇居民最低生活保障制度。深化养老保险制度,扩大基本养老保险覆盖范围。建立健全医疗保险制度的各项配套改革。加强对社会贫困人口的扶持与帮助,增加城镇低收入家庭和农民的收入,切实减轻农民负担,加强对残疾人和社会特殊人群的保护,稳步发展多种形式的农村养老和医疗保险,逐步提高社会公益事业的发展水平,满足不同群众多层次、多样性的需求。

2000年伊通县城镇职工基本医疗保险参保情况统计表

表70　　　　　　　　　　　　　　　　　　　　　　　　　　　　　　单位:人

类别	归属部门(行业)	在岗职工	下岗职工	退休职工	合计
企业	国营企业	8 739	2 249	1 748	12 736
	集体企业	1 030	2 835	497	4 362
	省属企业	1 575	6	323	1 904
	股份制企业	87	84	20	191
机关事业	机关	2 347		393	2 740
	事业单位	6 413		1 583	7 951
	省属事业单位	483		65	548

注:资料来自《伊通满族自治县志》。

第五节　教育科技卫生

一、教育

截至2000年底,全省有满族学校3所,其中,小学1所,中学1所,幼儿园小学初中合一学校1所。

伊通镇满族中心小学　伊通镇满族中心小学始建于1937年,坐落于伊通县城。2000年,学校有教职工152人。其中,省级先进教师2人,市级先进教师12人、特级教师2人,高级教师55人,一级教师46人。学生2 359人,54个教学班,校园占地面积15 000平方米,建筑面积5 920平方米,绿化面积2 135平方米。设有实验室、语音室、微机室、卫生室、舞蹈室、多媒体电教室、少先队活动室、荣誉展室等专用教室。配有微机、电视VCD等,实现了全方位的电化教学。另辖村小一个(新四小学),配备教师13名,学生59人,5个教学班。学校占地面积5 940平方米,建筑面积560平方米。学校先后获得"省体育传统项目学校""省级体验教育示范校""省红领巾示范校""市校园校舍美化、绿化先进集体""市教育学会先进单位""市级教学开放校""四平市先进工会""县教学工作先进单位"等多项荣誉。

伊通满族高级中学,伊通满族高级中学位于伊通镇东北部,是全国民族教育协会会员学校。2000年,校园面积占地68 000平方米,校舍19 000平方米;有42个教学级,学生2 200余名,教职工148人。有11人获研究生学历,中、高级教师58名,市级骨干教师14名,省市级优秀教师21名。学校具有先进的教学设施。全校46个教室,均安装多媒体投影机、大屏幕、网络教学计算机,校内闭路电视和智能广播,平均每个教室内的现代化教学设备价值两万多元。四个大型多媒体报告厅,设备先进,功能完备,为开展教学观摩和交流提供了优越的条件。采用人体工学桌椅、防静电地板,保证了学生的身心健康。语音室、理化生实验室按照国内一流的标准配置,可满足各学科的实验教学。各办公室全部配备了笔记本教学电脑,省市级骨干教师配备了笔记本电脑,全校的办公、教学正在逐步走上了多媒体、智能化、网络化的轨道。

莽卡满族中心学校:吉林省九台市莽卡满族乡满族中心学校位于九台(市)、永吉(县)、舒兰(市)的交界处,始建于1937年。学校占地面积5.5万平方米。截至2000年,学校有教学楼一栋,平房10栋,教职工159人。集幼儿园、小学、初中三层教学于一体,现幼儿园设教学班5个,小学部现有教学班13个,中学部设教学班20个,总学额达1 387人。学校实行电子化办公,教学配有电子备课室,远程教育配套设施,微机室、图书室、资源库等标准化设施。教师队伍建设整优化,学历合格率达100%,大专以上学历达95%。有省优秀教师2人,市地级优秀教师16人,地市级骨干教师5人,九台市级骨干教师33人,有190人次在全国及省市各种大赛中获奖。莽卡满族中心校先后被评为长春市一类一级学校、吉林省民族教育先进校、长春地区教师继续教育窗口校、先进校;素质教育操作能力岗位练功优秀校、省绿色学校;吉林省花园式学校;长春市教师专业发展型学校;市德育工作先进校,办学质量评比先进校;市文明单位等诸多荣誉。

三、科学技术

1994年,伊通满族自治县科技兴县领导小组(后改为科教兴县领导小组)成立。1997年,伊通镇、伊丹、马鞍山、大孤山、小孤山、景台、营城子、靠山、西苇等乡(镇)设科学技术委员会。

科技机构 1986年起,全县相继成立诸多科技服务机构,如科技开发公司、科技情报电脑服务部、应用科技研究所和科技信息服务站等。1995年县专家评审委员会成立,下设工业、农业、交通城建、文教卫生、综合5个专家组。同年设立专利办公室。1996年自治县设立科技市场管理办公室。经市科委批准成立县生产力促进中心。2000年末,全县共成立30余家科技咨询服务机构。

科研项目 1986～2000年,先后实施"星火计划"17个项目。其中,国家级2个,省级4个,市级4个,县级7个。实施省级"火炬计划"项目1个。推广项目25个。其中,市级4个,县级21个;软科研项目9个。至2000年共组织实施62个各级各类科研项目,总投资 2 999.029 万元。项目涉及工业、农业、林业、畜牧、水利、园艺特产和文教卫生等各业。

科技成果 1986～2000 年,全县工业、农业、教育和卫生等单位,先后有 190 项科技成果获奖,其中 8 项获国家级奖励,155 项获省级奖励,87 项获市(厅)级奖励。1995～2000 年,全县共申请 20 项专利,其中 5 项经国家专利局批准获专利权,即伊丹镇吴长青发明的"聚苯聚酯符合床垫",东尖山乡李宏田发明的"止感痛膏",李立荣发明的"耐压高阻两用电测仪",鞠宏彪发明的"机动车机油加热器"等。

三、卫生

1986 年,县级医院、乡(镇)卫生院的经费改财政全额拨款为差额拨款,实行企业化管理。2000 年末,全县共有 27 个医疗单位实行企业化管理。机构,1986 年,全县有县级医疗卫生机构 7 个。主要包括县人民医院、县中心医院、县卫生防疫站等。2000 年末,全县有县级医疗卫生机构 14 个。乡(镇)卫生院,1986 年末,有 22 所;2000 年有 19 所。卫生所,至 2000 年末,全县共有卫生所 271 个,共有乡村医生433 人,卫生员 85 人。个体诊所,1986 年,全县有个体诊所 51 个。1995 年末,全县有个体诊所 21 个,至 2000 年末,全县有个体诊所 31 个。1986 年,全县有医疗卫生技术人员 731 人,2000 年末,全县有卫生技术人员 1 275 人,比 1986 年增长 79.89%。

伊通满族自治县中医院,始建于 1984 年,是集医疗、科研、教学、预防、保健为一体的具有中医、满医特色的现代化综合性医院。医院占地面积 1.6 万平方米,总建筑面积 3.2 万平方米,开放病床 400 张。截至 2000 年,医院有职工 316 名,其中卫生技术人员占 92.7%,中级以上职称占卫生技术人员的 42%。有磁共振、日本东芝产 4排和 64 排螺旋 CT 等医疗设备。还有多功能血管机、芬兰产乳腺钼靶、日本东芝产DR、CR、小 C 臂、双导语 800MAX 光机,高压氧舱,聚焦超声刀,东芝产全自动生化分析仪、干化学分析仪,血流变,三、五分类血球、尿沉渣分析仪,血培养仪,过敏鉴定分析仪,三维、四维彩超,经颅多普勒,体外碎石机,心脏工作站,德国产数码电子腹腔镜、关节镜、宫腔镜、阴道镜,日本奥林巴斯电子胃肠镜,超激光,仿生仪,o3 发生器,康复机器人,病理检验系统等,提高了各类疾病的临床诊断和治疗水平。医院分设四大系统(包括 48 个医技职能科室),四个中心,一个研究所。其中内儿科系统设:心血管内科、神经内科、内分泌科、呼吸内科、消化内科、儿科等;外妇科系统设:普通外科、神经外科、胸外科、泌尿外科、骨外科、重症监护科、麻醉科、妇产科、口腔科、耳鼻喉科、眼科、皮肤科、肛肠科等;医技系统设:磁共振科、放射线科、介入治疗科、超声诊断科、心脏工作站、临床检验科、病理科、输血科、感染控制科、营养科、药剂科等;门诊急诊系统设:中医、西医、满族医、各科急诊、120 救护站等。四个中心有:肿瘤防治中心、血液透析中心、康复中心、健康体检治未病中心。一个满族医药研究所。

第六节　文化体育

一、文学艺术

（一）文学创作。吉林省文学艺术界满族作家人才辈出，在少数民族文学创作中，吉林省满族已形成本民族的创作群体。他们的作品具有浓郁的民族风格，在诗、词、文、赋、小说、戏曲等方面，都创作出了许多优秀作品，并出现了一批在全国文坛知名的作家、诗人、剧作家，其中有些人声名海外。满族具有丰富文化遗产，在吉林省少数民族中满族文化成就显著。

小说　满族作家许行著有短篇小说集《第四片枫叶》《春天没有老去》，中篇小说集《异国情人》，小小说集《野玫瑰》《苦涩的黄昏》等。有8篇作品选入大学、中学教材。多篇作品被译成英、法、日、韩等国文字。

满族一级作家杨子忱的传记长篇小说有《关东粮行》《驼虎传奇》《江湖群雄谱》《清风剑》（上、下部）《野妃》（上、下部）、《江湖遗恨》（四卷本）；长篇传记文学《纪晓岚全传》《王尔烈全传》《金圣叹全传》《纪晓岚外传》《鬼才金圣叹》《天下第一辩》（上、下卷）、《改变嘉庆一生的帝师——王尔烈》等。其中，《纪晓岚全传》1994年获全国城市出版优秀图书二等奖；《风流才子纪晓岚》《王尔烈全传》1997年获全国第二届满族文学奖二等奖。此外，他还创作了中篇小说《情债》《关东那座王陵》《灯红灯绿》《驼虎传奇》《驼龙传奇》等三十余部；短篇小说集《子忱初记》《子忱记》《子忱后记》。

满族女作家秀敏长篇小说《伪宫残梦》（1992年，吉林人民出版社）获中国首届满族文学奖。

满族作家杨松柏的小说《梦》获吉林省第一届少数民族文学奖；小说《梦里寻她千百度》获吉林省第二届少数民族文学奖；《吉林三作家短论》获吉林省第三届少数民族文学奖。小说《离婚的故事》曾被《新华文摘》转载。此外，曾获两届吉林省优秀文学编辑奖，获三届《小说月报》优秀文学编辑奖。出版过短篇小说集《野蜂飞舞》。

1987～1999年伊通县文学创作作品一览表

表71

作品名称	作者	出版单位	出版时间	备 注
《长白山下满族魂》（章回小说）	赵硕旻	吉林文史出版社	1989.8	公开发行
《青年军人审美入门》	郑向东	解放军文艺出版社	1991.5	公开发行
《爱情不是风景线》	祝玉湖	华夏出版社	1991.9	公开发行
《我是女人》（诗集）	刘凤琴	时代文艺出版社	1993.6	公开发行
《驱寇英雄传》（小说）	郑向东	吉林人民出版社	1995.5	公开发行
《人生不是梦》	祝玉湖	山西高校联合出版社	1995.5	公开发行
《女人啊女人》（散文集）	刘凤琴	中国华侨出版社	1996.3	公开发行
《美妙的大自然》（科学小品）	郑向东	吉林摄影出版社	1999.9	公开发行
《吉林省民间文学集成伊通故事》上下	李吉昌	伊通县民间文学集成办公室	1987.11	内部发行
《流蜜的山村》（诗集）	李柏龙	东北文学编辑部	1988.12	内部发行
《七星福地伊通》	席学成	中共伊通满族自治县宣传部	1989.8	内部发行
《伊通诗集》		伊通满族自治县诗词学会	1990.10	内部发行
《关东笑话》	杨德	四平市民间文艺家协会	1992.10	内部发行

戏剧 老剧作家赵翙翔,吉林省戏剧家协会名誉主席,作品有《早晨》《两个心眼》《不管事的主人》《学犁记》《惊蛰时节》《杨靖宇》《向阳门第》《大杂院的星期天》《风雨门前》等。1988年,中国戏剧出版社出版了《赵翙翔剧作选》。

满族女剧作家秀敏,主要作品有:新编历史剧《盛京传奇》(1992年,刊《戏剧文学》),获文化部第三届少数民族题材戏剧剧本银奖;大型话剧《庄妃》获吉林省第七届戏剧文学飞虎奖。话剧剧本,《长白娃》《可怜天下儿女情》《良心账》;电视剧剧本《晚秋》亦都公开发表。除剧本创作外,秀敏还涉猎电视剧。由她任编剧、制片主任的《童心的呼唤》1993年在长春电视台播出;电视剧《苦果》由关东影视文化艺术中心拍摄播放;并在报刊发表戏剧理论评介文章20余篇。

1986～2000年伊通县戏剧创作获国家及省级奖励(或发表)剧目一览表

表72

形 式	题 材	剧本名称	编剧	授奖单位	授奖或发表时间	奖级	发表刊物名称
二人转	新 编历史剧	潘金莲	刘兴文	省文化厅	1986	1	
二人转	新 编历史剧	武松坐轿	刘兴文	省文化厅	1986	3	
二人转	新 编历史剧	卧龙求婚	刘兴文	省文化厅	1986	2	
二人转	现代剧	师兄师弟	黄耀文				《东北二人转》
二人转	历史剧	刘秀坐楼	陆德华	省文化厅	1988	2	
二人转	现代剧	撵妈争妈	黄耀文	省文化厅	1991	2	《戏剧文学》
拉场戏	现代剧	神秘的符号	黄耀文		1992		《戏剧文学》
二人转	新 编历史剧	辫子坟	陆德华	国家文化部	1993	编剧奖	《戏剧文学》
二人转	现代剧	爱在深秋	陆德华	省文化厅	1994	2	《戏剧文学》
二人转	现代剧	中国家	黄耀文		1995		《戏剧文学》
二人转	新 编历史剧	君臣乐	陆德华	国家文化部	1995	1	《戏剧文学》
单出头	现代剧	回娘家	陆德华	省文联	1996	2	
二人转	新 编历史剧	王小斗州官	陆德华	省文化厅	1998	3	
小品	新 编历史剧	刘邦招贤	陆德华		2000		《戏剧文学》

诗歌、散文 满族诗人丁耶,原名黄东藩,辽宁省岫岩县人。中国作家协会会员,吉林省作家协会专职作家(一级)。代表作有《祖父的天下》《翻身集》《鸭绿江上的木帮》。

满族诗人许行,出版诗集《跋涉之路》《边角集》。

满族诗人胡昭,著有诗集《山的恋歌》(1982年,吉林人民出版社)、《从早霞到晚霞》(1983年,江苏人民出版社)、散文、散文诗合集《珍珠集》(1983年,四川人民出版社)、长诗《杨靖宇》(1985年,吉林人民出版社)、儿童诗选《雁哨》(1982年,辽宁少年儿童出版社)、诗集《人生之旅》(1985年,上海人民出版社)、《生命行旅》(1995年,辽宁民族出版社)、散文集《绿的回忆》(1996年,河北少年儿童出版社);此外,还有散文集《怀念与祝福》(1998年,辽宁民族出版社)。诗集《瀑布与虹》获1991年首届中国满族文学一等奖。

满族民间文艺家施立学,主要散文、诗集有:散文集《故国神游》(1990年,吉林文艺出版社),诗集《醉情山水》(1995年,辽宁民族出版社,获中国满族文学三等奖),散文集《万国揽胜》(1998年,辽宁民族出版社)、《中国美女传说》(合作,1997年,香港海峰出版社)。

满族文学家杨子忱的主要诗集散文有,诗集《山影集》《人生版图》《松花江传》《男儿的山女儿的河》《村边有条儿河》《杨子忱诗词选集》;儿童诗集《山村孩子的歌》《胖窑》《识字儿歌》(丛书)。主要获奖作品有:《长长的远山》《山里的风》分获1996年全国第二届新田园诗二、三等奖;组诗《女儿的河》获1998年全国第三届新田园诗二等奖;抒情长诗《1998》获当年文学新闻化建设研讨会作品一等奖,《师歌》2000年获全国世纪之光征文三等奖;散文《谎》1997年获《中国作家》笔会二等奖,《臂弯》1998年获《人民日报》举办的"走向二十一世纪中国文学艺术创作研讨会"一等奖,《一张50年前的人民代表证》1999年获吉林省新中国成立50周年文学评奖二等奖;同年获吉林省人民政府嘉奖。

论文、论文集 满族民间文艺家施立学主要论文、论文集有:《柳条边伊通边门》《利用民俗文化资源振兴吉林经济》等十余篇有关东北地域文化的论文发表在《满族研究》《满语研究》《新长征》等期刊。施立学有关东北文化的论文收在关东民俗文化论集《关东故事学》(1998年,辽宁民族出版社),获中国民间文化优秀奖和关东风俗论集《关东岁时风俗论》(1998年,吉林文史出版社)。《关东故事学》作为东北少数民族的重要文化书籍,详尽探讨了东北民间故事与天文地理、哲学、姓氏、虎文化、交通文化的关系,以及民间故事编织过程汇总的缺憾美、简约美、含糊美和人格力量、艺术夸张等,填补了研究中国民间故事内容与编织结构的空白。《关东岁时风俗论》则是东北岁时风俗的日志,记录、研究了黑土地上从春至冬一年伴随岁时节令而来的民俗事象。1999年被长春市委、市政府授予少数民族立功建业优秀人士、享受市劳动模范待遇。

王兆一,二人转研究专家、评论家,著有《美在关东》《美术审美漫话》《美术审美》《二人转史论》(合作)。论文《健美大气俏丽多姿》1995年获全国曲艺理论优秀科研成果二等奖。

满族戏剧文化研究学者关德富,主要著作有:《吉剧艺术》《吉林作家研究》《地域审美特征初探》《中国古代十大喜剧故事集》《中国古代十大悲剧故事集》《中外文艺禁书》《关于几个戏曲整理问题的论争》《南村集》等多部。

(二) 传统音乐、舞蹈。

传统音乐 满族民歌内容丰富,曲调悠扬,唱词朴实,感情真切,多为渔猎、游牧、农耕和八旗将士出征及思念家乡和亲人的内容。歌词语言通俗,活泼,旋律质朴、简明。在吉林农村满族聚居村屯广为流传的反映生存生活的民歌有:渔民号子《跑南海》、山歌《开山调》、牧歌《溜响鞭》,还有《挖人参》《蚕姑姑》等;反映民间生活的有《巴音波罗》《轱辘冰》《喜歌》等;反映美好爱情的有《伊勒哈穆克》《红绒线》《烟荷包》,《十二月》等;游戏歌有《抓嘎啦哈》《拍手歌》;反映八旗将士出征的有《出征歌》《八角鼓咚咚》。

传统舞蹈 “莽式空齐”是满族盛传之传统歌舞。“满洲大宴会,主家男女,也必更迭起舞。大率举一袖于额,反一袖于背,盘旋作式,曰‘莽式’。”“中一人歌,众皆以‘空齐’二字和之,谓之‘空齐’,盖以此谓寿也”(扬宾《柳编纪略》。)又吴桭臣《宁古塔纪略》载:“满洲人家歌舞名曰‘莽式’,女“莽式”,两人相对而舞,旁人拍手而歌,每行于新岁或喜庆之时。”可见,“莽式”为舞,“空齐”为歌,是满族人民所喜爱的歌舞形式。据研究,“莽式”舞的表演有九折十八式。九折:起式、拍水、穿针、吉祥步、单奔马、怪蟒出洞、大小盘龙及大圆场。十八式:乎、脚、腰各三式,肩、转、走各两式;鼓三式。满族先民渔猎于白山黑水之间,其舞蹈动作与渔猎活动息息相关,“莽式”舞中的穿针、摆水、奔马等都源于满族的生存生活。乾隆年间,“莽式空齐”乐舞受宫廷重视而有所发展,称“庆隆舞”。

秧歌 亦称满族秧歌,多在正月十五上元夜表演。表演时前有引导者,后随扮演各种社会角色人等。手持圆木相击对舞,锣鼓伴奏,场面欢乐热烈,歌舞更迭,娱己娱人,具有广泛的群众基础,至今在吉林满族聚居区绵延不绝,清代渐与汉族秧歌融合,舞者勾画出简单的脸谱,身着与所扮演角色匹配的头,尤其在民间组织的喜庆活动,或城镇士坤、商会操办的迎神、赛会活动,各路秧歌队伍汇聚一处,竞相表演,显示技艺。“鞑子秧歌”中出现的高跷、龙狮舞、旱船、竹马、大头和尚逗柳翠、唐僧取经、太平车、龙头凤尾、老汉背少妻,钟馗送妹等表演具有汉民族文化特质,并伴有八旗驻防兵士及民间艺人的流星、梢棍、三节鞭和大刀等武术表演,是各民族文化融合的产物,鉴于各地情况差异,舞蹈风格亦有差异,进而形成了吉林满族文化的地域特色。而在“鞑子秧歌”或称满族秧歌之中,如今最具表演艺术特色的是吉林市龙潭区乌拉街满族镇的韩屯秧歌队。乌拉历史悠久,是满族人民的传统聚居区,满韵旗风浓郁,至今仍保留着传统的满族礼仪、萨满文化、跳神祭祀、传统民居及满族秧歌。这些满族人平日居家务农身从各业,一旦遇有喜庆、节令、庆典便组织起来,舞起秧歌,为乡民和企业助兴。

萨满祭祀乐舞 祭祀舞中主要有腰铃舞、单鼓舞、庆隆舞、大五魁舞等。单鼓、腰铃、铜镜等都是萨满祭祀的神器。腰铃舞,满族民间舞蹈。由数名腰系铜铃男子表演。表演时打着响板,扭动腰铃,使板声、铃声相和。源于满族早期骑射生活。单鼓腰铃,单鼓腰铃系艺人们口头的称呼,亦称"打单鼓子"或"耍腰铃"。是一种腰缠许多小铃,手持"单鼓"(或"抓鼓")而舞的祭祀舞蹈。满族信仰萨满教并尊奉"鹰神""蟒神""乌鸦神"等。逢年过节,祭祖之日先将"佛头妈妈"请上神位,后由"查玛"开始起舞,他们头戴帽,身扎腰铃,手持抓鼓边跳神舞边唱神歌。他们先在屋里跳,然后到院外跳。祭祖内容一是悼念祖先功德,二是保佑天下太平,三是祝愿风调雨顺,四是祈祷病除灾消。庆隆舞,庆隆舞是在丰收年景和庆祝大典中进行的一种场面性舞蹈,是清朝宫廷舞蹈中最具满族特点的舞蹈,留有民间舞蹈的深刻痕迹。庆隆舞,源于莽势舞。乾隆年间命此名。用于宫廷内元旦、万寿节、除夕及皇帝大婚等所举行的盛大筵宴上,多由王公大臣与司舞者共同表演。舞蹈规模颇大,包括乐器伴奏多达百人。大五魁舞,又称"五魁舞",是满族民间一种庆贺舞蹈。源于满族早期的狩猎生活,多于丰收、狩猎归来时表演。该舞蹈由五人分别头戴虎、豹、熊、鹿、狍的面具做拟兽的跑跳动作,欢快有趣。

笊篱姑姑舞 流传在吉林东部珲春和省内满族聚居区的《笊篱姑姑舞》,颇受广大满族群众喜爱。《笊篱姑姑舞》来自满族一个美丽的传说,一个年轻、美丽、勤劳的满族村姑,因抗拒逼婚,以死抗争。族人钦佩她坚贞不屈的气节,并记得她生前经常到井沿用笊篱淘米、洗菜,于是尊称她"笊篱姑姑"或"笊篱姑娘",并在每年正月十五以歌舞形式纪念她,逐渐渐演变成满族村屯男女青年和儿童的集体舞蹈。是时,从族中选一位十三四岁眉清目秀的小姑娘,打扮得花枝招展;然后用棉纸蒙在一柳笊篱上,画上姑娘的脸型,涂以胭脂,插上绒花,扎上采巾,是为笊篱姑娘。由选出的俊美小姑娘高举"笊篱姑娘"翩然起舞,青年男女和孩童围着这个小姑娘亦歌亦舞,并欢呼着"笊篱姑娘来了!"随着时间的推移,舞蹈的内涵与传说中的故事情节大相径庭,渐演变成满族群众一种欢乐的集体舞。舞时,以问答方式互相唱和,歌词通俗流畅,韵脚灵活,前半部固定,后半部可即兴编唱。如:笊篱姑娘下山来,十五十六彩灯来,梳的什么头?梳的是四散头。头上抹的什么油?头上抹的桂花油。龙凤簪,左右摆,珠花翠花金银花。笊篱姑娘下山来,十五十六看灯来,红缎子花披肩,绿缎的裙子走金边。绣上鸳鸯双戏水,金翅鲤鱼扑粉莲。红绣花鞋沿青边,四散粉衣串金莲。笊篱姑娘下山来,十五十六看灯来。下水碗,往下端,白片猪肉一大盘。米儿酒,五花糕,稷子米饭黏豆包。唱词中充溢满族人民的民俗生活因子,像四散头、桂花油、米儿酒、五花糕、稷子米饭等等。吉林地区的满族人唱词的开头部分,也有唱作"戴上花,披上彩,笊篱姑娘下山来。啥时来?快快快,扭扭搭搭招人爱",接下来的唱词就随心所欲了。

(三)满族书法。中国书法家协会会员那致中,是当代吉林省著名的满族书法家。他以行草和绘画尤为擅长,他的书画作品远传欧洲和亚洲。吉林市书法家金意庵先生,系爱新觉罗家族,清高宗的后裔。早年师从名家,青年时期即负盛名,他的书法、真草隶篆行,无一不精,作品多次入选大型展览,屡获大奖及各项荣誉。并在日本、新加坡、加拿大等国展览,观众广为赞誉。

(四)满族剪纸。 满族喜欢贴窗花,用各种彩纸剪成各种鸟兽花卉、古今人物,贴在窗户上。还有另外一种剪纸艺术,就是挂笺,或称挂钱。过春节时,家家户户用五色彩纸,剪成长约40厘米,宽约25厘米不等的纸块,中间镂刻云纹字画,如丰、寿、福字,下端剪成犬牙穗头,悬挂于门窗横额、室内大梁等处,五彩缤纷,喜气洋洋。最早的挂笺是祭祖场所的装饰品,一般都是单数。传闻自家宗族祖先是从长白山几道沟来的就挂几张。剪纸民间艺术在吉林满族中流行。妇女们能剪出各式各样风格的动物、花卉等美丽的图案。代表性满族剪纸艺术家及作品有,永吉县乌拉街满族妇女崔凤兰的剪纸《喜鹊登梅》《白猿偷桃》《丰收乐》等,曾参加吉林省文化局举办的农民画展,并获奖。通化县倪友兰,从小与母亲学习剪纸,她的剪纸反映了满族的社会生活,具有独特的艺术风格,受到专家的肯定,并被选为全国剪纸研究学会会员。她的作品在全国各类剪纸展览会展出,并获得奖项。九台市关云德,吉林省满族剪纸协会理事,长春市民间文艺家协会理事。剪纸作品多次参展获被报刊选用,尤擅满族萨满文化和民间故事题材创作。

(五)戏剧表演团体和创作。

农安黄龙戏剧团 黄龙戏被专家称为"民族瑰宝"。在黄龙戏诞生时,只有小生、小丑、小旦三行,后在实践中,又逐渐充实了刀马旦、老生和老旦。唱腔以东北流行的皮影戏影调为基调,吸收东北大鼓、单鼓和其他东北民间音乐元素来加以补充;并从京剧、评剧等大剧种借鉴、吸收,最终形成了黄龙戏自己的唱腔。1985年,黄龙戏被载入《中国戏曲年鉴》。1989年,大型历史剧《魂系黄龙府》登上了吉林省首届艺术节的舞台。1990年,经省文化厅推荐,《魂系黄龙府》进京参加中国第二届戏剧节,获文化剧目奖。主演马宗芹摘取中国第八届徐菊梅花奖桂冠;编剧王福义获全国第三届少数民族题材剧本"特别奖"即长白山文艺奖;作曲赵桂君获"孔三传"奖,中国戏曲金曲奖,并被列入《中国戏曲大辞典》。至2000年,剧团创作的主要剧目有《樊梨花》《珍珠串》《陈三两》、现代黄龙戏《无事生非》,《无事生非》获得吉林省喜剧汇演一等奖。大型现代剧《风雨菱花》,该剧舞台美术在布拉格国际舞台美术设计展会上荣获荣誉奖。三部辽金历史剧《大漠钟声》《生明楼》《鹰格夫人》。

松原市满族艺术剧院 吉林省松原市满族艺术剧院是中国唯一的满族戏剧表演剧院。该院前身是"扶余县满族新城戏剧团",1999年划归松原市更名为吉林省松原市满族艺术剧院。艺术剧院主要创作剧目有《箭帕缘》《战风沙》《忘降亭》《春草闯堂》《江》等20多个大小剧目。1991年,创作满族新城戏《铁血女真》,1992年参加文化部"天下第一团"优秀剧目表演,被授予优秀剧目、优秀表演、编剧、导演、音乐、舞美等13个奖项。1991年9月,《铁血女真》剧应文化部和中央电视台邀请进京演出并参加了当年全国戏剧大奖评比。在第三届文华奖评比中获第一名,其主创人员分别荣获编剧、导演9个文化单项奖,男主角扮演者获文化表演奖的同时又荣获中国戏剧表演最高奖——梅花奖。同年,《铁血女真》剧还兼获中宣部"五个一工程"奖。

(六)传统剧种。

单鼓 又称"太平鼓"或"羊皮鼓",太平鼓做成薄扇形状,铁框上蒙着羊皮,鼓柄上套着铁环。表演者左手执鼓,右手持鞭,边打边跳,载歌载舞。过去满族在祭祀跳神时叫跳单鼓。新中国成立后,太平鼓经过改革,在吉庆佳节用来表达满族人民的欢乐心情。

八角鼓 是以八角鼓为主要乐器的满族传统曲艺。八角鼓原为乾隆年间八旗兵凯旋时的打击乐器。象征八旗精神"精诚团结如一体,所向无敌震八方"。后来,八角鼓就演化成民间剧种"八角鼓"。扶余现存"八角鼓"主要曲目有《馋大嫂》《宝玉探病》《夫妻顶嘴》《白蛇下山》等。八角鼓的演奏顺序有曲头、数唱、太平年、湖广调、罗江怨、四板腔、南城调等。

二、传统体育

打箭杆穿 冬天腊月,农村少年男孩利用街道空地摆开阵势打箭杆穿。玩法是以秫秸节作筹码,玩者各出几节集中横放在垫棍上,每人手执一根粗壮的长秫秸做"穿",几个人站在同一地点,向同一方向掷"穿",比出远近,谁最远就是头家,要在落"穿"的位置往回穿秫秸节码,凡离开码垫又不连着的取下,归发"穿"者;没离垫的,连着节秆的不动。二家、三家、四家依次打穿,穿净为止。

打嘎 "嘎"使用圆木棒削成两头带尖的玩具,大嘎半尺上下,小嘎二寸有余。玩时用窄条木板嗑其一端使嘎跳起,再用窄木板将嘎打出,打得越远越好。

珍珠球 是满族喜爱的体育项目之一。在伊通的民族体育场,建有珍珠球馆和露天珍珠球场,珍珠球场投资14万元,在县运动场东北角,可容纳观众1 200名。1989～1990年,伊通满族自治县体委共举办6次培训班,共培训骨干200人,使珍珠球活动在全县开展起来。1989年5月18日,举行首次比赛。1992年8月24日,伊通满族自治县举办了第四届全国珍珠球邀请赛。

第四章 蒙古族

第一节 人 口

蒙古族是吉林省少数民族人口数仅次于朝鲜族和满族的第三大少数民族。据2000年第五次全国人口普查,吉林省蒙古族有17.2万人,主要分布在白城、松原、四平、长春等地。设有1个自治县,10个蒙古族乡。1986~2000年,蒙古族在政治、经济、文化、社会发展方面都取得了长足的进步,尤其是在弘扬民族文化方面走在了全省的前列。

一、人口分布

吉林省是多民族聚居的地方,在少数民族人口中,蒙古族人口占有一定的比例。 1990年第四次全国人口普查统计,全省蒙古族人口为156 488人;2000年,第五次全国人口普查统计,全省蒙古族人口为172 026人,比1990年增加15 538人。主要分布在通榆县、镇赉县、洮南市、松原市、双辽市、白城市、长春市等地。

吉林省各地区第四、五次人口普查蒙古族人口统计表

表73 单位:人

地区	1990年	2000年
总　计	156 488	172 026
长春市	5 838	11 106
南关区	843	1 569
宽城区	371	855

续表

地区	1990年	2000年
朝阳区	1 826	2 643
二道区	343	972
郊区	143	
绿园区		1 501
双阳区	292	427
农安县	1 154	1 391
九台市	365	667
榆树市	176	483
德惠市	325	598
吉林市	5 436	7 321
昌邑区	551	1 731
龙潭区	390	845
船营区	742	967
丰满区		1 153
郊区	1 027	
永吉县	1 024	480
蛟河市	355	518
桦甸市	449	506
舒兰市	363	502
磐石市	535	619
四平市	12 734	13 160
铁西区	322	719
铁东区	392	558
梨树县	1 733	1 600

续表

地区	1990年	2000年
伊通县	373	427
公主岭市	1 598	1 594
双辽市	8 316	8 262
辽源市	1 250	1 918
龙山区	188	394
西安区	144	243
东丰县	528	676
东辽县	390	605
通化市	2 124	2 552
东昌区	270	482
二道江区	248	270
通化县	194	209
辉南县	433	442
柳河县	273	312
梅河口市	504	576
集安市	202	261
浑江市	1 043	
白山市		1 672
八道江区	237	529
三岔子区	218	529
抚松县	229	282
靖宇县	226	204
长白县	60	166
江源县		320

续表

地区	1990年	2000年
临江市	73	171
白城地区	126 355	
松原市		60 087
宁江区		10 458
前郭县	45 892	43 242
长岭县	3 369	2 988
乾安县	2 189	1 735
扶余县	2 965	1 664
白城市	5 080	71 597
洮北区		8 114
镇赉县	17 313	18 039
通榆县	28 197	28 825
洮南市	17 682	13 712
大安市	3 668	2 907
延边州	1 708	2 613
延吉市	173	397
图们市	67	155
敦化市	622	759
珲春市	90	312
龙井市	104	191
和龙市	186	141
汪清县	235	353
安图县	231	305

注:根据1990、2000年第四、五次全国人口普查资料整理。

二、人口构成

1990年第四次全国人口普查和2000年第五次全国人口普查中,对吉林省蒙古族人口构成,普查了性别构成、文化程度、职业构成及婚姻状况。

(一)性别构成。吉林省人口构成,女性多于男性,总体趋于正常。据1990年第四次全国人口普查资料,在全省蒙古族人口15 6488人中,男性 77 052人,女性79 436人。据2000年第五次全国人口普查资料,在全省蒙古族人口172 026人中,男性 83 524人,女性89 502人。

根据2000年第五次全国人口普查资料,蒙古族生活在城市的有33 813人(其中男15 705人、女18 108人),占19.66%;居住在城镇的27 883人(男13 120人、女14 763人),占16.21%;生活在乡村的110 330人(男53 699人、女56 631人),占64.14%。

1990年吉林省各市(地、州)蒙古族人口性别统计表

表74　　　　　　　　　　　　　　　　　　　　　　　　　　　　单位:人

地区	总人口	男性	女性
全　省	156 488	77 052	79 436
长春市	5 838	2 901	2 937
吉林市	5 436	2 828	2 608
四平市	12 734	5 631	7 103
辽源市	1 250	667	583
通化市	2 124	1 015	1 109
浑江市	1 043	538	505
白城地区	126 355	62 625	63 730
延边朝鲜族自治州	1 708	847	861

注:根据1990年第四次全国人口普查资料整理。

2000年吉林省各市(地、州)蒙古族人口性别统计表

表75 单位:人

地区	总人口	男性	女性
全省	172 026	82 524	89 502
长春市	11 106	4 729	6 377
吉林市	7 321	3 323	3 998
四平市	13 160	5 581	7 579
辽源市	1 918	795	1 123
通化市	2 552	1 145	1 407
白山市	1 672	691	981
松原市	60 087	29 678	30 409
白城市	71 597	35 441	36 156
延边自治州	2 613	1 141	1 472

注:根据2000年第五次全国人口普查资料整理。

（二）文化程度。1986~2000年,随着全省教育事业的发展,通过普及九年义务教育、重视城镇职工教育和农民教育,人们的文化程度有了明显的提高。吉林省蒙古族教育依托原有的基础,进入了全面的恢复发展阶段。吉林省蒙古族人口素质有了新变化。1990年,蒙古族在校学生数合计110 248人,其中男性56 017人、女性54 231人;2000年,分性别、受教育程度的蒙古族人口合计161 038人,其中男性76 823人、女性84 215人。

1990年、2000年吉林省蒙古族文化程度统计表

表76 单位:人

	1990年			2000年		
	小计	男	女	小计	男	女
文化程度	110 248	56 017	54 231	161 038	76 823	84 215
小 学	60 221	28 851	31 370	62 565	28 645	33 920
初 中	32 909	17 784	15 125	60 610	30 733	29 877

续表

	1990年			2000年		
	小计	男	女	小计	男	女
高 中	11 183	6 071	5 112	15 112	7 711	7 401
中 专	3 356	1 697	1 659	6 377	2 872	3 505
大学专科	1 407	891	516	4 811	2 343	2 468
大学本科	1 172	723	449	3 227	1 723	1 504
研究生				155	97	58

注:根据1990.2000年第四、五次全国人口普查资料整理。

(三)职业构成。吉林省各级人民政府大力扶持蒙古族人民发展生产,改善生活,使蒙古族人口逐渐增长。从社会职业大类人口构成看,1990年,蒙古族在业人口总数65 675人;2000年在业人口总数79 747人。增加了14 072人。蒙古族从事农、林、牧、渔业人口较多,达57 549人,其次是工业6 821人,生产、运输设备操作人员5 972人;商业、服务人员5 436人,国家机关、党群组织企事业单位负责人1 403人。

1990年、2000年全省蒙古族分性别、职业大类人口构成统计表

表77　　　　　　　　　　　　　　　　　　　　　　　　　　　　单位:人

职业别	1990年蒙古族职业大类人口数			2000年蒙古族职业大类人口数		
	全省小计	男	女	全省小计	男	女
在业人口总数	65 675	39 986	25 689	8 640 (79 747)	4 553 (42 024)	4 087 (37 723)
国家机关、党群组织企事业单位负责人	1 412	1 164	248	152 (1 403)	116 (1 071)	36 (332)
各类专业、技术人员	5 384	2 591	2 793	739 (6 821)	295 (2 723)	444 (4 098)
办事人员和有关人员	1 975	1 533	442	272 (2 511)	172 (1588)	100 (923)
商业、服务人员	3 480	1 623	1 857	589 (5 436)	255 (2 353)	334 (3 083)

续表

职业别	1990年蒙古族职业大类人口数			2000年蒙古族职业大类人口数		
	全省小计	男	女	全省小计	男	女
农、林、牧、渔、水利生产人员	46 741	28 523	18 218	6 235 (57 549)	3 247 (29 970)	2 988 (27 579)
生产、运输设备操作人员及有关人员	6 676	4 550	2 126	647 (5 972)	466 (4 301)	181 (1 671)
不便分类的其他从业人员	7	2	5	6 (55)	2 (18)	4 (37)

注：根据1990、2000年第四、五次全国人口普查资料整理。2000年蒙古族行业门类人口数，是长表汇总数系抽样数据，抽样比例为9.23%，其计算方法为：长表汇总人口数/综合汇总人口数，可以推算总体。表中括号系抽样比例为9.23%推算总数。

1990年、2000年全省蒙古族不在业人口统计表

表78　　　　　　　　　　　　　　　　　　　　　　　　　　　　　　　　单位：人

职业别	1990年蒙古族不在业人口数			2000年蒙古族不在业人口数		
	全省小计	男	女	全省小计	男	女
不在业人数总数	33 796	8 230	25 566	4 004 (36 957)	1 239 (11 436)	2 765 (25 521)
在校学生	7 730	3 861	3 869	913 (8 427)	444 (4 098)	469 (4 329)
料理家务（待升学）	18 965	275	18 690	1 549 (14 297)	31 (286)	1518 (14 011)
离休退休退职	1 345	1 022	323	339 (3 129)	174 (1 606)	165 (1 523)
丧失工作能力	3 894	2 051	1 843	412 (3 803)	175 (1 615)	237 (2 188)
市镇待业	602	304	298	442 (4 080)	229 (2 114)	213 (1 966)
其他	1 260	717	543	349 (3 221)	186 (1 717)	163 (1 504)

注：根据1990、2000年第四、五次全国人口普查资料整理。2000年蒙古族行业门类人口数，是长表汇总数系抽样数据，抽样比例为9.23%，其计算方法为：长表汇总人口数/综合汇总人口数，可以推算总体。表中括号系抽样比例为9.23%推算总数。

（四）婚姻状况。由于社会的进步，经济的发展，家庭构成有了很大的变化，几代同堂的大家庭 逐渐解体，一对夫妇和未婚子女组成的小家庭占大多数。1990年婚姻状况15岁及15岁以上有99 471人，男48 216人、女51 255人；2000年是116 703人，男53 460人、女63 243人，比1990年增长了17 232人。

1990年、2000年吉林省蒙古族分性别、婚姻状况人口统计表

表79　　　　　　　　　　　　　　　　　　　　　　　　　　　单位：人

婚姻状况	1990年性别、婚姻状况人口			2000年性别、婚姻状况人口		
	全省小计	男	女	全省小计	男	女
15岁及15岁以上	99 471	48 216	51 255	12 644（116 703）	5 792（53 460）	6 852（63 243）
未　婚	26 409	14 988	11 421	3 089（28 511）	1 713（15 811）	1 376（12 700）
初婚有配偶	68 021	31 202	36 819	8 674（80 061）	3 753（34 640）	4 921（45 421）
再婚有配偶				287（2 649）	95（877）	192（1 772）
离　婚	419	286	133	93（858）	59（544）	34（314）
丧　偶	4 622	1 740	2 882	501（4 624）	172（1 588）	329（3 036）

注：根据1990、2000年第四、五次全国人口普查资料整理2000年蒙古族行业门类人口数，是长表汇总数系抽样数据，抽样比例为9.23%，其计算方法为：长表汇总人口数/综合汇总人口数，可以推算总体。表中括号系抽样比例为9.23%推算总数。

第二节　民族区域自治及民族乡

2000年，吉林省有1个蒙古族自治县和10个蒙古族乡。即：前郭尔罗斯蒙古族自治县、四平地区的双辽市那木斯蒙古族乡、大安市新艾里蒙古族乡、镇赉县莫莫格蒙古族乡、镇赉县哈吐气蒙古族乡、通榆县西艾力蒙古族乡、通榆县包拉温都蒙古族乡、通榆县向海蒙古族乡、洮南市呼和车力蒙古族乡、洮南市胡力吐蒙古族乡、洮北区德顺蒙古族乡。

一、前郭尔罗斯蒙古族自治县

前郭尔罗斯蒙古族自治县位于吉林省的西北部的松嫩平原,地处东经123°35′至125°18′,北纬44°17′至45°28′之间。东北、北临松花江、嫩江与肇源县隔江相望,南与农安县交界,西与长岭、乾安毗邻北与大安市接壤。东西狭长130千米,南北宽85千米。

2000年,前郭尔罗斯蒙古族自治县共辖9个镇、16个乡、235个行政村、8个街、580个自然屯。城乡居民156 553户,总人口567 246人,其中乡村人口455 412人,占全县总人口的80.28%。有蒙、汉、朝、回、满、锡伯、壮、藏、苗、维吾尔、土家、彝、布依、侗、瑶、白、哈萨克、黎、傈僳、佤、高山、达斡尔、鄂温克、鄂伦春等24个民族,蒙古族人口占总人口的7.62%。县人民政府驻地前郭镇是全县政治、经济、文化的中心。

(一)自治机关建设。前郭尔罗斯蒙古族自治县成立起,县委、县人民委员会重视自治机关的民族化建设。到2000年末,全县共有蒙古族干部2 263人,占干部总数的15.9%。全县副处级以上蒙古族干部15人,占同级干部总数的32.6%,副科级以上蒙古族干部198人,占同级干部总数的24%,其中蒙古族妇女干部18人,占同级干部总数的9.1%,民族乡(镇)政府主要领导均由蒙古族公民担任。

(二)民族法制建设。前郭尔罗斯蒙古族自治县的民族法制建设,主要是在全民普法教育的同时,加快民族立法,实施依法治县。1989年,县委、县人民政府制定了《依法治县实施方案》,县人大常委会根据《宪法》关于民族区域自治地方人大常委会有权依照当地民族的政治、经济和文化特点,制定自治条例和单行条例的规定,先后制定了《前郭尔罗斯蒙古族自治县自治条例》(1991年5月25日起施行)、《前郭尔罗斯蒙古族自治县蒙古语言文字工作条例》(1996年7月1日起施行)、《前郭尔罗斯蒙古族自治县查干湖自然保护区管理条例》(1997年5月30日起施行)、《前郭尔罗斯蒙古族自治县执行〈中华人民共和国城镇国有土地使用权出让和转让暂行条例〉的补充规定》(1999年5月6日起施行)、《前郭尔罗斯蒙古族自治县灌区管理条例》(2000年10月18日起施行),推进了自治县的民族法制建设和依法治县的进程。

(三)经济建设。前郭尔罗斯蒙古族自治县自然资源丰富,有耕地213 000公顷,占幅员30.52%;林地133 500公顷,占幅员19.13%;草原180 636公顷,占幅员25.88%;水域65 109公顷,占幅员9.33%;其他用地105 697公顷,占幅员15.14%。地下矿产资源储量较大,有石油、天然气、矿区泉水、泥炭、矽砂、油母页岩、膨润土等。地上动植物资源品种繁多,其中野生经济植物85科877种;野生动物兽类、鸟类和水生鱼类98科331种。境内松花江、嫩江年均径流总量397.38亿立方米,地下水年均可采资源量2.89亿立方米,有湖泊、泡沼27处。重点保护的旅游资源有查干湖、莲花泡、水龙坑、哈达山、大草原、塔虎城遗址、满蒙文碑、王爷遗址等。

1986年,农村经济体制改革主要是健全家庭联产承包责任制和统分结合的双层经营体制,调整农村产业结构和种植业结构,按照农、林、牧、副、渔,工、商、建、运、服全面发展的要求,县委、县政府确定了"全面发展农业,全幅员开发资源,全面发展商品经济"的总体战略,加快县、乡、村三个层次的政策协调、科学技术推广、生产资料供应、农副产品购销等四个方面的社会化服务体系建设,先后建立了农业、畜牧业、林果、加工、销售以及农机、水利、科技、信息九大服务系列,开拓农业生产资料专业批发市场、粮食及畜禽交易市场和劳动力、人才、信息等生产要素市场,大力培育主导产业,建设"九大基地",发展"龙型经济"和"龙头企业",全县农村经济在改革的推动下,呈现出全面发展的好势头。

"七五""八五""九五"计划期间,前郭尔罗斯蒙古族自治县的工业、农业和第三产业通过调整、改革、整顿和提高,在不同的历史时期,均达到一个阶段性的发展水平,县域经济的综合经济实力不断增强。2000年,全县实现国民生产总值240 845万元,人均国民生产总值8 291元;农林牧渔业总产值134 318万元;县域内国有及年销售收入500万元以上非国有工业企业总产值20 500万元;全口径财政收入实现19 839万元,在全省各县(市)社会经济实力排序中名列第二位,在全国119个少数民族自治县中,国内生产总值和全口径财政收入人均排名第一。

(四)农牧业。农业生产坚持因地制宜,发挥优势,调整结构,强化服务,突出粮豆种植,发展区域经济。推广普及农科技术,增加良种化肥投入,粮食产量有较大提高。1986年,粮食总产52万吨,创历史最好水平。1987~1989年,农业遭灾减产,三年平均粮食产量58.97万吨,同1986年相比,年均增长4.25%。1990~1992年,继续贯彻"三全"总体战略,坚持"农牧并重、发展林果、大养鱼苇、办工兴商、系列开发、综合经营"指导方针,狠抓常规农业和开发农业,实现了粮食总产量、农业总产值、农民人均收入"三个同步增长"。1993~1997年,农业生产遭受春旱、夏涝、秋吊等自然灾害,通过旱田井灌、防洪排涝、发展水田等措施,全县坐水种面积9公顷,播前灌面积5 333公顷,节水灌溉面积667公顷,开发水田1.9公顷,五年粮食总量累计平均99万吨,比1992年增长16%。其中1996年粮食总产130万吨,在全国100个产粮大县中名列第14位。1998~2000年,农业生产在深化改革中,突出区域特色,在稳定高产作物面积的同时,增加小麦、大豆、花生、辣椒、芝麻等高效作物面积,粮经、饲作物种植比例调整到60:33:7。积极发展"订单"农业,开展绿色食品,建立农业科技示范园区,引进、培育、推广名优新特产品,麦菜、瓜菜、菜菜复种面积达8 000公顷。

前郭尔罗斯蒙古族自治县是吉林省水稻生产基地,东北四大灌区之一的前郭灌区。2000年,水稻总产值14.3万吨,公顷单产突破1万公斤,同1986年相比,均增长7.5%和3.6%。松莲牌、松光牌、龙坑牌大米和平凤二马泡大米、鲜丰长巴粒大米等相继通过国家或省级绿色食品认证。

1986~2000年,牧业商品化进程加快。在"农区牧区并重,数质并重,以发展养羊为突破口,积极饲养生猪、牛和家禽"的指导方针下,适度调整农牧业比例,把查干花等10个乡(镇)确定为以牧为主的乡(镇),进一步落实承包责任制,促进了牧业向专业化、社会化、商品化方向发展。1996～2000年，畜牧业生产开始向市场经济过渡，县委、县政府在建设牧业大县中，确定以资源为依托，以市场为导向，以效益为中心，加大科技投入，突出肉牛、肉羊、肉鸡三项开发建设，推进规模经营，发展"龙"型经济，提高产业化水平。全县各类畜禽规模饲养户场达1.5万个，其中牧业大户1996个，牧业大村85个。全县大牲畜发展到230 768头（匹），其中牛185 699头；羊发展到753 631只，猪发展到706 137头；禽发展到20 147千只。肉类总产量92 913吨，禽蛋产量29 764吨，羊毛产量2 688吨。牧业总产值6.29亿元。

（五）林业。1986～2000年，林业生产坚持以市场为导向，以生态效益、经济效益、社会效益为中心，以建立林业生态体系、产业体系、管理体系为目标，造业绿化上档次；发展生态经济林上效益；巩固绿化造林成果上水平。1991～1993年，全县新植林1.94万公顷，1994年绿化9 000公顷，到1995年，不仅超额完成"三北"防护林二期工程建设任务，还提前两年实现十年绿化前郭大地的规划任务，被省政府授予"十年绿化吉林大地先进县"称号。

（六）工业经济。1986～2000年，工业生产在改革开放的推动下，实施企业产权制度改革，通过改组、联合、兼并、租赁、委托代管、量股到人、出售、破产等形式，改善了企业的生产关系，建立了新型的企业制度。2000年，以大豆加工为主的吉林不二蛋白有限公司，先后投入技改资金近亿元，主产品大豆分离蛋白生产能力由2 000吨扩大到8 000吨，年销售额1.3亿元。石油开采企业实力不断壮大，县属石油开采企业油井发展到207口，年产值3 700万元。以鲜丰工业小区为基地的建材企业发展迅速，生产势头良好。以稻米加工为主的工业企业，年加工水稻能力突破14吨。尤其是民营工业企业的兴起，为县域经济的健康发展注入了新的活力。

（七）社会事业。各项社会事业全面进步。前郭尔罗斯蒙古族自治县的教育工作贯彻党的教育方针和《义务教育法》，坚持教育为社会主义现代化服务、为人民服务、与生产劳动相结合的正确方向，培养德、智、体美全面发展的社会主义建设者和接班人。抓好幼儿教育，普及初等教育，加强中等职业教育，提高成人教育。2000年，全县各级各类学校发展到334所，普及初等教育"五率"达到部颁标准，城镇中小学"三室"建设基本配套，中等职业技术教育在校生占高中段学生总数的40%。前郭县先后被国家教委、国爱民委等部门授予"全国民族教育先进集体""全国家庭教育先进县""全国'两基'工作先进地区"；被吉林省人民政府授予"普及九年义务教育和扫除青壮年文盲先进县""农村教育综合改革先进县"和"校舍建设先进县"等荣誉称号。科技工作坚持新技术的开发、引进、推广服务工作。从1988年县政府选聘科技副县长起，全县就形成了县、乡（镇）、村三级科技领导体系和科普网络。1986～2000年，全县共实施"星火计划"44项，其中国爱级1项，省级15项，地市级7项，县级21项。2000年，被评为全国科普示范县。文化事业按照发展先进文化和把社会效益放在首位的要求，在城乡新建了一批文化娱乐场所，广泛开展群众文化活动。1997年前郭县被文化部命名为"全国社会文化先进县"。前郭县的体育始于民间传统体育，随着社会文化和现代体育运动的发展,逐步形成了学校体育、群众体育、民族体育相结合的全民体育健身活动。1986～2000年,业余体校为省市运动队输送运动员156名,连续多年被国家体委(体育总局)授予"全国群众体育先进单位"称号;被省体委(体育局)授予"人才输送奖"和"输送人才突出贡献奖"。卫生医疗保健工作在医政管理、医疗条件、保健措施和服务质量上都有很大改善,危害群众健康的鼠疫、布病、地甲病和其他传染病达到了稳定控制区标准,爱国卫生运动受到省、地、市表彰。2000年,全县医疗院、站、所发展到528所,其中县级院、站、所5所,乡(镇)卫生院25所,预防保健站25所,村级卫生所395所,私人诊所78家。医护(含工勤)人员2 687人,病人床位866张。前郭县被松原市政府评为"卫生工作达标先进单位"。

(八)蒙古族聚居乡(镇)。前郭尔罗斯蒙古族自治县蒙古族人口较多的乡(镇)有查干花镇、乌兰图嘎镇、新庙镇、长山镇、八郎镇、哈拉毛都镇、吉拉吐乡、乌兰塔拉乡、乌兰敖都乡、东三家子乡等10个乡(镇)。

1. 查干花镇。查干花镇位于县城西南80千米处,幅员424.35平方千米。辖9村1场,其中蒙古族聚居村5个,35个自然屯47个社,5 353户,20 022人,其中蒙古族7 860人,占人口总数的39.3%。2000年,全镇共有企业101户,其中集体企业15户,批发零售商业39户,交通运输业7户,餐饮业10户,工业20户,建筑业10户。实现营业收入2 500万元,利税总额240万元。

2. 乌兰图嘎镇。乌兰图嘎镇位于县城西南68千米处,幅员360.68平方千米。乌兰图嘎系蒙语,汉意"红旗",镇政府驻地大老爷府。2000年,辖12个行政村,1个良种场,41个自然屯,5 365户,26 303人,其中农业人口24 071人。蒙古族2 545人,满族105人,壮族3人,锡伯族7人,少数民族占全镇总人口的10%。2000年,乌兰图嘎镇经济总收入7 988万元,其中农业收入6 804万元,牧业收入336万元,林业收入133万元,乡(镇)企业收入715万元。农民人均收入2 367元。

3. 新庙镇。新庙镇位于县城北29千米处。幅员157.73平方千米。5 394户,21 615人。辖11个行政村,1个街道办事处。2000年,全镇工农业总产值9 591万元,其中企业产值7 135万元,农业产值2 456万元。农民人均收入985元,比1985年增加481元。财政收入193万元。企业利润1 010万元,是1985年的12.9倍,实缴税金100万元,是1985年的3.2倍。

4. 长山镇。长山镇位于县城北34千米处。镇内有吉林省长山热电厂、吉林省长山化肥厂、中国石油新立采油厂三家国省直企业和长山屯火车站。长白铁路、珲乌公路贯穿全境。全镇幅员86.78平方千米,其中耕地2 029公顷,林地926公顷,草原327公顷,水域2 603公顷。2000年,辖6个行政村,5个自然屯,3个街道办事处,38 312人,其中城镇人口29 105人,农业人口9 207人。全镇有9个民族,其中汉族34 852人,蒙古族2 323人,其他少数民族1 137人。2000年,长山镇农业总产值1 070万元。乡(镇)企业和民营经济3 023户,从业人员3 000余人,产值4亿元。畜禽存栏23.2万头(只)。蔬菜大棚368栋,产值300万元,棚均年收入7 500元,收入超万元的大棚户120户,全镇农民人均收入2 500元。

5. 八郎镇。八郎镇位于城西北约45千米处。幅员101.71平方千米。金朝时的北方军事重镇——塔虎城坐落于本镇境内,现为国家级文物保护单位。2000年,辖10个行政村,5 115户,18 608人,其中蒙古族2 350人,其他少数民族37人。农业人口16 886人,占总人口的90.7%。2000年,全镇个体工业企业18户,运输业12户,建筑业17户,商业、饮食、服务67户,从业人员217人,年收入220万元。

6. 哈拉毛都镇。哈拉毛都镇位于县城东南33千米处,幅员139.88平方千米。镇驻地王府屯。2000年,哈拉毛都镇辖12个行政村,34个自然屯,5 747户,24 033人,其中农业人口22 679人,非农业人口1 354人,全镇除汉族外,蒙古族2 431人,其他少数民族443人,少数民族人口占总人口的12%。2000年,有企业304户,从业人员1 230人,主要从事加工、运输、餐饮服务业,企业产值3 050万元,实现利税516万元。农闲外出打工600余人。全年粮食总产1.6万吨,大牲畜存栏0.45万头(匹),猪1.13万头,羊0.42万只,禽出栏47.7万只,农业总收入5 420万元,农民人均收入1 480元。

7. 吉拉吐乡。吉拉吐乡位于县城南12千米处,幅员153.76平方千米。长白铁路和长白公路从乡域中心穿过,辖区内有哈玛尔、七家子火车站点。2000年,全乡共有8个行政村(其中有2个少数民族村),18个自然屯,1个良种场,7 130户,30 258人,其中少数民族1 699人。2000年,粮豆总产23 711吨,经济作物产量2 215吨。有日光温室大棚148栋,其中高科技日光温室50栋,年收入160万元。全乡有集体、个体、私营企业336户,年创产值3 500万元;有1 700户从事草编业;有1 000户搞育菜种,孵鸡、鸭、鹅雏和庭院经济生产;有300户从事运输、修理、商业、饮食、加工、采沙、捞石等,年创产值450万元,全乡工农业总产值12 512万元,农民人均收入2 500元。

8. 乌兰塔拉乡。乌兰塔拉乡位于县城西南约59千米处,幅员294.94平方千米。国道203线贯穿全境,原长白线经乡西部大什、大乌龙、乌兰塔拉村与203线会合;双乌公路(乌兰塔拉乡—乌兰敖都乡)1994年正式通车。2000年,全乡辖10个行政村,26个自然屯,4 230户,19 416人,其中汉族18 578人,蒙古族751人,其他少数民族87人。农业人口18 687人,占总人口的96.2%。2000年,全乡大牲畜存栏6 243头,其中牛3 772头、马1 905匹、驴290头、骡276匹。羊34 992只,猪13 160头。全乡有个体工业企业9户;运输企业40户;建筑企业9户;商业、饮食、服务企业187户。从业人员427人,年收入500万元。

9. 乌兰敖都乡。乌兰敖都乡位于县城西100千米处,幅员265.23平方千米。2000年,辖9个行政村,20个自然屯,3 890户,14 739人,其中非农业人口756人。乌兰敖都乡是以牧为主、农牧结合的乡。2000年,全乡经济总收入4 351万元,农民人均收入2 566元。种植业以玉米、高粱、豆类为主。全乡有耕地6 903公顷,粮豆总产量4.5万吨,农业总收入2 965万元。有大、中型拖拉机52台,小型拖拉机1 260台,汽车30台,机耕地面积达3 000公顷。共有大小机电井162眼。有易林地8 784公顷,其中造林面积3 541公顷,每年坚持全民造林和义务植树2万余株,林业总收入9万元。大牲畜存栏8 439头(匹),养羊56 180只,养猪1 351头,草原面积9 241公顷,建设草原围栏2 500公顷。改良牛6 000头,改良细毛羊5万只,牧业总收入623万元。全乡有乡(镇)企业及民营企业191户,乡企和多种经营收入754万元。

10.东三家子乡。东三家子乡位于县城西南93千米处,幅员259.45平方千米,其中耕地6 300公顷,林地9 617公顷,草原8 004公顷,水域360公顷,其他占地1 664公顷。2000年,辖9个村,27个自然屯,3 552户,14 779人,其中蒙古族2 387人,满族18人。2000年,全乡林地面积9 617公顷,森林覆盖率37%。境内草原辽阔,有利于畜牧业生产的发展。大牲畜存栏9 080头匹,其中牛存栏7 000头。羊存栏5.5万只,其中绵羊3.85万只;小尾寒羊1.1万只;绒山羊500只。猪存栏9 125头,家禽11.23万只。2000年,全乡有企业212户,年产值3 450万元,利税438万元。

二、蒙古族乡

截至2000年底,全省共有10个蒙古族乡,即:四平地区的双辽市那木斯蒙古族乡,白城地区的洮北区德顺蒙古族乡、大安市新艾里蒙古族乡、镇赉县莫莫格蒙古族乡、镇赉县哈吐气蒙古族乡、通榆县西艾力蒙古族乡、通榆县包拉温都蒙古族乡、通榆县向海蒙古族乡、洮南市呼和车力蒙古族乡、洮南市胡力吐蒙古族乡。

2000年吉林省蒙古族乡分布情况一览表

表80

所属市	民族乡(镇)	成立(恢复)时间
四平市	双辽市那木斯蒙古族乡	1963年9月成立
白城市	洮北区德顺蒙古族乡	1999年9月成立
	大安市新艾里蒙古族乡	1957年9月成立,1958年与其他乡(镇)合并,1985年恢复
	镇赉县莫莫格蒙古族乡	1954年5月成立,1958年撤销,1983年恢复
	镇赉县哈吐气蒙古族乡	1957年7月成立,1958年并入莫莫格人民公社,1983年恢复
	通榆县西艾力蒙古族乡	1958年度9月成立,同年底与其他乡合并,1983年恢复
	通榆县包拉温都蒙古族乡	1956年5月成立,"文革"期间被撤销,1983年恢复
	通榆县向海蒙古族乡	1966年7月成立,1958年撤销,1983年恢复
	洮南市呼和车力蒙古族乡	1979年9月成立
	洮南市胡力吐蒙古族乡	1956年8月成立

（一）双辽县那木斯蒙古族乡。那木斯蒙古族乡位于双辽县西南部,东与县城郑家屯镇相连,西、南、北部分别与内蒙古哲里木盟科尔沁左翼后旗和科尔沁左翼中旗接壤。长(春)通(辽)公路斜穿乡境,交通方便。全乡总面积为98平方千米,其中耕地1 554公顷,草原3 500公顷,林地4 000公顷。1963年9月,经吉林省人民政府批准成立那木斯蒙古族乡。

1990至2000年部分年份双辽县那木斯蒙古族乡基本情况统计表

表81

	单位	1990	1995	1996	1997	1998	1999	2000
一、乡村户数	户	640	742	746	840	805	759	4 952
乡村人口	人	3 170	3 114	3 114	3 400	3 204	2 815	20 012
其中:少数民族人口	人	1 123	1 764	1 764	1 954	1 806	1 712	3 775
二、农作物总播种面积	公顷	1 516	1 495	1 458	1 437	1 523	1 521	4 383
粮豆播种面积	公顷	1 364	1 427	1 393	1 341	1 463	1 444	3 566
粮食总产量	吨	5 521	7 630	8 844	3 010	11 034	12 804	6 177
三、大中型农用拖拉机	台	8	6	6	12	19	25	664
小型拖拉机	台	48	76	114	128	101	120	593
农用载重汽车	台						40	
四、猪年末头数	头	1 971	1 379	1 341	3 651	3 253	2 921	20 329
羊年末只数	只	1 153	4 955	3 549	8 156	17 248	4 948	16 032
大牲畜总头数	头	1 807	2 334	2 486	3 162	10 757	4 041	11 416
其中:牛	头	1 180	1 704	1 564	2 213	5 872	3 509	9 375
五、农村社会总产值	万元	399	2 260	2 980	2 295	1 059	4 649	6 590
其中:农业	万元	325	1 032	1 509	2 095	1 008	2 949	5 371
工业	万元	8	49	617	10		200	339
六、财政收入	万元	5	25	44	140		22	65

续表

	单位	1990	1995	1996	1997	1998	1999	2000
财政支出	万元	8		44	140		65	193
七、农民人均纯收入	元	1 007	1 500	1 880	317	2 502	2 285	1 181
八、乡(镇)企业总产值	万元		1 180	337	40	119	1 700	7 800
利润总值	万元			19	10	12	130	16
上缴税收	万元		1	11	2	4	12	280

注:资料来自《吉林民族统计》,吉林省民族事务委员会经济发展处2001年编印。

(二)洮北区德顺蒙古族乡。德顺蒙古族乡历史悠久,有三处省级重点文物保护单位,其中辽金古泰州城遗址和清初双塔极负盛名,双塔新石器遗址反映了早在两三千年前就有人类在此劳作生息。德顺乡原隶属于洮南市,1993年划归属洮北区,1999年9月经省政府批准为德顺蒙古族乡。2000年,全乡辖11个行政村,幅员1 365平方千米,其中耕地面积5 500公顷,草原面积400公顷,林地810公顷。境内有汉、蒙、满等民族,全乡总人口11 787人,其中蒙古族2 540人。该乡土地肥沃,作物以玉米、水稻为主,红辣椒、黏玉米等经济作物也有一定规模。土特产有芝麻、绿豆、葵花、蓖麻、高粱、谷子、糜子等。境内还发现地下石油等资源。全乡农林牧渔总产值3 878万元,其中,农业产值3 663万元,牧业产值166万元,林业产值27万元,渔业产值22万元。粮豆总产量22 786吨。人均收入1 813元。

(三)大安市新艾里蒙古族乡。新艾里蒙古族乡地处松嫩平原腹地,位于大安市西北部,距县城85千米。2000年,全乡辖5个行政村,幅员82.7平方千米,其中耕地面积1 621公顷,林地面积3 210公顷,草原面积2 810公顷,沙丘面积515公顷,盐碱地面积833公顷,泡沼面积431公顷,其他用地面积273公顷。全乡总人口5 398人,蒙古族人口1 350人,占总人口的25%。2000年,新艾里全乡农林牧渔总产值1 006万元,其中农业产值378万元,占总产值的37.5%,农作物播种面积1 660公顷,粮食总产量1 823吨。其中玉米900吨,比1986年增加479吨,比1995年减少350吨。杂粮杂豆804吨,比1986年增加479吨,比1995年增加234吨。油料总产604吨。牧业产值290万元。猪、牛、羊肉总产330吨,比1986年增加98吨,比1995年增加70吨。产蛋6吨,比1986年增长37%,比1995年增长18%。牛1 900头、马828匹、羊9 000只。农用大中型拖拉机68台,小型拖拉机330台,农业机械总动力8 000千瓦,农村用电总量55 000千瓦时。全乡有中小学6所,教师81人,在校学生510人。电视覆盖率90%,有卫生院1所,村村有诊所。

1990至2000年部分年份大安市新艾里蒙古族乡基本情况统计表

表82

	单位	1990	1995	1996	1997	1998	1999	2000
一、乡村户数	户	1 108	1 234	1 360	1 393	1 419	1 418	1 418
乡村人口	人	5 414	5 472	5 550	5 319	5 431	5 314	5 314
其中:少数民族人口	人	1 219	1 080	1 095	1 098	1 198	1 296	1 296
二、农作物总播种面积	公顷	1 677	1 804	1 797	2 086	1 621	1 618	1 621
粮豆播种面积	公顷	1 154	1 141	1 447	1 499	1 342	1 206	900
粮食总产量	吨	6 200	2 565		1 800	4 000	6 500	2 540
三、大中型农用拖拉机	台			4 866	3	2		155
小型拖拉机	台	55	105		147	156	146	155
农用载重汽车	台			147				
四、猪年末头数	头	6 283	3 847	3 425	3 425	3 715	4 254	3 516
羊年末只数	只	2 836	3 765	3 746	3 746	4 200	5 700	4 616
大牲畜总头数	头	2 219	1 620	1 541	1 541	1 671	2 473	810
其中:牛	头	1 096	51	51	51	51	51	125
五、农村社会总产值	万元	633	1 367	1 632	1 448	1 456	2 019	1 258
其中:农业	万元	30	1 081	1 440	1 405	1 411	1 694	972
工业	万元		30	30	30	30	300	186
六、财政收入	万元	30	47	45	45	45	167	210
财政支出	万元	30	47	45	45	45	167	210
七、农民人均纯收入	元	587	591	904	841	800	750	980
八、乡(镇)企业总产值	万元					42	54	
利润总值	万元						4	
上缴税收	万元							

注:资料来自《吉林民族统计》,吉林省民族事务委员会经济发展处2001年编印。

（四）镇赉县莫莫格蒙古族乡。莫莫格蒙古族乡位于镇赉县东部,白齐公路45千米处。莫莫格国家级鸟类自然保护区坐落在辖区之内。2000年,全乡辖13个行政村,总幅员492.3平方千米,现有耕地4 524公顷,林地2 907公顷,草原8 850公顷。全乡总人口13 005人,其中蒙古族5 214人,占全乡总人口的40%。全乡农林牧渔业总产值1 056万元,其中农业产值454万元,占农林牧渔总产值的42.9%。农作物播种面积2 561公顷。粮食总产3 004吨,其中玉米1 700吨,比1986年增加1 484吨,比1995年减少510吨,杂粮杂豆1 286吨,比1986年增加627吨,比1995年增加502吨。油料总产722吨。林业总产值6万元。牧业总产值285万元。农用大中型拖拉机87台,小型拖拉机423台,农业机械总动力40 010千瓦,农村用电量9 900千瓦时。全乡有中小学21所,教师108人,在校学生1 893人。设有文化站。电视覆盖率95%,有卫生院,村村有诊所。

1990至2000年部分年份镇赉县莫莫格蒙古族乡基本情况统计表

表83

	单位	1990	1995	1996	1997	1998	1999	2000
一、乡村户数	户	2 307	2 998	2 689	3 030	3 030	3 479	3 732
乡村人口	人	10 910	12 811	10 386	13 121	13 121	13 224	13 185
其中:少数民族人口	人	4 294	5 048	4 055	4 920	4 920	4 967	5 858
二、农作物总播种面积	公顷	5 498	5 498	5 498	5 498	4 545		4 561
粮豆播种面积	公顷	4 790	5 311	4 524	5 307	4 415	4 163	3 600
粮食总产量	吨	16 853	14 300	22 103	11 550	1 160	13 000	12 588
三、大中型农用拖拉机	台	17						1 150
小型拖拉机	台	232	279	592	535	581	851	1 135
农用载重汽车	台			5	1	1	4	15
四、猪年末头数	头	8 812	10 960	8 000	7 725	4 000	7 014	5 980
羊年末只数	只	7 065	12 000	11 850	9 567	6 500	7 260	9 375
大牲畜总头数	头	5 813	6 000	6 257	7 058	3 320	3 715	4 396
其中:牛	头	2 644	2 758	3 425	4 355	1 650	2 350	2 983
五、农村社会总产值	万元	1 327	2 149	3 435	2 442	3 042	2 080	2 270
其中:农业	万元	1 224	1 901	2 504	2 333	1 209	2 002	2 096
工业	万元	59	76	952	17	340	38	62

续表

	单位	1990	1995	1996	1997	1998	1999	2000
六、财政收入	万元	46	86	99	151	180	105	113
财政支出	万元	47	86	99	151	180	105	44
七、农民人均纯收入	元	609	817	1 156	977	436	1 186	1 230
八、乡(镇)企业总产值	万元		643	605	400	1 434	2 810	2 300
利润总值	万元		43	29	12	304	109	53
上缴税收	万元		11	11	1	2	42	20

注:资料来自《吉林民族统计》,吉林省民族事务委员会经济发展处2001年编印。

(五)镇赉县哈吐气蒙古族乡。哈吐气蒙古族乡位于镇赉县东北部,距县城39千米。2000年末,全乡总户数为1 409户,总人口4 848人,蒙古族人口为1 480人,占总人口29%。全乡辖5个行政村,总面积155.6平方千米。其中耕地面积3 046公顷,草原面积647公顷,森林面积为2 135公顷,其他用地及泡沼面积4 637公顷。2000年统计,全乡发展烤烟900亩,水稻700亩,小冰麦500亩,花生800亩,谷子600亩,杂豆30 500亩,发展大棚38户。粮食总产量达到600吨,总产值663万元,人均收入1 300元。粮食产量、总产值和人均收入分别比1986年增长106.8%、206.1%、75.8%。全乡有中学、小学共6所,教师80人,在校学生470人,电视覆盖率97%,有卫生院1所,村村有诊所。1992年,县政府投资170万元,修筑哈吐气至坦途镇油路7.5千米。1997年8月,镇赉县在哈吐气蒙古族乡召开第三届那达慕大会暨哈吐气蒙古族乡成立40周年庆祝大会。

1990至2000年部分年份镇赉县哈吐气蒙古族乡基本情况统计表

表84

	单位	1990	1995	1996	1997	1998	1999	2000
一、乡村户数	户	1 101	1 170	1 219	1 022	1 070	1 099	1 280
乡村人口	人	4 950	5 100	4 645	4 450	4 812	4 785	4 946
其中:少数民族人口	人	1 248	1 400	1 273	1 273	1 700	1 435	1 325
二、农作物总播种面积	公顷	2 760	2 760	2 760	2 100	2 230	2 180	2 182
粮豆播种面积	公顷	2 396	2 200	2 200	1 540	1 900	1 800	1 675

续表

	单位	1990	1995	1996	1997	1998	1999	2000
粮食总产量	吨	6 130	6 207	6 207	6 207	1 500	5 378	2 282
三、大中型农用拖拉机	台	6	1	2	2	12	2	
小型拖拉机	台	107	165	175	180	210	207	420
农用载重汽车	台	1						
四、猪年末头数	头	2 957	7 734	7 934	2 572	2 404	3 120	2 235
羊年末只数	只	8 125	12 422	12 722	8 117	6 526	5 160	10 850
大牲畜总头数	头	2 678	3 215	3 515	2 888	1 710	1 472	2 385
其中:牛	头	1 220	1 642	1 842	1 676	883	502	806
五、农村社会总产值	万元	546	1 708	1 624	1 460	561	1 114	972
其中:农业	万元	667	1 140	1 047	1 455	464	1 090	944
工业	万元	67				40	14	
六、财政收入	万元	22		87	74	26	40	23
财政支出	万元	22		87	74	26	40	23
七、农民人均纯收入	元	527	1 065	750	1 293	594	1 208	1 248
八、乡(镇)企业总产值	万元		295	207	240	350	340	348
利润总值	万元		11	2	13	32	12	5
上缴税收	万元		5	1	2	18	8	1

注:资料来自《吉林民族统计》,吉林省民族事务委员会经济发展处2001年编印。

（六）通榆县西艾力蒙古族乡。西艾力蒙古族乡位于通榆县西北部,距县城35千米。2000年,全乡辖4个行政村,幅员206.4平方千米,其中耕地3 513公顷。总人口4 151人,其中蒙古族2 777人,占67%。全乡农林牧渔总产值976万元,其中农业产值354万元,占总产值的36.2%。农作物播种面积2 065公顷,粮食总产2 604吨。林业产值5.2万元,林地3 079公顷,森林覆盖率12.05%,活木蓄积量78 470立方米。牧业产值293.2万元,大牲畜存栏7 312头(匹),其中牛4 900头,羊15 800只。全乡有大中型拖拉机45台,小型拖拉机314台,农业机械总动力4051.5千瓦;农村用电总量9 600千瓦时。全乡有中学一所、教师38人、在校学生93人。小学5所,下伸点13个,教师87人,在校学生430人。电视覆盖率95%。有卫生院一所,各村有诊所。

1990至2000年部分年份通榆县西艾力蒙古族乡基本情况统计表

表85

	单位	1990	1995	1996	1997	1998	1999	2000
一、乡村户数	户	983	955	969	1 048	1 002	1 020	1 176
乡村人口	人	4 582	4 001	3 620	4 307	3 629	3 499	4 151
其中:少数民族人口	人	3 170	2 856	2 856	2 900	2 549	2 549	2 450
二、农作物总播种面积	公顷	2 510	4 500	2 450	2 450	2 665	2 672	3 513
粮豆播种面积	公顷	1 530	3 000	1 790	1 790	1 418	1 418	2 213
粮食总产量	吨	850	8 000	8 046	3 500	7 800	1 305	2 604
三、大中型农用拖拉机	台	11		16	16	15	15	18
小型拖拉机	台	29	125	70	85	140	240	225
农用载重汽车	台	2			5			3
四、猪年末头数	头	1 405	3 780	2 020	2 030	2 000	2 000	2 450
羊年末只数	只	5 650	8 890	9 086	9 160	12 000	12 000	12 000
大牲畜总头数	头	2 470	6 038	6 804	6 900	4 000	2 500	4 000
其中:牛	头	1 670	4 000	4 500	4 500	2 300	1 800	2 200
五、农村社会总产值	万元	265	606	2 615	1 815	1 129	1 129	976
其中:农业	万元	260	400	2 095	1 250	1 109	1 109	653
工业	万元				1			
六、财政收入	万元	2	10	17	17	39	392	270
财政支出	万元	3	20	17	25	98	392	310
七、农民人均纯收入	元	581	1 180	2 137	810	2 125	1 168	1 500
八、乡(镇)企业总产值	万元						25	8
利润总值	万元		4				13	4
上缴税收	万元		7				2	1

注:资料来自《吉林民族统计》,吉林省民族事务委员会经济发展处2001年编印。

（七）通榆县包拉温都蒙古族乡。包拉温都蒙古族乡位于通榆县西南部,乡政府驻糜子荒村,距县城82千米。2000年,全乡辖4个行政村,幅员223平方千米,其中耕地2 120公顷。总人口4 509人,其中蒙古族2 723人,占66%。全乡农林牧总产值6 511万元,农作物播种面积2 358公顷。粮食总产2 462吨,油料总产780吨。林业产值17.2万元,林地8 970公顷,森林覆盖率22.29%,活木蓄积量5 500立方米。牧业总产2 200万元。全乡有大中型拖拉机73台,小型拖拉机140台,大中小型机引农具180套。

1994年,国家投资300多万元,在瞻榆至包拉温都公路文牛格尺河上分别建两座长174米、宽6米的钢筋水泥桥,即1号桥和2号桥。从1994年9月开始,长年通公共汽车,结束了"包拉温都赛北京"的历史。

全乡有初中1所,教师28人,在校学生270人。小学4所,教师65人,在校学生650人。文化站、电影院、广播站各一处。有20人的业余文化宣传队,被誉为"草原上的乌兰牧骑"。全乡每五年举办一次蒙古族传统体育盛会——那达慕。在全国、全省民族运动会上都有包拉温都蒙古人获得赛马好成绩,被誉为"骏马的故乡"。1997、2000年,获省"农村先进体育乡"称号。包拉温都境内有亚洲最大的野生杏树林,面积1.1万亩,约有杏树45万株,每年杏花开放,漫山遍野,堪称一大奇观。2000年10月通榆县政府批准为"包拉温都杏树林自然保护区"。

1990至2000年部分年份通榆县包拉温都蒙古族乡基本情况统计表

表86

	单位	1990	1995	1996	1997	1998	1999	2000
一、乡村户数	户	616	870	652	945	945	758	758
乡村人口	人	2 882	3 400	2 800	3 855	3 041	3 471	3 057
其中:少数民族人口	人	2 116	1 750	1 750	1 930	2 081	2 059	1 465
二、农作物总播种面积	公顷	1 487	2 230	2 230	2 230	2 090	1 462	1 390
粮豆播种面积	公顷	827	1 930	2 000	2 000	2 000	800	710
粮食总产量	吨	650	500	4 189	2 500	4 591	13 425	2 462
三、大中型农用拖拉机	台	15	7	7	3	30	15	8
小型拖拉机	台	28	35	72	110	150	120	150
农用载重汽车	台	3			3	4		
四、猪年末头数	头	2 300	2 500	2 520	2 600	700	1 800	2 000
羊年末只数	只	3 428	6 500	9 900	9 900	6 310	12 000	12 000
大牲畜总头数	头	5 300	7 000	12 258	1 050	4 466	5 000	8 600

续表

	单位	1990	1995	1996	1997	1998	1999	2000
其中:牛	头	3 850	6 000	9 900	6 000	3 200	4 500	6 400
五、农村社会总产值	万元	277	125	1 987		1 000	1 354	551
其中:农业	万元	264				950	1 322	550
工业	万元							
六、财政收入	万元	2		11		10	391	71
财政支出	万元	4				60	391	71
七、农民人均纯收入	元	562	400	1 500	730	1 800	1 200	822
八、乡(镇)企业总产值	万元					60	50	9
利润总值	万元					4		2
上缴税收	万元					1	7	1

注:资料来自《吉林民族统计》,吉林省民族事务委员会经济发展处2001年编印。

　　(八) 通榆县向海蒙古族乡。 向海蒙古族乡位于通榆县西北部,距县城65千米。2000年,全乡辖4个村,幅员673.9平方千米,耕地7 500公顷。总人口9 475人,其中蒙古族3 600人,占38%。全乡农林牧渔业总产值1 279万元,其中农业产值747万元,占农林牧渔业总产值的69.9%。农作物面积3 965公顷。粮食总产4 191吨。其中玉米1 800吨,比1986年增加1 244吨,比1995年增加394吨;杂粮杂豆1 569吨,比1986年增加731吨,比1995年增加1 215吨。油料总产1 000吨。甜菜总产450吨。林业总产值128万元,林地19 772公顷,森林覆盖率27.02%,活立木蓄积量526 148立方米。牧业产值402万元。猪、牛、羊肉总产100吨、产蛋50吨,产羊毛50吨。牛5 904头、马1 589匹、羊51 140只,分别比1986年增加1 621头、256匹、49 112只;比1995年增加847头、1 576匹、43 140只。渔业产值2万元。农业大中型拖拉机118台,小型拖拉机854台,大中小型机引农具922套。向海乡旅游业带动了餐饮服务业,有度假村、宾馆12处,个体旅店4户,个体饭店及其他个体工商户110户,从业人员327人。全乡有蒙古族中学1所,下伸点4个,教师53人,在校学生319人。乡中学1所,教师43人,在校学生361人。小学中心校1所,村小学分校3所,下伸点7个,教师60人,在校学生755人。文化站、广播站各1处,有线电视用户376户。卫生院1处,医务人员20人,床位8张,设备有心电、B超、X光机、生化分析仪等。村级卫生所4个。邮电局1处,电话装机662户,建有移动、联通铁塔各1处。向海蒙古族乡内有"香海寺"向海自然保护区管理局和向海国家级自然保护区、世界A级湿地。

1990至2000年部分年份通榆县向海蒙古族乡基本情况统计表

表87

	单位	1990	1995	1996	1997	1998	1999	2000
一、乡村户数	户	980	1 400	1 165	2 129	1 469	1 469	2 278
乡村人口	人	5 567	6 568	6 568	8 327	6 160	9 050	8 678
其中：少数民族人口	人	2 410	3 725	3 725	3 995	3 100	3 300	3 540
二、农作物总播种面积	公顷	3 965	3 965	3 965	3 965	3 965	3 965	3 965
粮豆播种面积	公顷	2 560	3 894	3 065	1 315	3 034	3 409	2 865
粮食总产量	吨	2 200	2 022	12 160	8 000	14 275	14 275	4 191
三、大中型农用拖拉机	台	56	12	46			101	15
小型拖拉机	台	372	480	368	515	500	470	504
农用载重汽车	台	2		1	76	24	44	5
四、猪年末头数	头	2 425	4 100	5 400	8 200	5 000	5 000	8 000
羊年末只数	只	4 652	8 820	17 400	24 000	30 000	42 000	45 000
大牲畜总头数	头	4 222	8 230	9 283	8 000	5 200	1 500	5 865
其中：牛	头	3 340	5 900	8 450	6 000	5 000	1 000	4 800
五、农村社会总产值	万元	598	2 830	3 281	4 766	4 256	2 893	4 199
其中：农业	万元	447	1 800	2 075	2 666	2 743	2 716	3 948
工业	万元		70	156	120	1 350	14	10
六、财政收入	万元	29	37	37	18	23	23	33
财政支出	万元	39	40		35	23	23	33
七、农民人均纯收入	元	721	1 000	1 500	1 580	952	1 300	1 503
八、乡（镇）企业总产值	万元		1 000	1 206	902	2 300	2 300	2 500
利润总值	万元		77	81	4	130	130	150
上缴税收	万元		3	19	1	60	60	65

注：资料来自《吉林民族统计》，吉林省民族事务委员会经济发展处2001年编印。

（九）洮南市呼和车力蒙古族乡。呼和车力乡位于洮南市西南部,距市区31.5千米。2000年统计,全乡辖7个行政村,面积268平方千米,其中耕地3 333公顷。总人口9 738人,其中蒙古族1 840人,占29%。该乡地处干旱季风气候,无霜期135天左右。农作物主产玉米、大豆、绿豆、芝麻、蓖麻、杂粮杂豆,总产4 198吨。总收入2 129万元。该乡产的"大鹦哥绿豆"获海关出口免检产品。全乡水利条件较好,创业水库位于境内,二、三干渠从乡中心穿过,总蓄水量6 720万立方米。乡建有泉眼泡水库和车河水库,蓄水量600万立方米。有抗旱井1 192眼,灌溉设备590台(套),有效灌溉面积1 000公顷。有大牲畜549头,羊1.94万只,猪5 140头。全乡有个体私营企业123户,乡办企业3户,从业人员332人,总产值975万元,利润50万元,税收10万元。有各种型号拖拉机1 183台。全乡有各种商业网点85户,从业人员340人。有中学1所,小学8所,在校学生1 201人,教职工106人。校舍均为砖瓦结构,有卫生院1所,电视差转台1座。5个屯1 402人饮上自来水。人均收入1 377元。

1990至2000年部分年份洮南市呼和车力蒙古族乡基本情况统计表

表88

	单位	1990	1995	1996	1997	1998	1999	2000
一、乡村户数	户	1 613	1 467	1 518	1 518	1 518	1 518	1 969
乡村人口	人	6 808	6 343	6 502	6 532	6 502	6 502	6 774
其中:少数民族人口	人	1 912	1 322	1 120	1 680	1 860	1 820	1 664
二、农作物总播种面积	公顷	3 236	3 333	3 409	3 409	4 500	3 436	3 333
粮豆播种面积	公顷	2 333	2 848	2 848	2 762	3 800	3 200	2 920
粮食总产量	吨	5 200	4 250	18 295	6 250	20 500	17 500	4 260
三、大中型农用拖拉机	台	32		20	20	29		4
小型拖拉机	台	290	800	666	696	820	1 025	1 200
农用载重汽车	台		3	2	2	15	15	35
四、猪年末头数	头	3 457	1 980	5 510	5 500	5 500	5 000	3 938
羊年末只数	只	9 844	23 800	24 462	33 000	29 000	2 700	32 500
大牲畜总头数	头	1 610	1 750	1 087	1 880	280	350	679

续表

	单位	1990	1995	1996	1997	1998	1999	2000
其中:牛	头	629	136	376	790	150	120	280
五、农村社会总产值	万元	6 048	1 252	3 300	1 895	3 800	2 660	2 129
其中:农业	万元	6 848	747	2 721	1 807	3 260	2 520	2 037
工业	万元		15				41	27
六、财政收入	万元	23	38	37	30	34	39	29
财政支出	万元	33	38	37	30	34	39	29
七、农民人均纯收入	元	704	1 100	2 475	1 520	3 100	2 029	1 337
八、乡(镇)企业总产值	万元		125	190	190	500	890	975
利润总值	万元		15	13	14	200	32	50
上缴税收	万元		14	5	5	13	21	10

注:资料来自《吉林民族统计》,吉林省民族事务委员会经济发展处2001年编印。

（十）洮南市胡力吐蒙古族乡。胡力吐蒙古族乡位于洮南市西北部,距市政府驻地98.5千米。全乡东西长20千米,南北宽13千米,总面积149.6平方千米,全乡辖10个行政村,19个自然屯,34个生产社。2000年统计,总人口8 724人,其中蒙古族1 689人,占20%。胡力吐蒙古族乡地处大兴安岭余脉东麓,多低山丘陵。境内有名的山头20余座,山沟12条。2000年,全乡耕地4 533公顷,其中比较肥沃的平川地2 040亩,其余为山坡地。农作物主产玉米、高粱、谷子、大豆、葵花子、土豆。实播粮豆3 700公顷,总产4 032吨。总收入1 017万元,农业收入803万元。有各种型号拖拉机436台,抗旱井103眼,人畜饮用深水井4眼。有效灌溉面积232公顷。全乡有大牲畜1 054头,羊13 182只,猪6 163头。当地产的土豆口感好,且含淀粉量高,是加工粉条的上等原料。1988年至2000年,全乡每年种土豆200～400公顷,总收入约90万～300万元。全乡有中学1所,小学教学点10个,教职工122人,在校学生1 144人。有卫生院1所,医务人员15人,病床10张。有4个村安装上有线电视。全乡19个自然屯,每个屯都有一至两条整齐的街道,90%以上的户按规划建成整齐的院墙和大门,营造了护屯林。人均住宅25平方米,砖瓦结构占住房的20%。

1990至2000年部分年份洮南市胡力吐蒙古族乡基本情况统计表

表89

	单位	1990	1995	1996	1997	1998	1999	2000
一、乡村户数	户	2 020	2 239	2 214	2100	2 317	2 448	2 600
乡村人口	人	9 350	9 260	9 363	9100	8 578	8 754	9 377
其中:少数民族人口	人	1 720	1 670	1 689	1540	1 687	1 562	1 689
二、农作物总播种面积	公顷	4 533	5 000	5 000	5000	5 000	5 000	5 000
粮豆播种面积	公顷	2 933	4 568	4 540	4000	4 000	4 000	3 700
粮食总产量	吨	11 212	14 372	25 472	20983	25 002	7 000	4 062
三、大中型农用拖拉机	台		6	1				
小型拖拉机	台	186	683	803	1200	712	800	800
农用载重汽车	台		3	1		2	2	2
四、猪年末头数	头	5 664	6 505	5 836	4000	9 608	5 804	5 804
羊年末只数	只	14 497	9 826	10 316	20000		11 466	11 466
大牲畜总头数	头	3 222	4 300	2 596	1400	2 485	1 180	1 180
其中:牛	头	1 294	2 757	1 372	850	1 047	219	219
五、农村社会总产值	万元	1 060	6 331	3 600	2860	4 237	1 953	1 370
其中:农业	万元	978	2 666	3 406	3609	3 927	1 272	464
工业	万元	27	845	9		30	200	200
六、财政收入	万元	16	12	95	83	12	12	8
财政支出	万元	32	12	95	83	12	12	12
七、农民人均纯收入	元	725	900	1 923	180	1 750	3 380	347
八、乡(镇)企业总产值	万元		108	194		965	906	906
利润总值	万元		55	12		50	50	50
上缴税收	万元		22	5		9	8	8

注:资料来自《吉林民族统计》,吉林省民族事务委员会经济发展处2001年编印。

三、蒙古族村

1986～2000年,吉林省共有70个蒙古族村。

四平市双辽那木斯蒙古族乡有3个蒙古族村,即:那木村、井岗村、乌兰吉村。

松原市前郭县有35个蒙古族村,即:查干花蒙古族镇伯音花村、查干花村、乌兰花村、五井子村、昂格来村;东三家子蒙古族乡东三家子村、瓦房村、小庙子村;乌兰图嘎蒙古族镇乌兰村、大德营子村、浩特村;乌兰敖都蒙古族乡杨家围子村、赵全村;乌兰塔拉蒙古族乡大什村、大乌龙村;深井子镇七棵树村;八郎蒙古族镇八郎村、陶克陶胡村、苏玛村;长山蒙古族镇东库里村、西库里村;新庙蒙古族镇庙东村、庙上村、偏脸子村;达里巴乡灯笼山村;前郭镇鲜丰村;吉拉吐蒙古族乡七家子村、锡伯屯村;哈拉毛都蒙古族镇前哈拉毛都村、后蒙村、春光村、后店村;大山乡额如村;套浩太乡查干吐莫村、套海村。

白城市有32个蒙古族村。分别为:洮北区侯家乡西三村、平安镇中兴村;镇赉县嘎什根乡后围子村、嘎什根前围子村、丹岱乡乌林西伯村、丹岱乡立新村、沿江乡二龙村、沿江乡后少力村、沿江乡前少力村、东屏乡大龙村、大屯镇代头村、大屯镇茨勒营子村、五棵树镇八家子村、五棵树镇前英台村;洮南市那金镇互利村、那金镇向阳山村、聚宝山乡宝泉村、野马乡双河村、向阳乡新村村、二龙乡兴义村、洮府乡长荣村;通榆县新华镇朝阳村、什花道乡海金村、新发乡红旗村、乌兰花乡沙力海庙村、兴隆山镇交格庙村、鸿兴乡前程村、七井子乡光明村、七井子乡向荣村、七井子乡羊井子村、七井子乡黎明村;大安市静山乡长青村。

第三节　政治活动

一、参政议政

吉林省认真贯彻党的民族平等政策,确保各族人民享有管理国家事务、参政议政的民主权利,在人大代表、政协委员人选上,都有一定比例的蒙古族公民参加。

1986年,四平市第一届人大代表577人,其中蒙古族代表6人;1989年第二届市人大代表398人,蒙古族代表6人;1994年第三届市人大代表433人,蒙古族代表2人;1999年第四届市人大代表364人,蒙古族代表3人。1986年四平市政协第一届政协委员168人,其中蒙古族委员3人;1990年第二届市政协委员251人,蒙古族委员4人;1996年第三届市政协委员318人,蒙古族委员4人;1999年第四届市政协委员401人,蒙古族委员4人。

1993年白城市第一届人代会,少数民族代表50人,其中蒙古族代表23人;1999年市第二届人代会,少数民族代表42人,其中蒙古族代表25人。1993年白城市召开第一届政治协商会议,与会少数民族委员37人,其中蒙古族11人;1999年市政协第二届委员会有少数民族委员33人,其中蒙古族19人。

1987年1月召开前郭县第十一届人代会一次会议,代表名额256人,其中蒙古族代表54人,占21.1%;1990年1月召开前郭县第十二届人代会一次会议,代表名额228人,其中蒙古族代表51人,占22.4%;1992年12月 召开前郭县第十三届人代会一次会议,代表名额249人,其中蒙古族代表62人,占24.9%;1997年12月召开前郭县第十四届人代会一次会议,代表名额241人,其中蒙古族代表55人,占22.8%。前郭县政协第八届委员会由151名委员组成,其中少数民族委员(蒙古族委员占绝大多数,下同)50人,占委员总数的33.1%;县政协第九届委员会由151名委员组成,其中少数民族委员47人,占委员总数的31.1%;县政协第十届委员会由151名委员组成,其中少数民族委员53人,占委员总数的35.1%;县政协第十一届委员会由157名委员组成,其中少数民族委员47人,占委员总数的29.9%。全县副处级以上蒙古族领导干部15人,占同级领导干部总数的32.6%,民族乡(镇)政府主要领导均由蒙古族公民担任。

(一)担任全国、吉林省人大代表。1988年,吉林省出席第七届全国人民代表大会的代表87名,其中,少数民族16名,蒙古族2名;吉林省第七届人民代表大会常务委员会组成人员共55名。其中少数民族9名,蒙古族1名,吉林省人大常委会副主任仁钦扎木苏;吉林省第七届人民代表大会代表521名,其中,少数民族85名,蒙古族7名。

1988年吉林省出席第七届全国人民代表大会蒙古族代表名表

表90

姓 名	工 作 单 位 及 职 务	性 别	民 族	文化程度	党 派
巴音那木尔	前郭县印刷厂 工人	男	蒙古族	高中	中 共
金秀兰	白城市瑞光小学 副校长	女	蒙古族	初中	中 共

1988年吉林省第七届人民代表大会蒙古族代表名表

表91

姓 名	工 作 单 位 及 职 务	性 别	民 族	文化程度	党 派
傅自利	吉林市郊区小白山乡砖厂厂长	男	蒙古族	高小	中 共
仁钦扎木苏	吉林省人大常委会副主任	男	蒙古族	高中	中 共
萨那音木拉	前郭县人大常委会主任	男	蒙古族	高中	中 共

续表

姓名	工作单位及职务	性别	民族	文化程度	党派
白云富	通榆西艾力蒙古乡梧赫村哈拉索口社主任	男	蒙古族	高中	
王德清	白城市建筑设计院院长	男	蒙古族	大学	中共
其其格	前郭县医院副院长	女	蒙古族	大学	
陈秀丽	洮南市胡力吐乡中心校教员	女	蒙古族	中专	

　　1993年,吉林省第八届全国人民代表大会的代表88名(含中央提名6名),少数民族10名,其中,蒙古族2名;吉林省第八届人民代表大会代表524名。其中少数民族80名,蒙古族7名。吉林省第八届人民代表大会常务委员会组成人员55名,其中,少数民族4名,蒙古族1名,吉林省人大常委会副主任阿古拉。

1993年吉林省出席第八届全国人民代表大会蒙古族代表

表92

姓名	工作单位及职务	性别	民族	文化程度	党派
额尔敦巴干	前郭县委副书记县长	男	蒙古族	大专	中共
陈秀丽	洮南市胡力吐乡新启小学教员	女	蒙古族	中专	

1993年吉林省第八届人民代表大会蒙古族代表

表93

姓名	工作单位及职务	性别	民族	文化程度	党派
乌日图	前郭县委副书记县人大常委会主任	男	蒙古族	大专	中共
阿古拉	吉林省人大常委会副主任	男	蒙古族	大专	中共
董淑华	前郭县蒙古族幼儿园副园长	女	蒙古族	大专	
仁钦札木苏	吉林省人大常委会副主席	男	蒙古族	高中	中共
王宝龙	镇赉县哈吐气乡宝山村党支部书记	男	蒙古族	中专	中共
刘军	通榆县西艾力乡七台庙社农民	男	蒙古族	高中	中共
王德清	白城市建筑设计院院长	男	蒙古族	大学	中共

　　1998年,吉林省第九届全国人民代表大会的代表72名(含中央提名6名),由吉林省提名当选的代表中,少数民族9名,蒙古族1名,吉林省前郭县委副书记、县长乌日图;吉林省第九届人民代表大会代表应有520名,实际选出506名。其中少数民族83名,蒙古族6名。吉林省第九届人民代表大会常务委员会组成人员58名,其中,少数民族4名,蒙古族1名,吉林省人大常委会副主任阿古拉。

1998年吉林省第九届人民代表大会蒙古族代表

表94

姓名	工作单位及职务	性别	民族	文化程度	党派
阿古拉	吉林省人大常委会副主任	男	蒙古族	大专	中共
吴晓明	乾安县明洋荞麦有限公司董事长总经理	男	蒙古族		
伯颜杜仍	前郭县人大常委会主任	男	蒙古族	大学	中共
付青春	通榆县西艾力乡格赫村农民	女	蒙古族	初中	
吴忠才	镇赉县莫莫格乡来太村党支部书记	男	蒙古族	中专	中共
张守春	81322部队	男	蒙古族	中专	中共

　　(二)担任政协吉林省委员。1988年政协吉林省第六届委员会,有蒙古族委员7名。1993年政协吉林省第七届委员会,有蒙古族委员6名。1998年政协吉林省第八届委员会,有蒙古族委员6名。

1988年政协吉林省第六届委员会蒙古族委员名表

表95

姓名	工作单位及职务	性别	民族	党派
莽双英	吉林艺术学院副教授	女	蒙古族	民进
秦茵	吉林市歌舞团演员	女	蒙古族	中共
唐景春	前郭蒙古族师范学校讲师	男	蒙古族	
何春馥	长春妇产科医院主任医师	女	蒙古族	九三
苏赫巴鲁	前郭县政协副主席	男	蒙古族	
邰录	中共白城地委统战部部长	男	蒙古族	中共
哈斯巴根	白城地区行署顾问	男	蒙古族	中共

1993年政协吉林省第七届委员会蒙古族委员名表

表96

姓　名	工 作 单 位 及 职 务	性 别	民 族	党 派
莽双英	吉林艺术学院舞蹈系 副主任	女	蒙古族	民进
王殿林	东煤公司 副总经理	男	蒙古族	中共
胡利华	前郭县医院 副院长	女	蒙古族	
苏赫巴鲁	松原市政协 副主席	男	蒙古族	
居儒木图	省民委 副主任	男	蒙古族	中共
包守信	中共松原市委统战部 部长	男	蒙古族	中共

1998年政协吉林省第八届委员会蒙古族委员名表

表97

姓　名	工 作 单 位 及 职 务	性 别	民 族	党 派
莽双英	吉林艺术学院艺术研究中心副主任	女	蒙古族	民进
胡利华	前郭县医院副院长	女	蒙古族	农工
周德祯	镇赉县政协副主任	男	蒙古族	
居儒木图	省民委副主任	男	蒙古族	中共
苏赫巴鲁	松原市政协副主席	男	蒙古族	民进
刘宝泉	白城市政协主席	男	蒙古族	中共

二、民族团结

中共十一届三中全会以后,蒙古族聚居地区广泛开展民族团结进步宣传教育活动,相互交流思想,传播生产经验,树立了少数民族和汉族谁也离不开谁的思想,各民族能够休戚与共,和睦相处。《中华人民共和国民族区域自治法》颁布施行后,省委、省政府依据党和国家对蒙古族及其他少数民族的优惠政策,在经济、教育、科技、文化、卫生、体育等方面,对蒙古族聚居地方给予扶持,极大地改善了蒙古族聚居地方群众的生产生活条件,集中资金、集中人力帮助少数民族聚居地区治沙造林、兴修农田水利设施、围栏种草。还投入大批资金,为少数民族聚居乡(镇)村屯,搞好"村村通"工程、防病改水、改善民族学校办学条件、建设科技园区和文化设施。促进了蒙古族聚居地区经济和社会事业的发展。

1988年4月,在国务院第一次表彰全国民族团结进步先进集体、先进个人大会上,吉林省受表彰的蒙古族先进集体是前郭尔罗斯蒙古族自治县查干花种畜场。受表彰的蒙古族先进个人:阿古拉(中共前郭尔罗斯蒙古族自治县委 书记)、陈景林(洮南市第一毛纺厂 副厂长)、包淑贞(女,镇赉县莫莫格蒙古族乡 农民)。

1990年12月,在国家民委第一次表彰全国民族团结的进步先进集体、先进个人大会,吉林省受表彰的蒙古族先进集体是前郭尔罗斯蒙古族自治县人民政府。受表彰的蒙古族先进个人:金玉才(双辽县民族事务委员会 主任)、王德清(白城市建筑设计院院长)、白黑虎(通榆县向海蒙古族乡乌兰塔拉村党支部 书记)、苏赫巴鲁(政协前郭尔罗斯蒙古族自治县委员会副主任)。

1994年9月,在国务院第二次表彰全国民族团结进步先进集体、先进个人大会上,吉林省受表彰的蒙古族先进集体是前郭尔罗斯蒙古族自治县人民政府。受表彰的蒙古族先进个人:包长生(白城市啤酒厂厂长)。

1994年,在吉林省第二次民族团结进步表彰大会上,受表彰的蒙古族先进集体是前郭尔罗斯蒙古族自治县、通榆县蒙古族中学。受表彰的蒙古族先进个人:王文成(白城市民族宗教局局长,记大功)、莽双英(女,吉林艺术学院舞蹈系副主任,记功)、金玉才(双辽县民族事务委员会主任,记功)、包长生(白城市啤酒厂厂长,记功)、佟国庆(镇赉县人民政府副县长,记功)、邰路(政协白城市委员会副主席 记功)、特木尔巴根(中共洮南市胡力吐蒙古族乡委员会书记,记功)、蔡贵贞(女,通榆县民族事务委员会副主任,记功)、包守信(中共松原市委统战部部长,记功)、孟和(中共前郭尔罗斯蒙古族自治县哈拉毛都镇委员会书纪,记功)、徐忠信(前郭蒙古族师范学校校长,记功)。

1998年,在国家民委、吉林省人民政府民族团结进步表彰大会上,吉林省受表彰的蒙古族先进集体是前郭尔罗斯蒙古族自治县民族宗教局。受表彰的蒙古族先进个人:包瑞明(前郭县民族宗教局局长)、王文成(白城市人大常委会秘书长)。

第四节　生产生活

一、生产方式

改革开放以后,特别是实行联产承包以后,蒙古族的生产方式发生了改变。突出表现在两个根本转变,即从根本上转变了因循守旧、靠天吃饭、小富即安的旧观念和广种薄收、粗放经营的旧习惯。种地由原来用牛、马为主耕种逐步转变为小型机械为主。到2000年,有90%的蒙古族农户有小型农用机械,并用上了机电井,改变了过去靠天吃饭的现象。蒙古族群众积极开展多种经营,多渠道搞活经济,增加收入,农村富余劳动力开始外出打工。在生产上,实时调整种植结构,改变了过去单纯种玉米、高粱等少数几种作物,而是根据市场随时调整种植品种。白城市镇赉县两个蒙古族乡,开发水稻、烤烟、杂粮、杂豆、花生等,经济效益非常可观。在耕作方式上,实行科学种田,选种优良品种,科学施肥,精耕细作,改变了广种薄收、粗放经营的旧习惯。在养殖业上,改变传统的"小而全",散养粗放的饲养方法,逐渐改成选养优良品种,形成规模,科学饲养方法。

2000年,在改革开放的推动下,前郭尔罗斯蒙古族自治县经济发展,社会进步,社会经济综合实力和财政收入名列全省县级第二名。全县农牧结合的蒙古族乡(镇)村,改变了过去粗耕粗作的笨重体力劳动,实行科学种田,推广使用农业机械,发展高效农业和水稻生产,在干旱地区打井灌田,开发井旁经济,在大灾之年确保农业高产高效。以牧为主的蒙古族乡(镇)村,大力发展精品畜牧业,场站带户饲养中国美利奴细毛羊、东北细毛羊和西门塔尔牛,涌现一批畜禽养殖小区和奶牛小区,大大提高了牧业的经济效益和社会效益。蒙古族聚居的长山镇、乌兰图嘎镇和前郭镇,还通过招商引资的形式,建设乡企小区和工业园区,有效地促进了小城镇建设和农、工、牧业的全面发展。

二、生活方式

1986~2000年,在生活方式上,即使是以牧为主的蒙古族乡(镇)村,蒙古族群众和汉族及其他民族群众一样,都是定居生活。蒙古族干部、群众多使用蒙古语言会话和蒙古语名字,保留蒙古族饮食生活习惯。老年人和部分青少年着装民族服饰,部分蒙古族群众信仰藏传佛教,继承和发扬蒙古族优良的传统文化习俗,随着各民族生产生活方面的不断融合,生活方式也在不断改变。各乡(镇)都有了电影放映队定期到各居民点放映电影。各蒙古族村屯也都通了电,家家户户都有了电视,少数部分群众有了电冰箱。群众养起了不同数量的牛、马、羊。有的少数民族群众已经是养牛、养羊专业户。养牛多的以达到20多头,养羊近70只。蒙古族群众家里来客人时仍保留做烙馅饼、手把肉、炒米的习惯。并有用荞面做猫耳朵汤、喝牛奶、喝红茶的生活习惯。

改革开放以前,前郭尔罗斯蒙古族自治县的各族人民生活比较清贫,蒙古族群众的生活水平和生活质量比较低。1986年,在改革开放政策的指引下,党和政府加大了对蒙古族聚居地方的扶持力度,广大蒙古族群众进一步解放思想,发展生产力,推进科技进步,蒙古族乡(镇)村国民经济和各项社会事业得到了较快的发展。全县完成国民生产总值4.6亿元,各项储蓄存款余额7 764万元,农民人均纯收入550元,职工平均工资1 292元,各族人民生活有了较大改善。2000年,全县国民生产总值达到24亿元,同1986年相比,年均增长12.5%,各项储蓄存款余额达到 227 768 万元,年均增长 27.3%,农民人均纯收入达到 1 550 元,年均增长 7.7%,职工平均工资达到 6 569 元,年均增长 12.3%。城乡各族人民特别是蒙古族群众的生活水平和生活质量有了明显提高。

三、人民生活

人民生活普遍改善。1986 年,全县在岗职工平均工资 1 292 元,2000 年提高到 6 569 元,年均增长 12.4%;1986 年,全县农民人均收入 550 元,2000 年提高到 1 550 元,年均增长 7.7%。1994 年,城镇人均消费 2 092 元,2000 年达 5 587 元,年均增长 17.8%;1994 年,农村人均消费 1 043 元,2000 年达到 2 889 元,年均增长 18.5%。1986 年,城乡居民储蓄存款余额 7 764 万元。2000 年达 227 768 万元,年均增长 27.3%。1995 年,城镇居民人均居住面积 11.5 平方米,农村居民人均居住面积 13 平方米,2000 年,城镇居民人均居住面积增加到 14.5 平方米,农村居民人均居住面积增加到 18 平方米,分别增长 26.1% 和 38.5%。

第五节　社会组织

一、吉林省蒙古语文学会

1987 年 7 月 7 日,吉林省蒙古语文学会在前郭尔罗斯蒙古族自治县成立,理事长由时任吉林省人大常委会副主任仁钦扎木苏担任,秘书长由居儒木图(省民委办公室主任)兼任。吉林省蒙古语文学会是省级社会团体,宗旨是:以马列主义、毛泽东思想、邓小平理论为指导,在党的领导下团结组织全省蒙古语文工作者,遵守宪法、法律、法规和国家政策,遵守社会道德风尚。积极开展蒙古语文学术活动,为提高吉林省蒙古语文科研水平,促进蒙古语文的繁与发展,为社会主义的现代化做出贡献。学会挂靠在吉林省民族事务委员会。蒙古语文学会主要研究内容:(1)蒙古语言文字的应用研究。用蒙古语言文字开展智力方面的探索研究;推广蒙古语标准音和名词术语的理论研究;对蒙古族学生"双语"教学与提高教学质量的研究;地区方言与标准音的研究;现代蒙古语言文字规范化的研究。(2)社会语言学研究。蒙古语言文字发展与其他有关科学间的关联、影响、促进现象的研究;从政策与实际结合的角度,从宏观上探索研究蒙古语言文字的发展问题等研究。1987 年首次吉林省蒙古语文学会年会共收到论文 62 篇;其中评出优秀论文 22 篇。

1988 年,吉林省蒙古语文学会创刊了《吉林蒙古语文》(内部刊物)。《吉林蒙古语文》刊物以马列主义、毛泽东思想和邓小平理论为指导思想,坚持宣传党的路线、方针政策,紧紧围绕经济建设这个中心,密切联系吉林省蒙古语文工作的实际,广泛开展学术活动,在新形势下如何学习使用蒙古语文,取得了一批优秀成果。《吉林蒙古语文》的质量逐年提高,刊发了一定数量的学术界有一定影响的精品著作,受到省内外蒙古语文学者的好评。1996～2000年,每年出刊四期,累计刊发省内各位会员或兄弟省的蒙古语文学者撰写论文和文章760多篇170万字,成为蒙古语文工作者和蒙古语文教学工作者学术交流的重要阵地,起到了沟通、交流工作经验,传递信息的纽带与桥梁作用。

　　1989年12月21日至22日,在白城市召开了第二次吉林省蒙古语文学会年会,共收到论文38篇;其中评出优秀论文8篇。1992年4月2日至5日,在镇赉县苇海大楼召开吉林省蒙古语文学会换届及第三次年会。会上选举产生了第二届新的理事长、副理事长、秘书长。吉林省民委副主任居儒木图被选为理事长,省民委人事监察处处长包东嘎为秘书长。收到论文30篇,其中优秀论文8篇。1994年,吉林省蒙古语文学会第四次年会在通榆县向海蒙古族乡召开,收到论文55篇,其中评出一等奖9人、二等奖17人。1996年12月8日至12日,在前郭县召开吉林省蒙古语文学会换届及第五次年会,经大会选举产生了第三届理事会,省民委副主任居儒木图为理事长,省民委文教宣传处副处长乌云格日乐为秘书长,收到论文42篇。其中评出一等奖3人、二等奖4人、三等奖5人。1998年8月4日至6日,在长春市东煤第二招待所召开了吉林省蒙古语文学会第六次年会,收到论文91篇,宣读论文32篇,其中评出一等奖6人、二等奖11人、三等奖15人。

　　2000年12月15日至17日,在前郭尔罗斯蒙古族自治县教师进修学校召开了吉林省蒙古语文学会换届及第七次年会,经大会选举产生了第四届蒙古语文学会理事长,由吉林省民委党组成员、专职委员包东嘎为理事长,省民委文教宣传处调研员图力古尔为秘书长;收到论文156篇,其中评出一等奖4人、二等奖10人、三等奖15人。

二、吉林省西部区蒙古文学学会

　　1984年10月6日,吉林省白城地区蒙古文学学会成立,在前郭尔罗斯蒙古族自治县召开第一次会员代表大会。中共白城地委宣传部长刘国枢参加会议并讲话,中国作家协会书记处书记、蒙古族著名作家玛拉沁夫发来贺电。有33名会员,17名理事,聘请玛拉沁夫为学会顾问,中共白城地委统战部部长思勤任理事长,苏赫巴鲁(常务,前郭县政协副主席)、伯颜杜仍(前扶经济开发区建设办公室)、王文成(白城地区民委主任)、徐忠信(前郭蒙古族师范学校长)等4名人任副理事长。秘书长武昌,副秘书长包玉文、博·巴彦都楞。会上,苏赫巴鲁做工作报告。

　　1989年11月16日,吉林省白城地区蒙古文学学会在前郭尔罗斯蒙古族自治县召开第二次会员代表大会。会员发展到 75 人,其中中国作家协会会员 1 人,作协吉林分会会员 3 人,中国少数民族作家学会会员 9 人。理事 24 人,顾问玛拉沁夫,理事长思勤,副理事长苏赫巴鲁(常务)、伯颜杜仍、王文成、徐忠信;秘书长武昌,副秘书长包玉文、博·巴彦都楞。

1991 年 5 月,在吉林省民委的资助下,学会创办了蒙古文学丛刊《金鹰》。顾问玛拉沁夫。1991~2000 年,编委会主任苏赫巴鲁,副主任武昌;主编苏赫巴鲁,副主编王迅、包玉文、博·巴彦都楞。《金鹰》设长篇小说(连载)、短篇小说、诗歌、散文、报告文学、世界蒙古文学、蒙古文学评论、民族花环、吉林蒙古族名人录等 9 个专栏。

1994 年 12 月 6 日,吉林省白城地区蒙古文学学会改称吉林省西部区蒙古文学学会,在前郭尔罗斯蒙古族自治县召开第三次会员代表大会。苏赫巴鲁做工作报告。会上,博·巴彦都楞、苏伦巴根分别以"我的足迹、我的追求""愿化作春雨浇灌民族文化之花"为题重点发言。武昌秘书长做《吉林省西部区蒙古文学十年回顾》讲话。大会收到中国作协党组副书记、书记处书记玛拉沁夫、中国作协《民族文学》副主编、蒙古族著名作家特·赛音巴雅尔、中央民族大学文艺研究所名誉所长、蒙古族著名作家安柯钦夫等作家、专家的贺信、贺词。会员发展到 88 人,理事 38 人。理事长思勤,副理事长苏赫巴鲁(常务)、伯颜杜仍、王文成、徐忠信、托娅(松原市电大校长)、包力军、恩和(何平,前郭县副县长)、王迅(前郭县文联主席),秘书长武昌,副秘书长包玉文、博·巴彦都楞、苏伦巴根。截至 1994 年,学会共出版各类文学作品 100 多部。为鼓励作者、总结十年来的文学成就,设立"金鹰奖",并对评出的首届"金鹰奖"15 名获奖者进行表彰。

第六节　教育科技卫生

一、教　育

1986 年,全省有蒙古族学校 52 所,其中四平地区 5 所,白城地区 47 所。白城地区的前郭尔罗斯蒙古族自治县有民族学校 28 所,其中蒙古族幼儿园 1 所;蒙古族小学 25 所,187 个班,在校生 4 401 人,蒙古族教职工 212 人;蒙古族中学 2 所,32 个班,在校生 1 535 人,蒙古族教职工 96 人。

1994 年,前郭尔罗斯蒙古族自治县有蒙古族学校 28 所(含幼儿园),学生 5 228 人,在蒙古族学校中,蒙语授课学生 1 566 人,加授蒙语文的学生 3 662 人;蒙古族教职工 605 人,含小学教职工 418 人,中学教职工 187 人。

1999 年,前郭尔罗斯蒙古族自治县的蒙古族学校将"以蒙语授课为主,加授汉语文"的授课方式逐步向"以汉语授课为主,加授蒙语文"的授课方式过渡,进一步提高蒙古族教育教学质量。

2000年,全省有蒙古族学校82所,其中四平地区5所,白城地区49所,松原地区28所。前郭尔罗斯蒙古族自治县有蒙古族学校28所,在蒙古族学校中,完全中学1所,初级职业中学1所,县直属幼儿园和小学各1所,乡(镇)中心校5所,村小19所。有蒙古族教职工553名,蒙古族学生3 689人,蒙古族幼儿292人,蒙语授课班25个,加授蒙语文班168个。蒙古族教育基本形成了从幼儿教育到高中教育较为完整的教育体系。

(一)幼儿教育。1986年,蒙古族乡(镇)村的蒙古族幼儿园(班)附设在蒙古族小学,入园(班)蒙古族幼儿628名。2000年,乡(镇)、村蒙古族小学设幼儿园、学前班37个,入园(班)幼儿749名。

(二)小学教育。1986年,全省有蒙古族小学43所,其中四平地区5所,白城地区38所。白城地区的前郭县有蒙古族小学25所。其中,镇内1所、乡(镇)级5所、村级19所,132个教学班,在校蒙古族学生2 705名,蒙古族教职工297名。2000年,全省有蒙古族小学68所。前郭县有蒙古族小学25所,在校生5 757名,蒙语文授课专任教师200名。

(三)中学教育。1986年,全省有蒙古族中学8所。2000年,全省有蒙古族中学13所。郭尔罗斯蒙古族自治县有蒙古族中学2所,教学班级42个,学生1 874名,教职工230名。

(四)高等教育。吉林省内唯一的蒙古族高等师范学校——郭尔罗斯蒙古族自治县蒙古族师范学校建于1979年9月,当时有18名教师,2个班,100名学生,承担着培养蒙古族基础教育师资的重任。

1980年,根据《关于将前郭师范学校改为前郭蒙古族师范学校的通知》精神,招生纳入中师计划,从前郭、镇赉、通榆、洮南、大安等县招生,为白城地区培养蒙古族小学师资。

1986年,蒙师划归白城地区管理,继续承担为省内蒙古族地区培养蒙古族教师的任务。1986年,由省教育厅主办,培训二年制全省蒙古族小学教师42名。1987～1992年,省教育厅主办,在前郭、镇赉、洮南、通榆招收二年制蒙古族小学教师200名。

1994年,前郭蒙师又加挂松原师范的牌子,隶属松原市管辖。从松原市各县区招收初中生,培养中师师资。

1995年,与安广师范并校,加强了该校的师资力量。

2000年,将松原师范(前郭蒙师)与松原市教育学院合并,组建了四平师范学院松原分院(四平师范学院蒙师分校)。

2000年前郭县蒙古族学校基本情况一览表

表98

学校	教师数（人）	学生数（人）	班级数（个）	校舍		校园面积（平方米）	学生桌椅情况
				结构	面积（平方米）		
前郭蒙中	143	1 304	27	楼房	12 800	58 696	全部单桌单凳
查干花初级职业中学	77	437	15	砖瓦	4 000	22 467	双人桌长条凳
查干花镇中心校	41	401	14	砖瓦	1 467	30 000	双人桌长条凳
查干花镇伯音花村小	23	160	7	砖瓦	752	11 000	双人桌长条凳
查干花镇昂格来村小	12	94	6	砖瓦	473	5 623	双人桌长条凳
查干花镇五井子村小	18	165	6	砖瓦	672	18 200	双人桌长条凳
查干花镇哈尔金村小	12	36	5	砖瓦	422	10 005	双人桌长条凳
查干花镇英台村小	30	366	14	砖瓦	1 501	31 685	双人桌长条凳
查干花镇小城子村小	13	52	6	砖瓦	385	7 850	双人桌长条凳
乌兰敖都乡中心校	24	265	12	砖瓦	1 650	1 300	双人桌长条凳
乌兰敖都乡杨家村小	13	100	6	砖瓦	648	12 000	双人桌长条凳
乌兰图嘎镇中心校	45	612	15	砖瓦	1 876	30 010	双人桌长条凳
乌兰图嘎镇米立村小	19	140	7	砖瓦	987	24 000	双人桌长条凳
乌兰图嘎镇浩特村小	20	170	7	砖瓦	1 876	33 350	双人桌长条凳
东三家子乡中心校	32	278	14	砖瓦	1 876	15 008	双人桌长条凳
东三家子乡瓦房村小	17	49	6	砖瓦	350	4 500	双人桌长条凳
东三家子乡东三家子村小	9	23	4	砖瓦	342	7 200	双人桌长条凳
乌兰塔拉乡大乌龙村小	13	100	6	砖瓦	889	20 000	双人桌长条凳
乌兰塔拉乡大什村小	13	103	6	砖瓦	889	21 000	双人桌长条凳
哈拉毛都镇中心校	37	445	14	砖瓦	1 998	18 009	双人桌长条凳
哈拉毛都镇前哈拉木村小	17	232	12	砖瓦	554	10 200	双人桌长条凳
哈拉毛都镇南窑村小	15	104	7	砖瓦	1 080	11 790	双人桌长条凳

续表

学校	教师数（人）	学生数（人）	班级数（个）	校舍		校园面积（平方米）	学生桌椅情况
				结构	面积（平方米）		
吉拉吐乡七家子蒙小	28	347	13	砖瓦	1 067	8 550	双人桌长条凳
新庙镇庙东村小	14	115	7	砖瓦	942	10 485	双人桌长条凳
蒙古屯乡妙因寺村小	14	78	6	砖瓦	672	9 575	双人桌长条凳
长山镇库里村小	32	410	14	砖平	1 980	17 560	双人桌长条凳
前郭县蒙古族幼儿园	52	332	7	楼房	1 859	5 220	全部单桌单椅

2000年白城市蒙古族学校基本情况一览表

表99

学校	教师数（人）	学生数（人）	班级数（个）	校舍		校园面积（平方米）	学生桌椅情况
				结构	面积（平方米）		
通榆县蒙古族中学	77	437	15	砖瓦	4 000	22 467	双人桌长条凳
通榆县西艾里小学	27	132	6	砖瓦	1 167	20 000	双人桌长条凳
通榆县向海乡乌兰塔拉学校	28	260	12	砖瓦	1 852	28 000	双人桌长条凳
通榆县向海乡新发村乌兰图噶小学	20	248	14	砖瓦	1 298	15 623	双人桌长条凳
通榆县包拉温都小学	18	165	6	砖瓦	672	18 200	双人桌长条凳
镇赉县蒙古族中	68	421	14	砖瓦	1 422	28 005	双人桌长条凳
镇赉县莫莫格小学	15	298	12	砖瓦	1 201	21 685	双人桌长条凳
镇赉县哈吐气小学	9	128	6	砖瓦	886	7 850	双人桌长条凳
洮南市蒙古族中学	78	542	18	砖瓦	2 460	11 300	双人桌长条凳
洮南市胡力吐小学	12	98	4	砖瓦	848	12 000	双人桌长条凳

二、科 技

1986年,自治县有各类专业技术人员10 221人,其中事业单位5 591人,企业单位2 915人,党政机关1 715人。在事业单位的专业技术人员中,有教员3 561人,工程技术人员471人,农业技术人员303人,经济专业人员79人,会计专业人员323人,统计专业人员14人,卫生专业技术人员629人,体育教练员9人,翻译6人,图书、文博、档案、史料专业人员9人,艺术人员43人,其他专业93人。在企业从事技术和技术管理工作的人员中,大学本科学历29人,大学专科学历158人,中专学历645人,高中学历992人,初中学历1 091人。在党政机关从事科技或科技管理工作的人员中,大学本科学历106人,大专学历383人,中专学历630人,高中学历216人,初中学历350人。1989年8月,蒙古族自治地区的科技干部管理职能移人事部门,之后又完成了企业单位的首次专业职务评聘工作。自治县的企事业单位中专业技术人员有13 599人获得了专业技术职务评聘资格,其中高级职称301人,中级职称2 341人,初级职称10 957人。

1991年10月,前郭县科委和科协分开。1994年机构改革,自治县科学技术委员会更名为科学技术局,同科协一起,负责蒙古族自治地区的科技研究、试验、示范、普及、推广工作。

1996年,自治县完成事业单位首批专业技术职称评定工作,有143人获得了高级专业技术职务资格,1 304人获得了中级专业技术职务资格,4 353人获得了初级专业技术职务资格。1996年3月,自治县成立了科技领导小组,并选聘了科技副县长,同时在各乡(镇)增派了科技助理,在有关部门和较大的企事业单位设置了科研机构,明确了各行政村由副村长抓科技工作,形成了县、乡、村三级科技领导体系。各乡(镇)普遍建立了群众性的科协组织,由党委副书记兼任主席,各村建立科普分会,社成立科普小组,形成了由县科协为主体,乡(镇)科协为枢纽,村科普分会和社科普小组为基础的农村科普网络。从1996年开始,自治县的财政每年预算拨款20万元,建立科技三项费用,主要用于新产品试制、中间试验、科学研究补助。改革后,三项费用的使用改变了过去无偿下拨的做法,主要是根据项目的经济效益和还款能力,进行有偿或部分有偿使用。1998年,省科委下拨15万元,蒙古族自治地区财政匹配30万元,建立了蒙古族自治地区科技发展基金。

1999年11月18日,在省、市科委的支持下,自治县科技市场正式挂牌成立。2000年,前郭尔罗斯蒙古族自治县被国家科技部评为"全国科技进步先进县",被中国科学技术协会评为"全国农村科普先进集体"和"全国科普示范县"。

1986～2000年,前郭尔罗斯蒙古族自治县共获得国家、部委、省科技成果47项。其中,获国家科技进步一、二、三等奖三项;获国家部委、省科技推广一、二、三等奖44项。自治县根据经济建设和社会发展的需要,不断引进先进的技术和科技新成果,通过试验、示范和推广,努力把科技成果转化为现实的生产力。2000年,由于推广了新成果,科技对经济增长的贡献率达到45%,对粮食生产贡献率达到50%,对畜牧生产的贡献率达到45%。农作物主要品种的优良品种率达到100%,畜禽优良品种的普及达到95%以上。

种植业主要推广了20项新技术和新成果:甜菜纸筒育苗移栽技术,化学药剂除草技术,药剂、生物防治玉米螟技术,地膜覆盖西瓜、香瓜技术,瓜菜、麦菜、菜轮作技术,向日葵晚播技术,秸秆肥堆制及实用技术,大豆综合增产技术,日光温室蔬菜生产栽培技术,测土配方施肥技术,水稻三推两早一达标技术,种子包衣技术,玉米丰产方、水稻丰产方等综合增产技术,蔬菜病虫草害的综合防治技术,玉米大垄双行覆膜生产栽培技术,玉米综合生产栽培技术,茄子嫁接技术,大豆轮作技术,食用菌开发技术,叶绿素和微肥使用技术。

牧业主要推广了12项新技术:牛科学配套饲养技术,羊科学配套饲养技术,猪"四良四改"技术,肉食鸡科学饲养技术,畜禽疫病防治技术,"三化"草原改良技术,玉米秸秆青黄贮技术,水生细绿萍放养技术,黄牛细管冻精技术,草原病虫鼠害的综合防治技术,暖棚饲养畜禽技术,畜禽新品种改良技术。

林业生产主要推广了10项新技术:仁杏嫁接技术,山杏直播容器育苗技术,高效吸水剂及增肥应用技术,ABT生根粉在育苗中的应用技术,利用赤眼蜂生物防治叶部害虫技术,松树容器育苗带土造林技术,蛀干害虫综合防治技术,平原沙丘两用植树机技术,单行机械中耕除草技术,化学药剂、生物制剂综合飞防技术。

水利水产方面主要推广了8项新技术:稻田养鱼技术,池塘精养鱼技术,网箱养鱼技术,大水面养鱼的增殖养殖技术,中华鳖养殖技术,利用余热繁殖鱼苗技术,塑料编织袋在谷坊工程上的应用技术,节水灌溉技术。

农业机械化方面主要推广了12项新技术:玉米机械化增产技术,玉米、大豆机械化精量播种技术,谷子机械化生产栽培技术,玉米等作物机械化生产播种技术,机械化秸秆粉碎还田技术,机械化药剂除草技术,机械深松技术,水稻机械化栽培技术,机械深施肥抗旱播种技术,秋播整地机械深施肥技术,机械中耕除草技术,北方悬挂式水田犁机械深翻技术。

工业科技成果推广。蒙古族自治地区工业主要围绕设备的更新改造和产品的升级换代进行新技术新成果的推广,主要推广应用了11项新技术:利用稻草生产黄板纸技术,豆络素生产技术,粉状大豆分离蛋白粉的生产技术,不干胶产品生产技术,蓖麻油精炼技术,高档酱油生产技术,利用木屑生产木炭及精炼焦油技术,优质白酒生产技术,利用稻壳生产炭黑技术,钢切丸生产技术,"田力宝"微肥生产技术。

1986~2000年,前郭自治县共实施"星火计划"项目45项。其中,国家级2项、省级15项、地市级7项、县级21项,项目总投资5 284万元,累计创效益11 000万元。1986~1989年,畜牧局承担的省级"星火计划"《扩大利用中国美利奴羊为主的高产羊配套技术开发项目》完成后,使全县同质细毛羊达到87.9%,每只羊平均出毛量

4.89公斤,毛长达到8.66厘米,剪毛后体重达到43.92公斤,净毛率达到41.1%,繁殖成活率达到77.22%;年均经济效益455万元,比实施前的317万元增加了138万元。该项目1989年荣获了国家"星火计划"二等奖。1990年,前郭灌区农垦管理局承担的省级"星火计划"《盐碱洼地种稻技术开发》项目,采用先进技术和措施,在冷凉苏达盐渍土区开发种稻,取得了很好的效果,平均亩产水稻478.8公斤,超过立项指标19.6%,二年累计创产值554万元。此项目1992年通过省级鉴定,并获得吉林省科技成果推广一等奖,这一项目的实施,对全省西部盐碱地开发种稻具有普遍的指导意义,并为全县30万亩盐碱洼地水田资源开发做出了典范,提供了可靠的技术保证。

三、卫 生

1986～2000年,党和政府十分重视蒙古族地区卫生防病和医疗工作,建立了县、乡、村三级医疗保健网,开展了防疫、医疗、妇幼保健工作和爱国卫生运动,传染病发病率大幅度下降,地方病基本得到控制。坚持"预防为主,防治结合;城乡兼顾,中西医结合"的方针,在医政管理、医疗条件、保健措施和服务质量上都有很大提高和改善。危害群众健康的鼠疫、布病、地甲病和其他传染病达到了稳定控制区标准,爱国卫生运动受到省、地、市表彰。2000年,前郭县医院、中医院达到二级甲等医院标准,前郭县中医院被定为"全国百家示范中医院"。前郭县医疗院、站、所发展到528所,其中县级院、站、所5所,乡(镇)卫生院25所,预防保健站25所,村级卫生所395所,私人诊所78所。卫生技术(工作)人员2 687人,病床866张,各种医疗器械上千台(件)。县级医院可进行肿瘤切除、桡神经吻合、脏器损伤急救、断肢再植、骨折、颅骨形成等手术。蒙古族自治地区卫生防疫机构主要有卫生防疫站、结核病防治所和乡(镇)预防保健站。卫生防疫站是社会福利性的卫生事业单位,主要职责是担负蒙古族人民群众的卫生监督与监测、疾病预防与控制、健康教育与促进、技术咨询与服务以及突发性重大传染病乃至生化恐怖方面的应急和控制工作。结核病防治所主要职责是正常开展结核病的防治工作。乡(镇)预防保健站主要职责是完成管区内的突发公共卫生事件的处理、计划免疫、妇幼卫生保健和传染病控制等各项工作。蒙古族自治地区妇幼保健院和乡(镇)预防保健站属于国家全民所有制卫生差额拨款事业单位,是集医疗与保健为一体的非营利性妇幼保健机构和爱婴医院,主要任务是保障广大妇女儿童的身心健康,提高人口素质。

蒙古族自治地区地方病有5种:布氏菌病、地方性甲状腺肿、地方性氟中毒、大骨节病、鼠疫。2000年,在蒙古族自治地区范围内,鼠疫已经绝迹,地方性甲状腺肿和地方性氟中毒的发病率大幅度下降,布氏菌病、大骨节病多年没有病例发生,完全达到了稳定控制区的标准。蒙古族自治地区的驱绦灭囊工作开展较早,专门成立了驱绦灭囊领导小组,下设办公室。把驱绦灭囊任务具体落实到各乡、镇、场卫生院(所)。1997～2000年,蒙古族自治地区驱绦灭囊工作实现了"双无",基本上消除了人绦虫病和猪囊虫病。

四、蒙医蒙药

1987年5月,白城地区民族宗教处在镇赉县莫莫格蒙古族乡召开蒙医座谈会,老蒙医吴玉石、白文峰、包永秦、赖金山、武海山、杨福生和新参加工作青年蒙医常旺才、包万福、张淑华、佟桂琴、白桂华、陈立英参加座谈会,会上紧紧围绕蒙医蒙药现状、发展前景和存在问题进行了讨论。

1998年,前郭县中医院蒙医科发掘、整理了民间验方—用于治疗风湿、类风湿疾病的蒙药"那如-3"和用于治疗胃炎、胃溃疡的蒙药"浩道敦-10"等。后来,县中医院与内蒙古民族大学附属医院协做成立了前郭尔罗斯蒙古族自治县蒙医院,组建了蒙医内科、蒙医疗术科、蒙医骨伤科等。蒙医内科利用蒙医学治疗急慢性肝炎、肝硬化腹水、急慢性胃炎、胃溃疡、十二指肠溃疡、胃下垂、肺心病、风心病、冠心病、脑出血、脑梗死等心脑血管疾病,以及糖尿病、甲亢等内分泌疾病疗效显著。蒙医疗术科采用针刺、推拿理疗、针灸等方法治疗腰椎间盘突出、颈椎病、强直性脊柱炎、肢体麻木等症,用放血疗法治疗高血压、血管性头痛,用药浴疗法治疗皮肤病、风湿等疑难杂症,均有特殊疗效。蒙医骨伤科采用传统蒙医喷酒整骨手法,不开刀、不手术治疗四肢闭合性骨折,具有疗效高、疗程短、痛苦小、花钱少等特点。

在充分继承传统蒙医、蒙药理论的基础上,前郭县蒙医院不断挖掘和整理传统文献,逐步培养和锻炼了一支热爱蒙医药事业的专业技术队伍,先后接收内蒙古呼盟卫校、海拉尔卫校及内蒙古医学院的应届毕业生36人,并将原来的蒙医门诊,扩建成蒙医疗区,配备了蒙医、蒙药、蒙护专业技术人员,医院的人员文化结构也得到了明显改善。县蒙医院从事蒙医蒙药人员52人,其中主治医师6人,医师17人,护师13人。

2000年,白城市区镇赉县有蒙医7人,均为主治医师。分别工作在莫莫格、哈吐气、保民、沿江、镇来镇5个乡(镇)卫生院,其中4人担任院长、副院长职务。大部分蒙医已不再采用传统的蒙医治疗手段和蒙药治病。只有在莫莫格蒙古乡卫生院设有蒙医科,与工作在哈吐气蒙古族乡卫生院的1名蒙古族医生,根据患者的愿望时常采用蒙医手段和用蒙药为患者治病。

第七节 文化体育

一、语言文字

吉林省内的蒙古族主要使用汉语和蒙古语。前郭尔罗斯蒙古族自治县的蒙古语为内蒙古自治区东部区方言之一,这一方言与哲里木盟、兴安盟以及相邻的杜尔伯特蒙古族自治县、肇源县(原郭尔罗斯后旗)的浩德和文顺蒙古族乡、大安县的新艾里乡、通榆县的包力温都蒙古族乡等地的蒙古族方言土语相近。

蒙古族本民族语言文字的学习和使用有着悠久的历史。随着汉族及其他民族人口的逐渐增多,蒙古语言文字的使用环境发生了变化。蒙古族聚居的乡(镇)村,蒙古族群众基本使用蒙古语言;在蒙古族和汉族杂居的乡(镇)村,蒙古族群众使用蒙古语和汉语,以汉语为主;散居在汉族和其他民族中的蒙古族群众,除少数老年人外,基本上不使用蒙古语。

1986~2000年,蒙古族语言文字的学习和使用得到了党和政府的重视。前郭尔罗斯蒙古族自治县制定了自己的语言文字管理办法和条例。自治县人大常委会先后制定了《前郭尔罗斯蒙古族自治县自治条例》和《前郭尔罗斯蒙古族自治县蒙古语言文字工作条例》,明确规定自治县自治机关要建立和健全蒙古语言文字工作管理机制,培养和建立蒙古语言文字工作队伍,确保自治机关在政治、经济、教育、科技、文化、卫生、体育、新闻、司法等领域加强蒙古语言文字的使用。在实际工作中,凡属重要会议上的领导报告或讲话,均使用蒙古语言和汉语言。自治县的机关、企事业单位、学校的公章、布告、文件标头、牌匾、商标、名称等,同时使用蒙古语文字和汉语文字;机关干部提倡用蒙古语言会话,培养和表彰奖励蒙古语和汉语双语兼通人才。同时,大力发展民族教育和民族文化,境内蒙古族地区基本形成了使用蒙古语言文字进行幼儿教育、小学教育到高中教育的教育体系和以蒙古语言为主的民族歌舞、民族曲艺、民间文学及蒙古语言广播电视节目等文化体系,为学习和使用蒙古族语言文字创造了良好的环境。前郭尔罗斯蒙古族自治县成立了蒙古语言文字研究所,隶属于县民族宗教局,并召开研讨会,对贯彻落实民族政策、法规和如何学习使用蒙古语言文字等情况进行研讨,同时开展了挖掘、整理蒙古族文化遗产等方面的工作。

二、文学艺术

(一) 文学。

小说 1984年8月,蒙古族作家苏赫巴鲁创作的长篇传记小说《成吉思汗传说(上卷)》,由吉林人民出版社出版。1985年,《成吉思汗传说(下卷)》由北方妇女儿童出版社出版,1987年,该书获吉林省第二届少数民族文学优秀作品奖,1992年获首届中国北方民间文学一等奖。

1990年,蒙古族作家包广林将白音仓布演唱、特木尔巴根翻译的长篇乌力格尔《陶克涛胡》改编成长篇传记小说,由吉林人民出版社出版。1992年,该书获吉林省政府最高文艺奖——长白山文艺奖。

1991年2月,蒙古族作家苏赫巴鲁长篇传记小说《成吉思汗·一统蒙古》《成吉思汗·开疆拓土》由台湾云龙出版社出版。博·巴彦都楞据特木尔巴根翻译的白音仓布长篇乌力格尔《陶克陶胡》创作出版蒙文版长篇传记小说《陶克陶胡》,内蒙古人民出版社出版。1993年,苏赫巴鲁长篇传记小说《铁木真(顶尖人物)(7)(8)》由台湾知书房出版社出版、《大漠神雕成吉思汗传》,由北方妇女儿童出版社出版。1995年,苏赫巴鲁《戈壁之鹰成吉思汗传》(蒙文),由民族出版社出版。1998年,苏伦巴根创作的长篇小说《铁骑之子》,由内蒙古少年儿童出版社出版。苏赫巴鲁长篇传记小说《漠南神笔古拉兰萨传》,由内蒙古少年儿童出版社出版。同年获第四届东北文学奖二等奖。

2000年,苏赫巴鲁、珊丹的长篇传记小说《宫廷情猎》由中国社会出版社出版。苏赫巴鲁、博·巴彦都楞的长篇传记文学《陶克陶胡传》蒙汉文合璧本,由内蒙古少年儿童出版社出版。

诗歌　1986年,姜成文内部出版诗集《草原情》,1988年,姜成文的《海的呼唤》由吉林石油报结集出版。1991年,白蕾的新诗《初绽的海棠花》获《女友》杂志举办的"情人岛"全国诗歌大奖赛纪念奖。10月,艾林新诗《一品红》入选《青年诗人抒情诗选》(长城出版公司出版)获一等奖。迟焕章的《新庄农杂字》内部出版。苏赫巴鲁主编的多人合集《腾飞吧,骏马》,由辽宁民族出版社出版。

1992年,甄瓯诗集《梦的旋律》由金陵书社出版公司出版。白蕾诗作《年轻的黑马》获首届"夏都杯"全国诗歌大奖赛三等奖。姜成文诗集《悠悠草原情》,由时代文艺出版社出版。艾林诗歌《葵花林》获吉林省首届"星海杯"文学作品大赛三等奖。

1994年,苏赫巴鲁诗集《苏赫巴鲁诗选》由时代文艺出版社出版。武昌诗集《太阳的花环》《月亮的光辉》、焦洪学的诗集《爱之花》、包莲子诗集《原上草》(1998年获吉林省第三届少数民族文学奖)、冰夫诗集《八月的诗草》、王华诗集《我愿做棵树》均由黑龙江人民出版社出版。白蕾诗《天驹》《离情》获"1994年中国鲁迅奖"奖牌。

1995年,张永利内部出版诗集《青春潮》、博·巴彦都楞蒙文版诗集《二十一世纪的花朵》由内蒙古少年儿童出版社出版,1998年获吉林省第三届少数民族文学奖。富有诗集《心灵的颤音》由山东文艺出版社出版。

1996年,吴树庭词集《穹庐词稿(上)(下)》由吉林省写作学会出版。白蕾抒情长诗《白马与月亮的草原》获"1996世界华文诗歌大奖赛"优秀奖,白蕾被《亚细亚诗报》社授予"十佳新星诗人"称号。

1997年,赵之友格律诗词选集《陟游诗词选》由作家出版社出版。武昌诗集《星星的辉煌》、姜国忠诗集《热土之恋》均由中国国际广播出版社出版。吴树庭诗词选集《松原揽胜》由吉林省写作学会出版。

1998年,肖振有诗集《毛罗诗选》由中国文联出版社出版。夏恩民诗集《故乡的云》、王世民诗集《永远的情歌》均由内蒙古少年儿童出版社出版。刘鸿鸣散文诗集《远去的帆影》由中国国际广播出版社出版。

2000年,武昌诗集《故园春梦》由内蒙古少年儿童出版社出版。

散文 1986年8月,《郭尔罗斯风光》(多人合集)出版。

1991年,苏赫巴鲁主编的散文集《七彩的草原》(多人合集)由辽宁民族出版社出版。1994年,苏赫巴鲁散文集《蒙古行》、王迅散文集《松江夜话》、赵之友主编的《美丽富饶的郭尔罗斯》由黑龙江人民出版社出版。

1995年10月,扎木苏、乌日娜散文、小说合集《扎木苏、乌日娜作品选》由黑龙江人民出版社出版。1997年,王华散文集《破译人生的密码》由中国国际广播出版社出版。1998年,王永灵文艺作品集《无名花》《无名果》出版。李凤志著《平凡岁月》由亚细亚作家文学社出版。1999年,苏伦巴根散文集《穹庐走马》由中国国际广播出版社出版。徐宝泉散文、曲艺集《查干湖畔石油人》出版。1998年,白蕾、包玉文文学评论《苏赫巴鲁研究》,中国国际广播出版社出版。2000年,《美丽的查干湖》(多人合集),苏博主编,内蒙古少年儿童出版社出版。

(二)戏剧曲艺。 按照吉林省文化厅关于建立三级创作网的指示,1982年蒙古族自治地区建立了戏剧创作室,属文化局内设机构,除专业性剧本创作外,还负责组织全县戏剧、曲艺创作,培养业余戏剧、曲艺作者,为剧团提供演出脚本。

1986~2000年,蒙古族自治地区戏剧创作室人员创作了大戏《太阳的女儿》等作品8部;创作了小戏《志同道合》《换籽》以及表演唱、京东大鼓、二人转、快板书、小品等作品34篇。

(三)影视创作。 1985年,苏赫巴鲁与超克图纳仁、詹相持、琴子创作的电影文学剧本《成吉思汗》载《当代电影》1985年第一期,1986年,内蒙古电影制片厂将其摄制成彩色宽银幕影片在全国放映。电影文学剧本《成吉思汗》于1987年获内蒙古自治区第二届文艺创作"萨日纳"一等奖。1987年,苏赫巴鲁、钟麟创作的电视剧《太阳的女儿》由吉林电视台摄制成电视剧片上、下集,于1989年3月13日在吉林电视台播出,同年8月17日,中央电视台二台播出。1989年,朱学章导演的电视风光片《草原银湖》在中央电视台和亚洲12个国家电视台交流播放。1996年,苏赫巴鲁与日本NTV合作的《征服世界王传说》在日本东京NTV电视台播出。

(四)音乐、舞蹈。

音乐 1988~2000年,张艺军创作的《草原魂》《中国和平统一颂》《油城我成长的地方》《秋后的庄稼人》《乌力格尔》《跟你走》《天天盼着快长大》等65首音乐作品分别在国内和日本、加拿大演出,获得国家和省市奖。其中1995年创作的《跟你走》在15 000多首"全国工人歌曲征评大赛"中,获中国音协等部门颁发的作曲一等奖,并被选为向第十五届世界石油大会献礼的曲目;《中国和平统一颂》被在日本东京召开的"全球华侨华人推动中国和平统一大会·新世纪东京大会"选定为(日本)"中国和平统一促进会"会歌。1995年,苏赫巴鲁作词,邱健明谱曲《美丽的查干湖》选入盒式磁带《我爱你,前郭尔罗斯》,长白山音像出版社出版。马烈歌词《粮食搬运工》,参加"中国工人歌曲新作征歌"活动,获优秀奖。1998年,邱健明的《创作歌曲集》,由中国国际广播出版社出版。

舞蹈 1989年9月,王国忠创作的舞剧《马头琴的传说》,参加全国第二届艺术节文艺演出,获二等奖。1990年7月,王国忠创作的民族舞蹈《欢庆》《婚礼歌》,参加加拿大国际民族民间艺术节文艺演出。

(五)美术书法。

美术 1986年,李占魁绘画作品在中国"屈原杯"海内外书画艺术大赛中获优秀奖。1991～2000年,赵国维水彩画《恋》《角落》《小憩》《北方十二月》分别入选全国和全省美术作品展览,获优秀奖和铜牌奖。一忒阁乐中国画《作家肖像》入选全国"民族百花"美术展览,获优秀奖。张建华儿童画辅导在吉林省第五届少儿书画大赛中获辅导一等奖、在"华夏明珠杯"全国少年儿童书画摄影大赛中获优秀指导奖。曹琳中国画《绿野》《春归图》《安居》分别在第四届全国卫生美术作品展览中获银奖;在第三届全国少数民族美术作品展中获铜奖,其中《安居》入选新中国成立50周年《美术作品展精品集》。温淑琴叶画《聆听》在全国首届环保文学、美术、书法大赛获三等奖。李艳玲1套窗花作品在吉林省1999迎新春万幅春联、挂钱、窗花大赛中获二等奖。庞志义挂钱4幅一套在吉林省迎新春春联、剪纸大赛中获二等奖。

书法 1986～1990年,李占魁1件书法作品在中国《青年人》硬笔书法大赛中获优秀奖;1件书法作品入选首届"中华人才杯"书画大奖赛;在中国第三届青少年书法品段评定会上获五段段位;1件书法作品在中国东峰碑林诗、书、画大赛中获一级佳作奖。1992年,一忒阁乐1件书法作品入选"天马杯"国际书画展。廉世和1件行楷作品入选第一届中国书坛新人展。生立国1件硬笔书法作品在"希望杯"全国硬笔书法大赛中获优秀奖。1995年,李敏1件书法作品在中国文学艺术界联合会、中国国际公共关系协会联合举办的中国国际文学艺术作品博览会上,被认定为书法类一级作品。1996年,生立国1件书法作品在"天马杯"全国书法大赛中获优秀奖。1997年,李敏1件书法作品在"1997年屈原杯国际名人书画大赛"中获金奖。张建华1件书法作品在吉林省万幅春联大赛中获二等奖。生立国1件书法作品在全国青少年书法篆刻大赛中获优秀奖,被编入青年书法报社主办的《全国青少年书法篆刻作品大观》。1998年,雍峰、生立国各1件书法作品参加吉林省群星奖作品选拔赛,分获二、三等奖。1999年,李敏1件书法作品在"祖国颂"国际书画摄影大赛中获特别金奖,并获"国际金奖艺术家"称号。雍峰1件书法作品在吉林省世纪书法大赛中获一等奖,其书法作品入选全国第七届书法展,并编入新中国成立以来吉林省名家作品集。生立国1件书法作品在吉林省庆祝建国50周年美术、书法、摄影精品展览中获二等奖。2000年,李敏1件书法作品在第三届"王子杯"海峡两岸书画艺术展中获特别金奖。

(六)摄影。 1988～1999年,史进才摄影《前郭蒙古族幼儿园》《哈达山抽水站》《那达慕大会》《中国美利奴羊》刊载《中国东北经济》第一、二卷;《蒙古族风情》载入《吉林省志》;《商业经济》载入《中国形象》;《回娘家》获吉林省摄影大赛三等奖;《小摔跤手》入选吉林省庆祝新中国成立50周年群众美术、书法、摄影精品展。

三、民间文艺

（一）蒙古族传统舞蹈。

安代舞 安代舞是蒙古族传统民间歌舞。表演者双手各执一段彩绸,由一人领唱,众人相和,边歌边舞,歌词即兴编出,动作朴实奔放,节奏强烈,具有浓厚民族风格。

盅碗舞 这种舞蹈是蒙古族群众在漫长的游牧生活中创造出来的。每逢佳节喜庆的日子,蒙古族群众都要点起篝火,围坐一圈,吃大块肉,喝大碗酒。酒至酣处,女子乘兴顶起盅碗,围着篝火,翩翩起舞,两手各拿两个盅子相击伴奏。于是,便产生了盅碗舞。

秧歌 境内蒙古族的秧歌是以扮相、表演、音乐伴奏等为一体的综合性民间艺术。

（二）民歌。 蒙古族民歌大体分"图林道"和"育林道"两大类。图林道,即雅乐,包括赞歌和婚礼歌。育林道,即俗乐,主要为情歌、摇篮曲和哼哼调,这一类民歌在郭尔罗斯蒙古族群众中广为流传。

1986年,苏赫巴鲁任副主编,郭秋良、孟和伯拉任编委,宝音朝古拉、阿尔斯楞任编辑应聘参与《中国民间歌曲集成·吉林卷》的编辑工作。

1993年,宝音朝古拉、孟和伯拉、阿尔斯楞编纂的《吉林蒙古族民歌》蒙文版,由内蒙古少年儿童出版社出版。

1998年,徐国清、苏赫巴鲁、乌云格日勒编著的蒙汉合璧本《吉林蒙古族民歌及其研究》,由内蒙古少年儿童出版社出版。

（三）曲艺。

蒙古琴书 蒙古琴书蒙语为"乌力格尔",是蒙古族民间说唱曲艺形式之一。多以马头琴或四弦琴伴奏,由说书人自拉、自唱、自说,形式简单。拉的曲调已定型,开始、结束、赶路、行军、赞美自然风光、说白道叙、喜怒哀乐等都有专用曲调。

好来宝 好来宝是蒙古族民间曲艺形式之一。好来宝分为叙事性单口好来宝和问答式对口好来宝两种形式。好来宝有一套定型化的曲调,说唱者可根据作品情景选用适应的曲谱。

二人转 中共十一届三中全会后,二人转演出活动复苏。1986~2000年,境内的蒙古族地区年均演出二人转200余场,观众3万左右。长龙乡、哈拉毛都镇、大山乡、洪泉乡、宝甸乡、八郎镇也有一些二人转艺人在农闲季节组队巡回演出。

（四）民间故事。 1960年,在全省范围内进行民间文学的普查和挖掘,蒙古族自治地区组织千人采风活动,共搜集民间故事1 020篇。1978~1988年,进行8次有组织的采风活动,其中采集民间故事千余篇。蒙古族民间故事,可分为人物故事、风物故事、动物故事、寓言故事、巴拉根仓(机智)故事等几种形式。

（五）民间乐器。 蒙古族乐器有四胡、马头琴、好不斯、二胡、三弦、扬琴、笛、箫、唢呐等,其中四胡、马头琴和好不斯合称蒙古族三大民间乐器。

四、文化组织

前郭尔罗斯蒙古族自治县民族歌舞团　1986年,民族歌舞团编制88人。2000年,内设声乐队、舞蹈队、乐队、舞美队,演职员76人,其中少数民族37人。演职员中大专毕业11人,中专毕业31人。高级职称3人,中级职称12人,初级职称36人。1988至2000年先后有达古拉、王国忠、王举、辛沪光、石磊、钟麟、赵金宝、百顺、额尔丹、柏拉、乌日娜、陶秀江、张雪峰等演员及伴奏员、编剧、作曲等分别在文化部、吉林省举办的各种艺术大赛中获得一、二、三等奖励。1991年6月26日至7月23日,代表中国赴加拿大参加第三届世界民族民间艺术节,先后在拉西尔、康沃尔、格兰卑、蒙特利尔、多伦多等地演出。

戏曲剧团　1985年,前郭县评剧团设演出队、乐队、舞美队、服装组,演职员46人。1988年,改称戏曲剧团,经营剧种以评剧为主,兼容拉场戏、二人转、小品、话剧等。1994年,实行全员聘用制及工资限额分配制度,编制60人。2000年,演职员60人,其中少数民族8人。大专学历4人,中专学历29人;高级职称2人,中级职称9人,初级职称41人。内设演员队、乐队、舞美队、艺术委员会和业务办公室。1986～2000年,戏曲剧团先后深入到全县各乡(镇)村屯和城乡中小学校巡回演出,参加吉林省、白城地区、松原市新剧目汇演,演出剧目累计1 044场。

图书馆　1985年,前郭县图书馆有职工12人。内设采编、阅览、儿童、外借、辅导、文物等组。馆内各种期刊230种,藏书3.2万册。其中儿童读物10 118册,全年借阅29 178人次,39 290册次。1987年,新馆舍落成,建筑面积1 095平方米。2000年,职工36人,其中大专学历23人,中专学历11人;高级职称1人,中级职称2人,初级职称30人。

五、传统体育

蒙古族人民通过游牧和狩猎的生产生活方式,形成了具有民族特色的习武手段,到现代已演变成为蒙古族体育的组成部分。那达慕已成为富有地域特色和民族特色的体育活动。那达慕盛会上的赛马、摔跤、射箭、投布鲁等四项活动,充分展示着蒙古族英勇剽悍的民族气质。那达慕系蒙古语,意为"娱乐游戏"。远在13世纪,蒙古族首领举行大"忽力勒"(蒙语,大聚会),除制定新规、任免官员、表彰奖惩外,还要举行规模较大的那达慕。当时凡是牧马较多的部落举行的那达慕大都进行赛马,一般小型那达慕多以摔跤为主。

1986～2000年,长春市举办3次那达慕大会(1992年5月31日,在吉林大学体育场举行了首届蒙古族那达慕大会;1993年5月30日,在一汽灯光球场举行了第二届蒙古族那达慕大会;1997年6月14日,在客车厂体育馆举行了第三届蒙古族那达慕大会)。前郭尔罗斯蒙古族自治县的"那达慕"大会,五年一届,逢十大型,逢五小型。

第八节 风俗习惯

一、饮食

吉林省农区的蒙古族饮食以粮食为主,以肉、乳为辅,半农半牧区粮、肉、乳并用;牧区主要为肉食和乳食,习惯称"红食"(乌兰伊德)和"白食"(查干伊德)。

乳食品 分奶油、奶皮子、奶酪、奶干4种。

奶茶 用砖茶和奶煮成。一般是先把砖茶砸碎放在水锅中煮,茶烧开后,加入鲜奶,再烧开后,除过残茶,装入壶中饮用。

奶酒 据《夷俗记》记载:"马乳初取太甘,不可食;越二、三日则太酸,不可食,惟取之以造酒。"用马乳酿酒,蒙古族古代就很盛行。陶宗仪在其《辍耕录》中把上等马奶酒分为柴玉浆与玄玉浆两种。

手把肉 蒙古族的手把肉不同于一般的吃肉啃骨,不仅烹制上有许多独特技艺,而且在食用上也有许多特有的礼仪文化。

吃"乌查" 吃羊"乌查",就是吃羊"后鞧"。制法是将羊由脊上第七肋骨至尾部割为一段,带尾下锅,水滚开后取出,盛于大盘中供食用。

全羊宴 制法是把全羊解为几段,煮熟后,按全羊形摆好,端到宴席上后,撤掉头和四肢,开始食用。也有的吃烤全羊,是把羊去掉头和四肢煮熟后,用烟火炙烤,边烤边涂油和调味品,烤到表皮呈金黄时,即可盛盘入席,割而食之。食"乌查"、烤全羊,是蒙古族上等佳肴。

炒米 是蒙古族较普遍食用的食品。炒米,蒙古人叫"敖特"是把稷子洗净先蒸后炒,去皮、净糠而成。食用时,把炒米盛于碗里,加上白糖、奶油,用热奶泡后食用。

牛犊汤 也叫"陶和列"。是把小面块碾成猫耳朵形的面片,或擀、切的面片用牛奶煮后加黄油、奶皮、白糖而食。

面肠 是蒙古族杀猪、杀羊时做的具有蒙古族特点的食品。它不同于血肠的是在血中加入荞面、猪板油丁(腔子油)及各种佐料。

肉粥 是蒙古族人爱吃的饭食。农历腊月二十三(即小年)要吃肉粥。在庙会、敖包会上,活佛或巴彦们所谓的布施"舍善",就是大锅肉粥。

蒙古族牛肉干 牛肉干经过蒙古族传统手工做法精制而成,制作工艺复杂。低脂肪、高热量、口感香浓、回味悠长、色泽金红、外焦里嫩。由于料精工细,在蒙古族传统饮食文化中,牛肉干被视为极品,专门用来款待贵客。

蒙古族馅饼 是一种风味面食,有三百多年的历史。最早是以当地特产的荞麦面制皮,牛羊猪肉为馅,采用干烙水烹的方法制成。是蒙古族人家招待贵客的主要食品之一。每到蒙古族家庭作客,他们以馅饼这种面食,作为最好饭食招待来客。

全羊席　又称"全羊大筵"。盛行于清代康熙年间,全羊席这一具有独特风味的宴席是蒙古族在古代逐渐形成并流传至今的一种最丰盛、最富民族特色的宴席,是经历了几百年的技艺演进和饮食经验积累的结晶。"全羊席"以一体之物,烹制出七十余种菜肴,形色不同,口味各异。"全羊席"不仅菜名高雅、菜品丰盛,形、色、香、味俱备,煎、烹、炸、爆、煮、蒸、炖俱全,而且上菜的程序也非常独特,必须是以羊头菜为首,菜品上桌按四四盘碗编组,辅以诸色点心及各道主食,使"全羊席"不但色香味美、营养丰富,也极显高贵与丰盛,极俱民族风味。

成吉思汗火锅　是蒙古族传统烧烤食品,源于成吉思汗时代,相传,成吉思汗在一次围猎宿营时,看见士兵架在篝火上的肉被火薰烧得焦黑,且外糊内生,很不好吃。他随手取一士兵头盔,放在篝火上,拔出腰刀,把猎来的黄羊肉,切成薄片,贴在"锅"上,烤成外焦肉嫩的炙肉片。"烤肉"从此诞生了,西征传到欧洲又转传到东南亚和日本,以至风靡世界。

郭尔罗斯烤全羊　烤全羊,蒙语中称为"昭木""好尼西日那"。烤全羊是蒙古族宴席中最讲究的一道特色菜。做法是将羊宰杀后,去内脏,整洁干净,把整只羊放入炭火炉中微火熏烤,出炉入炉,前后翻转,反复多次,烤熟后,将周身金黄的整只羊放在漆木盘中,由两人抬入宴会餐厅,绕场向宾客献礼展示,然后再抬回灶间,交厨师刀解成若干大块置于菜盘之中端上宴席餐桌,用餐刀、竹筷撕块蘸盐面食用,其香浓沁脾。烤全羊不仅色、香、味、形俱全,风味独特,而且非常隆重,对宾客有极高的礼节性。

二、服饰

蒙古族牧民为了便于骑马放牧,无论男女老少,都有穿长袍束腰的习惯。吉林省内的蒙古人穿的蒙古袍较长,有衩;女袍下摆宽,穿时不束腰带,因而被称为"布斯贵"(不束腰带子的人)。天冷时,吉林、科尔沁蒙古族袍外罩坎肩、马褂。腰带通常用九尺到一丈二尺左右整幅的布或绸料做。

蒙古族是个长于装饰的民族。日常生活中,除用一些珍贵的饰物(如金、银、珍珠、翡翠、玛瑙……)装饰外,尤善于刺绣。蒙古族刺绣(即花剌敖由乎)一是在布或绸料、绒料上刺绣各种花卉、图案;二是贴花(即花剌聂那):用各种布料、绒料剪成各种花卉或图案贴在布、毯、皮上,锁边缝制而成;三是缉花(即套格其乎):一般男靴、衣服、鞍鞯等物,不需要艳刺目的花纹,但又要有一点简单装饰,遂用缉花的办法,一针对一针地缝缉而成。这种缉花既使人感到朴素、庄重,又美观耐用。也有的在这三种的基础上,混合使用,如缉花加贴花。

三、婚姻习俗

传统的蒙古族婚姻，仍以"父母之命、媒妁之言"为缔婚的社会准则，其过程大体同汉族，包括相看、求婚、合婚、放哈达（订婚）、纳彩（过礼）、婚仪等礼节。

聘婚，多由男方选择。蒙古族谚云："多求则贵，少求则贱。"一般先由兄长或媒人求聘，一旦聘成，就举行许婚筵。

许婚筵，在女方举行，称作女方的"不兀勒札儿筵"。"不兀勒札儿"，蒙古族系指动物的颈喉（这里专指羊的颈喉）。定婚筵上用这个东西，寓意为"好马一鞭""好汉一言"，今生今世不得反悔。后来，有的地方、有的家庭不设"定婚筵"时，就在结婚筵上举行这个仪式。

蒙古族的结婚仪式，仍保留着男到女方娶亲的传统习惯。到了预定吉日的前一天，新郎穿礼服，与"跟姑爷"（伴郎）、主婚人、亲友、祝词家（或歌手）等数人，骑马并赶着彩车来到女方家。女方家也邀请亲友多人参加。接着开始了女方的头道宴。头道宴上最有趣的就是"求名问属"。新郎穿上姑娘做的袍靴后，向首席客献奶茶，"求名宴"就开始了。通过求名问属，男方祝词家与女方嫂子展开了喜剧性的对歌。"求名宴"上的对歌，是智慧的竞技。直到新郎献上"哈特刀"，唱罢《祝刀歌》及讲清"哈特刀"的来历，求名宴才结束。

晚间举行的"沙恩吐宴"则更别有情趣。这是女方设的第二道宴。也是新娘出嫁的宴，离别的宴。清晨，送亲时辰一到，新娘被新娘的叔父或兄长用毡子抬上彩车。出发前，新郎要骑马绕新娘的车跑三圈。送亲人有的骑马，有的乘车，一起启程。在娶亲途中，男女双方尽情催马奔驰，互相追逐，并以抢帽子为嬉。一般是女方亲友，要千方百计把男方的帽子抢来扔到地下，迫使新郎下马去拣，以影响迎亲的行速。男方互相掩护，不让女方抢去帽子。一路上骏马奔驰，互相追逐，你呼我应，嬉闹欢快，具有强烈的草原婚礼的气息。喜车到了大门口，男方家出来四个媳妇向车上问安、敬酒。新娘的两个嫂子接过后，向东西南北洒酒敬神。向车辆洒茶水洗尘。进屋后，整装修容。请"分头妈"为新娘梳头。整容后，夫妻双双行拜天礼、拜火礼，请喇嘛诵经。然后，新娘拜见公婆，行拜见礼。礼毕，开始婚宴。蒙古族结婚过程中，有一件不可少的事情是唱婚礼歌（好来门道），婚礼歌多由职业歌手（也叫祝词家——贺勒莫日沁）演唱。歌儿多是久已流传的，也有即兴编唱的。结婚三天娘家要来看新娘子，来人多为嫂子，要带些食品（也有的结婚当晚送），结婚七天要回门（也有三天回门的）。

20世纪90年代，随着人们思想面貌的改变，文化教养的提高，以及各民族间的相互影响，蒙古族的婚礼形式多与汉族相同。

四、人生礼仪

（一）生育。生小孩，亲友多给产妇送鸡蛋、糖果、挂面、大米等食品或花布、小衣服等。近亲闻讯便去，远亲或朋友多在七天去。娘家除送鸡蛋等食品外，一般都要给小孩做被或其他衣物等。

小孩满月之后，俗有到姥姥家住满月之习。姥姥要给小孩挂一匝白线。并叨念"头上戴，脚下扒，小孩活到八十八"，祝福小孩长命百岁。

小孩生下来百天，一般延续着"姑姑鞋，姨姨袜、老娘做件黄马褂"的习俗。到20世纪80年代起普遍流行百日摄影留念。

每逢小孩生日，母亲要为他煮鸡蛋或包饺子吃，祝贺生日。老人过生日，晚辈来祝寿，送寿糕、寿酒、寿面，并设宴款待祝寿者。

（二）盖新房。旧俗建新房上梁之日。梁上贴着卦图及"太公在此，诸神退位"字样。现在上梁时，亲友来帮忙，主人设宴招待。

（三）丧葬习俗。指路（"顺思穆日扎那"）人死后要请喇嘛念经、指路让死者到"德博占"去。"德博占"为藏语，民间认为那里没有灰尘，是享福的地方。

丧服　死者一般都穿蓝裤、白布衫。蒙古以白为纯洁，以蓝为民族主色。布用平纹，不穿棉衣。儿女不许伸手给死者穿衣，死者遗留衣服，多给为死者穿衣服的人。

停灵　在民间停灵时间一般不超过一个时辰（两个小时）就是卯时死，卯时出。在农牧区没有钟表时，人死后点燃一炷香，燃尽再点一炷，再燃尽就出殡。

入殓　入殓时死者不能走门，要打开窗户用秫秸三根拼成门形，尸体从窗户抬出去。（平日里小孩子不许跳窗户，孩子跳了窗户还要跳回来，再从门走。）

出殡　出殡时，灵车上不是死者头朝前，而是脚朝前。

杀牲　人过世了，无论穷富都要杀牲祭献。根据穷富不同，大至猪牛，小至鸡。在一定程度上是古代"杀殉""血祭"的遗俗。死者如年岁高，供品被视为福物。供品要分给亲族人们。祭献的鸡，多留给送灵下葬的人们出殡回来后食用。

合葬　夫妻合葬与他族不同的是男在右，女在左。

烧纸　早时蒙古族不烧纸，是烧些死者喜欢用的食品。烧食用后的畜骨为死者祝福，烧纸是受汉族的影响。

服丧　古时有守孝习俗。《北史·室韦传》载："父母死，男女聚哭三年。"近代变为祭七（"首七""三七""五七""七七"）、祭百日、周年。服丧期间，穿素服，禁娱乐。

新中国成立后，随着思想文化的进步，一些具有迷信色彩的丧葬活动如念经等不再进行。土葬正逐步发展为深葬；火葬也不再限于原有那些，逐步习惯于送火葬场火化（多见于城镇）。有功于社会的人还要举行追悼、公葬，以寄托人们的哀思，并用以教育后一代。

五、祭祀习俗

祭敖包。蒙古民族祭敖包的习俗渊源已久,其所祭祀的内容十分丰富。蒙古民族的萨满教崇拜天。在蒙古人的心目中,至高无上的神灵,就是"长生天",蒙古人赋予它以极大的神力。在古代蒙古人的观念里,天和地是浑然一体的,认为天赋予人以生命,地赋予人以形体,因此,他们尊称天为"慈悲仁爱的父亲",尊称大地为"乐善的母亲"。他们还崇拜山岳,崇拜河流,认为这一切都是由神灵掌管着。"蒙古人因为把一切万物都看作神灵来崇拜,从而也崇拜山川及土地的其他各部分或掌握这部分的神灵,这种圣地可以分成共同的和个别的两类。"这个别的圣地就是所说的敖包。所以祭敖包不是单一的祭天或祭地,祭敖包是祭各种神灵,是祖籍的一种表征,是氏族的标志,是旗徽的变形。敖包所祭,由最初祭祀的自然的神灵,尔后又包括祖先的神灵,总之敖包成为神灵所栖之场所,为某一氏族、某一苏木、某一区域的保护神,它是人们顶礼膜拜的圣地。经过历史的发展,现在的祭敖包已演变成一种民族文化。

祭火。祭火仪式是在农历十二月二十三日晚间举行。有可能受了汉族腊月二十三祭灶的影响。但祭火的习俗却是蒙古族自古就有的,这是农历年的前奏。祭火开始前,全家人都到庭院中(也有的在火塘前、灶前),主祭人(家庭的长者)先要摆上祭品焚香。然后取一捆柴草点着,将黄油、白酒、肉(牛羊肉)等祭品投入火堆里,在长者率领下全家人向火堆磕头,求神保佑明年五谷丰登,人畜两旺,吉祥幸福。

六、娱乐习俗

欻嘎拉哈 "嘎拉哈",亦称"嘎什哈",是满语音译,蒙古语称"沙阿""沙恩",学名"髌骨",俗称"子儿"或"背子骨"。

击"古尔" "古尔",蒙古语,指加工过的牛髌骨,也称髀石,做法是把牛髌骨的凸凹面磨平,在中心部位钻一手指粗的圆孔,里面注满铅,以增加其重量。目的是在击古尔时,保持其稳定性和方向性。蒙古族人玩击古尔由来已久。最初,是围猎工具,后来成了玩具。

城的玩法 先在地上画一长50厘米、宽30厘米的长方形城。距城20米处划一条150厘米的横线,作为击古尔的基准线,踏线算犯规,失去一次击古尔的机会。玩者每人往城里放一枚子古尔(也有放10枚的)。子古尔在城内对准基准线直线排列。游戏开始,玩者在城前把手中的母古尔向外同一方向投掷。谁投得最远,谁便获得了击古尔的优先权。所有人皆以投掷远近排列击古尔的顺序。然后,回到基准线,开始击城内的子古尔。

堡的玩法 先在地上画一直径30厘米的圆形堡,距堡的20米处划一条150厘米的基准线,玩者每人放堡内一枚或几枚子古尔,排列成圆形。玩者中一人把其他人的眼睛蒙上。然后,这人把自己的母古尔埋藏在堡的附近,被蒙者取下遮眼物后,根据判断,谁猜到母古尔所在,并击中母古尔的遮掩物,便赢得堡内子古尔的二分之一。随后,按顺序互击母古尔,击中一次赢得堡内一枚子古尔,直到赢完堡内所有子古尔方告结局。按赢得子古尔多少排列下次击古尔的顺序。

"海朱亥"及"过家家"　海朱亥,是蒙古族幼儿玩耍的一种用布制作的偶像。它在草原上流传了几个世纪。海朱亥造型简单,是一种布制小人。其头部用白布缝制,里面充填羊毛或棉花。然后用炭在人头上画出眉、眼、鼻、口,用黑线缝绣出各种发式,用各种布缝制成蒙古袍。根据不同发式、服饰,区分老、少、已婚女子、未婚女子。玩者分两伙,每伙1~3人。每伙各执一组海朱亥。玩者先制作一个环境(山、水、蒙古包等),然后用海朱亥不同的人物编造放牧、打猎、挤奶、剪羊毛、套马、做客、过年、结婚、生儿育女的故事,有时玩者把自己也编进故事中。这种玩法遍及各族,汉族幼童的"过家家"、串门看狗、做饭切菜玩,都是不同形式的类似玩法,他们常常是两三个孩子在炕上、窗台上或临时搭的"小屋"中,摆弄自己的纸人(或泥人、布娃娃),按着大人的生活方式,随意编排自己的故事,现已很少有此玩法。

套马、驯马和诈马戏　草原上放牧的马群中,有些幼驹从出生到长为成畜从未戴过笼头。一旦要出售或出群使役,就需用套马杆子或套马索将其捕捉。首次套马,马必惊,烈性马更不容套捉。因而套"生个子马"尤其套烈性"生个子马"很不容易。"驱生驹之未羁靮者千百群,令善骑者持长竿,竿头有绳作圈络,突入驹队中,驹方惊,而持竿者已绳系驹首,舍己马,跨驹背,以络络之。驹弗肯受,辄跳跃做人立。而骁骑者夹以两足,终不下,须臾已络首,而驹即帖服矣。"蒙古族自古崇尚马术,尤爱赛马之乐,因而多把能套生个子烈性马的驯马手称为"巴特尔"(勇士)。草原上的牧民也常以套马为戏,比赛技艺。

蒙古象棋　蒙古象棋称"沙塔拉",亦写"喜塔尔"。为区别于中国象棋、国际象棋,故汉语称蒙古象棋。蒙古棋尚无统一竞赛规则,弈法是靠口头传授下来的,因而不同地区的习惯、弈法不尽相同。

打围　一般都是各地自行规定时间,或二五八为猎日,或三六九为猎日。这多半是小型的、分散的狩猎活动。大型围猎活动常不是一村一屯的活动,是几个嘎查(屯)几个苏木(乡)、几个努图克(区)的联合行动。俗称"打大围"。

打围时,有一些共同遵守的习俗:凡是用枪、箭、布鲁打的猎物,谁打的归谁;狗咬的,谁都可以抢,只要先抢到手,往空中一举,谁也不许再抢了。

七、节日习俗

过年。蒙古族最重要的传统节日是"过年"。有"小年"和"大年"之分,每年腊月二十三日过小年,正月初一称作"大年"。大年,蒙语叫查干萨日(白玉无瑕的月份)。居住在农区和城市的蒙古族,过大年和汉族相仿。牧区一般在腊月十五以前要把牛羊宰好,把洁白的哈达放在肉上,赠送亲友。有的互送整牛整羊。初一天不亮,男女老少皆换新衣,给双亲、老年人磕头,献哈达,敬酒,祝愿身体健康,晚年幸福。初一到初五之间,一般不到亲友家拜年。初五到初十,男女青年纷纷跨上骏马,带上漂亮的哈达、美酒等礼物,成群结队地去给亲友拜年。

元宵节　农历正月十五称元宵节或灯节。十五晚常举办灯展、秧歌赛、焰火晚会等。晚上亲朋好友聚在一起逛街、观灯、放烟花爆竹,然后,回到家中团团围坐吃元宵。

清明节　二十四节中的一个,在阳历4月4日或5日,这一天大多要祭扫祖先。

中秋节　农历八月十五,亦称八月节。晚上备西瓜、葡萄等水果及月饼敬月,合家欢聚一起赏月。

新年(元旦)　公历1月1日,单位举办新年晚会,人们尽情娱乐,午夜围聚电视机旁,收看文艺节目,聆听新年钟声。

八、禁 忌

蒙古族由于原始的传承,把天(腾格里)看作至高无上的神体,日月星辰也具佛光,所以禁忌在日光下晾晒脏物。靴子湿了,要把蒙古包的天窗关上,把靴子放在包内阴干。还把火看作是驱灾避邪的圣物,所以绝对不准把刀插入火中,或用刀以任何方式接触火,也不允许用刀在锅里取肉,在火旁砍东西,因为蒙古族相信这样做,火就会被砍头、刺伤。蒙古族认为水也是一个神灵,所以也有很多禁忌,产生于13世纪的《长春真人西游记》载:为了不冒渎水神,"国人确不浴河","其衣至损不解浣濯"。这些禁忌甚至以法律形式确定下来。《世界征服者史》载:"在蒙古人的《扎撒》和法律中规定:春夏两季人不可以白昼入水,或者在河流中洗手,或者用金银器皿汲水。"在近代,这些禁忌已多不存在了。

对祖先的尊崇和禁忌。蒙古族自古就有"以西为大""以右为尊"的礼尚习俗,所以蒙古包的西侧和住房的西山墙(或靠西墙的箱柜上)都是摆设佛龛、供奉祖先的地方。西炕只能长辈坐,晚辈人以及外来的客人是不能坐西炕的。这成了自古传下来的禁忌。

由于对长者的尊敬,所以不能直接呼叫长者的名字。比较特殊的是蒙古族人名,有很大一部分以花草树木、日月山河、珍禽猛兽取名。因此在日常生活交往中,说话时往往容易碰到有人名禁忌的物品,这时就要用其他同义词来表达。

病丧的禁忌。当亲人得了病医治不好时,他们就在他的帐幕前面树立一枝矛,并以黑毡缠绕在矛上。从这时起,任何外人都不能进入帐幕的界线以内。

对动物的禁忌。狼是草原上危害人畜的凶残野兽,人们对它有恐惧。蒙古语把狼叫作"超闹",但生活中都避讳这样叫,说它要用别的词代替。如把狼叫作"和林闹浩"(野狗)、"阿布该"(那玩意儿)等,吃饭时,谁不慎说了"狼",听见了要把饭碗扣过来,意思是这样就解了。草原上的人们把蛇和刺猬都看成不吉的,打猎去的路上,如果遇到了蛇或刺猬,猎人认为这是出猎不吉利的预兆,立即要返回去。蒙古人大多数不吃狗肉,连打狗几下都犯了蒙古族人的大忌。

行路时的禁忌。 行路人出门行走时不怕遇见出殡的,却怕遇到娶亲的。因蒙古人传承下来的迷信观念认为娶亲鬼跟着,死人神跟着。出门在外,遇见挑空桶的,认为不吉利,要唾一口或扔一土块;遇见挑满桶水回来的是吉利,有的还要跑去喝一口水。出门在路上碰到口朝下的东西,不许拣,要踢一脚;碰到口朝上的可以拣。在路上拣到烟袋,要撅掉,认为是两头出气。在路上,再好的朋友也不许换乘马匹。

做客的忌讳。 如到亲朋家做客,当客人走进院时,主人家的狗扑来,除预先喊主人看狗外,只能防御,不能打狗,打狗意味着对主人的不尊敬;若骑马串亲做客时,不许提马鞭子进屋,要把鞭子放在门右,并要立放;客人在屋里不许踩门槛,不许用火盆烤脚,不许直接在火盆里点烟。

第九节　宗教信仰

吉林省内的蒙古族大多数信奉藏传佛教,主要分布吉林省西北部的前郭尔罗斯蒙古族自治县的西部和中东部地区。

一、宗教场所

郭尔罗斯前旗原有藏传佛教寺庙6座:清顺治四年至十二年(1647~1655)在比赫尔地方建崇化禧宁寺,清咸丰年年间移建阿拉嘎,清同治七年(1868)在阿拉街建普祥寺,崇化禧宁寺为旗庙,普祥寺为王府家庙,二寺合称阿拉嘎(误称那拉街)庙;德寿寺(黑帝庙)建于清康熙二十五年(1686),广庆寺(小庙子)建于清乾隆二十五年(1760),清雍正八年(1730)在四克基建福兴寺(新庙),清乾隆二十年至四十年(1755~1775)建妙因寺。以上6所寺庙均被拆毁。2000年,前郭尔罗斯蒙古族自治县开始重建妙因寺。

二、宗教活动

（一）郭尔罗斯博及其行博。萨满教作为渔猎游牧民族信奉的一种自然宗教,在郭尔罗斯前旗一度盛行。萨满教在郭尔罗斯以本家世传、师傅带徒弟等方式延续下来。郭尔罗斯人把男萨满教称为"博",把女萨满教称为"亦都干"或"奥德干"。

郭尔罗斯博的神职人员可分为5种:(1)博:男萨满。有名师传艺,至少过三个

"达坝",其神灵称"翁衮"或翁古达。主要职能是镇鬼驱邪,行医治病和主持祭祀。(2)亦都干:即女萨满。她和男萨满具有同等权力。(3)查干额勒:意为白鹰,多数为女性,可不经师傅传授,但须得名博认可。(4)搭嘎其:即伴博人,未经名博传授,但须熟悉引博时的祭词、曲调以及各种舞蹈动作,行博时,可当伴博人。(5)烈青:是喇嘛教传入蒙古草原后的产物,既信仰翁衮又信仰佛。其服饰大致相同。郭尔罗斯博的主要职能是镇鬼驱邪、行博治病、主持祭祀等。在科学不发达,缺医少药的情况下,如果谁家有病人,就认为是"阿达其特吉日"(魔鬼)联合体或神灵发怒,便请博来驱鬼治病。另外,当草原上瘟疫流行,畜群死亡或遭受旱、涝等自然灾害时,也请博主持祭祀,祈求平安。

(二)"禅木"与"祭鄂博"活动。蒙古族地区的宗教活动中心为喇嘛寺院。人们的宗教生活,除了在家中的敬、祀佛外,每逢庙会,必要参加。如郭前旗的阿拉街庙,即崇化禧宁寺,每年的阴历六月十四日至十五日,都要举行盛大的喇嘛"禅木"活动。"禅木"是梵语,汉译为"跳鬼",以宗教舞蹈形式进行表演,其意是为了消灾解难,禳除不祥,预祝平安。届时,由一些喇嘛扮作鬼神,头戴兽头、雉尾、鹿角、骷髅等假面具,身穿各式彩色鲜艳的奇装异服,手里拿着各种法器及降魔玉剑,踏着宗教乐器的伴奏声,于庙前宽阔的广场上,跳"捉妖驱鬼"的舞蹈。每当此时,各地的农牧民来敬佛赶会者如云汇集,有的全家人扶老携幼,赶着牲畜,坐着勒勒车,从遥遥数十数百里之外赶来,倾其所有给寺庙"布施"供品,磕长头,点牛羊油灯,希望得到佛爷的保佑,使人畜兴旺,免除灾疫。

祭鄂博,也是蒙古族重要的宗教活动。"鄂博"俗称"敖包",蒙古语是堆子的意思。原为道路与境界的标志,后来成为祭祀山神的地方。集体的祭鄂博活动每年都定期举行,其中以夏秋季祭祀最隆重。届时有专门机构筹备组织。先请喇嘛来到鄂博处,于南面置放木桌,大喇嘛端坐正位,小喇嘛列坐于两旁,鸣法器,打大鼓,敲铜锣,吹喇叭,众喇嘛面南诵经。祭品有牛羊、瓜果、奶制品等。众人围在四周,随后,众喇嘛立起身来,由东向西,绕鄂博转行,一边走一边诵经。参加的人,无论男女老幼,都跟在后面,随喇嘛绕行。转完三周后,将用面粉做成的祭品和各种祭物,抛之于地,人们争抢食之,说此能驱魔获福。最后,开始进行摔跤、赛马、射箭、投布鲁等体育活动。参加者众多,极为热闹。祭鄂博不仅是宗教活动,也是蒙古族人民的节日娱乐活动,"那达慕"大会就是由祭鄂博的宗教活动演变而来的。

(三)查玛舞。查玛舞于清康熙年间随藏传佛教传入吉林省,俗称"跳鬼",是喇嘛寺院的一项宗教活动,集音乐、舞蹈、法事于一体。查玛舞的表演者身穿各式各样的服装、头戴特制的牛、鹿、鹰、羊、鬼脸、蝴蝶、黑白无常等面具。伴奏的均是吹打乐,乐器有寺庙大号、羊角号、螺号、唢呐、鼓和大钹。道具有兵器和旗幡、罗、伞等,都是根据剧情和角色的特点制作的。

第五章　回　族

回族是吉林省少数民族人口数量排名第四位的少数民族。据2000年第五次全国人口普查统计，全省回族人口约12.6万人，主要分布在长春、吉林、四平等地。居住在城市中的较多，农村回族人口较少。在九台市和双阳区分别设立了1个回族乡。

第一节　人　口

一、人口分布

1982年第三次全国人口普查，吉林省回族人口110 283人。1990年第四次全国人口普查，吉林省回族人口122 442人。2000年全国第五次人口普查，吉林省回族人口为125 620人。吉林省回族人口数量逐渐增多。2000年，吉林省回族人口分布状况是：长春市43 692人；吉林市33 450人；四平市12 249人；辽源市3 781人；通化市8 660人；白山市4 620人；松原市7 732人；白城市4 704人；延边朝鲜族自治州6 732人。

吉林省回族的分布呈大分散、小集中的特点。2000年，全省有两个回族乡：九台市胡家回族乡、长春市双阳区双营子回族乡。11个回族人口聚居村：九台市胡家回族乡蜂蜜村、红石村、九台市其塔木镇山前槐村、九台市六台乡团结村、长春市双阳区双营子回族乡大营子村、新胜村、吉林市船营区欢喜乡虎牛回族村、永吉县岔路河乡河东村、伊通满族自治县三道乡城子村、伊通满族自治县伊丹镇东升村、敦化县大石头镇大石头村。11个回族人口聚居屯：长春市南关区大南乡榆树村小营子屯、前孤榆树屯，九台市胡家回族乡宝山村宝山屯、葛家村小岭屯，九台市波泥河子乡波泥河子村波泥河子街里，九台市卢家乡东前央屯，永吉县岔路河乡河东屯、河西屯、清真寺屯，蛟河市奶子山镇大兴屯，通榆县四井子乡王家屯。19个回族、汉族混居屯:九台市胡家回族乡山圈屯、靰鞡草沟屯、孤家屯、史家沟屯,卢家乡西南沟屯、泉子沿屯,长春市双阳区鹿乡(镇)韩家屯,双阳河乡张家街屯,德惠市郭家镇郭家屯,榆树市怀家乡东河沿屯、金家屯,吉林市郊区虎牛沟村,永吉县三家乡曹家窝棚屯、郭家沟屯,桦甸市桦郊乡北岗屯,舒兰县法特乡法特九社、溪河乡溪河二社,松原市扶余区善友乡团结回族村,大安县大赉镇小4字西回民胡同。

2000年,吉林省有9个市(县、区)有回族人口居住相对集中的街巷。

长春市南关区:长通路,占全区回族人口总数的20%;民康路,占全区回族人口总数的13%;桃源路,占全区回族人口总数的12%。

长春市二道区:东盛路,占全街道回族人口的87%,旧称回回营。

德惠市:德惠镇原西五道街、六道街、七道街一带,旧称回回营。

吉林市:船营区回族占全市回族人口总数的56.9%。其中有70%以上集中在北关的北极街、致和街、青岛街。在北清真寺南侧有4个居民组95%的人口是回族。

双辽县:郑家屯镇同善桥一带,俗称回回营。

梅河口市:山城镇西隅,旧称回回营。

白城市:民生东路,旧称回民胡同,虽然回民大多迁徙,但仍呼旧称。

扶余县:扶余镇西南隅,称回回营子。

洮安县:洮南镇清真寺东、西一带,旧称回回营。

1990、2000年吉林省分市(州)、县(市、区)回族人口统计表

表100 单位:人

	1990年	2000年	增减
总 计	122 422	125 620	3 198
长春市	40 972	43 692	2 720
南关区	6 985	6 624	- 361
朝阳区	7 766	5 618	- 2 148
宽城区	3 458	3 215	- 243
二道区	4 338	5 403	1 065
郊区、绿园区	391	4 897	4 506
农安县	889	636	- 253
九台市	8 377	8 309	- 68

续表

	1990年	2000年	增减
榆树市	1 693	1 784	91
德惠市	2 473	2 473	0
双阳区	4 602	4 733	131
吉林市	32 208	33 450	1242
昌邑区	5 220	6 256	1036
龙潭区	3 119	3 938	819
船营区	11 279	13 469	2190
丰满区(郊区)	2 516	1 240	− 1276
永吉县	3 106	2 521	− 585
蛟河市	1 370	1 196	− 174
桦甸市	1 488	1 223	− 265
舒兰市	2 535	2 231	− 304
磐石市	1 575	1 376	− 199
四平市	12 173	12 249	76
铁西区	738	975	237
铁东区	1 938	1 818	− 120
伊通县	5 749	6 075	326
公主岭市	2 052	1 663	− 389
双辽市	1 244	1 244	0
梨树县	452	474	22
辽源市	3 828	3 781	− 47
龙山县	2 073	2 146	73

续表

	1990年	2000年	增减
西安区	706	584	− 122
东丰县	833	821	− 12
东辽县	216	230	14
通化市	8 746	8 660	− 86
东昌区	2 794	2 770	− 24
二道江区	968	891	− 77
通化县	102	118	16
辉南县	1 429	1 337	− 92
柳河县	890	858	− 32
梅河口市	1 641	1 642	1
集安市	922	1 044	122
白山市	5 336	4 620	− 716
八道江(浑江)区	1 362	1 196	− 166
抚松县	1 137	933	− 204
靖宇县	136	137	1
长白县	109	90	− 19
江源县(区)	1 518	1 152	− 366
临江市	1 074	1 112	38
松原市	7 321	7 732	411
宁江区		5 541	5 541
前郭县	2 560	859	− 1 701
长岭县	264	250	− 14

续表

	1990年	2000年	增减
乾安县	267	254	− 13
扶余市(县)	4 230	828	− 3402
白城市	5 014	4 704	− 310
洮北区	1 803	1 797	− 6
镇赉县	284	185	− 99
通榆县	551	517	− 34
洮南县	1 027	1 003	− 24
大安县	1 349	1 202	− 147
延边州	6 824	6 732	− 92
延吉市	1 112	1 398	286
图们市	376	322	− 54
敦化市	3 216	3 125	− 91
珲春市	430	507	77
龙井市	622	376	− 246
和龙市	509	441	− 68
汪清县	139	182	43
安图县	420	381	− 39

注:根据1990.2000年第四、五次全国人口普查资料整理。

二、人口构成

　　据2000年第五次全国人口普查资料,在全省回族人口125 620人中,男性63 542人,占50.6%,女性62 078人,占49.4%。吉林省回族人口主要生活在城市,有84 480人(其中男42 244人、女42 236人),占全省回族总人口的67.25%;居住在城镇的17 049人(男8 783人、女8 266人),占12.57%;生活在农村的24 091人(男12 515人、女11 576人),占19.18%。

2000年吉林省回族人口性别比情况统计表

表101   单位:人

地区	总人口	男性	性别比%	女性	性别比%
全 省	125 620	63 542	50.6%	62 078	49.4%
长春市	43 692	22 017	50.4%	21 675	49.6%
吉林市	33 450	16 723	50.4%	16 727	49.6%
四平市	12 249	6 304	51.6%	5 945	48.4%
辽源市	3 781	1 920	50.8%	1 861	49.2%
通化市	8 660	4 434	51.2%	4 226	48.8%
白山市	4 620	2 366	51.2%	2 254	48.8%
松原市	7 732	3 823	49.4%	3 909	50.6%
白城市	4 704	2 421	51.5%	2 283	48.5%
延边朝鲜族自治州	6 732	3 534	52.5%	3 198	47.5%

注:根据2000年第五次全国人口普查资料整理。

2000年吉林省回族城市人口分布表

表102   单位:人

地区	总人口	男性	女性
全 省	84 480	42 244	42 236
长春市	29 693	14 782	14 911
吉林市	27 513	13 669	13 884
四平市	4 777	2 404	2 373
辽源市	2 730	1 358	1 372
通化市	5 329	2 684	2 645
白山市	2 075	1 056	1 019
松原市	4 382	2 124	2 258
白城市	3 722	1 904	1 818
延边朝鲜族自治州	4 259	2 263	1 996

注:根据2000年第五次全国人口普查资料整理。

2000年吉林省回族城镇人口分布表

表103
单位:人

地区	总人口	男性	女性
全 省	17 049	8 783	8 266
长春市	2 071	1 075	996
吉林市	3 365	1 724	1 641
四平市	2 513	1 306	1 207
辽源市	798	423	375
通化市	2 503	1 305	1 198
白山市	2 358	1 217	1 141
松原市	1 451	705	746
白城市	517	278	239
延边朝鲜族自治州	1 493	750	723

注:根据2000年第五次全国人口普查资料整理。

2000年吉林省回族农村人口分布表

表104
单位:人

地区	总人口	男性	女性
全 省	24 091	12 515	11 576
长春市	11 928	6 160	5 768
吉林市	2 572	1 330	1 242
四平市	4 959	2 594	2 365
辽源市	253	139	114
通化市	828	445	383
白山市	187	93	94
松原市	1 899	994	905
白城市	465	239	226
延边朝鲜族自治州	1 000	521	479

注:根据2000年第五次全国人口普查资料整理。

1990年、2000年吉林省回族人口文化程度统计表

表105   单位:人

回族	1990年			2000年		
	小计	男	女	小计	男	女
研究生				137	70	67
大学本科	1 667	1 114	553	3 418	1 946	1 472
大学专科	2 533	1 518	1 015	5 385	2 863	2 522
中专	4 077	1 889	2 188	6 180	2 748	3 432
高中	18 993	9 973	9 020	21 611	11 307	10 304
初中	36 850	19 289	17 561	46 402	24 133	22 269
小学	32 046	16 585	15 461	30 136	15 159	14 977

注:根据1990、2000年第四、五次全国人口普查资料整理。

1990、2000年吉林省回族人口行业门类人口数统计表

表106   单位:人

回　族	1990年回族行业门类人口数			2000年回族行业门类人口数		
	全省小计	男	女	全省小计	男	女
在业人数总数	61 328	35 163	26 165	5 299 (48 909)	3 086 (28 484)	2 213 (20 425)
农、林、牧、渔、水利业	13 202	8 592	4 610	1 470 (13 568)	815 (7 522)	655 (6 046)
工　业	23 805	13 269	10 536	1 313 (12 118)	828 (7 642)	485 (4 476)
地质普查和勘探业	116	98	18	16 (147)	12 (110)	4 (37)
建筑业	3 008	2 210	798	137 (1 264)	101 (932)	36 (332)
交通运输、邮电通信	2 863	2 110	753	310 (2 861)	243 (2 243)	67 (618)
商业、公共饮食业物资供销和仓储业	9 162	4 171	4 991	1 009 (9 313)	503 (4 643)	506 (4 670)
房地产管理、公用事业居民服务和咨询服务业	1 790	845	945	284 (2 621)	178 (1 643)	106 (978)

续表

回 族	1990年回族行业门类人口数			2000年回族行业门类人口数		
	全省小计	男	女	全省小计	男	女
卫生、体育和社会福利事业	1 328	489	839	150 (1 384)	48 (443)	102 (941)
教育、文化艺术和广播电视事业	2 866	1 280	1 586	243 (2 243)	106 (978)	137 (1 265)
科学研究和综合技术服务事业	358	234	124	24 (221)	14 (129)	10 (92)
金融、保险业	415	203	212	66 (609)	36 (332)	30 (277)
国家机关、政党机关和社会团体	2 400	1 652	748	227 (2 095)	167 (1 541)	60 (554)
其他行业	15	10	5	50 (461)	35 (323)	15 (138)

注:1.2000年回族行业门类人口数,是长表汇总数的抽样数据,抽样比例为9.23%,其计算方法为:长表汇总人口数/综合汇总人口数,可以推算总体。表中括号系按抽样比例为9.23%推算的总数。

2.根据1990、2000年第四、五次全国人口普查资料整理。

1990、2000年吉林省回族分性别、职业大类人口数统计表

表107 单位:人

职业类别	1990年回族职业大类人口数			2000年回族职业大类人口数		
	全省小计	男	女	全省小计	男	女
职业人数总数	61 328	35 163	26 165	5 299 (48 910)	3 086 (28 484)	2 213 (20 426)
国家机关、党群组织企事业单位负责人	2 490	1 954	536	252 (2 326)	186 (1 717)	66 (609)
各类专业、技术人员	7 680	3 046	4 634	605 (5 584)	249 (2 298)	356 (3 286)
办事人员和有关人员	2 659	1 771	888	372 (3 433)	257 (2 372)	115 (1 061)
商业、服务人员	10 809	4 505	6 304	1 199 (11 066)	584 (5 390)	615 (5 676)
农、林、牧、渔、水利生产人员	13 005	8 433	4 572	1 470 (13 568)	819 (7 559)	651 (6 009)

续表

职业类别	1990年回族职业大类人口数			2000年回族职业大类人口数		
	全省小计	男	女	全省小计	男	女
生产、运输设备操作人员及有关人员	24 674	15 450	9 224	1 386 （12 793）	981 （9 055）	405 （3 738）
不便分类的其他从业人员	11	4	7	15 （138）	10 （92）	5 （46）

注：1. 2000年回族行业门类人口数，是长表汇总数系抽样数据，抽样比例为9.23%，其计算方法为：长表汇总人口数/综合汇总人口数，可以推算总体。表中括号系抽样比例为9.23%推算总数。

2. 根据1990、2000年第四、五次全国人口普查资料整理。

第二节　民族乡

1986～2000年，吉林省共有两个回族乡，均为20世纪50年代中期所建，即：九台市胡家回族乡、长春市双阳区双营子回族乡。

一、九台市胡家回族乡

（一）村屯与人口。1984年，胡家回族乡总人口25 000人，其中回族4 283人。全乡回族姓氏以韩、马、麻、杨、段、唐、郭、米、张居多。全乡辖9个村，82个屯，其中蜂蜜、红石、宝山3个村为回族聚居村。2000年，九台市胡家回族乡总户数6 192户，总人口24 108人，其中回族4 997人。全乡辖9个村，83个自然屯，其中蜂蜜、红石两个村为回族聚居村，回族人口聚居社17个。

（二）生产生活。胡家回族乡总面积175平方千米。其中，耕地面积5 800公顷，占总面积的33.1%；林地面积6 100公顷，占总面积的34.9%。全乡地处半山区，山、田面积各半。胡家回族乡位于九台市边缘，土地瘠薄，生产结构比较单一，长期处于封闭状态，商品经济很不发达。当地回族以农业生产为主，耕种旱田，擅长饲养牛、羊、鸡、鹅等，但多是家庭式经营，经济效益不高。

根据半山区、土地瘠薄的实际情况，乡里引导农民改土施肥，改造中低产田，加大对农业的科技投入，粮食总产量1985年22 398吨，1990年27 620吨，1995年31 878吨，1996年33 547吨，1997年23 870吨，1998年48 394吨，1999年37 290吨，2000年28 174吨。全乡农村社会总产值1990年2 743万元，1993年3 130万元，1995

年4 798万元,1996年9 317万元,1997年5 488万元,1998年5 478万元,1999年5 988万元,2000年2 266万元。根据回族的生活习惯和自然条件,鼓励农民发展养牛、养羊业,1984年全乡肉牛存栏3 500头,养羊6 000只,年产牛肉23吨,羊肉10吨,禽蛋131吨。1992年,民族乡的黄牛基地建设项目列入长春市科委星火计划,通过改良品种,使全乡4 700头母牛改良配种率达到40%。1993年全乡牛存栏9 000头,年产牛肉40吨,养羊11 000只,年产羊肉15吨,禽蛋150吨。牧业生产成为致富的主要途径。2000年,全乡牛存栏8 597头。1986~2000年,全乡因地制宜,发挥自然资源优势,倡导每户平均三亩地,种植花生、地瓜、甜菜等经济作物。结合小流域治理,栽植经济林425公顷,建果园300个,"123"苹果生产形成规模。结合当地土质特点,引进了花盖梨、尖把梨、香水梨等品种,更新老果园100个,新建果园50个,多种经营成为增加农民收入的主要来源。

2000年,全乡有文化单位乡级6个,村级9个;回族中学1所,专职教师56名;小学16所,专职教师167名,适龄儿童能够就近入学;各村设有农民技术学校,年培训近1 000人次;卫生机构乡级医院1所,村卫生所9个,医护人员45名,有病床15张。全乡有30%的村、社吃上了自来水;有40%的农户住上砖瓦房,人均住房面积13.5平方米;有66%的农户家里购置了电视机,有78%农户家里有收录机,有75%的农户有自行车。农民人均纯收入1985年204元,1990年513元,1996年1 680元,1997年1 980元,1998年1 800元,1999年2 300元,2000年1 640元。

二、长春市双阳区双营子回族乡

(一)村屯与人口。双营子回族乡幅员62平方千米。地处长青公路两侧,北距长春市28千米,南距双阳城区7千米。辖5个行政村,36个自然屯。其中,大营子村、新胜村为回族聚居村。2000年,全乡总户数3 269户,13 376人,其中回族人口3 520人,占全乡总人口的26.3%。

(二)生产生活。全乡耕地面积3 197公顷。其中,旱田面积2 432公顷,水田面积650公顷。林木资源,有人工林和天然林面积230公顷,苗木200公顷,荒山面积200公顷。粮食总产量1985年14 230吨,1990年20 004吨,1996年22 491吨,1997年14 588吨,1998年21 169吨,1999年21 680吨,2000年10 297吨。农业总产值1990年1 043万元,1996年4 687万元,1997年3 866万元,1998年3 000万元,1999年3 000万元,2000年2 800万元。全乡牛存栏1985年1 459头,1990年1 093头,1996年1 627头,2000年1 362头。

1986~2000年,先后兴办红砖厂、白灰厂、珍珠岩厂、金属材料厂等多家乡村办企业。1996~2000年,全乡乡村企业由16个,增加到584个;从业人员由287人,增加到1 538人;总产值由976万元,增加到10 900万元;利润总额由33万元,增加到480万元;缴纳税金由35万元,增加到54万元。

全乡农民人均收入1992年636元,1993年817元, 1996年2 260元,1997年2 300元,1999年2 261元。

第三节　政治活动

一、参政议政

1986～2000年,吉林省在历届选举全国、省、市(州)、县(区)、乡(镇)人民代表大会代表时,凡是有长期居住回族公民的地方,都有适当比例的回族代表。被选为全国人大代表的有:回良玉(吉林省副省长)、米凤君(长春市市长)、从连彪(长春皓月清真肉业股份有限公司董事长)。

吉林省第七届人民代表大会(1988年)回族代表:回良玉(吉林省副省长)、郭金奉(双阳县双营子回族乡副乡长)、马延增(吉林省伊斯兰教协会副主任)、武学善(东北师范大学外语系副教授)、韩毅(吉林市第一针织厂副厂长)、张玉英(吉林市船营区回族小学副校长)、宛金才(公主岭市回族清真饭店经理)、杨德民(辽源市东丰县人大常委会主任)、马连福(白城市大安县大赉镇长虹联社社长)、韩同显(延边州延吉市喷灌机厂厂长)。

吉林省第八届人民代表大会(1993年)回族代表:米凤君(中共吉林省长春市委副书记、市长)、戴春起(长春市工艺美术厂副厂长)、武学善(东北师大外语系副教授)、穆怀华(桦甸市机械工业总公司党委组织委员)、薛亚芹(吉林林学院基础部教师)、李志万(通化铁路分局党委书记)、窦玉青(龙井市工艺美术厂厂长兼党支部书记)。

吉林省第九届人民代表大会(1998年)有回族代表:马思福(吉林市食品公司总经理)、米凤君(省委常委、长春市委书记)、张月辉(乾安县政协副主席)、张晶云(女,吉林市第九中学校校长党支部书记)、金富智(通化市东昌区人民医院院长)、党铁仁(梨树县农业总公司四平台北快餐有限公司经理)、窦玉清(龙井市工艺美术厂厂长)、满运海(吉林军分区司令员)、魏安全(大安市大赉乡长白村党支部书记)。

1986～2000年,政协吉林省委员会的历届委员会中,皆有回族委员。

政协吉林省第六届(1988年)委员中回族委员:丁克全(东北师范大学教授)、高凤(长春电影制片厂乐团团长)、白大华(第一汽车制造厂底盘分厂副厂长)、尹久毅(省中医中药研究院主任医师)、丁学郁(省民委副主任)、马敬伯(省曲艺团艺术室副主任)、常丽华(长春地质学院地质系副教授)、杨清廷(吉林市伊斯兰教解放路清真寺教长)、杨俊峰(白城市伊斯兰教清真寺教长)、满敬恒(长春市伊斯兰教长通路清真寺教长）、钱文义（长春第一机床厂党委书记）。

政协吉林省第七届（1993年）委员中回族委员：高凤（原长影乐团团长）、杨士菊（东北师大音乐系党支部书记）、张茵（女，吉林省教委副主任）、胡静（辽源市八中党支部书记）、孙握镰（白求恩医大一院普外科副教授）、王国石（大安市政协副主席）、常丽华（长春地质学院副教授）、韩佩宇（吉林省城建厅计财处副处长）、刘仁利（白城市伊斯兰教清真寺阿訇）、满敬恒（省伊斯兰教协会会长）、钱文义（长春第一机床厂党委书记）、杨树春（九台市民委副主任调研员）、马明欣（香港欣荣行总经理）。

政协吉林省第八届（1998年）委员中回族委员：马明欣（香港荣行总经理）、马葆富（吉林市联合大学化工系主任）、王玉成（白城市群众艺术馆副馆长）、王国石（大安市政协副主席）、刘仁利（白城市伊斯兰教洮北区清真寺教长）、丛连彪（吉林省长春清真肉业集团公司董事长兼总经理）、米长才（吉林省科技出版社副编审）、米凤德（长春市地矿局局长）、孙握镰（白求恩医大一院普外科教授）、杨忠义（白山市江源县乡（镇）企业管理局局长）、陈国凤（白城市纺织厂厂长兼党委书记）、张茵（女、吉林省教委副主任）、杨清廷（长春市伊斯兰教长通路清真寺教长）、韩佩宇（吉林省建设厅计划财务处处长）、胡静（辽源市第一职业高中党支部书记）。

在历届市一级人民代表大会中，都有适当数量的回族公民被选为市人大代表，有的还被选为人大常委。如四平市1986年召开的第一届人民代表大会，有回族代表11名；白城市1993年12月召开的第一届人民代表大会，有回族代表5名。辽源市第四届人民代表大会有回族代表5名。长春市第十届人民代表大会（1993年至1998年），有回族代表16名。在市一级人民政协组织中，也有一定数量的回族委员。如政协四平市第四届委员会，有回族委员7名；政协长春市第七届委员会中有回族的委员16名，常务委员2名；政协白城市第一届委员会中，有回族的委员8名；政协辽源市第四届委员会中，有回族的委员3名。

二、民族团结

1986～2000年，吉林省广泛开展民族团结进步创建活动，促进了民族政策的贯彻落实，推动了少数民族和民族地区经济社会发展，涌现出不少民族团结进步的典型。这其中就包括了回族的民族团结进步先进（模范）个人，受到国务院、国家民委和吉林省人民政府的表彰。

（一）民族团结先进集体和先进个人。吉林省受国家级表彰的回族民族团结先进个人。1988年国务院第一次民族团结进步表彰大会：马连福（大安县大赉镇民族联社主任）；1994年国务院第二次民族团结进步表彰大会：沙允中（吉林省民委政法处处长）；1998年国家民委、吉林省人民政府联合举行民族团结进步表彰大会：王德才（长春市民族事务委员会主任）、丛连彪（吉林省皓月清真肉业股份有限公司董事长、总经理）、满运海（中国人民解放军吉林军分区司令员）；1999年国务院第三次民族团结进步表彰大会：杨振军（辽源市伊斯兰教协会会长）、王德才（长春市民族事务委员会主任）。

受吉林省人民政府表彰的回族先进集体和先进个人。1994年吉林省第二次民族团结进步表彰大会，受表彰的回族先进集体是：双阳县双营子回族乡人民政府、通化市回族副食品商店、松原市扶余区善友乡团结回族村；受表彰的回族先进个人是：沙允中（吉林省民委政法处处长，省政府记大功）、沙启波（敦化市大石头镇回族村主任）、窦玉清（龙井市工艺美术厂厂长）、王连阁（九台市胡家回族乡乡长）、戴春起（长春市工艺美术厂副厂长）。1999年吉林省第三次民族团结进步表彰大会，受表彰的回族先进集体是：双营子回族乡人民政府、通化市回族副食品商店；受表彰的回族先进个人是：马利民、杨志杰、回砚（女）、杨顺东、马丽娜（女）、沙启波、景莉（女）、顾治、回亚琴（女）、马亚男（女）。

（二）民间组织。

吉林市回族联谊会。1989年5月成立，在吉林市民族事务委员会指导下开展活动。理事长马振魁。联谊会的宗旨是协助党和政府积极贯彻落实党的民族政策，团结和带动回族群众开展民族团结创建活动，协助维护社会和谐稳定。

长春市回族婚姻介绍所。成立于1982年2月。长春市民族事务委员会鉴于城市回族未婚男女青年因居住分散、接触机会少、找对象难的实际情况，经长春市人民政府批准，成立回族婚姻中介机构——长春市回族婚姻介绍所。隶属于市民族事务委员会，由民委划拨经费，解决办公经费、活动经费以及工作人员的生活补助费。聘请两名回族退休职工担任"红娘"。截至1997年末，为1 073名回族未婚男女牵线搭桥，有298对成婚。

第四节　生产生活

一、生产方式

（一）农业。20世纪80年代，农村的回族所从事的农业生产，种植业主要是耕种旱田，品种以玉米、大豆、高粱为主，耕种水田者寥寥无几；回族有饲养牛、羊、鹅等家畜、家禽的传统习惯，但仅局限于家庭式饲养模式，形不成规模，温饱即安。20世纪90年代，随着计划经济向市场经济的转变，农业生产方式和经营理念都逐渐地发生了变化，农民对于农产品是商品在观念上也有了转变，从靠天吃饭向围绕市场转的方向转变。注重利用本地的资源特点、地域特点、民族特点不断调整生产结构。

由以往单纯的种粮,向抓种粮、豆与抓养殖业齐头并进的方向转变。九台市胡家回族乡实施"兴畜牧"战略,牵动全乡经济发展。养殖黄牛的存栏数为1990年5 100头,1995年4 840头,1996年7 695头,1997年4 011头,1998年4 200头,1999年3 516头,2000年8 597头。长春市双阳区双营子回族乡发展养鹿业,2000年全乡梅花鹿存栏6 492头,产值1 200万元。榆树市五棵树镇有回族人口1 200多人,其中,聚居在合发村7社的回民占全镇回族人口的60.5%,占榆树市回族人口的35.4%。由于人多地少,每户只有3~5亩承包田。改革开放以后,为了满足农户生活需要,兴起饲养肉牛,并开始向商品化生产转变。回族农民马凯于1999年投资50万元,建设了占地200平方米的肉牛饲养、屠宰、加工基地,固定资产超过了100万元,每批饲养黄牛500头,年出栏5 000头。1999年被评为长春市农村"百业科技致富竞赛"的养牛大王、长春市乡土人才肉牛养殖状元、全国及吉林省养牛状元。永吉县岔路河镇政府,引导河东回族村的农民发展养殖业,通过提供信息、培训传授养育肥牛的技术,促进养牛的积极性。农民麻成凯,养牛形成规模,从饲养到出售一条龙,年出栏200多头,收入20多万元。在他的带领下组成一个养牛合作组织,镇政府鼓励他们专业化、规模化经营,仅养牛一项一年的经济效益达500多万元。各地回族农户积极发展养殖业,长春市南关区大南乡榆树村小营子屯户户饲养牛羊,每年肉牛存栏186头,羊存栏156只;吉林市郊区欢喜乡虎牛沟村饲养奶牛,1986年奶牛存栏156头,养羊233只;蛟河市南岗子乡新安村养羊专业户每年存栏100只。奶子山镇万宝村大兴屯,养羊667只;桦甸市桦郊乡北岗村回族人口占全村人口的56.3%,户户饲养肉牛,平均每户养牛7头;德惠市郭家乡郭家村的回民不仅饲养肉牛,而且还依托驻地在德惠镇的吉林省德大公司优势,为其饲养肉食鸡。

调整种植结构,增加种植经济作物、水果、蔬菜、黏玉米以及玉米制种。九台市胡家回族乡种植黏玉米多年,与吉林天景公司合作,实施黏玉米栽培项目,从乡到村,包保到户,从项目实施到结束,不定期对播种日期、播种密度、防治玉米螟以及肥水管理等内容进行培训指导,使100户种植户增加收入,还能带动周边农民300户,调整种植结构,扩大种植黏玉米的规模。同时,黏玉米的秸秆可以做饲料用于发展养牛业。蜂蜜村每年种植100公顷(每公顷黏玉米成品4万穗,产值1.6万元),创产值120万元,创效益10万元。该村根据市场需求,还种植甜菜、烟叶。长春市双阳区双营子回族乡大营子村为种子公司玉米制种。全乡发展庭院经济,全面实施"无公害农产品行动计划",种植绿色蔬菜500公顷;吉林市郊区欢喜乡虎牛沟村人称"女能人"的马淑芹,于1986年兴建800平方米的两个塑料大棚,栽种葡萄400株;九台市胡家回族乡依托半山区的资源优势,开辟林药兼种300公顷,实现产值2 000万元。蜂蜜村,除发动农民家家在房前屋后种植果树外,全村发展果园215处。种植的"123"小苹果,成为品牌产品。

一部分回族农民进城务工或经商,成为增加回族农民收入的重要来源。大安市回族社,发挥回族经商的特点,一部分回民饲养牛羊,经销牛羊肉,成为专业户,每户年收入都在5 000元以上,他们与天津、石家庄等地横向联系,出售牛羊肉年收入达10多万元。

（二）乡（镇）企业。九台市胡家回族乡的乡（镇）企业数,由1995年的3个,到1999年发展到486个;从业人员由1995年的120人,到1999年发展到2 110人;企业总产值1995年450万元,1997年725万元,1998年6 470万元,1999年6 850万元;利润总额由1995年19万元,到2000年发展到470万元;国家税金由1995年9万元,到2000年发展到88万元。

长春市双阳区双营子回族乡的乡（镇）企业数,由1996年的16个,到1999年发展到584个;从业人员由1996年的287人,到1999年发展到1 738人;企业总产值1996年976万元,1997年1 544万元,1998年8 800万元,1999年10 900万元;利润总额由1996年33万元,发展到1999年480万元;国家税金由1996年的35万元,到1999年发展到54万元。

（三）民族贸易。20世纪80年代至90年代中期,吉林省为信仰伊斯兰教的回族等少数民族服务的民族贸易企业,只设在城市和县城,几乎都是国有企业。网点较少,生产和经营的品种也比较单一。至20世纪90年代末期,各地陆续出现了民营的民族贸易企业,在有的地方是填补了空白,有的地方是拓宽了经营范围,满足了回族人民群众的生活需要。

1997年创立的辽源市金昌企业集团,是年加工20万头肉牛工程的龙头企业,是一家民营的清真肉食加工厂。2000年,有员工826人,有高、中级职称的技术人员89人,资产4.5亿元,下设10个子公司、15个肉牛养殖基地,产品有"金昌牛肉"系列、"自家热"牛肉系列产品、酱卤制品、罐头制品等140多种。有的主导产品连续4年获国际农博会A级产品,许可使用绿色食品标志;有的产品获国家专利;"龙山金昌"被评为吉林省著名商标。企业实现订单农业、育肥牛饲养、屠宰、加工、熟食品系列加工以及牛皮、牛血等副产品深加工一条龙、农业综合开发为一体的经营模式。公司的产品销至中东、东南亚等10多个国家和中国香港地区。是国家级农业开发示范基地,国家级、省级农业产业龙头企业,省级食品A级单位。公司通过了ISO9001、2000国际质量管理体系认证,并获得HACCP认证和食品安全市场准入QS证书。

长春皓月清真肉业股份有限公司成立于1998年,现代肉牛综合加工项目于2000年1月正式投产。实现年屠宰肉牛50万头,肉羊30万只,以及各类清真熟食制品19万吨的生产能力,具有国际领先水平肉牛屠宰加工生产线,工艺流程保持领先水平,整个屠宰加工过程应用了包括幻觉引导、旋转定位、机械剥皮、自动劈半、分级制冷、骨髓分离、胆汁提取、肠衣制作、生物提取等多项含有自主知识产权的高科技工艺技术。公司先后通过ISO9000Z质量体系论证、ISO9001、2000版认证以及沙特、约旦、埃及、阿联酋、马来西亚和俄罗斯等国家进口食品认证注册。公司设有按清真寺一整套的建筑格局建设的礼拜殿,是中国伊斯兰教协会认定的首家穆斯林放心监宰单位和全国少数民族特需用品指定生产单位。公司引进国外优质肉牛,形成高档育肥肉牛繁育体系,建立了4个集群、10大绿色生态育肥肉牛养殖示范区,全方位带动吉林省210多个乡(镇)建立近百个肉牛养殖基地,每年为皓月公司提供50万头优质肉牛。2000年实行肉牛饲养"五统一",即:统一规划、统一防疫、统一饲料、统一回收、统一保险和公司+基地带农户的管理模式。带动10.5万农户、400万农民从事养牛业,每年"过腹转化"粮食、秸秆500余万吨,使农民通过养牛实现增收10亿元以上。

长春市、吉林市、延吉市、通化市、松原市、德惠市、柳河县等地都先后建有回族食品厂、回族副食品商店或门市部。2000年,长春市从事清真饮食服务和生产、加工、销售清真食品的店铺(包括:加工厂、零售柜台、家眷铺式的超市等)600家,大型清真食品生产企业7个,清真牛羊屠宰点5个,清真饭店320家,摊床220个,副食加工点30个。吉林市回族食品厂是清真食品定点加工企业,主要是生产清真面点、糕点65个品种,每年生产1 700多吨糕点,固定资产200万元,年产值230万元,实现利税20万元。吉林市回族聚居的北极街回民集资兴办消费合作社,主要经营回族特需用品(清真糕点、牛羊肉、茶叶、清真香皂、礼拜帽、亡人用的白布等),被国家劳动部等6个部门联合命名为"发展城镇集体经济安置青年就业先进集体",被吉林省人民政府命名为"自愿组织起来就业先进集体"。通化市回族副食品商店,形成清真食品、肉食加工、销售、饮食服务一条龙,年销售额达150多万元,被通化市人民政府命名为最佳商店。四平市从改革开放前只有2处回族饭店,到2000年,有76处回族饭店,从事牛羊屠宰业有15户,清真肉食摊床57家。

二、人民生活

吉林省农村回族人民的生活方式,区别于汉族的主要是风俗习惯和宗教信仰,在其他领域均基本相同。有关回族的宗教信仰、风俗习惯在本志书另有章节记述,本节不再赘述。但需要说明的是,在宗教生活方面,吉林省的农村与城市有所不同,例如在伊斯兰教每年斋月期间,回族农民很少有人"封斋"(每日拂晓前至日落禁止一切饮食和房事等);有的村屯"盖德尔夜"(亦称"守夜",彻夜不眠,礼拜祈祷,或静坐)的活动,其规模和参加人数都多于开斋节;古尔邦节、圣纪节的活动规模则更小了。

20世纪80年代中期,全省回族农民的居住条件,就多数而言,一直较之过去基本上没有什么改善。回民聚居的村屯,除有些清真寺是砖瓦结构的房屋外,农民住房几乎"清一色"是草坯房,相当一部分家里住人的屋子没有采棚(船底型报纸扎的天棚,至于用专制的糊墙纸采棚更是凤毛麟角),在室内可以看到屋顶裸露在外的椽子;有相当一部分人家的窗户,一半是镶的玻璃,另一半是糊的窗户纸;有一部分农户晚间靠点油灯照明;用水要到屯子里的大井去挑;全村仅村委会有一台手摇把的电话;外出只能到乡(镇)政府驻地才能乘坐公共汽车;农民家里几乎没有什么家用电器,听广播靠县广播站的有线"小喇叭",后来有少量家庭购置了半导体。20世纪90年代,回族农民的生活、居住条件有了较大的改善。截至2000年,有三分之一以上的回族农户住上了砖瓦结构的房子,经济发展快的地方,有些回族农民建起了楼房,有的搬进了别墅。九台市胡家回族乡蜂蜜村有五分之四的回族农户家里吃上了自来水;有相当一部分农户家里打了小机井;回族居住比较集中的村屯,先后通了电和电话,能就地乘坐公共汽车;回族农户家里的收音机、收录机、黑白电视、彩色电视、音响等逐渐增多,生活比较富裕的地方,几乎家家户户都有了电视机。由于实行了家庭联产承包制,农民的收入逐年增加。以省内的两个回族乡为例,九台市胡家回族乡回族农民的年人均收入1985年204元,1990年513元,1995年1 610元,1996年1 680元,1998年1 980元,1999年2 300元。长春市双阳区双营子回族乡回族农民的年人均收入1985年345元,1900年600元,1996年2 260元,1998年2 300元,1999年2 261元。

城市回族群众的生活方式,从20世纪80年代后期起,在多个领域都发生了不同程度的变化。长期以来,城市回族居住的特点一般是"大分散、小集中",而且是"围寺而居"。比如长春市在南关区的长通路清真寺附近、民康路一带。二道区东盛路一带。吉林市在船营区北极街、致和街以及北清真寺、西清真寺周边。到了20世纪80年代后期,城市进行大规模的房地产开发、棚户区改造,原住户有的在原地回迁,有的异地安置,回族住户遍及四面八方,他们居住特点变成了由"小集中",变为了"大分散"。有此而带来的是回民交往、沟通的机会少了,人们聚会的机会也少了。过去,回族中有人去世,无论彼此之间认识与否,一般要到清真寺去"发送"(告别逝者),搬迁以后,居住的远了,听不到这方面消息,便不能前往。由于回族人口居住日趋分散,回族青年在本民族中择偶带来不少困难,回族人口较多的地方政府民族工作部门,设法创造条件让回族的未婚青年男女广泛接触,长春、松原等地的回族青年在网上设立了QQ群,组织未婚的回族青年男女到市郊野游,组织回族青年联欢活动,效果也比较明显。长春、吉林等地的民委先后成立了回族婚姻介绍所。

饮食习惯的变化。在计划经济年代,许多生活必需品凭证、凭票供应,有些食品想吃买不到,或买不起;20世纪90年代,随着市场经济的发展,买什么有什么,经济条件也允许买,可是人们的饮食结构发生了变化,提倡少肉、少油、少盐、少糖,注意预防高血压、高血脂、高血糖。提倡吃粗粮、多纤维的蔬菜,吃的要清淡。

教育的变化。改革开放后,教育事业蒸蒸日上,激发了回族中老年支持孩子学习的热情,20世纪90年代,许多回族家庭把子女教育看作一件大事,舍得投入,不少双职工家庭,每月拿出一个人的工资用于孩子学习,上各类补习班、请家教的屡见不鲜。

第五节　教育文化体育

　　1986～2000年,吉林省回族文化艺术事业得到不断地展。吉林省回族文化体现在多个层面,与伊斯兰文化相融合;少数民族节庆活动使之崭露头角;各民族联谊、联欢,为回族文化活动搭起了施展才华的平台;枪法、拳术成为回族武术派之一;民族传统体育活动日渐活跃。

一、教育

　　（一）小学。长春市南关区回族小学。成立于1953年9月5日。1985年,有10个教学班,学生426人,教职工31名。2000年,有教学班11个,学生286名,教职工28名,其中中高级教师16人。学校以"开发校本课程,传承民族文化"为科研课题,并结合教学进行具有民族特色的校本教研。在活动类课程中创办了手风琴和芭蕾舞活动小组;在学科类课程上,自编《民族常识》课本,进行双语（汉语和阿拉伯语）教学。1998年被评长春市校园文化建设示范校,1999年被评为长春市花园式学校,2000年在长春市中小学教师业务水平考核中获南关区优秀校荣誉称号。

　　九台市胡家回族乡蜂蜜回族小学。建于1888年,是吉林省最早的回族学校。2000年,有教学班6个、幼儿园1个;在校学生191名,幼儿18名,其中回族学生152名;教职工12名,其中回族教师8名;学生教室6个、教师办公室1个、综合室1个。占地11 600平方米,校舍面积728平方米。

　　九台市胡家回族乡红石回族小学。2000年,有教学班8个、幼儿班1个;在校学生274名,幼儿23名,其中回族学生109名;教职工13名,其中回族教师6名;学校有教室8个、办公室1个、综合室1个。校园面积18 000平方米,建筑面积600平方米。

　　吉林市回族小学。2000年,有教职工29人,6个教学班,90名学生。

　　（二）中学。九台市回族中学,始建于1966年。2000年,学校占地35 040平方米,建筑面积4 138平方米,有教职工62人,其中高级教师3人,一级教师18人。学生786人,学校现有标准化理、化、生实验室,现代化微机室,多媒体教室,图书阅览室也初具规模,安装了远程教育接收设备。九台市回族中学编写了具有回族乡特色的课程《回族常识》,将其纳入教学计划,以每周0.5课时在初中一年级开设此课程。《回族常识》共编写10课,前3课主要讲述中华民族的形成特点,吉林回族的渊源及其在吉林历史上的苦难与抗争,讲述了马骏等回族革命家的伟大贡献;第4课专讲涉及民族乡的有关政策;第5、6、7课介绍了胡家回族乡和三所回族中小学的历史和现状,对学生进行热爱家乡、热爱学校的情感教育;第8课介绍了回族风俗文化,让学生了解相关民族政策和回族的饮食、礼仪等,以利于不同民族间的了解、交流、团结、协作;第9、10课安排阅读欣赏和文物参观,以开阔学生视野。1986～2000年,学校被命名为"吉林省首批初中达标学校""长春市首批振兴学校",被省教委、省民委命名为"吉林省少数民族教育工作先进单位",被长春市教委命名为"教育科研先进单位""花园式学校""校园文化建设先进校""教师素质教育操作能力岗位练功先进校"。

二、文 化

(一)**清真寺建筑艺术**。吉林省清真寺的建筑风格,大致可划分三类:第一类,类似中国古典宫殿式建筑;第二类,圆顶尖塔式、阿拉伯建筑;第三类,中国关东民房型小四合院套式建筑。其中,殿堂式建筑风格的占相当比重。这类建筑的清真寺,既是传统的砖木瓦结构、砖石台基、灰色坡顶、翘脊飞檐、赭红圆木柱撑、雕梁画栋,又将建筑群的伊斯兰装饰风格与中国传统建筑的装饰手法融会贯通,并突出伊斯兰教的宗教内涵。据吉林省伊斯兰教协会副会长王德才在长春市长通路清真寺考察,发现这座清真寺的建筑装饰,除采用了几何纹、云水纹、器具纹之外,还采用了动物纹。这些装饰作品包含着中华民族传统择吉文化、道德文化,传达着发生在长春这块土地上的一条条民族、宗教和建筑艺术方面的人文信息。它反映出伊斯兰教教义和伦理观与中华民族传统文化的相通之处,回族穆斯林的世俗文化观念与汉族等其他民族融合之处,反映出伊斯兰教具有很强的包容性和灵活性。如它承载着"灵"的文化,视其为吉祥之物,以求安康,选择他们的形象作为建筑装饰纹样,如龙凤呈祥、龙游祥云、双龙守护、群龙护顶、丹凤朝阳、双凤守护、麒麟送子、龙虎守护;又如,它承载着狮文化,在寺门前立有顶部为小狮子的一对拴马桩,门厅内门槛前置一对小石狮;再如,它承载着福文化,五福捧寿、福到眼前、如意幸福、多子多寿、双福垂山、富富有余、福运连连、富贵平安、群龙献宝。所有这些建筑装饰,为肃穆的宗教场所增添了一番生气。

(二)**阿拉伯文书画**。在吉林市开过丹青画像社、丹青金笔社的唐树林阿訇,自幼投师马延增阿訇,学习阿拉伯文书法。到20世纪80年代中后期,他的书画艺术日臻纯熟,绘景状物时,力求形神兼备,讲究构图艺术,注意画意与词义相融,将阿拉伯文、汉文、英文词语与和静物写生相互融汇一体,使阿拉伯文书画艺术升华。其作品以伊斯兰教教义与《古兰经》为主要内容,反映慈善、仁爱、和谐、智慧、真理等主题。1990年6月,他专程去北京奥林匹克体育中心,捐献了上写"民族团结和平"字样的阿拉伯文条幅。作品受到了伊斯兰教国际友人的好评。1997年7月1日香港回归,他创作"一帆风顺"的阿拉伯文书画,赠给了董建华先生。2000年12月,他以穆斯林艺术家的身份,应邀到伊朗参加了"全世界以《古兰经》呼唤世界和平大会",唐树林在当地展出了30余幅以呼唤世界和平、民族和谐、人类友爱为主题的作品,被当地报纸誉为"阿拉伯文书画第一人"。伊朗总统哈塔米接见了他,对他的阿拉伯文书画和在传播伊斯兰文化中的贡献给予了高度评价。伊朗大使馆文化参赞为画展题词:"唐树林先生是一位杰出的阿拉伯文书画艺术家。他用精美的艺术形式和对《古兰经》经文、教义的深刻理解,相当准确精要地表达了伊斯兰文化追求智慧与真理,崇尚和平与和谐、反对战争与仇恨的精髓。他的贡献和成就是不可低估的,他不仅是中国人的骄傲,也是整个伊斯兰世界的骄傲。"

刘成义(1969年3月生),吉林省、吉林市工艺美术协会会员。自幼酷爱美术和阿拉伯文书法,潜心学习、研究瓷刻艺术,拜民间瓷刻艺术工作者为师。瓷刻,源于清康熙年间,即在瓷器上雕刻山水、花鸟、书法、人物。首先,选好瓷器,然后勾画出图案,用铁钎、锤子及特制的铁笔敲击图案,力量巧妙,轻重适度。他潜心研究阿拉伯文瓷刻艺术,其作品曾在国内展出,得到中外穆斯林的青睐。

(三)文艺活动。每年的开斋节、古尔邦节,长春、吉林等市、县都开展丰富多彩的文化娱乐活动。吉林市以回民艺术团、花儿回族歌舞团为主力,表演文艺、曲艺节目。长春市在1998年开斋节,组织文艺演出,举办书画展览、阿拉伯文经画展览,表演太狮舞。回族舞狮有200多年的历史,清康熙年间盛行于江南,吉林省回族传人张亚民,于1998年组建了回族太狮队,成为长春市回族文艺表演的标志性的保留节目。1999年开斋节,长春市举办文艺联欢会,有300多名回、维吾尔、哈萨克等信仰伊斯兰教民族的穆斯林参加或观看了演出。

从20世纪80年代中期起,每年长春市民委与文化局都联合举办各民族大团结联欢活动,回族职工、回族小学的代表都参加这项活动。1997年,长春市举办回族迎接香港回归庆祝活动。2000年6月,长春市民委在净月潭举办首届回族青年联谊会,开展了13项娱乐活动,为大龄青年创造相互了解、加强联谊的机会,受到回族群众的赞赏。

三、传统体育

回族群众酷爱体育运动,民间武术是擅长的一个项目。长春市二道清真寺阿訇马延增发起的拳、枪武术,在长春市回族武术爱好者中较为流传。马延增(河北大名人)自幼学习阿拉伯经文,习练武术。先后投师学习了二十四路枪、三十六路枪、双戟、"查拳"(也叫"回拳")。20世纪80年代,他与米梅山、李盛宏,在清真寺传授武术技艺,在寺外兴办"继武武术班"、武术培训队、业余武术培训队,培训了上百名学员,他们有的被录选为电影演员或武装警察。长春市回族武术行派所传授的武术主要是"查拳"(又叫"回拳")。据说是一位名叫查密尔的武术家,在甘肃病倒得到当地穆斯林相救,他为答谢恩人,把查拳技艺全部传授给甘肃回民,后来流传到长春。马延增、米梅山把武术技艺传授给韩来俊(长春市长通路清真寺民主管理委员会主任),韩来俊学习掌握了弹腿、查拳、滑拳,学习了回族特有的钩、镗、撅等搏击技巧。他擅长"杨家枪",连续4年获得长春市业余比赛冠军。1987年在长春表演"捻拳",博得武术界的称赞。

第六节 风俗习惯

由于回族受伊斯兰教的深刻影响,回族的风俗习惯有较深厚的宗教色彩。但随着社会的发展,各种新思想、新观念逐渐渗透到吉林省回族人生产生活的各方面,加之吉林省回族长时期和汉族杂居,也日渐吸收了汉族的一些习俗。

一、日常生活习俗

(一)饮食。主食一般以米、面为重,辅之以杂粮,面食的制作方法有炸、煮、蒸、烙、煎等,其中尤以油香、馓子为最有名气。吃油香是从阿拉伯流传过来的,一般在重大节日或有婚丧嫁娶的日子家家做油香,除留自己吃外,还作为礼物馈赠亲朋好友,以表庆贺或纪念。馓子一般是在节庆的日子做,用来招待客人或馈赠亲友。面食最常见的是水饺(以牛肉为多,一般不做羊肉馅的)。食谱以牛羊肉为主,鱼为辅,过去以炖菜为主,现在是炒炖兼顾;过去上菜讲究几个碗,现在是盘碗兼用。菜的做法很多,如煮、炖、焖、爆、烤、涮、烧、酱、扒、炸、蒸等各种各样的调制方法,使一道道菜极具地方和民族风格。回族有喝茶的习惯。一般喜好喝花茶,近来喝绿茶的人逐渐增多。

(二)服饰。吉林省的回族,不同于宁夏、青海、甘肃的回民,在服饰上的民族特点不大明显。只有个别的男性老年人,夏季仍喜爱穿白色对襟短褂。传统的头部服饰,如男性的礼拜帽(白色布或深颜色布料,单层无檐圆帽),有的平时戴,有的参加宗教活动时戴。妇女除礼拜之外,平时一般也不戴盖头(类似一顶大帽子,将耳朵、头发、脖子都遮在里面,从头顶垂到肩上)。20世纪90年代,回族青年男女婚礼,流行穿民族服装,效仿宁夏回族自治区流传的男女穆斯林服装,男性,戴白色礼拜帽,穿白色对襟的上衣和黑色裤子;女性,戴鲜艳的盖头,穿红颜色中式对襟上衣和相适应的裤子。为了能在婚礼上穿上民族服装,有的在当地请服装店代为加工,还有宁夏邮购。此外,在男性中,相当一部分人也不再遵守"圣行"(系指穆罕默德创教过程中的种种行为),例如,男性到中年以后,延着上唇留一条又细又薄的胡须。吉林回族绝大多数改变了这种习惯,不留胡须,不留鬓角。所以,在回族群众中,流传一句俗话:"东北看门(贴都瓦宜),西北看人(遵守'圣行',经常戴白帽、盖头)。"

(三)居住。吉林省回族人口居住,多半是"围寺而居",在清真寺周边形成一个回民聚居的地段、街委、农村的自然屯。其居住特点是"大分散,小集中,点和点,连成线"。在城市,为穆斯林服务的清真商店、饭店,也相对集中在这一地区。回族住户的房门或院门上,春节不贴春联、对联,而是在迁入时,即贴上有阿拉伯文的"都瓦宜",以示住户是穆斯林。改革开放后,各种形式、形状的阿拉伯文的装饰品、标志物品种繁多,穆斯林的选择余地也大大地增多了。可以选购小巧玲珑的摆放在书柜、床头柜上。在没有楼宇商品房之前,一般居民家里没有洗手间,但穆斯林为了方便沐浴(回族习惯称之谓"冲头"),都在厨房间挤出一块空间,作为沐浴室。到20世纪末,随着城市改造和商品房的兴起,城市回族居住的集中性削弱,更多是与其他民族杂居,只有按照城市规划单独设立回族小区的还可以集中居住。

(四) 交往礼俗。

见面问候礼:回族是一个讲究文明礼貌的民族,在日常生活交往中,不仅用汉语互致问候,有的人特别是年长者还用阿拉伯语互致问候,即道"安色俩目"(平安,您好)。在道"色俩目"同时还要握手。有的地方在互致"色俩目"时,右手置于胸前,身体微微前躬,表示从内心敬重对方、衷心加以祝愿。

待客礼仪:回族人民十分好客,待人诚恳,热情亲切,有礼有节。如果有客人来访,主人走出门外迎接,让客人先进屋,落座后沏茶款待。招待客人用饭,先说一声"请口道",接着一再谦让、夹菜(用公用筷、还叫布菜),照顾客人吃好。在回族家吃饭,餐前务必先洗手,吃馒头、饼子、油香,要用手掰开吃,不可囫囵啃咬或大口嚼咽。忌讳进食时出声音、喝茶先用口吹吹茶叶,饮水时忌出声音,给客人倒水加茶时,要向内沏倒,忌讳反手向外沏倒。同客人谈话的时候,要正视对方,要认真、细听对方的言语,不能插话,更不能打哈欠、伸懒腰,如果打喷嚏,应将双手搭在嘴前,遮住自己的声音和唾沫星子。当客人离开时,主人要和颜悦色,送至室外,握手或挥手告别。

拿手:这是回族男性穆斯林的交际礼仪。在婚礼、葬礼等一些庄重的场合,如果双方相遇,便要拿手,即右手相对,拇指顶拇指,左手自然放于对方右手背,双臂弯曲,双方攥好手。这是一种表示祝贺或哀悼的方法。

二、人生礼仪

回族的人生礼仪,主要是命名礼、满月礼、百日礼、抓岁礼、婚礼、葬礼等。

命名礼 命名礼一般婴儿出生的当天或三天之内举行,请阿訇给孩子起经名,阿訇从众多的先贤名字中选出一个美名,写在一张红纸上。男孩儿一般命名为"尔撒""阿里""易卜拉欣""尤素夫""达吾德"等等;女孩儿一般起名为"法图麦""阿依莎""阿米娜""苏菲娅"等等。命名礼这一天,家庭一般要炸油香,馈赠阿訇和亲朋好友,以示祝贺。起经名,在新中国建立初期,具有普遍性,几乎回族家庭小孩出生,都要到清真寺请阿訇给起经名。后受"文化大革命"影响,起经名的明显减少。中共十一届三中全会后,随着民族、宗教政策的落实,起经名的逐渐增多,在回族群众中已习以为常了。

抓岁礼 也称抓周,是回族中较为普遍的一种礼仪。当小孩一周岁时,家里人要准备一个大盘,放上糖块、笔、书、小玩具、算盘、小食品等,让孩子任意去抓,用以猜测孩子长大以后能做什么。如果抓了书或笔,就意味着将来是读书人;如果抓了小玩具,则认为是个吃喝玩乐、贪图安逸的人;如果孩子什么也不抓,便说他(或她)将来是一个一事无成的庸人。

婚礼 回族多实行族内通婚。自由恋爱相当普遍,也有的由于回族人口居住分散,难以成亲,便请媒人到女方家提亲,去时需带礼物,有的地方带一包茶叶,名叫"开口茶"。女方家长如满意男方,则收下礼物,要男方选择吉日前来定亲,有的要带上"四色礼",一般是糖、茶、核桃、枣各一包。婚礼多在饭店举行。到20世纪90年代,回族青年结婚流行在结婚那天(一般选择星期五主麻日),请阿訇到场,写"伊扎布"(确认书),念"尼卡哈"(证婚词)。但事先要必须到政府有关部门办理结婚登记手续,领取结婚证书。吉林省内有的城市成立了穆斯林婚庆公司,承办回族婚礼仪式。他们把普通婚礼仪式与穆斯林婚礼仪式(写"依扎布")二位一体,在同一地点、同一时间,先后举行。但在普通婚礼仪式上,删除了"一拜天地"和"喝交杯酒"两项程序。但新郎、新娘仍到婚宴各桌为宾客点烟,以表谢意,宴席上仍摆设烟酒。

葬礼 回族丧葬的特点第一是土葬,把埋体(遗体)直接放入土中,与泥土化为一体;第二是速葬,下土顶多不能超过三天。既防止对环境的污染,又显得经济和卫生;第三是薄葬,无论亡人生前是什么身份,入葬时都毫无例外的用三块白布(妇女五块)缠身,埋在同样大小、同样深浅的坟坑里,都不能放置任何多余的东西,这也显示人人平等的精神。回族的葬礼是穆斯林为亡人举行的集体拜功,阿拉伯语称"者那则",地点不限,可在清真寺,亦可在亡人家或墓地。具体礼仪是亡人"埋体"(即遗体)置于前方,头北脚南面向西,阿訇率众穆斯林列班站好,举意,抬手一次,赞念"太克比尔"(伊斯兰教赞主词)4次,不躬,不跪,不叩头,但站立摹想拜仪,故又称"站者那则"。葬礼不摆花圈,可挂挽联或挽幛,不用鼓乐,不烧纸,不烧纸糊的牛马等一切扎彩,也不看坟茔地"风水",下葬的时间一般在中午以前。

第六章 锡伯族

锡伯族是吉林省5个人口较多的少数民族中人口最少的民族。据2000年第五次全国人口普查统计,全省锡伯族人口有3 168人,主要分布在松原市和长春市,两地锡伯族人口占全省锡伯族人口半数以上。锡伯族人口虽然少,但在政治、经济和社会生活中,发挥着独特的作用。在传承和弘扬民族文化方面有着鲜明的民族特点。

第一节 人 口

一、姓氏、家庭

姓氏 1986年,吉林省锡伯族人共有52姓。2000年,吉林省锡伯族人共有50姓,1986年,吉林省锡伯族人简化原姓氏而使用汉字姓的有22姓。2000年,吉林省锡伯族人简化原姓氏而使用汉字姓的有25姓。2000年,吉林省锡伯族人随姓其他民族姓或未考明原委的有25姓:刘、寒、马、魏、洛、孙、穆、姜、宗、谷、吕、武、包、唐、孝、续、兰、朱、李、江、江、杜、代、葛、齐。比1986年减少5姓。吉林省锡伯族人姓氏发生的变化,与改革开放的力度加大,人口流动速度的加快有关,锡伯族人迁出吉林省的主要因素有外出经商和劳务输出,还有的举家调迁,致使吉林省锡伯族人姓氏数量逐步减少。

家庭 新中国成立至20世纪70年代,锡伯族的家庭以多子女为主要特征,三代同堂的家庭渐少,以一夫一妻关系为基础的小家庭渐多,一般为4~6口人。20世纪70年代末,国家推行独生子女政策,广大锡伯族育龄夫妇响应国家的号召,出现了大量的独生子女家庭。到2000年,很多独生子女结婚组建新家庭,仍旧继续执行国家实行的独生子女政策。吉林省锡伯族中出现了大量的3人为主的小家庭。由于青年人独立意识增强,追求小家庭逐步成为社会流行的趋势与方向,在小家庭中,户主的家长权,如夫权等逐渐削弱,多以女主政,掌握理财之权。而平等协商、互爱互助的和睦家庭关系已经普遍形成。锡伯族家庭历代重视子女的文化教育，尤其对女孩享受与男孩平等的文化教育机会。这一传统更加得以显现。在锡伯族家庭中，尊敬父母、尊重长辈等民族传统美德得以传承。如在家庭生活中，小辈的要让长辈的住最好的房子，吃好的饭菜，进门时先让长辈进出，初次见面小辈必须向长辈请安，在一般情况下小辈同长辈谈话只能站着（长辈允许才能落座），说话声音要轻声儒雅，更不能与长辈抢话，绝对不允许同长辈顶嘴等。

二、人口分布

1982年，全国第三次人口普查，吉林省锡伯族1 559人，主要居住在白城地区，有1 010人，其中扶余、前郭有862人。1990年，国家进行第四次人口普查，吉林省全省有锡伯族人口3 452人。其中，男性1 803人，女性1 649人。吉林省锡伯族男性最高年龄为88岁，女性最高年龄为84岁。长春地区锡伯族人口629人，其他各市县区锡伯族人口2 823人。1990年，吉林省锡伯族人口比1982年（第三次人口普查）增加1 893人。锡伯族人口大幅增加的原因除自然增长外，主要是20世纪80年代起，吉林省锡伯族的民族活动开展活跃所致。自1983年起，吉林省锡伯族每年都开展纪念"四一八"西迁节的流动，省内外民族间交流往来频繁。

1990年吉林省锡伯族人口按市(地、州)分布统计表

表108

地区别	人数(人)	占锡伯族人口比重(%)
全 省	3 452	100.00
长春市	630	18.25
吉林市	430	12.46
四平市	287	8.31
辽源市	81	2.35
通化市	157	4.55
浑江市	126	3.65
白城地区	1 616	46.81
延边朝鲜族自治州	125	3.62

注：此表根据1990年第四次全国人口普查资料编制。

2000年吉林省锡伯族人口按市(地、州)分布统计表

表109

地区别	人数(人)	占锡伯族人口比重(%)
全　省	3 168	100.00
长春市	685	21.62
吉林市	431	13.60
四平市	283	8.93
辽源市	87	2.75
通化市	151	4.77
白山市	156	4.92
松原市	950	29.99
白城地区	311	9.82
延边朝鲜族自治州	114	3.60

注:此表根据2000年第五次全国人口普查资料编制。

　　2000年全国第五次人口普查,吉林省锡伯族人口3 168人。其中,男性1 649人,女性1 519人;城市人口1 802人,占56.88%;镇人口334人,占10.54%;乡村人口1 032人,占32.58%。比1990年第四次人口普查,减少了284人,减少的原因,主要是人才流动和农民工到外省市就业定居人数有所增多和计划生育政策产生的效果,降低了吉林省锡伯族人口的出生率。

　　2000年第五次人口普查,对吉林省锡伯族的市区人口及性别、镇人口及性别、乡村人口及性别单独做了统计。其中吉林省各市区锡伯族人口为1 802人,男932人,女870人;吉林省各镇锡伯族人口为334人,男175人,女159人;吉林省各乡村锡伯族人口为1 032人,男542人,女490人,出现了城市锡伯族人口超过乡村锡伯族人口的新情况。

2000年吉林省锡伯族人口按县(市、区)分布统计表

表110 单位:人

地区	全省人口			地区	全省人口		
	合计	男	女		合计	男	女
总计	3 168	1 649	1 519	永吉县	12	9	3
长春市	685	356	329	蛟河市	9	1	8
南关区	100	47	53	桦甸市	1	0	1
宽城区	79	39	40	舒兰市	30	19	11
朝阳区	258	137	121	磐石市	31	16	15
二道区	54	32	22	四平市	283	141	142
绿园区	159	86	73	铁西区	92	38	54
双阳区	8	4	4	铁东区	52	23	29
农安县	9	4	5	梨树县	24	14	10
九台市	11	6	5	伊通县	28	14	14
榆树市	3	1	2	公主岭市	42	22	20
德惠市	4	0	4	双辽市	45	30	15
吉林市	431	224	207	辽源市	87	48	39
昌邑区	119	64	55	龙山区	43	23	20
龙潭区	95	47	48	西安区	12	8	4
船营区	86	39	47	东丰县	24	14	10
丰满区	48	29	19	东辽县	8	3	5

续表

地区	全省人口			地区	全省人口		
	合计	男	女		合计	男	女
通化市	151	81	70	长岭县	39	24	15
东昌区	29	15	14	乾安县	62	28	34
二道江区	21	14	7	扶余县	300	164	136
通化县	4	3	1	**白城市**	311	158	153
辉南县	22	13	9	洮北区	123	58	65
柳河县	2	1	1	镇赉县	54	30	24
梅河口市	51	24	27	通榆县	40	21	19
集安市	22	11	11	洮南市	22	9	13
白山市	156	85	71	大安市	72	40	32
八道江区	67	37	30	**延边州**	114	58	56
抚松县	7	7	0	延吉市	21	11	10
靖宇县	25	13	12	图们市	4	4	0
长白县	4	4	0	敦化市	49	23	26
江源县	11	7	4	珲春市	2	0	2
临江市	42	17	5	龙井市	8	2	6
松原市	950	498	452	和龙市	4	3	1
宁江区	306	157	149	汪清县	5	3	2
前郭县	243	125	118	安图县	21	12	9

注：根据吉林省统计局人口处人口普查资料整理。

三、人口构成

1990年第四次人口普查,吉林省锡伯族人口分职业大类和行业门类统计中,在业锡伯族人口总数为1 499人,其中男930人,女569人。在国家机关党群组织企事业单位责任人职业大类中,总计锡伯族71人,其中男57人,女14人。

1990年吉林省锡伯族分职业大类人口构成统计表

表111   单位:人

在业人口总数			I、各类专业、技术人员		
合计	男	女	合计	男	女
1499	930	569	288	154	134
II、国家机关党群组织企事业单位负责人			III、办事人员和有关人员		
合计	男	女	合计	男	女
71	57	14	98	64	34
IV、商业工作人员			V、服务性工作人员		
合计	男	女	合计	男	女
82	37	45	72	27	45
VI、农、林、牧、渔劳动者			VII、生产工人、运输工人和有关人员		
合计	男	女	合计	男	女
500	324	176	387	267	120
VIII、不便分类的其他劳动者					
合计	男	女			
1	—	1			

注:根据吉林省人口普查办编《吉林省1990年人口普查资料》整理。

1990年吉林省锡伯族行业门类人口构成统计表

表112　　　　　　　　　　　　　　　　　　　　　　　　　　　　　　　　单位:人

在业人口总数			I、农、林、牧、渔、水利业		
合计	男	女	合计	男	女
1499	930	569	507	330	177
II、工业			III、地质普查和勘探业		
合计	男	女	合计	男	女
415	252	163	5	4	1
IV、建筑业			V、交通运输、邮电通信业		
合计	男	女	合计	男	女
75	52	23	61	45	16
VI、商业、公共饮食业物资供销和仓储业			VII、房地产管理、公用事业居民服务和咨询服务业		
合计	男	女	合计	男	女
102	47	55	26	10	16
VIII、卫生、体育和社会福利事业			IX、教育、文化艺术和广播电视事业		
合计	男	女	合计	男	女
39	19	20	119	70	49
X、科学研究和综合技术服务事业			XI、金融、保险业		
合计	男	女	合计	男	女
29	20	9	17	8	9
XII、国家机关、政党机关和社会团体			XIII、其他行业		
合计	男	女	合计	男	女
104	73	31	–	–	–

注:根据吉林省人口普查办编《吉林省1990年人口普查资料》整理。

2000年第五次人口普查抽样数据显示(非全口径人口统计),吉林省锡伯族分性别、职业人口和分性别、行业人口中,合计143人,男73人,女70人。与1990年第四次人口普查相比,2000年第五次人口普查锡伯族职业、行业男女比率得到很大提升,基本接近男女平衡。随着国民经济的快速发展,吉林省的高科技人员不断涌现。据调查,长春市市区锡伯族人口685人,其中高科技人员48名,占长春市市区锡伯族人口7.01%,其中有女性9人。

2000年吉林省锡伯族分性别、职业人口构成表

表113   单位:人

合　　计			一、国家机关、党群组织、企业、事业单位负责人		
合计	男	女	小计	男	女
143	73	70	10	7	3
二、专业技术人员			三、办事人员和有关人员		
合计	男	女	小计	男	女
20	8	12	12	7	5
四、商业、服务人员			五、农林牧渔水利生产人员		
合计	男	女	小计	男	女
22	10	12	51	20	31
六、生产、运输设备操作人员及有关人员			七、不便分类的其他从业人员		
合计	男	女	小计	男	女
26	19	7	2	2	

注:根据吉林省人口普查办编《吉林省2000年人口普查资料》整理,为抽样统计数据。

2000年吉林省锡伯族分性别、行业人口构成表

表114　　　　　　　　　　　　　　　　　　　　　　　　　　　　　　单位:人

合　　计			一、农、林、牧、渔业		
合计	男	女	小计	男	女
143	73	70	51	20	31

二、采掘业			三、制造业			四、电力、煤气及水的生产和供应业		
小计	男	女	小计	男	女	小计	男	女
1	1		27	15	12	4	1	3

五、建筑业			六、地质勘查业、水利管理业			七、交通运输、仓储及邮电通信业		
小计	男	女	小计	男	女	小计	男	女
3	2	1	2	1	1	6	5	1

八、批发和零售贸易、餐饮业			九、金融、保险业			十、房地产业		
小计	男	女	小计	男	女	小计	男	女
12	4	8	2	2		1	1	

十一、社会服务业			十二、卫生、体育和社会福利业			十三、教育、文化艺术及广播电影电视业		
小计	男	女	小计	男	女	小计	男	女
6	5	1	2	2		10	5	5

十四、科学研究和综合技术服务业			十五、国家机关、政党机关和社会团体			十六、其他行业		
小计	男	女	小计	男	女	小计	男	女
3		3	12	8	4	1	1	

注:根据吉林省人口普查办编《吉林省2000年人口普查资料》整理,为抽样统计数据。

第二节 政治活动

一、参政议政

1986～2000年,吉林省先后有4名锡伯族人被选为吉林省人民代表大会代表;4名锡伯族人被选为吉林省政协委员。

吉林省第八届、九届人民代表大会锡伯族代表名表

表115

姓 名	性别	工作单位及职务	届次
关守兴	男	松原市扶余县四马架乡明安村党支部书记	1993年省第八届人大代表
刘宝才	男	前郭县吉拉吐乡锡伯屯农民	1993年省第八届人大代表
关守坤	男	前郭县文化局副局长兼歌舞团团长	1998年省第九届人大代表
关守兴	男	松原市扶余县四马架乡明安村党支部书记	1998年省第九届人大代表

吉林省政协第六、七、八届锡伯族委员名表

表116

姓 名	性别	工作单位及职务	届次
黄俊峰	男	吉林工学院副教授	1988年省政协第六届委员
关鹤峰	男	吉林省广播电视厅音像管理处处长	1988年省政协第六届委员
关清康	男	吉林省林业厅助理巡视员高级工程师	1993年省政协第七届委员
关清康	男	吉林省林业厅助理巡视员高级工程师	1998年省政协第八届委员

二、民族团结

1986～2000年,吉林省境内有3个锡伯族村,即锡伯屯锡伯族村和东达户、西达户锡伯族村。在锡伯族村里,锡伯族与其他民族同胞团结互助,和睦相处。在生产上,锡伯族人和兄弟民族取长补短,共同繁荣。如在锡伯屯村,锡伯族人缺乏种植水稻经验,其他民族的种植能手主动帮助锡伯族村民提高种植技术水平。在日常生活中,遇有红白之事和其他大事小情,锡伯族人都能与兄弟民族不分彼此、互相配合、互相照顾,成为民族团结的大家庭,妥善处理好各兄弟民族的关系。先后多名锡伯族个人获得民族团结先进个人称号,受到了各级民委的表彰,长春市锡伯族联谊会也获得民族团结先进集体的荣誉。

1990年12月,扶余县四马架乡明安村党支部书记关守兴获国家民委第一次表彰的全国民族团结进步先进个人称号。1994年6月,长春市电影制片厂导演白德彰获吉林省第二次民族团结进步表彰的先进个人称号。1995年11月,长春市锡伯族联谊会创始人、长春市民族事务委员会佟靖飞,被中共长春市委、市政府授予"长春市民族团结进步先进个人"称号,并荣记三等功。2000年6月,长春市锡伯族联谊会理事长、长春市热力公司党委副书记兼副总经理、高级工程师何滨被中共长春市委、市政府授予"长春市民族团结进步先进个人"称号,并荣立三等功。吉林市公安局科长、吉林市民族事务委员会委员、吉林市锡伯族联谊会会长关荣华(女),工作业绩突出,多次被评为吉林市公安战线先进工作者和市直机关模范干部,被吉林省妇联和吉林市妇联评为"五好家庭标兵"与"精神文明标兵",先后5次被中共吉林市委、市政府授予"吉林市民族团结先进个人"称号。

(一)锡伯族联谊会组织。 吉林省各级人民政府贯彻执行党的民族政策,关心和支持锡伯族群众创建联谊民间组织,并适当拨给活动经费,保障民族活动的深入开展。1989年,长春率先成立了长春市锡伯族联谊会,随后吉林市也成立了吉林市锡伯族联谊会,各地锡伯族联谊会成立以后,主要组织开展锡伯族"四一八"西迁纪念活动。

1989年,长春市锡伯族联谊会以"发扬锡伯民族爱国主义传统,为维护安定团结做贡献"为主题,在召开纪念锡伯族"四一八"西迁纪念活动。

1990年5月12日(农历四月十八日),长春市民委在市朝鲜族群众艺术馆,召开纪念锡伯族"四一八"西迁226周年大会。此次活动以"继承发扬锡伯民族爱国主义传统,为中华民族团结进步事业做贡献"为主题。200余名锡伯族同胞身穿民族服饰参加活动。市委常委、市委宣传部部长杨继笑、市人大常委会副主任杨迪、市政府副市长刘飚、市政协副主席刘长有以及市委统战部、市民委等有关部门领导到会祝贺。

1993年5月30日(农历四月十八日),长春市锡联会协助市民委举办"四一八"

西迁节联欢会。其主题是歌颂党的民族政策,弘扬"三热爱"精神。长春市民委以《新疆是个好地方》《伊犁是个好地方》《察布查尔是个好地方》为题,宣传民族地区经济发展的大好形势,分别在《长春日报》《长春晚报》、长春广播电台、长春电视台做了报道。

1996年,长春市锡伯族联谊会以"畅谈党的民族政策英明伟大,畅谈新时期各民族团结进步繁荣"为主题,开展纪念锡伯族"四一八"西迁节活动。

1997年,长春市锡伯族联谊会以"深入贯彻落实党的十四届六中全会精神,喜迎香港回归、党的十五大召开,中华儿女盼统一"的活动为主题,开展纪念锡伯族"四一八"西迁节活动。

1998年5月13日(农历四月十八日),长春市民委、长春市锡联会组织锡伯族同胞,邀请市民委全体干部、吉林大学、东北师大、科技大学等高校党委统战部和中国第一汽车集团公司党委统战部的领导,在九台市莽卡满族乡松江村举办"四一八"西迁234周年纪念大会。邀请了朝鲜族老年协会、蒙古族代表到会演出节目。在筹备会议期间,长春市锡联会常务理事白长有,编写了现场录制专题片的手稿,长春电视台文艺部主任编导胡彦华(女,锡伯族)等同志,录制专题片《手足情》。

1999年,长春市锡伯族联谊会以"发扬锡伯民族爱国主义传统,为维护安定团结做贡献"为主题,开展纪念锡伯族"四一八"西迁节活动。

1999年末,长春科技大学来自新疆农村的锡伯族女学生金仙梅因患病急需手术治疗,手术费两万元。吉林大学副研究员、长春市锡伯族联谊会副理事长兼秘书长韩玉奎得知这一情况后,组织学校师生和锡伯族同胞进行捐助,帮助金仙梅完成心脏手术,恢复健康。

(二)民族交流。1994年8月,应新疆察布查尔锡伯自治县委、县政府邀请,长春市政府、市锡联会组成民族干部代表团,由长春市民委主任王德才带队,锡伯族干部关鹤峰、佟靖飞等同志参加,至察布查尔县参加县庆40周年活动。

1998年5月10日至15日,新疆察布查尔锡伯自治县举办"四一八"西迁234周年纪念大会,长春市政府派出由市政府副秘书长李国人为团长,市民委副主任咸荣日为副团长的少数民族干部代表团,锡伯族干部佟靖飞、王夏冰等同志随代表团赴新疆察县参加庆典大会。会后参加了图伯特纪念馆落成揭幕仪式,并赠送图伯特纪念馆铜匾一块。

第三节　生产生活

一、生产方式

（一）农牧业。1986～2000年,农业在锡伯族村屯的各种生产方式中占的比重最大。当地政府重视对农业的扶持和投入的力度,为锡伯族村屯农业发展提供了条件。随着种植业、养殖业的不断发展,以农民自愿参加、以农户经营为基础、以某一产业线产品为纽带、以增加成员收入为目的,实行资源、技术、生产、购销、加工等互助合作的经济合作组织和协会组织应运而生。

吉拉吐乡锡伯屯村二社农民党员于大军(锡伯族),从1997年开始养猪。刚开始只养几头,发展到存栏200多头。于大军通过开展循环养猪法,开办小酒坊,日产白酒百余斤,酿酒后的酒糟,用作猪饲料,年收入达10万余元。为了帮助农民致富,于大军带领锡伯屯、扎拉吐两个村的养殖户成立专业养殖合作社。至2000年,合作社养殖户达180余户、仅百头以上养猪户就达20户。在他们的带动下,全乡畜牧养殖得到了较快发展,全乡养殖大户达61户,其中,牛(8户):上嘎村3户、下嘎村3户,扎布格村1户、扎拉吐村1户;猪(39户):扎拉吐村12户,锡伯屯村23户;吉拉吐村2户,下嘎村1户,扎布格1户;鸡(6户):七家子村2户,锡伯屯村4户;羊(8户):上嘎村4户,下嘎村2户,锡伯屯村1户,七家子村1户。锡伯屯村和扎拉吐村养猪小区母猪发展到3120头 ,上、下嘎村和扎布格村养鹅小区,实现养殖2万只。

1986年、1996年锡伯屯村农业机械、农机具情况统计表

表117　　　　　　　　　　　　　　　　　　　　　　　　　单位:台

年度	农田拖拉机(大、中、小型)			机引农具	其他农机具
	总数	链式	轮式、手扶		
1986	390	10	380	200	100
1996	600	5	595	300	300

注:表中数据由前郭县吉拉吐乡政府提供。

1986～2000年锡伯屯村粮食生产统计表

表118

年度	玉米			水稻			高粱		
	播种面积（亩）	总产（万斤）	单产（斤）	播种面积（亩）	总产（万斤）	单产（斤）	播种面积（亩）	总产（万斤）	单产（斤）
1986	2 250	225	1000	7 215	721.5	1 000	75	4.0	530
1987	2 200	220	1000	7 215	721.5	1 000	75	4.5	600
1988	2 200	220	1000	7 215	721.5	1 000	70	4.2	600
1989	2 200	220	1000	7 215	721.5	1 000	60	4.2	700
1990	2 100	210	1000	7 215	721.5	1 000	45	3.6	800
1991	2 100	220	1050	7 215	721.5	1 000	40	6.2	800
1992	2 000	210	1050	7 215	721.5	1 000	30	2.7	900
1993	2 000	210	1050	7 215	817.5	1 133	30	3	1 000
1994	2 000	210	1100	7 215	817.5	1 133	30	3	1 000
1995	1 950	214	1100	7 215	817.5	1 133	30	3.6	1 200
1996	1 950	214	1100	7 215	817.5	1 133	15	1.8	1 200
1997	750	86	1150	7 215	817.5	1 133	15	1.8	1 200
1998	550	63	1150	7 215	817.5	1 133	0	0	0
1999	450	54	1200	7 215	865.8	1 200	0	0	0
2000	375	45	1200	7 215	865.8	1 200	0	0	0

注：表中数据由前郭县吉拉吐乡政府提供。

1986～2000年锡伯屯村粮油加工统计表

表119

年份	粮油加工	
	户数(户)	收入金额(元)
1986	5	250 000
1987	5	250 000
1988	5	250 000
1989	5	250 000
1990	5	250 000
1991	6	300 000
1992	6	300 000
1993	6	300 000
1994	6	300 000
1995	6	300 000
1996	6	300 000
1997	6	300 000
1998	6	300 000
1999	6	300 000
2000	8	400 000

注：表中数据由前郭县吉拉吐乡政府提供。

1986～2000年锡伯屯村经济情况统计表

表120

年度	户数 （户）	劳力数 （人）	农业人口数 （人）	粮食产量 （吨）	总收入 （元）	人均收入 （元）
1986	700	1 000	2 000	3 609	3 100 000	1 500
1987	700	1 000	2 000	3 609	3 100 000	1 500
1988	700	1 000	2 000	3 609	3 200 000	1 600
1989	700	1 000	2 000	3 609	3 200 000	1 600
1990	710	1 000	2 000	3 609	3 200 000	1 600
1991	710	1 000	2 000	3 609	3 200 000	1 600
1992	730	1 100	2 000	3 609	3 200 000	1 600
1993	730	1 100	2 000	4 038	3 200 000	1 600
1994	730	1 100	2 000	4 038	3 200 000	1 600
1995	750	1 100	2 100	4 038	3 570 000	1 700
1996	750	1 100	2 100	4 038	3 570 000	1 700
1997	750	1 100	2 100	4 038	3 570 000	1 700
1998	760	1 100	2 100	4 038	3 570 000	1 700
1999	760	1 100	2 100	4 324	3 570 000	1 700
2000	760	1 100	2 100	4 324	3 570 000	1 700

注：表中数据由前郭县吉拉吐乡政府提供。

1986~2000年东、西达户锡伯族村粮食生产情况统计表

表121

年份	玉米						高粱					
	播种面(亩)		总产(万斤)		单产(斤)		播种面(亩)		总产(万斤)		单产(斤)	
	东达户村	西达户村	东达户村	西达户村	东达户村	西达户村	东达户村	西达户村	东达户村	西达户村	东达户村	西达户村
1986	419	380	419	380	1 000	1 000	30	20	21	14	700	700
1987	420	380	420	380	1 000	1 000	29	20	20	14	700	700
1988	419	390	419	390	1 000	1 000	30	10	24	7	800	700
1989	419	390	419	390	1 000	1 000	30	10	24	7	800	700
1990	409	380	409	429	1 000	1 100	40	20	28	16	700	800
1991	409	380	409	429	1 000	1 100	40	20	28	16	700	800
1992	409	370	409	444	1 000	1 200	40	30	28	27	700	900
1993	419	370	419	444	1 000	1 200	30	30	21	27	700	900
1994	419	390	419	507	1 000	1 300	30	10	21	10	700	1 000
1995	429	390	429	507	1 000	1 300	20	10	14	10	700	1 000
1996	429	380	429	532	1 000	1 400	20	20	16	22	800	1 100
1997	429	380	429	532	1 000	1 400	20	20	16	22	800	1 100
1998	439	390	439	390	1 000	1 000	10	10	10	7	1 000	700
1999	429	380	429	532	1 000	1 400	20	20	20	20	1 000	1 000
2000	419	380	419	532	1 000	1 400	30	20	30	20	1 000	1 000

注:表中数据由扶余县三骏满族蒙古族锡伯族乡政府提供。

1986～2000年东、西达户锡伯族村经济情况统计表

表122

年份	户数（户）		劳力数（人）		农业人口数（人）		粮食产量（吨）		总收入（万元）		人均收入（元）	
	东达户村	西达户村	东达户村	西达户村	东达户村	西达户村	东达户村	西达户村	东达户村	西达户村	东达户村	西达户村
1986	520	370	936	420	1 908	980	2 560	1 280	390	190	1 500	1 200
1987	520	310	936	420	1 908	980	2 560	1 280	390	190	1 600	1 200
1988	522	312	926	421	1 908	981	2 600	1 300	350	191	1 400	1 000
1989	521	312	889	421	1 901	981	2 400	1 300	290	191	1 300	1 000
1990	511	314	911	423	1 907	983	2 500	1 100	280	180	1 600	900
1991	521	314	908	423	1 907	983	2 600	1 100	270	170	1 650	9 200
1992	520	316	916	423	1 909	987	2 520	1 400	281	170	1 730	1 100
1993	522	316	910	425	1 900	989	2 630	1 400	300	192	1 810	1 100
1994	531	318	913	430	1 907	1 008	2 470	1 450	298	195	1 910	1 300
1995	532	318	914	430	1 908	1 008	2 910	1 450	310	195	1 950	1 300
1996	533	319	915	435	1 908	1 020	2 480	1 500	311	197	2 020	1 400
1997	534	319	1 082	435	2 034	1 020	2 690	1 500	450	197	2 900	1 400
1998	534	320	1 082	435	2 032	1 025	1 210	1 100	120	100	1 310	800
1999	534	320	1 083	438	2 032	1 025	2 670	1 600	426	200	2 100	1 500
2000	534	320	1 088	438	2 032	1 025	2 620	1 700	414	210	2 400	1 600

注：表中数据由扶余县三骏满族蒙古族锡伯族乡政府提供。

1986~2000年锡伯屯村畜牧业情况统计表

表123

年份	马（匹）	牛（头）	羊（只）	驴（头）	骡（头）	猪（头）	奶牛（头）
1986	100	1 000	8 000	80	50	10 000	10
1987	100	1 000	8 000	80	50	10 000	10
1988	100	1 000	8 000	80	50	10 000	10
1989	100	1 000	8 000	80	50	10 000	8
1990	100	800	700	80	45	10 000	8
1991	100	800	7 000	75	45	10 000	8
1992	80	800	7 000	75	45	15 000	5
1993	80	800	7 000	75	42	15 000	5
1994	80	800	7 000	72	42	15 000	5
1995	80	800	7 000	72	30	15 000	5
1996	80	800	6 000	64	30	15 000	5
1997	80	600	7 000	64	25	18 000	3
1998	70	600	7 000	50	18	18 000	3
1999	70	600	7 000	42	15	18 000	3
2000	70	600	7 000	30	12	18 000	3

注：表中数据由前郭县吉拉吐乡政府提供。

1986～2000年西达户锡伯族村畜牧业情况统计表

表124

年份	马（匹）	牛（头）	羊（只）	驴（头）	骡（头）	猪（头）
1986	120	30	300	10	15	200
1987	120	30	350	10	15	210
1988	115	28	400	12	13	220
1989	115	27	450	10	13	210
1990	110	30	500	13	12	230
1991	110	30	520	10	14	240
1992	100	35	600	11	10	220
1993	100	35	600	12	10	220
1994	95	30	700	10	8	200
1995	95	32	700	10	8	200
1996	90	30	750	12	10	190
1997	90	32	800	9	8	180
1998	80	28	900	7	9	190
1999	80	28	900	7	9	200
2000	70	25	700	6	8	210

注:表中数据由扶余县三骏满族蒙古族锡伯族乡政府提供。

（二）锡伯村屯企业。1986～2000年,吉林省锡伯族乡村建立了一批以松原市北显粮油贸易发展有限公司为代表的企业。

松原市北显粮油贸易发展有限公司成立于1994年,法人代表张显,企业坐落于吉林省前郭县吉拉吐乡锡伯屯村,是通过招商引资在村内建成的。公司位于302国道长白公路719千米处,前郭灌区所在地,是全国著名的水稻产区,国家级绿色水稻生产基地。企业注册资金500万人民币,资产总值1.1亿人民币。公司厂区占地面积15 000平方米,农场种植面积1 700亩。拥有现代化标准车间1 400平方米,成品库房1 000平方米,原料仓储库2 200平方米。有国际先进的精加工生产线,可年加工水稻4万吨,加工精品杂粮近8 000吨,普通杂粮2万吨,有电脑色选机、电脑定量包装楼、真空包装楼、粉剂自动定量包装机等系列先进成套设备30余套。有高级农技师4人,粮食专业技术员12人,高级工程师3人,化验员3人。绿色有机生产基地采用“公司＋农户”的订单模式。

（三）手工业。锡伯屯村具有得天独厚的“三边”优势(城边、路边、江边),利用这一优势,锡伯屯村加快了抽水站的建设,从而发展了水田生产和稻草编织产业。锡伯屯村的稻草编织开始都是手工编织,规模小,科技含量低。1985年,锡伯屯村农民孟庆华同丈夫一起利用农闲时节编织草袋,一天仅能编50条,每条袋售价5角钱左右,靠出售草袋收入近4 000元。1998年,草袋的需求范围扩大,水果商、建筑商、粮食收购等部门都大量购用草袋,孟庆华组织村民编织草袋增收,并负责销售,成为草编产品经济人,既解决了村民产品出售的难题,又增加了个人收入。

2000年,孟庆华和其他几个草编大户自发组织村里群众代表到草编业比较发达的地区学习考察。她们与老板交流,与车间工人交谈,与客户见面,学习外地先进的生产经营经验、销售理念,掌握了最新的市场动态。通过学习,大家意识到,如果不调整发展方向,势必被市场淘汰。回来后,在村党支部的支持下,她召集群众,讲解外地草编业成功做法,提出一定要改变传统的生产观念、生产方式、经营模式。孟庆华率先购进2台小型草绳机、4台草帘机、8台草包机、1台大型苇板机。在她的影响带动下,全村先后购入大小草编机400多台。接着,她又在村办公室对面临近公路边租了1.2万平方米的场地,配置了电脑,随时了解外埠市场动态,在网上签订单、销售和办理其他业务。她又主动无偿承担起全村草编的协调、生产、销售等一切事宜,其编织产品销往辽宁省、黑龙江省、内蒙古等省区。全村从事草编生产的农民达150户。

1986～2000年锡伯屯村手工编织统计表

表125

年份	手工编织	
	户数(户)	收入金额(元)
1986	100	1 000 000
1987	100	1 000 000
1988	100	1 000 000
1989	100	1 000 000
1990	100	1 000 000
1991	120	1 200 000
1992	120	1 200 000
1993	120	1 200 000
1994	120	1 200 000
1995	120	1 200 000
1996	120	1 200 000
1997	120	1 200 000
1998	120	1 200 000
1999	120	1 200 000
2000	150	1 500 000

注:统计数字由前郭县吉拉吐乡政府提供。

　　（四）农民工劳务输出。 1986～2000年,吉林省锡伯族村屯每年都有农民工劳务输出,外出务人数呈逐年增长趋势,外出务工收入成为村民重要收入来源。吉拉吐乡锡伯屯村地处城郊,随着农村人口的不断增加,人多地少现象显现,加之农业机械化程度显著提高,使富余劳动力逐年增多。农民的劳务输出收入已经成为农民收入的重要组成部分。1986年,锡伯屯村外出务工者50余人,大多是季节性务工,其中男性占95%以上。到1990年,外出务工者达到100左右,其中,常年外出务工者近30人,外出务工者中男性占80%左右。2000年,锡伯屯村外出务工者发展到500多人,其中常年外出务工者200余人,季节性务工者300余人,外出务工者中女性占到了30%以上。锡伯屯村外出务工者除在吉林省各大城市务工外,还有人在省外的北京、天津、广州、深圳、珠海、大连等地务工。

　　（五）社会主义新农村建设。 1986～2000年,锡伯族村屯社会主义新农村建设取得进展。改建土坯房,维修街路,扩建敬老院。锡伯屯村家家使用民用电,但村民还没有用上自来水。

1986年、1996年锡伯屯村建设社会主义新农村情况统计表

表126

改建土坯房			街路建设		备注
时间	间数	面积(平方米)	时间	长度(米)	
1986	150	4 500	1986	50 000	维修
1996	200	60 000	1996	50 000	维修

注:数据由前郭县吉拉吐乡政府提供。

1986年、1996年锡伯屯村水电基本建设情况统计表

表127

年份	乡村名称	户数(户)	人口数(人)	自来水建设		民用电建设	
				享用自来水户数	未享用自来水户数	用电户数	未用电户数
1986	吉拉吐乡锡伯屯村	700	2 000	0	700	700	0
1996	吉拉吐乡锡伯屯村	750	2 100	0	750	750	0

注:数据由前郭县吉拉吐乡政府提供。

1986年、1996年锡伯屯村敬老院情况一览表

表128

年份	名称	间数	面积(平方米)	收敬老人数(人)	护理人员数(人)
1986	吉拉吐乡敬老院	10	300	11	3
1996	吉拉吐乡敬老院	15	600	10	3

注:1.数据由前郭县吉拉吐乡政府提供。

　　2.吉拉吐乡敬老院属乡政府管理,县民政拨款。村级没有敬老院,各村五保户人员均集中在乡敬老院　供养。

二、生活方式

1986～2000年,随着改革开放的深入,吉林省锡伯族的生活方式发生了很大的变化。随着经济的发展,收入的增加,吉林省锡伯族人已不仅仅满足于温饱,而正在向小康迈进。

在服饰上,锡伯族人从普通衣装变化到逐步追求高档化。人们对待衣着的质料,以前是棉、化纤为主,到后来变化成追求毛、裘皮等高贵质料。

在饮食上,从粗茶淡饭,变化到讲究营养、绿色。

在住宅上,城市锡伯族人自福利分房变化为自购私宅,农村锡伯族人则自泥草房、平房变化为建砖瓦房。且都以居室面积、装修程度等攀比为时尚。

在出行上,交通工具从自行车、摩托车变化到坐汽车、打出租车,部分锡伯族人还购置了私车,并讲究起型号。

无论是城市还是乡村,锡伯族人的生活方式变化都令人耳目一新。电视机从黑白变成彩色,从小英寸到大屏幕,从平板到液晶。从固定电话、传呼机转化到普通手机、彩屏手机。电脑从台式发展到手提笔记本式等。

第四节　教育卫生

一、教育

1986～2000年,吉林省锡伯族人的教育程度得到提升。1990年第四次人口普查,吉林省长春锡伯族人口受教育程度的6岁以上人口2 668人。其中,大学本科135人,大学专科139人,中专170人,高中463人,初中766人,小学995人。

　　2000年第五次人口普查,吉林省锡伯族人口受教育程度的6岁及6岁以上锡伯族人口2 959人,其中男性1 545人,女性1 414人。在这些锡伯族人口中有研究生10人,其中男性5人,女性5人;大学本科225人,其中男性135人,女性90人;大学专科242人,其中男性129人,女性113人;中专195人,其中男性89人,女性106人;高中472人,其中男性263人,女性209人;初中936人,其中男性488人,女性448人;小学806人,其中男性404人,女性402人,扫盲班7人,其中男性5人,女性2人。

　　1986～2000年,随着改革开放的不断深入,吉林省锡伯族原居村屯的教育也日益发生变化。锡伯屯村小学1986年有校舍15间,450平方米,学生人数700人。2000年,校舍25间,750平方米,学生人数减少到280人。达户小学1986年有校舍24间,760平方米,学生人数320人。2000年,校舍缩减为19间,475平方米,学生人数减少到141人。学生人数减少的原因主要是锡伯族村屯计划生育政策的执行,独生子女大量出现。同时,随着农民工不断流入城市,也带走了一批学生生源。

1990年吉林省锡伯族人口文化程度统计表

表129　　　　　　　　　　　　　　　　　　　　　　　　　　　　单位:人

合计		男		女	
2 668		1 423		1 245	
大学本科			大学专科		
小计	男	女	小计	男	女
135	97	38	139	87	52
中专			高中		
小计	男	女	小计	男	女
170	92	78	463	263	200
初中			小学		
766	424	342	995	460	535

注:数据根据吉林省人口普查办编《吉林省1990年人口普查资料》整理。

1990年吉林省锡伯族在校学生数统计表

表130 单位:人

大学本科			大学专科			中　专		
小计	男	女	小计	男	女	小计	男	女
38	20	18	23	13	10	37	18	19
高　中			初　中			小　学		
小计	男	女	小计	男	女	小计	男	女
53	28	25	138	66	72	509	240	269

注:数据根据吉林省人口普查办编《吉林省1990年人口普查资料》整理。

2000年吉林省锡伯族分性别受教育程度6岁及6岁以上人口统计表

表131 单位:人

6岁及6岁以上人口			未上过学		
合计	男	女	小计	男	女
2 959	1 545	1 414	66	27	39
扫盲班			小　学		
小计	男	女	小计	男	女
7	5	2	806	404	402
初　中			高　中		
小计	男	女	小计	男	女
195	89	106	242	129	113
大学本科			研　究　生		
小计	男	女	小计	男	女
225	135	90	10	5	5

注:表中数据根据吉林省人口普查办编《吉林省1990年人口普查资料》整理。

1990年、2000年锡伯屯村人口文化程度统计表

表132　　　　　　　　　　　　　　　　　　　　　　　　　　　　单位:人

时间	文化程度	人数	占6周岁以上人口%
1990年第四次人口普查	大学毕业	20	4%
	高中(含中专)	40	8%
	初　中	140	31%
	小　学	250	55.6%
	文盲、半文盲	50	11.1%
	6周岁以上人口总数	450	—
2000年第五次人口普查	大学毕业	30	6%
	高中(含中专)	60	12%
	初　中	110	22%
	小　学	250	50%
	文盲、半文盲	50	10%
	6周岁以上人口总数	500	—

注:资料来源于前郭县吉拉吐乡政府。

二、卫生

1986~2000年,随着科技和医疗事业的发展,吉林省锡伯族人看病难的问题,逐步得到解决。在城市,主要实行公费医疗,到医院对各种病症进行诊治。在农村,逐步开始实行新农合医疗制度,减轻了锡伯族人的医疗费用负担。各锡伯族村的医疗卫生条件有了很大改善。西达户锡伯族村,虽没有设立卫生所,但有1名有行医执照的医生为村民诊治。锡伯屯村因位于吉拉吐乡政府所在地,有乡卫生院,医疗卫生条件更好一些。

长春市的锡伯佟氏仁德堂,是有170多年锡伯族医药文化历史的锡医世家,较完整记述和保留下来锡伯民族医药的"靶相学说"理论,使人们较详尽地了解到锡伯民族医药文化的精髓。佟氏仁德堂依据锡医古老的"靶相学说"理论,总结历代医家临床经验形成了锡伯族独特的"三部诊病法"。

中国人民解放军农牧大学教授,硕士生导师何明伍,是全国知名的兽医解剖学专家,在完成教学与科研工作的同时承担硕士研究生导师工作。何明伍为国家高教部编写多部兽医解剖学教材,其中马体解剖学、马体解剖学图谱获全国科技图节一等奖。

长春中医药大学教授、中医研究员,全国著名中医文献学家、《黄帝内经》专家高光震,致力于中医文献学、中医版本学、中医古籍整理等学术领域的专门研究,主编了《内难经选释》《吉林省名老中医经验选编》《黄帝内经素问析义》《黄帝内经灵枢析义》《苏氏秘方集成》《难病中医治验》等书,在国内外刊物上发表论文80余篇。

那中凯,从事中医药学研究和临床教学四十余年,对中药配伍与针灸尤为擅长,有独到见解,并精通俄语、英语,经常接诊国外患者。20世纪90年代作为中国杰出中医药大师被派往俄罗斯进行客座中医药研究,积累了大量临床经验。因其善通俄语负责对独联体(俄罗斯、乌克兰等国)医药及其劳务进出口,并指导药厂技术、质量工作。在国内外专业医学杂志上发表医学专著、论文100余万字,医药论文20余篇。20世纪80年代最早提出发现并使用红景天的滋补强壮治疗作用,引起医药、食品界注视与认同,至1999年,其论文被国内外学术书刊、报刊引用者超过百篇。他主持研制的人参蜂王浆软胶囊获国际金奖。他作为课题副组长研发了国家三类新药"秦归活络液",1998年获国家批准为药准字号药物,治疗中风,疗效确切,出口法国、马来西亚。先后编写了《常见病民间验方指南》(1989年吉林科技出版社出版)、《吉林名优特产》(1989年学术书刊出版社出版)、《中药材采制购销规格》(1991年吉林大学出版社出版),与他人合著《中国常用中药》(1995年科学出版社出版)。

第五节　文化体育

一、文学艺术

(一)民间文学。锡伯族的民间文学主要包括民歌、民间传说、民间故事等。

在吉林省锡伯族屯,流传着一些关于鳇鱼圈的民歌,孙晓峰主编的《可爱的吉拉吐乡》第14页载有高峰写的《鳇鱼圈》:"网房无影圈无痕,半是青苔半是村。昔日宫廷鳇皇宴,今朝有幸属诗人。"

　　长春市中医药大学教授高光震的先辈讲述了《进京献宝——锡伯族高岳洛氏传说》。这是一个人物传说,流传于东北锡伯族聚居地区,讲述清乾隆皇帝登基不久,锡伯人进京献宝的故事。相传宝物叫"降魔杵",是用玉石磨制而成的一种武器,每逢战事,只要将其立起来就打胜仗。高岳洛氏祖先莫哈拉那随同进京献宝。乾隆皇帝见到宝物,龙颜大悦,于是赐御宴。锡伯人从未吃过这样的好酒好饭,边喝边唱,惹来皇宫官兵的妒忌,侮辱狂欢的锡伯人。锡伯人为了维护自己的尊严,与官兵打起来。皇帝派人将锡伯人捆绑起来,推到太后面前问罪。因为太后就是锡伯族人,太后不让乾隆皇帝撵走他们。他们回到盛京便修造锡伯家庙,选佛祖生日阴历四月十八日为祭日,焚香祭祖。乾隆皇帝随即将进宝上贡的50多名锡伯人划入盛京将军府,编排在满、蒙八旗。虽然盛京将领几经调换,而锡伯士兵经册封永不调换。高岳洛氏就是划入盛京将军府的锡伯人的后人。

　　流传在吉林省锡伯屯的民间故事《阿夫西和松丽娜》,叙述了位于哈达山下老锡伯的儿子阿夫西在松花江边捕鱼,偶然结识了财主阿岱的女儿松丽娜,俩人情投意合,天长日久,就订了终身大事。财主阿岱知道后,不肯把女儿嫁给一个穷打鱼的,于是设下圈套,假意让水性好的阿夫西去江中除水怪,暗中在宝剑上动了手脚,致使阿夫西与水怪搏斗时丧生。知道真相后的松丽娜在高高的哈达山上一头跳下,跳进了滚滚的松花江。时间虽已久远,但是,阿夫西和松丽娜的故事还一直流传下来。听说从那以后锡伯人不再为皇差所逼。在哈达山附近建了不少的鳇鱼圈,直到现在虽然已经不再捕鳇鱼了,鳇鱼圈的名字还一直叫着。

　　(二)民间艺术。舞蹈,是锡伯族民间艺术的组成部分之一,锡伯族在历史上有很多种类的舞蹈形式。从舞蹈分类上讲,可分为两类,即古典舞和贝伦舞。古典舞包括萨满舞、狩猎舞、射箭舞、蝴蝶舞、荷包舞、铁锹舞、手鼓舞、编席舞、马舞、猴子舞等。吉林省长春市锡伯族人,深入挖掘锡伯族舞蹈历史遗产,通过改造和艺术加工,向社会推出了古典舞和萨满舞。吉林省长春市锡伯族艺术团排练的蝴蝶舞,不但在本省演出,还到黑龙江省和辽宁省锡伯族地区演出。20世纪90年代,吉林省长春市的锡伯族文艺工作者编排的萨满舞,经常在"四一八"西迁活动中表演。

　　(三)文艺创作与表演。吉林省歌舞剧团副团长、国家一级演员关承时,在20世纪90年代策划导演了《东北——我的黑土地》《纪念毛泽东诞辰100周年》等大型歌舞晚会。

　　长春电视台主任编导胡彦华(女)拍摄多部电视纪录片和电视剧,主要有:《潘虹》《莲》,陈佩斯、陈强纪录片《笑声里的秘密》,长春电影制片厂厂长林杉纪录片《不朽的辉煌》,电视剧《燃烧的人》(上、下集)和《刑法》系列短剧(30集)等,这些作品均获吉林省广播电视学会"丹顶鹤"奖。1998年,胡彦华为锡伯族同胞纪念锡伯族传统的"四一八"西迁节拍摄电视专题片《手足情》,在长春电视台播出,并在新疆察布查尔锡伯自治县、吉林和长春两市、沈阳市新城子区纪念"四一八"西迁节纪念大会上播放,受到锡伯族同胞的赞誉:"胡彦华是我们锡伯人民的好姑娘,是锡伯民族的优秀文化人才。"

吉林省吉他协会主席、沈阳音乐学院附属艺术学校客座教授关济川(锡伯族),从师中国长春电影制片厂乐团菲律宾籍专家桑托斯学习吉他演奏,之后他又师从美国南加州大学博士阿什比先生学习吉他。专业特长是长笛、竹笛、笙、萨克斯等多种乐器。他一专多能、会演奏30多种乐器。2000年,关济川主办长春市"万隆民族艺术团"任团长,接受中央电视台《梦想剧场》《神州风采》等专题专栏人物采访。

二、语言文字

锡伯族有本民族的语言,为锡伯语。1947年,锡伯族人在满文的基础上,创立了本民族文字,为锡伯文。中华人民共和国成立以后,党和政府关注锡伯文的发展,资助锡伯族人创刊了世界上唯一的锡伯文报纸——《察布查尔报》,又在新疆人民出版社设立锡伯族教育编辑室,出版发行锡伯文课本。

清朝时期,吉林省锡伯族人同汉族人杂居,学习使用汉语、汉字,清末,汉语汉字成为当地锡伯族的通用语言文字。早期的锡伯语失传。至2000年,汉语汉字一直是吉林省锡伯族人的通用语言文字。

改革开放后,越来越多的吉林省锡伯族人到新疆锡伯族聚居地进行考察访问和学术交流,陆续学会了一些简单的锡伯语,其中最流行的是锡伯语:巴尼哈,谢谢之意,几乎在节庆活动中,发言讲话中最后都要说上一句。吉林锡伯族人从新疆带回的各种锡伯文报纸、课本和书籍读物,虽然看不懂,但仍要在家中珍藏,引为对拥有本民族文字的自豪之情,同时也是对增强锡伯民族心理意识的一种需求。锡伯族坎肩衣饰上除绣有"鲜卑瑞兽"外,还喜在坎肩前部绣上锡伯文字锡伯二字。吉林省锡伯族人在每年在纪念锡伯族"四一八"西迁节和锡伯族其他活动时,均使用汉文与锡伯文对照的会标。在出版发行的有关书籍读物时,也使用汉文与锡伯文对照的封面,佟靖飞、白长有编著的《锡伯族先祖传记》《谈古论今话锡伯》等书的封面就应用汉文、锡伯文对照。

吉林省靠近前郭县的锡伯村屯,锡伯族人也学习和使用蒙古语、蒙古文。在日常生活中,吉林省锡伯族人普遍使用汉语、汉字。

三、体育

1986～2000年,吉林省锡伯族人普遍重视身体健康,注重开展体育锻炼。城市的锡伯族人喜欢晨练,多为散步或慢跑,在遇有单位或系统召开体育运动会时,也积极报名参加。乡村的锡伯族人同样喜欢体育活动,在前郭县境内的锡伯族人常常参加蒙古族盛行的少数民族赛事。扶余县达户村锡伯族人佟柏春,1990年在陶赖昭举行的扶余县少数民族传统运动会上,荣获百米短跑第二名。张中同获摔跤比赛第三名,达户村获篮球比赛第三名。1998年5月8日,达户小学在扶余县小学生特长赛中荣获团体总分一等奖。1987、1992、1998年,锡伯屯村连续举办三届运动会。

1987至2000年锡伯屯村运动会情况一览表

表133

时间	届(次)	人数	获奖人数	备 注
1987年	第一届	2 000	500	村级
1992年	第二届	2 500	300	村级
1998年	第三届	2 500	500	村级

注:资料来自前郭县吉拉吐乡政府。

第六节　风俗习惯

1986～2000年,随着改革开放的扩大和深化,受沿海文化、港台文化、国外文化的影响,锡伯族长期留存的传统生活习俗受到冲击,民族性的固有传统和特色日益淡失,大众化、流行化的新鲜事物迅速拓展,并不断渗透到锡伯族生活的各个角落。

一、日常风俗

(一)服饰。1986～2000年,锡伯族人受兄弟民族的影响,服装样式渐多,男装主要有西服、夹克衫等,冬装流行羊绒大衣,各式羽绒服,多为衣帽连体式,运动衣渐被毛衣取代,流行穿各式羊毛衫等。女青年服装,夏装流行连衣裙、裹裙、体形衫、蝙蝠衫,冬装有女式羽绒服、皮夹克和各种呢料外衣。

(二)饮食。1986～2000年,吉林省锡伯族的饮食进入了新的时期,发生了很大的变化。

主食方面:粗粮变细粮,细粮成为城乡居民的主食,适时调配些粗粮,改改口味渐成一种时尚。"舶来"洋食品为青少年所喜食,如汉堡包、肯德基等。

副食方面:副食主要有蔬菜和肉蛋两大类。对于蔬菜,锡伯族人不满足于常见的土豆、白菜、萝卜、黄瓜、茄子、豆角、韭菜、辣椒、西红柿等,出于增进健康的考虑,常吃有利于软化血管、降低血压的芹菜、洋葱和山野菜,如蘑菇、木耳、蕨菜、刺老芽等,对于肉蛋,锡伯族人已不限于以猪肉为主,而购买牛肉、羊肉、禽肉来增添多样性。锡伯族人也不仅仅喜食普通鸡蛋,更热衷于农村产的"笨"鸡蛋、鸟蛋、鹌鹑蛋等。

果品方面,普通的西瓜、香瓜、苹果、葡萄、李子等早就司空见惯。外进的白兰瓜、哈密瓜、香蕉、菠萝、猕猴桃、荔枝、芒果等也并不稀罕。

嗜好品方面,主要是烟、酒、茶。吸烟者已从叶子烟改成盒卷烟,根据经济条件,有的吸烟者吸高级香烟,普通者则吸低廉香烟,以个别年长吸烟者仍不改旧习,吸自卷叶子烟;喝酒者不满足喝本地啤酒,有的改喝外埠啤酒、扎啤,即散装冷饮、熟啤酒渐兴,夏季喝者犹多,冬季主要喝白酒,以助御寒,也有人品尝名酒或进口高档酒,为高薪阶层,民众因价格昂贵,多不敢问津。饮茶者日渐增多,绿茶颇得一些中老年人的青睐。

(三)住居。 20世纪80年代以后,城市里楼房住宅渐兴,越来越多的锡伯族人住上楼房,地方上多以系统、部门为单位,修建职工住宅楼,住宅楼内部装饰多以居住者喜好自力装修。20世纪90年代,出现商品住宅楼,并逐渐取代福利住宅楼。随后,楼宇连体开发,多建为住宅小区。福利性分房已被私有购房取代,人们追求的目光逐渐转移到自费购买多居室,大客厅,宽阳台的楼宅上来,并且多以居室装修的样式与质量来显示富裕程度。居住环境也向花园化、舒适化方向发展。

1986～2000年,吉林省居住在农村的锡伯族主要将泥草房砖瓦化。很多居住在农村的锡伯人告别了泥草房,住进了宽敞明亮的砖瓦房。院落居室格局也发生了变化,多数人家屋内设有客厅和餐厅。对面炕渐少,锅灶也多由中屋移居后厦,但居室西北角保持洁净至尊的习惯依然存在,这与锡伯族人崇尚西北方位习俗有关。

西达户村锡伯族人盖新房时,村里的各种工匠,如木工、瓦工等,在修建新房时,常组成互助建筑工程队,进行施工。村中盖新房时,要把阴阳鱼放到中间,用铜线编成花锁,用红绸子包上。起梁时,把鲫鱼放到四个房角,再把五谷粮(高粱、玉米、谷子、黄豆、绿豆)合到一起。其谐音"鲫鱼"即"脊","五谷粮"即"梁"合起来便为"脊梁"。盖房起房脊梁时,要有人喊号子,号子词意大致是:

> 脊梁好似一条龙,
> 忽忽悠悠往上行。
> 行到空中停一停,
> 等到东家来披红。
> 披红披到龙的头,
> 祖祖辈辈出王侯。
> 披红披到龙的腰,
> 子子孙孙出英豪。
> 披红披到龙的尾,
> 明如镜来清如水。

（四）婚姻。20世纪80年代，受汉族婚庆习俗的影响，锡伯族婚庆需求的"四大件"婚礼自行车、手表、缝纫机、收音机逐渐改变为彩电、冰箱、洗衣机、电风扇。20世纪90年代，婚礼用品超出"四大件"的范畴，因个人喜好不同，要求各异，随心所欲购置，但住房、家电、首饰、服装等必不能少。接亲改为汽车迎送后，车辆渐多，追求开路车、录像车、花车、送亲系列车队的豪华婚庆规模。婚庆仪式要有司仪、乐队、歌手，婚宴多选在大饭店、大酒店举行，参加婚庆的亲朋好友的贺礼也渐渐由纪念品、生活用品转为现金，并以礼金数目的多少来衡量彼此关系程度的远近亲疏。

锡伯屯锡伯族人与外民族人通婚的数量发生了变化。1986至1994年，锡伯族人与蒙古族人通婚较多，与汉族人通婚较少。1995年起，出现了锡伯族人与汉族人通婚较多，与蒙古族人通婚较少的现象。据调查，1995至2000年，锡伯屯锡伯族男与汉族女通婚的有6对，锡伯族男与蒙古族女通婚的只有1对。另一个锡伯族村西达户的锡伯族人通婚情况也与锡伯屯的通婚情况大体一致。1995至2000年，西达户村锡伯族男与蒙古族女通婚2对；锡伯族男与汉族女通婚的6对；锡伯族男与满族女通婚2对。此外，还有一些锡伯族同胞旅居海外，仅长春市就有39名锡伯族学子留学旅居在美国、加拿大、俄罗斯、澳大利亚等13个国家，并在澳大利亚的墨尔本、加拿大的蒙特利尔形成了以锡伯族人为主聚居的地点，出现了锡伯族的涉外婚姻。

（五）寿诞。锡伯族人祝寿，一般分为二种，一是年年生日祝寿；二是整辰之年祝寿。整辰如50岁、60岁、70岁、80岁等。

1986～2000年，随着人民生活水准的提高，锡伯人的祝寿活动也发生了变化。家庭成员祝寿一般都以生日蛋糕代替传统的寿桃寿面，有的要在蛋糕上插数目不等寿烛，寿者吹灭寿烛时，众祝寿者要齐声拍手唱生日快乐歌，增添祝寿气氛。分食蛋糕，以沾寿星之福气。祝寿活动中，不再行叩首礼，而以依序向寿星敬酒祝福为乐。多数家庭为长辈祝寿由家中摆宴改在饭店、酒店举行，且不止是一桌二桌。祝寿排场也越来越讲究，请司仪，聘歌手，放喜乐，依序助兴。参加寿礼的亲朋好友要随寿礼，多为现金，以添祝寿者的体面。

（六）殡葬。1986～2000年，由于移风易俗，精神文明观念的深入人心，吉林省锡伯族人的殡葬习俗也不断发生着变化，除保留一部分传统的丧仪内容外，随社会风气的流行，开始注入一些新的形式和习俗。党和政府倡行火葬，在市、县各地修建了殡仪馆。锡伯族人离世后，辞灵仪式改在告别厅，告别厅内摆放着花圈、挽联、挽幛和鲜花，家亲近邻、生前好友，胸前佩扎素花或手持束花，绕遗体瞻仰遗容、行礼、告别。在哀乐声中向死者表示悼念之情，死者遗体火化后，骨灰装匣，多存放于殡仪馆。

二、喜庆

吉林省锡伯族人喜庆活动主要有生育、祝寿、婚庆、升职、晋功、建宅等。20世纪80年代，限于经济能力，各种喜庆活动，一般只在家庭、挚友中举行，规模不大。

如生育喜庆,锡伯族幼儿满月之前,亲人须携礼物"下奶",礼物主要是鸡蛋、小米、鱼肉、红糖等。婴孩百日称为"过百岁",一般要宴请亲朋挚友,被请者送贺礼,礼物通常多为玩具、衣物、婴儿食品、糖果等。特别是20世纪90年代,随着社会经济的快速发展,人民生活日益富裕,锡伯族喜庆活动的范畴不断得以拓延,如建房上梁、入居乔迁、参军、升学、开业、结婚周年、银婚纪念日、金婚纪念日等,均有喜庆活动,各种各类的喜庆宴会,规模越来越大,参加喜庆活动者随祝贺礼物也渐被一定数额的礼金所取代,而礼金数额也呈渐升之势。

随着物质供应的丰富,人民生活水准的提高,吉林省锡伯族的节日理念也发生了较大变化。锡伯族人对本民族节日"四一八"西迁节十分重视,举办单位往往提前精心筹备。与会者多相携举家,外地选派代表讷会则示此为荣。而对其他传统性大众的节日表现淡然,常借节日之机行消遣娱乐之便。中青年人对洋节如圣诞节、情人节等节庆关注有加。

三、伦理

锡伯族人在同相邻兄弟民族的交往与相处过程中,吸收和存留了很多兄弟民族伦理道德文化精粹,并与本民族的伦理道德文化熔为一炉,从而形成了锡伯族敬重长辈,尊老爱幼为核心的伦理道德。锡伯族在社会上和家庭中,严格保持着敬重长辈的习惯,世代相沿。凡有重大事情,要邀请老人出面,听取他们的意见,再做出决断。在生产中,遇有难解的技术问题,人们总是虚心请教长辈人,给予指点,在家庭中,长辈人更是受到很多优待。锡伯族住房多要给长辈人安排在窗口明亮的南炕头坐卧睡眠,起床后,晚辈要给长辈端水洗嗽,吃饭要给长辈人先盛。和老年人说话,青年人要离开座位,站在老人前面敬听,非自己回话之时,不能随便插话。青年人不能直呼长辈姓名。没有成婚的青年人不能和父母长辈共坐饮酒。对长者不敬和对父母不孝,要受到公众的批评。客人站在主人的门槛上是对该家长者的极不尊重。吃饭时,用小刀切肉,递给对方时,要把刀尖朝向自己,刀把向对方。每上一道菜,长者不伸筷,他人不能先吃,儿子、媳妇要侍立饭桌之前,照顾老年人用餐。吃完饭时,必须等长者放下筷子离桌,其他人才能散去。

20世纪90年代,在社会新风尚的引领下,锡伯族的伦理观念也在发生着变化。吃饭时不分辈分可以同桌,老年人仍然坐正位。在一些家庭中,年轻人的社会地位呈增强趋势,长辈人的主导权威性处于弱化。

四、禁 忌

锡伯族人在日常生活中有很多的忌讳之事,有的是出于礼节,有的是出于生活习惯,渐而成为规则。如晚间睡觉时,不能将脱下的衣裤、鞋袜放于高处,不能在炕上横卧;吃饭时,不能用筷子敲打餐桌餐具;翁媳不同桌用餐;父子不同席饮酒;子女在偶数岁令时禁婚等。改革开放后,各种新思想、新观念逐渐渗透到社会生产生活的层层面面,锡伯族部分传统的禁忌也逐渐失去了束缚力和影响度。

第七节　宗教信仰

一、原始宗教形态

锡伯族萨满教是以"万物有灵",多神崇拜为其观念基础的原始宗教。萨满教是锡伯族人信仰最久的宗教,根深蒂固地植根于人们的原始宗教形态之中。1950年,吉林省锡伯族最后一位萨满——前郭县锡伯屯的关萨满辞世。萨满教在吉林省锡伯族中逐渐消失。

锡伯族的多神崇拜主要有自然崇拜、灵魂崇拜、图腾崇拜等。改革开放后,吉林省锡伯族人挖掘锡伯族历史遗产,将图腾崇拜旧事重提,古为今用。锡伯族的图腾崇拜,是一种亦兽亦神的"飞犀"变形物,称"鲜卑神兽"或"瑞兽"。鲜卑瑞兽曾作为锡伯族祖先崇拜的图腾铸造于带钩和胸饰上面,佩戴在身上,既是辟邪保护的吉祥物,又是氏族部落的标记,在历史上曾有过广泛突出的民族性,是民族共同心理感情的表现,起着维护巩固其成为一个稳固的人们共同体的作用。

1989年,在筹备成立长春市锡伯族联谊会(以下简称锡联会)时,长春市锡联会筹备组组织设计会员证的封面图案和会徽,并赶制本民族服装供成立大会和民族节庆活动时穿戴,为选取具有锡伯民族传统特点的图案,经查阅锡伯民族史料和有关资料,发现锡伯族史料中记载:其先民崇拜"鲜卑瑞兽"。吉林省近几年来考古发掘工作提供了这一实物和佐证。在走访吉林省文物考古研究所所长王侠等参加榆树县老河深遗址发掘工作的人员后,查看了流光溢彩的"鲜卑瑞兽"革带钩、胸佩饰。长春市锡联会筹备组决定将"鲜卑瑞兽"作为服饰、会员证和会徽的图案。

20世纪90年代,每逢春节一些锡伯族人家在自家房门正中挂上瑞兽图案,春联贴在门楣两侧,有的上联写"瑞兽腾飞振民族精神",下联为"正气气永驻兴锡伯人家"。并将"鲜卑神兽"改称"锡伯瑞兽",认为它能够充分表现出锡伯人那种勇于进取、顽强拼搏的民族精神,深受人们的喜爱。有的人家把"锡伯瑞兽"作为装饰品镶嵌在组合家具上。"鲜卑瑞兽"作为新时代民族精神的象征,人们对美好生活的憧憬和向往,一种具有民族风格的装饰物被继承下来,并在生产、生活中应用。

二、祖先崇拜

在锡伯人的意识中,祖先的观念至高无尚,每家每户习惯都供奉男祖先神灵海尔堪玛法和女祖先神灵喜利妈妈。祖先崇拜发展到后期,其祖先神灵观念渗透到以家族为单位的社会组织细胞内,一个家族过几代以后,曾祖父或祖父便成为该家族的祖先神,甚至死去的父亲也会成为子女供奉的祖先神。他们的画像悬挂在贵重的供桌前面,每逢佳节或喜庆之日,子孙们便为其烧香磕头、顶礼膜拜,举行祭祀活动,以志怀念。锡伯族人敬重祖先,崇拜祖先的心理观念根深蒂固、历久不衰。在供奉的形式和方法上,往往放到最显著的位置,明显超越对其他神灵与宗教偶像崇拜的程度。锡伯族人以西为大,在住居的西屋,其供奉的女祖先神——喜利妈妈,位于西北角西墙上,明显高于西炕柜桌上供摆的各种宗教神像。在锡伯族人住居的外面墙上,西南角南墙屋檐下供奉的男祖先神灵——海尔堪玛法,其位置远远高于供奉在东南角南墙中上部的天神龛。

20世纪90年代,锡伯族人敬重祖先,崇拜祖先的民族意识依然不减。吉林省锡伯族人有的结众,远到大兴安岭嘎仙洞祖宗之庙进行寻根,也有锡伯族人多次组团到沈阳锡伯家庙太平寺进行祭祖。还有的锡伯族人重新续修家谱,缅怀和纪念祖先。

三、佛教

锡伯族除了信仰萨满教之外,还信仰藏传佛教,又称喇嘛教。喇嘛教是对藏传佛教的俗称,最初在西藏地区开始形成。据锡伯族佟姓家谱资料记载,吉林伯都讷地区锡伯族信仰喇嘛教的时间均比其他各地区锡伯族要早,是个特例。

公元12世纪初叶(宋代),跟随室韦西北部拓跋佟·白大将军后裔从青海返回到吉林扶余伯都讷的有部分吐谷浑部族(今土族)外,还有以吐蕃喇嘛旺增活佛为首的藏传佛教僧侣等,并在扶余伯都讷建造了迄今最早的"锡伯家庙"——弘愿寺,距今有800多年历史,后于明代重建改为"弘远寺"。青海地区是喇嘛教的发祥地与传播地,据松原市前郭尔罗斯蒙古族自治县民族宗教局副局长白音都楞讲述:1998年,有青海的锡伯族来到锡伯屯进行寻根。关于喇嘛庙,经访问松原市宁江区民族宗教局的领导,在伯都讷地方各种寺庙中,只有唯一的一座喇嘛庙坐落于新安村。《松原市宁江区志》记述:"清朝雍正年间,境内喇嘛屯(今伯都乡新安村)建有喇嘛庙,该屯也因此得名。建后一直无住寺僧侣,因而该地基本上无喇嘛教派活动,土地改革时,庙宇被拆毁"。区志记载建庙时间为雍正年间,没有具体到雍正年间的哪一年,何族人建庙,仍然无果。《吉林锡伯族》编写组根据实地调研和综合有关资料认为,坐落于宁江区伯都乡喇嘛屯(今新安村)的喇嘛庙与800多年前锡伯先民修建的弘愿寺,有递连关系,弘愿寺创建后,于明朝重建改名为弘远寺,清雍正年间又在荒废的弘远寺重修喇嘛庙。这座经年历久的喇嘛庙，可以说是伯都讷地方修建最早的一座喇嘛庙。

锡伯族人不但在宋朝修建了伯都讷地区最早的喇嘛庙，还在明末修建了伯都讷地区最早的老爷庙（关帝庙）。1924年，张其军所撰《扶余县志》，老爷庙，在县城南门外，建筑宏丽，幅员广阔，相传于明末清初时，由沙中被风刮出者，初风出时，仅一湫隘卑陋之小庙而已，嗣经后人修筑，始成现在之庙。但其建筑这年月日，多不可考，询之志衲，亦不能道其详。相传为明末时崇祯年间的建筑。《增订吉林地理纪要》卷下扶余写道："明初为三岔河卫，后被蒙古侵入，为锡人（锡伯）、挂勒察两族本部。"这里提的锡伯、挂勒察入居扶余的时间为明万历二十一年（1593），由敬佩关老爷的锡伯人倡导并修建了伯都讷地方的第一座老爷庙，即关帝庙。居住伯都讷地方锡伯人修建喇嘛庙和老爷庙（关帝庙）绝不是孤立的，是有传统承续的。经调查，吉林省松原市锡伯族聚居的村屯，都建过规模不一的喇嘛庙或关帝庙。如扶余县三骏满族蒙古族锡伯族乡西达户村的喇嘛庙为四方形，长宽各约25米左右，有院落，内供有关公等塑像。村中的喇嘛有韩大喇嘛、关喇嘛、白喇嘛、何喇嘛。

新中国成立后，吉林省境内的锡伯族人信奉佛教者渐少。20世纪90年代，党和政府重视民族宗教政策，恢复和重建了一些宗教场所，少数锡伯族人，在不信仰宗教的情况下，于举办庙会活动期间常携亲搭友，借机去庙会参观，并同时选购庙会商贸大集的百货，成为一种新的时尚。

附 录

吉林省少数民族教育条例

（1998年11月28日吉林省第九届人民代表大会常务委员会第六次会议通过，1998年12月2日吉林省第九届人民代表大会常务委员会第12号公告公布施行）

第一条　为发展少数民族教育，依据《中华人民共和国宪法》《中华人民共和国民族区域自治法》《中华人民共和国教育法》和国家有关法律、法规的规定，结合本省实际，制定本条例。

第二条　在本省行政区域内，对少数民族公民进行的各级各类教育，均应当遵守本条例。

第三条　少数民族教育是国家教育事业和民族团结进步事业的组成部分。各级人民政府要重视少数民族教育，推进少数民族教育的改革与发展。

第四条　少数民族教育必须执行国家有关教育和少数民族的法律、法规，贯彻国家的教育方针。

第五条　县级以上人民政府教育行政部门是其区域内少数民族教育的主管部门，同级民族工作部门协助教育行政部门做好少数民族教育工作。教育行政部门和民族工作部门，对贯彻执行本条例负有检查、指导、协调和督促的职责。各级教育行政部门应当有少数民族教育工作机构或者安排专（兼）职人员，具体负责少数民族教育工作。

第六条　设立、合并或者撤销少数民族学校（班），必须经县级以上人民政府批准。各市（州）、县（市、区）可以根据学生（幼儿）中少数民族学生（幼儿）所占的比例，设置少数民族中学、少数民族小学和少数民族幼儿园或者民族联合中学、民族联合小学和民族联合幼儿园，也可以在中学、小学和幼儿园中附设少数民族班。具体比例由教育行政部门和民族工作部门研究确定。

第七条　少数民族学校的行政领导要尽量配备少数民族人员。其中，用少数民族语言文字授课的学校,主要行政领导由少数民族人员担任。

第八条　各级教育行政部门应当对少数民族学校统筹规划、合理布局。单独设立的少数民族完全中学、少数民族高中和县(市、区)仅有一所的少数民族初中,由县(市、区)管理;其他的少数民族初中,以县(市、区)为主,由县(市、区)和所在乡(镇)共同管理。少数民族小学可以跨村联办,由所在乡(镇)管理;跨乡(镇)设立的少数民族中心小学,由县(市、区)管理,负责对所辖少数民族小学的业务指导等工作。在回族聚居区,应当设立回族幼儿园。少数民族居住分散、生源不足的,可以集中办学,设立以寄宿为主并实行助学金制度的少数民族中学、少数民族小学,跨行政区域招收少数民族学生。

第九条　对随父母或者其他监护人离开户籍所在地并在流入地居住的少数民族少年儿童,父母或者其他监护人必须保证其在流入地接受并完成规定年限的义务教育。流入地教育行政部门和少数民族学校,要按照国家和省有关规定安排和接收其入学。

第十条　实行本民族语言文字授课加授汉语言文字或者汉语言文字授课加授本民族语言文字(以下简称"双语教学")的少数民族学校,可以适当延长学制。

第十一条　少数民族学校应当推广使用普通话和规范汉字。

第十二条　少数民族学校应当重视少数民族的优秀文化传统教育,提倡开设具有少数民族特色的课程,开展具有少数民族特色的各种活动,增进学生对本民族的认识与了解,促进少数民族文化艺术和传统体育等事业的发展。

第十三条　少数民族学校的少数民族毕业生,报考上一级学校,可以用本民族语言文字答卷,也可以用汉语言文字答卷。报考用汉语授课的上一级学校,应当加试汉语言,汉语言成绩必须达到及格水平。

第十四条　义务教育后阶段的各级各类学校招收新生时,在同等条件下,应当优先录取少数民族考生。高中(不含少数民族完全中学、少数民族高中)录取新生,对少数民族考生应当降分录取。大中专院校录取新生,对用少数民族语言文字答卷(包括加试少数民族语言文字)的少数民族考生和不用少数民族语言文字答卷的少数民族考生,应当分别降分录取;对民族自治地方和民族乡(镇)的少数民族考生,还可以根据当地的需要,实行定向降分录取;各级各类成人学校和职业学校录取新生,对少数民族考生也应当降分录取。具体降分办法由省人民政府另行规定。

第十五条　省、市(州)教育学院以及实行"双语教学"的少数民族学校所在的县(市、区)教师进修学校,应当有少数民族教研机构,加强少数民族教研工作。

第十六条　省属师范院校定向招收的少数民族学生,必须实行定向分配,充实当地少数民族学校的师资队伍。市(州)所属少数民族师范学校面向全省招生,为全省少数民族小学培养师资。还可以采用与外省、区对等交换招生的办法,为实行"双语教学"的少数民族学校培养师资。各级教育行政部门每年要有计划地组织少数民族学校的教师和校长参加培训。

第十七条 少数民族学校的教师配置,应当多于在年级、班数等方面同等规模的其他学校。

第十八条 在边远、贫困地区的少数民族学校任教的汉族教师,任教5年以上(含5年)的,其子女升学时享受少数民族考生待遇。

第十九条 各级人民政府要大力发展少数民族职业教育和成人教育。单独设立少数民族职业学校确有困难的市(州)、县(市、区),要在当地的职业学校设立少数民族班或者定额招收少数民族学生,鼓励少数民族中学附设职业教育班;省属高等职业院校、成人大中专院校,每年要有计划地招收少数民族学生。有语言文字的少数民族,可以用本民族语言文字扫盲,也可以用汉语言文字扫盲。

第二十条 各级人民政府在安排教育经费时,应当充分考虑少数民族教育的特点,给予优先安排和适当照顾。

第二十一条 县级以上人民政府应当每年拨出少数民族教育补助专项资金,并以不低于当地财政收入增长的比例逐年增加。该专项资金不得挤占、挪用或者抵顶正常教育经费,由各级教育行政部门与同级财政部门共同管理,合理使用。

第二十二条 少数民族学校跨行政区域招生的办学经费,由上一级教育行政部门负责协调,从少数民族学生户籍所在地政府有关部门征收的教育费附加中合理划拨。

第二十三条 各级教育行政部门和出版、发行部门要优先保证少数民族语言文字的教学用书,政策性亏损由省财政部门按照应当负担的比例划拨专项经费予以补贴。

第二十四条 各级人民政府应当支持社会各界依照国家有关法律、法规的规定开办多种形式的少数民族学校,鼓励国内外的团体和个人捐资助学。

第二十五条 本条例由省人大常委会负责解释。

第二十六条 本条例自1999年1月1日起施行。

吉林省实施《城市民族工作条例》办法

（吉林省人民政府令第43号,1996年1月19日）

第一条 为了加强城市民族工作,保障城市少数民族的合法权益,增强民族团结,促进城市经济、社会事业的发展,根据《城市民族工作条例》,结合本省实际情况,制定本办法。

第二条 本办法适用于本省行政区域内的城市。

第三条 城市民族工作坚持民族平等、团结、互助和各民族共同繁荣的原则,促进各民族的共同进步。

第四条　城市人民政府应当把城市民族工作作为一项重要职责,加强领导,统筹安排。

第五条　任何组织和个人均应当尊重少数民族的风俗习惯,不得侵犯少数民族的合法权益。

第六条　城市人民政府在制定国民经济和社会发展计划时,应当充分考虑民族地区的实际需要。

第七条　城市人民政府及其有关部门应当经常对各民族公民进行民族政策和民族团结教育。

第八条　城市人民政府民族事务工作部门是本行政区域内民族事务行政主管部门,负责本行政区域内的民族事务工作。

第九条　城市人民政府应当重视少数民族干部的培养和选拔工作。城市人民政府民族事务工作部门中应当配备适当数量的少数民族干部。人事、民族事务工作等部门应当制定规划,并落实具体措施,培养和选拔德才兼备的少数民族干部。

城市人民政府及其有关部门应当重视少数民族专业技术人员和经济管理人员的培养和使用工作。

城市人民政府应当鼓励企、事业单位招收少数民族职工。

第十条　少数民族人口较多的城市的人民政府、少数民族人口聚居的街道办事处以及直接为少数民族生产、生活服务的部门或者单位,应当配备适当数量的少数民族干部。

第十一条　城市人民政府应当对少数民族教育事业加强领导,给予支持。在安排教育经费时,应当给予民族学校适当照顾。城市人民政府应当设立民族教育专项补助费,用于帮助民族学校改善办学条件,提高教学质量。

第十二条　民族学校的主要领导成员,应当由少数民族公民担任。

第十三条　城市人民政府应当帮助民族学校有计划地培养教师,提高少数民族教师队伍的素质。对符合转正条件的少数民族民办教师和在民族学校工作的汉族民办教师,优先选招为公办教师。

第十四条　城市人民政府有关部门应当组织办好各级各类民族学校(班),并根据当地少数民族的特点发展职业技术教育、成人教育和幼儿教育。

对义务教育后阶段使用民族语言文字参加考试的少数民族考生,招生时可以降低10分录取;未使用民族语言文字参加考试的少数民族考生可以降低5分录取。

第十五条　城市人民政府在安排贷款贴息时,对以少数民族为主要服务对象的第三产业项目,优先予以安排。

第十六条　城市人民政府有关部门对进入城市兴办企业和从事其他合法经营活动的外地少数民族人员,应当加强管理,提供方便,维护其合法权益。

进入城市的少数民族流动人员应当遵守法律、法规,服从当地人民政府有关部门的管理。

第十七条　新闻出版、广播电视等部门应当做好民族政策、法律、法规的宣传工作。严禁在各类出版物、广播、电影、电视、戏曲、广告和其他活动中出现歧视、侮辱少数民族和违反民族政策、伤害民族感情的语言、文字和图像。

第十八条　城市人民政府应当根据实际需要,合理规划清真饮食生产、经营网点,并在投资、贷款、税收等方面给予扶持。清真食品的生产经营,必须符合《吉林省清真食品生产经营管理若干规定》的要求。

第十九条　国有、集体清真饮食服务企业和食品生产、加工企业兼并时,未经当地民族事务工作部门同意,不得改变服务方向。

第二十条　少数民族人口比较集中的城市的人民政府,应积极组织开展少数民族群众文化体育活动。

第二十一条　城市人民政府应当保障对使用少数民族语言文字的民族使用其本民族语言文字的权利,并按照少数民族语言文字工作的政策、法规的规定,加强少数民族语言文字翻译、出版工作。

第二十二条　少数民族人口较多的城市的人民政府,应当根据实际需要,建立民族医院、民族医药学研究机构,发展少数民族的传统医药科学。

第二十三条　城市人民政府应当认真贯彻执行少数民族计划生育政策,加强计划生育的宣传、教育和指导工作,鼓励城市少数民族优生、优育,提倡一对夫妻只生一个孩子。

第二十四条　城市人民政府在少数民族聚居的街道,应当按照城市统一规划,建立服务设施和少数民族住宅小区,保护具有民族风格的建筑物。

第二十五条　城市人民政府应当按照国家有关规定,对具有特殊丧葬习俗的少数民族妥善安排墓地,并做好殡葬服务和管理工作。城市人民政府对少数民族公民自愿实行丧葬改革的,应当给予支持和鼓励。

第二十六条　少数民族职工参加本民族重大传统节日活动的,由其所在单位按照国家有关规定放假,并照发工资。

第二十七条　单位中有具有清真饮食习惯的少数民族职工的,应当设立清真灶;没有设立清真灶的,应当按照国家有关规定,对有清真饮食习惯的少数民族职工发放清真饮食补助费。

第二十八条　城市人民政府及其民族事务工作部门对在城市民族工作中做出显著成绩的单位或个人,给予表彰或奖励。

第二十九条　对于违反本办法有关规定,侵犯少数民族公民合法权益的,有关部门应当立即制止,并由其上级主管部门或本单位给予批评教育或者行政处分;给少数民族公民造成损失的,负有赔偿责任;违反《中华人民共和国治安管理处罚条例》的,由公安机关依法处罚;构成犯罪的,由司法机关依法追究刑事责任。

第三十条　本办法自发布之日起施行。

吉林省人民政府关于促进少数民族和民族地区经济发展的决定

（1995年9月14日）

各市、州、县人民政府,省人民政府各委办厅局、各直属机构:

为贯彻落实国务院第二次全国民族团结进步表彰大会精神,推进吉林省民族团结进步事业健康发展,现就进一步促进全省少数民族和民族地区经济发展的若干问题,做如下决定:

一、进一步提高对促进少数民族和民族地区经济发展重要性的认识

经济建设是全党的中心工作,也是民族工作的中心任务。在新的历史时期,民族团结进步事业的核心就是发展少数民族和民族地区的生产力,提高各族人民的生活水平。吉林省是多民族的边疆省份,少数民族和民族地区经济是全省国民经济的重要组成部分。进一步促进少数民族和民族地区经济发展,对于建设发达的边疆近海省具有重要意义。各级政府和有关部门要按照《民族区域自治法》《城市民族工作条例》《民族乡行政工作条例》和党的民族政策,结合当地实际,采取得力措施,促进少数民族和民族地区经济的发展。少数民族和民族地区要在国家扶持下,自力更生,艰苦奋斗,通过深化改革和扩大开放,充分发挥自身优势,千方百计加快经济发展。

二、加大民族地区的改革力度,加快民族地区的开放步伐

要抓好民族地区城乡综合配套改革试点工作,具备条件的争取成为国家或省级的试点单位。民族地区的国有企业改革要以建立现代企业制度为目标,从产权制度改革入手,本着"抓住大中型,放开小型"的原则,统筹规划,分类指导,着力进行制度创新。培育、发展和完善民族地区的生产资料、金融、劳动力、信息以及其他各种产权交易等要素市场,积极推进社会养老、失业、医疗、工伤、住房等保障制度改革,按照政企分开的原则转变政府管理经济的职能,建立结构合理、职责明确的运转高效的调控体系,同时加快民族地区的经济立法,为改革开放提供法律保证。要充分利用民族地区边境线长,口岸多的有利条件,用好各项优惠政策,积极开展与周边国家的经济贸易往来。要充分考虑民族地区的特殊情况,在对外开放、引进外资、发展外向型经济方面实行一些特殊政策和措施,不断增强民族地区外向型经济发展的功能和活力。省直有关部门要积极支持延边朝鲜族自治州实施改革开放试验区工作。

三、加强对民族地区经济发展的宏观指导

研究制定符合当地实际的中长期规划,对促进民族地区经济持续、快速、健康发展至关重要。省计委要组织力量,对民族地区的"九五"计划进行综合平衡、认真规划和论证,省民委要积极参与民族地区"九五"计划的研究和制定工作。各级政府以及省直有关部门要根据建立社会主义市场经济新体制过程中民族地区出现的新情况、新问题,进行调查研究,及时调整和完善有关政策。

四、进一步加强民族地区的基础设施建设

基础设施落后,是制约少数民族和民族地区经济发展的重要因素之一。因此,各级政府和省直有关部门对民族地区和民族乡(镇)的基础设施建设要给予高度重视,在原来扶持的基础上,增加对民族地区交通、通信、能源、水利、电力的投入,加快解决民族地区和民族乡(镇)人畜饮水、防病改水、乡(镇)供水问题,每年有计划地集中一些财力、物力解决一些重点问题。对偏僻、落后的民族乡,要给予特殊照顾。从1995年开始,修建长春至营城一级公路和长春至珲春高等级公路。

五、开发资源,努力使民族地区的资源优势转化为经济优势

资源丰富,是吉林省民族地区的一大优势。省直有关部门和当地政府对民族地区的支持和帮助,要朝资源开发的方向努力。一些重点开发项目,在同等条件下应优先在民族地区安排,并在资金上给予倾斜。民族地区的资源开发,要与当地经济发展相适应,并尽可能多地使用当地劳动力,特别是招收一些当地少数民族人员,尽快使民族地区资源优势转化为现实的经济优势,带动民族地区的经济发展。

六、采取优惠政策和特殊措施,加快民族地区乡(镇)企业、城镇集体工业企业和个体、私营经济的发展在全省乡(镇)企业发展规划中,要把民族地区乡(镇)企业的发展单列规划。

要选择一些民族乡(镇)作为省级乡(镇)企业小区和经济强镇给予重点扶持。在国家扶持中西部乡(镇)企业发展贷款、商品粮基地县发展农副产品加工资金以及"星火计划"资金的安排上要对民族地区给予倾斜。对民族地区和民族乡(镇)新办的乡(镇)企业,经主管税务机关批准,自投产经营月份起免征企业所得税3年。对民族地区城镇新办的集体工业企业,经主管税务机关批准,自投产经营月份起免

征企业所得税 2 年。民族地区经县(市)以上民委、税务局确认的民族用品定点生产企业,自投产经营月份起减半征收所得税 3 年,如减税期满后纳税仍有困难的,可报经主管税务机关批准再继续给予定期减税照顾。对国家确定的民族贸易和民族用品定点生产企业的流动资金贷款,要继续按正常优惠贷款利率执行。对国家确定的民族贸易县的商业、供销、医药企业按照有关规定,继续在贷款上给予照顾。各地要积极扶持和大力帮助对少数民族个体私营经济的发展。

七、促进少数民族和民族地区经济发展,必须加大资金的投入

"九五"计划期间民族地区全民所有制单位固定资产投资总额要高于"八五"时期的实际水平。金融部门对民族地区固定资产投资,按照批准的项目计划优先贷放;对符合国家产业政策的流动资金贷款优先安排;分配信贷规模时要对民族地区给予照顾;对民族地区的乡(镇)企业贷款规模给予适当倾斜。民族地区和民族乡(镇)发展乡(镇)企业的贴息贷款,由省民委组织项目,会同省农行共同实施,利息部分由省财政、地方财政和企业三家共同负担,具体负担比例为省财政 30%、地方财政 30%、企业 40%。省财政每年适当增加民族地区补助费和民族乡(镇)生产补助费。各市、州和各县(市)财政,要从当地实际出发,从本级财政预算中安排一定数量经费,用于扶持民族地区发展民族经济;要给民族乡(镇)安排一定的机动财力,乡财政固定收入的超收部分和财政支出的节余部分,应当全部留给民族乡(镇)周转使用。

八、继续做好扶贫工作

少数民族和民族地区的扶贫工作,是全省扶贫工作的重点。在全省 10 个贫困县中,民族地区就有 3 个,在全省 114 个贫困乡中,民族地区中的乡和民族乡就有 40 个。因此,做好少数民族和民族地区的扶贫工作,对民族团结、社会稳定、经济发展有着重大意义。省直有关部门和当地政府,要认真落实省人民政府制定的"511"扶贫攻坚计划,在扶贫资金、物资和项目的安排上,优先考虑民族地区和民族乡(镇),保证按期脱贫。从 1995 年起,由省民委协调有关部门,在民族地区和民族乡(镇)开展"脱贫致富奔小康竞赛活动"。

九、组织经济强县对口支援民族地区

对口支援是历史赋予较发达地区的一种政治责任和义务,是具有中国特色社会主义制度优越性的具体体现,也是实现各民族共同繁荣的重要措施。要组织经

济强县和大中型企业对口支援民族地区和民族乡(镇),通过支援达到双方优势互补、互惠互利、共同发展。对口支援工作由省民委会同有关部门提出实施意见,并积极组织落实。

十、积极发展教育,努力提高少数民族的整体素质

省内各大中专院校要把职业培训作为重点,采取定向招生、定向培训的办法,为民族地区输送各类专业技术人才。各地可从实际出发,制定一些吸引知识分子到民族地区和民族乡(镇)工作的优惠政策。同时,要充分发挥全省科研和技术力量雄厚的优势,组织大专院校、科研单位、社会团体和民主党派、工商联,到民族地区和民族乡(镇)开展咨询服务、智力扶贫、智力支边,充分发挥科学技术是第一生产力的作用。

十一、进一步加强领导,为少数民族多办实事、多办好事

促进少数民族和民族地区经济发展,是政府的重要责任,也是各族人民的共同任务。在建立社会主义市场经济体制过程中,各级政府要切实加强领导,认真调查研究少数民族和民族地区经济工作遇到的新情况、新问题,对已往的优惠政策和措施进行梳理、充实和完善。要充分注意少数民族和民族地区的特殊性,一如既往地采取相应的扶持政策和得力措施。要发挥民委委员和委员部门的作用,定期开会研究一些重大问题,每年为少数民族办几件好事、实事。要动员社会各方面力量,通过多种渠道、多种形式,促进少数民族和民族地区经济的发展。

宗 教 篇

概　述

在吉林省境内依照国家法律法规从事宗教活动的主要有佛教、道教、伊斯兰教、天主教和基督教五大宗教，其他民间信仰则不包括在内。1986～2000年，在中共吉林省委、省政府的领导下，经过各级宗教事务工作部门的努力，在各部门的协助配合下，全省五大宗教的宗教活动正常有序。

据1988年12月统计，吉林省有宗教活动场所427处，宗教职业人员689人，信教群众23万多人。佛教活动场所31处，其中正规寺院14处，念佛点17处，僧尼351人；道教活动场所9处，其中正式宫观1处，念经点8处，乾坤道士16人；伊斯兰教清真寺89处，宗教职业人员151人，其中阿訇72人、刀师傅51人、海里凡28人，穆斯林十万多人；天主教活动场所43处，其中教堂26处、活动点17处，宗教职业人员120人，其中主教1人、神父9人、修女52人、修士8人、神学生50人，教徒五万多人；基督教活动场所255处，其中教堂50处、活动点205处，宗教职业人员51人，其中牧师10人、传教士20人、长老13人、神学生8人，教徒8万多人。

据2000年统计，吉林省共有经政府正式登记的宗教活动场所（含临时登记）1 328处。其中，佛教81处；道教13处；伊斯兰教88处；天主教61处；基督教1 085处。全省有各种宗教教职人员1 382人，其中，佛教僧尼893人；道教乾坤道士71人；伊斯兰教阿訇、海里凡、刀师傅171人；天主教神父47人、修女97人；基督教牧师、长老、传教士103人。经民政部门批准的各级各类宗教团体88个，其中，全省性宗教团体6个，设在市州的宗教团体33个，设在县（市、区）的宗教团体49个。信仰各种宗教的信教群众90余万人。其中，佛教近34万人；道教4 000人；伊斯兰教13万余人；天主教8万余人；基督教35万余人。与1988年相比，无论是场所，还是教职人员以及信教群众均有所增加。

一

佛教 1989~2000年,在吉林省传播的佛教宗派主要有天台宗、禅宗、净土宗、密宗。1989年,吉林省有出家男女二众303人,居家男女二众6 729人。截至2000年底,吉林省佛教寺庙共计81座,主要分布在长春、吉林、四平、辽源、通化、白山、松原、白城、延边地区的32个市县。全省有出家男女二众893人,居家男女二众336 800人。吉林省先后成立了7个各类佛教协会,其中全省性佛教团体一个,即吉林省佛教协会。设立在市、县的佛教团体6个:长春市佛教协会、吉林市佛教协会、四平市佛教协会、白山市佛教协会、梅河口市佛教协会、公主岭市佛教协会。

道教 1986年12月统计,吉林省恢复道教活动的场所7处,道士18名。2000年12月统计,吉林省恢复道教活动场所13处,宗教教职人员(道士)71人。成立地区级道教协会2个。道教信徒没有严格的概念和标志,很难统计出信仰者人数。现根据到宫观皈依认师和经常参加宗教活动的信众进行统计。2000年底,吉林省有道教信徒4 000人。2000年,成立道教协会的地区有通化市道教协会、辽源市道教协会。

伊斯兰教 1989~2000年,吉林省伊斯兰教处于恢复和发展阶段。1989年,全省有清真寺82座,阿訇78人,穆斯林人口12.27万人。2000年,全省88座清真寺,阿訇98人,穆斯林人口12.72万人。到2000年底,吉林省有清真寺88座。其中,长春市22座、吉林市17座、四平市9座、辽源市3座、通化市11座、白山市7座、白城市4座、松原市6座、延边朝鲜族自治州9座。这88座清真寺分布在市区内16座,分布在县(市)政府所在地32座,分布在乡(镇)、村的40座。2000年,全省清真寺有阿訇98名。其中:长春市26名;吉林市20名;四平市9名;辽源市4名;通化市12名;白山市9名;松原市6名;白城市4名;延边朝鲜族自治州8名。

天主教 截至2000年,吉林教区有主教1位,神父45人,其中35人由吉林神学院毕业。神学院有修生22位(吉林教区19位、河北省代培3位),小修院有小修生7位,圣家会修女82位,初学修女1位,望会生5位。吉林教区共有35个堂区(包括总铎区),6个总铎区(长春、吉林、延吉、四平、松原、通化),30个公所。教友约8万人。吉林教区有养老院5所(教区养老院、吉林天慈安老院、小八家伊甸院、龙井堂区养老院、珲春堂区养老院),4所幼儿园(圣家会主办三所:小八家、齐家、贾坨子;苏家堂区开办一所),圣家修女会开办诊所2处(吉林修会、贾坨子堂区)。1989至2000年,先后产生2位主教,李雪松(1989~1994年),张翰民(1997~2000年)。

基督教 2000年,吉林省活动场所1 085处,信徒35万人,当年受洗3万人。有牧师30人,教士46人,长老27人。截至2000年,除了吉林省"两会"外,全省除松原市设立较晚没有成立"两会",其余市(州)都成立了基督教"两会"组织。在规范教会管理,服务社会方面发挥了积极作用。

二

依法加强对宗教工作的管理,保护正常的宗教活动,打击非法,是宗教工作部门的主要职责。为了进一步加强对宗教活动的管理,1988年,吉林省宗教局制定并下发了《关于政府宗教工作部门与宗教团体工作关系的若干规定》《关于宗教界开展国际交往和接受海外捐赠的暂行规定》两个部门规章,还与省天主教爱国会、教务委员会负责人共同研究,制定了天主教《各级爱国组织工作条例(暂行)》《关于堂务管理的暂行规定》和《关于外事接待工作的暂行规定》。

1992年2月25日,根据《吉林省委办公厅、吉林省人民政府办公厅关于转发省政府宗教局〈关于整顿宗教活动秩序的意见〉的通知》精神,在全省范围内开展了对宗教活动秩序的整顿工作。对于符合登记条件的,由政府发给《宗教活动场所登记表》和《宗教活动场所登记证书》,开展正常的宗教活动;对于不符合登记条件的,责令解散。对于要求设立宗教活动场所(包括恢复原有的宗教活动场所)的,必须严格履行申请办理登记手续。同时,全面确认宗教教职人员身份及其履行教务活动范围。对于经过正式确认的佛教僧、尼,道教乾、坤道士,伊斯兰教阿訇、刀师傅、海里凡,天主教主教、神父、修女、修士、男女修生,基督教牧师、长老、传教士、神学生、义工传道员,由政府发给《教职人员登记表》和《教职人员身份证》,正式登记注册备案。对于未予确认身份而从事教务活动的所谓"宗教教职人员",责令停止活动。对于其中有违法犯罪活动、破坏社会正常秩序的,由公安部门按有关规定进行处罚。对各市(地、州)、县(市、区)佛教协会、伊斯兰教协会、天主教爱国会及天主教教务委员会、基督教三自爱国运动委员会及基督教协会,按民政部门群众团体登记条例进行登记认定。对于各地宗教活动场所单独建立的天主教爱国会、基督三自爱国运动委员会及其各种宗教协会组织,规定按宗教场所的民主管理组织对待,并明确职责,开展工作。

1996年,省委、省政府做出了《中共吉林省委、吉林省人民政府关于加强宗教工作的决定》。1998年,《吉林省宗教事务条例》颁布实施。1998年,吉林省遭遇百年不遇的特大洪涝灾害,全省宗教界积极捐款捐物。据不完全统计,全省宗教界向灾区捐款捐物折合人民币500余万元。1999年,吉林省民委、吉林省宗教局联合下发了《关于妥善处理世界满族教育基金会活动的通知》《关于维护社会稳定的通知》《关于积极预防和妥善处理宗教方面群体性上访事件的紧急通知》,及时化解宗教领域存在的不稳定因素。至2000年,省宗教局制定先后下发了《关于宗教行政处罚文书式样的通知》《行政处罚统计制度》《报送行政复议、诉讼、赔偿案件情况制度》《行政处罚违法案件的申诉、举报、受理工作制度》《宗教工作部门行政处罚决定实施办法》和《吉林省宗教工作部门行政处罚监督职责》。会同省财政厅联合下发了《吉林省宗教行政处罚没收财物管理规定》,会同省法制局下发了《关于宗教工作部门行政执法有关问题的通知》。使吉林省宗教行政执法工作制度化、规范化。

三

中共十一届三中全会以后,中共中央拨乱反正,宗教信仰自由政策得到全面恢复。1986年,吉林省恢复了政府宗教事务处,后来又组建了吉林省宗教事务局,各地也相继建立了专门的宗教事务管理部门。政府宗教事务管理部门,认真恢复和落实党和国家的宗教信仰自由政策,依法管理宗教事务,积极引导各宗教与社会主义社会相适应,充分发挥各宗教在当代社会中的积极作用。在省委、省政府的领导下,宗教活动场所重新开放,各级宗教组织相继恢复或重新建立起来,宗教活动场所逐渐恢复,宗教活动日益开展起来,全省宗教活动走上正常轨道。广大信教群众过上了正常的宗教生活。吉林省社会稳定,宗教和谐,宗教教职人员和信教群众心情舒畅,积极投身于祖国的现代化建设。

1989~2000年,吉林省五大宗教和睦共处、友好交往,党和国家奉行宗教信仰自由、平等的政策,成为吉林历史上宗教关系最和谐的时期。吉林省宗教在社会生活中发挥着一定的积极作用。从总体上来看,各宗都能够和主流社会相适应,遵纪守法,热爱祖国,维护统一,倡导善心善行,推广伦理教化,服务社会,为社会发展做出了贡献。特别是宗教界爱国爱教,拥护中国共产党的领导和社会主义制度,积极与社会主义社会相适应,大力开展慈善事业,积极参政议政,广泛进行文化交流,为维护社会稳定、民族团结、国家统一、社会和谐做出了重要贡献,成为建设富强、民主、文明、和谐国家的一股积极力量。

第七章　宗教事务管理

第一节　管理机构

1986年6月24日,吉林省人民政府办公厅下发《关于调整省政府部分机构的通知》,将省宗教事务处易名为吉林省政府宗教事务局(处级建制),归省民族事务委员会领导,李德忠任局长,马复兴任副局长。

1988年8月23日,吉林省政府宗教事务局领导调整,局长郭振兴,副局长马复兴。11月11日,吉林省编制委员会同意吉林省佛教、伊斯兰教、天主教、基督教爱国组织事业编制增加2人,总数6人。宗教事务局实有人员11人。

1994年8月15日,根据吉林省人民政府办公厅《关于印发吉林省民族事务委员会、吉林省人民政府宗教事务局职能配置、内设机构和人员编制方案的通知》精神,省民委、省宗教局正式合并为一个机构,两块牌子:吉林省民族事务委员会、吉林省宗教事务局。

2000年,吉林省民族事务委员会机构改革后,设7个处(室)、机关党委。即:办公室、政策法规处、经济发展处、文教宣传处、宗教一处、宗教二处、人事监察处。机关行政编制37人。机关离退休干部人员行政编制2名;机关工勤事业编制5人。

2000年,吉林省政府宗教事务局工作职责是:(1)维护和保障公民的宗教信仰自由的权利,协调和处理信教群众和不信教群众的关系。(2)依照法律和政策对各种宗教活动场所进行行政管理。(3)合理安排宗教活动场所,并对各种宗教活动场所实行行政领导。(4)调查研究宗教方面的情况和问题,为省人民政府对宗教问题的决策提供可靠的依据。(5)依照法律和政策规定,制定有关宗教事务的管理办法,参与研究和起草关于宗教问题的法规。(6)进行宗教政策的宣传教育工作,检查宗教政策的落实情况。(7)指导宗教团体的工作,支持和帮助宗教团体发挥应有的作用。(8)广泛联系宗教界人士,对他们进行争取、团结和教育工作。(9)帮助宗教团体培养年轻的宗教职业人员,与省级宗教团体共同领导省属宗教院校的工作。(10)推动宗教团体积极开展自养活动,支持和帮助宗教界兴办各种生产、服务和社会公益事业。(11)指导宗教团体和宗教界人士开展国际友好往来,参与管理宗教方面的涉外活动。(12)会同有关部门抵制国外宗教敌对势力的渗透活动,制止和打击披着宗教外衣的反革命分子和刑事犯罪分子。(13)指导各市、地、州宗教事务部门的工作,培训全省宗教事务工作干部。(14)为各部门处理涉外及宗教问题的工作提供咨询意见,参与决策。

1986～2000年吉林省政府宗教工作机构领导人一览表

表134

年度	工作机构及领导人
1986	6月,省政府决定对内称吉林省民族事务委员会宗教事务处,对外称吉林省政府宗教事务局 处　长(局　长)　李德忠 副处长(副局长)　马复兴
1987	吉林省政府宗教事务局(吉林省民族事务委员会宗教事务处) 局　长(处　长)　李德忠 副局长(副处长)　郭振兴　马复兴
1988	吉林省政府宗教事务局(吉林省民族事务委员会宗教事务处) 局　长(处　长)　李德忠(8月免)　郭振兴(8月任) 副局长(副处长)　马复兴
1989	吉林省政府宗教事务局(吉林省民族事务委员会宗教事务处) 局　长(处　长)　郭振兴 副局长(副处长)　洪长友　周　进
1990	吉林省政府宗教事务局(吉林省民族事务委员会宗教事务处) 局　长(处　长)　郭振兴(4月任,省民委副主任兼任局长) 副局长(副处长)　洪长友　周　进
1991	吉林省政府宗教事务局(吉林省民族事务委员会宗教事务处,7月,经省编办批准,省宗教事务局由省民族事务委员会归口管理改为省政府直接领导,比照副厅级机构待遇) 局　长(处　长)　郭振兴(省民委副主任兼任局长) 副局长(副处长)　洪长友　周　进
1992	吉林省政府宗教事务局 局　长　郭振兴(4月任,省委统战部副部长兼任宗教局局长) 副局长　洪长友　周　进

续表

年度		工作机构及领导人
1993		吉林省政府宗教事务局 局　长　郭振兴（省委统战部副部长兼任宗教局局长） 副局长　洪长友　周　进
1994	1~7月	吉林省政府宗教事务局 局　长　郭振兴（省委统战部副部长兼任宗教局局长） 副局长　洪长友　周　进
	8~12月	8月,经省政府批准,省民族事务委员会与省政府宗教事务局一个机构两块牌子。 吉林省民族事务委员会（吉林省宗教事务局） 主　任(局　长)　金　华(女,朝鲜族,6月任) 副主任(副局长)　高玉玺(6月任)　居儒木图(蒙古族,6月任) 　　　　　　　　奎　速(女,满族,6月任)
1995		吉林省民族事务委员会（吉林省宗教事务局） 主　任(局　长)　金　华(女,朝鲜族) 副主任(副局长)　高玉玺　居儒木图(蒙古族)　奎　速(女,满族)
1996		吉林省民族事务委员会（吉林省宗教事务局） 主　任(局　长)　金　华(女,朝鲜族) 副主任(副局长)　高玉玺(9月免)　居儒木图(蒙古族) 　　　　　　　　奎　速(女,满族)　戚发祥(9月任)
1997		吉林省民族事务委员会（吉林省宗教事务局） 主　任(局　长)　金　华(女,朝鲜族) 副主任(副局长)　居儒木图(蒙古族)　奎速(女,满族)　戚发祥
1998		吉林省民族事务委员会（吉林省宗教事务局） 主　任(局　长)　金　华(女,朝鲜族) 副主任(副局长)　巨儒木图(蒙古族,4月免)　奎　速(女,满族)　戚发祥 助理巡视员　包东嘎(蒙古族,3月任)
1999		吉林省民族事务委员会（吉林省宗教事务局） 主　任(局　长)　金　华(女,朝鲜族) 副主任(副局长)　奎　速(女,满族)　戚发祥
2000		吉林省民族事务委员会（吉林省宗教事务管理局） 主　任(局　长)　金　华(女,朝鲜族) 副主任(副局长)　奎　速(女,满族)　戚发祥　肖振阁(5月任) 民委委员　包东嘎(蒙古族,5月任)

第二节　重要决定与会议

　　1990年12月22日,省委常委会召开第21次会议,听取了省宗教局负责同志关于第十次全国宗教工作会议和江泽民、李鹏等同志讲话精神的传达以及贯彻全国宗教工作会议精神的意见的汇报,讨论了省委统战部、省宗教局关于加强宗教方面反渗透工作的意见。会议指出,尊重和保护宗教信仰自由,是党和国家的一贯政策。公民有信仰宗教的自由,也有不信仰宗教的自由。共产党员不得信教,已入教的要劝其退党。国家保护在法律和政策范围内的正常宗教活动,同时制止和打击利用宗教进行违法犯罪活动,取缔地下宗教组织。要提高警惕,坚决抵制境外敌对势力利用宗教进行渗透和颠覆活动。各级党委、政府要认真学习贯彻党的宗教政策,重视宗教工作,加强对宗教事务的管理,加强对信教群众进行爱国主义和社会主义教育,巩固发展同宗教界的爱国统一战线。关于省宗教建制、各市地州宗教机构设置和人员编制等问题,由省编委研究提出意见,报省委常委审定。

　　1991年2月8日,省委副书记、省长王忠禹和省委常委任俊杰等同志邀请省级爱国宗教团体负责人座谈。提出要按照江泽民总书记同全国宗教团体五位领导人的谈话和全国宗教工作会议精神,在党的领导下,团结广大信教群众,高举爱国主义旗帜,坚定走社会主义道路,为吉林省的政治稳定、社会稳定和经济稳定,为维护民族团结,为实现我国第二步战略目标、振兴中华而努力奋斗。同年9月20日,中共吉林省委举行第16次常委会议,听取省委办公厅、省委统战部、省公安厅、省宗教局联合调查组《关于宗教问题的调查报告》,讨论研究进一步加强宗教工作的意见,并决定以省委名义批转《关于宗教问题的调查报告》。

　　1991年11月25～27日,省政府在长春召开全省宗教工作会议。会议主要任务是学习贯彻《中共中央、国务院关于进一步做好宗教工作若干问题的通知》和江泽民、李鹏同志在全国宗教工作会议期间的重要讲话;省委副书记杜青林、副省长张岳琦和国务院宗教局副局长杨通祥分别在大会上讲话。

　　1993年1月2日,省委统战部、省人民政府宗教事务局召集省级爱国宗教团体负责人座谈会,学习座谈中共中央政治局常委李瑞环同志邀请全国性宗教团体领导人到中南海做客时的谈话。省委统战部副部长、省政府宗教局局长郭振兴主持会议。与会宗教界人士一致表示,一定要在中共十四大精神指引下,团结和带领广大信教群众,高举爱国主义和社会主义的旗帜,坚决走独立自主、自办教会的道路,为祖国的改革开放和经济建设事业建功立业。

　　1996年,召开两次全省宗教局局长会议,总结和部署全省宗教工作任务。到年底基本完成全省宗教活动场所登记工作,合并、解散私设宗教活动点927处;妥善处理解决了基督教非法办学和天主教地下势力活动等突发性事件和热点问题;配合公安部门打击取缔了邪教组织303处;积极开展了宗教领域的对外友好交往,抵制了境外敌对势力的渗透;协助指导宗教界召开了吉林省佛教第三届代表会议和吉林省天主教第五届代表会议,选举产生了省佛教协会、省天主教爱国会和省天主教教务委员会及新的领导班子;推动和帮助宗教团体建立健全各项规章制度,形成有效的自我约束机制;采取各种形式,利用各种媒介对党员干部及广大群众进行马克思主义宗教观和党的宗教政策宣传教育。

1999年1月27~28日,全省民族宗教工作会议在长春召开。参加会议的有各市州政府分管领导和民委主任、宗教局长及省民委委员。副省长全哲洙、省政府副秘书长王富远参加了会议。副省长全哲洙在会上讲话,关于宗教工作与思想解放问题,提出积极引导宗教与社会主义社会相适应,增强法制意识和参政意识,增强道德开放意识。关于维护稳定和思想解放问题,提出维护稳定是民族宗教工作的一项重要任务,不能就稳定抓稳定,要以促进发展为目的,不能以偏概全,要以健全法制为根本,确保民族地区和宗教领域的稳定,为全省改革开放和经济发展创造良好的社会环境。省宗教局局长金华做了题为《解放思想,务求实效,进一步提高民族宗教工作水平》的工作报告,对1998年工作进行了总结,对1999年工作进行了部署。

1999年5月10日,省宗教局暨长春市宗教局举行了省暨长春市宗教人士座谈会,强烈谴责和抗议北约轰炸中国驻南使馆的野蛮暴行。省佛教协会、省伊斯兰教协会、省天主教"两会"、省基督教"两会"负责人参加了座谈会。省宗教局领导到会并讲话。

2000年,吉林省宗教局认真贯彻江泽民总书记关于宗教工作"三句话"精神,全面正确地贯彻执行党的宗教政策,依法加强对宗教事务的管理,积极引导宗教与社会主义社会相适应。在全省范围内开展了治理整顿基督教私设聚会点活动,取得显著效果;在天主教界开展独立自主自办教会方针和爱国主义教育,全省广大天主教信徒群众与全国人民一道,坚决抵制了梵蒂冈"封圣"活动;在全省宗教界开展了争创模范宗教活动场所活动,并进行了表彰;继续开展年检工作,建立全省宗教基本情况档案,实行微机化、规范化管理;加强宗教团体建设,协助省伊斯兰教协会顺利完成换届工作;积极引导宗教与社会主义社会相适应,在佛教、基督教界开展扶贫助学活动;认真贯彻执行《吉林省宗教事务条例》,依法打击非法宗教活动,切实维护宗教领域的稳定。

2000年,为了检查《吉林省宗教事务条例》颁布实施两年来各地宗教行政和执法情况,省宗教局于5月分4组到7个地区进行调研,并写出《吉林省宗教执法情况报告》上报国家宗教事务局。为了解决调查中反映出的问题,又于7月12日召开了部分地区《条例》实施细则座谈会,会议针对基层宗教行政执法有关问题进行了认真研究,指导各地进一步做好执法工作。

第三节　宗教场所管理

　　吉林省是多宗教的省份,主要有佛教、道教、伊斯兰教、天主教和基督教5种。这些宗教,在吉林省传播历史悠久,分布广泛,为相当多的各族群众所信仰。

　　1985年,全省有寺院(包括简易念佛堂)29座,僧尼278人,信教群众2.6万人。道教简易活动场所4处。天主教堂(包括简易堂口)22座,神职人员69人,信教群众接近6万人,基督教堂24座,活动点76处,教牧人员30人,信教群众近5万人。1986年,全省有清真寺77座,阿訇94人,穆斯林11万多人。

　　1987年,省政府宗教事务局深入公主岭市、磐石县等地调查研究,针对宗教活动中存在的问题,向省委、省政府写了《关于对基督教活动加强管理的意见》《关于当前天主教工作的意见》,省委、省政府批准并下发了这两个《意见》。宗教事务局协助省级各教爱国组织制定了寺观教堂管理办法和有关教务工作、接待国外宗教界人士的暂行规定,从而加强了对宗教活动的行政领导,促进了宗教活动的进一步正常化。据1987年年底统计,全省有寺院、宫观、教堂(包括简易活动场所)358处(含活动点139处),宗教职业人员592人,信教群众20余万人。佛教寺院27处(含简易念佛堂18处),僧尼295人(比丘41人、比丘尼254人);道教活动点4处,道士8人(乾道1人,坤道7人);伊斯兰教清真寺87处,阿訇96人,海里凡49人,穆斯林10万多人;天主教堂26处、活动点16处,神职人员58人(主教1人、神父9人,修女48人),信教群众5万多人;基督教堂50处、活动点105处,教牧人员43人,信教群众近5万人。

　　1989年,全省宗教活动场所427处,宗教职业人员689人,信教群众23万多人(不包括佛教和道教的人数)。佛教活动场所31处,其中正规寺院14处、念佛点17处,僧尼351人;道教活动场所9处,其中正式宫观1处、念经点8处,乾坤道士16人;伊斯兰教清真寺89处,宗教职业人员151人,其中阿訇72人、刀师傅51人、海里凡28人,穆斯林10万多人;天主教活动场所43处,其中教堂26处、活动点17处,宗教职业人员120人,其中主教1人、神父14人、修女52人、修士3人、神学生50人,教徒5万多人;基督教活动场所255处,其中教堂50处、活动点205处,宗教职业人员51人,其中牧师10人、传教士20人、长老13人、神学生8人,教徒8万多人。

　　1990年,在全省各级党委、政府和爱国宗教团体的共同努力下,进一步贯彻落实了党的宗教政策,强化了对宗教活动的管理措施,依法处理了利用宗教进行的违法犯罪活动,使宗教活动进一步走上了正常轨道。据不完全统计,全省约有信教群众49万余人。其中,佛教经常参加活动的有20万人、道教2万人、伊斯兰教12万人、天主教5万人、基督教10万人。全省有各种宗教教职人员967人。其中佛教370人,道教14人,伊斯兰教156人,天主教138人,基督教289人。全省有各种宗教活动场所968处。其中,佛教31处,道教7处,伊斯兰教90处,天主教45处,基督教795处。全省有爱国宗教组织30个。其中,省级6个,市(地)、州级24个。

1991年,吉林省有佛教活动场所34个(庙宇18座、念佛堂16处),僧尼476人(比丘61人、比丘尼415人),参加佛事活动的群众有20多万人;道教活动场所6个(宫观1座、活动点5处),道士14人(乾道4人、坤道10人),参加宗教活动的群众有2万多人;伊斯兰教清真寺91座,教职人员174人(阿訇70人、刀师傅62人、海里凡42人),信教群众10万多人;天主教活动场所51个(正式教堂20座、简易教堂36处),教职人员138人(主教1人、神父19人、修士72人、神生35人、望修女21人),信教群众56 000多人;基督教活动场所941个(教堂87座、活动点854处,含未经政府批准私自设立的547处),教职人员391人(牧师13人、长老11人、传教士24人、义工传道员343人),信教群众100 700多人。

1992年2月25日,根据《吉林省委办公厅、吉林省人民政府办公厅关于转发省政府宗教局〈关于整顿宗教活动秩序的意见〉的通知》精神,在全省范围内开展了对宗教活动秩序的整顿工作:全面清理了宗教活动场所;全面确认了宗教教职人员身份及其履行教务活动范围;核定了宗教团体;制止了不正常的宗教活动,打击了宗教掩盖下的违法犯罪活动。到1993年5月,吉林省整顿宗教活动秩序的工作基本结束,全省经过登记批准的各类宗教活动场所有604个。其中,佛教33个,道教4个,伊斯兰教77个,天主教38个,基督教452个。经过登记确认的各类宗教职业人员有996人。其中,佛教314人,道教11人,伊斯兰教135人,天主教139人,基督教397人;经过民政部门社会团体登记批准的各级各类宗教团体75个。

1995年,全省有各种宗教信教群众725 397人。其中,佛教262 098人,道教6 550人,伊斯兰教120 000人,天主教79 879人,基督教256 870人。经过登记批准的各类宗教活动场所937处。其中,佛教寺庙71处,道教宫观5处,伊斯兰教清真寺103处,天主教堂(包括"公所"58处),基督教堂(包括活动点)700处。经过登记确认的各类宗教教职人员866人。其中,佛教僧127人,尼311人;道教乾道38人,坤道10人;伊斯兰教阿訇88人,刀师傅8人,海里凡40人;天主教神父25人,修女73人,修士14人,修生87人;基督教牧师16人,长老21人,教士8人。经过民政部门登记批准的各级各类宗教团体88个。其中,省宗教团体6个,市宗教团体30个,县宗教团体52个。

1996年,全省有信仰各种宗教的群众约85万余人。其中,佛教34万余人,道教0.3万人,伊斯兰教近13万人,天主教8万余人,基督教30万余人。经过登记的各类宗教活动场所1149处,其中佛教寺庙65处,道教宫观13处,伊斯兰教清真寺85处,天主教堂(包括"公所")56处,基督教堂(包括活动点)930处;经过登记确认的各类宗教教职人员2 334人,其中佛教僧158人,尼654人;道教乾道44人,坤道25人;伊斯兰教阿訇102人,海里凡55人;天主教神父39人,修女65人,修士10人,修生105人;基督教牧师17人,长老25人,教士6人,义工传道员1 029人。经过民政部门登记批准的各级各类宗教团体87个,其中省宗教团体6个,市宗教团体32个,县宗教团体49个。

　　1997年全省信仰各种宗教的群众约83.6万余人。其中佛教30余万人,道教0.3万人,伊斯兰教14万人,天主教8万人,基督教31万余人;经过登记的各类宗教活动场所979处,其中佛教寺庙67处,道教宫观12处;伊斯兰教清真寺81处,天主教堂(包括"公所")51处,基督教堂点768处,各种宗教教职人员1 268人,其中佛教僧尼881人;道教乾坤道士59人,伊斯兰教阿訇、刀师傅、海里凡168人,天主教神父、修女、修士97人,基督教牧师、长老、教士63人。经过民政部门登记批准的各级各类宗教团体81个,其中省级团体6个,市级33个、县(市、区)宗教团体42个。

　　1998年,全省信仰各种宗教的群众89.6万人,其中佛教34.3万人,道教0.3万人,伊斯兰教13万人,天主教7.2万人,基督教33.8万人;经过政府宗教事务部门登记的各类宗教活动场所为1 351处,其中佛教81处,道教13处,伊斯兰教84处,天主教63处,基督教1 110处。各种宗教教职人员1 305人,其中佛教僧尼893人,道教乾坤道士71人,伊斯兰教阿訇、海里凡、刀师傅171人,天主教神父、修女、修士95人,基督教牧师、长老、教士75人。经民政部门批准登记的各级各类宗教团体88个,其中省级团体6个、市级33个、县(市、区)级宗教团体49个。

　　1999年,全省有信仰各种宗教的群众近90余万人。其中,佛教34万余人,道教0.4万人,伊斯兰教13万余人,天主教8万余人,基督教34万余人。经过政府宗教事务部正式登记的宗教活动场所1 224处,其中,佛教77处,道教13处,伊斯兰教84处,天主教58处,基督教992处。全省有各种宗教教职人员1 359人,其中佛教僧尼893人,道教乾、坤道士71人,伊斯兰教阿訇、海里凡、刀师傅171人,天主教主教、神父、修士、修女121人,基督教牧师、长老、传教士103人。经民政部门批准的各级各类宗教团体88个,其中省级宗教团体6个、市级33个、县(市、区)49个。

　　2000年,全省共有信仰各种宗教的信教群众90余万人,其中,佛教34万余人;道教4 000人;伊斯兰教13万余人;天主教8万余人;基督教33万余人。经政府正式登记的宗教活动场所(含临时登记)1 328处,其中,佛教81处;道教13处;伊斯兰教88处;天主教61处;基督教1 085处。全省有各种宗教教职人员1 382人,其中,佛教僧尼893人;道教乾、坤道士71人;伊斯兰教阿訇、海里凡、刀师傅171人;天主教神父47人、修女97人;基督教牧师、长老、传教士103人。经民政部门批准的各级各类宗教团体88个,其中,省级各宗教团体6个,市级33个,县(市、区)级49个。

第四节　宗教干部培训和教职人员培养

　　1986~2000年,宗教事务管理工作逐渐得到重视,宗教干部教育培训工作纳入日程。

　　从1984年起,省宗教局协助省基督教"三自"爱国运动委员会和省基督教协会举办过六期义工传道员培训班,其中汉族4期、朝鲜族2期,培训了100多名义工传道员,基本上解决了全省基督教传教人员不足的问题。

1987年,省政府宗教局协助省基督教爱国组织向东北基督教神学院选送8名神学生,开办了第四期义工培训班,培训了26名义工传道员,按立了一位牧师和5名长老;协助省天主教爱国组织开办了男修道班和女修院,分别招收了12名男学员和15名女修生。

1990年,省宗教局协助省基督教三自爱国运动委员会、省基督教协会按立高玉雪、曲维鹏、张鹏飞等三位牧师,举办了一期义工班,培养了69名朝鲜族义工传道员;省宗教局下发了《关于省天主教男女修院招生批复》的文件,对天主教神学院招生工作做了具体规定,在确保学员质量的前提下,省天主教神学院招收了13名男修生和12名女修生;协助伊斯兰教为一些德高望重的阿訇选拔了30多名"海里凡"。9月26日,吉林省天主教神学院在吉林市举行首届毕业生典礼。此届毕业生有12人,是新中国成立以来吉林省自己培养的第一批修士,为吉林省天主教独立自主、自办事业增加了新鲜血液。吉林省政府宗教局负责人莅会祝贺,并勉励毕业生走上教职岗位后为吉林省天主教爱国宗教事业、坚持独立自主、自办教会方针做出应有贡献。

1998年3月2日,省宗教局会同省佛协在长春般若寺举办了全省佛协及寺庙负责人学习班。全省各地佛协及63个寺庙的负责人共93人参加了学习。省宗教局局长金华、副局长戚发祥出席开班典礼并讲话。5月28日,省委、省政府在吉林省委党校举办了全省宗教理论政策培训班,全省9个市、州党委或政府主管宗教工作的领导、统战部长、公安局长、宗教局长及部分宗教工作重点县(市、区)主管领导共50余人参加培训。7月27日,省基督教"两会"举办了由全省预封长老共计20余人参加的学习班。参加学习的学员全面系统地学习了党的宗教政策和相关法规,提高了预封长老的政策水平和在政策法规范围内开展正常宗教活动的自觉性。9月1～2日,吉林省基督教两会在长春市举办由全省40余名教士参加的学习班。在学习班上,学员们系统地学习了党的宗教政策和相关法规,为广大教士在政策法规允许的范围内开展正常的宗教活动奠定了基础。11月17日,省宗教局在辽源市福寿宫举办了有15名道教宫观负责人参加的学习班。学习班重点以贯彻中国道协第六届代表会议精神为主题,通过学习使道教界在"与社会主义社会相适应"方面认清形势,明确任务。12月13日,省宗教局在大安市德善佛堂召开了全省佛教寺庙负责人学习班,并对评选出的8个模范寺庙进行了表彰。省宗教局副局长戚发祥到会并讲话。

1999年9月26～28日,省委统战部、省宗教局在吉林省民族干部党校举办了宗教理论政策培训班,全省9个市州统战、宗教、公安部门干部共30余人参加了培训。10月26～28日,省委统战部、省宗教局在吉林省民族干部学校举办了全省天主教神职人员学习班。来自全省各地的40余名神职人参加了培训。全国天主教爱国会副主席涂世华主教应邀来长为学员讲课,省宗教局领导到会并讲话。

2000年3月31日~4月1日,省宗教局协助省佛协在长春般若寺举办了全省佛教寺院负责人学习班,全省70余个寺庙负责人共90多人参加了学习。学习班邀请了省公安厅有关同志,就打击邪教"法轮功"做专题讲座,省宗教局领导讲授了宗教政策及相关法律、法规。7月24~26日,在吉林市举办了天主教年轻神职人员及在校修生培训班,组织他们学习了党的宗教政策及相关法律、法规,回顾了天主教独立自主自办教会的历史,对他们进行了爱国主义教育。9月5日,在省社会主义学院举办了全省天主教爱国团体负责人培训班,全省基层爱国组织负责人共30余人参加了会议。会上,回顾了我国天主教的历史,阐述了中国天主教为什么要走独立自主自办教会道路,肯定了各级爱国组织在爱国爱教中发挥的积极作用,并就如何进一步加强爱国组织建设、充分发挥爱国会的作用、继续坚定不移地走独立自主自办教会道路等方面进行了讨论。

第五节　宗教界团结教育活动

1987年,为加强宗教界人士思想政治工作,吉林省各级爱国宗教组织普遍成立了宗教界人士学习委员会,制定了学习制度,定期学习时事和党的政策,帮助宗教界人士了解国家大事,关心政治形势,参与社会活动。组织省级天主教、基督教爱国宗教组织负责人外出参观学习,进行生动、形象、实际的社会主义和爱国主义教育。围绕党的中心工作、密切配合社会政治活动,召开宗教界上层人士座谈会,畅谈国家政治、经济形势,听取宗教界人士的意见、沟通感情、密切关系、加强联系,增强了宗教工作的灵敏度。中共十三大闭幕后,省政府宗教局会同省委统战部组织省级爱国宗教组织负责人学习中央领导同志的十三大报告和有关文件,畅谈感想,抒发喜悦心情。他们表示坚决拥护党的十三大所通过的各项决议。许多人深有感触地说,宗教界代表列席党的代表大会是史无前例的,充分体现了党对宗教界的无比信任,体现了宗教界享有同全国各族人民一样平等的政治权利。

1993年11月11日,国务院宗教局下发了《关于表彰全国基层宗教工作先进集体和先进个人的决定》。长春市南关区人民政府办公室、龙井市人民政府宗教事务局、磐石县民族事务委员会被授予全国基层宗教工作先进集体称号;浑江市三岔子区人民政府办公室主任刘宝佳、东丰县民族事务委员会主任王龙、洮南市民族事务委员会副主任邰羲、公主岭市民族事务委员会副主任罗明友、辉南县民族事务委员会主任金毅风、松原市扶余区民族事务委员会干部吴国臣分别被授予全国基层宗教工作先进个人称号。

1997年,按照国务院宗教事务局、中国伊协"关于开展模范清真寺评比活动"的通知精神,在全省范围内开展了模范清真寺的评比活动。省伊斯兰教协会于10月28日召开了第三届常委扩大会议,对上报的清真寺进行评审,推荐了辽源市清真寺、长春市二道区清真寺、白山市临江市清真寺参加全国伊协组织的"模范清真寺"评比活动。

1998年7月29日~8月5日,省宗教局会同省佛协在辉南万寿寺举行了《佛教与社会主义社会相适应的思想基础》为主要内容的讲座,全省佛教界代表50多人参加了讲座,中国佛教协会的圆持法师做了专题讲座。8月15日,在大安德善佛堂举办了《二十一世纪佛教的使命》演讲会,省宗教局领导到会并讲话。9月9日,省宗教局在吉林市召开了从国外学习回来的5名神父座谈会,对他们进行爱国主义教育。联系天主教的历史和现实,揭露梵蒂冈利用宗教为政治服务的阴谋,宣传党的宗教政策和独立自主自办教会的原则。10月4日,省宗教局会同省委统战部召开了全省天主教神职人员抗议和声讨梵蒂冈"封圣"活动座谈会,吉林省天主教"两会"负责人和部分神职人员以及省委统战部、省宗教局的领导参加了会议。省天主教"两会"主任、吉林教区主教张翰民等先后发言,强烈谴责梵蒂冈无视中国教会的主权,企图借"封圣"歪曲和篡改历史的丑恶行径。大家纷纷表示:坚持拥护中国外交部及中国天主教一会一团的严正声明,吉林教区不搞与"封圣"有关的活动,认清梵蒂冈利用宗教干涉我国内政,歪曲和篡改历史的政治图谋。省天主教"两会"将继续坚定不移地高举爱国主义旗帜,带领全省广大信教群众,走独立自主自办教会道路,自觉维护国家主权,维护民族尊严,维护中国天主教的主权。

第六节　制止非法活动

1987年前,经过省基督教"三自"爱国运动委员会和省基督教协会培训的义工传道员,多数人能够遵守国家政策法令,坚持独立自主、自办教会原则,进行正常的义工传教活动。但是,也有一些人利用义工传道员的合法身份,置国家政策法令于不顾,进行违法传教活动,给社会治安和生产、工作秩序造成很坏的影响。鉴于上述原因,省基督教"两会"于1987年重点抓了义工传道员队伍的整顿工作,取消了一些从事非法传教义工传道员的资格,收缴了证件,纯洁了义工传道员的队伍,使全省基督教活动进一步正常化。

1992年2月25日,根据《吉林省委办公厅、吉林省人民政府办公厅关于转发省政府宗教局〈关于整顿宗教活动秩序的意见〉的通知》精神,在全省范围内开展了对宗教活动秩序的整顿工作:

全面清理了宗教活动场所。在清理整顿中,对于符合登记条件的,政府已发给了《宗教活动场所登记表》和《宗教活动场所登记证书》,开展正常的宗教活动;对于不符合登记条件的,政府已责令解散;对于此后要求设立的各类宗教活动场所(包括恢复原有的宗教活动场所),必须严格履行申请办理登记手续。

全面确认了宗教教职人员身份及其履行教务活动范围。对于经过正式确认的佛教僧、尼;道教乾、坤道士;伊斯兰教阿訇、刀师傅、海里凡;天主教主教、神父、修女、修士、男女修生;基督教牧师、长老、传教士、神学生、义工传道员,政府发给了《教职人员登记表》和《教职人员身份证》,正式登记注册备案,并明确规定了教务活动范围;对于未予确认身份而从事过教务活动的所谓"宗教教职人员",当地政府已责令停止活动。对于其中有违法犯罪活动、破坏社会正常秩序的,当地公安部门已按有关规定做了处罚。

核定了宗教团体。对各市(地)、州的佛教协会、伊斯兰教协会、天主教爱国会及天主教教务委员会、基督教三自爱国运动委员会及基督教协会和县(市、区)的佛教协会、伊斯兰教协会、天主教爱国会和基督教三自爱国运动委员会,已按民政部门群众团体登记条例做了登记认定;对于各地宗教活动场所单独建立的天主教爱国会、基督三自爱国运动委员会及其各种宗教的协会组织,重新规定按宗教场所的民主管理组织对待,并明确职责,开展工作。对外可以保留原有名称,但不再担负原宗教团体任务。

制止了不正常的宗教活动,打击了宗教掩盖下的违法犯罪活动。对于妨碍社会秩序、生产秩序、国家机关公务活动秩序、科研教学秩序、交通秩序和群众正常生活秩序的活动,均认定为不正常的宗教活动,坚决做了制止,对当事人分别做了教育处理;对于打着宗教旗号从事反对党的领导和社会主义制度、破坏民族团结和祖国统一、反对和破坏中国宗教独立自主、自办教会方针和诈骗财物、奸污妇女、危害人身健康等反革命破坏活动和严重违法犯罪活动,均采取了坚决果断措施。

2000年8月20日,省宗教局在延边召开了全省治理整顿基督教私设聚会点工作总结会议,全省9个市、州及柳河县宗教局负责人参加了会议。会上,各地汇报了工作情况,延边、吉林、柳河介绍了治理整顿基督教私设聚会点工作经验。会议总结了全省一年来治理整顿基督教私设聚会点工作情况,肯定了成绩,查找不足,部署了下步工作。国家宗教局政法司副司长张伟达到会并做了讲话。

第七节　涉外宗教事务

1987年5月11日,应中国伊斯兰教协会邀请,利比亚世界伊斯兰宗教协会诵经师阿布杜·哈米德·巴尔希来长春市进行诵经访问活动。12日中午到长通路清真寺诵经,朗读了《天命斋》,百余名穆斯林参加了听经,反映良好。13日乘机返北京。

1990年，开展了两次对外访问活动。9月16日，应联邦德国天主教本笃会总会会长沃尔夫的邀请，经国务院宗教局同意、省政府批准，以省宗教局局长郭振兴为团长的吉林省宗教考察访问团一行6人，前往联邦德国进行为期3周的宗教考察和访问。在德期间，考察访问团先后访问了巴伐利亚州、科隆、亚琛、波恩等地的一些修道院、女修院和天主教组织及政府有关部门，同吴爱肯枢机主教、联邦德国天主教中央委员会副主席、巴伐利亚州司法部长、联邦德国政府经济合作部官员等进行了会谈，并考察了部分教堂和教会兴办的医院、学校、工厂等设施。通过这次考察和访问，增进了吉林省宗教工作部门、天主教会同联邦德国政府有关部门、天主教会之间的了解，宣传了党的宗教信仰自由政策，增强了两国天主教界友好人士之间的友谊，为今后相互间的友好交往打下了良好的基础。9月18～27日，应朝鲜民主主义人民共和国基督教联盟的邀请，中国基督教三自爱国运动委员会、中国基督教协会组成中国基督教代表团。吉林省延边朝鲜族自治州基督教三自爱国运动委员会委员、基督教协会副会长吉铉斗、朴松鹏长老作为中国基督教代表团成员，前往朝鲜民主主义人民共和国进行友好访问，交流了教务活动方面的经验，增进了解，加强了友谊和联系。

1991年4月18日，省宗教局局长郭振兴会见了美国驻沈阳总领事馆副领事沙罗伦，向客人介绍了我国的宗教政策，并回答了客人提出的问题。4月21～28日，德国天主教本笃会总会会长沃尔夫一行3人来吉林省旅游观光，先后参观了长春、延吉天主教堂。省宗教局局长郭振兴等会见了沃尔夫及其一行。10月10～15日，美籍天主教人士汉德尔·玛利亚、沙博尔·玛利亚，由省宗教局局长郭振兴陪同，就德国天主教本笃会援建吉林省梅河口市医院做了实地考察，并对有关事宜同梅河口市政府、市卫生局、市红十字会、市医院的负责人进行了商谈。考察期间，汉德尔·玛利亚、沙博尔·玛利亚，还先后参观了梅河口市中和乡卫生院、梅河口市第四医院、中医院、长春市儿童医院。

1992年5月23日～6月26日，吉林省伊斯兰教协会副会长、吉林市清真东寺教长哈吉·杨清庭阿訇，随中国伊斯兰教协会朝觐团赴沙特阿拉伯圣地麦加朝觐。6月13～18日，韩国基督教联合会访华团一行18人，应中国基督教"三自"爱国运动委员会和基督教协会的邀请，来吉林省长春、延边等地参观访问。7月18日，应中国基督教三自爱国运动委员会、中国基督教协会的邀请，韩国基督教联合会卫理公会以金宗日为团长的访华团一行15人，来吉林省参观访问。该团在吉林省访问期间，参观游览了长春、延边等地，增进了中韩两国基督教间的相互了解和友好关系。应中国人民争取和平与裁军协会邀请，以日本参议院议员、日本佛教真宗大谷派正光寺主持瓺元正敏为团长的日本和平人士访华团一行，于9月10日抵长春访问。吉林省政府外事办公室和吉林省政府宗教局负责人，在长白山宾馆会见并宴请了客人，双方进行了热情友好的谈话。12月11日，吉林省委统战部副部长、省政府宗教事务局局长郭振兴，会见了韩国文化部宗教事务室行政官员金钟五、柳渭根。会见中,双方就有关问题进行了友好交谈。

1993年2月7日,国际天主教组织圣·奥蒂利恩本笃会修士联合会为援建梅河口市医院,派遣红美芙等6名修女来东北师范大学汉语培训中心学习汉语。3月21～23日,应中国基督教三自爱国运动委员会和中国基督教协会的邀请,韩国基督教协会监理会访华团一行7人,在长春市和延边朝鲜族自治州等地进行了观光访问,增强了中、韩两国基督教界的相互了解,促进了友好交往。5月5日,副省长张岳琦在梅河口市会见了国际天主教组织圣·奥蒂利恩本笃会修士联合会会长沃尔夫(德籍)博士一行。沃尔夫博士是应吉林省人民政府宗教事务局邀请来吉林省考察并无偿援建梅河口市医院项目的。会见中,张岳琦向客人介绍了吉林省省情和有关政策,并对圣·奥蒂利恩本笃修士联合会援建梅河口市医院的意向表示欢迎和赞赏。5月21日～6月10日,应美国韩人基督教会的邀请,以吉林省人民政府宗教事务局副局长洪长有为团长一行7人,前往美国纽约、费城、华盛顿、芝加哥、洛山矶等地的基督教会进行了考察和访问,宣传了中国共产党的宗教信仰自由政策,扩大了中国宗教的对外影响。

1994年3月21日,德国天主教本笃会会长沃尔夫一行2人来吉林省访问。省委统战部副部长郭振兴、省民委副主任高玉玺会见了沃尔夫等人。4月13日,美国基督教美籍韩国长老会代表团一行21人来吉林省访问。省基督教三自爱国运动委员会、省基督教协会接待了美国基督教美籍韩人长老会代表团。21～23日,美国基督教安息日会代表团一行4人来吉林省访问。省基督教三自爱国运动委员会、省基督教协会接待了代表团。代表团参观访问了长春市基督教会和四平地区公主岭市基督教会。7月8～18日,省宗教局组成以周进为团长的吉林省宗教访问团一行6人,应韩国基督教永乐教会的邀请出访韩国。

1995年1月13～21日,以省宗教局副局长高玉玺为团长的吉林省宗教访问团一行5人,应韩国基督教长老会忠岘教会的邀请出访韩国。2月18日和19日,副省长刘淑莹、省政协副主席张铁男在长分别会见了中国天主教爱国会主席、主教团主席、全国政协常委、中国人民争取和平与裁军协会副会长宗怀德主教,并向宗怀德主教介绍了吉林省改革开放和经济建设情况。

1996年1月28日～2月3日,以省宗教局副局长居儒木图为团长的吉林省宗教访问团一行4人,应韩国西江大学校邀请出访韩国。

1997年4月30日,德国天主教圣奥蒂利恩本笃会联合会总会长沃尔夫博士一行13人到吉林省访问,就资助梅河口修建爱民医院事宜进行了考察。8月15～18日,应国务院宗教事务局的邀请,以韩国天主教枢机主教金寿焕为团长的韩国天主教访华团一行6人,在国务院宗教事务局副局长刘书祥的陪同下,来吉林省进行了友好访问。全哲洙副省长会见并宴请了金寿焕枢机主教一行。访华团在吉林省期间,参观了长春市天主教堂、第一汽车厂,并到延边参观了延吉市天主教堂和长白山天池。10日2～6日,美籍华人国际学园传道会、国际华人布道团主席、美国华人事工会长郑国治牧师一行8人,应全国基督教"两会"邀请到吉林省访问。访问期间,参观了长春市基督教堂、经济技术开发区、伪皇宫和吉林市基督教堂。

1998年6月4日,德国天主教本笃会会长沃尔夫一行3人到长春拜会省宗教局负责人。省宗教局局长金华、副局长戚发祥在乐府宾馆会见了沃尔夫,向他们介绍了党的宗教政策,就双方共同关心的问题交换了意见。11月2日,应韩国水源教区邀请,经国家宗教局批准,以省宗教局副局长戚发祥为顾问的吉林省天主教访问团一行6人到韩国进行了为期6天的参观访问。

2000年1月10日,为支持吉林省的经济发展,省伊协协助民营企业皓月清真肉业有限公司接待了7个国家的大使和参赞及其夫人,前来吉林省参加皓月肉业公司的投产典礼。5月21~22日,日本关西地区佛教访问团一行9人来吉林省参观访问。拜会了省佛教协会并参观了长春般若寺。省宗教局领导宴请了日本客人,并进行了座谈。

第八章 佛 教

第一节 佛教活动场所

一、寺院分布

1981年,吉林省开始恢复佛教活动。截至2000年,吉林省佛教寺庙共计81座,主要分布在长春、吉林、四平、辽源、通化、白山、松原、白城、延边地区的32个市县。1989至2000年,在吉林省传播的佛教宗派主要有天台宗、禅宗、净土宗、密宗。

1981至1988年吉林省恢复佛教活动寺庙情况一览表

表135

寺庙名	寺庙地址	修建年份	规模(平方米)		僧人数	监院	宗派
			占地	建筑			
般若寺	长春市西长春大街	1932	15 00	3 583	17	成刚	天台宗
大佛寺	长春市湖滨街	1886	8 000	276	2		天台宗
地藏寺	长春市东长春大街东端	1926	1 888	680	14	常兴	天台宗
普济寺	长春市民丰二条	1936	2 856	92	4	仁如	天台宗
前观音寺	长春市东盛五条	1937	695	110	2	安圣	禅宗
丛林寺	长春市重庆路北胡同	1928	1 000	379	6	圣林	天台宗
紫竹庵	长春市车家窝堡村	1942	2 000	520	2	仁诚	天台宗

续表

寺庙名	寺庙地址	修建年份	规模(平方米)		僧人数	监院	宗派
			占地	建筑			
兴隆寺	长春市朱家街	1941	720	172	17	常如	禅宗
净土庵	长春市近埠街二胡同	1929	611	473	19	慧吉	净土宗
净居寺	长春市东盛一条	1934	357	400	10	普妙	天台宗
慈航寺	长春市近埠街	1934	2 000	1 000	25	净空	禅宗
浴泉庵	九台市九台镇工农街	1863	580	390	6	洞辉	净土宗
金刚寺	农安县古城街	1935	8 000	1 648	36	慧通	禅宗
兴隆庵	农安县合隆镇	1943	5 000	72	12	显志	净土宗
广济寺	吉林市通天街	1755	2 618	741	7	觉莲	天台宗
明如寺	吉林市德胜街	1875	4 908	2 044	15	维芳	临济派
关帝庙	吉林市北山公园	1701	2 801	1 448	14	印久	天台宗
药王庙	吉林市北山公园	1738	1 474	507	9	印久	天台宗
坎离宫	吉林市北山公园	1899	334	385			天台宗
观音古刹	吉林市光华路昆明胡同	1770	5 226	1 804	13	海超	天台宗
玉皇阁	吉林市北山公园	1776	5 124	1 527	7	无退	天台宗
观音寺	东丰县城一中学东侧	1919	2 871	689	2	印海	临济宗
三圣庵	大安县大赉镇东南隅	1935	590	540	8	圣泉	临济宗
地藏寺	大安市仿古一条街西	1937	400	35	1		天台宗
圣缘寺	公主岭市刘房子镇	1926	600	340	6	心如	临济派
丛林寺	梨树县小城子镇	1936	6 400	483	3	法严	天台宗
净土寺	辽源市义宁街	1927	330	120	1	广信	净土宗
金刚寺	辽源市太安街	1927	836	176	2	昌法	净土宗

续表

寺庙名	寺庙地址	修建年份	规模（平方米）		僧人数	监院	宗派
			占地	建筑			
弥陀寺	辽源市龙首山公园北侧	1932	1 566	845	15	能体	净土宗
万寿庵	辉南县朝阳镇兴工街	1920	1 000	100	3	了开	禅宗
慈云寺	扶余市蔡家沟镇	1925	5 000	315	16	宝西	净土宗
净业莲寺	四平市铁东八马路	1940	4 744	621	7	隆理	净土宗
清云庵	四平市铁东南八马路	1929	3 400	536	1	常净	净土宗
福兴寺	柳河县城内	1883	7 000	860	1		临济派
合计	34座				303人		

1989～2000年吉林省恢复佛教活动寺庙情况一览表

表136

寺庙名	寺庙地址	修建年代(年)	规模（平方米）		住持	宗派
			占地	建筑		
双阳圆通寺	长春市双阳区圆通寺	1906	40 000	30 000	释通达	
长春市北普陀寺	长春市净月潭玉潭镇	1995	10 000	2 000	释成兴	天台宗
百国兴隆寺	长春市新月路144号	1994	30 000	20 000	释常慧	禅宗 云门宗
宝山寺	德惠市万宝镇	嘉庆 四年	25 000	5 200	释世海	临济宗
湛江寺	吉林省榆树市五棵树镇	明末	32 000	13 000	释宽演	临济宗
农安泰平寺	农安县柴岗镇	清嘉庆	15 000	1 200	释正忍	天台宗
普门寺	长春市新立城镇	清朝	66 000	220	释乘悦	天台宗
九台青云寺	九台市青云乡沿河子	1988	34 000	3 672	释显圣	天台宗
北山智光寺	吉林市北山	1931	3 800	3 337	释成慧	天台宗

续表

寺庙名	寺庙地址	修建年代(年)	规模(平方米)		住持	宗派
			占地	建筑		
丰满区万德寺	吉林丰满区二道王相村	1993	20 000	10 000	释能禅	天台宗
朱雀山菩提寺	吉林市朱雀山开发区	1672		15 000	释印久	禅宗
舒兰万佛寺	舒兰市溪河镇凤凰山		28 000	3 000	释镜然	净土宗
舒兰海慧寺	舒兰市南城街	1994	13 500	1 756	释智信	天台宗
吉林市保宁寺	吉林市龙潭区乌拉街保宁寺	1685	10 000	1 150	释海秀	禅宗
永吉莲花寺	永吉县双河镇莲花村	1990	15 000	2 179	释智诚	天台宗
法云寺	舒兰市青松乡九顶莲花山	1927	18 000	8 000	释通大	净土宗
报恩寺	蛟河市庆岭镇	1993	2 000	450	释静法	
灵岩寺	吉林市欢喜乡远大村	光绪十八年	22 000	2 960	释正山	净土宗
华严寺	桦甸市北台子乡平安村	清末	15 000	650	释乘信	净土宗
慈云寺	吉林市昌邑区虹园三社	1992	5 000	2 600	释宝藏	曹洞宗
伽蓝寺	四平市铁东叶赫镇	清初	10 000	1 200	释宗道	禅宗
四平市甘露寺	伊通满族自治县石门水库	1684	3 000	310	释化德	禅宗曹洞宗
四平市宝德寺	吉林省伊通县伊丹镇西山	康熙末年	18 778	924	释静仁	禅宗曹洞宗
伊通太阳寺	伊通县太阳寺	1805	2 400	400	释仁正	
报国普乐寺	伊通县报国普乐寺	1993	10 000	3 130	释正妙	天台宗
兴隆妙音寺	公主岭市响铃公园内	清嘉庆	4 500	1 365	释正玉	天台宗
广德寺	公主岭市范家屯	1993	8 000	2 772	释慈云	禅宗临济宗
东丰龙腾寺	东丰县横道河镇大房村	1994	1 480	460	释静天	曹洞宗
凌云寺	吉林省东辽县凌云寺	清末	8 000	800	释玄圣	曹洞宗

续表

寺庙名	寺庙地址	修建年代(年)	规 模(平方米)		住持	宗派
			占地	建筑		
净安寺	辽源市净安寺	1916	36 000	2 688	释悲君	禅宗
辉南万寿寺	吉林省辉南县朝阳镇万寿寺	1992	14 368	1 180	释通藏	禅宗
龙泉寺	梅河口市龙乡湾莲河村	1897	80 000	2 830	释果戒	天台宗
白山市青山寺	白山市群生村青山湖	1946	4 100	1 760	释香明	净土宗
长白如来寺	吉林抚松县长白如来寺	1923	48 500	1 480	释通妙	禅宗
莲华寺	吉林省松原市宁江区	1993	25 600	2 558	释妙尊	临济宗
中天寺	松原市宁江区文化路	1982	8 000	8 000	释圆明	净土
海会寺	松原市繁荣街	1993	4 100	1 030	释香升	禅宗
龙华寺	松原市宁江区龙华寺	1989	50 000	50 000	释明徹	临济宗
妙因寺	松原市查干湖旅游区	1755		7 059	格桑隆多	密宗格鲁派
长岭清净寺	长岭清净寺	1939	20 000	600	释本禅	净土宗
扶余德善寺	吉林省扶余县五家站	民国	5 850	1 580	释圣真	临济宗
三山寺	扶余县徐家庆乡	1934	420	320	释圣力	临济宗
洮南德安禅寺	洮南团结西路 1254-1 号	1927	4 999	1 001	释妙德	禅宗
大安市三圣寺	大安市	1935	1 298	340	释国刚	临济宗
白城华严寺	白城市洮北区华严寺	清末	16 000	3 286	释正行	天台宗
通榆香海寺	吉林省通榆县向海	1644	60 000	14 000	释正林	天台宗
敦化正觉寺	敦化市正觉寺	光绪年	100 000	20 000	释宏法	天台宗
合计	47座					

二、寺院管理

1989至2000年,吉林省宗教局要求全省寺庙在日常寺务管理上遵照中国佛教协会发布的《全国汉传佛教寺院共住规约通则》予以执行;在财务管理上遵照《关于吉林省佛教活动场所财务管理制度》进行管理。管理方式上按照1996年发布施行的《吉林省佛教寺庙管理办法》,在各级政府宗教事务部门的领导下,由僧人成立民主管理组织实行民主管理。

(一)民主管理组织。 1989～1996年,吉林省佛教寺庙依照国家宗教局《关于汉传地区佛教道教寺观管理试行办法》要求,组成了寺庙管理委员会,对寺庙民主实行管理,寺庙人事安排权由过去的方丈(住持)一手掌管,改由寺庙民主管理委员会代表僧众实行请职,这一变化,打破了传统佛教家长制的管理。

1996～2000年,吉林省佛教寺庙依照吉林省宗教局1996年发布施行的《吉林省佛教寺庙管理办法》,根据各自寺庙的实际情况相继成立了民主管理组织,在各级政府宗教事务部门的领导下,由僧人实行民主管理;在教内,寺院管理组织以方丈(住持)为首,寺院受佛教协会的领导。《办法》规定,寺院住持须根据选贤任能原则,由当地或上级佛教协会主持,经本寺两序大众民主协商推举礼请之;住持退位后,寺院应按传统办法,妥善安置照料。僧团序职如首座、西堂、后堂、堂主等班首,列职如监院、知客、维那、僧值等执事由住持按照丛林请职制度和协商原则,定期任命、晋升序职人员,任免列职人员。住持、班首、执事人选的条件是:爱国守法,具足正信,勤修三学,戒行清净,作风正派,有一定的佛学水平和组织办事能力。担任住持、班首,戒腊须十夏以上,担任主要执事,戒腊须三夏以上。住持对外代表本寺,对内综理寺务。班首、执事各司其职,各尽其责,发扬六和精神,实行民主集中,管理寺院各方面工作。凡重大问题(包括撤免错误严重或极不称职的班首、执事职务),由住持召集班首和主要执事及有关负责人员举行寺务会议,集体讨论决定。

(二)僧尼管理。 1989～2000年,在国家宗教信仰自由政策形势下,吉林省内寺庙僧人数增加,吉林省佛教协会对省内寺庙剃度、受戒的僧人做出了明确规定。佛教僧尼出家有次序之分,先剃度出家,成为沙弥、沙弥尼,经过一年后才可正式受具足戒后正式成为比丘、比丘尼。

成为沙弥、沙弥尼需具备的条件:(1)五官端正、身体健康、六根具足,无不良嗜好如抽烟,酗酒,赌博等。(2)年龄在17～60岁之间,经父母同意。(3)无法律纠纷,无负债,无婚姻关系。(4)具有一定的文化程度。(5)欲出家者可以持父母同意的书面材料和身份证、户籍证明(由派出所开)、体检证明到你认为有缘的寺院,有认识人和介绍人最好。(6)到寺院后要一切按照寺院的要求去做,放下世间一切娱乐设施,进入考验阶段。(7)考验阶段要做的事情:背诵五堂功课、学习沙弥律仪、学佛教基础知识。(8)僧人的待遇:凡出家为僧者,寺院负责安置其日常起居、生活、饮食、医疗等所需,不需要交纳任何费用,并且根据寺院的收入情况,每个僧人每月有50～300元不等的生活补贴,用于外出乘车、购买自己学习所用经书等。符合上述条件的才可正式剃度出家成为沙弥、沙弥尼。

成为比丘、比丘尼需具备的条件:(1)求戒人员必须是由政府依法登记批准开放的吉林省佛教寺院的沙弥(沙弥尼)。(2)求戒人员年龄必须在20～59周岁之间,具有初中以上(含初中)文化程度,剃度后在寺院修学一年以上,由剃度师和所在寺院及当地佛教协会推荐受戒,须携带剃度师戒牒复印件和号条。(3)求戒人员必须信仰纯正,爱国守法,没有任何法律纠纷,六根具足、身体健康(包括无生理缺陷及无传染性疾病),须由县级以上医院出具体检证明。(4)求戒人员必须独身,并持户籍所在地镇乡政府或街道办事处以上机关出具的婚姻状况证明(包括无婚史者)。(5)根据吉林省宗教信仰自由政策,求戒人员必是自愿出家,须持家庭出具同意出家之证明,家长签名。符合以上条件,到吉林省佛教协会开具受戒申请表后,可在国内具有资格传授三坛大戒的寺庙正式受具足戒正式成为比丘、比丘尼。

三、主要寺院

1989至2000年,吉林省恢复佛教活动的佛教寺庙累计47座,以下选取11座主要寺院予以记述。

双阳圆通寺 圆通寺位于长春双阳北山(俗称龙头山)的南坡。1994年3月18日,吉林省宗教事务局批准长春市宗教处《关于长春市净居寺迁移双阳北山重建庙宇》的请示报告。新建的圆通寺占地4公顷,建筑面积4000多平方米,参照灵岩阁的原来风貌,以牌楼、山门、钟鼓楼、天王殿、大雄宝殿为主体,重点突出大雄宝殿。大雄宝殿占地1150平方米,高26.69米,是东北最大的殿宇。所有建筑依自然地势渐次升高。寺内钟鼓二楼、东西配房、东西配殿以对称状排列。从山下拾级而上,步登一百一十九级台阶便可进入山门。山门以琉璃瓦盖顶,飞檐翘角,斗拱华盖,上有二龙戏珠,象征风调雨顺,国泰民安。圆通寺的第一层大殿天王殿以重拱重檐为外檐,气宇庄重。殿内供奉着东方持国天王、南方增长天王、西方广目天王、北方多闻天王,他们所持的法器表示风、调、雨、顺。大雄宝殿是圆通寺的主体,整个建筑雕梁画柱,立粉贴金,宏伟壮观。殿内顶部有松鹤展翅、蛟龙飞腾,墙壁上有二龙戏珠;殿内有释迦牟尼、阿弥陀佛、药师佛三尊主佛像,高6.7米,是东北最高的木雕佛像;殿内东西两侧分列着十八罗汉像,每一尊像都姿态不同,手势各异,神情奇特,栩栩如生。

梅河口龙泉寺 原址在山城镇团结街。1992年,为落实宗教房产政策,梅河口决定易地重建。新建龙泉寺位于梅河口市湾龙乡莲河村五奎山上,新建庙分三层大殿,占地8万平方米,建筑面积2000平方米,共有殿宇52间。第一层为天王殿,正殿3楹,四周回廊,单层单檐。正位前面是弥勒菩萨坐像,背面是韦驮菩萨站像,四面为四大天王像。第二层为观音殿,正殿五楹,四周回廊,单层单檐,属歇山式建筑,大殿正位是观世音菩萨坐像,左为文殊菩萨,右为普贤菩萨像,最高处为大殿宝殿,正殿七楹,四周回廊,单层重檐,七彩斗拱。殿上琉璃金瓦,红墙朱柱,仿古宫殿花格门窗,大殿正中有一释迦牟尼坐像,左为药师佛,右为阿弥陀佛坐像,前有阿难、迦叶二尊者站像。

辉南万寿寺 万寿寺位于吉林省辉南县朝阳镇,始建于清道光年间,毁于"文化大革命"。1993年由圆霖法师发起重建,1997年完工。新建万寿寺占地近1公顷,建筑面积5 000平方米,现有天王殿、大雄宝殿、藏经楼、法堂、斋堂、弘法堂、往生堂、祖师堂、僧寮、东西客堂、钟鼓楼。

白山青山寺 青山寺位于吉林省白山市,是长白山区的一座佛教寺院。清朝临江县建置时期(1902年),在八道江渡口北侧(即现在的青山寺位置)有一座由采参、伐木人集资建造的佛寺,因该寺处在群山环抱之中,故名"青山寺"。1990年,由400余名居士自愿集资60万元,在原寺旧址复建寺宇。青山寺修复后,寺内香火再起,日渐兴隆,向青山寺捐赠者日益增多,使道场日臻完善。中国佛教协会赵朴初会长为青山寺题写"大雄宝殿"匾额。青山寺占地3 200平方米,有大雄宝殿、观音殿、天王殿、地藏殿、东西寮房、念佛堂。寺内35尊佛像栩栩如生,有高大的露天观音石雕像和铁铸宝鼎矗立院中。

抚松长白如来寺 长白如来寺位于吉林省抚松县境内,长白山西北麓。1929年,抚松县县长张元俊将"仙人洞"东侧的岫云观改建为关帝庙,占地面积4 662平方米,建筑面积800平方米,为清式古建风格。后关帝庙在"文化大革命"期间遭到破坏。1990年,释通妙法师在关帝庙原址上重建寺庙,改庙名为"如来寺",如来寺大殿于1994年农历五月二十八日完工,开光使用,大殿供奉三尊大佛是药师佛、释迦牟尼佛、阿弥陀佛。下面站立的是月光菩萨、日光菩萨,观音菩萨等六位大士,大殿两侧端坐十八罗汉,形态各异,栩栩如生。大殿采用仿清古建风格,悬梁吊柱,斗拱博风,彩绘浮饰,殿首高悬金匾"大雄宝殿"为赵朴初居士题字。

通榆香海寺 香海寺原名"青海庙",始建于清顺治三年(1646年),是东北地区著名的藏传佛教古刹之一。乾隆皇帝曾用满、蒙、藏、汉四种文字赐名"福兴寺"。1928年因僧侣云集,香烟缭绕,弥漫如海,故名"香海庙"。1946年,设立向海区,更名"向海庙"。历史上的香海庙主要由殿宇、禅房和佛仓三部分组成。鼎盛时期,庙内有9个建筑群,99间殿堂,建筑面积9 999平方米,占地面积99 999平方米。供有镀金铜、石、泥佛像上万尊;藏有扳挟缎裹的藏经宝典成千套;常住喇嘛超千单;慕道求法者逾万名。香海庙一度为闻名全国的弘法道场,四方信士烧香拜佛、礼祖参问之圣地。1945年8月东北解放,苏联红军驻香海庙解散喇嘛。1953年土地改革中部分殿堂被拆。1972年,"文化大革命"时期整个庙宇被毁。1992年,通榆县人民政府落实党的宗教政策,经吉林省宗教局批准,决定恢复重建香海庙。1994年1月,中国佛教协会会长赵朴初先生为该庙题名"香海寺"。1994年5月29日在原庙址举行奠基仪式。1999年6月,吉林省佛教协会委派释正林和尚担任该寺住持并负责重建事宜。香海寺采用佛教显宗道扬特点建筑,按照中国传统中轴对称式格局,依次建有山门殿、千佛殿;左右建有文殊殿、普贤殿、讲法堂、念佛堂、客堂、斋堂、僧人寮房、五方佛塔;左右建有龙王殿、佑民殿、地藏殿、普度桥、福寿殿、观音殿;左右建有祖师殿、伽蓝殿、大雄宝殿;左右建有东西居士寮、阿弥陀佛像;左右建有吉祥塔、金刚塔、卧佛殿;左右建有吉祥殿、金刚殿。建筑面积6 600平方米,占地面积6万平方米。

白城华严寺 原坐落在白城市民生小学校院内,始建于民国初年,属汉传佛教寺院。"文化大革命"期间遭破坏。1998年,重建华严寺。新建的华严寺坐落在白城市区东南郊,长白公路入口处,与抗洪胜利纪念塔、森林公园三足鼎立,蔚为壮观。华严寺占地面积2万平方米,建筑面积4 000平方米。该寺主要建筑有:山门、天王殿、大雄宝殿、钟鼓楼、观音殿、地藏殿、藏经楼、斋堂、客堂等。其中大雄宝殿最为壮观,建筑面积700平方米,法会期间,能容纳上千人参加佛事活动。该殿采用双层歇山式建筑,重檐斗拱,黄瓦灰墙,宫廷彩绘,金碧辉煌,具有明清时代的建筑特色和艺术风格。殿内供奉释迦牟尼、阿弥陀佛和药师佛三尊大佛,高近6米。大佛两侧的十八罗汉,形神兼备,栩栩如生。

吉林万德寺 万德寺位于风景秀丽的磨盘山下,占地2万平方米,是吉林市最大的佛教寺院。明朝正德年间磨盘山就建有庙宇,清初毁于火灾。清光绪年间重修,九一八事变后被日军拆毁。日本投降后重建,"文化大革命"期间又遭毁灭。1993年,万德寺重建,1996年建成。万德寺坐西面东,依山势呈阶梯状建有三进院落。山门高大雄伟,中门上方悬赵朴初先生题写的"万德寺"匾额,字体苍道,力透穹宇。首进院落分别建有钟鼓二楼、天王殿和左右配庑。第二进院落是大雄宝殿和两厢客房及五观堂。第三进院落为藏经楼和左右配殿,藏经楼内藏有稀世珍宝原版大藏经一部。此外,寺内还建有护法堂、延生堂、狐仙堂、僧僚房等一应建筑,寺外建有宾馆和禅堂。

敦化正觉寺 敦化正觉寺为东北古刹,始建于清光绪年间。原址坐落在长白山脚下的敖东古城东关,占地面积2公顷。庙宇房屋共32间近700平方米,当时叫娘娘庙,历代住持有:唯空法师、尊国法师、兴运法师。到20世纪30年代末,由兴运法师更名为正觉寺。1991年,国务院宗教事务局批准修复敦化正觉寺,1992年动工,1995年建成。重建的寺院选址在距离市区4千米的六顶山水库东岸。重建的正觉寺自南向北依次为山门殿、天王殿、大雄宝殿、观音殿,三层楼,由上而下为藏经楼、法轮殿、罗汉堂。东西有钟鼓二楼及六栋配殿,南有缅玉卧佛。

第一重是山门殿。正面巨额横匾《正觉寺》三个字,是佛教协会会长赵朴初亲笔题写。殿脊的琉璃陶瓷雕塑着《西游记》人物像,新颖别致。殿内供奉着两尊门神,即哼哈二将,他们头戴宝冠,袒露上身,手持金刚杵,作愤怒相,象征降妖镇魔。

第二重是天王殿,也叫弥勒殿。首先迎接十方善信的是笑口常开的大肚敞怀的金身弥勒菩萨像。弥勒菩萨背后是一尊贴金木雕顶盔贯甲,威武雄壮的武士立像,叫护法韦陀尊天菩萨。他手持降魔杵,面向大雄宝殿,监视、记载来往行人的善恶心,是佛教寺院的护法。天王殿内两侧是四大天王,又称四大金刚。他们分居在须弥山四垂,主管人道四大部洲,各护一方。

第三重是巍然宏伟的大雄宝殿。建筑面积1 000多平方米,高26米,庄严雄伟。外形犹如故宫的太和殿,又酷似曲阜孔庙的大成殿。门前八根汉白玉石雕蟠龙柱,是当前全国佛教寺院绝无仅有的。殿内东西墙壁上镶有三十二幅大型陶瓷浮雕壁画,长十六米,是记录释迦牟尼佛祖从降生到圆寂的世纪图,唯该寺独有。

第四重是风格别致的六角六亭六门的举世无双的观音殿,内供奉一尊六法身同体千手千眼观音像,是佛教史上独一无二的。观音菩萨具有慈悲众生德能,普济众生,救苦救难广大灵感观世音。

第五重为三层楼:上是藏经阁,中是法堂,下是罗汉堂。内设五百尊罗汉像,罗汉全称阿罗汉,即自觉者,灭尽一切烦恼,受天人供养者。弘扬佛法,进入涅槃。不再生死轮回。当你走进罗汉堂时无不被造型各异生机勃勃的五百罗汉所吸引,他们有的盘腿端坐,有的卧石观天,有的研读经典,有的驱恶除邪,真是千姿百态,无不栩栩如生。

寺院南设有玉佛殿为三层亭塔式结构,一层为卧佛殿,外廊东南西北四面,立有十六根汉白玉龙磐石柱。玉柱根根表法,柱柱各有含意。大殿二层为万佛阁,阁内建有一立体造型的万佛城,由四堵逆时针中折为二十八层佛龛,围成东南西北四区,每面墙壁内外设有横为二十五格、竖为二十八的佛龛,每龛各有一尊高为十五厘米缅玉坐佛。大殿前建一面积为三千平方米云台广场。广场之上两侧,立有两排直径八十厘米、高九米八的八根精雕"天龙八部"擎天青石功德柱。柱体下部刻有功德主姓名;柱体上部分别雕刻"天龙八部"图案。

第二节　佛教信徒

佛教徒有四众之分,就是出家男女二众,居家男女二众。1989年,吉林省有出家男女二众303人,居家男女二众6 729人。截至2000年底,全省有出家男女二众893人,居家男女二众336 800人。

一、出家二众

出家男众受具足戒后名为"比丘",出家女众受戒后名为"比丘尼"。1989年,吉林省有出家男女二众303人。截至2000年,全省有出家男女二众893人。

二、居家二众

居家男众称为"优婆塞",居家女众称为"优婆夷"。优婆塞是梵语,意为清信士,又作近事男,言其亲近奉事三宝。优婆夷意为清信女或近事女。俗称在家佛教徒为"居士",这是梵语"迦罗越"的意译,原指多财富乐的人士,就是居积财货之士,转而为居家修道之士的称呼。

1981年落实宗教政策后,吉林省有居士6 729人,其中男居士1 873人、女居士4 856人。1989~2000年,佛教信徒大幅增长,据不完全统计,到2000年有佛教居士336 800人。

2000年吉林省各地区佛教居士统计表

表137

地区	人数(人)
总计	336 800
长春	41 800
吉林	56 939
四平	30 550
辽源	69 549
通化	6 650
白山	8 768
松原	93 445
白城	28 800
延边	3 900

第三节 佛教团体

自1979年落实宗教政策以来至2000年,吉林省相继成立了12个各级佛教协会,其中省级佛教协会1个,市、县级佛教协会11个。

一、吉林省佛教协会

1996年12月18日,召开了吉林省佛教协会第三届理事会,来自全省各地的佛教代表65人参加了这次会议,其中长春地区代表23名、吉林地区代表14名、四平地区代表6名、辽源地区代表6名、通化地区代表4名、白山地区代表3名、延边地区代表2名、白城地区代表2名、松原地区代表5名。会议由成刚法师致开幕词并代表第二届理事会做工作报告,明澈法师做了关于修改《吉林省佛教协会简章》的说明,会议审议通过了《吉林省佛教协会第二届理事会工作报告》《吉林省佛教协会章程》《吉林省佛教寺庙管理办法》和《吉林省佛教寺庙向吉林省佛教协会提供佛教事业发展经费的办法》。会议选举产生了第三届理事会、常务理事会和新的领导机构。吉林省政府宗教事务局副局长戚发祥做了讲话。明澈致闭幕词。会议选举出了佛教第三届理事会23人、常务理事13人、会长1人、副会长3人、秘书长1人、副秘书长1人。

吉林省佛教协会第三届代表会议理事会名单:
仁慈(女) 印久(女) 正行 正德 圣德 成刚 成兴 边英杰(女)
刘太金 张海忠 宏岩(女) 明澈 宝醒(女) 显勇 香明(女) 香德(女)
洞辉(女) 赵殿双 觉醒(女) 能明(女) 圆林 隆悦(女) 海超(女)
吉林省佛教协会第三届理事会常务理事名单:
仁慈(女) 印久(女) 正德 成刚 成兴 张海忠 宏岩(女) 能明(女)
明澈 洞辉(女) 香明(女) 赵殿双 圆林
会　长:成刚 吉林省政协常委、长春般若寺方丈。
副会长:明澈 松原市政协委员、松原龙华寺方丈。
副会长:张海忠 长春市南关区政协常委、驻会人员。
副会长:仁慈(女) 辽源市政协委员、辽源弥陀寺尼僧。
秘书长:张海忠(兼)。
副秘书长:赵殿双 长春市南关区人大代表、长春市佛协副会长。

二、市级佛教协会

2000年,吉林省有市级佛教协会4个:长春市佛教协会、吉林市佛教协会、四平市佛教协会、白山市佛教协会。

长春市佛教协会 1993年6月28日至29日,长春市佛教第三届代表会议在长春般若寺召开,与会代表40人。会议听取并审议了成刚会长代表上届理事会的《工作报告》,一致通过了新的《长春市佛教协会章程》,选举产生了长春市佛教协会第三届理事会。名誉会长释常兴,会长释成刚,副会长释正行、释香德(女)、释洞辉(女)、释乘石(女)、赵殿双,秘书长边英杰(女),副秘书长张海忠、释成兴。理事:释成刚、释成开、释愿成、释成兴、释常兴(女)、释安静(女)、释安幢(女)、释显如(女)、释净空(女)、释清涛(女)、释圣林(女)、释果众(女)、释常慧(女)、释乘石(女)、释慧吉(女)、释常净(女)、释同愿(女)、释普妙(女)、释妙广(女)、释洞辉(女)、释悟超(女)、释香德(女)、赵殿双、边英杰、张海忠、王宏生、赵福元、晋华勇。

1998年11月11日,长春市佛教协会第四届代表会在长春市般若寺举行。来自全市九个县(区)的36名代表相聚一堂,共商长春市佛教大事。会议期间,听取了释正行副会长所致的四届代表会议开幕词,听取并审议了成刚会长代表上届理事会作的《工作报告》。会议还通过了新的《长春市佛教协会章程》。会议选举产生新一届理事会:会长释成刚;副会长:释正行、赵殿双、释乘石(女)、释香德(女)、释洞辉(女)、边英杰(女);秘书长:张海忠;副秘书长:释成兴、赵福元;理事:释成刚、释成开、释果来、释显如(女)、释安静(女)、释果众(女)、释果尚(女)、释乘石(女)、释成兴、释明诚(女)、释圣智(女)、释常净(女)、韩竹秀(女)、释正明(女)、释洞辉(女)、释显圣(女)、释香德(女)、释正忍、释妙广(女)、释世海、释通达、释正行、释愿成、赵福元、赵殿双、边英杰、张海忠。

吉林市佛教协会 1991年9月26日,吉林市佛教协会第三届代表大会在吉林市政协会议室召开。1991年12月2日,吉林市佛教协会在吉林市民政局社团登记处进行登记,正式成为社会团体。1997年8月7日,吉林市佛教协会第四届代表大会在吉林市民政局会议室召开。

白山市佛教协会 1995年11月30日,白山市佛教第一次代表大会在浑江大酒楼召开。出席会议的代表50人,会议听取了佛教协会筹备工作领导小组的筹备工作报告和释正德法师的工作报告,选举产生了白山市佛教协会第一届理事会。选出名誉会长1人、会长1人、副会长1人。会议还通过了白山市佛教协会章程和决议。

四平市佛教协会 1996年12月28日,四平市佛教协会第一次代表大会在四平市召开。出席会议代表27人,会议听取了四平市佛教工作报告。会议选举产生了四平市佛教协会第一届理事会。选举释能明为会长兼秘书长,释安吉为副会长,金健为副会长兼副秘书长,9人当选为理事,6人当选为常务理事。会议通过了四平市佛教协会章程和决议。

第四节　宗教生活

一、日常活动

1989～2000年,吉林省佛教各宗派日常活动基本相同,没有变化。以长春般若寺一日作息时间表为代表,吉林省内佛教寺庙日常活动基本如此。

佛教寺庙僧众作息时间表:

03:00　起床

03:30　早殿(早课)

05:30　过斋(早饭)

07:00　打扫寺院卫生,浇花,抹佛台,等寺院工作

08:00　个人自觉安排时间即自修时间

11:00　到斋堂应供(午饭)

12:00　自修时间

16:00　晚课

17:30　药石(晚饭)时间

18:00　修时间

19:00　全体大众集合到禅堂静虑禅修

20:00　全体集合到念佛堂,专心念南无阿弥陀佛

21:00　洗澡净身时间

21:30　开大静时间,休息

22:00　熄灯时间

(一)早课。早殿是全寺僧众于每日清晨(3.30时)齐集大殿,念诵《楞严咒》《大悲咒》、"十小咒"、《心经》各一遍,在念诵的起止都配有梵呗赞偈。其中,《楞严咒》为一堂功课,《大悲咒》、"十小咒"等为一堂功课,有些寺院这两堂功课轮流念,只有在佛教节日才念两堂功课。

在初一、十五,早课之前唱《宝鼎赞》,在佛菩萨圣诞或普佛时,则唱《戒定真香》。寺院在平时都是直接从《楞严咒》开始。念完咒语后,便念诵《心经》。然后,维那(领唱)起腔唱:"摩诃般若波罗蜜多"三遍,再唱赞偈。

两序大众出班绕佛,念"南无阿弥陀佛"几百声。接着,转板念"阿弥陀佛",大众归位,跪下三称"南无观世音菩萨、南无大势至菩萨、南无清净大海众菩萨"。然后,维那起腔念《普贤菩萨十大愿王》,悦众敲引磬和板:一者礼敬诸佛,二者称赞如来,三者广修供养,四者忏悔业障,五者随喜功德,六者请转法轮,七者请佛住世,八

者常随佛学,九者恒顺众生,十者普皆回向。十方三世一切佛,一切菩萨摩诃萨,摩诃般若波罗蜜。接着,维那起腔念:"四生九有,同登华藏玄门;八难三途,共入毗卢性海(接铃鼓)。"大众站起来,维那起腔唱三皈依。接着,如果逢朔望,加念"南无香云盖菩萨摩诃萨"三称。维那起腔,大众跟着木鱼声念"南无护法韦陀尊天菩萨"三称。然后,换成敲引磬,念《大吉祥天女咒》。最后唱《韦驮赞》。

如果逢初一、十五朔望的时候,早课完后,顶礼三拜,不问讯,仍然向上立定,维那师鸣磬三声,独自称各位祖师名字,顶礼完后,仍然站立,维那敲磬三声,然后维那呼:"时维佛历某某年,公元某某年某某月某某日朔(望)旦良辰,大众师云集大殿普礼三拜。"维那敲三下磬,接三下大钟。

(二)晚课。晚殿有三堂功课,就是诵《佛说阿弥陀经》、往生咒和念佛名;礼拜八十八佛和诵《大忏悔文》;放蒙山施食。放完蒙山后,维那起腔,唱:四生登于宝地(行者向上礼拜),三有托化莲池(行者向左拜,大众问讯以答),河沙饿鬼证三贤(向者向上拜),万类有情登十地(行者向右拜,大众问讯以答)。阿弥陀佛身金色(行者向上拜),相好光明无等伦,白毫宛转五须弥(至班首前一拜,问讯,往回走),绀目澄清四大海。光中化佛无数亿(在中间原来的位置向上一拜),化菩萨众亦无边,四十八愿度众生(至维那前一拜),九品咸令登彼岸。南无西方极乐世界大慈大悲阿弥陀佛(行者至方丈前一拜,若无方丈,向上三拜,问讯,归位)然后,绕佛念"南无阿弥陀佛",几圈后,转板念"阿弥陀佛",归位,跪下三称"南无观世音菩萨、南无大势至菩萨、南无清净大海众菩萨"。接着,用引磬跪白"十方三世佛"等《大慈菩萨发愿偈》或宋代遵式大师所作"一心归命"等《小净土文》。然后,念"是日已过,命亦随减,如少水鱼,斯有何乐?大众当勤精进,如救头然,但念无常,慎勿放逸!"然后,三皈依,念《大悲咒》,唱《伽蓝赞》:"伽蓝主者,合寺威灵,钦承佛敕共输诚。拥护法王城,为翰为屏,梵刹永安宁。南无护法藏菩萨摩诃萨,摩诃般若波罗蜜"。

早晚课成为寺院共同修行的必修课。但是,由于具体情况的不同,有些寺院五堂功课全部念完,有些寺院则没有。而且,在腔调上也有所差别,但总体上是统一的。

二、佛教法会

(一)经常性法会。吉林省寺庙在每月的农历初一、十五都举办法会活动。参加人员以经常到庙的信徒为主。

1989~2000年,吉林省寺庙在寺庙恢复重建工作中,围绕寺庙建设,每一个寺庙根据自己寺庙情况,在建设的三个阶段分别召开法会:奠基法会、上梁法会、开光法会。奠基法会:寺院在得到政府相关部门审批同意,取得合法宗教活动场所资格,在开始建设前,礼请社会各界人士参加,都要举办一次奠基法会。是寺庙正式开展宗教活动的象征。上梁法会:寺庙的大雄宝殿正式上梁的时候,召集大众,举行上梁法会。开光法会:开光法会是在寺庙全部建设完毕,投入使用后召开的。开光法会是寺庙规模最大法会之一。1989～2000年,吉林省累计召开奠基法会、上梁法会、开光法会240次。

吉林省另一经常性法会是"放焰口"活动,"放焰口"活动,可以按信众要求举行。焰口是密宗的一种行仪。"焰口"是饿鬼之王,又译作"面然"。吉林省佛教界放焰口,多据明代天机禅师所订《天机焰口》或清初宝华山德基大师所订《华山焰口》的内容施行。一般在黄昏或夜间举行,以饮食供鬼神,最后在念诵中抛撒食物,"诸仙致食于流水,鬼致食于净地"。现代放焰口,常与丧事中追荐亡魂结合在一起,又在重大法会圆满之日举行。

(二)节日法会。佛教节日与其他节日有很大的不同,主要特点就是每逢佛、菩萨诞辰、成道为纪念日,都要举行法会进行供养布施。其中有佛经记载的节日,也有民间自发的节日。1989～2000年,吉林省佛教节日性法会依据佛与菩萨圣诞及纪念日举行。佛教佛与菩萨圣诞及纪念日均为农历。

正月初一日	弥勒佛圣诞
正月初六日	定光佛圣诞
二月初八日	释迦牟尼佛出家日
二月十五日	释迦牟尼佛涅槃日
二月十九日	观世音菩萨圣诞
二月二十一日	普贤菩萨圣诞
三月十六日	准提菩萨圣诞
四月初四日	文殊菩萨圣诞
四月初八日	释迦牟尼佛圣诞
五月十三日	伽蓝菩萨圣诞
六月初三日	护法韦驮尊天菩萨圣诞
六月十九日	观世音菩萨成道日
七月十三日	大势至菩萨圣诞
七月二十四日	龙树菩萨圣诞
七月三十日	地藏菩萨圣诞
八月二十二日	燃灯佛圣诞
九月十九日	观世音菩萨出家日
九月三十日	药师琉璃光佛圣诞
十月初五日	达摩祖师圣诞
十一月十七日	阿弥陀佛圣诞
腊月初八日	释迦牟尼佛成道日
腊月二十九日	华严菩萨圣诞

其中比较重要的节日法会有四月初八浴佛节、七月十五盂兰盆节,这两个法会是吉林省佛教寺庙最盛大的法会,参加法会人数最多。在每年的农历四月初八寺

庙举行浴佛法会,为的是纪念本师释迦牟尼佛的诞生,以香汤、五色水、甘茶等灌沐太子像(释迦牟尼在成道前原是悉达多太子)。浴佛后信徒分发浴佛水,各自饮用,民间传说饮用浴佛水能得到佛祖加持,身体健康。每年浴佛法会的同时,各寺庙还举办受三皈五戒法会。吉林省另一大型节日法会是农历七月十五盂兰盆会,"盂兰"是梵文音译,意为"救倒悬";盆是汉语,盛供品的器皿。据说盂兰盆可以解先亡倒悬(即沉沦)之苦。举行"盂兰盆会"是根据西晋竺法护译的《佛说盂兰盆经》而超荐历代祖先的佛事。在七月十五日法会当天,信徒自己购买香果等放在盆子中,拿到寺庙,供养在佛前,请求佛祖加持,把各自的历代祖先解救出地狱苦海。在法会当晚,寺庙举办传授幽冥戒法会,信徒把各自祖先名字报上,请法师为各自祖先传戒,信众期望各自祖先皈依佛祖,最终能脱离轮回,到达极乐世界。

(三)民俗法会。1989～2000年,随着佛教在吉林省的兴盛,一些民间的民俗法会也得到了发展,每年农历四月十八、四月二十八日举办的吉林市北山庙会是全省最有地方特色的民间庙会。

吉林北山以其独特的寺庙风景园林称著东北。自清朝年间即有"千山寺庙甲东北,吉林庙会盛千山"之佳话。北山是佛、道、儒三教杂糅相处。寺庙主要有玉皇阁、坎离宫、关帝庙、药王庙等。北山的庙会有农历四月初八的佛诞节,四月十八的娘娘庙会,四月二十八的药王庙会和五月十二的关帝庙会。北山的庙会,从四月初八的佛诞节就开始了,进香祭祀者虽然也很多,但还不是十分热闹,因为主要的佛事活动在市内的观音古刹等寺庙举行。五月十三的关帝庙会,在清朝年间是北山最热闹的庙会。除有祭奠活动外还有专门的戏台,上演关帝当年"桃园三结义""过五关斩六将"等,表现其忠孝节义、高风亮节的戏曲。后来,主要庙会的位置,逐渐被娘娘庙会、药王庙会所代替。20世纪80年代后,北山主要的庙会日子是四月十八的娘娘庙会和四月二十八的药王庙会。北山庙会期间热闹非凡。山下有马戏、杂技等各种表演;山上有医药卫生知识的普及教育宣传展览;庙里是香烟缭绕,钟磬齐鸣;湖内是桨荡轻舟,笑语歌声。沿途两侧到处是卖民间特产、风味小吃、各种玩具、土特名优的摊床。

(四)其他法会。1997年6月29日,全省各寺院按照吉林省佛教协会的统一布置和要求,举行"庆祝香港回归祈福法会"。全省佛教徒积极踊跃参加法会,以表达佛教界对香港回归的喜悦心情。

1998年9月3日至4日,中国佛协在普陀山召开会议,研究中国佛教二千年纪念活动,吉林省佛教协会负责人出席了会议。会议强调为加强、加深社会各界及佛教寺院、信众对佛教二千年的了解和参与,各协作单位,都在近期刊物的显著位置,转载《回归千载,展望百年》的社论,发布纪念中国佛教二千年新闻发布会的消息及相关综述。各地要协助组委会,做好中华佛教二千年画册的拍摄、资料提供及审核工作。搞好中华佛教二千年吉祥物文字图案的介绍、征订和销售,根据中国佛协的意见,吉林省佛教协会向全省各级佛协和寺庙发出通知,要求各级佛协和寺庙组织广大四众弟子于12月3日举行"纪念中国佛教二千年吉祥法会",以及相关活动。

　　1999年5月7日,以美国为首的北约悍然袭击中国驻南联盟大使馆,造成外交人员严重伤亡和财产的重大损失。全省佛教界和全国人民一样无比愤慨,表示强烈的抗议和谴责。全省各地寺院积极组织四众弟子关注新闻报道,坚决支持和拥护政府的严正声明,许多寺院在参加当地政府组织的声讨、抗议座谈会的同时,还纷纷举行放生法会,超度遇难烈士英灵,祈祷世界和平,国泰民安。

　　1999年,为庆祝1999年中华人民共和国建国五十周年和澳门回归,吉林省佛教协会多次参加省委、省政府举办的庆祝活动,驻会主要负责人代表佛教界在庆祝活动中讲话,以表达佛教界的欢喜之情。并组织庆祝回归吉祥法会,祝福国家繁荣昌盛,国泰民安。

第五节　社会活动

一、参政议政

　　1989至2000年,吉林省佛教界贯彻赵朴初居士提倡的人间佛教理念,坚持爱国爱教,在拥护共产党领导、利益众生的精神号召下,吉林省佛教界积极参与了国家政策的议定,先后有26名僧尼担任各级人大代表、政协委员,积极参政议政。

1989～2000年吉林省佛教界人士参政议政情况一览表

表138

寺院	住持	性别	政治安排
长春市般若寺	成刚	男	吉林省政协常委
长春市大佛寺	正行	男	吉林省人大代表
长春市北普陀寺	成兴	男	长春市青联委员会常委
农安金刚寺	香德	女	农安县人大代表
榆树湛江寺	宽演	男	榆树市政协委员
榆树市法藏寺	净法	女	榆树市政协委员
合隆镇兴隆寺	妙广	女	长春市人大代表
吉林北山玉皇阁	正德	男	吉林市政协委员

续表

寺院	住持	性别	政治安排
吉林北山坎离宫	了凡	女	区政协委员
吉林丰满万德寺	能禅	女	区政协委员
舒兰万佛寺	镜然	女	市政协委员
昌邑区慈云寺	宝藏	女	区政协委员
四平净业莲寺	能明	女	市政协委员
叶赫镇伽蓝寺	宗道	男	市政协委员
报国普乐寺	正妙	女	政协委员
辽源金刚寺	隆斌	女	市妇代会代表
辽源弥陀寺	能吉	女	区政协委员
东丰县观音寺	无漏	女	政协委员
辉南万寿寺	通藏	男	县政协委员
白山市青山寺	香明	女	市政协委员
长白山如来寺	通妙	男	政协委员
大安市三圣寺	国刚	女	市政协委员
通榆香海寺	正林	男	白城市政协常委
松原龙华寺	明彻	男	松原市政协常委
松原妙因寺	格桑隆多	男	市政协委员
敦化正觉寺	宏法	女	政协委员

二、公益事业

在1987年、1995年吉林省连遭百年不遇的洪涝灾害;1987年大兴安岭发生特大火灾;1991年南方多省市发生特大洪涝灾害。这些灾害中吉林省佛教界在吉林省佛教协会的带领下,有的寺庙购买了成批的衣物药品、大米白面、日常用品送往灾区,据不完全统计,累计捐款7万余元,衣物近3千件。

1997至2000年,有记载吉林省佛教界为社会捐赠事例:

1997年7月,中国佛协接到朝鲜佛教联盟中央委员会紧急求援信,朝鲜几年连续遭受洪涝灾害,生活极其困难。根据中国佛协通知,长春般若寺代表全省佛教界捐赠两万元,由中国佛协统一购粮发送朝鲜佛教界。

1998年,吉林省佛协组织为国家级贫困县镇赉县哈吐气乡筹集扶贫款10万元,衣物1 000余件。于7月28日将所捐款物送至哈吐气乡,用于购买农资、粮食与维修校舍。同年夏季,白城、松原发生历史罕见的大洪水,大量农田被淹、村屯被困、大批房屋倒塌。吉林省佛教界在佛协的号召下,全省四众弟子短时间内筹集救灾款20万元,衣物1万余件及大量矿泉水,于8月27日送到灾区。

1999年2月3日,全省佛教界代表一行13人前往国家级贫困县延边州汪清县东光镇中学进行了实地考察,3月20日,吉林省佛协召开扩大会议,通报了考察情况并发出号召捐资助学。全省寺院共捐款8万元。后因国家及有关部门完善解决了东光镇中学的困难,吉林省佛教协会将8万元扶贫款捐给了遭受火灾的省级贫困县安图县三道乡中心小学。

2000年6月2日,是全国第十次助残日,吉林省举行"吉林2000年光明扶贫行动",吉林省佛教界响应号召,由佛协组织,为长春市南关区残联募捐11749元,使20例贫苦户、特困户的白内障患者实施手术,重见光明。9月26日,全省佛教界捐款6万元,送到白城市通榆县红旗村小学,用于该小学购买教学设备及教室维修。2000年9月26日,吉林省佛教协会将全省佛教界捐赠的6万元扶贫款送到白城市通榆县红旗村小学,用于该小学的教学设备及教师维修。

三、友好往来

1989～1996年,吉林省佛教协会先后接待了藏传佛教归国代表团;香港佛教联合会觉光法师、香港菩提学会永惺法师观光团;台湾华藏精舍净空法师旅游弘法团。

1993年,应香港宝莲禅寺邀请,吉林省佛教协会选派3名年轻沙弥、沙弥尼赴港受戒。

1995年,中国佛教协会安排松原市扶余区龙华寺方丈明徹法师与长春大佛寺监院成兴法师赴新加坡进行佛学交流。

1996年12月,北京西山灵光寺佛牙塔中供奉的释迦牟尼佛真身牙舍利第三次赴缅甸,接受数千万佛教徒为期90天的瞻礼供奉。1997年3月,供奉圆满,经国务院宗教局批准,吉林省佛教协会会长、长春般若寺方丈成刚法师随团赴缅甸迎请佛牙舍利回国。此次随国家组团出访,在全省佛教界尚属首次。

第九章　道　教

　　道教传入吉林省境内可以远溯到公元6世纪末7世纪初的唐代。明永乐十八年(1420年),在吉林市丰满区阿什哈达村朱雀山,辽东都司指挥刘清,创建龙王庙,并留有摩崖石刻佐证,这是吉林省有记载的第一座道观。1986～2000年,吉林省道教进入一个全新发展时期。恢复宗教活动和恢复建庙的速度较快。1986年,吉林省有恢复宗教活动宫观7座、18名道士。至2000年底,吉林省恢复宗教活动的宫观13座,道士71人。宫观规模扩大,多在依山傍水处恢复修建,仿明、清式古建筑,青砖青瓦,雕梁画栋,气势恢宏。大部分宫观都建有歇山式双檐斗拱的双层大殿及亭、台、楼、阁等建筑。一改过去吉林省道教宫观的狭小,构筑简陋的状态。宫观管理走向规范化、制度化、民主化、现代化。除监院管理庙宇外,各宫观相继建立民主管理委员会,制定了相应的规章制度,使宫观的管理更加完善。成立地区级道教协会的有通化市、辽源市。

第一节　道教宫观

一、宫观分布

　　1980年落实宗教政策,全省开始修缮破坏的道观。1986年,恢复宗教活动的宫观7座,道士18人。截至2000年,吉林省恢复宗教活动的宫观13座,道士71人。

2000年吉林省道教宫观情况一览表

表139

地区	宫观名称	监院姓名	性别	始建年代	恢复活动时间	备注
吉林	吉林市三清宫	刘圆慧	坤道	1908年	1993年	
	吉林市蟠桃宫	梁大乾	乾道	1870年	1981年	
	磐石市玉虚宫	杨鼎双	乾道	1901年	1982年	
	蛟河市玉皇阁	郭诚福	乾道	1821年	1993年	
四平	双辽市崇圣宫	张明礼	坤道	1912年	1981年	1997年至2000年由林至果、刘至羽主持教务。
	双辽市朝阳宫	韩至成	乾道	1913年	1981年	1981年至1998年由赵至孚、郝至萍主持教务。
辽源	辽源市福寿宫	赵理修	乾道	1906年	1980年	
	辽源市老君庙	赵理修	乾道	1915年	1993年	
通化	通化市玉皇阁	潘宗武	乾道	1877年	1984年	
	辉南县龙潭宫	臧崇志	乾道	1910年	1986年	
	柳河县三清宫	王理砚	坤道	1660年	1998年	
	通化县九圣庙	王诚慧	坤道	1909年	1996年	
白山	白山市玉皇庙	于理正	坤道	1902年	1997年	

二、主要宫观

吉林市三清宫 清光绪末年(1908年),在吉林市旺起镇白龙湾老道沟,建起一座道观,正殿三楹,配殿三楹。塑像30余尊,古朴清雅,小巧别致。常住道士20余人,除诵经做道场法事外,每当刮风或阴雨之夜还有一名道士手提一盏风灯,登上五龙山为松花湖里船只导航。所以香火旺盛,往来朝拜者众多。1948年土改被拆。

1989年,原在老道沟庙出家的几名道士陆续回这里结茅庵修行。1993年2月,刘圆慧道长发起恢复重建庙宇的申请,经吉林市丰满区有关部门批准,于1994年6月奠基,开始筹建吉林市三清宫。经多方奔走,化缘募捐,刘圆慧道长筹集资金200万元,完成了三清宫整体建设。由山门起依山势逐次向上形成三层殿宇,东西两重两进院落。依次为钟、鼓楼、关帝殿、灵官殿、慈航殿、药王殿、龙王殿、护法殿、真武殿、斗姆殿、三官殿、三清殿、客堂、斋堂、丹房、流通处等。塑道教诸神神像56尊。1998年7月24日举办三清宫落成和神像开光法会。

吉林市蟠桃宫 旧址在巴尔虎门外桃源山脚下,修建于清同治九年(1870年),翌年竣工。供奉王母、斗姆、观音、老君等神像。龙门派道士主持。每年农历三月初三举办蟠桃会,是吉林城解放前盛大庙会之一。新中国成立后,先后被民政部门利用做妓女改造所、干部疗养院、盲人草袋厂。1957年拆除正殿,改建成居民楼房。

1981年,道士梁大乾携徒弟6人,开始在吉林市龙潭山原关帝庙旧址处开始进行宗教活动,并筹备易址恢复重建吉林市龙潭山道教蟠桃宫。1995年,吉林市宗教局正式审批为宗教活动场所。建有协天大帝关帝殿1座,山神土殿庙1楹,铸铁香炉鼎1座,寮房及客堂4楹。

磐石县(磐石市)玉虚宫 清光绪二十八年(1901年),乡里绅士张立真,在磐石市石咀乡北马宗村建起一座宗庙,称之为娘娘庙。庙宇规模较小,只有三楹硬山式正殿,供奉娘娘、山神、土地、黄三太爷诸神像,配殿只有三间茅草土坯房,用于食宿之用。初始并无道士,1946年,黑龙江省密山市慈云庵主持张宝庆云游来此修炼。新中国成立后,在土改时正殿被拆毁,"文化大革命"期间仅存的三间草房也被毁,张宝庆被迫回黑龙江原籍。

1982年3月,张宝庆道长派徒弟杨鼎双回到北马宗村娘娘庙旧址,结三间茅庵修行传道。1993年报请有关部门批准,开始筹建"玉虚宫"。1994年秋完成第一期工程,经磐石县宗教局审批为道教活动场所。1997年建成占地3 200平方米,依山势而成的三层大殿,三重院落。山门、钟、鼓楼、娘娘殿、玉皇殿、老君殿、护法殿等全部采用仿明、清式古建筑,雕梁画栋,贴金漆彩。同年8月举办开光庆典。

1999年5月修建慈云塔、师祖殿,同年10月工竣,并举办落成暨神像开光法会。

蛟河县(蛟河市)玉皇阁 清道光末年(1821年),有关内云游到蛟河县拉法山的卞、王、薛、白四位道士,在拉法山深处海拔1 000余米两山峰连接处修建玉皇阁。此处山高林密,悬崖陡峭,山洞众多,四位道士只修建一座玉皇殿,又修建三楹娘娘殿、山神殿、护法殿及茅寮三间供食宿。其余则利用山洞开辟殿堂。先后建成龙王洞、穿心洞、云光洞、通天洞、圣水洞等。1947年秋遭火灾,地面建筑被烧毁。

1991年,拉法乡在进一步开发拉法山国家森林风景区旅游项目时,动员各村屯捐资16万余元,历时二年半,建成玉皇阁大殿一座,护法殿一楹,城隍殿一楹。寮房一栋三间及香炉、纸海。修葺整理太极洞、太和洞、圣水洞、龙王洞、通天洞、云光洞等十余处,大洞可容千余人,小洞三五人。洞内供奉道教、佛教诸神及儒圣孔子等塑像数百尊。1993年龙门派24代弟子郭城福道长到玉皇阁主持宗教活动。

双辽县(双辽市)崇圣宫　坐落于古城郑家屯(今双辽市)辽北街中段。始建于清宣统四年(1912年)。又称祖师庙。由当时的郑家屯皮行行会出资所建。建筑以正殿(祖师殿)为中心,两侧建左右配殿,正殿主祀孙武神像及行业祖师,配殿供奉城隍,土地及胡三太爷、黄三太爷诸神像。起初并无常住道士,只是由商行自己管理,并接待云游道士住宿。后交由道士朱永清管理,至解放初期已经拥有房屋78间,土地10余亩。该庙香火旺盛,有求必应,朝拜者络绎不绝。新中国成立后,该庙房产及土地等大部分被居民占用,只剩下大殿和两栋平房留给庙里。"文化大革命"中大殿被拆除,只留3间平房给两名老道士居住。1980年恢复宗教政策后,张明礼道长、赵明一道长在留存的3间青砖房内修行并开展宗教活动。张明礼任监院。二位老道长都已80多岁高龄,没有恢复重建大殿的能力,但却将近万元积蓄在羽化前交由徒弟保管,嘱其留待日后恢复建庙时用。1996年2月,张明礼羽化升仙,享年102岁。徒弟们在郊外为其建筑一座花岗岩石塔供奉。其徒弟林至果道长、刘至羽居士等人继续开展宗教活动。

双辽县(双辽市)朝阳宫　朝阳宫,原名娘娘庙,系由龙门派十八代弟子朱永清携徒尚圆福等人筹建,坐落于古城辽北街南端与白市路交会处,始建于1913年。新中国成立后,大殿被拆毁,道士四散,房屋被分给了居民,只为三名无家可归的道姑房明清、房明中、董明珍留下三间青砖平房居住。1981年朝阳宫恢复宗教活动,由赵至孚、郝至萍先后主持教务,1999年韩至成道长接任朝阳宫并任监院。

辽源市福寿宫　清光绪三十二年(1906年),全真道金山派道士王坐全主持修建应寿宫。选址于当时西安县龙首山南麓,依山势由下而上修筑。五层大殿,逐层增高,头两层殿修建在平地,后三层殿沿山麓往山上修建,第五层殿接近山巅,全部采用传统的宫殿式建筑,甚为壮观。1923年,又建一座六角形两层楼阁式建筑,高7米,阔5米,六角飞檐平展晴空,楼南角正上方高悬红底金字"魁星楼"匾额一方。建成后易名福寿宫。新中国成立后,福寿宫被占用,道士流散。"文化大革命"期间,再次遭到破坏,残存的大殿和二十八间房屋,被工厂和居民占用。1980年落实宗教房产政策,开始恢复宗教活动。

1991年,道士王全林(13岁即在福寿宫出家,任中国道教协会理事、辽宁省政协常委、辽宁省道教协会会长、鞍山市政协常委、鞍山市道教协会会长、千山道教五龙宫监院)在回乡探亲祭祖时,踏查母庙福寿宫。经向辽源市有关部门申请获准后,筹集资金组织复建。到1995年,王全林道长共筹资160万元,完成了首期复建工程。建成慈航殿、三官殿、护法殿。还有四栋道士居住的寮房、斋堂、客堂、流通处。连同道路和上下踏步,占地面积达1.5万余平方米。购置各种法器13件,迎请三官大帝、观音菩萨圆通自在天尊等诸神神像20余尊。1995年8月2日,举办福寿宫第一期工程落成典礼和神像开光法会。

1996年,福寿宫正式登记为宗教活动场所。赵理修道长为福寿宫监院。1996年6月至2000年10月,赵理修道长先后又筹集资金200万元对庙宇进行扩建、维修、绿化、完善配套设施等工程。新建配房两栋,围墙760米,两道30多米高护坡墙、菱形迂回式台阶100余级。并对大殿、配房进行了全面整修,为观音菩萨圆通自在天尊、送子娘娘、眼光娘娘神像贴金。栽植松树、云杉、花木等风景树木800株。

辽源市老君庙　建于1915年,有老君殿一座,护法殿二楹,寮房三间。主奉太上老君神像,两侧供奉南华真人和冲虚真人塑像。建成后,交由福寿宫道士管理。1947年,老君庙被附近的矿工改为民宅居住,神像被毁。1991年,落实宗教政策,庙产归还道教。由原福寿宫道士于全生主持恢复老君庙。2000年,由赵理修道长兼任老君庙监院。常住道士2人。

通化市玉皇阁　清光绪三年(1877),李合顺,李合慧两兄弟,在佟佳江(今浑江)江畔北岸山巅上建庙宇一座,草房三间,名玉皇阁(又名天成宫),山因此而得名玉皇山。1920年秋,通化县知事潘德荃主持改建玉皇阁,增建关岳庙、龙王庙、老母庙。1933年秋,原东北军奉天陆军步兵第二团团长廖弼宸少将,携通化商务会会长战庆吉,出资扩建玉皇阁,建后殿九间,两庑六间,一层殿九间,两庑六间,前殿三间和钟鼓楼。新中国成立后到1957年,有关部门对玉皇阁进行过四次修葺。1961年5月22日,通化市政府公布玉皇阁为市级重点文物保护单位。

"文化大革命"期间,玉皇阁后殿及部分塑像被破坏,道士流散。马殿、一层殿和两庑曾一度被改为"文化展览厅"。监院于通文于1967年羽化。

1982年,玉皇阁划归通化市园林处管理。1984年政府拨款修缮,新塑关羽、岳飞、玉皇大帝、吕洞宾、碧霞娘娘等诸神像及修缮钟鼓楼。

1986年10月7日,通化市政府公布玉皇阁为市级重点文物保护单位。1987年5月,潘宗武道长从沈阳太清宫来到玉皇阁担任监院。1988年4月1日,全部产权归玉皇阁。1989年3月经通化市政府宗教事务部门同意,由潘宗武主持成立通化市道教管理委员会。

1992年,通化市道教管理委员会利用100多万元的香火钱重修玉皇阁中殿、鼓楼及配房。右侧修建护法殿。在大殿走廊的左右两端各供有鬼王、施病瘟。

1994年,通化市道教管理委员会拨款400多万元重修后殿,后殿分两层共十八间。一层从左至右分别为:三官殿,供奉天、地、水三官大帝神像各一座。三清殿,供奉玉清元始天尊、上清灵宝天尊、太清道德天尊神像各一座,另左右供灵官、二郎神、观世音、土地各一座。雷祖殿,供奉雷祖大帝神像一座,另左右供风、雨、雷、电神各一。二层分别为:斗姆殿,供斗姆神像一座,左右分别供左辅星君、右弼星君各一。玉皇殿,供玉皇大帝神像大小两座,每座神像左右有侍童各一,另外左右分别供奉灵官、二郎神和都土地各一。邱祖殿,供奉龙门派祖师邱处机神像一座,左右侍童各一。中殿原玉皇殿改为孔子殿,供孔子、关羽、岳飞像,另有关平、周仓像。

1999年,通化市道教管理委员会又分别在玉皇阁的左右兴建观世音殿和瑶池宫(又称瑶池金母殿)。观世音殿内供奉观世音神像一座,另有护法神像一座。瑶池宫内供奉西王母神像一座,另有侍童像四座。

辉南县龙潭宫　清宣统二年(1910),龙门派道士张至诚,道号成仙子偕徒弟杜理泰主持修建洗尘洞。选址于今吉林省辉南县金川镇大龙湾北侧山峦。后称为龙潭宫。

龙潭宫道院共分两院,上院为龙潭宫。辟有龙王洞为主要殿堂,供奉太上老君、玉皇大帝、龙王诸神铜像。左下方有一个山洞名三清阁,供奉三清道祖。“文化大革命”中道观被毁,神像被投入潭中,道士被遣散。

1986年,龙潭宫作为旅游观光景点,由金川乡政府将龙潭宫修复后,归还道教管理主持。潘宗武、杜至善、周理玉、曹清莲等道长先后在这里开展宗教活动。

1995年4月15日,臧崇志回龙潭宫主持教务,先用积蓄的3 000余元修复三清阁,后又筹资2万余元扩修龙潭宫洞内。

1998年7月24日,经辉南县政府宗教事务局、辉南县金川镇政府同意,龙潭宫为宗教活动场所,臧崇志任监院。

柳河县三清宫　三清宫始建于明末清初年间(1660年),位于罗通山锁龙潭西北侧。三间大殿,两廊配房,青砖灰瓦,古朴精致。不远处有道士洞二个,大洞干爽,砌有火炕烟囱,供道士居住,小洞在悬崖上部,乃道士念经打坐之处。该道观因地处柳河、梅河、辉南三县交界处,加之名山胜地,神仙灵应,所以深受善男信女崇拜敬仰,数百年间香火常旺,祭祀不绝。1934年夏,抗日英雄杨靖宇西城布下“口袋阵”,大败汉奸邵本良,邵恼羞成怒,收拾残部将三清宫等古建筑一把大火焚毁。

1992年3月25日,出家于通化市玉皇阁的王理砚道长应柳河县政府之邀,复建三清宫。历经六年时间,王道长共筹集资金160万元,建起观音殿、财神殿、护法殿、客堂、寮房、斋堂、山门、围墙等。

通化县九圣庙　位于吉林省通化市通化县快大茂镇河口村。九圣庙原名九圣祠,始建于1909年。该祠长、宽、高各八尺,又称八尺庙。1995年6月,河口村村民和一些道教信徒自发的筹集资金20万元,恢复修建这座庙宇,占地面积700平方米,建成山门、钟、鼓楼、九圣殿、护法殿、城隍殿、两侧配房,称为九圣庙。1996年8月,通化市玉皇阁监院潘宗武派徒弟王诚慧道长到九圣庙主持道务。并报通化市宗教事务局批准为固定活动场所。

浑江市(白山市)玉皇庙　玉皇庙始建于清光绪二十七年(1901年)。新中国成立初期遭到损毁。1992年由白山市八道江区群生村当地群众自发恢复重建庙宇。于1997年完成恢复工作。庙宇布局随山势层层而起,由山门、前殿、中殿、后殿组成,两边建有客堂、斋堂、寮房26间。1998年3月,全真道龙门派第二十二代传人于理正道长到此主持教务。经白山市宗教事务部门批准为宗教固定活动场所。道观定名为白山市玉皇庙,于理正道长为监院。于理正道长又筹集资金300万元,对庙宇进行扩建。至2000年12月,建成三层殿,两重院落,六处大殿,塑有计54尊诸神神像。配房四十余间,供住宿、斋房、客堂、流通处、仓库等使用。庙内石壁上雕刻有阴阳八卦神图。

扶余县三清宫 清宣统三年(1911年),龙门派26代弟子刘崇平携徒王高升等,在今扶余县伊家店乡大瓮圈山修建灵云洞。"文化大革命"中灵云洞道观被毁。

1994年,刘崇平的关门弟子于高水主持恢复灵云洞,易名为三清宫。1995年扶余县宗教局批准三清宫为道教活动场所,于高水为监院。至2000年,建成三清大殿一座,斋堂、寮房、客堂9间。修建三元古洞、青云洞、灵光洞、灵隐洞、炼丹洞等十余个,自西向东沿河边排列千余米,极具地方特色。

三、宫观管理

道教的清规戒律既多且严,要求道士应公平正直,忠孝和睦,苦志常修,修真养性,持念经咒,积功累行等。自1981年起恢复宗教活动后,将道教宫观定为固定宗教活动场所,管理工作开始走向制度化,规范化,人性化,逐渐废除肉体与精神的惩罚。各宫观都成立了民主管理委员会。定有《宗教管理制度》《重大事件汇报制度》《财务管理制度》《安全防火制度》《道士守则》《文物管理制度》等相应的管理制度,使宫观管理更加完善。吉林省道教宫观的资金主要来源:一是社会各界和信徒的捐赠。二是门票与香火钱的收入。三是有条件的宫观兴办第三产业以增加自养资金的收入。

在道统的传承上,大部还是沿袭古老的宗教传承。例:道士除戊日外,必须每天上殿诵《玄门日诵早晚功课经》。道教在收徒入道上还是按师徒传承制。如辽源市福寿宫在客堂墙上写有《入庙道童必读》:太上立教,重道贵德,南宗北派,五祖七真,至今皆秉师传。出家入庙,即值名师,依凭道舍,弃俗脱尘,黄褐玄中,舍世荣华,随缘随份,广种福田,惟道是务,远离是非,流言当止,万缘不累。自己灵明清静为本,虚无为体,柔弱为用。忘却在俗之时荣显与过错,勤于庙务,待到三年功行圆满,学道有成,由师父推荐道门考核认定为道士。

入庙出家未满三年,不分老幼男女,皆称道童。道童之间,不分年龄性别,皆以师兄、师弟相称。先到者为师兄,后来者为师弟。对参访、挂单道长、道童,姓张称张爷,姓李称李爷……对香客,不分年龄,男女、均称施主。

吉林省道教宫观道士平时诵经或做道场时诵经多为《玄门日诵早晚功课经》,

《三官经》《太上灵宝施食经》《接驾经》等。

平时习诵的有:《道德经》《南华经》《丹经》《吕祖全经》《道藏辑要》等。

吉林省宫观日常管理分工主要根据各宫观的规模大小及道士的多少而设。较小的宫观通常只有监院和殿主。

监院:掌管全宫观,是行政事务的总负责人,由众望所归,学识渊博,有办事能力的道士担任。

知客:是宫观的监察人员,并负责管理宫观日常事务。

经主:负责诵经事宜。

账房:负责财务记账事务。

殿主:主管本殿一切事务。

督厨:负责斋堂管理事务。

夜巡:负责宫观安全事务。

第二节　道教活动

吉林省道教宫观经常举行的各类宗教活动,斋醮仪式有定期的和不定期的。定期的斋醮仪式是宫观固定的,一般为祖师、神灵圣诞日,节庆日,重要民俗日等。不定期的斋醮仪式一般是信士、斋主所做的祈福迎祥或济幽度亡类道场。还有根据具体情况所举行的大型宗教活动、社会活动及事务活动。

一、门派与信徒

自1980年吉林省落实宗教政策,道教开始进行宗教活动。1981年全省有道士29人,2000年有道士71人。道士数量逐年增加,但是从事道教活动的道士构成成分比较复杂。简略划分有以下三类。一种是新中国成立前出家的道士,"文化大革命"期间陆续停止道教活动,被迫从事其他行业谋生,或还俗成家。落实宗教政策生,这部分人又陆续开始进行道教活动,但为数极少。第二类是恢复宗教政策后陆续出家的道士,这部分人在吉林省道士中所占比例不大,但这些人却大部分是吉林省道教宫观的管理者或道教法事道场的实际组织者,其中许多人参加过中国道教协会及道教学院组织的培训班或专修班学习。第三类是其他非专修道士,包括农民、下岗职工、退伍军人、爱好气功修炼者等。这部分道士占总人数的40%,是造成道士队伍中流动性大和不稳定的因素。

吉林省道士95%以上属全真道士,住宫观生活,乾道和坤道可以在同一宫观修炼。乾道是对全真道男道士的称呼,坤道是对全真道女道士的称呼。教外人士对道士一般称呼道长,在前面冠以姓名,称"王道长""李道长"。至2000年统计,全省有道士71人。道教信徒没有严格的概念和标志,很难统计出信仰者人数。根据到宫观皈依认师和经常参加宗教活动的信众进行统计,2000年,吉林省有道教信徒4 000人。

二、道教团体

各级道教协会是道教徒联合组成的爱国宗教团体和教务组织。至2000年,吉林省成立道教协会的地区有通化市道教协会,辽源市道教协会。

辽源市道教协会 1997年2月14日,辽源市召开第一届代表大会,来自全市各区、县的道教界代表13人,各界特邀代表共28人参加会议。

会议审议通过赵理修道长代表道协筹备小组所做的工作报告,通过《辽源市道教协会章程》。选举产生辽源市道教协会第一届理事会。王全林当选为会长;赵理修为副会长,祝真玄为秘书长,武星北(居士)为副秘书长。

通化市道教协会 1995年5月18日,通化市召开第一届代表大会,来自通化市各区、县的道教界代表20人出席会议。

会议审议通过潘宗武道长代表道协筹备小组所做的工作报告和《通化市道教协会章程》,选举产生通化市道教协会第一届理事会。潘宗武当选为会长,杜至善为副会长,同时兼任秘书长。理事会理事共7人,潘宗武、杜至善、王理砚、徐理智、曹高云、刘诚民、王诚慧。

三、法会庆典活动

1989至2000年,吉林省道教的法会庆典活动主要有殿堂奠基、上梁法会,诸神像开光法会,监院升座庆典等活动。还有在法会中举行的"冠巾"仪式,"冠巾"是全真道对修行三年以上的道士认证身份和精研戒律的重要活动,是道脉得以延续的重要途径。

吉林市三清宫 1998年7月24日,举办三清殿、三官殿、慈航殿、救苦殿、护法殿等落成暨三清尊神、三官大帝、观音菩萨、太乙救苦天尊、护法诸神神像开光法会。吉林市宗教局领导,丰满区政府、政协、统战部、宗教局、公安局等部门领导、旺起镇政府各部门领导。辽宁省道教协会会长王全林道长,北京白云观知客赵太安道长、东北道教诸山道长,吉林市佛教协会会长释正德大师、秘书长张义。各界人士和信教群众16 000余人参加此次法会庆典。

磐石县(磐石市)玉虚宫 1997年8月,玉虚宫举办老君殿、娘娘殿、玉皇殿、护法殿落成暨太上老君、玉皇大帝、护法尊神共13尊神像开光法会。磐石县政协统战部、宗教局、公安局及石咀镇政府等有关部门领导,通化市道教协会会长潘宗武道长,辽源市道教协会副会长赵理修道长及诸山道长,各界人士及信教群众10 000余人参加了这次开光法会。磐石市宗教局赵振子局长作重要讲话,辽源市福寿宫监院赵理修道长祝贺词。

1999年9月,玉虚宫举办慈云塔、祖师殿落成庆典法会,参加庆典法会的各界群众约3000余人。

柳河县三清宫　1998年9月19日,举办三清宫揭匾剪彩和全部神像开光法会庆典。柳河县政府、政协、统战部、宗教局、旅游局、文化局等部门领导,中国道教协会副秘书长,辽宁省道教协会会长王全林道长,通化市道教协会会长,玉皇阁监院潘宗武道长,省内外道教界诸山道长及各界群众8 000余人参加此次开光庆典法会。

辽源市福寿宫　1992年农历七月十四日,福寿宫举办复建奠基法会。社会各界人士2万余人参加此次活动。

1995年农历八月二日,福寿宫举办第一期工程落成典礼和神像开光法会。中国道教协会秘书长,吉林省宗教局领导,辽源市委、市政府领导和有关部门的负责同志参加落成典礼,观看开光法会。全国各地道协、宫观诸山道长前来祝贺,信众、香客、游人及各界人士共有十万多人。

1998年农历四月十八日,福寿宫举办传统娘娘庙会。并举行贴金身观音菩萨圆通自在天尊、送子娘娘、眼光娘娘诸神像开光法会。来自各地各界3万多人逛庙会,敬香拜神仙。

浑江市(白山市)玉皇庙　2000年农历五月二十四日,举办五座大殿落成暨三清、玉皇大帝、财神、关帝、娘娘等19尊诸神像开光庆典法会。省内外诸山道观道长及社会各界人士、信教群众8 200余人参加观看此次开光法会。

四、节 日 活 动

道教的节日活动多而繁杂,随着时代的推移,有些已经失传了。1989至2000年,吉林省道教宫观主要有接玉皇驾、尊神、祖师圣诞的庆贺与祝寿仪式、清明节和中元节等所做的济幽度亡道场、"祀灶"和"拜月""礼斗"与"顺星"、庙会。

接玉皇驾　接玉皇驾是道教重要的节庆宗教活动。因玉皇在道教的神仙系统中地位极尊,并且在民间的信仰也极其广泛,所以斋醮仪式特别隆重,此日道教各宫观内均要举行隆重的庆贺科仪,时间是农历十二月二十五子时。

尊神、祖师圣诞的庆贺与祝寿仪式　在某位尊神或祖师的圣诞日要进行庆贺,祝寿活动。通常在正日的前一天晚上,所有道众云集在正殿参加祝寿仪式。在正日那天,一般要做一上午的道场以示庆贺,并有众多的信徒参加。同时也为信徒祈福纳祥,还进行诸如为信仰者所请的神像举行"开光"等宗教仪式。

清明节和中元节等所做的济幽度亡道场　清明是传统祭祀祖先及亡故亲朋的日子,在这天道教宫观要做济幽度亡道场,教内称为做"普济道场"、放"普度焰口"。道场一般是下午开始直至晚间结束。约有六七个小时。这种道场在为信徒的亡故亲人、朋友超度的同时,还为宫观内部羽化道士及"孤魂野鬼"超度。中元节(农历七月十五)是道教尊神"地官"圣诞日,同时也是传统祭祀节日,所以在民间又俗称"鬼节",在这天所有的道教宫观,白天做祈福禳灾道场,晚间放"普度焰口"。

"祀灶"和"拜月" 道教宫观在农历腊月二十三要举行"祀灶"仪式,时间多在晚间。在农历八月十五(中秋节)要做祈祷月亮神(太阴神)宗教仪式,俗称"拜月"以酬谢太阴照临之恩,仪式多在圆月升起之时进行。

"礼斗"与"顺星" "礼斗"又称"拜北斗"其目的是祈福延寿,保佑宫观,家庭平安。有条件的宫观在农历每月初三、十三、二十三做"礼斗"科仪。"顺星"就是祭拜岁星(又称太岁或执年太岁),一般在正月初七、初八进行。普通信徒"顺星"只求一年福星高照,万事顺心如意。道士"顺星"则祈求本命元辰护佑自己修真炼性,进道无魔。

庙会 庙会是由道教神仙圣诞演化而来,最初只是敬神,上香,许愿等活动,后来发展成集纪念,娱乐,购物,会友等为一体的大型道教与民俗活动。现在仍然保留的传统庙会有正月初九玉皇庙会,二月十五老子庙会,三月初三王母娘娘蟠桃会,四月十八娘娘庙会,五月十三关公庙会等。庙会除举行许多场法事活动外,还有各种演出和书法绘画展示,以及土特农副产品,工艺品,日用品交易,道士为民众义务诊病、看相等活动,深受群众欢迎。

1989至2000年吉林省道教主要节日活动表

表140

日期	活动内容	日期	活动内容
正月初一	天腊之辰(春节)	六月初六	天贶节
正月初九	昊天玉皇大帝圣诞(送驾)	六月十九	观世音菩萨圆通自在天尊成道日
正月十五	上元天官紫微大帝圣诞(上元节、元宵节)	六月廿四	关帝、雷神、王灵官、黑妈妈圣诞
正月十九	祖师邱长春真人圣诞(燕九节)	七月初七	道德腊之辰、大成魁星圣诞(乞巧节)
二月初二	福德土地正神圣诞(龙抬头)	七月十五	中元地官清虚大帝圣诞(中元节)

续表

日期	活动内容	日期	活动内容
二月十五	太上道德天尊老子圣诞 （三清节）	七月十八	王母娘娘圣诞
二月十九	观世音菩萨圆通自在天尊 圣诞	七月十九	值年太岁圣诞
三月初三	北极真武玄天大帝圣诞， 王母娘娘蟠桃会	八月初三	九天司命灶君、姜太公圣诞、北斗下 降之辰
三月十八	后土皇地祇、中岳大帝圣诞	八月初八	西王母瑶池大会
三月廿三	天后元君圣诞 （妈祖）	八月十五	妙果素月天尊圣诞（中秋节）
三月廿八	东岳大帝圣诞	九月初一	正一福禄财神圣诞
四月初八	释迦文佛，九殿平等王圣诞	九月初九	斗母元君、丰都大帝、重阳帝君圣诞 （九皇会、重阳节）
四月十四	纯阳祖师吕洞宾圣诞	十月初一	民岁腊之辰 （三巡会）
四月十八	泰山娘娘圣诞（天仙圣母）， 娘娘庙会	十月十五	下元水官洞阴大帝圣诞 （下元节）
四月廿八	药王孙思邈、神农先帝圣诞	冬至	玉清元始天尊圣诞 （三清节）
五月初五	地腊之辰 （端午节）	十二月初 八	王侯腊之辰 （腊八）
五月十三	关圣帝君圣诞 （关老爷磨刀日）	十二月廿 三	子时送灶王、百神上天 （小年、交年节）
夏至日	上清灵宝天尊圣诞 （三清节）	十二月廿 五	子时迎鸾接驾 （玉皇大帝下界日）
五月十八	张道陵祖天师圣诞	十二月廿 九或三十	诸神下降人间、（除夕夜）

五、社会活动

1989至2000年,吉林省道教开展的社会活动主要有为国家、地方、百姓所举办的降请神真,以醮神谢恩,并祈求国泰民安、风调雨顺、万物阜丰、社会和谐的各类法会。还有经常性的参与救灾、扶贫、助学、敬老、修桥、修路、环保等社会慈善事业活动。有各类事务活动,主要是贯彻落实及参与各级政府宗教事务部门所要求和组织的各项活动,参加中国道教协会、外省市道教协会、其他宗教所举办的各类活动。此外,吉林省道教界人士一贯重视祖师教导与关心时事政治,除做好日常道务工作以外,还积极参政议政,谏言献策,爱国为民。有部分道士被选举为政协委员,人大代表。如吉林省吉林市三清宫监院刘圆慧(1995年被选举为吉林市丰满区政协委员)、吉林省辽源市道教协会会长王全林(1992年被选举为鞍山市人大代表、1993年担任鞍山市法制宗教委副主任、市政协常委委员、1997年被选为辽宁省政协委员)、吉林省辽源市福帮宫监院赵理修(1997年被选为辽源市政协委员;1999年当选为辽源市政协常委)、吉林省通化市道教协会会长、通化市玉皇阁监院潘宗武道长(1993年被选为通化市政协委员、1998年再次当选为政协委员)、吉林省柳河县罗通山三清宫王理砚道长(1993年3月10日被选为柳河县政协委员)。

吉林市三清宫 1995年,桦甸县遭受水灾,三清宫为县民政局送去大米20袋、面粉20袋、豆油10桶,以及信众捐献的各类衣物6包,并捐款1 700元。

1996年6月,为大石村建农民图书室捐款1 000元。

1996～1997年,为大石村小学校舍全部更换新门、窗、黑板,捐建图书室,购买一台电子琴。累计金额28 000元。

1995年至2000年,为旺起镇敬老院送粮、油、日用品及修缮房屋等合计人民币24 000元。

1995年至2000年,维修旺起镇至大石村18千米长的道路捐款60 000元。

1995年至2000年,为大石村春天缺种子、化肥种不上地的农民,为房屋受水灾损坏的贫困户,为孤寡老人和贫困户学生累计捐款40 000元。

1998年,三清宫为吉林省遭受水灾的灾区人民捐款6 000元。1998年,刘圆慧道长被吉林省宗教事务局评为1998年抗洪先进个人、五好宗教教职人员。1999年,三清宫被吉林市丰满区宗教局评为十好宗教活动场所,刘圆慧再次被吉林市人民政府宗教事务局评为五好宗教教职人员。

磐石县(磐石市)玉虚宫 1998年,为受洪涝灾害的灾区捐款5 000元。1995年至2000年,每年捐助扶贫助学款1 000元。1999年秋,磐石县居民申太明遭遇车祸,由于家庭贫困无钱医治,玉虚宫为其捐款7 000元。

蛟河县(蛟河市)玉皇阁 1997年,为拉法乡山咀村生活困难的残疾人顾淑莲捐助2 000元。

1998年为发生水害的灾区人民捐款2 000元。

辽源市福寿宫　1997年农历四月十八日,福寿宫、老君庙和辽源市道教协会结合传统民俗庙会,共同举办"喜迎香港回归,庆福寿宫建庙百年"大型祈福迎祥法会,共有8万人参加。

1998年,福寿宫、老君庙多次举办情系灾区人民,祈祷平安法会,募捐赈灾。共计为灾区捐13万元。赵理修监院获得中国道教协会抗洪救灾先进个人奖。福寿宫荣获吉林省宗教事务局颁发的全省宗教界抗洪救灾先进集体奖,获《爱国爱教扶危济困》匾额一块。赵理修道长荣获先进个人奖。1998年11月17日,吉林省宗教事务局在辽源市福寿宫举办首届道教宫观负责人培训班。14人参加培训。培训班传达了中国道教协会第六届全国代表大会的会议精神和国家、吉林省下发的有关宗教政策文件精神。

1999年,辽源市西安区发生洪灾,福寿宫捐款2万元。为辽源市南康立交桥建设捐款1.5万元,为龙山公园维修道路,危亭等捐款3万元。为东辽县农民金绍华等贫困户捐款3万元,并为金绍华建起三间砖瓦结构房屋一栋。1999年12月,辽源市政府宗教事务局,授予辽源市福寿宫六好宗教活动场所称号,并颁发匾额一块。

通化市玉皇阁　1993年,潘宗武道长参加中国道教协会第五届代表大会,被选为常务理事。1993年6月,潘宗武道长参加了中国道教协会在北京举行的道教界爱国爱教先进集体先进个人表彰大会,被评为爱国爱教先进个人,获金奖牌一枚。1995年夏,日本道界通化会友好访道代表团一行15人,在傲佑团长的带领下,参访通化市玉皇山玉皇阁。并赠送50厘米口径铜磬一个。1995年11月,潘宗武道长在中国道教第二次传戒中被邀请担当护坛大师。1997年6月和1999年7月分别举办"迎香港回归"和"庆建国50周年、迎澳门回归"大型吉祥法会,通化市政府有关领导和各界群众共4万余人参加了这两次法会。

1998年,为南方洪涝灾害捐款5 000元。为吉林洪涝灾害捐款6 700元。为通化大都岭水灾捐棉被50套,胶鞋50双。1998年8月24日,中国道教协会授予潘宗武荣誉证书。1998年12月,潘宗武被吉林省人民政府宗教事务局评为抗洪救灾先进个人。1998年,潘宗武道长参加中国道教协会第六届代表大会,被选为常务理事。

1992年至1999年,为银厂敬老院每年捐助衣服、被褥、粮油、水果等累计金额6 000元。1998年为通化师范学院贫困学生陈磊、王晓华捐助学资金3 200元。

浑江市(白山市)玉皇庙　1998年,长江流域发生特大水灾。玉皇庙特邀辽宁省千山道教经师举办为灾区人民祈福迎祥法会,郊区乡政府,青山湖旅游区领导及信徒计300余人参加法会。并为灾区募捐善款2 560元,邮寄到中国红十字会。1999年7月10日,举办"迎澳门回归,构建和谐白山"吉祥法会。八道江区政府有关领导,市郊乡政府领导及800余名群众参加此次法会。1999年7月,资助两名贫困大学生上学每人2 000元。2000年,资助城郊乡农民张力维修漏雨房屋5 000元。

第十章 伊斯兰教

1989～2000年,吉林省伊斯兰教处于恢复和发展阶段。1989年,全省有清真寺82座,阿訇78人,穆斯林人口12.27万人。2000年,全省有清真寺88座,阿訇98人,穆斯林人口12.72万人。

清真寺自身建设加强。1989年,在全省82座清真寺中成立民主管理组织的清真寺74座,占清真寺总数的90.24%;到2000年,全省88座清真寺均全部成立民主管理组织。自1996年开始,各地清真寺开展创建"模范清真寺"活动,1997年有2座清真寺被中国伊斯兰教协会命名为"全国模范清真寺",1998年有7座清真寺、1999年有9座清真寺、2000年有9座清真寺被评为"吉林省模范清真寺"。1989～2000年,全省为培养阿訇接班人举办经学班,累计培养学员104人。

全省各地穆斯林参加日常宗教活动的人数增加。1989年,在各市(州)政府所在地较大清真寺参加每周一次主麻日聚礼的穆斯林平均60人;在各县(市)政府所在地清真寺参加主麻日聚礼的穆斯林平均40人;在各乡(镇)、村清真寺参加参加主麻日聚礼的穆斯林平均5人。2000年,各市(州)政府所在地较大清真寺参加主麻日聚礼的穆斯林平均100人;在各县(市)政府所在地清真寺参加主麻日聚礼的穆斯林平均80人;在各乡(镇)、村清真寺参加主麻日聚礼的穆斯林平均12人。

第一节 清真寺

一、清真寺分布

1989年,吉林省有清真寺82座,其中长春市17座、吉林市18座、四平市7座、辽源市4座、通化市8座、浑江市6座、松原市6座、白城市4座、延边朝鲜族自治州8座。1989年3月,延边朝鲜族自治州汪清市清真寺恢复并在政府登记。1989年6

月,长春市榆树市怀家乡牛头山清真寺恢复并在政府登记。1990年10月,延边州龙井市老头沟镇天宝山新建清真寺并在政府登记。1993年1月,四平市伊通县周户清真寺恢复并在政府登记。1995年2月,四平市公主岭市怀德镇沿河街清真寺因礼拜殿等主要宗教活动设施无力恢复,不能开展宗教活动,撤销在政府的登记。1996年8月,长春市德惠市朱城子镇清真寺恢复并在政府登记。1997年3月,长春市郊区大南乡小营子清真寺因没有阿訇,不能开展宗教活动,撤销在政府的登记。1998年1月,吉林市船营区炮手屯清真寺恢复并在政府登记。1999年5月,长春市宽城区宋家清真寺恢复并在政府登记。1999年11月,长春市绿园区新建皓月礼拜殿并在政府登记。到2000年底,吉林省有清真寺88座,其中长春市22座、吉林市17座、四平市9座、辽源市3座、通化市11座、白山市7座、白城市4座、松原市6座、延边朝鲜族自治州9座。这88座清真寺分布在市区内16座,占清真寺总数的18.18%;分布在县(市)政府所在地32座,占清真寺总数的36.36%;分布在乡(镇)、村的40座,占清真寺总数的45.46%。

2000年吉林省清真寺情况一览表

表141

清真寺名与寺址	修建年代	面积(平方米)	
		占地	建筑
长春市南关区长通路清真寺	道光四年(1824)	16 700	2 022
长春市二道区东盛大街清真寺	1941年	1 000	600
长春市宽城区宋家清真寺	1945年	70	55
长春市绿园区1111号皓月礼拜殿	1999年	6 300	3 284
农安县农安镇宝安路清真寺	咸丰二年(1852)	2 240	1 100
德惠市德惠镇西六道街清真寺	1916年	2 500	1 268
德惠市郭家清真寺	光绪十三年(1887)	2 000	240
德惠市朱城子镇清真寺	光绪八年(1882)	300	152
榆树市榆树镇清真寺	光绪二十六年(1900)	660	661
榆树市五棵树镇清真寺	道光元年(1821)	1 200	210
榆树市怀家牛头山清真寺	1930年	1 500	45
九台市九台镇清真寺	1912年	1 403	1 142

续表

清真寺名与寺址	修建年代	面积(平方米)	
		占地	建筑
九台市蜂蜜营村清真寺	康熙朝	1 000	350
九台市宝山村清真寺	雍正朝	198	135
九台市红石村清真寺	乾隆朝	600	150
九台市沐石河前央村清真寺	雍正朝	400	200
九台市六台乡团结村清真寺	宣统朝	630	220
九台市波泥河乡波泥河村清真寺	乾隆朝	1 000	98
九台市其塔木镇西山前槐村清真寺	乾隆五十一年(1786)	3 000	160
双阳区双阳镇双阳大街清真寺	光绪二十三年(1897)	1 104	140
双阳区双营乡大营子清真寺	乾隆十三年(1748)	700	36
双阳区鹿乡(镇)韩家屯清真寺	咸丰元年(1851)	693	92
吉林市船营区青岛街清真东寺	雍正十三年(1735)	4 275	1 950
吉林市船营区北大街清真西寺	乾隆二年(1737)	5 800	3 061
吉林市船营区太平街清真北寺	乾隆二十五年(1760)	6 300	1 600
吉林市船营区杨家岭拱北寺	道光朝	16 245	707
吉林市船营区欢喜乡虎牛村清真寺	乾隆元年(1736)	300	160
吉林市船营区越北镇炮手屯清真寺	1921年	625	72
吉林市船营区越北镇晓光清真寺	咸丰朝	3 000	260
永吉县岔路河镇河东村清真寺	嘉庆元年(1796)	1 400	354
吉林市龙潭区乌拉街镇西街清真寺	乾隆二十二年(1757)	5 000	469
舒兰市舒兰镇河南路清真寺	1984年	800	260
舒兰市吉舒镇河西街清真寺	1982年	700	100
舒兰市法特乡法特村清真寺	光绪十二年(1886)	2 000	90

续表

清真寺名与寺址	修建年代	面积（平方米）	
		占地	建筑
舒兰市溪河乡溪河村清真寺	1983年	2 100	140
蛟河市蛟河镇建设路清真寺	1912年	2 100	1 000
桦甸市桦甸镇振兴路清真寺	1912年	2 108	1 191
磐石市磐石镇东宁街清真寺	1929年	1 793	903
磐石市烟筒山镇清真寺	1922年	2 109	336
四平市铁东区南七马路清真寺	1929年	1 829	700
公主岭市东三道街清真寺	1912年	1 320	880
公主岭市范家屯镇清真寺	1927年	2 000	700
双辽市郑家屯镇辽河路清真寺	咸丰六年(1856)	3 000	150
伊通县伊通镇正阳街清真寺	光绪二年(1876)	3 236	811
伊通县三道乡城子村清真寺	同治元年(1862)	3 000	475
伊通县伊丹镇东升村清真寺	1984年	380	84
伊通县靠山镇周户村清真寺	1940年	1 050	78
梨树县叶赫镇清真寺	1912年	1 000	65
辽源市龙山区南康街清真寺	光绪三十一年(1905)	2 000	1 700
东丰县东丰镇南环路清真寺	1918年	546	163
东丰县那丹伯乡清真寺	光绪三十三年(1907)	300	72
通化市东昌区清真寺	光绪四年(1878)	4 436	1 500
通化市二道江清真寺	光绪四年(1878)	270	55
通化二道江区铁厂镇铁东路清真寺	1974年	141	47
梅河口市梅河口镇解放街清真寺	1931年	360	190
梅河口市山城镇利民街清真寺	光绪六年(1880)	4 697	277

续表

清真寺名与寺址	修建年代	面积(平方米)	
		占地	建筑
梅河口市海龙镇革命街清真寺	1929年	1 225	75
集安市集安镇河东北街清真寺	1932年	603	248
柳河县柳河镇建设街清真寺	光绪十六年(1890)	1 600	800
辉南县辉南镇胜利街清真寺	光绪三十一年(1905)	250	86
辉南县朝阳镇工农大街清真寺	光绪三十一年(1905)	320	640
辉南县样子哨乡清真寺	1923年	360	80
白山市八道江区福安路清真寺	1915年	1 740	294
白山市临江镇新华街清真寺	光绪二十八年(1902)	490	193
白山市三岔子镇森工街清真寺	1926年	900	155
靖宇县东大街清真寺	1941年	200	110
白山市江源区石人镇清真寺	1936年	1 579	224
抚松县抚松镇城乡街清真寺	1914年	524	310
抚松县松江河镇白山街清真寺	1981年	1 300	240
白城市洮北区新华东路清真寺	1936年	824	225
大安市大安镇长白路清真寺	1912年	300	120
洮南市洮南镇五经路清真寺	光绪十三年(1904)	1 920	230
通榆县瞻榆镇北街清真寺	1931年	400	150
松原市宁江区团结街清真寺	1789年	3 000	195
前郭县文化街清真寺	1939年	326	423
松原市善友乡团结村清真寺	1942年	500	190
扶余县三岔河镇清真寺	1983年	1 988	498
乾安县乾安镇东大街清真寺	1930年	370	130

续表

清真寺名与寺址	修建年代	面积(平方米)	
		占地	建筑
长岭县长岭镇长兴路清真寺	1981年	276	69
延吉市进学街清真寺	宣统二年(1910)	375	832
图们市月宫街清真寺	1938年	1 000	150
敦化市敦化镇清真寺	光绪二十四年(1898)	468	315
龙井市龙井镇龙门街清真寺	1931年	220	75
敦化市大石头镇回族村清真寺	1956年	5 000	360
珲春市珲春镇靖和街清真寺	光绪二十六年(1900)	2 000	160
安图县明月镇红旗街清真寺	1938年	360	90
汪清县清真寺	1989年	160	85
龙井市老头沟镇天宝山清真寺	1990年	1 000	150

二、主要清真寺

(一) 逊尼派清真寺。

长春市长通路清真寺 1989年,占地面积11 374平方米,建筑面积1 622平方米。1995年,吉林省、长春市人民政府拨款30万元对礼拜殿进行维修;1998年,寺管会对北厢房破旧的7间办公室和简易女礼拜殿进行翻修改造;在寺门外小广场周边修建7间200平方米的出租车库;分别为男、女礼拜殿安装锅炉暖气,重新铺装海绵拜垫;为男礼拜殿新修"敏拜尔"(讲台);为全寺院更换用电线路。1999年,在女礼拜殿西侧修建厨房、餐厅、讲堂等,共200平方米;为寺院安装动力电;改造加粗全寺院的自来水管道。2000年,长春市人民政府投资10万元,帮助该寺安装取暖及沐浴用水锅炉。2000年,占地面积为16 700平方米,建筑面积为2 022平方米。阿訇情况:1989～1997年,满敬恒、杨军、金迎惠(女)、程主麻,教长为满敬恒。1997～2000年,杨清廷、杨军、金迎惠(女)、程主麻,教长为杨清廷。

长春市二道清真寺 1941年建于东盛六条,1989年恢复活动,占地面积500平方米,建筑面积240平方米。1998年,按照长春市建设总体规划,该寺原建筑物被拆除。根据该寺管委会与吉林亚泰房地产开发公司达成的协议,亚泰房地产开发公司在东盛大街1920号新建一座清真寺作为补偿。新寺占地面积为1 000平方米,建筑面积为600平方米,阿拉伯风格。阿訇情况:1989~2000年,杨瑞强、郭金宝,教长为杨瑞强。

长春皓月穆斯林礼拜殿　1998年,吉林省皓月清真肉业股份有限公司为了满足企业内部回族职工和来企业洽谈业务的境外穆斯林宗教生活的需要,经吉林省、长春市人民政府宗教工作部门批准,于1999年在长春市绿园区皓月大路11111号修建一座阿拉伯建筑风格的穆斯林礼拜殿,于2000年正式投入使用。占地面积6 300平方米,建筑面积3 284平方米,其中大殿350平方米,沐浴室1 350平方米,教长室70平方米,办公室120平方米。阿訇为李向宇。

农安县清真寺　1989年,寺址在兴华路北侧德彪街粮食七店后院,礼拜殿和望月楼为中国古典殿堂式建筑。占地面积1 000平方米;建筑面积396平方米,其中礼拜殿123平方米,望月楼45平方米,"架子"房40平方米,仓库20平方米,阿訇居室72平方米,办公室24平方米,沐浴室48平方米,水房24平方米。2000年,农安县政府为了进一步落实政策,解决历史遗留问题,将该寺迁建于现址宝安路东段。 新寺为中阿合璧式建筑,礼拜殿为阿拉伯建筑风格。占地面积2 240平方米;建筑面积1 094平方米,其中礼拜殿54平方米,阿訇办公室60平方米,寺管会办公室90平方米,讲堂30平方米,会议室50平方米,食堂360平方米,沐浴室105平方米,"买宜太"房42平方米,水房、卫生间42平方米,门卫室20平方米。阿訇情况:1989年1月~1990年9月,张鸿儒;1990年11月~1991年12月,杨清洁;1992年1月~1993年8月,刘庆文;1993年10月~1994年11月,李学增;1994年12月~1995年12月,马俊杰;1996年1月~1996年9月,李增波;1997年1月~2000年12月,杨贵光。

德惠市清真寺　1989年,寺址在民族路。占地面积1300平方米,建筑面积310平方米,寺管会对礼拜殿进行整体装修。1992年,修建对厅。1993年,修建幼儿园。1994年,修建寺管会办公室和会议室。1997年,修建餐厅。2000年,该寺占地面积2 500平方米,建筑面积1 268平方米。其中:礼拜殿及望月楼159平方米,对厅206平方米,办公室、会议室124平方米,食品厂316平方米,门市房202平方米,餐厅76平方米,幼儿园77平方米,材料库116平方米,"买宜台"(遗体)房及"架子房"108平方米。阿訇情况:1989年1月~1993年7月,唐树林;1993年7月~1995年12月,马俊杰;1996年1月~2000年12月,李清恩。

九台市清真寺　寺址在西环路中段东侧175号。1989年,占地面积1 403平方米,建筑面积730平方米。1997年,按照城市开发总体规划,清真寺建筑物拆除。1998年,由九台市农业局负责在原址建起了新的清真寺。占地面积1 403平方米。建筑面积758平方米,其中礼拜殿(二楼)418平方米;门市房196平方米;"买宜台"房120平方米;仓房24平方米。1999~2000年,占地面积、建筑面积及建筑格局无变化。阿訇情况:1989年1月~1990年5月,孙国彦;1990年9月~1993年5月,马文敬;1993年5月~1993年11月,夏崇民;1993年11月~1994年4月,李勇;1994年4

月~1994年10月,李广亮;1994年11月~1997年10月,张庆普;1997年10月~1997年12月,李增波;1997年12月~2000年12月,张玉华。

九台市胡家回族乡蜂蜜营清真寺 位于胡家回族乡蜂蜜营村。1989~2000年,占地面积960平方米。建筑面积320平方米,其中礼拜殿160平方米,北厢房160平方米。北厢房设有阿訇办公室40平方米,小礼拜殿60平方米,沐浴室40平方米,锅炉房20平方米。1990年,为方便穆斯林沐浴用水,在寺院东南角打了一眼深水井。阿訇情况:1989~2000年,麻忠林。

双阳区双阳镇清真寺 位于东双阳大街双阳河大桥西桥头西南500米处。土砖墙四合院,民房式建筑。1989~2000年,占地面积2 000平方米,建筑面积200平方米。其中,礼拜殿75平方米,沐浴室9平方米,阿訇居室60平方米,"买宜台"房40平方米,仓库16平方米。阿訇情况:1989年1月~1993年2月,杨恩庆;1993年3月~1995年11月,杨树军;1995年2月~1996年6月,杨崇信;1995年3月~1999年2月,麻世和;1999年3月~1999年9月,马永杰;1999年10月~2000年8月,马宝强;2000年10月~2000年12月,马亚军。

吉林市西清真寺 1989年,寺址在船营区北大街。占地面积2 000平方米,建筑面积1 100平方米。1995年9月,因市政建设道路改造需要,清真寺拆除,于1996年4月在船营区德胜商场北面回民小区西侧春光胡同修建新寺,年内竣工。占地面积5 800平方米。建筑面积3 061平方米。其中,礼拜殿650平方米,讲堂240平方米,沐浴室120平方米,教长室60平方米,办公室100平方米,客厅75平方米,收发室40平方米,"买宜台"房196平方米,食堂220平方米,"架子"房80平方米,门市房800平方米,仓库480平方米。阿訇情况:1989~1997年,杨清廷、韩景刚、张玉华、石春生、杨雪峰、韩冬,杨清廷代教长;1997~2000年,韩景刚、杨雪峰、韩冬,教长为韩景刚。

吉林市北清真寺 1989年,寺址在船营区太平街。1989年,吉林省政府确定该寺为"重点开放寺院",吉林市人民政府将其定为"市级重点文物保护单位"。1991年,市政府在致和门外建造立交桥,根据城市建设总体规划,该寺整体向后移动约100米,在越山路85号修建新寺,1993年落成。占地面积6 300平方米,建筑面积2 280平方米,其中礼拜殿500平方米,讲堂260平方米,办公室80平方米,仓库100平方米,"买宜台"房240平方米,沐浴室200平方米,门市房900平方米。还建起两座约40米高的邦克楼。1989~2000年,阿訇有麻志泽、王丹涛、逯伟明、张玉昆,教长为麻志泽。

吉林市东清真寺 位于船营区青岛街。1989年6月,礼拜殿墙体出现裂缝,寺管会将大殿拆除,以屠宰业收入资金重新修复。占地面积4 275平方米。建筑面积1 950平方米方米。其中,礼拜殿190平方米,办公室120平方米,沐浴室160平方米,"买宜台"房200平方米,讲堂150平方米,阿訇居室60平方米,门市房800平方米,仓库270平方米。阿訇情况:1989~1991,马克;1991~1994,2000年,李德正;1994~1997,杨清廷;1998~2000,韩再起。

四平市清真寺 位于铁东区南一纬路六、七马路中间。1989年,占地面积1 700平方米,建筑面积450平方米。礼拜大殿因"文化大革命"中受到破坏,加上年久失修,地基下沉,成为危房,于1995年拆除。1998年四平市人民政府拨款20万元,广大回族穆斯林和部分汉族同胞捐款,重修大殿。1998年8月21日奠基开工,10月30日竣工。占地面积1 829平方米,建筑面积700平方米。大殿占地面积223平方米。主体建筑上下两层,上层为礼拜殿206平方米,下层为讲堂、教长室、寺管会办公室。房顶前面挑檐,砌筑绿色琉璃瓦,斜脊高翘,廊下为一排红漆圆柱。楼顶四角,各设一深绿色通高2.4米的小圆顶,中间为一个深绿色通高3.6米的大圆顶。大小圆顶都装饰着大小不等的不锈钢球体,其上细柱挑着一弯新月。沐浴室、仓库等用房477平方米。阿訇情况:1989～1991年,李清温;1991年,戴树贵;1992～1995年,丁继辉;1996～1998年,马平胜、尹四平、马生才;1998～2000年,杨松奎。

辽源市清真寺 位于龙山区南康街。1989年,占地面积2000平方米,建筑面积900平方米。1990年市政府投资11万元,自筹资金5万元,于5月20日扒掉旧礼拜殿(原城隍庙建筑),重建礼拜、办公楼,当年9月20日竣工,为两层砖瓦结构建筑,上层为礼拜殿,331平方米;下层为办公室、会议室331平方米。1994年市政府投资近70万元改建临街的门市楼房700平方米,1995～1997年相继翻建东厢房、男女沐浴室217平方米,餐厅、"买宜台"房及西厢房100平方米。2000年,占地面积2 000平方米,建筑面积1 679平方米。阿訇情况:1989年1～8月,李怀庆;1989年9月～2000年12月,杨振军。

通化市东昌区清真寺 位于东昌区清真路。市级文物保护单位。1989年,占地面积2800平方米,建筑面积700平方米,此后,清真寺在"文化大革命"期间被占用的土地陆续归还,至2000年,占地面积已达4 436.6平方米,建筑面积1 500平方米。其中,礼拜殿285平方米(包括暖殿80平方米),男女沐浴室120平方米,架子房80平方米,"买宜太"房34平方米,教长室、寺管会办公室、学习室等240平方米,其余为自养出租房屋。阿訇情况:1989～1990年,赵广胜、戴景芝;1991年,张书华;1992～1993年,刘佩祥;1994年,刘同才;1995,赵洪民;1996年,刘树亮;1997～1998,刘文志;1998～1999,刘洪章;1999～2000年,蔡江。

白山市八道江区清真寺 1989年位于白山市福安路南岭,与矿务局医院比邻。1989～1998年,占地面积530平方米;建筑面积162平方米。其中,礼拜殿80平方米,阿訇居室20平方米,办公室22平方米,沐浴室30平方米,仓库10平方米。1999年,由市、区政府各出资15万元,将清真寺迁建于国安路。占地面积1 740平方米;建筑面积295平方米。其中,礼拜殿65平方米,客厅18平方米,会议室32平方米,办公室20平方米、厨房和餐厅40平方米,沐浴室43平方米,"买宜台"房37平方米,仓库40平方米。阿訇情况:1989～1998年,杨守奎;1999～2000年,杨保东。

松原市宁江区清真寺 1989年位于宁江区团结街。占地面积2 800平方米。1989～1993年,建筑面积1 686平方米,其中礼拜殿144平方米、北讲堂150平方米、南讲堂 160 平方米、锅炉房 900 平方米、沐浴室 132 平方米、库房 200 平方米。1994年,将临街的库房改建成二层楼,建筑面积 800 平方米,寺院建筑面积增至 2 086 平方米。1996年,寺管会以自养资金 5 000 元为寺院铺设 900 平方米地砖,宁江区政府拨款 3 000 元修砌 56 米南院墙。1999年,穆斯林群众集资 4 万元安装新式锅炉,铺设 200 米地下管道,以自养收入 8 000 元为沐浴室更换水泥瓦。阿訇情况:1989年,马同柱;1990 ~ 1992年,李学增;1992 ~ 1993,哈雨田;1994 ~ 2000年,刘同才。

松原市前郭尔罗斯蒙古族自治县清真寺　1989 ~ 1992年,位于前郭镇清真寺胡同内距文化街 500 米处,1993年,前郭县人民政府根据城市建设总体规划,投资 70 多万元,将清真寺寺址前移 500 米迁至清真寺胡同与文化街交会处。前郭县建筑设计院设计,前郭县第三建筑公司承建,1993年 9 月 1 日破土动工,1994年 8 月 25 日竣工。该寺建筑为一栋两层小楼,中阿合璧式建筑风格。占地 326 平方米,建筑面积 423 平方米。其中,礼拜殿 74 平方米,沐浴室 45 平方米,阿訇办公室 24 平方米,寺管会办公室 10 平方米,会议室 74 平方米,厨房 19 平方米,卫生间 10 平方米,"买宜台"房 65 平方米,仓库 61 平方米,楼梯、走廊等 41 平方米。取暖并网,用水由自来水公司由供给。寺内有匾额三块,一块汉语,为"古教可尊";另两块为阿拉伯语"清真言""赞圣言"。阿訇情况:1989 ~ 2000年,杨占令。

白城市洮北区清真寺　位于新华东大路清真寺胡同 16 号。1997年被白城市市政府确定为区级文物保护单位。1989 ~ 2000年占地面积 824 平方米。建筑面积 225 平方米。其中,礼拜殿 105 平方米,阿訇住房及办公室 75 平方米,"买宜台"房及"架子"房等 45 平方米。阿訇情况:1989 ~ 1996年,杨俊峰;1996 ~ 2000年,刘仁利。

延边朝鲜族自治州延吉市清真寺　位于太平街 389 号。1989年,该寺占地面积 375 平方米。1999年翻建,2000年完工,主体建筑为地下室 1 层、地上 3 层楼房,面积 882 平方米。地下室(仓库)208 平方米。一楼 258 平方米。其中,门厅 60 平方米,文化用品厅 60 平方米,沐浴室 88 平方米,阿訇寝室 50 平方米。二楼 208 平方米。其中,厨房、餐厅 120 平方米,会议室 45 平方米,阿訇办公室 18 平方米,寺管会办公室 25 平方米。三楼礼拜殿 208 平方米。另有穆斯林殡仪馆一处,占地面积 199 平方米,庭院面积 64 平方米,建筑面积 135 平方米,其中沐浴室面积 25 平方米,仓库面积 35 平方米,诵经室面积 60 平方米,值班室 15 平方米。阿訇情况:1989 ~ 1995年,王兴堂;1995 ~ 2000年,许清彦。

（二）哲合林耶教派清真寺。

吉林市拱北清真寺　位于船营区致和门外杨家岭越山东路 1 号。1989年,占地面积 16 245 平方米,建筑面积 707.7 平方米。"圣墓"占地面积 303.88 平方米。诵经厅面积 34.5 平方米。礼拜殿在寺内西侧,建筑面积 47.84 平方米。此外,沐浴室 130 平方米,客房 80 平方米,阿訇居室 50 平方米,仓库 121 平方米。至 2000年,占地面积、建筑面积均无变化。1989 ~ 2000年,每年教主马达天忌日,各地哲合林耶教派的穆斯林都来此祭祀,人数都在百人以上。阿訇情况:1989 ~ 2000年,李继业。

三、清真寺管理

（一）清真寺民主管理委员会。1989～2000年，吉林省各地清真寺在寺院管理方面，继续实行民主管理。1989年，在82座清真寺中，有74座清真寺成立民主管理委员会（以下简称寺管会），占清真寺总数的90.24%。到2000年，全省88座清真寺全部成立寺管会。在88座清真寺中，寺管会组织较健全，即设有主任、副主任和委员的有57座，占总数的65%；组织不够健全，即只有一名主任或有主任、副主任没有委员的31座，占总数的35%。

1994年1月31日，国务院《宗教活动场所管理条例》《中华人民共和国境内外国人宗教活动管理规定》颁布以后，全省各地寺管会在当地人民政府的领导和伊斯兰教协会的指导下，结合各自的情况，制定了一些管理制度。制度建设相对完善（覆盖面较大，操作性较强）的清真寺46座，占总数的52%；制度建设相对不够完善（覆盖面小，制度内容笼统）的清真寺42座，占总数的48%。吉林省各地清真寺民主管理制度的主要内容是：

工作制度：(1)工作中接受政府的领导和伊斯兰教协会的指导，依法对寺务、教务进行管理，坚持民主、公平、公开、公正的原则，全心全意为广大穆斯林服务。(2)领导班子实行分工负责和民主集中制，日常事务分头处理，重要事项集体讨论决定；严禁独断专行。涉及全局的重大决策必须经全委会讨论决定。(3)每季度向政府宗教主管部门汇报一次工作，每半年向乡老代表通报一次工作。(4)不利于团结的话不说，不利于团结的事不做。(5)转变观念，解放思想，实事求是，勇于创新，知难而上，敢于负责。

议事制度：(1)议事时间：领导班子会议每月召开一次，全委会每季度召开一次；遇到重大和特殊事项可随时召开。(2)议事内容：传达政府宗教工作部门和伊斯兰教协会的文件、工作部署和要求；研究决定寺内阿訇及工作人员的聘用或辞退事宜；研究决定寺内维修、扩建工程等方面的管理事宜；研究决定伊斯兰教节庆活动安排；审议每月收支报告及年终财务决算；研究解决教务活动的热点、难点问题；制订年度工作计划，检查落实情况，总结全年工作等等。(3)议事要求：议事内容要有记录，并列入档案，妥善保管；会议形成的文件，要及时上报和存档；(4)注重议事质量，不搞临时动议，议事要紧扣主题，陈述简练。

学习制度：(1)学习时间：寺管会成员每月第一周的周一下午集中学习一次，教职人员和工作人员每月双周的周二下午集中学习一次。(2)学习内容：政治理论，国内外时事，民族、宗教政策、法律法规；《古兰经》《圣训》《中国穆斯林》等杂志上发表的有关宗教知识方面的文章；科学管理知识等。(3)学习方式：集中学习和个人自学相结合；组织汇报会、演讲会、知识竞赛，办好学习园地等。(4)学习要求：按时参加学习，遵守课堂纪律，认真记笔记；学习领导小组要掌握出勤情况，搞好考评和总结。

财务管理制度:(1)财务管理人员必须熟悉业务,公正廉洁,认真负责。(2)财务账目必须日清月结,出纳员要定期与银行核对账目。(3)购物必须凭正式发票报销,必须有经手人、验收入、审批人签字并注明用途。(4)差旅费的报销必须凭原始票据,报销人员须在票据背面签字,由审批人审核签字后方可报销。(5)现金收入都必须由出纳员接收,开出收据交缴款人,其他人员不得收取现金。(6)出纳员保管的库存现金,每日不得超过3 000元,公款不得存入私人账户。(7)清真寺的大宗开支,必须由寺管会集体讨论决定,否则,出纳员有权拒绝付款。(8)更换会计、出纳员时,应由寺管会集体讨论,同时报政府宗教主管部门和伊协备案。(9)会计必须按月与出纳员核对库存现金,每月初将上月的财务报表报给寺管会主任审核。(10)财务账目必须做到账款相符、账物相符,每月公布一次,接受群众监督。

物资备品后勤管理制度:(1)寺内所有的物资,必须建立台账,登记在册,合理存放。(2)仓库须有专人管理。(3)凡到仓库领取物品,必须出具主管领导签字的出库单。(4)借用寺内物品,须经寺管会主管领导同意,使用完毕须按时将物品交回。(5)购物品经保管员验收,记入保管台账后方可领用。(6)各室的桌椅、用具不得随意搬动;备品、门窗玻璃等损坏,原则上谁损坏谁赔偿。(7)食堂用品,如桌椅、炊具、餐具等,原则上不外借,如外借,须经主管领导同意,详细记录,谁借出的谁负责要回,对丢失损坏的物品要按价赔偿。(8)每年斋月所购物品,要分别记录在册,食品和肉类由食堂管理人员掌握消耗情况,并向寺管会主管领导报告。(9)食用物品如无法保存,经寺管会班子研究,可以处理。(10)每年年末,要组织财务人员、保管人员,对寺内资产进行清点,结果要登记造册,予以公布。

1989～2000年吉林省部分清真寺寺管会组织情况一览表

表142

清真寺名	时　间	主　任	副主任	委员人数	备　注
长春市长通路清真寺	1989.1～1991.6	马则周	李洪顺　马雨田 马淑琴　吴宝珍 回凤林　杨　磊 满敬恒	13	
	1991.6～1997.10	马鸿彬	吴宝珍　李洪顺 满敬恒　马淑琴	16	
	1997.10～2000.12	韩来俊	杨　磊　白俊贤 米春和　尹俊江	10	
长春市二道清真寺	1989.1～1997.9	李永昌	辛守增　韩来俊 杨瑞强	9	
	1997.10～2000.12	李永昌	辛守增　刘振东 杨瑞强	9	

续表

清真寺名	时 间	主 任	副主任	委员人数	备 注
农安镇清真寺	1989.1~1992.12	沙宝荣		4	
	1993.1~1998.3	石朝福		4	
	1984.4~2000.12	马修君	沙成良	3	
德惠市清真寺	1989.1~1993.12	满占恩	韩在福	15	
	1994.1~2000.12	韩在福	石俊明	12	
双阳镇清真寺	1994.1~1997.12	韩同玉	满树军	5	1994年前无寺管会
	1998.1~2000.12	王伯山	杨富安	4	
九台市清真寺	1989.1~1993.12	张廷申	王志友	5	
	1991.1~1995.12	王宝山	张廷申	7	
	1996.1~2000.12	张庭申	王志友	7	
吉林市西清真寺	1989.6~1996.11	马行州		9	名誉主任杨清廷
	1996.11~1999.12	武长山	马玉书	9	
	2000.1~2000.12	马洪叶	麻国忠 韩景刚	9	
吉林市北清真寺	1989.1~1994.10	王德年	韩凤亭 韩来贵	9	
	1994.11~1996.5	韩凤亭	陈忠元 石全学王宝舟	3	
	1996.6~1998.7	杨俊智		3	
	1998.8~2000.12	杨俊智	麻志泽 王 丹	3	
吉林市东清真寺	1989.1~2000.12	杨荫君			

续表

清真寺名	时　间	主　任	副主任	委员人数	备　注
四平市 清真寺	1989.1 ~ 1989.12	赵子阳	于少华　李清温		
	1990.1 ~ 1991.12	刘宝山	刘正兰		
	1992.1 ~ 1993.10	丁继辉	刘正兰		
	1993.11 ~ 1998.8	王敬才	马恩富		
	1998.9 ~ 2000.12	马振伯	李有和		
辽源市 清真寺	1989.1 ~ 1994.5	刘文彦	杨世林	5	
	1994.5 ~ 1997.7	刘文颜	赛运增	5	
	1997.8 ~ 1999.10	杨凤林	杨振军　赛运增	5	
	1999.10 ~ 2000.12	白玉和	杨凤林	4	
通化市东昌区 清真寺	1989.1 ~ 1990.12	杨世昌			
	199.1 ~ 1993.10	赵德军			
	1993.11 ~ 1994.12	哈凤岐			
	1995.1 ~ 1997.12	杨世昌			
	199.18 ~ 2000.12	哈凤利			
白山市八道江 清真寺	1989.1 ~ 1998.12	米正芝	马明阳		
	1999.1 ~ 2000.12	丁恩兴	马广智　哈桂兰	3	
松原市宁江区 清真寺	1989.1 ~ 1997,5	刘子铎	哈立富　辇淑芬		
	1997.6 ~ 2000.12	刘同才	肖　焕		

续表

清真寺名	时　间	主　任	副主任	委员人数	备　注
白城市洮北区清真寺	1989.6～1989.7	杨明利	杨俊峰　刘仁利	6	
	1989.7～1992.9	杨俊峰	刘仁利　石玉铁		
	1992.9～1996.10	刘仁利	张宴奉　海　宁	5	名誉主任杨俊峰
	1996.11～2000.12	李云龙	刘仁利　王宝金	4	

　　（二）创建活动。1996年12月，中国伊斯兰教协会响应中共十四届六中全会关于加强精神文明建设决议的号召，促进各地伊斯兰教协会和清真寺配合实施国务院发布的《宗教活动场所管理条例》，发出《关于开展创建模范清真寺评比活动的倡议》，发布"五好"评比标准，即：民主管理好，教职人员素质好，正常开展宗教活动好，兴办自养事业好，环境卫生好。同时，发布《实施细则》。吉林省伊斯兰教协会转发中国伊斯兰教协会的《倡议》，制定活动方案，发出通知，在全省清真寺中广泛地开展创建"模范清真寺"活动。1997年，辽源市清真寺和白山市临江清真寺被中国伊协命名为"全国模范清真寺"。1998年全省有7座清真寺、1999年有9座清真寺、2000年有9座清真寺被评为"吉林省模范清真寺"。

　　辽源市清真寺创建活动　1996年12月，寺管会成立创建活动领导小组，制定活动方案。完善寺管会学习制度，要求班子成员认真学习时事政治、政策法规，提高政治觉悟。注意宣传群众、动员群众、依靠群众，除了利用板报画廊之外，利用节日群众聚会的时机广泛宣传，做到让穆斯林群众家喻户晓、人人皆知，积极参与。寺管会把活动的重点放在为穆斯林群众服务上。创办回族婚姻介绍所，在一定程度上解决了回族群众，特别是回族青年求婚难的问题。成立清真用品服务部，出售伊斯兰教图书资料、礼拜帽等，方便穆斯林的宗教生活。完善硬件服务设施，新建沐浴室、"买宜台"房、餐厅等，提高清真寺的服务档次。绿化、美化清真寺的环境，建成花园式庭院。整修市区通往回族墓地的道路。协助政府有关部门建立了清真屠宰点，解决穆斯林群众吃清真肉难的问题。

　　白山市临江清真寺创建活动　1996年12月，临江清真寺寺管会在提高认识、完善制度、发动群众的基础上，制定创建规划，为群众办好事、实事：抓好每年的节日活动。每年的开斋节、古尔邦节，除安排正常的宗教活动外，还组织群众举行文体活动。抓好"主麻"日和日常的教务活动。每次活动前，寺管会成员都参与准备工作；群众的红白喜事，寺管会成员尽量参加，群众有困难积极帮助解决，让群众满意。抓好环境卫生工作。进一步落实卫生责任制,做到殿堂、厢房、水房、庭院整洁卫生;对建筑物粉刷装修,绿化环境。进一步扩大了自养项目。先后建立清真寺牛羊屠宰点、清真鸡屠宰点,让穆斯林吃上放心的清真肉食。清真寺1997年收入2万多元。给沐浴室安上暖气、淋浴设施,镶上瓷砖,对墙壁和顶棚进行装修。

（三）自养经济。1989～2000年,吉林省农村清真寺因为没有土地作为生产基地,也没有出租房屋的条件,所以没有自养经济,各项费用全靠穆斯林群众捐赠。城镇清真寺自养经济收入,一是靠出租房屋,二是靠自办企业。各清真寺依靠这些自养收入和群众的捐赠维持寺内日常开支。

1989～2000年吉林省城镇清真寺自养经济情况统计表

表143

清真寺	时间	项目	规模（平方米）	年收入（万元）	合计收入（万元）
长春市长通路清真寺	1989～1997	出租车库	100	1	9
	1998～2000	出租车库	120	2.7	8.1
农安县清真寺	1989～2000	出租门市	80	3	36
德惠市清真寺	1989～2000	办食品厂	360	1	12
	1991～2000	出租门市	202	0.75	7.5
	1995～2000	食品监制		3	18
九台市清真寺	1989～2000	出租门市	240	3	36
吉林市北清真寺	1989～1992	出租民房	280	0.36	1.44
	1993～2000	出租门市	300	4	32
吉林市西清真寺	1989～1996	出租门市	1 200	2	16
	1989～2000	清真屠宰	210	1.2	14.4
四平市清真寺	1989～2000	出租土地	1 800	0.3	3.6
双辽市清真寺	1989～2000	出租门市	220	1.1	13.2
辽源市清真寺	1989～1992	出租仓库	200	0.48	5.76
	1993～2000	出租门市	645	4.7	20.4

续表

清真寺	时间	项目	规模 （平方米）	年收入 （万元）	合计收入 （万元）
通化市东昌清真寺	1989~2000	出租门市	35	0.12	1.44
白山市临江清真寺	1989~1993	办饭店	140	0.83	4.15
	1994~1995	办汽修厂	180	1.25	2.5
	1996~1997	清真屠宰	200	1.59	3.18
	1998~2000	清真屠宰	400	3.25	9.75
松原市宁江清真寺	1989~2000	出租门市	160	3.36	40.32
松原市前郭县清真寺	1995~2000	出租门市	72	1	6
白城市洮北区清真寺	1989~2000	出租门市	150	1.8	21.6
延吉市清真寺	1989~2000	出租门市	300	5.8	69.6
敦化市清真寺	1994~2000	出租门市	80	1	7

第二节　伊斯兰教职业者与穆斯林

一、阿訇

1989~1991年,全省清真寺有阿訇78名。其中,长春市17名;吉林市18名;四平市7名;辽源市4名;通化市8名;白山市6名;松原市6名;白城市4名;延边朝鲜族自治州8名。1992~1994年,全省清真寺有阿訇81名。其中,长春市18名;吉林市18名;四平市7名;辽源市4名;通化市8名;白山市7名;松原市7名;白城市4名;延边朝鲜族自治州8名。1995~1997年,全省清真寺有阿訇86名。其中,长春市21名;吉林市18名;四平市7名;辽源市4名;通化市9名;白山市8名;松原市7名;白城市4名;延边朝鲜族自治州8名。1998~1999年,全省清真寺有阿訇92名。其中,长春市24名;吉林市20名;四平市8名;辽源市4名;通化市10名;白山市8名;松原市6名;白城市4名;延边朝鲜族自治州8名。2000年,全省清真寺有阿訇98名。其中,长春市26名;吉林市20名;四平市9名;辽源市4名;通化市12名;白山市9名;

松原市6名;白城市4名;延边朝鲜族自治州8名。在全省98名阿訇中,60岁(含60岁)以上的24名,占总数的24.49%;60岁以下的74名,占总数的75.51%。城镇清真寺的有79名,占总数的80.61%;农村清真寺的有19名,占总数的19.39%。本省人88名,占总数的91.67%;外省人8名,占总数的8.33%。

　　1993年8月～1994年2月,吉林市西清真寺阿訇石春生、张玉华、韩景刚;1994年9～12月,吉林市北清真寺阿訇麻志泽,由吉林省伊斯兰教协会分别推荐到中国伊斯兰教经学院阿訇进修班学习。1994年10月～1998年2月,吉林市西清真寺阿訇张玉华、韩景刚,由中国伊斯兰教协会选送到埃及艾兹哈尔大学学习。1996年1月～1998年9月,吉林市西清真寺阿訇石春生,由中国伊斯兰教协会选送到巴基斯坦伊斯兰堡国际伊斯兰大学学习。1996年9～12月,吉林市北清真寺阿訇张玉昆;1996年9月～1997年2月,吉林市西清真寺阿訇杨雪峰;1997年9～12月,吉林市北清真寺阿訇王丹涛;1997年9月～1998年2月,吉林市西清真寺阿訇韩东;1998年4～7月,长春市长通路清真寺阿訇杨怀远、辽源市清真寺阿訇杨振军;1999年9～11月,白城市洮北区清真寺阿訇刘仁利,由吉林省伊斯兰教协会分别推荐到中国伊斯兰教经学院阿訇进修班学习。2000年1～5月,长春市二道清真寺阿訇杨瑞强,由中国伊斯兰教协会选送到埃及艾兹哈尔大学学习。

　　1989～2000年,各地清真寺为培养阿訇接班人,举办经学班。1989～1992年,全省有经学班学员(海里凡)19人。其中,长春市长通路清真寺5人,长春市二道清真寺1人,吉林市西清真寺3人,吉林市北清真寺3人,蛟河市清真寺1人,四平市清真寺1人,辽源市清真寺1人,通化市东昌清真寺2人,伊通县清真寺1人,伊通县三道清真寺1人。1993～1996年,全省有经学班学员35人。其中,长春市长通路清真寺7人,长春市二道清真寺2人,吉林市西清真寺3人,吉林市东清真寺1人,吉林市北清真寺4人,蛟河市清真寺1人,桦甸市清真寺1人,四平市清真寺2人,伊通三道清真寺3人,辽源市清真寺2人,通化市清真寺2人,辉南县朝阳镇清真寺2人,白山市清真寺2人,白城市清真寺2人,延吉市清真寺1人。1997～2000年,全省经学班有学员50人。其中,长春市长通路清真寺14人,吉林市西清真寺5人,吉林市东清真寺2人,吉林市北清真寺5人,舒兰市清真寺1人,磐石市清真寺1人,磐石市烟筒山清真寺1人,四平市清真寺2人,伊通县三道清真寺4人,辽源市清真寺3人,通化是东昌清真寺2人,辉南县朝阳镇清真寺2人,白山市清真寺1人,临江市清真寺1人,松原市宁江清真寺1人,乾安县清真寺1人,白城市清真寺1人,大安市清真寺1人,延吉清真寺1人,敦化市清真寺1人。

　　1993年12月13～17日,中国伊斯兰教第六次代表会议召开,吉林省有满敬恒、李清温、杨俊峰、杨清廷等4位阿訇作为代表出席会议,并当选为第六届委员会委员,满敬恒当选为常委。2000年1月27～30日,中国伊斯兰教第七次代表会议召开,吉林省有杨清廷、杨瑞强、杨振军等3位阿訇作为代表参加会议,杨清廷、杨瑞强当选为委员,杨清廷当选为常委。

二、穆斯林

1988年,吉林省有穆斯林10万人左右。1990年,吉林省穆斯林人口122 752人。其中,回族122 422人,维吾尔族264人,哈萨克族38人,柯尔克孜族17人,撒拉族7人,保安族4人。

1995年9月3日,世界反法西斯战争和中国抗日战争胜利50周年,吉林省伊斯兰教协会部署吉林省各地清真寺于9月8日聚礼日举行纪念活动,并为世界和平祈祷,参加活动的穆斯林1万多名。1997年7月1日,香港回归祖国,7月4日,吉林省各地清真寺举行庆祝活动,为祖国祈福,1.2万多名穆斯林参加活动。在1998年抗洪救灾活动中,吉林省穆斯林为灾区群众捐款2.3万元,捐衣物1万多件。1999年5月8日,以美国为首的北约部队袭击中国驻南斯拉夫联盟共和国大使馆,吉林省各地1万多名穆斯林于5月15日聚礼时声讨美国等国的罪行,并为在事件中牺牲的3名人员祈祷。

2000年,吉林省少数民族人口2 453 376人,穆斯林人口127 242人。其中,回族125 620人,维吾尔族1 500人,哈萨克族89人,柯尔克孜族10人,撒拉族9人,保安族8人,塔吉克族3人,塔塔尔族2人,乌孜别克族1人。

2000年吉林省少数民族穆斯林分布情况统计表

表144　　　　　　　　　　　　　　　　　　　　　　　　　　　　　　　　单位:人

地区	回族	维吾尔族	哈萨克族	柯尔克孜族	塔吉克族	乌孜别克族	保安族	塔塔尔族	撒拉族
合计	125 620	1 500	89	10	3	1	8	2	9
长春	43 692	375	16	5	3	1	1	1	9
吉林	33 450	180	20						
四平	12 249	391	20				2		
辽源	3 781	41	3						
通化	8 660	51	17	2					
白山	4 620	251	6	2			1	1	
松原	7 732	98	2	1			4		
白城	4 704	58	1						
延边	6 732	55	4						

第三节　伊斯兰教活动

一、日常活动

1989~2000年,吉林省穆斯林的日常宗教活动包括每日五次礼拜、葬礼、祭礼、主麻日(星期五)聚礼、为婴儿取"经名"、婚礼等,其中葬礼、祭礼和主麻日聚礼三项活动是主要的宗教活动,除主麻日聚礼的人数有变化外,其余宗教活动基本没有变化。

1989~2000年吉林省部分清真寺主麻日礼拜人数统计表

表145　　　　　　　　　　　　　　　　　　　　　　　　　　　　单位:人

清 真 寺	时 间	礼拜人数	清 真 寺	时 间	礼拜人数
长春市长通清真寺	1989~1992	50~70	长春市二道清真寺	1989~1992	30~50
	1993~1996	80~100		1993~1996	60~70
	1997~2000	120~200		1997~2000	80~90
榆树市清真寺	1989~1992	10~15	德惠市朱城子清真寺	1989~1992	5~10
	1993~1996	20~25		1993~1996	12~15
	1997~2000	30~35		1997~2000	16~20
吉林市北清真寺	1989~1992	40~50	吉林市晓光清真寺	1989~1992	5~7
	1993~1996	60~80		1993~1996	8~10
	1997~2000	100~120		1997~2000	12~15
吉林市蛟河清真寺	1989~1992	10~15	吉林市永吉岔路河镇清真寺	1989~1992	6~8
	1993~1996	20~25		1993~1996	10~12
	1997~2000	30~35		1997~2000	13~15

续表

清 真 寺	时 间	礼拜人数	清 真 寺	时 间	礼拜人数
四平市 清真寺	1989～1992	15～20	四平市公主岭 市清真寺	1989～1992	5～10
	1993～1996	25～30		1993～1996	10～15
	1997～2000	35～40		1997～2000	15～20
四平市伊通城 子清真寺	1989～1992	10～15	四平市公主岭 市范家屯清真 寺	1989～1992	5～7
	19931996	20～25		1993～1996	8～10
	1997～2000	30～40		1997～2000	11～15
辽源市 清真寺	1989～1992	10～15	辽源市东丰县 清真寺	1989～1992	5～10
	1993～1996	16～20		1993～1996	12～15
	1997～2000	30～40		1997～2000	16～20
辽源市那丹伯 清真寺	1989～1992	3～5	通化市东昌清 真寺	1989～1992	10～20
	1993～1996	6～8		1993～1996	30～40
	1997～2000	8～10		1997～2000	40～60
通化市辉南县 朝阳镇清真寺	1989～1992	15～20	通化市集安市 清真寺	1989～1992	10～12
	1993～1996	25～30		1993～1996	12～14
	1997～2000	35～40		1997～2000	15～20
白山市八道江 清真寺	1989～1992	8～10	白山市临江市 清真寺	1989～1992	3～5
	1993～1996	12～16		1993～1996	5～7
	1997～2000	20～30		1997～2000	8～12

续表

清真寺	时间	礼拜人数	清真寺	时间	礼拜人数
白山市江源区石人镇清真寺	1989～1992	3～5	松原市宁江区清真寺	1989～1992	10～15
	1993～1996	5～7		1993～1996	20～30
	1997～2000	15～20		1997～2000	40～50
松原市乾安县清真寺	1989～1992	3～5	松原市团结村清真寺	1989～1992	3～5
	1993～1996	6～10		1993～1996	7～10
	1997～2000	10～12		1997～2000	10～15
白城市洮北区清真寺	1989～1992	5～7	白城市洮南县清真寺	1989～1992	4～8
	1993～1996	10～15		1993～1996	10～15
	1997～2000	15～20		1997～2000	16～18
延边州延吉市清真寺	1989～1992	10～15	延边州敦化市大石头清真寺	1989～1992	10～12
	1993～1996	15～20		1993～1996	15～20
	1997～2000	20～25		1997～2000	20～25

二、节日活动

吉林省穆斯林的节日活动主要有开斋节、古尔邦节和圣纪节。1989～2000年，古尔邦节、圣纪节情况没有明显的变化，变化较大的是开斋节。

1989～2000年，根据各市(州)人民政府通知，吉林省各地穆斯林在开斋节(每年教历10月1日)全天休息过节，到清真寺参加节日活动的人逐年增多。到长春市长通路清真寺参加活动的穆斯林，1989年、1990年，均有1.8万人，到2000年有2万多人。吉林市北清真寺附近是回族聚居区，有回族人口1万多人。1989～1993年，到北清真寺参加开斋节活动的穆斯林每年有5 000多人，1994～1997年每年有6 000～7 000人。到其他市(州)中心城市清真寺参加活动的穆斯林在千人以上。由伊玛目(教长)

带领穆斯林举行会礼是开斋节的一项重要的宗教活动。参加会礼的人数逐年增加。长春市长通路清真寺礼拜大殿最多可容纳600多人。1989年、1990年会礼时，礼拜殿已接近满员；1991年会礼时，参加礼拜的约1 000人，从殿内一直排到殿外的月台上。此后每年参加会礼的人数都有增加，2000年，约有2 000多人。

各地伊斯兰教协会、清真寺寺管会在会礼之后都组织各种庆祝活动。1998年1月30日，开斋节当天，长春市长通路清真寺管委会在寺内举行了穆斯林书画展，组织穆斯林群众表演了回族传统武术和别具风格的回族舞蹈——太狮舞。1999年1月19日开斋节当天，吉林市伊协召开了"穆斯林欢度开斋节文艺联欢会"，有3 000多名回族、维吾尔族穆斯林群众参加。2000年12月28日开斋节前夕，通化市伊协组织有50多名穆斯林群众参加的欢度开斋节座谈会，29日节日当天，市伊协会同东昌区寺管会在会礼后组织穆斯林群众表演了各种文艺节目。

三、朝觐

1989～2000年，为了贯彻执行宗教信仰自由政策，使穆斯林履行伊斯兰教朝觐功课，增进各国穆斯林之间的友好往来，吉林省伊斯兰教协会配合中国伊斯兰教协会组织省内穆斯林参加中国穆斯林朝觐团，去沙特麦加朝觐。1989年，吉林省伊斯兰教协会会长满敬恒阿訇参加中国穆斯林公费朝觐团赴麦加朝觐；1992年，吉林省伊斯兰教协会副会长杨清廷阿訇参加中国穆斯林公费朝觐团赴麦加朝觐；1996年，长春市长通路清真寺寺管会副主任杨磊参加中国穆斯林自费朝觐团赴麦加朝觐；1997年，长春市长通路清真寺寺管会委员苏玉恒参加中国穆斯林自费朝觐团赴麦加朝觐；2000年，白山市临江清真寺教长尹汝山阿訇参加中国穆斯林自费朝觐团赴麦加朝觐。朝觐人员临行前，所在清真寺的穆斯林为他们举行欢送会，朝觐人员归来时，又受到穆斯林的迎接和祝贺。朝觐人员归来后，都在欢迎会上向穆斯林介绍参加朝觐的情况，讲述自己的感受。

第四节　伊斯兰教团体

一、吉林省伊斯兰教协会

1981年8月25日，吉林省伊斯兰教协会成立，召开第一届代表会议。1988年10月4日，召开吉林省伊斯兰教协会第三届代表会议，推选了第三届委员会。（补充这期间主要工作内容）

2000年11月22日，吉林省伊斯兰教第四次代表会议在长春市召开。会议期间,全体代表听取并审议杨清廷会长代表吉林省伊斯兰教协会第三届委员会所做的工作报告;讨论修改并通过《吉林省伊斯兰教协会简章》;审议通过《吉林省清真寺民主管理实行办法实施细则》;协商、选举产生了吉林省伊斯兰教第四届委员会、常务委员会和领导班子。

吉林省伊斯兰教第四次代表会议代表65人。长春市:刘喜波、刘玉星、马修君、马望胜、沙占华、郭磊、李清恩、麻忠林、石俊明、张正午、张玉华、杨磊、杨军、满敬恒、金迎慧(女)、王洪伟、杨瑞强、杨清廷、韩来俊、王德才。吉林市:杨荫君、刘博、韩景刚、杨俊智、马西银、魏玉铎、麻志泽、杨文栋、麻国相、张月波、王丹涛、李继业、杨树军、杨忠泉、赵玉阔、杨雪峰。四平市:杨广禄、马振柏、马瑞林、刘新江、杨松奎、蔡国辉、丁艳涛。松原市:赵维、张弛、刘同才、麻昌玉、杨占令。通化市:蔡江、戴立平、张志德、戴世俊、杨世昌。白城市:马忠君、刘仁利、王广军。延边州:沙道金、李俊儒、马胜图。白山市:丁国正、李宝国、丁恩兴。辽源市:杨德仁、杨振军、白玉和。

吉林省伊斯兰教协会第四届委员会委员33人。长春市:王德才、韩来俊、杨清廷、杨瑞强、金迎慧(女)、杨磊、杨军、石俊明、张玉华、张正午。吉林市:杨俊智、韩景刚、刘博、杨荫君、杨文栋、麻志泽。魏玉铎、马西银。

四平市:马振柏、杨广禄、刘新江。松原市:杨占令、刘同才。通化市:蔡江、张志德。白城市:刘仁利、马忠君。延边州:马胜图、沙道金。白山市:李宝国、丁国正。辽源市:杨振军。

吉林省伊斯兰教协会第四届委员会常委17人。长春市:王德才、韩来俊、杨清廷、杨瑞强、金迎慧。吉林市:杨俊智、韩景刚、刘博、杨荫君。四平市:马振柏、杨广禄。松原市:杨占令。通化市:蔡江。白城市:刘仁利。延边州:马胜图。白山市:李宝国。辽源市:杨振军。

吉林省伊斯兰教协会第四届委员会名誉会长及领导班子成员。名誉会长:满敬恒;会长:杨清廷;副会长:王德才、杨俊智、杨振军;秘书长:韩来俊;副秘书长:杨瑞强、李宝国。

二、市(州)伊斯兰教协会

(一)长春市伊斯兰教协会委员会。1993年3月30日,长春市伊斯兰教第三次代表会议在长春市召开,会议审议长春市伊斯兰教协会第二届委员会的工作报告,通过《长春市伊斯兰教协会章程(修正案)》,选举产生了长春市伊斯兰教协会第三届委员会。会长:满敬恒;副会长:杨瑞强、杨军、马文敬;秘书长:杨磊;副秘书长:吴宝珍、白俊贤。委员:王景华、石朝福、张正午等8人。1998年3月30日至31日,长春市第四次伊斯兰教代表会议在长春市召开,会议听取长春市伊斯兰教协会第三届委员会的工作报告,通过《长春市伊斯兰教协会章程(修正案)》,选举产生了长春市伊斯兰教协会第四届委员会。会长:杨清廷;副会长:杨瑞强、杨军、李清恩;秘书长:杨磊;副秘书长:韩来俊、白俊贤、张正午、石俊明;委员:马望胜、王洪伟、李永昌、杨贵光、张玉华 韩再福、郭磊、麻世和、麻忠林、张庭森、满占恩。

（二）吉林市伊斯兰教协会第三届委员会。1992年12月26日,吉林市第三次伊斯兰教代表会议在吉林市召开,会议总结上一届委员会的工作,讨论通过《吉林市伊斯兰教协会章程(修正案)》,选举产生了吉林市伊斯兰教协会第三届委员会。主任:杨清廷;副主任:王德年、杨荫君、马行舟、李清恩、杨俊智;秘书长:刘博;常委:杨清廷、王德年、杨荫君、马行舟、李清恩、杨俊智、刘博、麻志泽、韩景刚、王丹涛、韩来贵。

（三）辽源市伊斯兰教协会第一届委员会。1990年11月19日,辽源市第一次伊斯兰教代表会议在辽源市召开,会议选举产生了辽源市伊斯兰教协会第一届委员会。会长:刘同才;副会长:杨振军、韩连军、赛运增;秘书长:杨振军(兼);常委9人,委员22人。

（四）通化市伊斯兰教协会委员会。1991年7月9日,通化市伊斯兰教第二次代表会议在通化市召开,会议听取第一届委员会的工作报告,通过《通化市伊斯兰教协会章程(修正案)》,选举产生了通化市伊斯兰教协会第二届委员会。会长:杨子臣;副会长:麻永山、张志德;秘书长:张素丽(女);常委9人,委员9人。2000年6月20日,通化市伊斯兰教第三次代表会议在通化市召开,会议讨论通过第二届委员会的工作报告和《通化市伊斯兰教协会章程(修正案)》,选举产生了通化市伊斯兰教协会第三届委员会。会长:蔡江;副会长:张志德;秘书长:杨世昌;常委9人,委员19人。

（五）白山市伊斯兰教协会委员会。1989年12月27日,浑江市(白山市)伊斯兰教第一次代表会议在八道江镇召开,会议通过《浑江市伊斯兰教协会章程》,选举产生了浑江市伊斯兰教协会第一届委员会。名誉会长:赵凤山;会长:杨守奎;副会长:尹汝山、丛鹤林;秘书长:杨世范。1993年9月25日,浑江市(白山市)伊斯兰教第二次代表会议在浑江旅社召开,会议听取浑江市伊斯兰教协会第一届委员会的工作报告,通过修改的《浑江市伊斯兰教协会章程》,选举产生了浑江市伊斯兰教协会第二届委员会。会长:杨守奎;副会长:丁国正、尹汝山;秘书长:马占财。1998年10月30日,白山市伊斯兰教第三次代表会议在八道江白山旅社召开,有50名穆斯林代表出席会议,会议听取白山市伊斯兰教协会第二届委员会的工作报告,通过《白山市伊斯兰教协会章程(修正案)》,选举产生了白山市伊斯兰教协会第三届委员会。名誉会长:杨守奎;会长:李宝国;副会长:丁国正、蔡冬、回达坤;秘书长:丁国正;副秘书长:丁恩兴(兼办公室主任)。二届三次全委会决定:刘志刚为名誉会长,杨守奎不再担任名誉会长。

（六）延边朝鲜族自治州伊斯兰教协会委员会。1991年12月27日,延边朝鲜族自治州伊斯兰教第三次代表会议在敦化市召开,参加会议的穆斯林代表25人,会议讨论通过上届委员会的《工作报告》和《章程》修正案,选举产生了延边州伊斯兰教协会第三届委员会。会长:张素健;副会长:马胜图、江万银、孙江。1997年,延边朝鲜族自治州伊斯兰教第四次代表会议在延吉市召开,参加会议的穆斯林代表15人,会议讨论通过上届委员会《工作报告》,选举产生了延边州伊斯兰教协会第四届委员会。会长:张素健;副会长:马胜图;委员:许清彦、马思勤、张立廷、马守银、杨朝文、杨洪星、沙凤君。

三、节　县(市)伊斯兰教协会

(一)德惠市伊斯兰教协会第一届委员会。1995年9月5日,德惠市伊斯兰教第一次代表会议在德惠镇召开,会议通过了《德惠市伊斯兰教协会章程》,选举产生了德惠市伊斯兰教协会第一届委员会。会长:韩再福;副会长:李清恩、满占恩;秘书长:石俊明;副秘书长:韩再成。

(二)榆树市伊斯兰教协会第一届委员会。2000年11月1日,榆树市伊斯兰教第一次代表会议在榆树镇召开,会议通过了《榆树市伊斯兰教协会章程》,选举产生了榆树市伊斯兰教协会第一届委员会。会长:韩桐庆、马启、刘玉星、刘喜波;副会长:张正午;秘书长:张正午(兼);副秘书长:马焕武;常委:杨代云、方向征、米长荣、穆祥桐。

第十一章 天主教

1989年,吉林省恢复宗教活动的天主教活动场所41个。其中,教堂30个,活动点11个。天主教吉林教区主教府设在吉林市松江路主教座堂——耶稣圣心堂。吉林省天主教爱国会、天主教教务委员会在长春市东四道街天主教会办公。宗教职业者49人,其中主教1人,神父12人,修士2人,修女34人。信徒5万余人。

1994年,天主教吉林教区主教府由吉林市迁到长春市东四道街长春市天主教会。主教公署迁到长春市,长春市的小德肋撒堂为主教座堂。吉林教区奉露德圣母为教区主保,9月8日为教区主保日。

截至2000年,吉林教区有主教1位,神父45人,其中35人由吉林神哲学院毕业。神哲学院有修生22位(吉林教区19位、河北省代培3位),小修院有小修生7位,圣家会修女82位,初学修女1位,望会生5位。吉林教区共有35个堂区(包括总铎区),6个总铎区(长春、吉林、延吉、四平、松原、通化),30个公所。教友约8万人。吉林教区有养老院5所(教区养老院、吉林天慈安老院、小八家伊甸院、龙井堂区养老院、珲春堂区养老院),4所幼儿园(圣家会主办三所:小八家、齐家、贾坨子;苏家堂区开办一所),圣家修女会开办诊所2处(吉林修会、贾坨子堂区)。先后产生2位主教,李雪松(1989~1994年),张翰民(1997~2000年)。全省天主教爱国组织有2个,即吉林省天主教爱国会和吉林省天主教教务委员会,办公地点均设在长春市东四道街天主教会。此外,长春市、吉林市、四平市、延边州、通化市等也成立了天主教"两会",办公地点均设在当地天主教会,较大的农村教堂也设有爱国领导小组。

第一节 天主教团体

天主教团体主要是指天主教爱国会与天主教教务委员会,简称天主教"两会"。截至2000年末,吉林省天主教团体除吉林省天主教"两会"外,长春市、吉林市、四平市、辽源市、白山市和延边朝鲜族自治州都成立了天主教"两会"组织。

一、吉林省天主教"两会"

吉林省天主教"两会"是指吉林省天主教爱国会和吉林省天主教教务委员会，办公地点均设在长春市东四道街天主教会。

1986年12月8日，吉林省天主教爱国会四届二次会议和吉林省天主教教务委员会二届二次会议在吉林省宾馆召开。参加会议的代表有主教、神父、修女、教友等共计28名委员。省天主教爱国会副秘书长丁广学代表省天主教爱国会四届一次会议和省天主教教务委员会二届一次会议做了《吉林省天主教爱国会、教务委员会两年来工作总结及今后工作意见》。省委统战部、省宗教局领导到会祝贺。在这次会议上，根据省教务委员会章程的规定，全体与会委员选举成立了"天主教吉林教区财务管理小组"，组长李雪松（主教），副组长丁广学（教友），组员：马宗栋（教友）、王仲筠（女教友）、赵彩庭（教友）、刘伟（教友）。会议还通过了天主教吉林教区财务管理小组制度：（1）财务管理小组是省教务委员会下设工作办事机构，在省教务委员会领导下进行工作。（2）工作职能负责检查全省各地教会的房屋土地使用；管理情况：教会的财务收支情况：有权监督各地教会向省教务委员会上缴的提成（收入10%）年收入不足1 000元的不提取。（3）对各地教会财务工作有建议、批评的权力。（4）小组每年要自行制定工作计划。（5）圣诞节前将小组工作总结报省教务委员会。

1996年11月，吉林省天主教第五届代表会议在吉林省宾馆召开，会期三天，各地代表65人参加会议，天主教吉林教区教区长张翰民神父代表吉林省天主教第四届爱国会、第二届教务委员会，做《爱国爱教荣主就灵进一步开创吉林省天主教"两会"工作的新局面》为主题的工作报告。省委、省政府、省委统战部、省宗教局领导到会祝贺。会议通过了《吉林省天主教爱国会章程》和《吉林省天主教教务委员会章程》；选举了吉林省天主教"两会"新的领导机构。

名誉主任：王维民（教友）　齐　光（神父）　刘裕庭（神父）　金益灿（教友）
主　　任：张翰民（神父）
副 主 任：刘兴汉（教友）　严太俊（神父）　王兴伟（神父）　曹洪轩（教友）
秘 书 长：齐云彪（神父）

二、市（州）天主教"两会"

截至2000年，吉林省9个市州中，除通化市、白城市和松原市外，其余6个市州都建立了天主教"两会"，发挥了团结信众，服务社会的作用。

（一）长春市天主教"两会"。

长春市天主教教务委员会 长春市天主教代表会议是由神父、修女、教友代表所组成。每五年召开一次会议,由代表会议选举产生新一届爱国会和教务委员会。选举产生新一届爱国会、教务委员会主任、副主任、秘书长、常委、委员。爱国会和教务委员会领导人员及常委、委员可以相互任职,可以连任。两个爱国组织都有自己的章程。

1986年12月2日,经长春市政府宗教处批准,长春市天主教会成立长春市天主教教务委员会第一届委员会,委员15人,不设常委。主任委员张翰民神父,副主任委员王维民、刘兴汉,秘书长刘兴汉(兼)、副秘书长刘伟。委员有丁广学、马秀云(女)、王维民、白幻、白连峰、刘伟、刘兴汉、齐万财、吕隐声神父、初秀兰(女)孟景华修女、张泽馨、赵国龙。1987年12月10日,召开长春市天主教第一届委员会第二次会议,讨论通过了《长春市天主教外事接待工作暂行规定》《长春市天主教教务管理暂行规定》和《长春市天主教各堂区堂务工作暂行规定》。

1992年12月20日,长春市天主教召开第九届代表会议,共有35名神父、修女、教友代表参加。会议期间,听取和审议通过了秦英神父所做的工作报告;选举产生了长春市天主教教务委员会第二届委员会,委员17人。通过了《长春市天主教教务委员会章程》和《长春市天主教第九届代表会议决定》。选举产生新一届教务委员会领导成员。主任委员:秦英神父、副主任委员:王志恒神父、王兴伟神父、刘兴汉。秘书长:刘伟。

1998年10月27日,长春市天主教召开第十届代表会议,共31名代表参加,会议审议通过了"两会"的工作报告,通过了《长春市天主教第十届代表会议决定》。通过了修改后的《长春市天主教教务委员会章程》,选举产生了长春市天主教教务委员会第三届委员会。主任委员:庞喜峰神父。副主任委员:齐云彪神父、刘兴汉教友、刘伟教友、王新华教友。秘书长:刘伟(兼)。

长春市天主教爱国会 1985年12月10~13日,召开了长春市天主教第八届代表会议和长春市天主教教友为四化服务经验交流会。共39名代表参加了会议。会议学习、探讨了全国党代表会议文件精神;通过了丁鹿樵主任代表市天主教第七届委员会所做的工作报告;表彰了爱国爱教,为四化做贡献的先进神长和教友;听取了爱国会关于协助教会搞好自养企业的专题报告;修改并通过了《长春市天主教爱国会章程》和《长春市天主教爱国会公约》。选举产生了长春市天主教爱国会第八届委员会。会议通过了丁鹿樵同志不再担任市天主教爱国会主任请求报告。会议选举丁鹿樵任市爱国会名誉主任。王维民任主任,副主任张翰民、张泽馨,秘书长刘兴汉,副秘书长刘伟。选举产生了常务委员:丁广学、丁文学、丁鹿樵、王维民、刘伟、刘兴汉、白连峰、初秀兰(女)、张翰民(神父)、张泽新、吕隐声(神父)、孟景华(修女)、曹鸿文(神父)计13人。其中,神父3人、修女1人、教友9人。大会通过了市爱国会第八届代表会议决议。

1992年12月20日,召开了长春市天主教第九届代表会议。共35名代表参加了会议。会议听取和审议了秦英主任所作《总结经验勇于进取为开拓天主教会的未来而奋斗》的长春市天主教教务委员会和长春市天主教爱国会的《工作报告》,审议并通过了长春市天主教教务委员会、天主教爱国会章程草案的修改说明,通过了长春市天主教教务委员会章程和长春市天主教爱国会章程;会议还审议并通过了天主教近两年的财务工作报告。会议通过了关于接受王维民辞呈的报告,批准关于聘请王维民同志担任市天主教爱国会名誉主任的议案,选举产生长春市天主教爱国会第九届委员会。通过新一届爱国会领导成员及常委,名誉主任:王维民。主任:秦英神父。副主任:刘兴汉、王志恒神父、张泽新。秘书长:刘伟。常务委员:丁广学、王兴伟神父、王志恒神父、王维民、白幻、白连峰、刘伟、刘兴汉、贡金兰修女、孟景华修女、张泽新、秦英神父。

1998年10月27日,召开了长春市天主教第十届代表会议。共31名代表参加会议。会议听取和审议通过了主任庞喜峰所做的"两会"工作报告,选举产生了新的一届爱国会成员,主任:庞喜峰神父。副主任:齐云彪神父、刘兴汉教友、刘伟教友、王新华教友。秘书长:刘伟(兼)。常委:王新华、牛利民、齐贵神父、齐云彪神父、白连峰、朱长友神父、刘兴汉、刘伟、刘海春神父、李书庆、孟景华修女、金顺爱(女)、庞喜峰神父、郭凤娟修女。通过了《长春市天主教第十届代表会议决议》。

(二)吉林市天主教"两会"。吉林市天主教有两个爱国组织,分别是吉林市天主教爱国会和吉林市天主教务委员会。吉林市天主教代表会议是由神父、修女、教友代表组成的。每5年召开一次代表会议。由代表会议选举产生新一届爱国会和教务委员会。选举和产生新的一届领导人,常务委员、委员。每个爱国组织都有章程。

吉林市天主教爱国会 1986年,召开吉林市第五届爱国会代表大会,选举主任委员李雪松,副主任委员曹鸿轩、王中筠。

1992年6月26~28日,吉林市天主教爱国会第六次代表会议在吉林市召开。选举主任委员李雪松,副主任委员曹鸿轩、王中筠。

1997年12月10~12日,吉林市天主教爱国会第七次代表会议、天主教教务委员会首次代表会议在吉林市召开。参加会议的有神父、修女、教友代表共计53人。会议通过了曹鸿轩教友代表吉林市天主教爱国会第六届委员会所做的工作报告。通过了《吉林市天主教爱国会章程》《吉林市天主教界爱国公约》《吉林市天主教爱国会第七届代表会议决议》。会议选举产生了新的一届委员会委员21人,常委委员9人。主任:曹鸿轩(教友)。副主任:刘海波(神父)、王仲筠(女、教友)、庞喜峰(神父)。秘书长:赵亚力(女)。

吉林市天主教教务委员会 1997年12月10~12日,吉林市天主教教务委员会首次代表会议与爱国会第七次代表会议共同召开。会议代表53人。刘海波神父代表会议做了《吉林市天主教首届教务委员会关于今后工作任务的报告》。会议讨论通过了刘海波神父所做的《吉林市天主教首届教务委员会关于今后工作任务的报告》。会议讨论通过了吉林市天主教教务委员会章程。会议选举产生委员25人、常委委员11人。主任：刘海波神父。副主任：曹鸿轩（教友）、杨相龙（教友）、赵淑琴（女教友）。秘书长：孙班（教友）。

（三）四平市天主教"两会"。

四平市天主教爱国会　1986年3月18日，四平市天主教会首届代表会议在四平市盲童学校召开。31名代表参加会议。会议选举产生委员13人，常委6人，选举于景堂为爱国会主任。

1990年7月10日，四平市天主教爱国会第二届代表会议在四平市盲童学校召开。出席会议代表33人，会议选举产生委员15人，常委7人，选举董振阁为爱国会主任。

1994年9月6日，四平市天主教爱国会第三届代表会议在四平市盲童学校召开，出席会议代表35人，会议选举产生委员16人，常委7人，选举董振阁为爱国会主任，田国赞为副主任。

2000年1月20日，四平市天主爱国会第四届四平市天主教爱国会暨首届教务委员会代表会议在四平市农机宾馆召开。出席会议代表39人，会议选举产生委员15人，常委9人，选举柏鸿为爱国会主任，副主任公显和、田国赞。

四平市天主教教务委员会　2000年1月20日，四平市天主教教务委员会首届代表会议在四平市农机宾馆召开。39名代表参加会议。会议选举产生了由14名委员组成的首届四平市天主教教务委员，选举柏鸿为教务委员会主任，王志富、田世祥为副主任，常委11人。

（四）**延边朝鲜族自治州天主教"两会"**。1989年9月27～30日，延边州天主教第三届代表大会在延吉市召开。全州各地的47名代表参加会议。大会选举朴京淑为州天主教爱国会主任，严太俊为副主任，秘书长由严太俊兼任，金龙海、申永培、朴寿元、朴熔镇、金俊植为委员；选举刘裕庭为教务委员会主任，严太俊为副主任，秘书长由严太俊兼任，委员有崔基顺、甘贞玉、申京哲、朴应彬、韩昌顺、杨春福。

1997年9月19日，州天主教第四届代表大会在延吉市召开。全州各地的35名代表参加了会议。经选举严太俊为州天主教两会主任，池哲根为两会秘书长。

（五）**辽源市天主教"两会"**。1990年11月，辽源市成立了天主教爱国会和天主教教务委员会。会长、修女为恒亚莲，副会长有佘正阳、贾文杰、刘成彦，贾文杰兼任两会秘书长。

（六）**白山市天主教"两会"**。1993年9月，浑江市天主教第一次代表大会在浑江旅社会议室召开。参加会议代表32人。会议选举产生了浑江市天主教爱国会和天主教教务委员会，齐光神父为会长，刘会军为秘书长。

1998年10月30日，白山市第二次天主教代表会议在白山旅社会议室召开。参加会议代表39人。会议选举产生了白山市天主教爱国会和天主教教务委员会，张彦争神父为会长，刘会军为秘书长。

第二节　教区建设

一、教区机构

教区机构一般分为咨询机构、行政机构、司法机构三类，每类都有不同的组织机构，每个组织机构都有负责人和相对的组织成员。1989~2000年，吉林教区机构主要包括主教府公署、司铎咨议会、参议会、男修院、女修院、备修院、经济委员会、牧灵委员会、礼仪委员会、伦理个案委员会、圣召推行委员会、社会服务中心、培训中心等十几个教区机构。

（一）**教区主教公署**。吉林教区主教公署原设在吉林市松江路耶稣圣心堂为主教座堂。1994年，经吉林省宗教局批准，教区长严太俊神父将吉林教区主教公署迁到长春市东四道街天主教会，长春教会小德肋撒堂为主教座堂。吉林教区奉露德圣母为教区主保，每年9月8日为教区主保日。圣母山位于吉林市江南。公署主任：王守顺神父。秘书长：钱利神父。总务主任：郭振鹏神父。

（二）**堂区**。2000年，吉林教区共有35个堂区，划分为6个总铎区，即长春、吉林、延吉、四平、松原、通化总铎区。有30个公所。教友约8万人。

（三）**教区慈善机构**。1990年8月，经省、市爱国会、教区共同研究并报省、市宗教局批准，天主教吉林教区在长春市教会成立吉林教区修女养老院。接收老修女15人，有护理员2名、厨师1名、勤杂工1名。1991年10月，教区养老院整体搬迁到农安县翁克乡教会。1993年3月，养老院发生火灾，虽无人伤亡，但房屋被烧毁，因此养老院迁到吉林市圣母山。截至2000年，养老院共有老修女10人，病休神父2名。院长（修女）1名、护理员1人、厨师1人、勤杂工2人。

2000年，吉林教区有养老院5所（教区养老院、吉林天慈安老院、小八家伊甸院、龙井堂区养老院、珲春堂区养老院），4所幼儿园（圣家会主办三所：小八家、齐家、贾坨子；苏家堂区开办一所），圣家修女会开办诊所2处（吉林修会、贾坨子堂区）。

（四）**圣心蓓蕾编辑部**。圣心蓓蕾编辑部的前身是吉林市教会创办的教会内部刊物。20世纪90年代初，李雪松主教建议吉林教会创办一个教会内部的刊物，用于宣传教会福音，传达国内及教会内部信息，表达神父、修女、教友的灵修体会及感想等内容。由吉林市教友于海涛负责。20世纪90年代中期由教区接管。

至2000年，圣心蓓蕾编辑部编写印发了警惕"东方闪电教""天主教要理"等十余种教会内部书籍。编写印发了"教会年历""教会占礼单""公教对联"等教友信仰生活必备用品。圣心蓓蕾编辑部有负责人1名、职工3名。经费来源主要依靠教区拨款和教友赞助。其主要任务是推进、引领、成就文字福传。

（五）吉林圣母山。吉林圣母山坐落在松花江南岸,吉林市丰满区丰满乡永安村境内,是东北地区天主教教友朝拜圣母玛利亚的唯一处所。吉林圣母山建于1920年,圣母山中有圣母洞,洞在山坳里,圣母玛丽的雕像在山坳上,形象逼真,身着洁白衣袍,腰系蓝色腰带,高1.35米,基座高0.20米。整个圣母山是模仿法国南方著名朝圣地路德圣母山修建的。洞后山丘有一座280平方米德圣母堂,圣堂亦系哥特式建筑。在圣母山界内还建有1600平方米的吉林省神哲学院教学楼,1999年又修建了700余平方米的修女安老院。每年9月8日的圣母圣诞礼日,都有全国很多地区的教友以及部分外宾前来朝圣,参加大礼弥撒。

二、神学教育机构

20世纪90年代中期,吉林教区神学教育陆续开始恢复,男修院改称吉林省神哲学院,女修院为吉林圣家传教修女会。

（一）吉林省神哲学院。吉林省神哲学院由农安县小八家子教会于1844年成立的小拉丁修院演变而来,1948年停办。1987年9月10日,经天主教吉林教区,省、市天主教"两会"共同研究并报省、市统战部,省、市宗教处批准,在长春市天主教会成立天主教吉林教区神学院预备班。第一批招收7名预修生。1987年11月18日,天主教吉林教区神学院在长春市天主教会正式开学。1988年又招收了8名预修生。吕隐声神父任神学院第一任院长,齐光神父任神学院神师。长春市宗教处咸荣日任神修院政治教师。1990年,新神学院院址在吉林市圣母山建成,先期修建了400余平方米的平房,作为修院所用。1993年,在德国传教机构的资助下,又增建了一栋1600平方米的综合性楼房。1993年8月,神学院迁到吉林市圣母山新址。

1994年3月,修院招收第三批修生,约80人,分三个班（高中班、初中班、修士班）。1995年、1997年、1998年又陆续招生。至2000年,修院共有5个班,约60人。自建院至2000年,共招生三届100余人,毕业35人,晋铎33人。历任院长分别是:吕隐声、王国栋、杜尚武、朱长友、刘文辉。

（二）女修院（吉林圣家传教修女会）。1989至2000年,天主教吉林教区只有1家女修院,即吉林圣家传教修女会。

1986年,天主教吉林教区在吉林市恢复了教区女修院——吉林圣家修女院。修女院制定了办院《组织条例》,规定了入会的条件、修女会母院内部的机构和学制、对入修者的要求等。修女会母院内部分初学院和修女院两个阶段,初学院三年制（望修女）,期满后发愿入修女院（修女）。发愿后的修女,根据教区的需要分配到各地堂口,一般每个堂口一至三人,在堂口协助神父管理教堂圣物、在诊所护理、承担要理学校授课等事务。修女院母院的院长、副院长、初学班主任,从入院的修女中选任,每三年一选。修会的宗旨与使命:效法圣家合而为一,向所有人宣讲福音、圣化家庭、家庭牧灵、孕育基督、青年牧灵、服务社会等工作。

圣家会奉法国巴黎外方传教会吉林教区主教惠化民为会祖,奉耶稣、玛利亚、若瑟为本会主保。1989至2000年吉林圣家传教修女会历任会长:郭瑶珍(1986至1991年)、丁月明(1991~1994年)、周宝琴(1994~1996年)、曹昌旭(1996~1998年)、周丽平(1998~1999年任代理会长)、齐丽芳(1999~2000年)。

第三节　教职人员

一、主教

1989~2000年,天主教吉林教区自选自圣主教两位,分别是李雪松主教、张翰民主教,并选举严太俊为天主教吉林教区第一任教区长。

李雪松(Mg.John Li Xue song 1904~1994),圣名若望,1904年出生于农安县小八家子村,名春江,字雪松,1918年进入吉林神罗修院,1934年毕业,在吉林由高德惠主教祝圣为神父。1985年5月20日,经全省神父选举,中国天主教主教团、国家宗教局、吉林省宗教事务局批准。李雪松当选天主教吉林教区第六任正权主教。并于1985年9月22日在吉林市教会(吉林教区总堂)举行晋牧典礼。1994年病逝。

1995年5月20日,经全省神父选举,吉林省宗教事务局批准延吉市教会本堂严太俊神父当选天主教吉林教区教区长。任职时间1995年5月~1995年9月,也是天主教吉林教区第一任教区长。

张翰民(Mg.DamasusZhangHanMin),圣名达玛索,于1922年1月15日出生在农安县小八家子村。11岁入吉林圣若瑟小修院开始修道生活,1949年11月,进入北京沙拉大修院学习。自1953年至1982年先后在长春市、大连市多所学校教授拉丁语、俄语、英语和法语。1983年7月24日,由吉林教区刘殿墀主教在吉林耶稣圣心堂祝圣为神父,次日被委任为长春堂区副本堂神父。1984年至1995年先后任四平、长春、齐家等堂区本堂神父,期间,修建了四平教堂、齐家教会商场与住宅。1995年9月17日,经全省神父选举,吉林省宗教局批准担任天主教吉林教区第二任教区长。1997年11月17日,经中国天主教主教团、国家宗教局、吉林省宗教局批准,当选天主教吉林教区第七任主教。1999年5月9日,由辽宁教区金沛献主教主礼、西安教区李笃安主教和赤峰教区朱问渔主教襄礼在长春小德肋撒堂祝圣为主教。

二、神父

1989~2000年,天主教吉林教区共有44人晋铎,成为神父。
1989年2月26日,王守顺、刘海春、秦英神父晋铎。

1989年10月15日 严太俊、刘海春在延吉教会晋铎。

1991年3月10日,王治富、王文德、王志恒、齐云彪、杜尚武在齐家教会晋铎。

1993年3月25日,教区第一批在吉林修院毕业的修生在长春教会晋铎。他们是:朱长信、朱长友、刘万贵、刘海波、庞永谦、张彦争、刘文辉、李志祥等在长春晋铎。

1995年3月25日,金国联在梅河口市二八石教会晋铎。杜金、庞喜峰、于忠华、张银忠、韩文斌、柏鸿在长春教会晋铎。

1997年3月16日,王喜权、陈文权、甘瑞斌、徐景志、曾敏昌、曹志、王国生、吕秀明长春市农安县伏龙泉镇教会晋铎,并举行圣堂典礼。

1999年9月8日,教区执事张树昕、廉昌元、尹德宪、秦谊、李志勇、侯俊杰、郭振鹏、齐子元、王海波、钱利、白超在公主岭市莲花山乡赵家围子教会晋铎。

2000年,天主教吉林教区有神父45人、修士30余人。

三、修女

修女主要从事祈祷或传教工作,有的亦做教会外的施医护理、慈善工作。吉林教区于1988年成立教区修女养老院,保障修女的晚年生活。1989~2000年,天主教吉林教区共有修女65人。

第四节　堂区分布

1989年,吉林省恢复宗教活动的天主教活动场所41个,其中教堂30个,活动点11个。到2000年,吉林省境内共有正式天主教堂40余处,临时教堂30余处,活动点80余处。

一、长春总铎区

1989年,长春地区共有正式堂区2处,即长春市东四道街天主教堂与农安县小合隆乡小八家子村天主教堂。到2000年,长春地区共有正式堂区10处(经当地政府批准备案),长春市区5处:长春市东四道街教会、经开区兴隆山镇毛家教会、宽城区奋进乡蔡家教会、绿园区城西乡车家教会、绿园区城西乡民丰教会;农安县境内4处:合隆镇小八家子教会、开安镇刘家村教会、伏龙泉镇教会和农安镇教会;榆树市1处:恩育乡德利村教会。还有临时活动点10余处,这些临时活动点的宗教活动都是在本地教会的神父领导下开展正常宗教活动。2000年,在长春总铎区工作的神父有11位,长春总铎主任:王志富神父。

(一) **长春天主教会**。中共十一届三中全会后,长春市堂区落实宗教政策,老神父陆续返回教会。1984年,省政府拨款20万人民币,教会自筹资金3万,对教堂进行修复,同年圣诞节使用。建筑面积约700平方米。重建后的教堂房支架由木结构改为钢筋结构,原16根石雕木立柱拆除,穹顶改为平顶。屋面板由原判的小灰瓦改为铁皮屋面。教堂外部基本保持原样。钟楼两侧各有两座小塔没有恢复。重铸一口大钟,重量为750公斤。

1985年,长春市天主教会全部教职人员在政策上得以平反,教会房产得到归还,教堂及办公楼全面修复投入正常使用;教会各项牧灵工作得到全部的恢复和健康发展;全市各地教会,爱国组织和教会管理组织也相继恢复并开展了有效的工作。陆续建立了爱国组织和教会内部政治学习制度、教会管理制度、财务管理制度、接待制度、安全防火制度、房产管理制度等规章制度。1985年7月,经天主教吉林教区主教批准,常镇国神父由长春市教会调任吉林市教会任本堂神父。1985年12月10日,召开长春市天主教第八次教友代表大会,出席会议代表39人,通过了《长春市天主教爱国会委员会章程》及《爱国公约》。委员会有29名委员,常务委员由13人组成,名誉主任丁鹿樵,主任王维民,副主任张翰民、张泽馨,秘书长刘兴汉。

1986年12月2日,成立长春市天主教教务委员会,由15名委员组成,主任张翰民神父。1986年,长春市天主教界在抗洪救灾过程中,共捐款人民币1 300余元,粮票5 000余公斤,各种衣物2 000余件,150公斤鸡蛋,近千公斤各种蔬菜。

1987年9月,原吉林教区若瑟修院在长春市教会重建,由吕隐声神父任院长。1987年12月10日,召开长春市天主教第一届委员会第二次会议,讨论通过了《长春市天主教外事接待工作暂行规定》《长春市天主教教务管理暂行规定》和《长春市天主教各堂区堂务工作暂行规定》。

1988年,长春市教会正式成立长春市教务委员会。1988年3月25日,天主教吉林教区李雪松主教根据天主教梵二会议精神批准将长春教堂原拉丁文弥撒祭台前的圣体栅栏拆除。并增加了中文弥撒祭台。此后,长春市教会率先在全省推广弥撒礼仪改革,由拉丁弥撒改为中文弥撒。

1990年6月20日,梵蒂冈公布委任原上海教区龚品梅为枢机主教的决定,在全省天主教界引起了很大的反应。省、市宗教局召开省、市天主教"两会"负责人和神父、修女及部分教友座谈会。学习和讨论了中国政府和中国天主教"一会一团"关于罗马教廷委任龚品梅为中国枢机主教的声明。与会人员纷纷表示谴责罗马教廷粗暴干涉中国天主教事务。并表示要紧密地团结在爱国主义的旗帜下,坚决拥护中国共产党的领导、坚决走独立自主、自办教会的道路。教区李雪松主教在吉林市特意向会议打来电话表示:"坚决反对罗马教廷公布委任龚品梅为枢机主教的决定。"参加会议的有省、市"两会"负责人、神父、修女、教友30余人。

1991年6月20日,长春市东北师范大学三教10-2栋韩井涛家,未经政府批准,私设天主教活动点。该活动点宗教活动主持人韩井涛,在未恢复天主教神职的情况下,私设活动点,行圣事做弥撒,为教徒施洗。并与国外敌对势力勾结,反对中国共产党的领导,坚持反对教会独立自主自办教会的原则。按照天主教全国两会有关规定,并根据中发〔1991〕16号文件《中共中央、国务院关于进一步做好宗教工作若干问题的通知》关于"一切宗教活动场所应依法登记","开放新的宗教活动场所,须经县以上人民政府批准。坚决制止自封传教人的传教布道活动以及其他各种非法传教"的精神。长春市人民政府决定取缔该天主教活动点和非法宗教活动。

1994年,教区长严太俊神父将吉林教区主教公署由吉林市迁到长春市。长春市的小德肋撒堂为主教座堂。

1996年3月25日,于忠华、张银忠、杜金、庞喜峰、韩文斌、柏鸿在长春市天主教会晋铎,此次晋铎典礼由沈阳教区金沛献主教主持,约有上万人参加此次祝圣大会。

1997年11月17日,张翰民神父被选为吉林教区主教,1999年5月9日在长春主教府由沈阳教区金沛献主教祝圣为主教。

2000年,主教座堂举行活动,庆祝教会千禧年。

1986～2000年长春市天主教会历届本堂神父情况一览表

表146

姓名	圣名	晋铎时间	任期时间
张翰民	达马索	1982年	1986～1988年
齐 光	保 禄	1945年	1988～1990年
刘青春	保 禄	1992年	1990～1991年
王志富	保 禄	1988年	1991～1992年
秦 英	保 禄	1983年	1992～1995年
齐云彪	罗 格	—	1995～1997年
庞喜峰	伯德禄	—	1997～1999年
王守顺	保 禄	1988年	2000年～

2000年长春总铎区各天主教会教友情况调查统计表

表147

教会全称	数量	性别		年龄情况			文化程度		
	教 友总人数	男教友%	女教友%	30岁以下%	31~51岁%	60岁以上%	初中%	高中%	大学%
长春市天主教会	8 000	35	65	20	50	30	50	30	20
农安县小八家教会	3 500	40	60	20	50	30	60	30	10
农安县农安镇教会	300	40	60	20	50	30	60	30	10
农安县伏龙泉镇教会	1 800	40	60	20	50	30	60	30	10
农安县新刘家教会	2 500	40	60	20	50	30	60	30	10
长春市绿园区民丰教会	300	35	65	20	50	30	60	30	10
榆树市教会	150	40	60	20	50	30	60	30	10
榆树市恩育教会	400	40	60	20	50	30	60	30	10
长春市宽城区蔡家教会	300	35	65	20	50	30	60	30	10
长春市经开区毛家教会	230	35	65	20	50	30	60	30	10
长春市绿园区车家教会	650	35	65	20	50	30	60	30	10
长春市汽车厂教会	1 000	40	60	10	40	50	30	40	30
长春市经开区汾水教会	150	40	60	10	40	50	30	40	30
德惠市教会	150	40	60	10	40	50	30	40	30
九台市教会	150	40	60	10	40	50	30	40	30
双阳市教会	100	40	60	10	40	50	30	40	30

注：上述教友人数误差率10%左右。

（二）小八家子堂区。小八家子堂区是吉林教区最早发展起来的堂区,是天主教吉林教区的发展中心,吉林教区的天主教信仰是从小八家子堂区开始的。

1984年10月中旬,小八家子堂区第五次开始修建教堂,1989年10月竣工,这次重修的教堂,中楼是单峰,仍是哥特式建筑,外表以水泥饰面,灰褐色,钟楼高21.5米,建筑面积为645平方米。1989年12月8日,圣堂于举行庆祝活动,典礼由吉林教区李雪松主教主持。参加这次庆祝活动的有主教5位,神父20多位,教区男、女修院的修士、修女,教友3 000多人,还有省、市、县各宗教界代表,政府机关领导等。

1993年,修建了神父办公室,80平方米。

1995年,修建了400平方米的诊所。修建由小八家子至孙家堡,柏油路一条,计3.5千米。

1998年3月16日,堂区公布了《教堂须知》。1998年12月下旬,教友们投票选举朱子惠、姚书文、刘桂兰为新一届的会长。1998年,在堂区院内树立圣人金大建全身铜像一尊,质地为紫铜,高1.7米。1998至1999年,在教堂后面修建高14米的圣母山一座。

2000年5月至12月,先后在翁克、合隆镇、烧锅镇建立三个祈祷所,每逢周六、周日有神父前往送弥撒。建立堂区档案,教友总计有2 446人。2000年12月8日,堂区乐队正式成立。

历届本堂神父:吕隐声、丁汝勤、秦英、王兴伟、刘海春、庞永谦、金国联、朱长友。

（三）伏龙泉教会。1984年,伏龙泉教会借用当地教友房屋作为临时教堂,由长春教会的吕隐声、丁汝勤、张翰民、刘海春、秦英、王守顺等神父,为当地教友们行圣事。

1994年,政府出资7万元,教会自筹资金50万余元,在本堂神王兴伟神父的领导下,在伏龙泉新教堂址上建成圣堂。教会占地面积511.5平方米,住宅面积384.45平方米。1997年3月16日,特邀请辽宁省教区金主教祝圣了伏龙泉圣堂。教堂的名称为玫瑰堂。至2000年,有教友1 800人。其中,男教友占40%;女教友占56%。经济收入主要依靠四大瞻礼和教友奉献。历届本堂神父:王兴伟、齐贵、齐子元、刘文辉。

（四）刘家教会。"文化大革命"结束后,刘家天主教会恢复宗教活动。1986年8月,刘家天主教会广大教友为了感谢解放军帮助灾区人民抗洪救灾,将1 000多个鸡蛋、十几袋蔬菜送给解放军,受到了参加抗洪救灾的领导和当地县政府领导的高度评价,并在县有线广播进行了报道宣传。1987年11月19日,经农安县政府批准,在市爱国会的指导下,经过当地教友的选举成立了刘家天主教爱国领导小组。组长:董振华,副组长:张洪文,组员:沙海义、刘梓喜、马殿举、谢海龙、马秀云。

1990年,通过政府拨款和自筹资金修建教堂。1990年11月30日,刘家教堂竣工并举行了典礼。教堂钟楼高27.5米。教堂主保:耶稣善牧。乡政府和刘家大队归还了教会原有的三间砖瓦房,另有四间砖瓦房也划拨给教会,作为神父办公和住宅之用。至2000年,刘家教会有教友2 000人。教堂建成后,历届本堂神父:齐光、齐贵、王志恒、刘万贵、齐子元。

（五）**农安县天主堂**。农安县天主堂创建于光绪二十七年（1901年），地址在城内西街路南，占地面积为10 000余平方米。"文化大革命"后被红旗小学占用。落实宗教政策后，在农安教友集资和教区帮助下，重新新建教堂，占地面积为900多平方米，建筑面积为220平方米。1989至2000年，农安教会一直由刘家、伏龙泉教会代管。至2000年，农安教会有教友约300人，有1名修女常住，伏龙泉本堂杜金神父代管。教堂建成后，历届本堂神父：韩文斌、杜金。

（六）**榆树市恩育乡德利村天主教会**。德利村天主教会的发展是由一些外地的老教友在1985年前后迁到该村后，陆续发展起来的。1997年9月10日，吉林省宗教局和长春市宗教局批复"同意修建恩育乡德利村天主教堂"。1998年8月5日，榆树市恩育乡德利村天主堂建成并举行圣堂典礼。德利村教堂占地面积4 000平方米，教堂面积180平方米，神父住宅60平方米。齐光神父任首任本堂。到2000年，榆树市恩育乡德利村有教友400人，男教友占40%，女教友占60%。

二、吉林总铎区

2000年，吉林总铎区共有11处天主教活动场所，其中天主教堂5座、天主教公所4座、天主教院校2座。市直管4座，即松江路天主教堂、东关天主教堂、省修女院（代省管）、省神哲学院（代省管）。昌邑区1座，左家天主教公所。经开区1座，吉林经济开发区二台子天主教公所。永吉县3座，永吉县口前镇天主教堂、永吉县双河镇天主教公所、永吉县西阳镇天主教公所。桦甸市1座，桦甸市新华街天主教堂。磐石市1座，磐石市东宁天主教堂。

（一）**吉林市松江路天主教堂**。1980年拨乱反正，重新落实了党的宗教政策，将教堂归还给教会，吉林市人民政府宗教部门对教堂做了初步修缮，于1980年8月15日圣母升天节开堂，恢复正常宗教活动。吉林市堂区是吉林教区主教府所在地，1997年吉林教区主教府迁到长春市教堂，由此成为吉林教区一个堂区。吉林市圣心大教堂是吉林市目前唯一保存较好的西式古典建筑，具有较高的历史、科学、文化艺术价值。1999年被吉林省政府公布为省级重点文物保护单位。

1999年，吉林市政府加大改造旧城区力度，拟拓宽广场和松江中路，由于教堂紧临松花江，这段路面无法拓宽，市政府决定从教堂北面空地开通一条单行车道，车辆绕教堂而行，使教堂处于环岛之中，拆除了原有破旧的三面围墙，重新围上铁艺栅栏，另出资30多万元对教堂进行了亮化改造。为了配合市政改造，教会拆除了在"文革"期间由占用单位乱建的一栋红砖房及两处破旧的收发室，经市政重建一栋带有西式格调的青砖收发室，使之与原有的古建筑群相协调，进一步突出了教堂的景观作用。2000年，教会筹资将东厢楼北侧的红砖锅炉房及大烟囱拆除，按东厢楼原样向北扩建与北楼相接，使之成一整体，至此教堂的院落改造工程基本完成。

1980至2000年历届任职教堂本堂神父：常振国、李雪松、秦英、王兴伟、王守顺、刘海波、金国联。

（二）桦甸市教会。1980年，落实宗教信仰自由政策后，政府归还桦甸市天主教会的教会房产，恢复宗教活动。1985年6月，吉林教会从白城调庞淑贤修女来桦甸主持教务，后又派一名教友来桦甸作为庞修女的助手。桦甸市天主教从建教堂后，每周都有活动，参加者10余人。每逢圣诞节、复活节、圣神降临节、圣母升天节，均由吉林教会委派神父来桦甸临时主持。县城参加节日活动的信友多达70多人，各乡（镇）信天主教的人数有日趋增加之势，1987年已有百余人。

1994年，刘海波神父集资30万元买回被桦甸市配件厂占用的教会房产。1998年，教会重新修建钟楼。

至2000年，教会占地面积7086平方米，建筑面积2650平方米。教会平日参加教会活动的有30多人，主日约有100人。四大瞻礼中，每个瞻礼约300～400人左右。教会管辖下火龙（建筑面积60平方米）、桦树、红石、夹皮沟、兵虎沟等7个聚会点。教会信教联众约有1 000多人。教会以教会房租及教友奉献来维持生活和日常活动经费。

1983至2000年历任本堂神父有刘海波、庞喜峰、韩文斌。

（三）磐石市教会。"文革"期间，磐石市教会被磐石县一中占用，变成一中学生的食堂大厅。此期间，李雪松神父来给教友们送圣事。1979年，落实宗教政策，归还教会房产，教会恢复宗教活动，在外劳改的修女（曹旭昌、胡耀晶）也回到教会主持教务。由吉林教区神父来给教友们送圣事，代管教会。2000年被确定为磐石市重点文物保护单位。2000年，磐石教会教徒达到1 400多人。由本堂神父庞喜峰和两名修女主持日常教务工作。

（四）口前镇教会。20世纪80年代恢复宗教活动后，口前教友去吉林市教堂参与弥撒。随着教会的发展和教友越来越多，吉林市本堂神父刘海波为了解决教友去吉林市难的问题，决定在口前建立公所，并多次来口前与教友商讨建立天主教公所的有关问题，发动教友采点选址。1995年10月，购买88平方米民房一所。1995年12月5日，永吉县人民政府批准成立永吉县口前镇天主教公所。

1999年6月，杜尚武神父接任传教事物，筹款易地重建教堂，正式成立了新的本堂区。

三、延边总铎区

2000年，延边总铎区有教堂8座，神父6位，教友约3 000人。

（一）延吉市天主教堂。落实宗教房产政策后，1986年6月，在延吉市太平街太安胡同6—11号新建造哥特式建筑天主教堂一座，6月30日工程竣工，9月14日祝圣启用。教堂主楼面积374平方米，钟楼高28米，教堂占地面积1 811平方米。建筑面积441平方米。延边朝鲜族自治州天主教教务委员会、爱国委员会两办事机关均设在教会院内,延吉市天主教教务会的办公室均设在都会院内。1997年重建,扩建面积为1 320平方米(含地下室420平方米),为典型的哥特式建筑,钟楼高27米(含十字架),礼堂可容纳1 000人做弥撒。至2000年底,全市有天主教堂1座,活动点1处,教徒600人,有神父2人,修女8人。

1989至2000年延吉总堂历任神父:刘裕庭、刘青春、严太俊。

(二)敦化市天主教堂。1982年,敦化天主教开始恢复宗教活动,于1983年正式重建天主教会,因为原址教堂仍被占用尚未归还,教友无地方进行宗教活动,只能在教徒家中过信仰生活。1986年11月,教会购买了民主街小石河委一组的一处民房,作为活动地点。

1989年10月15日,朝鲜族修士严太俊在延吉天主堂由李雪松祝圣为神父,敦化教友前往参加庆贺。

1990年2月,严太俊神父来敦化天主堂施行圣事处理教务,会长由程祥云、金明彬担任。

1991年4月,经市民委宗教局城建部门同意在北山新建了教堂。本年8月8日,严神父来敦化施行圣事,新建立了教会的领导班子,批准金明彬辞去会长职务,选金庆玉为朝族教友负责人。

1993年6月4日,敦化天主教会程祥云会长病故,汉族方面没有负责的,朝族方面由金庆玉负责。张彦征神父每月来敦化施行圣事,举行弥撒圣祭,有教友一百多人。

1997年4月,由吉林天主教教区派来了王兴伟神父来敦化主持敦化市天主教会(北山附近)的教务工作。有教友263人。王兴伟神父到任后,展开教务活动,并筹建新的教堂,于1999年建成。1999年11月24日,敦化市天主教会由北山迁到现在的地址(丹江街),教会占地面积4 150平方米,教堂面积为700平方米,建筑面积为305平方米。经济来源是教友奉献。

(三)安图县教会。1984年,明月镇天主教恢复宗教活动。因为当时教徒少,就到八道沟参加聚会。1986年11月26日,安图县天主教会通过选举产生"安图县天主教爱国委员会",严昌荣担任主任。1987年6月,石门天主教会恢复正常活动。1988年通过选举,金风周为"安图县天主教爱国会"主任,同时,选出了"安图县天主教教务委员会"。黄金福、申京哲担任会长,另有九名委员。天主教教徒共有156名(男,47名,女,109名)。其中,明月镇教徒93名(男,27名,女,66名),石门镇教徒63名(男,20名,女,43名)。

1991年3月,安图县天主教会进行换届选举,朴寿远任县天主教会会长,严昌荣、金顺子任副会长,郑玉顺任秘书长。县内天主教活动场所有两处(明月镇一处、石门镇一处),教徒约200余人。

1994年,"两会"推荐郑玉顺为会长,严昌荣、姚善珍为副会长。同年2月至1994年6月,张彦争神父到安图主持天主教宗教活动。1996年,县内天主教活动场所共有3处(明月镇、石门镇、长兴乡),教徒人数增加到379人。

1999年9月17日,省、州天主教"爱国会"选派尹德宪神父到安图主持天主教活动。

(四)珲春市教会。1988年,教会新建教堂一所,教会占地面积1 000平方米,建筑面积200平方米,由刘裕庭神父任本堂,严太俊任执事负责。由延吉本堂神父代管。

2000年,教会有教友400人,女的约占80%,男的约占20%。教会经济来源是靠教友的奉献。在敬信镇有一公所,占地面积500平方米,建筑面积60平方米。

(五)图们教会。1979年宗教政策落实后,蛤蟆塘会长白石贤、方济各和李顺金等老人在个人家做祈祷。1983年教友达到30多人,政府批准为宗教团体,郑跃龙担任会长。1990年,严太俊神父在图们做弥撒。1994年9月新建教堂,1996年8月24日,沈阳教区金沛献主教主礼祝圣教堂。1994至1998年,张彦争神父和刘海春神父先后担任本堂神父。2000年,廉昌元神父代管图们教会。

(六)汪清教会。1987年3月,3位教友在李再峰会长家里祈祷,教会开始恢复宗教活动。1990年有教友62人。1992年10月,教会购买一处民房,作为祈祷场所。1993年6月,宗教局批准汪清教会宗教活动场所。1995年有教友81人。1997年7月,购买房产,作为教堂,建筑面积60平方米,占地面积200平方米。2000年,有教友100人,其中汉族50人。教会历任会长:李再峰(1987至1996年)、全东旭(1996至1998年)、安昌海(1998至2000年)、孙凤英(汉族会长,1995至2000年)。

(七)龙井市教会。20世纪80年代,教会的教堂被拆除,教务由甘修女及教会会长负责,刘裕庭神父来送圣事,严太俊神父晋铎任延吉本堂后,代管龙井教会,也时常来送圣事,此后有刘青春、廉昌元、严太俊先后来龙井送圣事。

1994年,由德国本笃会援助,在龙井市西新建一教堂,土地使用面积为10 054平方米,建筑群面积为1 050平方米,其中教堂为400平方米,教堂主保为:耶稣圣心。

2000年,教会有教友200多人。教会有智新、开山屯、老头沟公所,同时代管和龙市福洞公所。

(八)龙井市八道沟村教会。1979年,政府拨款购买一栋建筑面积150平方米的房子,暂做简易教堂。1991年新建哥特式教堂一座,1992年7月竣工使用,占地面积3000平方米,建筑面积475平方米。

四、四平总铎区

四平总铎区辖四平市与辽源市两个地级市天主教堂,共有教堂9座。

(一)四平市教会。四平市天主教会是原四平教区的前身,"文化大革命"期间,教堂被占用。20世纪80年代初,教会逐步恢复宗教信仰活动,收回一小部分房产作为活动场所。1984年新建一所教堂,占地面积1500平方米,建筑面积350平方米。

1985年祝圣，1986年6月22日经市政府批准为活动场所。

2000年，教会有教友约800人，男教友占30%，女教友占70%。经济来源主要是靠房屋出租来维持。负责梨树县蔡家镇教会、三家子公所等。

1984至2000年，历届本堂神父有：吕隐声、丁汝勤、张翰民、王志恒、张翰民、王志富、曾繁昌、张漱昕。

（二）辽源市天主教会。1984年落实宗教房产政策，"文化大革命"期间占用的教会房产得到了部分归还，宗教活动得以恢复。1985年5月政府批准为正式活动场所。1986年，政府拨款在谦宁街义乐胡同新建哥特式教堂一座，占地面积500平方米，建筑面积250平方米，教会主保：耶稣圣心堂。

2000年，教会有教友1600名左右，男教友约占35%，女教友约占65%。经济来源靠出租房屋和教友奉献。

1986～2000年，历届本堂神父：吕隐声、王志恒、张翰民、王志富、刘万贵、于忠华、曾繁昌、王喜权、张银忠。

（三）双辽县天主教会。1984年，政府出资在东春街建一栋总面积310平方米的二层小楼作为教堂，由双辽宗教局代管，代管期间宗教局将其出租。1992年吉林教区派王志富神父接管，收回被租出的二层小楼作为教堂，举行弥撒和供教友祈祷。教会恢复之初，只有几个老教友来参与弥撒和祈祷。1999年，由王志富神父经办在教堂南侧建造了一座200多平方米的二层小楼，开办了圣家门诊，医护人员均为吉林圣家修女会的修女。

至2000年，信教人数日渐增加，领洗人数达几百人。2000年6月，王志富神父调离双辽，由王海波神父接任本堂神父。

（四）公主岭市天主教会。公主岭市教会于1985年前后恢复宗教活动。因教会房产政策未得到落实。教会活动暂时在教友家活动。1990至1998年，公主岭市教会多次要求当地政府归还教会的房地产。1998年，教会房产被拆除并进行开发。1999年，公主岭市政府另行给教会在响铃公园西门南侧划拨2778平方米的土地给教会。教会自筹资金重建教堂，新教堂于1999年开工修建，于2000年6月竣工。教堂面积500平方米。神父、修女住宅300平方米。2000年6月，王志富任神父。2000年10月，卢连珍、郑迪任修女。2000年，在市周边农村建立11个福传点，其中有长青咏、火炬、刘房子、大榆树、范家屯、安家、高家岗、河沿子、黑林子、大孤山、黄岭子等。堂区有500多名教友。

（五）齐家堂区。1979年落实宗教政策后，齐光神父任本堂，乡政府拨给教会一块土地，经过齐光神父的筹备，1984年开始重建齐家教堂和钟楼，经过一年修建完成，成为齐家教堂主楼。教堂长44米，宽14米，建筑面积620平方米，钟楼高20米。教堂东侧还附有神父与修女住宅。1991年，在张翰民神父的筹划下，在教堂前建了两栋砖瓦房，东侧一栋长56米，宽6米，建筑面积336平方米，西侧一东长28米，宽7米，建筑面积196平方米。1995年，维修了神父住宅，并在神父住宅东侧修建三间砖瓦房,建筑面积为72平方米,现在用于做锅炉房和仓库。2000年,在教堂东侧修建了一座中国式四角起拱圣母亭,亭内有圣母塑像供教友们敬仰,同时还在院内修花池,美化环境。

1989至2000年,历任本堂神父:齐光、王兴伟、吕隐声、张翰民、朱长信、金国联、刘海春、王喜权。

(六)公主岭市西山村天主教堂。"文化大革命"期间,教堂被拆除。1980年恢复宗教活动,由齐家窝堡教堂齐光神父送弥撒,1987年新建哥特式教堂一座,其中礼拜堂252平方米,神父住宅107平方米,修女住宅72平方米。总占地面积6 500平方米,建筑面积1 200平方米。

(七)良正贾村天主教会。位于公主岭市莲花山镇。1986年新建哥特式教堂一座,神父和修女住宅各3间,其他用房8间,占地2 025平方米,建筑面积1 300平方米,其中礼拜堂占地面积108平方米。教会主保:耶稣圣心。20世纪90年代初,先后修建了修女住宅、圣母亭和前院神父住宅。吉林圣家修女院派白秀清、于侠修女来教堂服务。1994年10月,教区派刘文辉神父任本堂,并带管赵围子和大青山教堂。平日弥撒教友有200多人。

1996年,由教区委任刘文辉、张银忠神父代表主教为教友领坚振。1998年1月,庞永谦神父任黄屯本堂。2000年,教会有教友约1 200人,男教友约600人,女教友约600人。经济来源依靠教友捐赠和卖粮收入。

(八)赵家围子村天主教会。堂址在莲花山乡赵家围子村,原教堂毁于"文化大革命"期间。"文化大革命"后恢复宗教活动,1983年正式批准为活动场所。1984年新建哥特式教堂一座,占地面积2 400平方米,建筑面积324平方米。白青吉、刘凤文、赵海峰神父先后任本堂。经济来源依靠教友捐赠和卖粮收入。

(九)怀德镇天主教堂。1987年,落实宗教政策后当地政府将原教堂房屋归还。至1994年,教堂闲置无活动。1995年,省天主教会派人修复使用。1994~1995年,金国联神父代管。1997~2000年,齐光任本堂。

五、通化总铎区

2000年,通化总铎区包括通化市和白山市两个地级市,有教堂7座,传教神父7人,修女6人。教友约4 500人。

(一)通化市天主教会。20世纪80年代,宗教政策落实以后,恢复宗教信仰生活。1985年5月,政府拨款重建教堂5间,被占用房屋23间归还教会,教堂占地面积1 750平方米,建筑面积750平方米。通化市天主教爱国委员会办公室设在教会院内。1994年,经教区的同意和当地政府的协商,将教堂原址转让,教堂迁到通化市江南村附近。新建教堂于1995年10月份竣工,占地面积1 600平方米,教堂建筑占地面积450平方米,总建筑面积700平方米。建堂负责人是齐云彪神父。

2000年,通化市有教友400余人(不包括活动点)。活动点五处:二道江70人,桃源七队50人,葫芦套子乡70人,三源甫郭家沟60人。柳河五道沟60人。历任本堂神父有:齐云彪、杜金、于忠华、庞永谦、朱长友、王喜权。

(二)二八石村天主教会。教会房产自1956年后被占用,但宗教生活没有停止。1985年,新建教堂一座,占地面积6 000平方米,建筑面积739平方米。1994年,教会在教会团体及教友的资助下,新建了一座新教堂,教会占地面积8 400平方米,其中教堂面积551平方米,并于1995年3月25日祝圣。2000年,有教友约1 500人,下辖山城镇公所、红梅镇公所、柳河、辉南等聚会点。历届本堂神父:刘裕庭、齐云彪、王兴伟、于忠华、张银忠。

(三)大通沟天主教会。20世纪80年代,通沟教友70人,并在教友家中设有聚会点。

1991年,通沟教友筹集了近5万元,齐罗格神父出资1万元在通沟购买一处房产,总面积180平方米,堂屋使用面积150平方米,装修了房屋,设置祭台,供教友使用。从此通沟教会有了独立活动场所。至2000年,有教友3 000人。有后堡子和通沟两处堂口。历任本堂神父:齐光神父、张彦争神父。

(四)临江市天主教会。20世纪80年代,堂区团体公开性活动一直处于停滞状态,教会房产由当地市政府接管。20世纪90年代初,临江市天主教会开始集体活动,先后有齐光神父、王文德神父和张彦争神父来临江传教。1994年,市政府在河东村为教会建了1座教堂,大堂面积528平方米,楼舍204平方米,总面积732平方米。但临江市天主教会没有接收。2000年8月,王国生神父任主任神父,吴永业、刘占禄为教会主要负责人,活动地点在教友家。

(五)江源县石人镇后堡子天主教会。1993年初,齐光神父来浑江地区传教。于1993年9月14日,由德籍华人齐罗格神父及其友人投资32.8万元在江源县石人镇后堡子五队兴建了一座古城式的正式教堂,这是白山地区唯一的正规教堂。1998年6月10日,办理了土地、教堂的合法使用手续。2000年,聚会点有六岔子(三岔子镇),石人火车站(江源区),纺织厂。教会有教友约1 600人左右,男教友约占35%,女教友约占65%。经济来源主要是房屋出租和教友奉献。

(六)梅河口市天主教会。1995年,二八石村天主教会刘裕庭神父、梅河口市教友陈国志、潘庆余、伍桂芹等筹办梅河口教点。1995年9月,购买梅河口市建国三队1处个人房屋作为梅河口教会聚会点。1995年10月8日,教点第一次开堂,由刘裕庭神父做弥撒,参与教友20余人。此后,海龙、辉南、柳河等地教友也来参加,教友人数不断增加,多时达到200多人。1998年6月,张银忠神父带领教友把教点后面的79.4平方米旧房翻修作为教堂(四间平房)。1998年9月,二八石本堂张银忠神父调至吉林神哲学院担任院长,由陈文权神父代管梅河口市教点。1999年5月,通化市宗教局批准成立梅河口市天主教祈祷所,由二八石本堂陈文权神父代管本活动点。

六、松原总铎区

2000年,松原总铎区辖松原市、白城市两个地级市,共有教堂7座,传教神父8人,传教修女6人。圣家修女会在贾家坨子教会开办有诊所和幼儿园。

(一)白城市天主教会。1982年,王国栋神父来白城教会,并于1982年12月25日圣诞节举行弥撒,标志着白城教会的宗教活动正式恢复。1994年筹建教堂,1995年教堂竣工,教堂位于白城洮北区文化东路(原教会遗址),教会占地面积2 600平方米,教堂面积376平方米,住宅面积286平方米。1995年12月8日由张翰民主教祝圣,教堂主保为:圣母无染原罪。2000年,白城天主教会管辖洮南公所,创业、镇赉、突泉等祈祷点,有教友600多人。1982至2000年历任神父有:王国栋、齐贵、庞永谦、王志恒、杜金、胡忠海、曾繁昌。

(二)贾砣子天主教会。1979年5月,县委和县政府有关部门,来到贾坨子教堂召开天主教教友座谈会,贯彻落实党的宗教政策。成立贾坨子天主教爱国委员会,选举刘发为组长(即会长),徐金为副组长,由11名教友组成了领导小组。刘发当选为吉林省天主教爱国委员会常委,徐金担任委员。1980~1982年,由于没有教堂,从齐家窝堡请来的齐光神父在教友家里举行弥撒圣祭。1983年2月,县政府购买9间砖房(迟坨子三队队部)作为教堂,解决了教友们没有集中祈祷场所的问题,教友按时到教堂祈祷,但仍无本堂神父,定期去怀德县齐家窝堡教堂请齐光或齐贵神父来办圣事。教友有1 700多人。1984年11月,齐贵神父出任贾坨子堂区的本堂神父。1985年,齐贵神父利用省宗教局三万元拨款,对堂内简易装修。打了跪凳,盖了神父、修女住宅,同时兴办了一个日杂商店,第二年又开办了米面加工厂。

1991年,贾坨子堂区副本堂齐云彪神父同中国台湾的兰兆斯神父联系。兰神父资助37万元人民币,通过各级政府部门的批准和广大教友的同意,在贾坨子开始建筑新的教堂。1992年竣工,建成一座南北走向,具有中国古典楼阁式的教堂,长34米,宽16米,占地面积544平方米,还修建前后两栋砖瓦住宅,共占地415平方米。1993年7月15日,兰兆斯神父为大堂举行了祝圣礼,并起名为"圣母圣心堂"。1995年,德籍华人齐罗格神父资助22万元,由齐云彪神父主持,对堂院进行扩建。又修筑了占地面积240平方米的东厢房和320平方米的正房,均为砖瓦结构。至此,贾坨子天主堂总占地面积扩建为5 981平方米,建筑面积为1 519平方米。历届本堂神父:齐贵、齐云彪、曾繁昌、白超、张立龙、陈文权。

(三)乾安县天主教会。中共十一届三中全会,恢复了宗教信仰自由政策,乾安县天主教会在赞字乡教友家成立了活动点,由苏家堂区代管,代管神父相继有:刘海波、庞永谦、刘万贵、陈文权、柏鸿、于中华、张树昕等。1997年,俞怀仁神父回故乡乾安,奉献72万元为教会建堂之用。教会在乾安县城西南购得一块土地,其中一半是教会用15万元购得,另一半是教友陈维柱奉献,共约12 000平方米,建筑面积约300平方米（住宅100平方米，教堂200平方米）。1998年11月，乾安县教会被市政府正式批准为活动场所。2000年，教区委派郭振鹏神父任本堂。2000年，有教友600人。管辖墨字井、养字井、赞字井、敢字井、铜岭、三竞村、富字井等各点。经济来源靠教友奉献。

（四）**苏家天主教会**。1978年落实党的宗教政策，省、地、县主管领导解决缺神父、缺场所的问题，并由省宗教局拨给2万元，作为教会初创的经费。1982年8月13日，白城市教会王国栋神父被派来苏家担任本堂神父，将原一队仓库作为教堂，教友们的信仰生活逐渐恢复，信教的人数也逐年增加。1988年，信徒人数占全村人口总数的89.4%，信徒中95%是世袭信徒。1990年，由德籍华人齐罗格神父捐献20万马克，在原小学旧址修建一座具有中国建筑风格的教堂。于1991年6月动工，1992年10月1日竣工，1993年5月8日祝圣并正式启用。教堂是圣母无柒原罪堂。教会占地面积10 000平方米，教堂长50米，宽18米，建筑面积962.67平方米。1996年又盖了9间砖瓦房，1997年，神职人员迁入。1999年，王国栋神父退休，刘海波神父任本堂神父，秦谊神父任副本堂神父，主持教会工作。至2000年，全村约4 000人，100%是天主教徒。

第十二章　基督教

1989～2000年,吉林省基督教呈现出稳步发展的态势。

1989年,吉林省共有教会72所,信徒有41 993人,1989年受洗3 567人,有牧师11人(女牧师2人),长老11人,教师14人,传道员1人,执事450人,义工167人。

1996年,吉林省有基督教活动场所930处,信徒达到30万人,当年受洗1万人。有牧师19人(女牧师8人),教师29人(女教师18人),长老27人,传道员12人,执事500人,义工1 100人。

2000年,吉林省有基督教活动场所1 085处,信徒35万人,当年受洗3万人。有牧师30人,教师46人,长老27人。

第一节　基督教团体

基督教团体主要指基督教三自爱国运动委员会和基督教协会,简称基督教"两会"。截至2000年,除了吉林省"两会"外,全省除松原市没有成立"两会",其余市(州)都成立了基督教"两会"组织,在规范教会管理,服务社会方面发挥了积极作用。

一、全省性基督教团体

吉林省全省性基督教团体包括吉林省基督教三自爱国运动委员会和吉林省基督教协会(以下简称省基督教"两会")。

(一)吉林省基督教"两会"换届。

吉林省基督教三自爱国运动委员会　1984年9月10日至14日,吉林省基督教第二届代表会议在长春召开,参加会议代表51人,其中男代表29人,女代表22人。大会讨论通过了《吉林省基督教爱国公约》《关天维护正常宗教活动的规定》《吉林省基督教三自爱国运动委员会章程》。大会选举产生吉林省基督教三自爱国运动委员会第二届委员会,选举出主席李芳园,副主席徐棠清、金元培、宋初清、耿殿芳(女)、朱洪昌,秘书长杜生。

1993年3月20日至21日,吉林省基督教第三届代表会议在长春召开,参加会议代表74人,选举李芳园、徐棠清吉林省基督教三自爱国运动委员会名誉主席,苏赛光(女)为吉林省基督教三自爱国运动委员会主席。

吉林省基督教协会　1984年9月10日至14日,吉林省基督教第二届代表会议在长春召开,大会讨论通过了《吉林省基督教协会章程》。选举出会长李芳园,副会长徐棠清、宋初清、苏赛光(女)、金成河,朱洪昌,总干事徐棠清(兼)。

1993年3月20日,吉林省基督教第三届代表会议在长春市召开。参加这届代表会议的代表共75名,大会讨论通过了《吉林省基督教三自爱国运动委员会章程》《吉林省基督教协会章程》和《吉林省基督教会管理制度(试行)》;选举产生了吉林省基督教第三届三自爱国运动委员会和吉林省基督教第三届协会领导机构及领导成员,李芳园、徐棠清为吉林省基督教第三届三自爱国运动委员会名誉主席,李芳园、徐棠清、宋初清为吉林省基督教第三届协会名誉会长,选举苏赛光(女)为吉林省基督教第三届三自爱国运动委员会主席和第三届协会会长。省委副书记吴亦侠、副省长张岳琦到会看望了代表,并合影留念。省政府宗教局副局长洪长有在会上讲了话。

(二) 吉林省基督教"两会"工作。

按立圣职　按立教牧人员是吉林省基督教"两会"的一项重要工作内容。1986年新按立牧师3人;1989年新按立牧师2人,新按立长老5人;1990年新按立牧师3人(其中女牧师1人);1992年新按立牧师2人,新按立长老8人;1994年新按立牧师2人;1995年新按立长老6人;1996年新按立牧师4人,新按立长老2人;1998年新按立牧师6人;2000年新按立牧师5人,新按立长老2人。截至2000年,全省有牧师39人,长老42人,教士64人。

事工开展　1989年9月,金陵协和神学院圣经函授班第一期招生,吉林省学员有17名。1990年,举办义工培训班2次,参加学员200人。1991年8月5日,省基督教"两会"举办第六期义工培训班,学员37人。1992年8月,省基督教"两会"在吉林市举办第七期义工培训班,学员57人。1994年,举办培训班10次,参加者600人。1995年9月,举办吉林省基督教两会第九届义工培训班,学员有82人。1996年,培训班人数2 000人,短期培训班人数700人。1999年,举办培训班5次,培训1 000人;短期培训16次,培训4 000人。

社会服务　1995年,全省9个地区的教会为灾区奉献4万元,长春地区各个教会奉献衣物2万件,棉被100余床,新棉被20多床,新棉衣、新大衣200多件。1998年,全省基督徒为灾区奉献40.5万元,衣物6万余件。1999年,省基督教"两会"为白城镇赉灾区奉献246万元。

二、市(州)基督教团体

截至2000年底,长春、吉林、四平、辽源、通化、白山、白城、延边等市州都成立了基督教"两会"组织。

(一)长春市基督教"两会"。长春市基督教"两会"包括长春市基督教三自爱国运动委员会和长春市基督教协会。

1.长春市基督教"两会"换届。

长春市基督教三自爱国运动委员会 第六届委员会(1987至1993年)主席李芳园,副主席徐棠清、张新生、苏赛光(女),秘书长肖靖瀛;第七届委员会(1993至1998年)主席苏赛光(女);第八届委员会(1998至2000年)名誉主席苏赛光,主席孟繁智,副主席杨意贞(女)、池京珠,秘书长杨意贞(女,兼),副秘书长肖亦星、阎超、孙玉芝(女)。

长春市基督教协会 第三届委员会(1987至1993年)会长李芳园,副会长徐棠清、张新生、苏赛光(女),总干事苏赛光(女,兼);第四届委员会(1993至1998年)会长苏赛光(女);第五届委员会(1998年至2000年)名誉会长苏赛光,会长孟繁智,副会长杨意贞(女)、池京珠,总干事池京珠,副总干事朱化林、奚云贤(女)。

2.长春市基督教"两会"工作。

按立圣职 1993年按立孟繁智、杨意贞、范明杰为长春市基督教会牧师。1998年按立董国范、苑军、奚云贤为牧师。1998年吉林省基督教"两会"按立肖奕星为同心教会长老。

事工开展 1994年12月,举办为期半个月的义工传道员提高班;在农安举办三次义工培训班,在德惠举办一次义工培训班。1996年,长春市基督教"两会"召开"迎香港、庆回归"感恩赞美大会,全市20多个堂点的唱诗班参加了活动。1998年2月,举办第二届义工培训班。1999年,长春市基督教"两会"举办第三届义工培训班。1999年10月,长春市基督教"两会"举办了"为祖国祈祷,为和平祈祷歌咏会",庆祝祖国统一。2000年6月26日至7月26日,长春市基督教"两会"举办了第一届"义工提高班",培训46人。

社会服务 1995年,桦甸地区遭受水灾,长春市基督教"两会"组织教友捐衣物20 000余件,捐款3 000元。1998年6月,吉林省暴发特大洪水,长春市基督教"两会"于8月中旬组织捐款活动,共捐衣物60 082件,捐款166 661.30元。

(二)吉林市基督教"两会"。

1.吉林市基督教"两会"换届。

吉林市基督教三自爱国运动委员会 第四届委员会(1987年2月25日～1989年5月19日)主任宋初清,副主任耿殿芳、陈世光;第五届委员会(1989年5月19日～1994年12月8日)主任高重生,副主任耿殿芳;第六届委员会(1994年12月8日～

2000年)主任高重生,副主任任大中,秘书长李淑莲。

吉林市基督教协会 第一届委员会(1994年12月8日至2000年)会长高重生,副会长任大中,总干事任大中(兼)。

2.吉林市基督教"两会"工作。

圣职按立 1986年按立宋初清、曹立春为牧师,同年,高重生牧师受市三自爱委会差派到各县举行两大圣礼;1998年按立李淑莲、金忠姬、王玉发为长老;2000年8月按立崔春植、张淑芬为长老。

事工开展 1987年5月至12月指导河南街教会翻建教堂;1989年11月在原青年会礼拜堂召开全市第一届四化建设有功人员表彰大会;1990年5月五届二次市基督教三自爱国运动委员会会议制定《吉林市基督教会管理规范(试行)》,于1991年8月3日全市实施;1991年4月23日至29日举办"三自"理论学习班,同年12月5日,在原青年会礼拜堂召开全市第二届四化建设有功人员表彰大会;1992年8月24日至9月23日,受省基督教三自爱国运动委员会委托举办了省基督教第七次义工传道员培训班,学员38人;1994年9月25日按立任大中为牧师;1995年2月、7月、8月、11月举办市95届义工传道员培训班及朝鲜族第一届义工传道员培训班;1996年举办市96届义工传道员培训班及朝鲜族第二届义工传道员培训班;1997年省、市(吉林市)基督教"两会"联合在原青年会礼拜堂举办吉林地区义工传道员换证培训班,343人换证;1998年8月在孤家店子举办92届义工传道员提高班,同年推荐陈明果、娄文峰、谭清海、杨凤岐到东北基督教神学院学习;1998年推荐孟卓、卢艳萍、吴迪、金德姬到东北基督教神学院学习。1999年4月12日至5月12日举办吉林地区第一届圣乐班,52人参加学习,同年9月推荐王洪涛、高文昶、孙玲、白凤云到东北基督教神学院学习。2000年7月25日至27日举办吉林地区堂点负责人学习班,189名堂点负责人参加学习,其中市区63人,永吉23人,蛟河43人,舒兰30人,桦甸28人,磐石13人。

(三)四平市基督教团体。四平市基督教团体只有四平市基督教三自爱国运动委员会。四平市基督教三自爱国运动委员会的领导组织机构由主席、副主席、秘书长和副秘书长组成。同时,下设常委若干人,委员若干人;设立主席办公会议,每月一次例会,常委会会议每年一次。四平市基督教相关制度有:《四平市基督教三自爱国运动委员会章程》

1.四平市基督教"两会"换届。

四平市基督教三自爱国运动委员会:第一届委员会(1996年10月10日至2000年)主席万成林,副主席郝云丽、袁政,秘书长万成林(兼),副秘书长杨景山。

2.四平市基督教"两会"工作。

圣工工作 1985年按立武成天为牧师;1998年9月按立万成林为长老,按立袁政、冯秀芝为牧师。

事工开展 1991年袁政、冯秀芝毕业于东北基督教神学院后,到四平市基督教会牧会。1997年7月,庆祝香港回归,举办全地区赞美会。1997年9月8日至30日,四平市举办首届义工传道员学习班,学员56人,男19人,女37人。1999年9月举办全地区义工传道员第二期培训班,培训义工传道员98人。2000年11月,举办第三期义工提高班,培训学员57人。2000年,庆祝"三自"成立五十周年,举办地区赞美会,同时庆祝澳门回归。

社会服务 1998年,四平地区各个教会为吉林省抗洪救灾捐款70多万元,捐衣物20多包。

(四)辽源市基督教"两会"。

辽源市基督教三自爱国运动委员会 第一届委员会(1992年8月)主席冯云兰。

辽源市基督教协会 第一届委员会(1992年8月)会长冯云兰。

辽源市基督教"两会"工作。1989至2000年,辽源市基督教"两会"共培训义工132人(次)。其中辽源市4名;龙山区11名;西安区9名;开发区2名;东辽县36名;东丰县70名。1995年9月,辽源市基督教会为湖南灾区奉献人民币5 000元,衣物615件,鞋袜25双。1998年吉林省发生特大洪灾,辽源各个教会为灾区捐助人民币129 455元,衣物8 594件。

(五)通化市基督教"两会"。

1. 通化市基督教"两会"换届。

通化市基督教三自爱国运动委员会 第一届委员会(1991年)主席韩树棠,副主席曲维鹏、张鹏飞,秘书长曲维鹏(兼)。

通化市基督教协会 第一届委员会(1991年)会长韩树棠,副会长曲维鹏、张鹏飞,总干事曲维鹏(兼)。

2. 通化市基督教"两会"工作。1989至2000年,通化地区共组织3次义工培训班,共培训义工传道员120名。其中,柳河市71名;通化市27名;集安市22名。1997年,通化市基督教"两会"举办1997年培训班,地点在通化市东昌区基督教会,学员50人。2000年3月20日上午9时,通化市基督教"两会"在通化教堂举行世界公祷日,参加人数约1 000人。

(六)白山市基督教"两会"。

1. 白山市基督教"两会"换届。

白山市基督教三自爱国运动委员会 第一届委员会(1989年12月28日至1993年)主席韩绍钧,副主席赵守义、赵开亮、游树明、桑梅青、崔如平、张普俊、孙会春,秘书长赵守义(兼);第二届委员会(1993年9月25日~1998年)主席韩绍钧,副主席赵守义、张普俊、孙会春,秘书长孙会春;第三届委员会(1998~2000年)主席赵守义,副主席桑梅青、金宝贤,秘书长赵守义(兼)。

白山市基督教协会 第一届委员会(1989年12月28日)会长韩绍钧,副会长赵守义、赵开亮、游树明、桑梅青、崔如平、张普俊、孙会春,总干事孙会春(兼);第二届委员会(1993年9月25日)会长韩绍钧,副会长赵守义、张普俊、孙会春,总干事孙会春;第三届委员会(1998年)会长赵守义,副会长桑梅青、金宝贤,秘书长赵守义(兼)。

2. 白山市基督教"两会"工作。1989~2000年,白山市基督教"两会"共举办了3次义工培训班,分别是1989年第一期,1999年第二期,2000年第三期,每期培训时间均为1个月,共培训100名义工传道员。1990年7月至8月,浑江市基督教"两会"在石人教会举办了首届圣经学习班,参加学员人数33人。

(七)白城市基督教"两会"。1986年3月24日成立白城市三自爱国运动委员会,副主任肖纯光、韩信洁;秘书马德临。1994年8月14日,白城市基督教会举办首届义工传道员培训班,为期20天。1998年,白城地区各个教会为吉林省灾区捐款11 635元,衣物5 000多件。

(八)延边朝鲜族自治州基督教"两会"。

1. 延边朝鲜族自治州基督教"两会"换届。

延边州基督教三自爱国运动委员会 第三届委员会(1986年4月~1990年12月)主任金元培,副主任金成河、柳斗奉,秘书长朴成奎;第四届委员会(1990年12月~1998年11月)主任金元培,副主任金成河、柳斗奉,秘书长朴成奎;第五届委员会(1998年11月~2000年12月)主任柳斗奉,副主任朴永浩、朴曙勇,秘书长全统一。

延边州基督教协会 第二届委员会(1986年4月~1990年12月)会长金成河,副会长金元培、柳斗奉,总干事朴成奎;第三届委员会(1990年12月至1998年11月)会长金成河(1992年9月归天,由柳斗奉继任),副会长金元培、柳斗奉,总干事朴成奎;第四届委员会(1998年11月~2000年12月)会长柳斗奉,副会长朴永浩、朴曙勇,总干事全统一。

2. 延边朝鲜族自治州基督教"两会"工作。1986至1991年,州基督教"两会"安排洗礼活动,5年受洗信徒达3 908名。1991年,全州基督教活动场所85所,信徒8 800多名。1989到2000年,延边州基督教"两会"举办义工传道员培训班4期,1993年培训学员57名;1995年培训学员54名;1996年培训学员45名;1999年培训学员51名;2000年3月,举办吉林省基督教朝鲜语第一届圣经提高班,培训学员53人。2000年12月,举办吉林省基督教朝鲜语第二届圣经提高班,培训学员45人。

第二节 宗教活动场所

一、教堂分布

1989年,吉林省共有教堂72所。1992年,吉林省共有教堂105所,与两会有联系的聚会点400所,无联系的聚会点200所。2000年,吉林省共有活动场所1 085处。

2000年吉林省基督教堂分布统计情况一览表

表148

县(市)		场所	传道人数				信徒人数
			牧师	长老	教士	传道员	
长春市	合计	195	14	9	5	187	41 721
	市区内	40	12	3	4	45	17 260
	宽城区	9			1	9	2 550
	南关区	7	8	1	1	7	4 450
	二道区	9	1			16	5 200
	朝阳区	8	2	1	1	8	2 110
	绿园区	7	2	1	4	5	2 950
	双 阳	32	1			20	5 800
	九 台	14	1	1	1	15	1 660
	榆 树	18	1	2		16	5 230
	农 安	53		1		56	7 700
	德 惠	38		2		35	8 531
吉林市	合计	180	5	5	5	274	30 386
	市区内	24	4	3		39	9 219
	龙潭区	5				12	220
	船营区	4	3	3	2	11	4 565
	昌邑区	8	1			5	1 736
	丰满区	7			1	11	710
	外市区	156	1	1		235	21 167
	桦甸市	19		1	1	30	2 093
	磐石市	26				52	5 975
	舒兰市	15				19	1 399
	蛟河市	48		1	1	70	4 802
	永吉县	48	1			64	6 898

续表

县(市)		场所	传道人数				信徒人数
			牧师	长老	教士	传道员	
四平市	合 计	73	4	4			21 705
	四平市	6	3	2			9 238
	伊 通	32		1			3 562
	梨 树	5					2 130
	双 辽	6					2 850
	公主岭	24	1	1			3 925
辽源市	合 计	90	1			117	9 208
	龙山区	8	1			10	1 827
	西安区	2				7	1 300
	东丰县	48				60	3 501
	东辽县	32				40	2 580
通化市	合 计	61	5	3	6	99	9 617
	通化市	9	2		5	27	5 425
	柳河县	48	1	1		64	3 033
	集安市	1			1	8	200
	梅河口	3	3				860
白山市	合 计	49	3	5	3	61	8 933
	长白县	10			1	12	624
	抚松县	5			1	3	1 399
	临江市	13		1		20	1 910
	浑江区	8	1		1	14	1 200
	江源区	7	2	2		6	3 490
	靖宇县	6				6	310

续表

县(市)		场所	传道人数				信徒人数
			牧师	长老	教士	传道员	
白城市	合 计	39	2	1	3	58	15 936
	洮南市	14				23	5 971
	通榆县	1				1	50
	大安市	15		1		23	7 391
	镇赉县	2			1	2	1 350
	白城市	7	2			9	1 174
延边朝鲜族自治州	合 计	28	4	14	36	52	19 696
	延吉市	6	1	3	3	13	6 442
	图们市	2		1	5	3	864
	龙井市	2	1		3	1	1 214
	和龙市	5				11	1 412
	敦化市	6	1	3	3	10	6 393
	安图县	2				5	1 350
	珲春市	2	1		1	5	1 501
	汪清县	3		2	4	3	1 746
松原市	合 计	73	1	1	6	153	7 670
	前郭县	5				7	540
	扶余县	1		1			550
	长岭县	3				7	550
	宁江区	64			6	139	6 580

二、少数原教派

1989至2000年,吉林省基督教少数原教派中发展较为迅速的是基督复临安息日会。1978年中共十一届三中全会以后,基督复临安息日会的宗教生活也随之正常开展,至2000年,基督复临安息日会在吉林省境内主要有3个主要的分布地区,即长春地区、四平地区和延边地区,登记教堂约有100个,信徒约有9 000人。

2000年吉林省基督教原主要教派情况一览表

表149

教　派	原属差会	分　布
中华基督教会(长老会)	美国　加拿大	吉林　长春　榆树　通化　四平　白城
基督教复临安息会	美国　全球总会	吉林　延边地区
中华基督教信义会	丹麦	长春　扶余　临江
真耶稣教会		延吉　图们　榆树
基督教聚会处(小群会)		长春　吉林　四平　洮南
中华浸信会	美国浸信会	长春
基督教加拿大长老会	加拿大	四平
中华神召会	英国　芬兰	长春
基督教撒冷会	芬兰	东丰　辽源　梅河口
基督教青年会		吉林　洮南
救世军	英国	长春　四平
朝鲜基督教长老会	美国	延边州　通化　辉南
朝鲜复临安息日会	美国	延边
朝鲜监理会	英国	延边　四平　公主岭　伊通
朝鲜圣洁会	朝鲜	延边
朝鲜东亚基督教会	朝鲜	延边　磐石
朝鲜基督教会	朝鲜	延边
日本基督教会	日本	长春

第三节　教职人员

　　基督教内部一般将教职人员分为专职教职人员、义工教职人员、预备教职人员（神学生）。专职教职人员包括牧师、长老、教士，主要担当教会的管理和牧养工作，其中，牧师和长老又称为圣职人员，可以举行教会的两大圣礼（圣洗礼和圣餐礼），可以为基督徒举行婚礼，可以为信徒行祝福礼；教士不需要按立，神学生毕业后实习一年，可由省基督教"两会"组织发给教士证，教士只负责教会的牧养和管理工作。

一、专职教职人员

　　1989年初，吉林省共有专职教职人员38名。其中，牧师13人，长老12人，教士13人。截至2000年底，吉林省共有专职教职人员145人。其中，牧师39人，长老42人，教士64人。

　　（一）长春地区。截至2000年，长春地区共有28名专职教职人员。其中，牧师14名、长老9名、教士5名。分别是：苏赛光（女，长春市基督教会牧师）、高玉雪（女，长春市基督教会牧师）、孟繁智（长春市基督教会，1993年按立牧师）、范明杰（女，长春市基督教会牧师）、杨意贞（女，长春市基督教会牧师）、朱华林（长春市基督教会长老）、肖亦星（长春市同心教会长老）、杨晓林（女，宽城基督教会教士）；李健（长春市净水基督教会教士）、梁晓影（女，长春市二道基督教会牧师）、陈喜和（湖西路基督教会牧师）、奚云贤（女，长春市绿园基督教会牧师）、苑军（长春市春城基督教会牧师）；江振林（长春市春城基督教会教士）、贺丽芝（长春市春城基督教会教士）。周桂玲（女，云山基督教会牧师）；张惠春（女，农安县基督教会长老）；孙延信（男，德惠长青基督教会长老）、马天民（男，九台团结基督教会长老）、董国范（男，九台团结基教会牧师）；李树汉（朝鲜族，九台新立教会）；韩英贤（女，长春市正阳街基督教会教士）；李凤森（男，长春市正阳街基督教会长老）。

　　（二）吉林地区。截至2000年，吉林地区共有15名专职教职人员。其中，牧师5名，长老5名，教士5名。分别是宋初清（男，吉林市教会，1986年按立牧师）；高重生（男，吉林市教会，1986年按立牧师）；任大中（女，吉林市教会，1994年按立牧师）；郭文革（男，朝鲜族，吉林市松江教会，1998年按立牧师）；车哲（男，朝鲜族，吉林市口前教会，1998年按立牧师）；李淑莲、金钟硕、王玉发（1998年按立长老）；崔春植、张淑芬（2000年按立为长老）。马玉新、曹立春（1982年，东北基督教神学院，教士），王新（吉林市丰满教会）朴成浩（蛟河市八家子教会），李哲生（桦甸市红升教会）。

　　（三）四平地区。截至2000年，四平地区共有专职教职人员8名：武成天（1985

年10月按立为牧师);郝云丽(公主岭基督教会,1995年按立为牧师);袁政(四平市铁东基督教会,1998年按立为牧师),冯秀芝(女,四平市基督教会,1998年按立为牧师);万成林(四平市基督教会,1998年按立为长老);史文丰(公主岭安息日教会,1995年按立为长老);赵文生(公主岭范家屯教会,1998年按立为长老);孙丽珍(伊通县基督教会,1998年按立为长老)。

(四)辽源地区。截至2000年,辽源地区共有专职教职人员1名:冯云蓝(女,辽源市基督教会负责人,2000年由长老按立为牧师)。

(五)通化地区。截至2000年,通化地区共有专职教职人员10名:韩树棠(男,梅河口市山城基督教会,1984年按立为牧师);韩树基(梅河口市海龙镇基督教会,1982年按立为牧师);曲维鹏(通化市东昌区基督教会,1990年按立为牧师);张鹏飞(梅河口市福民基督教会,1990年按立为牧师);金成河(牧师,通化县教会);颜景荣(柳河基督教会,1998年按立为长老);裴赞瑞(柳河北山基督教会,1993年按立为长老);通化就是5名:金仁哲(通化东安教会),吴宗世(通化市文盛教会);集安1名教师。

(六)白山地区。截至2000年,白山地区共有专职教职人员12名。其中,牧师3名,长老5名,教士2名。主要有韩绍钧(白山市教会,1988年按立为牧师);张普爱(女,1998年按立牧师,白山市八宝镇教会);赵守义(长老,白山市八道江教会);赵守仁(长老,白山市八宝镇教会);池德海(长老,梅河口市铁西教会);程崇恩(1998年按立长老,临江教会);赵开亮(白山江源教会,1998年按立长老);江源区还有长老1名;长白县教士1名;桑梅青(女,抚松县基督教会);金贞顺(白山市鲜明教会教士)。

(七)白城地区。截至2000年,白城地区共有专职教职人员7名。主要有闫勇(洮南市基督教会牧师)、张红(女,洮南市基督教会牧师);洮北区1名教士;王景生(大安市长虹街基督教会长老);冷文华(镇赉县基督教会教士);辛少红(女,白城市基督教会教士)。

(八)延边地区。截至2000年,延边地区共有专职教职人员54名。其中,牧师4名:柳斗奉、朴曙勇、朴永浩、杨树宏;长老14名:王殿忠、孙约翰、金明日、朴松鹤、吉玄斗、赵良吉、李南奎、梁在星、金光洙、朴相化、张盛林、姜振生、金钟万、赵顺权;金元培(长老,延吉市基督教会)。教士36名:李永道(1991年,延吉仁坪教会,东北神学院)、李秀忠(1992年,二道白河教会,东北神学院)、郝玉洁(1993年,延吉市三道教会,东北神学院)、李正男(1994年,延吉图们教会,东北神学院)、崔炯律(1994年,龙井市铁北教会,东北神学院)、朴圣浩(1994年,蛟河八家子教会,东北神学院)、张汉林(1994年,汪清江南教会,东北神学院)、池德文(1994年,延吉市延南教会,东北神学院)、宋林(1994年,延吉市教会,东北神学院)、孙永男(1993年,汪清曙光教会,东北神学院)、张顺杰(1996年,敦化市教会,东北神学院)、张来君(1996年,白山临江教会)、金永日(图们市基督教会),杨树宏(女,敦化市基督教会)等。

(九)松原地区。截至2000年,松原地区共有专职教职人员8名。其中,牧师、长老各1名,教士6名。刘桂兰,女,牧师,松原市前郭炼油基督教会;孙成——松原市扶余县基督教会,1998年按立长老;宁江区有教士6名。

二、义工传道员

　　义工传道员需接受过各市(州)基督教"两会"培训班的短期培训,经考试合格发义工传道证,义工传道员在教会中协助专职教职人员牧养信徒。义工传道员在教会的发展过程中发挥了重要的作用,为教会的发展打下了良好的基础,使教会的发展走上了正规化的道路。大部分教会都是义工传道员负责牧养,由于经济问题,导致义工传道员队伍的不稳定,也造成教会的不稳定。截至2000年,全省共有义工传道员2 262人。其中,长春地区有义工传道员171名,吉林地区有义工传道员343名,四平地区有义工传道员239名,辽源地区有义工传道员132名,通化地区有义工传道员120名,白山地区有义工传道员161名,白城地区有义工传道员82名,延边地区有义工传道员874名,松原地区有义工传道员140名。1989至2000年,吉林省共举办培训班60期,培训2 000人次。

2000年吉林省基督教义工传道员人数统计表

表150 单位:人

教会名称	义工传道员人数		其中		信徒人数
	男	女	省培训人数	市(州)培训人数	
长春地区	68	103	60	171	100 000
吉林地区	153	190	55	343	44 980
四平地区	95	144	18	239	85 000
辽源地区	52	80	69	1 912	10 778
白山地区	14	50	14	64	7 200
通化地区	36	37	6	73	5 000
白城地区	7	36	7	43	1 600
延边地区	425	319	494	207	23 771
松原地区	43	109	6	148	11 000

三、神学生

神学生是指已经受洗的信徒,由所在教会选送,经市(州)基督教"两会"批准,报宗教局备案,通过省基督教"两会"推荐,接受金陵协和神学院和东北基督教神学院等全日制神学教育的学生。1989至2000年,吉林省共有神学生155名。

(一)长春地区。 1989至2000年,长春地区共有神学生24名:卢云龙(1993年,南京神学院,长春新月教会)、曹青华(1996年,南京神学院,宽城基督教会)、刘洋(女,2000年,东北神学院,长春市基督教会)、刘志凤(东北神学院,长春小河沿教会)、蔡桂凤(女,1999年,东北神学院,三道基督教会)、蔡黎明(1999年,东北神学院,二道基督教会)、周继荣(女,1999年,东北神学院,宽平基督教会)、万震灵(女,1998年,东北神学院,湖西路基督教会)、韩北欧(女,1996年,南京神学院,湖西路基督教会)、李永日(1993年,南京神学院,昌平基督教会)、刘雪升(1997年,中南神学院,宽平基督教会)、刘志凤(女,1998年,东北神学院,绿园基督教会)、朱丽叶(1998年,东北神学院,绿园基督教会)、李静(1996年,南京神学院,春城基督教会)、张鹏阁(1996年,南京协和神学院,梅河口福民基督教会转入长春华春教会)、蔡似姬(朝鲜族,东北神学院,长春三马路教会)、金吉浩(朝鲜族,长春新日教会)、宋光民(朝鲜族,东北神学院,长春东三教会)、朴志明(朝鲜族,东北神学院,长春东三教会)、吴波(1999年,东北神学院,前程子基督教会)、林东燮(1998年,东北神学院,德惠庭园基督教会)、李树汉(1997年,东北神学院,九台九郊新立基督教会)、姜红(女,1996年,南京神学院,九台团结教会)、张丽丽(女,南京神学院,农安基督教会)。

(二)吉林地区。 1989至2000年,吉林市地区共有神学生34名:李哲生(1994年,桦甸市教会,东北神学院)、王新(1995年,吉林丰满教会,东北神学院)、卢艳萍(女,1998年,东北神学院)、吴迪(1998年,东北神学院)、金德姬(女,1998年,东北神学院)、陈明果(1998年,东北神学院)、娄文峰(1998年,永吉岔路河教会,东北神学院)、谭清海(1998年,东北神学院)、杨凤岐(1998年,桦甸教会,东北神学院)、孟卓(1998年,东北神学院)、孙玲(女,1999年,东北神学院)、白凤云(女,1999年,东北神学院)、王洪涛(1999年,东北神学院)、高文昶(1999年,东北神学院)、杨凤海(2000年,东北神学院)、朴昌范(朝鲜族,1998年毕业于东北神学院,吉林市船营搜登鲜兴)、梁万锡(朝鲜族,东北神学院,吉林永吉教会)、金日华(朝鲜族,东北神学院,吉林永吉教会)、郭文成(朝鲜族,东北神学院,吉林昌邑辽松教会)、孙真浩(东北神学院,吉林郭店子教会)、朴龙国(朝鲜族,东北神学院,吉林永吉岔路河教会)、卢艳萍(女,东北神学院,磐石烟筒山教会)、李金凯(东北神学院,吉林市双吉教会)、朴东权(朝鲜族,东北神学院,吉林振兴教会)、崔贤哲(朝鲜族,东北神学院,松江教会)、姜元吉(朝鲜族,东北神学院,吉林松江教会)、李正泽(朝鲜族,东北神学院,松江教会)、李哲范(朝鲜族,东北神学院,蛟河八家子教会)、池松日(朝鲜族,东北神学院,舒兰教会)、尹在浩(朝鲜族,东北神学院,舒兰教会)、金京植(朝鲜族,东北神学院,吉林龙潭巴拉底教会)、金东日(朝鲜族,东北神学院,吉林万昌朱家教会)、崔凤实(朝鲜族,东北神学院,吉林万昌朱家教会)、郭文举(朝鲜族,吉林松江教会,东北神学院)。

（三）四平地区。1989至2000年,四平地区共有神学生4名:商佰荣(女,1996年,南京协和神学院,四平伊通基督教会)、曲凤波(东北神学院,公主岭教会)、王喜梅(2000年毕业东北神学院,四平北市场教会)、金洪俊(朝鲜族,东北神学院,公主岭河北新开教会)。

（四）辽源地区。1989至2000年,辽源地区共有神学生5名:王苏文(1996年,辽源市教会,东北神学院)、付华(女,南京协和神学院,辽源市基督教会)、石玉华(女,2001毕业东北神学院,辽源教会)、许家琴(女,东北神学院,辽源龙山山湾教会)、刘雪松(中南神学院,东丰教会)。

（五）通化地区。1989至2000年,通化地区共有神学生19名:张文哲(1994年,集安团结教会,东北神学院)、金仁哲(1994年,通化东安教会,东北神学院)、郑玉仙(女,1994年,梅河口山城教会,东北神学院)、李光日(1996年,通化二道江教会,中南神学院)、谭海清(1996年,梅河口长安教会,东北神学院)、张荣亚(东北神学院,梅河口教会)、宋宪伟(东北神学院,梅河口教会)、金镇国(朝鲜族,1999年毕业东北神学院,辉南朝阳教会)、金成贤(朝鲜族,东北神学院,梅河口教会)、刘志峰(东北神学院,梅河口教会)、丁忠云(朝鲜族,东北神学院,梅河口大湾龙山教会)、郑京洗(朝鲜族,东北神学院,梅河口教会)、李庆子(女,朝鲜族,东北神学院,梅河口教会)、金基雄(朝鲜族,东北神学院,梅河口海龙教会)、张文哲(东北神学院,集安团结教会)、金仁哲(东北神学院,通化县东安教会)、郑玉仙(女,东北神学院,梅河口山城中街教会)、吴宗世(东北神学院,通化文盛教会)、金京用(东北神学院,梅河口幸福教会)。

（六）白山地区。1989至2000年,白山地区共有神学生8名:桑梅春(1990年,靖宇抚松教会,南京神学院)、金贞顺(1994年,白山朝明教会,东北神学院)、赵轩(女,2000年,白山市教会,东北神学院)、颜世英(1996年,柳河教会,东北神学院)、严明玉(女,朝鲜族,东北神学院,柳河教会)、张锦洙(女,朝鲜族,柳河教会)、李姬顺(女,朝鲜族,东北神学院,白山二道白河教会)、李良日(朝鲜族,黑龙江圣经学校,吉林江密峰教会)。

（七）白城地区。1989至2000年,白城地区共有神学生5名:肖纯光(女,学道馆,白城洮北教会)、张红(女、南京神学院,洮南市基督教会)、闫勇(南京神学院,洮南市基督教会)、王春雨(东北神学院,大安教会)、栾少红(女,东北神学院,白城教会)。

（八）延边地区。1989至2000年,延边地区考入金陵协和神学院和东北基督教神学院的神学生共有53名,其中汉族有11名,朝鲜族42名。分别为:王代玉(东北神学院,敦化市教会)、朴宏化(朝鲜族,东北神学院)、金哲洙(东北神学院,延吉小营镇教会)、赵永刚(东北神学院,珲春教会)、刘琪(2000年毕业于东北神学院,敦化教会)、崔权(朝鲜族,东北神学院,安图明月教会)、朴忠勇(朝鲜族,东北神学院,延吉清清教会)、崔连顺(女,朝鲜族,1999年毕业于东北神学院,龙井市龙门教会)、薛淑华(女,1999年毕业于东北神学院,图们向上教会)、吴镇龙(朝鲜族,东北神学院,图们教会)、金光顺(朝鲜族,1998年毕业于东北神学院,汪清教会)、李花子(女,朝鲜族,东北神学院,敦化教会)、姜光吉(2000年毕业于东北神学院,安图白河教会)、刘金萍(女,东北神学院圣乐班,安图县白河教会)、李明佳(东北神学院,龙井教会)、姜圣恩(朝鲜族,东北神学院,汪清教会)、金芹花(女,朝鲜族看,东北神学院,延吉教会)、金智协(朝鲜族,东北神学院,延吉教会)、朴春香(女,朝鲜族,东北神学院,延吉教会)、李辉灿(朝鲜族,东北神学院,延吉教会)、安玉花(女,朝鲜族,东北神学院,延吉教会)、崔文革(朝鲜族,东北神学院,延吉教会)、兰喜燕(女,东北神学院,敦化教会)、朴文军(东北神学院,龙井市铁南教会)、尹哲(朝鲜族,东北神学院,龙井朝阳教会)、姜雪梅(女,东北神学院,安图教会)、林永山(朝鲜族,东北神学院,延吉河南教会)、陈虹(女,东北神学院,图们教会)、李银花(女,朝鲜族,东北神学院,图们教会)、安风哲(朝鲜族,东北神学院,珲春教会)、崔权弼(朝鲜族,东北神学院,图们教会)、金云龙(朝鲜族,东北神学院,敦化教会)、安京子(女,朝鲜族,东北神学院,珲春教会)、金昌德(朝鲜族,东北神学院,龙井教会)、李顺子(女,朝鲜族,东北神学院,延吉教会)、池桂花(女,朝鲜族,东北神学院,龙井朝阳教会)、张顺杰(女,朝鲜族,东北神学院,敦化教会)、朴成振(朝鲜族,东北神学院,图们教会)、李京虎(朝鲜族,东北神学院,延吉老山教会)、许宗国(朝鲜族,东北神学院,延吉新丰教会)、李永哲(东北神学院,安图县教会)、张汉林(东北神学院,汪清教会)、池德文(东北神学院,延南教会)、宋林(东北神学院、延吉教会)、柳斗满(朝鲜族,延吉市教会)、金贞顺(女,东北神学院,吉林省白山鲜明教会)、李秀忠(女,东北神学院,安图县二道白河教会)、李永道(东北神学院,延吉仁坪教会)等。

(九)松原地区。1989至2000年,松原地区共有神学生3名:洪江龙(东北神学院,松原扶兴教会)、焦永刚(南京神学院,扶余中心基督教会)、孙雁(女,南京神学院,扶余中心基督教会)。

第四节　社会活动

一、服务社会

(一)长春地区。1991年福建、安徽等省部分地区遭受自然灾害,长春地区教会奉献2 890元,衣物900件,粮票5 000千克。1995年,长春地区为灾区奉献衣物2万件,棉被100余床,新棉被20多床,新棉衣、新大衣200多件,并送往桦甸、磐石和四平、石岭、农安等灾区。1998年,长春市基督教堂抗洪赈灾捐款人民币26万元,衣物1 000多件。1998年,宽城基督教会抗洪赈灾捐款人民币4万元,春城基督教会抗洪赈灾捐款3.5万元。长春市基督教会为双阳大营子贫困户奉献1.5万元;为九台莽卡贫困户奉献2万元;为德惠市万宝顺山小学奉献电脑、桌椅价值人民币5万元;为吉林大学贫困学生马静飞提供助学资金2万元;为双阳朝鲜族小学奉献1万元;2000年,为吉林省汪清县解决百姓用水奉献5万元;为吉林省浑春县奉献2万元;为长春社会福利院奉献2万元;为街道社区春节前支助贫困户每年奉献2 000元;为社区亮化工程奉献3 000元;为社区办公用品奉献2 000元;为长春市慈善总会扶贫奉献2万元。此外,长春地区各个教会每年都根据自己的能力去慰问敬老院或资助困难家庭和贫困学生。

(二)**吉林地区**。1990年吉林市基督教会为东北基督教神学院奉献人民币117.27元;1991年福建、安徽等省部分地区遭受自然灾害,吉林地区奉献3 840元。

(三)**四平地区**。1991年福建、安徽等省部分地区遭受自然灾害,四平地区奉献1 292元;1993年,为长发4队失火的张家捐助2 000元,并送去衣物和被褥;1998年特大洪水期间,四平市基督教会救助灾区,信徒捐款70多万元,衣物20多包。2000年,四平市基督教会看望铁西区平西敬老院老人,送去大米、白面20袋,并为他们演出节目。2000年圣诞节,慰问铁东区长发敬老院老人,为他们送去衣物、鞋袜。

(四)**辽源地区**。1990年,辽源市基督教会为东北基督教神学院奉献286.90元。1991年,福建、安徽等省部分地区遭受自然灾害,辽源地区奉献453.70元。1995年9月,辽源市基督教会为湖南灾区奉献5 000元,衣物615件,鞋袜25双。1998年特大洪水期间,辽源各个教会为灾区捐助129 455元,衣物8 594件。

(五)**通化地区**。1991年福建、安徽等省部分地区遭受自然灾害,通化地区奉献1 000元。

(六)**白城地区**。1990年洮南市洮东聚会点为东北基督教神学院奉献5 630元;洮南市基督教会为东北基督教神学院捐款800.00元。1998年,白城地区各个教会为灾区捐款11 635元,衣物5 000多件。

(七)**延边地区**。延边州各个教会每年都根据自己的能力去慰问敬老院或资助困难家庭和贫困学生。1991年,为支援灾区,延边州各县(市)基督教会直接在当地捐款捐物,延吉市基督教会捐款1 300元,衣物900件;1998年,在支援抗洪救灾活动中,全州基督教界为受灾地区捐款捐物折合30多万元。

(八)**松原地区**。各个教会每年也都根据自己的能力去慰问敬老院或资助困难家庭和贫困学生。1991年福建、安徽等省部分地区遭受自然灾害,延边地区奉献3 840元。1998年,在支援抗洪救灾活动中,松原地区基督教界为受灾地区捐款捐物折合20多万元。

二、参政议政

1989～2000年,省政协召开过三届委员会,分别是第六、七、八届。长春市基督教会杜生1987年长春市南关区第11届人大代表;长春市基督教会苏赛光牧师为(第七、八届)省政协委员,长春市基督教会阎超(2000年)任市政协委员,长春市基督教会孟繁智牧师为吉林省(2000年)任政协常委;长春市基督教会杨意贞牧师任市政协第十届和第十一届委员(2000年)。长春市二道区基督教会孙玉芝长老任长春市二道区人大代表(1997至2000年);长春市宽城基督教会周秀珍任长春市宽城区政协委员(1998年)。吉林市基督教会高重生担任第七、八届省政协委员,吉林市基督教会任大中1988年任吉林省、吉林市青联委员。公主岭基督教会郝云丽(2000年)任四平市政协委员。通化市基督教会曲维鹏任第七、八届省政协委员。

1989至2000年吉林省基督教人士担任省政协委员情况一览表

表151

姓 名	性别	民族	时 间	备 注
苏赛光	男	汉	省政协第六届	长春市基督教会牧师
徐棠清	男	汉	省政协第六届	长春市基督教会牧师
曲维鹏	男	汉	省政协第七届	通化市基督教会牧师
苏赛光	男	汉	省政协第七届	长春市基督教会牧师
高重生	男	汉	省政协第七届	吉林市基督教三自爱国会主席
曲维鹏	男	汉	省政协第八届	通化市基督教会牧师
苏赛光	男	汉	省政协第八届	吉林省基督教会会长
高重生	男	汉	省政协第八届	吉林市基督教会主任、牧师

三、友好往来

1989年7月,基督教全国"两会"曹圣洁总干事、沈德溶秘书长、项建华牧师3人来吉林省进行为期一周的访问。

1990年3月28日,加拿大神学院博士来长春考察学习,长春市"两会"会长苏赛光牧师和杜生秘书长接待,3月29日召开座谈会,并陪同到汽车厂、长影、伪皇宫和南湖大桥游览。

1990年9月14～19日,和龙市基督教会吉玄斗长老、汪清县基督教会朴松鹤长老赴韩国访问。

1992年8月2～12日,延边州基督教协会总干事柳斗奉牧师访问韩国。

1995年1月,由省宗教局高玉玺副局长为团长,苏赛光牧师、朗大民、焦枫铎等应邀赴韩国考察。

1995年5月,长春市基督教"两会"主席参加全国基督教"两会"组织的考察团,到英国和日本进行为期50天的考察、参观学习。

1995年8月18日,天风总编辑沈承恩牧师来长春考察,探访吉林省少数民族,并在长春探访了李芳园牧师。

1995年,章诚宗牧师一行96人的韩国代表团由省宗教局接待,到吉林省参观学习。

1996年6月,长春市"两会"接待韩国以金钟九为团长的代表团一行6人,到长春市教会座谈,并参观社会王守兰养老院和残疾儿童幼儿园。

1997年10月2日,省宗教局崔明龙副处长、王喜年科长、省基督教"两会"主席、会长苏赛光牧师和焦枫铎副秘书长在长春接待了郑国治牧师一行3人。10月3～5日,郑国治牧师一行3人分别到长春市基督教会、长春东山教会和吉林市基督教会证道。

1999年,韩国监理会金宣焘(长老)一行7人,来四平市基督教会进行友好访问。

附　录

吉林省宗教事务条例

（1997年12月19日吉林省第八届人民代表大会常务委员会第三十五次会议通过）

第一章　总　则

第一条　为了保障公民宗教信仰自由，依法管理宗教事务，维护国家统一、民族团结和社会稳定，依据《中华人民共和国宪法》和国家有关法律、法规的规定，结合本省实际，制定本条例。

第二条　本条例所称宗教，指佛教、道教、伊斯兰教、天主教和基督教。

第三条　本条例所称宗教事务，指宗教与国家、社会、群众之间的各项社会公共事务。

第四条　公民有信仰宗教和不信仰宗教的自由，任何组织和个人不得强制公民信仰宗教或不信仰宗教，不得歧视信仰宗教的公民或不信仰宗教的公民。

信仰宗教的公民和不信仰宗教的公民以及信仰不同宗教的公民之间应当相互尊重。

第五条　宗教活动应在宪法、法律、法规的范围内进行，不得扰乱社会秩序和生产秩序，不得损害公民身体健康，不得妨碍国家的教育制度。任何组织和个人不得利用宗教进行违反宪法、法律、法规的活动。

宗教团体、宗教活动场所、宗教教职人员和信仰宗教的公民的合法权益及正常的宗教活动受法律保护。

第六条　宗教团体和宗教方面的各项事务，应当独立自主自办，实行自传、自治、自养，不受外国势力支配。

第七条　本省县级以上人民政府宗教事务部门是其行政区域内宗教事务的行

政主管部门,依法管理宗教事务。

各级宗教事务行政主管部门对贯彻执行本条例负有检查、指导、协调、督促的职责。

第八条　本省行政区域内的国家机关、企业、事业、社会团体和个人应当遵守和执行本条例。

第二章　宗教团体

第九条　本条例所称宗教团体,指依法成立的全省性和市(州)、县(市、区)区域性佛教协会、道教协会、伊斯兰教协会、天主教爱国会和天主教教务委员会、基督教三自爱国运动委员会和基督教协会等群众性宗教组织。

第十条　宗教团体必须依照国家有关社会团体管理的规定申请登记,经登记管理机关核准登记后方可进行活动。具备法人条件的依法取得法人资格。

第十一条　宗教团体应当接受政府的行政管理,协助政府贯彻执行法律、法规,对宗教教职人员和信仰宗教的公民进行爱国主义、社会主义和法制教育,并根据其宗旨和章程开展活动。

第十二条　全省性宗教团体开办宗教院校,按国家和省有关规定办理。

市(州)、县(市、区)区域性宗教团体举办宗教培训班,经全省性宗教团体同意后,报省宗教事务行政主管部门备案。

第十三条　宗教团体可以进行宗教文化学术研究和交流。

宗教团体印刷、出版和发行宗教书刊、宗教印刷品、宗教音像制品应当按照国家有关法律、法规的规定办理。

第十四条　宗教团体或宗教活动场所可以按照国家有关法律、法规的规定申办以自养为目的企业、事业,也可以兴办社会公益事业。

第三章　宗教教职人员

第十五条　本条例所称宗教教职人员,指佛教的比丘、比丘尼,道教的道士、道姑,伊斯兰教的阿訇、掌教(刀师傅),天主教的主教、神父、修士、修女,基督教的牧师、长老、教士。

第十六条　本省行政区域内宗教教职人员的身份由全省性宗教团体按照规定的程序认定,并报省宗教事务行政主管部门备案。

第十七条　凡经认定、备案的宗教教职人员,可以在由全省性宗教团体指定的、已经依法登记的宗教活动场所,依照规定的职责主持宗教活动。未经认定、备案的,不得以宗教教职人员身份主持宗教活动。

第十八条　本省宗教教职人员应邀到省外或者省外宗教教职人员应邀到本省举行或者主持宗教活动,应先取得全省性宗教团体和省宗教事务行政主管部门的同意。

第四章　宗教活动场所

第十九条　本条例所称宗教活动场所,指进行宗教活动的寺院、宫观、清真寺、教堂及其他固定处所。

第二十条　宗教活动场所的设立,应当根据信仰宗教的公民进行正常宗教活动的需要和当地城市、村镇建设的总体规划,合理布局。

第二十一条　宗教活动场所必须具备下列基本条件:

(一)有固定的处所和名称;

(二)有经常参加宗教活动的信仰宗教的公民;

(三)有信仰宗教的公民组成的管理组织;

(四)有主持宗教活动的宗教教职人员或符合各宗教规定的人员;

(五)有管理规章;

(六)有合法的经济收入。

第二十二条　宗教活动场所必须按照国家有关法律、法规的规定,履行登记手续,接受宗教事务行政主管部门的管理。

具备法人条件的,办理法人登记,依法独立享有民事权利和承担民事责任。

第二十三条　新建、扩建、迁建寺院、宫观、清真寺、教堂,由宗教团体或宗教活动场所管理组织提出申请,经县以上宗教事务行政主管部门同意,报省宗教事务行政主管部门审批。

终止、合并、迁移以及变更登记的宗教活动场所,应当向原登记机关办理手续;其中终止、合并的,所属财产按照国家有关法律、法规的规定处理。

第二十四条　宗教活动场所可以接受团体和个人自愿的布施、乜贴、奉献和其他捐赠(包括遗赠)。

宗教活动场所接受外国宗教组织和个人的捐赠,按照国家有关规定办理。

第二十五条　被列为文物保护单位或者位于风景名胜区内的宗教活动场所,应当按照国家有关法律、法规的规定,管理、保护文物和保护环境并接受有关部门的指导、监督。

第二十六条　宗教活动场所管理组织可以在宗教活动场所内经营销售宗教用品和宗教书刊、宗教音像制品。

第二十七条　未经宗教活动场所管理组织和宗教事务行政主管部门同意,任何单位和个人不得在宗教活动场所内设立商业、服务网点,或者进行陈列、展览等活动。

第二十八条　在宗教活动场所内拍摄电影、电视片,必须征得宗教活动场所管理组织和当地宗教事务行政主管部门的同意。

第二十九条　非宗教活动场所和非宗教团体不得建立寺观教堂、设置宗教设施、举行宗教活动,也不得接受或者变相接受布施、乜贴、奉献和宗教性捐赠。

第三十条　任何组织和个人不得在宗教活动场所内进行不同信仰的宣传和争论,进入宗教活动场所应当尊重宗教习俗和遵守宗教活动场所管理规章。

第五章　宗教活动

第三十一条　宗教活动是信仰宗教的公民在依法登记的宗教活动场所,按照宗教的教义、教规和习惯进行拜佛、诵经、经忏、斋醮、受戒、祷告、礼拜、封斋、讲经、讲道、受洗、弥撒、终傅、追思等活动以及举行宗教婚礼仪式、过宗教节日等。

第三十二条　信仰宗教的公民集体举行的宗教活动必须由宗教教职人员主持。

第三十三条　任何组织和个人不得在宗教活动场所外布道、传教。

第六章　宗教财产

第三十四条　宗教财产是指宗教团体或宗教活动场所依法所有的房产、各类设施、宗教收入以及所属的企业、事业等合法拥有的资产和收入。

第三十五条　宗教团体、宗教活动场所依法所有的房产或者管理、使用的土地,应当按照国家有关法律、法规的规定向有关部门申请登记,并向宗教事务行政主管部门备案。

第三十六条　宗教团体、宗教活动场所依法所有或者管理、使用的财产,任何组织和个人不得侵占。

第三十七条　宗教活动场所和宗教建筑中属于文物保护单位、优秀近代建筑保护单位或者省级以上宗教重点保护单位的,应当在城市规划中划定保护范围,未经有关部门批准,不得改作他用。

第三十八条　因城市建设需要征用宗教房产、宗教活动场所的,应先征得宗教团体、宗教活动场所和当地宗教事务行政主管部门的同意,并给予合理补偿和妥善安置。

第三十九条　因其他建设需要征用宗教团体或宗教活动场所管理、使用的土地,按照国家有关法律、法规的规定办理。

第四十条　宗教团体或宗教活动场所的房产可以按照国家有关法律、法规的规定出租和转让。

第七章　涉外宗教事务

第四十一条　宗教团体和宗教界人士可以同国外宗教界开展友好往来和文化学术交流活动。

在交往和交流活动中,应当独立自主、相互尊重、互不干涉、平等友好。

第四十二条　宗教团体和宗教界人士因宗教交往应邀出访或者邀请国外宗教组织、宗教界人士来访,应当按照国家有关规定办理手续。

第四十三条　尊重外国人的宗教信仰自由,保护外国人在宗教方面同本省宗教界进行的友好往来和文化学术交流活动。

本省行政区域内的宗教活动场所,可以接纳外国人参加宗教活动;也可以应外国人的请求,经当地宗教事务行政主管部门同意,为其举行道场、法会、洗礼、婚礼葬礼等宗教仪式。

第四十四条　外国人入境可以按照国家有关法律、法规的规定携带少量本人自用的宗教用品。

第四十五条　在本省行政区域内的外国人不得进行传教活动和散发宗教宣传品,不得在我国公民中发展教徒和委任宗教教职人员,不得成立宗教团体和宗教办事机构,不得开设宗教活动场所、宗教院校和宗教培训班。

第四十六条　任何单位和个人不得接受外国宗教组织和个人提供的办教津贴,不得在经济、文化、教育、卫生、体育、科技等对外交往中接受附加的宗教条件。

第八章　法律责任

第四十七条　未经允许在宗教活动场所内设立商业、服务网点,举办陈列、展览以及拍摄电影、电视片的,由县以上宗教事务行政主管部门责令停止活动。

第四十八条　擅自印刷、出版和发行宗教书刊、宗教印刷品、宗教音像制品的,由宗教事务行政主管部门和有关部门按照国家有关法律、法规的规定予以处罚。

第四十九条　有下列行为之一的,由县以上宗教事务行政主管部门责令停止侵权行为,赔偿损失,对责任者予以警告,可以并处500元至5 000元罚款:

(一)侵犯公民宗教信仰自由的;

(二)干扰宗教活动场所正常活动的;

(三)妨碍宗教教职人员履行正常教务的;

(四)挑唆公民发生宗教纠纷的;

(五)损坏宗教活动场所宗教设施的。

第五十条　有下列行为之一的,由县以上宗教事务行政主管部门责令停止活动,没收违法所得,可以并处1 000元至10 000元罚款:

(一)在宗教活动场所外布道、传教的;

(二)未经认定、备案而以宗教教职人员身份主持宗教活动的;

(三)未经允许邀请省外宗教教职人员到本省举行或主持宗教活动的;

(四)涂改、伪造、转让宗教活动场所、宗教教职人员证书、证件的;

(五)接受外国宗教组织和个人办教津贴的;

(六)违反规定接受外国宗教组织和个人捐赠的;

（七）未经批准成立宗教团体的；

（八）未经批准开办宗教院校或组织宗教培训的；

（九）在对外交往和交流中接受附加的宗教条件的；

（十）非宗教活动场所和非宗教团体接受或者变相接受布施、乜贴、奉献和宗教性捐赠的；

（十一）假借宗教名义进行诈骗、损害他人身心健康的。

第五十一条　未经宗教事务行政主管部门批准，新建、扩建、迁建寺院、宫观、清真寺、教学以及设置宗教设施的，由县以上宗教事务行政主管部门责令拆除或改作他用，并处以5 000元至50 000元罚款。

第五十二条　国家工作人员在宗教事务管理工作中，违反本条例规定的，由其所在单位或者上级主管机关责令改正，或者给予行政处分。

第五十三条　违反本条例规定，构成违反治安管理行为的，由公安机关依照《中华人民共和国治安管理处罚条例》的有关规定处罚；构成犯罪的，由司法机关依法追究刑事责任。

第五十四条　外国人违反本条例进行宗教活动的，由县以上宗教事务行政主管部门和有关部门予以劝阻、制止；构成违反外国人入境出境管理行为或者治安管理行为的，由公安机关依法进行处罚；构成犯罪的，由司法机关依法追究刑事责任。

第五十五条　行政部门依法做出行政处罚决定时，应当出具行政处罚决定书。

收缴罚没款时，应当出具省财政部门统一印制的罚没款收据。罚没款上缴国库。

第五十六条　当事人对行政处罚决定不服的，可以依法申请行政复议或者提起行政诉讼。

当事人逾期不申请行政复议、不提起行政诉讼又不履行行政处罚决定的，做出行政处罚决定的机关可以依法申请同级人民法院强制执行。

第九章　附则

第五十七条　本条例适用于香港特别行政区、澳门和台湾的居民在本省行政区域内进行的宗教活动。

第五十八条　本条例由省人大常委会负责解释。

第五十九条　省人民政府可根据本条例制定实施细则。

第六十条　本条例自1998年5月1日起施行。

2000年吉林省佛教寺院僧人名录

表152

寺名	法名	俗名	性别	出生日期	文化程度	户口所在地	寺内职务
洮南德安禅寺	释妙越	房延涛	男	1937.7	大专	吉林敦化	知客
	释妙学	孙国发	男	1946.7	高中	黑龙江青岗	典座
	释妙德	胡德林	男	1957.9	高中	陕西西安	住持
	释妙意	赵景泉	男	1967	高中	吉林市永吉	—
大安市安广护国寺	释慈印	张殿玉	男	1924.1.21	—	黑龙江大庆大同区	住持
	释悲法	李春来	男	1962.12.2	高中	黑龙江肇源县	首座
	释悲空	蔺雪峰	男	1985.4.12	高中	黑龙江双鸭山尖山区	监院
	释静乐	郑金永	男	1946.1.1	高中	黑龙江北安市	知客
	释宣镇	周达国	男	1952.5.20	初中	四川省成都市	知客
	释宣静	刘良	男	1969.10.1	初中	黑龙江肇源县	—
大安市三圣寺	释国刚	葛凤梅	女	1965.9	高中	大安市	住持
	释圣春	丁万福	女	1960.2	小学	大安市	首座
	释国慈	齐淑云	女	1965.11	小学	大安市	维那
	释国志	张淑会	女	1949.6	小学	大安市	维那
	释常文	何玉敏	女	1973.8	高中	大安市	—
	释常觉	陈艳丽	女	1983.10	高中	大安市	—
大安市三圣庵	释圣吉	李智修	女	1920.5.27	小学	慧阳街	—
	释果明	张英	女	1955.10.5	小学	慧阳街	清众
	释果亮	高景文	女	1958.2.3	小学	慧阳街	维那
	释妙音	孙丽梅	女	1974.2.15	高中	慧阳街	住持
	释妙华	金红	女	1977	初中	慧阳街	典座
白城市洮北区甘露寺	释觉信	李桂荣	女	1935.11	小学	洮北区	住持
	释妙音	王雅艺	女	1945.10	—	洮北区	监院

续表

寺名	法名	俗名	性别	出生日期	文化程度	户口所在地	寺内职务
白城市洮北区华严寺	释正行	李德春	男	1963.7	大专	白山市	住持
	释果慈	孙国山	男	1981.2	初中	长岭县	首座
	释正学	魏静坤	男	1957.7	初中	农安县	—
	释妙音	田树文	男	1970.8	高中	农安县	—
	释果愿	鞠春雷	男	1977.6	初中	长春市	照客
	释佛法	王德龙	男	1975.6	初中	黑龙江	照客
	释果严	王 博	男	1972.7	初中	公主岭	—
	释果航	权铁航	男	1962.5	高中	河北省	典座
	释正禅	郑艳波	男	1973.1	初中	辽宁省昌图县	—
	释正了	杨立秋	男	1985.2	初中	黑龙江哈尔滨	—
	释正仁	杨志刚	男	1982.9	初中	内蒙古科左中旗	—
	释果一	于 建	男	1981.7	初中	白山市	—
	释正西	李文君	男	1973.7	大专	辽宁省辽阳市	—
	释正修	刘振东	男	1991.5	初中	前郭县	—
	释果觉	高海明	男	1983.8	初中	长岭县	知客
	释果安	刘 国	男	1970.5	初中	镇赉县	—
	释佛明	王洪军	男	1985.7	初中	农安县	副司
	释果了	李伯周	男	1966.7	大专	安图县	殿主
	释果明	周 明	男	1965.3	高中	辽源市	—
	释果如	左喜龙	男	1988.12	小学	梅河口市	—
	释果度	宋欣阳	男	1987.10	小学	辽源市	—
	释果通	张 伟	男	1985.3	小学	伊通县	—

续表

寺名	法名	俗名	性别	出生日期	文化程度	户口所在地	寺内职务
通榆县香海寺	释正林	霍继林	男	1960.4	初中	吉林市	住持
	释果意	黄维	男	1978.7	初中	辽源市	监院
	释果久	张鹏国	男	1953.12	高中	梅河口市义民乡	首座\知客
	释果亮	赵英龙	男	1982.3.	初中	梅河口市红梅镇	—
	释果吉	郑帅	男	1985.7	初中	吉林市	—
	释果证	刘树森	男	1940.12	小学	梅河口市	—
	释慧空	昝永利	男	1937.2	小学	辽源东丰县	—
	释果持	孙有和	男	1958.8	小学	辽源东丰县	典座
	释果闻	陈亚民	男	1966.9	初中	辽源市	—
	释果胜	邱向友	男	1972.11	小学	通榆县	—
	释果心	董本广	男	1946.1.19	小学	梅河口	—
	释果喜	时小龙	男	1979.4.	初中	洮南市	维那
	释果福	孙国平	男	1964.11.	初中	通榆县新发乡	—
	果定	王永峰	男	1977.6.8	初中	通榆县开通镇	—
	果尔	周清波	男	1928.7.2	初中	梅河口市吉乐乡	衣钵
	果庆	高庆贺	男	1950.10.	高中	—	—
	果能	孙志贤	男	1942.6.5	小学	—	—
	果宇宙	杨向宇	男	1982.2.15	中专	—	—
	释果真	张宝奎	男	1956.8.10	小学	—	—
	释果戒	高景龙	男	1951.10.	小学	—	—
永善寺	释圣静	刘继红	女	1950	初中	长春	监院
	释果普	董靖琦	女	1973	初中	松原宁江	知客
	释果念	王雪	女	1984	初中	松原松林村	典座
	释国辉	张晓东	女	1986	初中	松原松林村	—

续表

寺名	法名	俗名	性别	出生日期	文化程度	户口所在地	寺内职务
镇赉县慧缘寺	释国霖	杨柏林	男	1940	大专	吉林市	方丈
	释鱼盖	—	男	1967	大专	吉林省镇来县	监院
	释鱼赞	郝树印	男	1979	中学	辽宁省建昌县	僧值
	释鱼发	杜连瑞	男	1952	高中	吉林省敦化市	知客
	释鱼齐	汪国武	男	1954	中学	吉林省镇来县	—
	释鱼伽	白永泉	男	1979	中学	吉林省镇来县	—
	释行西	董 文	男	1938	大学	吉林省镇来县	—
	释行禅	张柏树	男	1963	中学	吉林省松原市	典座
中严寺	释圆明	罗显丽	女	1963	高中	松原宁江区	住持
	释弘鑫	张春艳	女	1975	中专	松原宁江区	知客
	释弘日	李晓红	女	1978	中专	松原宁江区	会计
	释弘月	唐 霞	女	1975	高中	松原宁江区	出纳
	释弘照	李小明	女	1976	高中	松原宁江区	清众
	释弘升	时玉华	女	1953	初中	松原宁江区	清众
	释弘兰	张明明	女	1976	高中	松原宁江区	清众
	释弘星	刘 丽	女	1973	高中	松原宁江区	清众
	释弘立	周亚慧	女	1973	高中	松原大洼镇	清众
	释弘开	刘宇宏	女	1973	高中	松原善友镇	清众
长岭清净寺	释本禅	杨 军	男	1948.5.24	初中	松原市	住持
	释觉一	李树军	男	1963.2.27	高中	黑龙江绥化市	—
	释觉慈	石金环	男	1968.1.3	初中	辽宁省辽阳县	—
	释昌宏	邹淑云	女	1943.1.5	小学	长岭镇	—
	释融源	宫德源	女	1938.8.4	—	长岭镇东六号乡	—
	释觉妙	隋彩文	女	1961.3.3	高中	黑龙江省伊春市	—
	释觉净	郝淑芝	女	1944.6.23	—	长岭县永升乡	—

续表

寺名	法名	俗名	性别	出生日期	文化程度	户口所在地	寺内职务
	圣良	郭淑贤	女	1953	初中	黑龙江肇东	清众
	圣耀	业桂荣	女	1940	初中	天津	清众
	圣悟	杨庆梅	女	1966	高中	黑龙江省佳木斯	清众
	圣法	马桂兰	女	1948	初中	吉林省松原市宁江区	清众
	圣云	—	女	1971	初中	黑龙江	清众
	容学	王海波	女	1969	大学	吉林省长春市	清众
	悟慈	—	女	1936	初中	天津	清众
	容光	—	女	1958	初中	吉林省扶余县	清众
	圣圆	—	女	1946	初中	天津	清众
	圣瑞	郝亚丽	女	1956	初中	吉林榆树市	维那
	圣帝	杨迎春	女	1971	初中	吉林省松原市宁江区	清众
	圣范	张亚范	女	—	初中	吉林省松原市宁江区	清众
莲华寺	圣宽	—	女	—	初中	辽宁省调兵山	—
	圣相	孟宪菊	女	1952	初中	吉林省扶余县大九号	—
	圣陀	—	女	—	初中	吉林省	—
	容基	—	女	—	初中	辽宁省	清众
	圣培	—	女	—	初中	辽宁省	清众
	圣林	仁保贤	女	1966	小学	辽宁省	清众
	容和	—	女	—	初中	黑龙江省	清众
	容旭	—	女	—	初中	黑龙江省	清众
	圣玉	梁玉凤	女	—	初中	吉林省松原市宁江区	香灯
	圣森	王亚茹	女	1960	中专	吉林省松原市宁江区	清众
	圣华	—	女	—	初中	—	清众
	圣义	张芬	女	1950	初中	吉林省松原市扶余县	清众
	圣禅	陈凤	女	1962	初中	吉林省松原市宁江区	清众
	圣湛	—	女	1977	中专	吉林省松原市宁江区	清众

续表

寺名	法名	俗名	性别	出生日期	文化程度	户口所在地	寺内职务
松原市宁江区海会寺	释香升	郑启车	女	1968.4	高中	农安县金刚寺	监院
	释佛慧	勾振波	女	1974.3	高中	农安县金刚寺	知客
	释佛田	鲍春梅	女	1978.2	中专	农安县金刚寺	僧值
	释佛澎	王　娜	女	1987	初中	松原市	照客
	释佛幢	郭轶波	女	1981.7	中专	松原前郭县	现金
	释佛悦	田悦	女	—	初中	—	—
	释利度	安治野	女	1974.2	大专	德惠市	—
	释利化	安治家	女	1976	大专	德惠市	—
扶余县五家站德善寺	圣真	赵淑玲	女	1936.9.9	小学	吉林省扶余县	住持
	果修	王淑芬	女	1945.10	小学	吉林省扶余县	
	果性	王连英	女	1957.4	大专	黑龙江佳木斯市	
	果智	周　静	女	1975.5	初中	辽宁省盖州	知客
	果正	奚艳波	女	1965.8	小学	吉林省松原市	
	果定	孙玉华	女	1957.9	初中	吉林省扶余县	出纳
	果通	吕秀英	女	1953.9	小学	吉林省扶余县	—
	果立	王玉波	女	1970.1	初中	吉林省扶余县	—
	果慧	王晚力	女	1967.7	初中	吉林省长岭县	—
	果贵	刘玉霞	女	1965.9	初中	吉林省扶余县	—
	果诠	姜永娟	女	1972.7	高中	黑龙江大庆市	—
	果慈	李玉贤	女	1955.3	小学	吉林省扶余县	—
	果海	张晓锋	女	1960.4	高中	吉林省松原市	—
	果悟	李玉兰	女	1963.6	高中	吉林省辽原市	—
	果贤	于彩娟	女	1972.9	初中	吉林省扶余县	—
	果毅	韩希云	女	1952.4	初中	吉林省公主岭市	—
	果霖	武传珍	女	1948.1	初中	吉林省松原市	—

续表

寺名	法名	俗名	性别	出生日期	文化程度	户口所在地	寺内职务
三山寺	圣力	董福利	女	1971	初中	徐家庆乡	住持
	圣清	马淑华	女	1949	初小	宁江区	清众
	圣范	张亚范	女	1952	初小	宁江区	财务
	圣果	郭淑霞	女	1966	初中	乾安县	清众
蔡家沟镇慈云寺	显博	康季	女	1978.9.11	初中	黑龙江肇源市	—
	显纯	佟亚清	女	1972.7.2	高中	吉林省松原市	—
	显念	刘亚娟	女	1976.5.6	大专	吉林省扶余县	—
	显道	任杰	女	1979.3.3	高中	吉林省扶余县	—
	显舍	李艳立	女	1973.7.23	初中	吉林省榆树市	—
	乘性	贾丽英	女	1979.12.20	初中	黑龙江省双城市	—
	圣言	吕红	女	1981.1.4	初中	吉林省前郭县	—
	乘智	柳冬梅	女	1984.2.24	初中	吉林省宁江区	—
	显莹	刘艳淑	女	1973.3.22	初中	吉林省扶余县	—
	显华	孔凡凯	女	1978.2.24	初中	黑龙江省双鸭山市	—
	乘超	张阳	女	1987.5.19	初中	吉林省扶余县	—
	显达	杨雪冰	女	1973.10.23	初中	黑龙江省宾县	—
	显密	魏梅贡	女	1970.3.17	初中	黑龙江省双城市	—
	圣培	王红	女	1982.1.15	初中	吉林省扶余县	—
	乘越	郭长虹	女	1978.2.8	初中	吉林省扶余县	—
	显金	刘明聪	女	1984.12.10	初中	吉林省松原市	—
	乘信	赵艳波	女	1975.11.28	初中	吉林省扶余县	—
	圣旋	牛宝娣	女	1972.5.15	职业高中	吉林省松原市	—
	显同	张丽	女	1985.4.15	初中	吉林省松原市	—
吉林省辉南县万寿庵	光慈	聂金凤	女	1969.11	初中	吉林省长春市	住持
	惟度	—	女	1967.1	初中	辉南县朝阳镇	知客

续表

寺名	法名	俗名	性别	出生日期	文化程度	户口所在地	寺内职务
白山市青山寺	释香明	高金霞	女	1958.8.19	高中	长春市农安县	住持
	释香愿	纪淑华	女	1932.9.23	初中	哈尔滨市香方区	—
	利禅	田淑华	女	1971.12.	高中	黑龙江肇源县	—
	利乐	陈立英	女	1979.10.	高中	榆树市李合乡	—
	佛净	张秀正	女	1973.7.	初中	长春市农安县	—
	佛缘	郭立华	女	1976.11.	初中	松原市	—
	佛顾	宁秀影	女	1971.9.29	初中	前郭县深井子镇	—
	生空	王影燕	女	—	高中	长春市	—
	利了	李淑英	女	1978.7.12	初中	黑龙江省安达市	—
	利航	柳光伟	女	1974.3.28	高中	白城市铁东区	—
	明书	赵景艺	女	1941.2.2	初中	通化市二道江区	—
	利德	赵 明	女	1965.8.10	高中	长春市二道区	—
	利信	杨 珍	女	1982.4.23	初中	公主岭市	—
	利藏	孙 鹳	女	1986.9.1	高中	—	—
白山市龙山寺	释常荣	李荣新	男	1964.10.21	初中	安徽宿松县	住持
	释国发	王会发	男	1945.4.17	小学	辽宁省辽中	—
	释演戒	张至荣	男	1971.5.11	初中	安徽省宿松县	—
	释演成	祝 正	男	1981.12.17	初中	—	—
珲春市灵宝寺	明宽	释明宽	男	1968.3.29	初中	辽宁省鞍山市	住持
	照通	朴永乐	男	1982.4.15	中专	辽宁省营口市	—
	照永	孝亚臣	男	1966.3.19	高中	黑龙江双城	—
	照维	周广新	男	1969.6.26	初中	黑龙江鸡西	—
	照实	孙 明	男	1978.4.30	中专	长春市	—
	大力	王 碧	男	1982.10.26	初中	辽宁省营口	—

续表

寺名	法名	俗名	性别	出生日期	文化程度	户口所在地	寺内职务
长白山如来寺	释通妙	王华	男	1973.3.5	大学	吉林省抚松县	监院
	释通行	—	男	1955.6.15	初中	吉林省抚松县	首院
	释正勤	史凤武	男	1964.11.16	高中	吉林省九台市	知客
	释通定	华登新	男	1940.5.11	小学	辽宁庄河市	香灯
	释通泊	刘福	男	1947.6.3	高中	吉林省农安县	殿主
	释通增	薛贵	男	1969.5.26	高中	吉林省磐石市	殿主
	释通宇	杜国荣	女	1951.3.16	初中	黑龙江省海伦	殿主
	释通合	鲁春海	男	1981.5.1	初中	黑龙江省海伦	殿主
	释行度	董德财	男	1963.4.3	初中	吉林省抚松县	殿主
	释行明	王卫平	男	1983.8.22	初中	河北省迁西县	殿主
	释通僧	薛贵	男	1972.9.27	初中	吉林省东丰县	殿主
	释行修	丛树华	男	1988.5.7	初中	辽宁瓦房店	殿主
	释通广	黄胜利	男	1987.1.2	初中	辽宁本溪市	殿主
	释慧海	革陆才	男	1986.1.2	初中	吉林抚松县	—
	释僧智	刘立伟	男	1964.3.7	初中	山西应县	—
吉林省梅河口市龙泉寺	释果成	马宝华	男	1964.4.17	高中	梅河口进化镇	住持
	释果暮	李宝山	男	1947.2.13	小学	东丰县和平乡	—
	释正妙	杨德海	男	1957.2.3	初中	双阳县山明村	—
	释宏法	张艳伟	男	1986.11	初中	河南省通许县	—
	释佛慈	张继松	男	1967.11	初中	梅河口水道镇	—
	释佛光	翟玉新	男	1971.5.11	初中	辽宁海城孤山镇	—
	释佛明	姜吉才	男	1968.6.19	高中	磐石县石咀乡	—
	释佛觉	张建民	男	1965.4.24	小学	梅河口一座营镇	—
	释佛正	李恒祥	男	1970.6.1	初中	梅河口山城镇	—
	释佛净	赵玉波	男	1971.4.27	小学	大安市安广镇	—

续表

寺名	法名	俗名	性别	出生日期	文化程度	户口所在地	寺内职务
吉林省辉南县万寿寺	通藏	马云飞	男	1975.4	高中	吉林省梅河口市	住持
	通旺	马进军	男	1979.4	高中	吉林市	知客
	通忍	李俊库	男	1962.7	初中	吉林省梅河口市	典座
	通悟	魏忠磊	男	1983.6	初中	辽宁新民	
吉林省柳河县福兴寺	释寂空	李 伟	男	1953.3.8	—	伊通县	住持
	—	徐荣斌	男	1986	—	梅河口市	
四平市净业莲寺	释能明	邱兆荣	女	1938.11	小学	四平铁东七马路	住持
	释能圣	夏亚华	女	1958.1	高中	四平铁东七马路	—
	释能兴	李淑芝	女	1950.9	中师	四平铁东七马路	—
	释能力	夏铁华	女	1962.2	高中	四平铁东七马路	—
	释仁智	韩元冰	女	1974.1	初中	四平铁东七马路	—
	释仁性	肖 交	女	1971.12	初中	四平铁东七马路	—
	释仁悟	李淑兰	女	1951.11	初中	四平铁东七马路	—
	释仁海	铁国芳	女	1972.1	初中	四平铁东七马路	—
	释仁一	许 翠	女	1979.8	大专	四平铁东七马路	—
	释仁空	王 月	女	1982.5	大专	四平铁东七马路	—
	释隆理	杨伟立	女	1921	初中	四平铁东七马路	—
四平市清云寺	释安吉	王国珍	女	1921	—	四平市	住持
	释果仁	翟景芳	女	1939	小学	黑龙江省漠河	—
	释果静	李 敬	女	1962	高中	长春市	—
	释果忠	李文云	女	1941	初中	四平市	—
珲春市静水庵	释显慧	业素芳	女	1944.1.9	初小	抚松县	住持

续表

寺名	法名	俗名	性别	出生日期	文化程度	户口所在地	寺内职务
敦化市正觉寺	释宏法	林佩华	女	1938.1.22	大学	敦化市	代理住持
	释宏青	吴锦慧	女	1948.4.13	大学	敦化市	监院
	释宏圣	支锡兰	女	1968.7.25	初中	长春市	—
	释宏源	韩风兰	女	1942.1	初中	公主岭	—
	释宏彻	周桂英	女	1960.3.20	中专	敦化市	—
	释宏度	马妍	女	1973.9.30	高中	牡丹江市	—
	释宏全	陆玉贤	女	1946.6.8	初中	公主岭	—
	释宏莲	许长顺	女	1940.3.16	高中	敦化市	—
	释宏观	张玉莲	女	1956.7	小学	赤峰市	—
叶赫满族镇伽蓝寺	宗道	张荣岩	男	1969.9	本科	四平市地直街	住持
	贤幢	朱芝海	男	1982.4	小学	黑龙江省林口县	监院
	贤宇	田洪军	男	1970	中学	辽宁省铁岭	首座
	贤泽	蒲树林	男	1950	大专	四平市地直街	知客
	贤成	李佰文	男	1981	小学	梨树县蔡家	—
	贤湛	陈家彬	男	1925	初小	四平哈福鹿场	会计
	宗莲	郑士龙	男	1926	小学	双辽桂花	出纳
	宗德	王云兴	男	1930	大学	四平南三纬	—
伊通县石门水库甘露寺	释悟生	王洪缘	男	1970.6	本科	伊通镇正阳街	首座
	释化德	郑福和	男	1951.3	高中	长春市双阳区平湖	住持
	释一普	马兴利	男	1949.11	初中	长春市绿园区东城	会计
	释一佛	韩振生	男	1957.12	初中	长春绿园区城西乡	出纳
	释一广	张威	男	1979.8	初中	德惠市菜园子乡	维那

续表

寺名	法名	俗名	性别	出生日期	文化程度	户口所在地	寺内职务
四平市如来寺	释明念	杨 君	男	1952.2	大学	四平市	住持
	释智信	杨与六	男	1927.6	成都市	—	僧人
	释宗贤	于 彬	男	1975.12	四平市郊	—	僧人
伊通县大孤山青云寺	释化德	郑福和	男	1951.3	高中	长春市双阳区平湖	住持
	释化净	李 瑞	男	1945.11	大专	临江市三千米	出纳
	释一智	王明智	男	1968.5	初中	黑龙江桦川县悦来镇	会计
宝德寺	释静仁	李立仁	男	1939.3	初中	吉林省长春市	住持
	释本普	张春风	男	1972.2	初中	吉林省德惠市	监院
	释本善	肖佳斌	男	1984.4	初中	吉林省辽源市	—
	释本论	李博宇	男	1983.10	小学	吉林省梅河口市	—
	释本含	周云涛	男	1975.12	初中	吉林省农安县	知客
	释本末	李 强	男	1979.7	大学	吉林省长春市	
报国普乐寺	正妙	杨晓霞	女	1967.12	大专	吉林省农安县	住持
	正普	王月萍	女	1960.8	初中	吉林省长春市	维那
	正同	王立芳	女	1954.3	初中	吉林省伊通县	典座
	正圣	肖辉云	女	1971.4	初中	吉林省农安县	知客
	正宗	杨挂芝	女	1968.9	初中	吉林省长春市	香灯
	果一	王淑范	女	1968.9	初中	吉林省伊通县	—
	正为	张亚芹	女	1950.2	初中	吉林省伊通县	—
梨树县崇德寺	释传庆	王庆海	男	1954.9	初中	梨树县郭家店镇	住持
	释道净	王小刚	男	1979.4	初中	梨树县郭家店镇	知客
	释无俊	李洪余	男	1972.12	初中	辽宁省海城市	维那

续表

寺名	法名	俗名	性别	出生日期	文化程度	户口所在地	寺内职务
太阳寺	释仁正	丁雪寒	女	1949	高中	辽源市	住持
	释圣敬	郑秀玉	女	1955	初中	辽源市	会计
	释圣孝	杨润芝	女	1938	小学	伊通五一公社	清众
	释圣德	李金华	女	1946	高中	吉林市	出纳
兴隆妙音寺	正玉	张玉军	男	1976	初中	吉林省梨树县蔡家镇	方丈
	正远	孙明远	男	1955	初中	黑龙江双城市朝阳乡	首座
	正文	刘彦文	男	1936	初中	辽宁省莲花乡	—
	果来	宋彬	男	1982	初中	吉林省公主岭市	知客
	果印	李莲洪	男	1969	初中	吉林省四平市	监院
	坤照	陈守平	男	1946	初中	吉林省辽源市	纠察
	坤观	徐长海	男	1961	初中	吉林省柳河县	—
公主岭市范家屯广德寺	释慈雲	于慧生	男	1971	高中	长春市	住持
	释常修	赵春彦	男	1971	初中	范家屯	监院
	释常善	代民	男	1976	初中	辽宁省本溪市	维那
	释常智	李金	男	1983	初中	柳阳义和	出纳
公主岭市杨大城子普化寺	释明兴	刘振兴	男	1935.12	小学	山东省宁律县	住持
	释思净	李连生	男	1948.4	小学	吉林省辽源市	—
	释正禅	田文宾	男	1972.2	小学	吉林市丰满区二道河	—
	释净明	赵昌才	男	1965.11	中学	白城市东丰乡	—
	释净念	郜文权	男	1932.10	小学	八屋放牛沟	—
	释净志	候宪海	男	1944.4	小学	九台放牛沟	—
	释觉本	张兰科	男	1952.6	中学	九台县	—

续表

寺名	法名	俗名	性别	出生日期	文化程度	户口所在地	寺内职务
公主岭刘房子圣缘寺	释心茹	李淑芹	女	1942.6	—	吉林省公主岭	住持
	释法广	孙忠学	女	1925.5	小学	吉林省长春市万福街	首座
	释心华	荆兰华	女	1945.10	初中	吉林省公主岭市	—
	释心品	孙玉书	女	1924.10	小学	吉林省长春市西三道街	—
	释心德	李 珍	女	1936.7	—	吉林省长春市四联大街	—
	释心海	陈淑芳	女	1935.4	—	吉林省公主岭市河南街	—
	释性智	李清芝	女	1948.5	小学	公主岭朝阳坡	知客
	释性空	张亚娟	女	1971.3	本科	公主岭大榆树镇	—
	释性圆	吉春英	女	1958.2	初中	公主岭陶家屯镇	—
	释果行	周淑芹	女	1945.11	小学	东辽县金岗镇西柳村	—
	释性光	黄桂珍	女	1943.2	—	伊通大孤山镇	—
	释性海	李宪英	女	1945.3	初中	公主岭秦家屯镇	—
	释性行	董聚果	女	1984.10	初中	公主岭市刘房子镇	出纳
	释性坤	张桂先	女	1952.5	—	—	—
东辽县凌云寺	释玄圣	姚清安	男	1965.10	高中	吉林省四平市	住持
	释玄光	陈大平	男	1970.12	高中	吉林省四平市	知客
	释法哲	姜 龙	男	1979	高中	吉林省扶余	—
	释演一	王 迪	男	1988	初中	黑龙江鹤岗市	—
	释玄福	张志远	男	1977	高中	吉林省辽源	—
	释满本	金玉明	男	1979	高中	吉林梅河口市	—
	释玄辉	邢文君	男	1985	初中	吉林省长春	—
	释玄志	宋晓峰	男	1980	高中	吉林省东丰	—

续表

寺名	法名	俗名	性别	出生日期	文化程度	户口所在地	寺内职务
梨树县丛林寺	释心悟	孙雅娟	女	1971.10	—	小城子镇三委五组	住持
	释心净	孙雅辉	女	1968.7	初中	小城子镇三委五组	—
	释性林	周洪伟	女	1978.9	中专	小城子镇三委五组	知客
	释性观	潘亚男	女	1989.2	初中	公主岭市朝阳坡	—
	释心芳	于春芳	女	1915.10	小学	公主岭市	—
辽源市金刚寺	释隆斌	杨桂芳	女	1964.11	初中	辽源市金刚寺	监院
	释隆忍	吕志贤	女	1962.3.13	初中	辽源市	典座
	释能观	秦书艳	女	1979.6.4	初中	河南省鹤壁	维那
	释能教	张丽芳	女	1979.11.2	初中	河南省安阳	清众
	释能开	隋　欣	女	1980.7.26	初中	辽源市	清众
	释能达	魏莹莹	女	1988	初中	辽源市山湾乡	香灯
辽源市净土寺	心光	李秀荣	女	1967.4.10	初中	—	住持
	安立	李晓凤	女	1968.11	高中	—	纠察
	照喜	刘桂芳	女	1952.1.3	初中	辽源	知客
	明住	籍树琴	女	1943.8.5	小学	辽源	香灯
东丰县龙腾寺	静天	李德有	男	1962.7.28	大学	辽源市	住持
	本森	王剑成	男	1975.3.1	—	辽源市	监院
	本法	陈春亮	男	1970.2.10	初中	沈阳市	知客
	本文	白景明	男	1979.3.10	初中	柳河县	清众
	本来	王震宇	男	1987.10.3	初中	辽源市	出纳
	本如	李　军	男	1971.5.28	初中	梅河口市	清众
	本一	张成光	男	1988.4.13	初中	山东省嘉祥县	清众

续表

寺名	法名	俗名	性别	出生日期	文化程度	户口所在地	寺内职务
东龙辽潭县寺	释慧河	刘英涛	男	1951.5	大专	吉林市	代住持
	释慧胜	矫吉生	男	1972.12	中专	辽源市	知客
辽源市净安寺	释悲君	谢 军	男	1969.11	大本	陕西西安	住持
	释妙义	赵景全	男	1967.12.9	高中	吉林永吉县	监院
	释妙法	杨占海	男	1978.4.8	高中	内蒙古阿暮旗	—
	释妙晓	金世成	男	1973.10.8	高中	内蒙古突泉县	知客
	释妙达	刘 斌	男	1966	高中	内蒙古突泉县	—
	释妙空	刘忠华	男`	196.1.5	高中	吉林省洮南市	—
吉林市丰满区朱雀山菩提寺	释果禅	郝梦云	女	1933.10	小学	吉林	监院
	释果明	齐 鸣	女	1932	初中	吉林	会计
	释果仁	李春平	女	1964.4	初中	吉林	—
	释大东	李德珍	女	1938.6	小学	吉林	知客
	释果泄	姜永芹	女	1948.4	初中	吉林	—
	释果然	赵丽伟	女	1967.2	高中	吉林	—
	释果琪	赵玉英	女	1934.1	小学	吉林	—
	释果德	孔晓伟	女	1961.2	大专	吉林	—
	释佛谛	陈淑范	女	1933.8	小学	吉林	—
	释佛信	赵玉实	女	1964.4	小学	吉林	—
	释果乐	邱玉华	女	1955.1	中学	吉林	—
	释佛正	孔晓杰	女	1971.9	高中	吉林	—
	释佛玺	徐凤云	女	1954.2	高中	吉林	—
	释佛盛	关丽娟	女	1975.4	高中	吉林	—

续表

寺名	法名	俗名	性别	出生日期	文化程度	户口所在地	寺内职务
	释能严	李秀媛	女	1965.1.3	高中	辽源	清众
	释能了	朱雪琴	女	1955.2.4	大专	辽源	清众
	释能圣	李桂君	女	1960.5.3	高中	辽源	清众
	释能一	付桂芝	女	1959.1.1	高中	辽源	清众
	释能悟	宋德英	女	1971.3	初中	辽源	清众
	释能慧	吕慧琴	女	1945	高中	辽源	清众
	释能如	曹素霞	女	1956	高中	辽源	清众
	释能学	黄桂香	女	1972	初中	辽源	清众
	释能定	欧仁香	女	1971	中专	辽源	清众
	释能广	冯济莹	女	1970	初中	辽源	清众
	释能闻	于萍香	女	1972	初中	辽源	清众
	释能律	陈桂芳	女	1945	小学	辽源	清众
弥陀寺	释能弘	刘莉	女	1972	初中	辽源	清众
	释能登	李桂兰	女	1928	职高	辽源	清众
	释能钵	张庆秀	女	1948	初小	辽源	清众
	释隆兴	付彩云	女	1966.10	初中	辽源	清众
	释仁续	赵桂珍	女	1923.5.6	小学	辽源	清众
	释圣智	刘桂芹	女	1951.7	初中	辽源	清众
	释仁德	陈平	女	1977.2	初中	辽源	清众
	释仁益	祖艳辉	女	1981.2	初中	辽源	清众
	释仁全	王维	女	1978.12	初中	辽源	清众
	释仁华	李哲	女	1957	初中	辽源	清众
	释仁莲	高桂芹	女	1959	初中	辽源	清众
	释能超	王爱美	女	1973.4	初中	辽源	清众
	释隆阳	郑玉贤	女	1973.1	初中	辽源	清众
	释仁正	高洁	女	1968.3	高中	辽源	清众
	释仁菩	黄玉花	女	1964.2	初中	辽源	清众
	释仁尚	付宝珠	女	1983.3	中专	辽源	清众

续表

寺名	法名	俗名	性别	出生日期	文化程度	户口所在地	寺内职务
东丰县观音寺	释无江	姜永琴	女	1940.3	初中	辽宁省清源	—
	释无碍	姜桂珍	女	1940.2	初中	吉林省长春	—
	释体英	高土英	女	1930.11	初中	吉林省辉南朝阳镇	—
	释体佛	荆玉珍	女	1962.5	初中	辽宁省清源	—
	释体智	陈 华	女	1962.10	大专	黑龙江省肇源县	—
	释体空	曲 娟	女	1983	初中	黑龙江	—
	体生	张 红	女	1979	初中	沈阳	—
	体宗	钟 会	女	1980	初中	白城	—
	体原	岳 红	女	1972	初中	东丰	—
	体慧	—	女	1969	初中	长春	—
	体妙	张子叶	女	1969	初中	白城	—
	体超	—	女	—	初中	黑龙江	—
	体成	齐桂云	女	1948	初中	梨树县郭家店	—
吉林市龙潭区乌拉街保宁寺	释海秀	师秀珍	女	1937.4.7	中学	吉林市	—
	释海勤	何淑芹	女	1938.10	小学	吉林市	—
	释海量	齐淑华	女	1962.5	高中	黑龙江大庆市区	—
	释海义	孙桂芹	女	1948.4	小学	磐石市福安街	—
	释海吉	尹凤兰	女	1928.2	中师	吉林市青岛睹光胡同	—
	释海利	蒋 艳	女	1972.7	中学	东辽县椅山乡大光村	—
	释海荣	孙静荣	女	1928.11	小学	吉林市延安街	—
	释了飞	陈渊明	女	1930.9	初中	吉林延安街五委九组	—
	释了玉	邵玉芬	女	1947.3	初中	龙潭区金珠乡石拉子乡	—
	释海净	吕桂芬	女	1954.8	初中	五常市山河屯林业局	—
	释海春	郭晓春	女	1949.12	初中	吉林市昌邑东局子	—

续表

寺名	法名	俗名	性别	出生日期	文化程度	户口所在地	寺内职务
吉林省舒兰市溪河镇凤凰山万佛寺	释镜然	林桂琴	女	1937.3.25	初中	吉林市	住持
	释成德	熊桂兰	女	1924.2.2	—	长春市	—
	释本修	罗淑芝	女	1948.9.28	小学	大庆市	—
	释正音	王凤珍	女	1939.11.	小学	吉林市	—
	释正满	吴永珍	女	1942.7.13	高小	长春市	—
	释正通	张玉霞	女	1970.7.25	初中	农安县	殿主
	释正杰	顾维杰	女	1934.8.15	—	吉林市	—
	释正开	王鸣凤	女	1946.7.14	初中	黑龙江省大庆市	—
	释正愿	魏书贤	女	1948.2.2	初中	长春市	
	释正觉	徐艳华	女	1956.12	初中	舒兰市	殿主
	释正悟	杨文杰	女	1966.3.13	初中	舒兰市	—
	释正知	韩淑华	女	1952.6.3	初中	辽宁新宾	—
	释正戒	郝云新	女	1975.8.24	高中	榆树市	纠察
	释正祥	李淑香	女	1946.3.28	小学	舒兰市	殿主
	释正定	宋云红	女	1971.9.3	初中	舒兰市	维那
	释正超	胡艳梅	女	1958.4.19	高中	吉林市昌邑	会计
	释正一	范玉凤	女	1948.12.4	初中	黑龙江省嫩江	典座
	释正思	张焕华	女	1948.11	初中	辽源市	—
	释正恒	孟庆辉	女	1973.5.4	高中	吉林市昌邑	知客
	释正鑫	韩艳香	女	1967.12	初中	吉林市昌邑	殿主
	释正修	王玲丽	女	1974.12.2	中专	长岭县	—
	释正兴	李淑华	女	1958.10	初中	长春市	照客
	释正善	刘丽红	女	1985.3.12	小学	舒兰市	—
	释正宣	崔玉珍	女	1948.6.22	小学	长春市	—

续表

寺名	法名	俗名	性别	出生日期	文化程度	户口所在地	寺内职务
万德寺	释能禅	于淑珍	女	1945.7.15	—	吉林市舒兰县	方丈和尚
	释仁空	邢淑芝	女	1935.4.6	—	黑龙江省尚志市	清众
	释仁成	王秀兰	女	1938.1.18	中学	吉林省吉林市	清众
	释仁君	卢淑珍	女	1954.10.9	中学	吉林省扶余市	照客
	释仁明	刘亚珍	女	1943.12.	中学	吉林省吉林市	清众
	释仁德	郭淑凤	女	1956.3.14	中学	吉林省扶余市	知客
	释仁定	周秀红	女	1977.10	中学	吉林省吉林市	堂主
	释仁修	姚凤兰	女	1947.1.24	中学	辽宁省新民市	堂主
	释仁觉	杨桂华	女	1939.12	中学	吉林省吉林市	照客
	释仁立	吴凤兰	女	1975.2.13	中学	辽宁省清原	清众
	释仁和	金善竹	女	1966.9.20	中学	吉林省吉林市	清众
	释仁圣	孙桂云	女	1969.6.27	中学	吉林省榆树市	清众
	释仁江	王淑芳	女	1967.10.3	中学	吉林省伊通市	清众
	释仁传	任秀艳	女	1974.5.25	大专	吉林省汪清县	堂主
	释仁越	袁玉英	女	1952.5.26	中学	黑龙江尚志市	清众
	释仁愿	赵红英	女	1975	中学	辽宁省清原	堂主
	释仁妙	金丽丽	女	1982	中学	黑龙江省双城市	知客
	释仁善	樊秀英	女	1971.2.8	中学	四川	资中
	释仁珠	黄士华	女	1957.2.8	中学	黑龙江绥化	典座
	释仁贵	裴秀娟	女	1955.5.21	中学	吉林省榆树	清众
	释仁冰	李凤玲	女	1964.3.8	中学	吉林省九台	清众
	释仁安	李 想	女	1987.6.15	中学	辽宁省辽阳市	清众
	释仁富	马秀英	女	1965.9.16	中学	吉林省长春	清众
	释仁凡	要 云	女	1974.4.6	中学	河北省满城	清众

续表

寺名	法名	俗名	性别	出生日期	文化程度	户口所在地	寺内职务
万德寺	释仁尚	肖玉峨	女	1944.6.24	中学	吉林省吉林市	清众
	释仁严	陈淑珍	女	1949.9.15	中学	吉林省永吉	清众
	释仁律	许 莉	女	1970.7.24	中学	吉林省吉林市	清众
	释仁玄	皮晓辉	女	1972.3.15	中学	吉林省农安市	清众
	释仁彻	赵凤兰	女	1956.12.	中学	吉林省长春市	清众
	释仁开	刘淑芹	女	1953.3.30	中学	黑龙江省伊春	清众
	释仁化	闫秀芳	女	1956.12.	高中	吉林省舒兰	清众
	释仁正	张丽艳	女	1977.3.22	中学	黑龙江省五常市	维那
	释仁顺	李桂英	女	1962.10.	中学	吉林省农安	清众
	释仁乐	华彩玲	女	1957.10.5	中学	黑龙江省木兰	清众
	释仁心	王显洁	女	1968.12.	中学	吉林省公主岭	清众
	释仁享	黄雅娟	女	1967.10.	中学	吉林省长春市	清众
	释仁尊	姜淑兰	女	1950.5.17	中学	吉林省永吉	清众
	释能悟	王淑芬	女	1953.1.16	中学	吉林省双阳	清众
	释仁宝	吕美男	女	1945.1.11	大专	黑龙江省哈尔滨市	堂主
	释能度	崔凤霞	女	1966.3.26	中学	吉林省吉林市	清众
	释能勤	刘瑞芹	女	1964.5.30	中学	吉林省吉林市	清众
	释能通	高佩玲	女	1937.3.25	中专	吉林省吉林市	清众
	释仁普	孙 杰	女	1958.12.	大专	黑龙江省伊春	首座
	释醒悟	杨 梅	女	1981.4.7	中学	黑龙江省木兰	清众
	释仁福	刘淑云	女	1956.1.2	中学	吉林省舒兰	清众
	释仁满	赵秀英	女	1964.10.9	中学	辽宁省清原	清众
	释仁观	门桂杰	女	1964.2.16	高中	吉林省吉林市	清众

续表

寺名	法名	俗名	性别	出生日期	文化程度	户口所在地	寺内职务
舒兰市海慧寺	释智信	张 琦	女	1959.3	高中	舒兰	住持
	释智昊	刘凌杰	女	1964.3	初中	舒兰	出纳
	释觉慧	齐桂云	女	1948.7	初中	吉林省梨树县	会计
	释慧众	陈秀兰	女	1945.2	初中	舒兰平安乡	—
	释慧海	徐淑珍	女	1929.2	—	舒兰上营乡	—
	释慧净	徐秀珍	女	1935.4	—	舒兰上营乡	—
	释慧德	候秀兰	女	1940.6	小学	舒兰上营乡	—
	释慧行	马凤杰	女	1959.10	初中	舒兰吉舒镇	—
	释慧藏	马春玉	女	1979.6	初中	梅河口市曙光镇	—
	释慧闻	吴凤华	女	1965.2	初中	辽源市隆山区	典座
	释慧忍	衣淑云	女	1935.9	小学	舒兰市平安镇	—
	释慧清	周桂芹	女	1946.1	小学	扶余市	—
	释慧圆	王景慧	女	1977.9	初中	舒兰上营乡	—
	释慧成	孙凤君	女	1964.1	初中	齐齐哈尔市	—
	释慧弘	吕红伟	女	1971.3	初中	松源市	—
	释慧观	刘秀艳	女	1975.8	高中	吉林市土城子	—
	释慧根	修晓庆	女	1987.3	初中	舒兰市新安乡	—
	释慧姿	沈 鹏	女	1988.5	初中	内蒙古鄂温克族	—
	释慧珠	徐桂男	女	1957.10	高中	辽源市隆山区	—
永吉县莲花寺	释智诚	王 利	女	1950.4.19	初中	长春市双阳区	住持
	释慈慧	何秀芬	女	1933.7.30	小学	长春市	—
	释宏修	迟凤芹	女	1939.5.20	初中	长春市	—
	释宏愿	董春英	女	1955.3.23	小学	通化市	—
	释宏妙	王洪华	女	1958.2.4	中专	长春市	—

续表

寺名	法名	俗名	性别	出生日期	文化程度	户口所在地	寺内职务
磐石市弘愿寺	释通密	韩忠瑜	男	1948.12	大专	长春市	—
	释行政	李树宝	男	1961.3	高中	长春市	—
	释行运	王永峰	男	1966.11	初中	磐石市	—
	释行安	张振春	男	1965	初中	磐石市	—
	释行慧	王长春	男	1975.6	高中	磐石市	—
	释行友	李胡庭	男	1983	高中	磐石市	—
	释行尊	张振辉	男	1985	初中	磐石市	—
	释行启	李柏冬	女	1955.8	高中	磐石市	—
	释行果	郝春华	女	1941.4	高中	磐石市	—
	释行智	王润芝	女	1938.2	中专	天津南开区红旗路	—
	释行善	田桂芬	女	1931.9	中专	磐石市	—
	释行施	王淑兰	女	1927.9	中专	磐石市	—
	释行念	商宝英	女	1932.2	中专	磐石市	—
	释行怀	薛玉苹	女	1964	大专	松原市	—
	释行解	曹淑芬	女	1940	大专	磐石市	—
报恩寺	释静法	王玉峰	男	1943.6.27	—	—	住持
	释本通	董江	男	1969.8.18	小学	—	知客
	释本修	迟殿佰	男	1944.8.25	—	—	纠察
	释果利	宗景春	男	1942.7.18	初中	—	知客
	释果捷	赵裕捷	男	1956.6.1	高中	—	照客
	释真诚	姜雪松	男	1976	大学	—	会计
	释真忠	曲来福	男	1963.3.15	初中	—	维那
	释普公	李洪玉	男	1950.4.18	—	—	—

续表

寺名	法名	俗名	性别	出生日期	文化程度	户口所在地	寺内职务
吉林市佛教灵岩寺	释正山	马　铣	男	1935.10.28	初中	吉林市船营	住持
	释果成	韩太成	男	1954.1.29	初中	吉林市船营区南京街	副监院
	释正海	王文海	男	1962.10.4	初中	吉林省东辽县	知客
	释果明	金明义	男	1951	初中	永吉县双河镇	—
	释果觉	孙海军	男	1966.5.29	初中	吉林市船营区	—
	释果勇	赵永生	男	1957.4.10	初中	吉林市船营区	—
	释果普	丁　付	男	1956	初中	吉林市永吉县	—
	释正果	赵永林	男	1936.3.8	小学	吉林省德惠县	—
	释果池	张炳恒	男	1938.8.23	小学	吉林省舒兰市	—
	释果如	顾正荣	男	1967.10.9	高中	吉林省蛟河市	—
	释果修	袁志军	男	1975.10.12	初中	吉林省东辽县	—
	释果开	崔　凯	男	1976.9.11	中专	吉林市昌邑区	—
	释通化	王　岩	男	1968.7	高中	吉林省辉南县	—
	释照正	赵　明	男	1964.4	高中	吉林省德惠县	—
	释正缘	赵　华	女	1927	小学	吉林市船营区	—
	释正定	陈春寿	女	1976.12.9	初中	云南省永胜县	—
	释正智	赵淑芹	女	1943.12	初中	吉林市昌邑区	—
	释正桂	逢桂袂	女	1920	初中	吉林市昌邑区	—
	释正净	陈淑清	女	1936	初中	吉林市船营区	—
	释果正	左振兰	女	1935.6.19	小学	吉林省德惠市	—
	释果杰	杜宏杰	女	1954	高中	吉林市龙潭区	—
	释果圣	苏胜芝	女	1942	小学	吉林省蛟河市	—
	释果进	于金娥	女	1941.11.3	小学	吉林省舒兰市	—
	释果越	陈月芝	女	1941.2.1	小学	吉林市昌邑区	—
	释果清	孙淑霞	女	1971.1.15	初中	吉林省东辽县	—
	释妙和	赵　辉	女	1968.4.9	初中	吉林市船营区	—

续表

寺名	法名	俗名	性别	出生日期	文化程度	户口所在地	寺内职务
吉林省舒兰市九顶莲花山法云寺	释通大	褚堂顺	男	1963.3.30	高中	辽宁省抚顺市	监院
	释通陀	付彦伟	男	1966.4.28	中专	黑龙江省五常市	知客
	释通强	康秀武	男	1938.3.17	小学	辽宁省抚顺市	僧众
	释圣久	姜世文	男	1937.4.5	小学	吉林省舒兰市	僧众
	释通涛	唐　特	男	1983.7.9	—	吉林省长春市	僧值
	释通江	马占楠	男	1984.6.8	高中	吉林省白城市	维那
桦甸市华严寺	释乘信	隋玉琴	女	1948.6.29	初中	吉林省桦甸市	监院
	释仁苣	吕相辉	女	1973.8.5	高中	吉林省扶余县	知客
	释仁贵	贾淑芬	女	1976.1.22	小学	吉林省扶余县	维纳
	释仁普	白银芝	女	1975.5.20	大专	吉林省舒兰市	会计
	释仁和	张春艳	女	1973.6.2	小学	吉林省桦甸市	纠察
	释仁中	杨春云	女	1970.1.15	小学	吉林省榆树县	典座
	释寄善	佟亚清	女	1972.7.1	高中	吉林省桦甸市	殿主
	释仁定	赵月阳	女	1987.10.20	初中	吉林省扶余县	照客
	释仁善	刘淑琴	女	1954.4.6	初中	吉林省桦甸市	—
	释仁正	罗艳辉	女	1965.2.3	高中	吉林市昌邑区	—
	释仁戒	杜井梅	女	1976.9.15	小学	吉林省扶余县	—
	释仁洁	钟淑琴	女	1964.3.26	高中	吉林省永吉县	出纳
	释仁空	曹风兰	女	1956.5.27	初中	吉林省桦甸市	—
	释仁来	孙玉华	女	1949.4.25	初中	吉林市沙河子乡	—
	释仁本	宋桂香	女	1962.12.20	小学	吉林省浑江市	库头
	释仁吉	万玉双	女	1969.9.25	初中	吉林省桦甸市	—
	释仁亮	王淑兰	女	1944.9.30	小学	吉林省桦甸市	—
	释仁寂	曹风兰	女	1942.9.15	小学	吉林省桦甸市	—
	释仁蜜	喻连华	女	1947.2.12	初中	吉林伊通满族自治县	—
	释仁乐	于风芝	女	1933.2.2	小学	吉林市龙潭区	—
	释仁慈	姜艳霞	女	1965.8.13	高中	吉林省永吉县	—
	释仁行	苑淑英	女	1962.11.26	初中	吉林省桦甸市	—
	释仁慧	窦代升	女	1989.2.8	小学	吉林省松原市	—
	释仁常	李双双	女	1989.8.10	初中	吉林省桦甸市	—

续表

寺名	法名	俗名	性别	出生日期	文化程度	户口所在地	寺内职务
吉林市明如寺	释隆越	谷秀清	女	1922.10.28	—	吉林市临江	监院
	释能智	付清峰	女	1971.10.5	初中	大庆双余七队	—
	释能慧	于俊金	女	1958.12.25	高中	榆树年余村	—
	释果福	王艳敏	女	1923.8.21	—	吉林市四川街	—
	释能成	孟宪慈	女	1934.4.13	初中	吉林市大东街	—
	释能恕	孙淑珍	女	1932.4.11	—	永吉县双河镇	—
	释安欣	宫维珍	女	1933.5.14	—	榆树县青山乡	—
	释能法	吕忠杰	女	1966.9.28	初中	山河屯林业局	—
	释能力	李 平	女	1969.12.7	小学	舒兰市新政子	—
	释能湛	夏玉亭	女	1932.12.12	小学	牙克石市	—
	释能博	李玉梅	女	1966.7.13	高中	长岭县永久村	—
	释能严	石国辉	女	1934.10	小学	吉林市通江街	—
	释仁慈	王 勇	女	1972.8.19	高中	吉林市通江街	—
	释正仁	刘继风	女	1947.12.24	小学	榆树县泗河	—
	释能仁	由丽惠	女	1969.8.25	中学	榆树县向阳镇	—
	释能正	由丽杰	女	1954.4.23	高中	永吉县乌拉街	—
	释能德	姜桂兰	女	1940.7.27	小学	吉林市龙华街	—
	释能祥	徐祥雲	女	1941.9.7	中学	吉林市大东街	—
	释能乐	马淑云	女	1942.9.22	小学	榆树兰旗村	—
	释能行	宋荇仙	女	1939.4.19	高中	吉林市铁安利	—
	释能忠	张香艳	女	1966.5.2	初中	农安文化街	—
	释海瑞	牟伟颂	女	1970.8.19	小学	吉林市北极街	—
	释能以	杨宝珍	女	1929.4.13	—	吉林市北极街	—
	释果强	沙淑贤	女	1927.12.15	—	吉林市山前街	—
	释能如	呼秀英	女	1946.1.18	大专	吉林市致和街	—

续表

寺名	法名	俗名	性别	出生日期	文化程度	户口所在地	寺内职务
吉林市北山坎离宫	释了凡	李淑霞	女	1967.2.28	高中	舒兰市水曲柳	监院
	释了心	孔玉琴	女	1952.9.28	初中	吉林市德胜街	知客
	释了缘	徐彩霞	女	1967.2.26	高中	黑龙江拜宗县	出纳
	释了难	王丽兴	女	1964.9.3	初中	吉林市德胜街	—
	释悟修	张慧吉	女	1962.2.25	高中	吉林市永吉县	维那
	释悟禅	赵淑贤	女	1961.5.25	高中	吉林省前郭县	典座
	释悟法	李亚静	女	1973.4.24	初中	吉林省双阳区	殿主
	释悟玄	杜福玲	女	1983.6.14	初中	吉林省辉南县	殿主
	释悟善	霍菲菲	女	1984.3.27	中专	吉林市船营区	—
	释悟彻	徐阳	女	1972.12.15	大专	吉林市龙潭区	—
	释悟开	张桂兰	女	1972.3.12	大专	福建省福安市	—
	释了通	孔玉新	女	1970.6.16	大专	吉林省永吉县	—
	释果宽	陈艳章	女	1939.11.29	高中	吉林市东大滩	—
	释悟慈	罗伟	女	1978.7.3	中专	吉林市昌邑区	—
	释悟生	孙桂荣	女	1963.3.20	高中	吉林省松原市	—
智光寺	释正莲	徐秀玲	女	1996.10.2	高中	吉林市黄旗街	—
	释正河	任纪萍	女	1951.10.16	初中	吉林市越山路	—
	释正站	高凤站	女	1944.9.26	初中	四平市四马路	—
	释成慧	董晓莲	女	1935.6.6	小学	吉林市向阳街桃源路	住持
	释成祥	刘桂莲	女	1927.8.7	—	吉林市莲花街	—
	释正法	曲淑娥	女	1970.2.1	初小	吉林省九台市	—
	释正成	田兆芹	女	1941.9.24	中专	吉林市民主街道	知客
	释正禅	范学英	女	1940.11.14	小学	吉林市维昌街	典座
	释正缘	吕桂兰	女	1931.9.8	小学	吉林市延江街	—
	释了度	管淑珍	女	1956.3.1	初中	长春市铁北一路	—
	释正慈	杜艳民	女	1940.11.14	初中	吉林市丰满区	—
	释正悟	张艳霞	女	1971.8.18	高中	长春市二道区	付知

续表

寺名	法名	俗名	性别	出生日期	文化程度	户口所在地	寺内职务
智光寺	释正妙	司桂兰	女	1952.5.2	—	吉林市沙河子	—
	释正林	汪敏	女	1969.11.22	初中	吉林省松源市	—
	释正戒	李似介	女	1964.4.5	初中	吉林市新建街	纠察
	释正善	周雅琴	女	1963.7.28	小学	九台市团结街	—
	释正念	张金香	女	1967.8.29	初中	吉林市莲花街	—
	释正宏	向明侠	女	1971.2.18	初中	长春市二道区	照客
吉林市北山玉皇阁	释成富	赵启才	男	1929.11.27	—	吉林省永吉县	—
	释成玉	腾玉林	男	—	—	—	—
	释正德	王玉彬	男	1949.4.4	初中	吉林市延江	监院
	释正觉	张英烈	男	1943.5.13	初中	吉林省农安县	—
	释果善	李强	男	1971.11.7	初中	吉林省舒兰市	—
	释果安	曲安	男	1959.1.18	初中	黑龙江克山	—
	释果藏	孟庆桂	男	1982.5.30	初中	蛟河天岗	—
	释果泰	赵井泰	男	1953.2.17	小学	吉林省九台市	—
	释果琳	常林华	男	1966.8.23	高中	吉林市龙潭区	—
	释果圣	赵立权	男	1970.5.26	初中	吉林市大口镇	知客
	释果宇	赵明宇	男	1980.5.4	大专	—	—
	释果丁	王德宇	男	—	—	—	—
	释佛钰	刘金宝	男	1979.4	初中	齐齐哈尔	—
	释果铭	单福	男	1973.8.27	高中	公主岭朝阳坡	—
	释果童	范龙江	男	1985.7.16	初中	大庆市	—
	释果吉	—	男	—	—	—	—
	释果玉	韩国祥	男	1998.9.18	大专	吉林市昌邑区	—
	释果田	张树友	男	1954.3.20	小学	舒兰市新安巴台村	—

续表

寺名	法名	俗名	性别	出生日期	文化程度	户口所在地	寺内职务
吉林市北山关帝庙	释果瀚	田素芹	女	1955.9.2	初中	吉林市	
	释果丰	杜玉香	女	1961.11.17	高中	吉林蛟河市	
	释果律	杜玉芬	女	1967.2.17	初中	吉林蛟河市	
	释果林	孙玉玲	女	1914.10.13	小学	舒兰	
	释果圣	孙艳君	女	1931.6.6	初小	黑龙江桦南县	
	释果空	贾桂荣	女	1955.11.15	小学	吉林长春市	
	释果宁	周金花	女	1957.2.19	高中	吉林市	
	释果安	李晓凤	女	1967.8.18	高中	吉林市	
	释果宣	张凤仙	女	1939.6.24	高中	吉林市	
	释果祥	罗　曼	女	1978.10.8	高中	黑龙江	
	释果瑞	田秀梅	女		初中	吉林九台市	
	释印文	王玉杰	女	1918.3.3	初小	吉林青岛街	住持
	释果宴	韩淑英	女	1962.4.10	初中	吉林市江北	监院
	释佛源	温淑艳	女	1964.3.19	初中	吉林舒兰	出纳
	释佛音	许春华	女	1968.3.25	初中	吉林白山乡	
	释果鑫	张秀兰	女	1964.1.1	初中	吉林磐石市	
	释果谛	王美芳	女	1961.10.2	初中	吉林市双吉	
	释佛净	李晓惠	女	1976.11.27	初中	吉林舒兰	
	释果慈	曲玉兰	女	1933.6.15	初小	吉林市	
	释佛杰	孙玉杰	女	1933.6.15	初小	吉林市	
	释果一	李力军	女	1965.12.19	初中	辽宁锦州	曲座
	释果悟	吕桂霞	女	1977.6.16	初中	吉林旺起镇	
	释果真	李淑珍	女	1941.6.23	初小	吉林舒兰	
	释果提	王懿光	女	1924.4.22	国高	辽宁鞍山	
	释果藏	郑兆文	女	1946.5.11	高中	吉林蛟河	
	释佛迈	曹国芹	女	1956.6.8	初中	吉林市	

续表

寺名	法名	俗名	性别	出生日期	文化程度	户口所在地	寺内职务
	法名	俗名	性别	出生日期	文化程度	户口所在地	寺内职务
吉林市广济寺院	海宁	杜艳辉	女	1968.12	高中	伊通县	监院
	海善	党桂兰	女	1935.8	高小	吉林市莲花街	
	海慧	翟清云	女	1939.11	初中	吉林市大东街	
	了达	郭慧梅	女	1965.4	小学	伊通县	
	海法	张 琳	女	1968.3	高中	吉林市北极街	
	海德	吴凤霞	女	1967.11	初中	吉林市二道河乡	
	海瑞	杨凤珍	女	1956.1	初中	吉林市向阳街	
	海敏	胡敏丽	女	1919.2	高小	吉林市船营区	
	海祥	杜艳清	女	1976.6	初中	伊通县	
	了悟	刘瑞杰	女	1971.3	初中	黑龙江五常县	
	海馨	刘淑珍	女	1938.4	小学	吉林市青岛街	
	海涌	姚淑媛	女	1944.8	初中	吉林舒兰市	知客
	了空	张宏娟	女	1979.6	初中	黑龙江五常市	
	了一	李 丽	女	1975.11	高中	吉林市莲花街	
	悟远	孙玉波	女	1981.4	初中	黑龙江五常市	
	了艳	蔡淑红	女	1980.12	初中	黑龙江五常市	
大佛寺	正行	李德春	男	1963.7.19	大专	长春南关区	住持
	正印	梁亚春	男	1974.10.10	中专	黑龙江省	典座
	正学	艾乐升	男	1977.11.21	初中	黑龙江省五常	清众
	正达	聂新惠	男	1971.7.10	高中	吉林市	清众
	果念	熊 壮	男	1984.12.8	高中	长春市绿园区	清众
	果刚	周 明	男	1965.3.25	高中	吉林省辽源市	清众
	果杯	张 奇	男	1987.6.12	初中	吉林省梅河口	
	果戒	韩 龙	男	1982.5.29	大专	吉林市	
	果净	释慧成	男	1972.6.3	高中	长春农安县	
	果醒	冯玉良	男	1970.10.23	高中	吉林省东丰县	

续表

寺名	法名	俗名	性别	出生日期	文化程度	户口所在地	寺内职务
吉林市昌邑区慈云寺	宝藏	孙凤贤	女	1951.7	初中	吉林省吉林市	监院
	显西	陈桂平	女	1950.8	小学	黑龙江伊春	
	显澈	石丽华	女	1950.10	小学	吉林省吉林市	
	显悟	王淑芹	女	1950.1	初中	吉林省吉林市	
	显方	梁立君	女	1964.11	高中	黑龙江伊春	
	显实	崔建辉	女	1957.8	高中	吉林省松原市	
	果一	田立春	女	1966.3	高中	吉林省榆树市	
	果新	薛金凤	女	1968.12	初中	吉林省松原市	
	果慧	杨淑敏	女	1941.11	小学	黑龙江省伊春市	
	果圣	王欣华	女	1934.11	小学	黑龙江省伊春市	
	佛光	李叔芹	女	1945.1	小学	吉林省九台市	
	果智	房文秀	女	1928.10		吉林省吉林市	
长春地藏寺	释安祥	初立新	女	1927.12	文盲	长春	
	释安弘	张玉杰	女	1967.3	初中	长春	监院
	释安幢	齐凤玲	女	1963.4	初中	黑龙江方正县	
	释安信	曹景华	女	1963.3	初中	长春	
	释妙乐	魏海燕	女	1982.4	小学	公主岭	
	徐妙玛	焦永艳	女	1975.8	高中	黑龙江省绥化市	
	释妙空	张伟霞	女	1978.5	小学	吉安市	
	释妙像	徐 琳	女	1989.2	中专	农安县	
	释妙和	闫 咏	女	1982.2	中专	铁岭市	
	释妙行	张雪峰	女	1977.12	大专	长春市	
普济寺	释果承	贾永琴	女	1957		辽源市	释果承
	释圣智	郭 伟	女	1939.3.4	初中	长春市荣光派出所	释圣智
	释广开	魏淑贤	女	1962.11.19	初中	长春市荣光派出所	释广开
北观音寺	释正明	李 军	女	1935	初中	长春	住持
	释正清	毕连清	女	1933	初中	长春	知客

续表

寺名	法名	俗名	性别	出生日期	文化程度	户口所在地	寺内职务
吉林市观音古刹	释果成	曹秀英	女	1923.4.15		吉林市延江街	
	释海藏	李秀珍	女	1966.9.2	初中	榆树市新立镇	
	释海相	李桂兰	女	1942.11.2	初中	吉林市昌邑区双吉	
	释果兴	李桂华	女	1965.2.19	初中	黑龙江鹤岗市	
	释觉醒	孟亚华	女	1926.12.22	小学	吉林市观音古刹	
	释海戒	吕宝兰	女	1944.12.22	大学	吉林市洮北小区	
	释海源	韩 月	女	1991.11.22	初中	呼伦贝尔	
	释海果	董明明	女	1987.6.29	初中	黑龙江明水镇	
	释觉方	李晓平	女	1969.11	初中	吉林省磐石市	监院
	释正空	王敬芝	女	1942.8	高中	吉林省长春市	
	释觉照	田桂照	女	1937.10.15	小学	吉林省榆树县	
	释了众	杨郁春	女	1957.11.11	高中	吉林省梅河口市	
	释觉果	陈桂兰	女	1930.1.7	小学	吉林市龙潭区	
	释了意	林 辉	女	1976.4.9	初中	吉林省吉林市	知客
	释海祥	曹香华	女	1942.11.15	高中	吉林省吉林市	
	释了明	陈 丽	女	1951.4.1	初中	永吉县一拉溪	
	释了乐	田慧敏	女	1969.5	初中	农安县实河	
	释清信	王收仙	女	1920.12.22	初中	吉林市北宁里	
	释海闻	闫守波	女	1972.7.11	初中	榆树县玉民乡	
	释海亮	杜桂芝	女	1945.10.2	高中	吉林市	
丛林寺	释圣林	孙承起	女	1918.7.26		长春市南关区重庆路	
	释圣正	张淑坤	女	1931.3.17	高中	长春市	
	释果众	龙亚梅	女	1963.2.5	初中	吉林德惠菜园子镇	监院
	释常一	孙莉	女	1969.11.14	高中	长春市朝阳区湖光路	
	释常悟	周红艳	女	1970.4.17	初中	吉林省梨树县双河乡	
	释常通	张艳玲	女	1974.9.14	初中	辽宁昌图县付家乡	
	释安静	李桂荣	女	1950.2.1	初中	长春市	

续表

寺名	法名	俗名	性别	出生日期	文化程度	户口所在地	寺内职务
	释常慧	陈玉平	女	1950.4.8		吉林省长春市	住持
	释明诚	陈玉荣	女	1956.4.26	高中	吉林省长春市	监院
	释妙如	张文芳	女	1960.10.23	初中	吉林省长春市	知客
	释妙法	张文芹	女	1941.12.12	小学	吉林省长春市	
	释常宽	陈玉英	女	1934.4.24		吉林省长春市	
	释妙真	张金霞	女	1971.9.25	初中	吉林省长春市	维那
	释妙修	薛丽珍	女	1969.8.3	初中	吉林省长春市	纠察
	释妙悟	薛玉英	女	1972.9.9	中专	吉林省长春市	知客
	释妙莲	张德平	女	1979.7.6	初中	吉林省长春市	库司
	释妙禅	陆延平	女	1973.11.27	技校	吉林省长春市	纠察
	释妙戒	王 锋	女	1972.12.24	初中	吉林省长春市	库司
长春市百国兴隆寺	释妙吉	赵玉萍	女	1953.3.5	中专	吉林省长春市	库司
	释妙遵	孙 立	女	1956.3.18	初中	吉林省长春市	
	释妙德	崔凤华	女	1966.8.8	高中	内蒙古赤峰平庄矿	库司
	释妙顺	王绍玲	女	1975.4.2	初中	长春双阳区平湖	
	释妙觉	李洪艳	女	1979.3.12	技校	吉林东辽县甲山乡	悦众
	释妙正	郭光秀	女	1976.2.26	中专	吉林辽源市龙山区	知藏
	释妙清	张田燕	女	1968.4.5	初中	吉林梅河口铁北街	饭头
	释妙度	李玉芳	女	1962.4.18	初中	吉林辽源市东山街	
	释妙恩	王晓利	女	1980.5.5	高中	吉林扶余弓棚子屯	堂主
	释妙和	赵 辉	女	1968.4.9	大学	吉林市船营区	
	释妙行	唐之贡	女	1968.10.9	高中	辽宁省朝阳市双塔区	库司
	释妙乘	陈燕	女	1981.4.8	初中	辽宁省昌图县宝力镇	悦众
	释妙愿	周广丽	女	1978.11.20	高中	黑龙江大庆萨尔图区	
	释妙金	侯作红	女	1963.10.7	高中	湖北省荆州市	殿主
	释妙藏	冯艳红	女	1983.6.27	高中	河南焦作解放区	
	释妙光	吕 爽	女	1983.12.12	中专	吉林梅河口新华区	堂主

续表

寺名	法名	俗名	性别	出生日期	文化程度	户口所在地	寺内职务
	释妙定	孙 晶	女	1979.11.29	高中	黑龙江泰来县泰来镇	库司
	释妙智	赵春玲	女	1977.5.20	技校	吉林省辽源市安仁路	侍者
	释妙果	赵 旭	女	1985.4.14	初中	吉林辽县辽河镇	
	释妙慈	施良霞	女	1954.11.14	初中	吉林双辽市郑家屯	典座
	释妙有	王玉玲	女	1964.3.10	初中	吉林榆树市城郊街	水头
	释妙观	韩睿杰	女	1977.8.24	初中	内蒙赤峰红山区	
	释妙众	刘 岩	女	1968.11.8	初中	吉林大安大岗子乡	库司
	释妙凡	韩玉新	女	1968.2.5	高中	辽宁大连市山东路	知客
	释妙悦	王晓丽	女	1981.2.5	初中	吉林梅河口铁北街	
	释妙立	张瑞生	女	1984.5.20	中专	内蒙古乌兰浩特	
	秋妙长	张云鑫	女	1979.11.15	初中	吉林梅河口花园乡	知客
长春市百国兴隆寺	释妙心	张云娜	女	1980.10.3	初中	吉林梅河口花园乡	殿主
	释妙能	张红英	女	1970.6.15	职高	吉林辽源市龙山区	
	释妙用	张云晶	女	1979.11.15	高中	吉林梅河口花园乡	纠察
	释妙信	王月霞	女	1968.5.8	中专	河南省新乡县	照客
	释妙量	韩慧颖	女	1983.2.22	高中	吉林梅河口红梅镇	二维那
	释妙礼	叶 娜	女	1981.3.9	高中	内蒙古赤峰市	悦众
	释妙义	叶 婷	女	1982.4.24	中专	内蒙古赤峰市	三维那
	释妙忍	程学雁	女	1980.10.3	初中	吉林镇赉县大屯镇	
	释妙贤	王丽平	女	1979.9.10	高中	内蒙古扎兰屯市	
	释妙弘	葛馨丽	女	1978.4.3	高中	辽宁省朝阳县孙家湾	
	释妙学	叶 舒	女	1982.4.24	技校	内蒙古赤峰市	悦众
	释妙稳	林海英	女	1978.1.15	高中	黑龙江依兰县依兰镇	悦众
	释妙显	王海英	女	1970.7.8	初中	辽宁省建昌县	
	释妙发	王春杰	女	1978.3.10	初中	吉林省洮南市	
	释妙久	马功华	女	1982.5.1	高中	黑龙江哈尔滨市	
	释妙住	吴兰华	女	1981.7.4	初中	辽宁沈阳法库县	

续表

寺名	法名	俗名	性别	出生日期	文化程度	户口所在地	寺内职务
长春市百国兴隆寺	释性悟	毕彦玲	女	1970.11.22	初中	黑龙江大庆市林甸县	
	释妙护	李立伟	女	1971.3.17	大学	辽宁省丹东市	汤药
	释妙品	姚　蕾	女	1982.12.4	大专	吉林省桦甸市	
	释妙庆	赵小蕾	女	1983.2.25	技校	黑龙江泰来县泰来镇	
	释妙贺	王春玲	女	1986.2.16	初中	黑龙江海伦市南兴乡	
	释妙一	王晓丽	女	1975.2.15	中专	吉林省吉林市	
	释妙广	慰艳明	女	1986.7.16	初中	吉林松原扶余县	
	释妙平	任桂娟	女	1981.5.26	大专	吉林松原扶余县	
	释妙等	范海云	女	1977.8.27	初中	河南省社旗县	
	释妙醒	王　博	女	1987.6.1	初中	辽宁省抚顺市望花区	
	释妙民	姜丽娜	女	1980.5.13	初中	黑龙江佳木斯建国乡	
	释妙律	王璐璐	女	1987.3.22	初中	吉林松原市宁江区	
	释妙福	田丽敏	女	1983.6.11	初中	内蒙古阿荣旗	
	释妙田	冯秀春	女	1978.3.21	初中	吉林辽源市西安区	
	释妙具	朱晓娜	女	1981.3.12	初中	吉林省长岭县	香灯
	释妙足	孔德荃	女	1988.8.5	初中	吉林松原市宁江区	
	释妙才	许　晴	女	1987.6.25	初中	浙江衢州柯城区	
	释妙凯	高艳春	女	1989.10.30	初中	吉林省长岭县	
宋家兴隆寺	释寂静	李凤莲	女	1943	初中	公主岭凤响乡	住持
	释光照	徐艳玲	女	1967	初中	伊通县	清众
	释光升	王　奎	女	1958	高中	黑龙江	清众
	释光显	张　燕	女	1974	高中	大连市瓦房店	清众
	释光青	董玉玲	女	1974	中专	长春市朝阳区永春镇	清众
	释光慧	李秀明	女	1978	初中	公主岭市凤响乡	清众
	释光圆	郑艳芬	女	1975	高中	长春市朝阳区永春镇	清众
	释光瑞	谢如鹤	女	1978	大专	长春市宽城区柳影路	清众
	释光德	张秀禹	女	1977	初中	长春市	清众

续表

寺名	法名	俗名	性别	出生日期	文化程度	户口所在地	寺内职务
慈航寺	释仁勇	赵瑞华	女	1929.5.21		长春市北安路	
	释仁融	宋洪志	女	1925.9.17		长春市净月二胡同	
	释寂乘	李慧荣	女	1963.7.13		德惠市菜园子镇	监院
	释明印	王翠凤	女	1926.4.29	高中	长春市净月二胡同	
	释明君	姜佐君	女	1925.2.18	初中	长春市净月二胡同	
	释明信	陈桂玲	女	1933.12.7		长春市宽城区长江路	
	释嫩开	张秀云	女	1938.12.5	初中	长春市朝阳区普阳街	纠察
	释妙法	杨玉琴	女	1943.2.19	初小	长春市二道河区	纠察
	释慧空	宋淑清	女	1953.6.29	初中	吉林长岭县永久乡	知容
	释圣明	关 丽	女	1934.12.17	初中	吉林松原市宁江区	
	释圣闻	王希波	女	1969.6.16	初中	德惠菜团镇	会计
	释净心	刘荣辉	女	1968.8.10	高中	扶余市弓棚子乡	维那
	释照航	张立靖	女	1970.10.30	初中	长春市绿园区西新乡	
	释舟航	欧阳瑞秋	女	1958.5.2	大专	吉林省洮南通达办事处	
	释妙航	王书重	女	1969.8.12	中专	长春市净月二胡同	出纳
	释觉航	林志文	女	1968.9.1	小学	长春市西四道街	
	释普航	谭小明	女	1979.10.5	初中	公主岭市育林乡	
	释戒航	王海波	女	1982.12.12	初中	农安县站前村四社	
	释慧航	刘小叶	女	1982.11.12	初中	公主岭市秦家屯镇	
长春市观音寺	释常净	柯兰军	女	1923.9.28	初中	二道杏花苑观音寺	
	释安乐	张国华	女	1964.4.29	初中	二道杏花苑观音寺	住持
	释宋慧	祁 影	女	1988.9.28	高中	二道杏花苑观音寺	
净居寺	释圣喜	韩 梅	女	1948.7.21	初中	长春市宽城区	住持
紫竹庵	释果依	赵贵芳	女	1954.5.13	小学	长春市汽贸城	住持
	释果尚	苏文平	女	1951.3.27	小学	伊通县三道乡	知客
	释常正	韩春江	女	1981.8	中专	松原	
	释常立	隋 欣	女	1980.7	初中	辽源	

续表

寺名	法名	俗名	性别	出生日期	文化程度	户口所在地	寺内职务
双阳区圆通寺	通达	张星华	男	1962.9	小学	吉林长春	临时住持
	行辛	张成广	男	1971.9	小学	吉林长春	会计
	行行	宋申昌	男	1972.10	小学	吉林长春双阳	
	本道	高事贺	男	1990.7	小学	吉林长春双阳	
	本连	张永保	男	1975.2	小学	吉林桦甸	
	本路	赵艳来	男	1981.9	小学	吉林双阳	
长春市北普陀寺	释成兴	赵春成	男	1956.8.10	大专	长春市净月潭	方丈
	释正盟	常志中	男	1967.1.25	初中	吉林市船营区	知客
	释正觉	丁　武	男	1949.9.28	初中	长春市绿园区	采买
	释正果	姜　涛	男	1967.8	初中	长春市宽城区	典座
	释正道	张万清	男	1968.10	初中	吉林公主岭市	火头
	释正义	苏　畅	男	1948.5.24	初中	长春市南关区	书记
	释性情	任国瑞	男	1976.9.10	初中	山西省灵石县	殿主
	释果戒	王喜波	男	1969.12.20	高中	农安县宝塔街	僧僧
	释正性	李采富	男	1970.5	初中	德惠市菜园子镇	
	释正臣	王凤臣	男	1966.8	初中	德惠市菜园子镇	
	释正愿	王文愿	男	1972.6	大本	长春市宽城区	照客
	释臣心	李国权	男	1968.4	初中	长春市南关区	
	释愿成	修洪广	男	1970.11	初中	农安县滨河乡	堂主
	释愿度	于守云	男	1969.3	初中	农安县滨河乡	堂主
	释果证	武如臣	男	1978.11	初中	吉林白山市八大江	香灯
	释普度	刘忠礼	男	1951.3.8	初中	长春市绿园区	清众
	释正信	魏海滨	男	1974.9.22	初中	吉林市昌邑区哈达湾	侍者
	释正定	刘延慧	男		初中	长春市绿园区	清众
	释昌振	吴振忠	男	1966.1.15	初中	长春市绿园区	清众
	释法缘	叶　本	男	1971.7.9	初中	吉林市乌拉街	知客

续表

寺名	法名	俗名	性别	出生日期	文化程度	户口所在地	寺内职务
长春市新立城镇普门寺	释乘悦	陈秀梅	女	1964年	大学	沈阳市	住持
	释悟达	钱淑芬	女	1965年	大学	黑龙江	监院
	释悟修	李影	女	1963年	中学	广州市	
	释真境	王雅琴	女	1947年	中学	长春市	知客
	释妙明	修英丽	女	1964年	高中	长春市	典座
	释妙旺	张玉兰	女	1949年	中学	长春市	纠察
	释妙发	武艳潭	女	1978年	中学	九台市	昭客
	释妙达	孙丽杰	女	1979年	中专	吉林市	维那
宝山寺	世海	王福林	男	1954.9	初中	辽宁清原	住持
	释本修	孙振先	男	1921.8		德惠市万宝镇	
	明照	刘佳礼	男	1943.3	初中	德惠市	点作
	天祖	张恩先	男	1945.2	小学	九台市	安全员
	无悔	马利华	男	1956.10	初中	铁岭市	僧值
	无尘	苗国华	男	1961.4	小学	德惠万宝镇	保管员
	传来	闫国强	男	1972.10	初中	安徽省天常市	
	法明	郑汝彬	男	1982.9	初中	安徽省天常市	
	洗如	曹泰云	男	1988.12	初中	安徽省天常市	
	照禅	陈世东	男	1984.12	初中	安徽省天常市	
	恩慧	杨希方	男	1977.8	职高	长春市	
	体禅	厉永志	男	1956.8	小学	长春市	
	体然	高山	男	1983.3	小学	丹东市	
	释无达	张国君	男	1969.6	小学	德惠市	
	佛惠	杨树彬	男	1977.5	初中	长春市	首座
	体愿	苗雨	男	1986.4	中学	长春市	现金
	无省	陈明	男	1986.4	中学	长春市	监院
	明宇	唐帅	男	1980.11	高中	抚顺市	知客

续表

寺名	法名	俗名	性别	出生日期	文化程度	户口所在地	寺内职务
净月开发区净土寺	释慧悦	李月华	女	1912.6.10	小学	哈尔滨	
	释慧祥	邵静宇	女	1921.9.11	高中	长春市	
	释乘明	吕文新	女	1925.4.15	小学	长春市	
	释乘背	李洪务	女	1954.7.21	初中	长春市	住持
	释平清	李凤清	女	1962.1.20	初中	黑龙江宝清	纠察
	释乘实	张北平	女	1948.2.4	高中	长春市	知客
	释乘果	尚永坚	女	1952.4	初中	黑龙江省	香煤
	释乘观	郑守清	女	1969.13.20	高中	黑龙江省	会计
	释乘满	芮凤触	女	1962.10.1	初中	黑龙江省	
	程显华	王先水	女	1969.1.7	初中	德惠县	
	释亚总	王充利	女	1954.5	初中	德惠县	
	释乘福	葛小红	女	1958.3.8	初中	德惠县	
	释乘园	谭粮终	女	1964.3.5	初中	黑龙江	
	释妙茹	陈亚玲	女	1962.12.1	小学	长春市	
	释妙芳	崔小红	女	1978.12	初中	黑龙江	
	释业勇	平泽方	女	1962.10.1	初中	新安	
	释呈亮	于淑芹	女	1966.3.2	高中	德惠	
	释显云	孙莹	女	1942.5.3	高中	辽宁丹东	
	释显月	王永	女	1959.12.6	高中	黑龙江	
	释鱼孙	刘晓红	女	1958.3.7	初中	长春市	
九台青云寺	释显茶	尹淑琴	女	1961.3.3	高中	洮南市	住持
	释显刚	魏淑芹	女	1945.10.14	小学	九台市	监院
	释真行	高中文	女	1963.5.6	初中	九台市南街派出所	
	释真修	江波	女	1973.7.8	初中	九台市南街派出所	
	释真觉	李叔娘	女	1958.5.27	高中	长春	
	释真乐	司凤云	女	1952.6.24	初中	长春	知客
	释真忠	刘淑华	女	1944.1.10	初中	长春市东风派出所	

续表

寺名	法名	俗名	性别	出生日期	文化程度	户口所在地	寺内职务
九台青云寺	释真宏	吴作英	女	1969.7.26	大学	九台南街派出所在	僧精
	释真空	许凤辉	女	1971.9.24	初中	九台市南街派出所	典座
	释真安	李秀明	女	1954.12.30	初中	延吉市二道街	打中
	释真念	刘淑丰	女	1942.7.29	中专	舒兰市丰广煤矿	
	释真实	姜淑珍	女	1946.5.15	初中	榆树县榆树镇	
	释真宇	郑 宁	女	1986.2.2	小学	九台市南街派出所	
	释真实	王力力	女	1979.5.14	高中	九台市南街派出所	殿主
	释真寂	杨奎英	女	1974.4.1	初中	九台市南街派出所	
	释真富	刘淑洁	女	1958.7.1	中专	成都市	
	释真善	刘淑仙	女	1938	初中	长春开运	
	释真慧	姜成明	女	1976.3.16	初中	吉林农安	
	释真包	李凤琴	女	1921.12.10	初中	九台上河湾	
	释果智	王子兰	女	1936.6.8	初中	辽宁昌图县	
	释正强	赵淑兰	女	1943	小学	九台市南街派出所	
	释能慧	刘桂珍	女	1931.3.1	初小	吉林省农安县	
	释正化	孙静菜	女	1951.12.29	初小	长春兴隆山镇	
农安金刚寺	释香安	于守年	女	1926.5.14	小学	公主岭市	
	释香阐	修丽芬	女	1963.11.24	初中	农安	纠察
	释香瑞	修红霞	女	1964.3.13	初中	农安	
	释香纯	刘桂珍	女	1953.8.14	初中	农安建设街	
	释香林	史红军	女	1939.7.5	初中	农安建设街	
	释香仪	张淑香	女	1967.5.14	初中	农安建设街	
	释香印	刘桂波	女	1968.4.1	初中	农安建设街	
	释香君	高烧岭	女	1975.3.13	高中	农安	
	释香泉	张清学	女	1966.12.25	中专	松原	
	释佛广	张国敏	女	1968.4.29	初中	九台市	
	释佛如	刘淑云	女	1968.5.28	初中	农安	

续表

寺名	法名	俗名	性别	出生日期	文化程度	户口所在地	寺内职务
农安金刚寺	释佛道	郑淑荣	女	1964.3.3	初中	乾安县	
	释佛照	杨修芬	女	1969.5.16	初中	农安	
	释佛见	张慧云	女	1961.2.15	初中	农安金刚寺	
	释佛国	齐红梅	女	1972.2.19	初中	农安金刚寺	
	释慧光	朱景之	女	1915.1	小学	长春市	
	释慧修	李淑文	女	1919.2.9	小学	农安县农安镇	
	释慧泰	毕淑云	女	1914.5.6	小学	农安县农安镇	
	释香德	林桂英	女	1949.12.22	初中	农安建设街	监院
	释香振	武援清	女	1965.4.6	初中	长岭县太平乡	维那
	释香旭	刘桂荣	女	1965.10.10	初中	农安建设街	
	释香远	孙玉荣	女	1957.8.24	初中	农安农安镇	
	释香春	刘桂华	女	1957.1.3	高中	农安	
	释香情	王泉滇	女	1962.6.23	初中	农安	
	释香宽	杨德香	女	1958.1.13	初中	大庆	
	释香郁	侯春玲	女	1966.6.24	初中	大庆	
	释香超	王素芝	女	1965.1.8	初中	大庆	
	释香云	刘桂清	女	1963.8.26	高中	大庆	知客
	释香极	崔万玲	女	1962.4.17	初中	农安滨河	
	释香尊	刘泰氏	女	1913.7.15	小学	哈尔滨香坊区	
湛江寺	宽演	王德印	男	1930	高中	榆树市恩育乡	住持
	慈真	五　江	男	1949	大专	长春宽城区奋进乡	首座
	慈融	马井林	男	1963	初中	辽源市	
	慈一	李宽义	男	1974	高中	敦化市丹江街	监院
	慈亮	勒忠义	男	1973	初中	榆树市新庄	照客
	慈勉	徐　良	男	1964	初中	四平市	典坐
	慈怪	王宪庭	男	1947	初中	哈尔滨东	出纳
	慈舍	张志明	男	1958	初中	长春市	门寮
	慈环	王秀财	男	1971	初中	东辽足民乡金星村	

续表

寺名	法名	俗名	性别	出生日期	文化程度	户口所在地	寺内职务
	释妙广	邹凤芹	女	1938.3	初中	农安县合隆镇	主持
	道悟	崔凤	女	1968.2	小学	前郭县三府站镇	知客
	道成	邱秀娟	女	1972.12	初中	农安县合隆镇	会计
	道修	姚丽萍	女	1978.7	小学	扶余县肖家乡	出纳
	乘印	李淑云	女	1969.4	小学	农安县合隆镇	—
	妙意	程绍琴	女	1939.11	小学	农安县合隆镇	—
	道亮	王焕凤	女	1974.3	初中	农安县合隆镇	—
	道净	杨秀芳	女	1975.3	小学	农安县合隆镇	—
	悟修	闫杰	女	1983.11	初中	扶余县	—
	悟通	庄丽香	女	1983.11	小学	农安县合隆镇	—
	道长	吕桂贤	女	1969.4	初中	农安县	—
合隆镇兴隆寺	悟性	李洪珍	女	1973.1	初中	农安县	—
	悟恋	吕胜利	女	1988.2	初中	农安县	—
	道学	刘立波	女	1973.1	初中	农安县	—
	释佛慈	杨修芳	女	1973.7.27	初中	农安	—
	释佛度	杨修英	女	1974.7.29	初中	农安	—
	释佛通	张洪易	女	1974.12.30	初中	农安	—
	释佛学	张欣秋	女	1972.8.13	初中	农安	—
	释佛根	张秀荣	女	1975.2.4	初中	农安	—
	释佛公	李春天	女	1978.8.29	初中	农安	—
	释佛禅	黄海燕	女	1978.10.20	初中	农安	—
	释佛严	姜丽丽	女	1983.2.3	初中	农安	—
	释佛光	杨楠	女	1981.5.14	初中	农安	—
	释佛唤	杨修艳	女	1982.5.6	初中	农安华家	—
	释佛淑	迟凤静	女	1969.5.22	—	农安华家	—
	释佛醒	刘小兰	女	1982.9.19	—	农安	—

续表

寺名	法名	俗名	性别	出生日期	文化程度	户口所在地	寺内职务
浴泉庵	释调辉	李静杰	女	1928.5	高中	九台市	住持
	释洞翔	臆希贤	女	1915.4	高中	九台市	—
	释悟黑	孔绍芬	女	1943.8	高中	九台市	纠察
	释黑黑	修之超	女	1951.3	高中	怀德县	—
农安县柴岗镇泰平寺	释正忍	周喜全	男	1966.9.25	初中	农安县农安镇	住持
	释果成	王志龙	男	1975.7.13	初中	农安县农安镇	监院
	释妙学	窦　君	男	1952.10.4	初中	农安县农安镇	知客
	释妙心	辛孔山	男	1966.2.5	初中	农安县	维那
	释妙薏	田冬年	男	1963.11.11	初中	黑龙江呼兰县	僧值
	释妙法	王海波	男	1976.9.26	初中	黑龙江呼兰县呼兰	典座
	释妙观	夏　宽	男	1987.12.24	初中	农安县哈拉海镇	殿主
	释德然	汪忠华	男	1946.6.24	大学	长春市南关区	—
	释妙德	王喜波	男	1969.12.22	中专	农安县农安镇	—
	释清知	赵　胜	男	1966.10.14	大学	沈阳市	—

2000年吉林省清真寺阿訇名录

表 153

清真寺	姓名	性别	经名	文化程度	出生日期	出生地	户籍
长春市长通路清真寺	杨清庭	男	哲玛伦底尼	初中	1928.7.14	山东定陶	吉林
	满敬恒	男	阿卜顿拉	小学	1930.4.20	山东武城	吉林
	程主麻	男	主毛	初中	1960.1.28	山西长治	山西
	杨怀远	男	穆仁	初中	1971.4.19	吉林伊通	吉林
	杨军	男	艾布白克尔	初中	1968.11.20	吉林伊通	吉林
长春市二道清真寺	杨瑞强	男	阿布顿拉	大专	1965.5.9	吉林长春	吉林
	郭金宝	男	夏穆斯丁	初中	1972.3.10	吉林长春	吉林
	王忠山	男	侯赛因	初中	1973.1.13	安徽凤台	安徽
	韩连禄	男	尔萨	小学	192.6.1	吉林双阳	吉林
长春市宋家清真寺	王洪伟	男	奴伦氏倪	初中	1967.6.20	吉林长春	吉林
长春市皓月礼拜殿	李向宇	男	尤素福	初中	1973.6.18	吉林白城	吉林
农安县农安镇清真寺	刘洪章	男	刷梨哈	初中	1958.9.8	吉林伊通	吉林
德惠市德惠镇清真寺	王宝舟	男	赛尔德	初中	1931.1.1	山东平原	吉林
榆树市榆树镇清真寺	刘喜波	男	阿布杜拉哈曼	初中	1972.10.15	吉林伊通	吉林
榆树市五棵树清真寺	刘玉星	男	奴哈	初中	1972.5.14	河北孟村	河北
榆树市怀家清真寺	李维真	男	雅古伯	初中	1967.10.20	吉林九台	吉林
九台市九台镇清真寺	张玉华	男	舍目顺低尼	初中	1965.8.18	吉林永吉	吉林
九台市前央清真寺	满力祥	男	业阿古白	初中	1960.12.4	吉林九台	吉林
九台市团结清真寺	马宝强	男	欧麦尔	初中	1971.12.5	甘肃天水	甘肃

续表

清真寺	姓名	性别	经名	文化程度	出生日期	出生地	户籍
九台市山前槐清真寺	马玉明	男	苏来曼	小学	1926.4.20	吉林九台	吉林
九台市蜂蜜营清真寺	麻忠林	男	伊卜拉欣	初中	1928.3.15	吉林九台	吉林
九台市红石清真寺	韩希龙	男	尤师阿	初中	1978.10.10	吉林九台	吉林
九台市宝山清真寺	沙占华	男	苏莱吗乃	初中	1974.2.1	吉林九台	吉林
九台市波泥河清真寺	马望胜	男	穆萨	初中	1973.8.24	吉林珲春	吉林
双阳区大营子清真寺	郭磊	男	苏莱曼	初中	1972.11.9	吉林双阳	吉林
双阳区双阳镇清真寺	马亚军	男	阿丹	初中	1976.8.15	甘肃天水	甘肃
吉林市拱北清真寺	李继业	男	莱麦匝麦	小学	1929.5.5	宁夏	宁夏
吉林市北清真寺	蔡忠安	男	伊卜顿拉	小学	1937.3.1	山东平原	吉林
	麻志泽	男	萨利赫	初中	1962.6.5	吉林市	吉林
	王丹涛	男	艾哈埋德	大专	1968.4.29	吉林市	吉林
	张玉昆	男	穆萨	初中	1962.4.27	吉林市	吉林
	王立强	男	伊卜拉欣	初中	1968.5.2	吉林伊通	吉林
	逯伟明	男	奴伦丁	初中	1963.2.21	吉林市	吉林
吉林市西清真寺	韩景刚	男	哲玛伦丁	大专	1973.6.15	吉林九台	吉林
	杨雪峰	男	奥斯曼	初中	1972.11.2	吉林九台	吉林
	云忠平	男	哈桑	初中	1978.5.3	吉林市	吉林
吉林市晓光清真寺	魏玉铎	男	尤素福	初中	1971.5.18	吉林市	吉林
吉林市回族公墓	韩再起	男	穆撒	初中	1964.4.27	吉林九台	吉林
吉林市虎牛沟清真寺	满井君	男	伊思玛衣	初中	1975.7.14	吉林永吉	吉林

续表

清真寺	姓名	性别	经名	文化程度	出生日期	出生地	户籍
舒兰市溪河清真寺	马银增	男	伊卜拉欣	小学	1937.5.4	山东张鲁	吉林
舒兰市法特清真寺	石文晶	男	达乌德	初中	1971.9.17	吉林九台	吉林
吉林市吉舒清真寺	马荣年	男	伊思哈盖	小学	1838.5.13	山东莱县	吉林
舒兰市北城清真寺	赵玉阔	男	依布拉欣	初中	1969.5.21	吉林舒兰	吉林
永吉市岔路河清真寺	马西银	男	尤素福	小学	1933.4.24	山东定陶	吉林
磐石市磐石镇清真寺	杨树军	男	穆罕默德艾卜白克	初中	1968.3.7	山东沂水	吉林
蛟河市蛟河镇清真寺	李宏	男	苏莱曼	初中	1979.2.11	甘肃兰州	吉林
四平市清真寺	杨松奎	男	易卜拉欣	初中	1965.7.18	山东济阳	吉林
四平市清真寺	丁继辉	男	耶哈雅	初中	1970.6.9	吉林伊通	吉林
双辽市双辽镇清真寺	杨广禄	男	奴伦穆罕默德	初中	1966.10.15	内蒙古通辽	吉林
伊通县伊通镇清真寺	马瑞林	男	尔撒	初中	1968.4.1	吉林伊通	吉林
伊通县城子清真寺	丁艳涛	男	由素夫	初中	1971.4.1	吉林伊通	吉林
伊通县东升清真寺	刘立伟	男	依卜拉习埋	初中	1978.4.17	吉林伊通	吉林
伊通周户清真寺	蔡国辉	男	欧麦雷	初中	1976.3.12	吉林伊通	吉林
公主岭市清真寺	刘新江	男	欧麦尔	初中	1963.11.22	河北	吉林
公主岭范家屯清真寺	王宝廷	男	者玛伦丁	初中	1964.6.9	辽宁清源	吉林
辽源市清真寺	杨振军	男	穆萨	大专	1962.7.7	吉林伊通	
辽源市清真寺	杨云峰	男	依布拉惜埋	初中	1978.8.16	吉林辽源	
东丰县清真寺	杨德仁	男	欧麦尔	初中	1972.12.8	吉林伊通	
东丰县那丹伯清真寺	刘金明	男	哈目	初中	1977.6.15	吉林伊通	吉林

续表

清真寺	姓名	性别	经名	文化程度	出生日期	出生地	户籍
通化市集安镇清真寺	戴立平	男	优苏夫	初中	1969.5.17	吉林集安	吉林
辉南县朝阳镇清真寺	张志德	男	艾布白克	初中	1968.2.2	河北	吉林
辉南县辉南镇清真寺	刘洪相	男	欧思玛尼	小学	1931.7.18	山东沂水	吉林
辉南样子哨镇清真寺	洪立恩	男	优素夫	小学	1912.4.18	吉林辉南	吉林
通化市柳河镇清真寺	杨立东	男	刷立哈	初中	1968.9.8	吉林辽源	吉林
通化市二道江清真寺	尹世才	男	阿里	初中	1964.2.22	吉林通化	吉林
通化市铁厂镇清真寺	马继明	男	努尔丁	初中	1972.3.20	吉林双阳	吉林
通化市梅河口清真寺	韩在武	男	依布拉欣	初中	1974.9.28	吉林磐石	吉林
通化市梅河口清真寺	王家昌	男	按尤布	初中	1964.11.22	山东冠县	吉林
梅河口山城镇清真寺	杨子臣	男	哲玛伦丁	小学	1938.4.1	吉林柳河	吉林
梅河口海龙镇清真寺	麻永山	男	穆萨	初中	1945.3.27	吉林梅河	吉林
白山市八道江清真寺	杨宝东	男	穆撒	初中	1978.10.6	吉林伊通	吉林
	杨守奎	男	艾卜白克	小学	1931.5.20	河北	吉林
	尹汝山	男	刷立哈	小学	1934.10.23	河北	吉林
白山市临江镇清真寺	回达坤	男	穆撒	初中	1974.5.1	河北沧州	吉林
白山市松江河清真寺	丁艳亮	男	苏来吗乃	初中	1971.10.2	吉林伊通	吉林
白山市松江河清真寺	吴秀明	男	穆萨	小学	1922.11.25	河北	吉林
白山市石人镇清真寺	李宝国	男	侯赛因	初中	1967.8.8	吉林江源	吉林
白山市抚松镇清真寺	丛鹤林	男	哈三	小学	1918.12.9	河北	吉林
白山市三岔子清真寺	刘胜利	男	穆撒	初中	1978.3.15	河北沧州	吉林

续表

清真寺	姓名	性别	经名	文化程度	出生日期	出生地	户籍
松原市 宁江区清真寺	刘同才	男	刷立哈	初中	1951.3.8	山东临沂	吉林
	于振国	男	依布拉西埋	小学	1927.8.18	吉林扶余	吉林
宁江区团结村 清真寺	杨丙贵	男	努雷穆罕默德	初中	1965.3.20	辽宁营口	吉林
前郭县清真寺	杨占令	男	苏莱吗乃	初中	1923.10.12	吉林扶余	吉林
扶余县清真寺	麻昌玉	男	盖麦尔丁	初中	1968.3.3	吉林扶余	吉林
乾安县清真寺	张弛	男	伊斯哈盖	初中	1971.5.13	辽宁沈阳	吉林
白城市洮北区 清真寺	刘仁利	男	阿卜杜那非阿	大专	1963.11.9	吉林白城	吉林
洮南市清真寺	马忠君	男	伊卜拉欣	初中	1966.4.10	山东济阳	吉林
大安市清真寺	刘东环	男	穆撒	初中	1970.10.22	河北沧州	河北
通榆县清真寺	张英波	男	达吾德	初中	1976.10.27	辽宁开原	辽宁
延吉市清真寺	许清彦	男	依德立思	初中	1967.3.1	吉林伊通	吉林
龙井市清真寺	马思勤	男	穆撒	小学	1937.10.10	山东定陶	吉林
敦化市清真寺	张素建	男	呵三	小学	1925.8.18	山东菏泽	吉林
敦化市大石头 清真寺	杨奉君	男	艾卜摆克尔	小学	1937.6.25	山东菏泽	吉林
图们市清真寺	潘红松	男	伊卜拉希埋	初中	1976.5.12	河南平舆	吉林
珲春市清真寺	李俊儒	男	尤素福	初中	1973.12.19	山东陵县	山东
安图县清真寺	马胜图	男	艾哈埋德	小学	1960.3.16	山东	吉林
和龙市清真寺	张立庭	男	依卜拉欣	小学	1928.11.27	辽宁	吉林

2000年天主教吉林教区部分神父名录

表154

姓　名	圣　名	出生日期	籍　贯	晋铎时间	晋铎地点	主礼主教
朱长友	安多尼	1957.02.13	山东省沂水县	1993.03.25	长春市教会	李雪松
王守顺	保　禄	1963.02.12	公主岭齐家村	1989.02.26	长春市教会	李雪松
刘海春	若　瑟	1963.03.08	长春市	1989.10.15	延吉市教会	李雪松
严太俊	亚巴郎	1962.11.01	延吉市北少街	1989.10.15		李雪松
王志富	保　禄	1963.08.18	延吉市河南街	1991.03.10		李雪松
杜尚武	诺　博	1967.09.19	扶余市四马架乡苏家村	1991.03.10		李雪松
刘万贵	若　瑟	1960.08.18	白山市 浑江区通沟	1993.03.25		李雪松
庞永谦	伯多禄	1968.05.08	公主岭怀德镇平安岭村	1993.03.25		李雪松
刘文辉	尼各老	1969.01.26	公主岭齐家村	1993.03.25		李雪松
刘青春	保　禄	1968.01.17	公主岭齐家村	1993.03.25		李雪松
李志祥	伯　铎	1969.08.08	农安县小八家	1993.03.25		李雪松
金国联	玛　窦	1970.09.09	扶余市苏家村	1995.03.25	梅河口市二八石教会	金沛献
于忠华	伯多禄	1967.06.25	通化市 东昌区民主街	1996.03.25	长春市教会	金沛献
张银忠	若　翰	1971.08.10	扶余市苏家村	1996.03.25	长春市教会	金沛献
杜　金	雅各伯	1967.05.30	通化市东昌区	1996.03.25	长春市教会	金沛献
庞喜峰	伯多禄	1967.10.10	公主岭	1996.03.25	长春市教会	金沛献
韩文斌	若　瑟	1968.02.13	白山市八道江区通沟街	1996.03.25	长春市教会	金沛献

续表

姓 名	圣 名	出生日期	籍 贯	晋铎时间	晋铎地点	主礼主教
柏 鸿	伯多禄	1971.10.05	四平市镇东区北市场街	1996.03.25	长春市教会	金沛献
吕秀明	保 禄	1970.12.26	吉林市昌邑区新发路	1997.03.16	农安县伏龙泉教会	金沛献
甘瑞斌	若 瑟	1972.01.06	扶余市苏家村	1997.03.16	农安县伏龙泉教会	金沛献
徐景成	伯多禄	1972.05.23		1997.03.16	农安县伏龙泉教会	金沛献
刘凤文	伯多禄	1967.04.06	和龙市龙城镇新元村		农安县伏龙泉教会	金沛献
王喜权	保 禄	1972.05.01		1997.03.16	农安县伏龙泉教会	金沛献
陈文权	亚尔丰索	1973.07.11		1997.03.16	农安县伏龙泉教会	金沛献
曹 智	若 瑟	1972.05.04	吉林市船营区松江路	1997.03.16	农安县伏龙泉教会	金沛献
王国生	若 瑟	1973.04.19	吉林市船营区松江路	1997.03.16	农安县伏龙泉教会	金沛献
曾繁昌	加 禄	1973.09.05	扶余市四马架乡苏家村	1997.03.16	农安县伏龙泉教会	金沛献
张漱昕	罗 格	1974.02.26	农安县小八家	1999.09.08		
廉昌元	斐理伯	1964.08.21	延吉海林市	1999.09.08	延吉市教会	
尹德宪	伯多禄	1970.08.13		1999.09.08		
秦 谊	若 瑟	1972.09.06	梨树县石发镇刘家子村	1999.09.08		
李志勇	若 瑟	1972.11.05	盘市县	1999.09.08		
侯俊杰	伯多禄	1972.12.15	吉林市	1999.09.08	公主岭市莲花山教会	
郭振鹏	方济各	1972.12.26	乾安县	1999.09.08		

续表

姓　名	圣　名	出生日期	籍　贯	晋铎时间	晋铎地点	主礼主教
齐子元	伯多禄	1974.06.04	农安县 小八家子村	1999.09.08		
王海波	若　瑟	1974.09.05		1999.09.08		
钱　利	多　默	1975.05.10	公主岭	1999.09.08		
胡忠海	伯多禄	1975.09.10	公主岭	1999.09.08		
董浩然	伯多禄	1977.04.22	长岭县利发盛镇建设村			
刘凤成		1974.11.5	长岭县利发盛镇建设村	执事		
王国栋		1915.1.28	扶余市四马架苏家村			

1989～2000年天主教吉林教区修女名录

表155

姓　名	出生日期	圣　名	入会时间	是否发终身愿	籍　　贯
马淑杰	1922.10.5		1947年	是	农安县小八家子村
刘桂芳				是	
周玉琴	1958.11.20		1986年	是	吉林省桦甸市
王雅静	1962.2.20		1988年	是	农安县小八家子村
金光伟	1964.1.8	璐琦	1990年	是	松原市苏家村
赵令凤	1964.2.11	利达	1988年	是	农安县小八家子村
王　静	1970.9.25	曼德	1993年	是	松原市苏家村
柏　华	1962.12.29		1988年	是	公主岭赵家围子
孙秋菊	1968.9.14	伯铎	1988年	是	吉林市
白秀清	1963.7.7	依搦斯	1988年	是	农安县小八家子村
刘丽芬			1988年	是	公主岭民助村
王丽军	1968.12.5	萨威	1990年	是	农安县小八家子村
王雅芝	1961.12.16		1984年	是	松原市苏家村
石玉霞	1975.11.11		1993.8.31	是	吉林省四平市
韩丽萍	1967.2.20		1994.3	是	哈尔滨市
丁春雨	1978.9.18		1996	是	吉林省扶余县
郭凤娟	1971.4.5		1993	是	吉林省蛟河市
郑本平	1972.11.9		2000	是	山东省汶上县康驿镇
董　明	1960.2.22		1986	是	吉林省农安县合隆镇
安影凤	1971.8.13		1990.10	是	吉林省蛟河市
曹　雨	1963.2.19		1996	是	吉林市
恒亚莲	1955.6.8		1984	是	辽源市

续表

姓　名	出生日期	圣　名	入会时间	是否发终身愿	籍　贯
卢连珍	1965.2.13		1990	是	江源县咋子镇
郭淑云	1963.9.5		1988.9	是	吉林省吉林市
姜淑珍	1968.7.5		1990	是	吉林省公主岭市
龚淑梅	1968.10.10		1988.8.13	是	公主岭市怀德县
钱　玲	1978.2.4		1996	是	吉林省扶余县三骏乡
高艳杰	1975.9.20		1988.8.13	是	公主岭市怀德镇
林　艳	1975.9.20		1996	是	吉林省松原市
白　云	1973.11.19		1993	是	吉林省农安县合隆镇
胡　丽	1967.4.8		1988	是	吉林省长岭县
张　晶	1970.2.15		1990	是	吉林省农安县合隆镇
王丽新	1970.12.18		1993	是	公主岭市双城堡镇
徐殿萍	1966.2.3		1988	是	长岭县利发盛镇
孙丽娟	1973.1.10		1993	是	公主岭市莲花山乡
刘淑珍	1974.7.12			是	吉林省和龙市
张立平	1972.12.8		1990	是	吉林省长岭县
郭秀梅	1959.3.31		1993	是	黑龙江哈尔滨市
韩淑霞	1963.4.4		1985	是	吉林省桦甸市
周宝洁	1951.9.24		1989	是	吉林省桦甸市
王丽君	1966.3.17	德　兰	1988	是	吉林省松原市
于　霞	1959.3.9	亚加大	1988	是	吉林省扶余县
贾淑英	1959.6.13			是	吉林省松原市
程淑立	1964.9.25	米　格	1988	是	吉林省松原市
李亚芬	1960.1.16			是	长春市
张立新	1977.10.12	玛利纳	1996	是	吉林省扶余县
周玉蓉	1925.12.11	则济利亚	1942	是	四川省江油市

续表

姓 名	出生日期	圣 名	入会时间	是否发终身愿	籍 贯
尹德香	1966.3.6	玛利亚	1988	是	四平市
丁亚娟	1966.6.5		1980	是	农安县合隆镇
李贞爱	1971.3.12	德奥多拉	1996	是	黑龙江省海林市
赵金仙	1967.2.6	本达	1989	是	吉林省延吉市
权玉山	1970.11.5	方济珈	1995	是	吉林省延吉市
崔明月	1974.12.13	洁如	1995	是	吉林省和龙市
韩 丽	1979.7.22		2004	是	山东省禹城市十里望乡
李春梅	1977.1.15		1997	是	吉林省磐石市
赵井丽	1962.12.4		1990	是	吉林省扶余县
柏淑霞	1964.7.16	贞德	1987	是	公主岭市双城堡镇
刘术芳	1972.10.2		1993	是	吉林省辽源市
祁淑芳	1964.11.4		1987	是	公主岭市双城堡镇
张立平	1972.10.20	万婴	1990	是	吉林省长岭县
赵令凤	1964.2.11			是	吉林省农安县
柏 华	1962.11.3			是	公主岭
李贞爱	1971.3.12	德奥多	1996	是	黑龙江省海林市
齐丽明				是	公主岭齐家
齐丽芳				是	公主岭齐家

1989～2000年吉林省基督教牧师名录

表156

地区	教会名称	姓名	职务	晋职	性别	民族	文化	籍贯
长春地区	长春市基督教会	李芳园	牧师	1983	男	汉		吉林省
	长春市基督教会	苏赛光	牧师	1986	女	汉		吉林省
	长春市基督教会	高玉雪	牧师	1990	女	汉		吉林省
	长春市基督教会	孟繁智	牧师	1993	男	汉	研究生	长春市
	长春市基督教会	范明杰	牧师	1993	女	满	大学	辽宁省
	长春市基督教会	杨意贞	牧师	1993	女	汉	大学	山东省
	长春市亚泰教会	池京珠	牧师	1998	男	朝鲜族	本科	龙井市
	长春市东三教会	徐棠清	牧师	1944	男	汉	大学	辽宁阜新
	长春市湖西教会	陈喜和	牧师	1998	男	汉	大专	长春市
	长春市春城教会	苑　军	牧师	1998	男	汉	大学	辽宁省
	长春市绿园教会	奚云贤	牧师	1998	女	汉	大学	吉林省
	长春市二道教会	梁晓颖	牧师	1998	女	汉	大专	吉林省
	长春九台团结教会	董国范	牧师	1999	男	汉	本科	吉林省
	长春双阳云山基督教会	周桂玲	牧师	1999	女	汉	大专	吉林省
吉林地区	吉林市基督教会	宋初清	牧师	1986	男	汉		吉林省
	吉林市基督教会	高重生	牧师	1986	男	汉	大专	吉林省
	吉林市基督教会	任大中	牧师	1994	女	汉	大学	吉林省
	吉林市松江基督教会	郭文革	牧师	1998	男	朝鲜族	大专	吉林省
	吉林市口前永吉基督教会	车　哲	牧师	1998	男	朝鲜族	大专	吉林省
四平地区	四平市基督教会	武成天	牧师	1985	男	汉		吉林省
	四平市基督教会	冯秀芝	牧师	1998	女	汉	大学	秦皇岛
	四平铁东基督教会	袁　政	牧师	1998	男	汉	大学	公主岭
	四平公主岭市基督教会	郝云丽	牧师	1993	女	汉	大学	公主岭

续表

地区	教会名称	姓名	职务	晋职	性别	民族	文化	籍贯
辽源地区	辽源市基督教会	冯云蓝	牧师	1998	女	汉	大学	安徽省
白山地区	白山市基督教会	韩绍钧	牧师	1963	男	汉	专科	吉林省
	白山市基督教会	张普爱	牧师	1977	女	汉	专科	山东省
	白山市临江教会	张来君	牧师	1996	男	汉	专科	吉林省
通化地区	梅河口市山城镇基督教会	韩树棠	牧师	1984	男	汉	中专	吉林省
	梅河口市海龙镇基督教会	韩树基	牧师	1982	男	汉	中专	吉林省
	通化县基督教会	金成河	牧师	1985	男	汉	中专	吉林省
	通化市东昌区基督教会	曲维鹏	牧师	1990	男	汉	大学	吉林省
	梅河口市福民基督教会	张鹏飞	牧师	1990	男	汉	大学	吉林省
白城地区	洮南市基督教会	闫 勇	牧师	1996	男	汉	大学	洮南市
	洮南市基督教会	张 红	牧师	1996	女	汉	大学	白山市
延边地区	延吉市基督教会	柳斗奉	牧师	1992	男	朝鲜族	本科	延吉市
	珲春市基督教会	朴曙勇	牧师	1994	男	朝鲜族	大专	汪清县
	龙井市基督教会	朴永浩	牧师	1994	男	朝鲜族	大专	龙井市
	敦化市基督教会	杨淑宏	牧师	2000	女	汉	大专	敦化市
松原地区	松原市前郭炼油基督教会	刘桂兰	牧师	1998	女			松原市

1989～2000年吉林省基督教长老名录

表157

地区	教会名称	姓名	职务	晋职	性别	民族	文化	籍贯
长春地区	长春市春城基督教会	赵希忠	长老	1993	男	汉	初中	吉林省
	长春市东三基督教会	肖奕星	牧师	1998	男	汉	研究生	浙江瑞安
	长春市东三基督教会	朱华林	长老	1993	男	汉	大学	齐齐哈尔
	榆树正阳基督教会	韩英贤	长老	1998	女	汉	初中	吉林省
	榆树市基督教会	李凤森	长老	1998	男	汉	初中	吉林省
	德惠长青基督教会	孙延信	长老	1998	男	汉	初中	吉林省
	德惠朱城子基督教会	王喜胜	长老	1998	男	汉	初中	吉林省
	长春九台基督教会	马天民	长老	1998	男	汉	初中	吉林省
	长春农安基督教会	张惠春	长老	1998	女	汉	初中	吉林省
吉林地区	吉林市基督教会	李淑莲	长老	1998	女	汉	初中	吉林省
	吉林市基督教会	金忠硕	长老	1998	男	朝鲜族	初中	吉林省
	吉林市基督教会	王玉发	长老	1998	男	汉	初中	吉林省
	吉林市基督教会	崔春植	长老	2000	男	朝鲜族	初中	吉林省
	吉林市基督教会	张淑芬	长老	2000	女	汉	初中	吉林省
四平地区	四平市基督教会	万成林	长老	1998	男	汉	初中	河南省
	公主岭范家屯基督教会	赵文生	长老	1998	男	汉	初中	吉林省
	四平伊通基督教会	孙丽珍	长老	1998	女	汉	初中	吉林省
	公主岭安息日基督教会	史文丰	长老	1995	男	汉	初中	吉林省
白山地区	临江教会	程崇恩	长老	1998	男	汉	初中	临江市
	苇塘基督教会	赵开亮	长老	1998	男	汉	初中	山东省
	八宝基督教会	赵守仁	长老	2000	男	汉	初中	吉林省
	白山市基督教会	赵守义	长老	1951	男	汉	初中	吉林省
	湾沟基督教会	游树明	长老	2000	男	汉	初中	吉林省

续表

白城地区	大安市长虹街基督教会	王景生	长老	2000	男	汉	小学	大安市
通化地区	柳河基督教会	颜景荣	长老	1998	男	汉	初中	柳河县
	梅河口市铁西基督教会	池德海	长老	1996	男	汉	初中	吉林省
	柳河北山基督教会	裴赞瑞	长老	1993	男	朝鲜族	初中	吉林省
延边地区	敦化市基督教会	王殿忠	长老	1987	男	汉	初中	吉林省
	敦化市基督教会	孙约翰	长老	1987	男	汉	初中	吉林省
	图们市基督教会	金明日	长老	1987	男	朝鲜族	初中	吉林省
	汪清县基督教会	朴松鹤	长老	1987	男	朝鲜族	初中	吉林省
	和龙市基督教会	吉玄斗	长老	1987	男	朝鲜族	初中	吉林省
	龙井市基督教会	赵良吉	长老	1988	男	朝鲜族	初中	吉林省
	龙井市基督教会	李南奎	长老	1988	男	朝鲜族	初中	吉林省
	延吉市基督教会	梁在星	长老	1993	男	朝鲜族	初中	吉林省
	延吉市平安基督教会	金光洙	长老	1993	男	朝鲜族	初中	吉林省
	延吉市兴安基督教会	朴相化	长老	1997	男	朝鲜族	初中	吉林省
	安图县二道基督教会	张盛林	长老	1997	男	汉	初中	吉林省
	敦化市基督教会	姜振生	长老	1998	男	汉	初中	吉林省
	图们市基督教会	金钟万	长老	1993	男	朝鲜族	初中	吉林省
	龙井市基督教会	赵顺权	长老	1993	男	朝鲜族	高中	吉林省
松原地区	扶余县基督教会	孙成详	长老	1998	男	汉	初中	松原市

1989～2000年吉林省部分基督教教士名录

表158

地区	教会名称	姓名	职务	入学时间	毕业院校	性别	民族	文化
长春地区	宽城基督教会	杨晓林	教士	1996年	东北神学院	女	汉	专科
	净水基督教会	李健	教士	1996年	东北神学院	男	汉	专科
	春城基督教会	贺丽芝	教士	1993年	南京神学院	女	汉	本科
	春城基督教会	江振林	教士	1993年	南京神学院	男	汉	本科
	九台新立教会	李树汉	教士		东北神学院	男	朝鲜族	专科
吉林地区	吉林市基督教会	马玉新	教士	1982年	东北神学院		汉	专科
	吉林市基督教会	曹立春	教士	1982年	东北神学院		汉	专科
	吉林市丰满基督教会	王新	教士	1997年	东北神学院	男	汉	专科
	蛟河市八家子基督教会	朴成浩	教士	1997年	东北神学院	男	朝鲜族	专科
	桦甸市红升基督教会	李哲生	教士	1997年	东北神学院	男	朝鲜族	专科
白山地区	白山市鲜明基督教会	金贞顺	教士	1997年	东北神学院	女	朝鲜族	专科
	抚松县基督教会	桑梅青	教士	1998年	东北神学院	女	汉	专科
白城地区	镇赉县基督教会	冷文华	教士	1997年	东北神学院	男	汉	专科
	白城市基督教会	栾少红	教士	1996年	东北神学院	女	汉	专科
延边地区	延吉仁坪基督教会	李永道	教士	1991年	东北神学院	男	朝鲜族	专科
	二道白河基督教会	李秀忠	教士	1992年	东北神学院	女	朝鲜族	专科
	延吉市三道基督教会	郝玉洁	教士	1993年	东北神学院	女	朝鲜族	专科
	延吉图们基督教会	李正男	教士	1994年	东北神学院	男	朝鲜族	专科
	龙井市铁北基督教会	崔炯律	教士	1994年	东北神学院	男	朝鲜族	专科
	蛟河八家子基督教会	朴圣浩	教士	1994年	东北神学院	女	朝鲜族	专科
	汪清江南基督教会	张汉林	教士	1994年	东北神学院	男	汉	专科
	延吉市延南基督教会	池德文	教士	1994年	东北神学院	男	朝鲜族	专科
	延吉市基督教会	宋林	教士	1994年	东北神学院	男	汉	专科
	汪清曙光基督教会	孙永男	教士	1993年	东北神学院	男	朝鲜族	专科
	敦化市基督教会	张顺杰	教士	1996年	东北神学院	女	朝鲜族	专科
	白山临江基督教会	张来君	教士	1996年	东北神学院	男	朝鲜族	专科
	图们市基督教会	金永日	教士	1996年	东北神学院	男	朝鲜族	专科

并提出许多宝贵的修改意见。

本志编纂人员在社会调查、资料收集、编纂修订过程中,得到兄弟单位,各市(州)、县(区)民族宗教工作部门和民族乡(镇)以及少数民族干部群众的热情帮助与大力支持。尤其是得到延边州民委(宗教局)、长春市民委(宗教局)、吉林市民委(宗教局)、四平市民委(宗教局)、辽源市民委(宗教局)、通化市民委(宗教局)、白山市民委(宗教局)、松原市民委(宗教局)、白城市民委(宗教局)、前郭尔罗斯蒙古族自治县民族宗教局、长白朝鲜族自治县民族宗教局、伊通满族自治县民族宗教局等单位的大力支持。

对本志的编修给予大力支持的专家学者和民族工作者有张璇如、富育光、沙允中、崔秀男、图力古尔、毕淑梅、尹金山、金惠淑、李明智、王喜年、高长升、任爱国、郎大民、陆滨茹、宋透波、崔哲、田永亮、王昭华、张呆权、乌力吉木仁、陈香莲、王普文、朱在宪、裴立扬、张中澍、孙运来、戴景祥、马玉娟、李春逸、李耀丽、谭东广、宫雪峰、刘红彬、孙立军、马平、王博、田磊、王伟、马海波、梁雪萍、赛强、王振刚、高艳、陈超、王晏、李京振、多海等同志,无法一一列举,一并表示感谢。

为本志提供资料和照片的有:吉林省统计局、吉林省档案馆、吉林省博物馆、吉林省民族宗教研究中心、吉林省民族干部学校、吉林省宗教团体服务中心、长春市锡伯族联谊会、延边朝鲜族自治州地方志编纂委员会、伊通满族自治县史志办公室、前郭尔罗斯蒙古族自治县史志办公室等单位及相关同志。

在此,我们谨向所有关心、支持、帮助、参与本志编纂出版工作的单位和有关领导、专家学者、民族工作者以及少数民族干部群众,致以衷心的谢意。

由于我们水平有限,参与修志的人员都是第一次从事修志工作,缺乏经验,志中难免有疏漏、不当之处,恳请读者批评匡正。

《民族宗教志》编辑室
2016年7月15日